René Ahlberg Ge⸱ ⸱⸱ Worke I

SOZIALWISSENSCHAFTEN

Herausgegeben von Hartmut Salzwedel
und Ingrid Reichart-Dreyer

Band 12

PETER LANG

Frankfurt am Main · Berlin · Bern · Bruxelles · New York · Oxford · Wien

Hartmut Salzwedel
Ingeborg Siggelkow
Brigitte Ahlberg
(Hrsg.)

René Ahlberg
Gesammelte Werke I

PETER LANG
Europäischer Verlag der Wissenschaften

Bibliografische Information Der Deutschen Bibliothek
Die Deutsche Bibliothek verzeichnet diese Publikation in der
Deutschen Nationalbibliografie; detaillierte bibliografische
Daten sind im Internet über <http://dnb.ddb.de> abrufbar.

Gedruckt auf alterungsbeständigem,
säurefreiem Papier.

ISSN 0944-1239
ISBN 3-631-52656-3

© Peter Lang GmbH
Europäischer Verlag der Wissenschaften
Frankfurt am Main 2005
Alle Rechte vorbehalten.

Printed in Germany 1 2 3 4 5   7

www.peterlang.de

Wir danken

Peggy Bublak, Linda Guzzetti, Eva Leuschner,
Ulrike Martens, Christian Pohl, Doreen Riedel,
der Gesellschaft von Freunden der Technischen Universität Berlin
und allen Förderern
für die gute Zusammenarbeit.
Ulrike Martens hat durch ihr Engagement und ihre
Umsicht den Abschluß des Projektes ermöglicht.

Inhaltsverzeichnis Band I

Einleitung *Hartmut Salzwedel*

Band I umfaßt die Schriften René Ahlbergs von 1955 bis 1960, von einer tagebuch-
gestützten, mit Analysen durchsetzten literarischen Form über vier Jahre im Schuldienst der DDR bis zu seiner Dissertation.

René Ahlbergs Dissertation über *„Dialektische Philosophie" und Gesellschaft in der
Sowjetunion* (1960) ging ein Vorwort von Hans-Joachim Lieber voraus, Herausgeber
der Reihe *Philosophische und soziologische Veröffentlichungen*, Osteuropa-Institut
an der Freien Universität Berlin.

Flucht in die Lüge. Vier Jahre im Ost-Berliner Schuldienst.

Seine gesellschaftlichen Einsichten als junger Lehrer entwickelten sich aus dem politischen und sozialen Alltag, insbesondere dem Schulalltag in Ost-Berlin vor und nach
dem Aufstand des 17. Juni 1953, vor allem aus dem Kontakt zu Funktionären: Was
geschah, als Menschen aufeinandertrafen, von denen manche dem Idealtypus eines
bolschewistischen Parteifunktionärs (gegen Ende der Stalin-Ära) bzw. eines Intellektuellen (wie René Ahlberg) entsprachen, welche Konsequenzen ergaben sich für die
Schüler? Wie verwirklichte sich Zug um Zug ein totalitärer Machtanspruch? Welche
Spielräume für persönliche Meinung und Lebensgestaltung blieben außerhalb der
Parteidisziplin? Sogar durch die Kleidung wurde politische Gesinnung demonstriert.
Der Zwang zum Bekenntnis machte die Zwangslage bewußt, Angst verstärkte sich,
Lüge und Heuchelei breiteten sich aus. In Konfliktsituationen forderten die Funktionäre Lippenbekenntnisse, denn Schweigen schürte den Verdacht feindlicher Gesin-
nung. Aber Reden bedurfte strenger Selbstdisziplin, sollte aus unterstellter oder tat-
sächlicher Gesinnung keine Gefahr erwachsen. Für den Lehrer stand dabei die
Glaubwürdigkeit ebenso auf dem Spiel wie seine Autorität in der Schulklasse, wo eine Ablehnung des politischen Systems zur Disziplinlosigkeit der Schüler führen konnte. Für den (1930 geborenen) Lehrer R. A. verringerte sich der Druck vorübergehend,
als er von der Grund- zur Oberschule versetzt wurde und auf reifere Schüler traf.
Aber bald erzeugten übernommene sprachliche Schablonen neues Mißtrauen, auch
bei Kollegen.

Immer deutlicherer Regierungsdruck verlangte 1951/52 eine schulische Erziehung zum „Sozialistischen Patriotismus" (I/43,47): Stolz und Regierungstreue. Sogar die Sowjetunion politisch zu würdigen, gehörte zum Unterricht ebenso wie die Regeln der Sowjetpädagogik. Mitglieder der Freien Deutschen Jugend (FDJ) unter den Schülern konnten bessere Noten erhalten, was als Förderung galt; die ihnen bescheinigte gesellschaftliche Mitarbeit führte sogar bei minderer Begabung zum Hochschulstudium. In ursprünglich unpolitischen Lehrern, damals die Mehrheit, wuchs Feindschaft und Haß gegen das Regime. Wer die Gewissenskonflikte nicht ertrug, floh in die Westsektoren Berlins.

In René Ahlberg entwickelte sich die Ansicht, die bolschewistische Partei fürchte eine konservative oder liberale Ablehnung weniger als „eine Ablehnung durch Sozialisten, die sich womöglich in den Gedankengängen der Partei mühelos zurechtfanden".(I/53) Neue Parteimitglieder zeigten oft Übereifer in der Verteidigung ihres eben erworbenen Weltbildes; Sendungsbewußtsein konnte sich als Zuträgerei bzw. Denunziation von als Klassenfeind bloß Verdächtigten äußern. Den Typ des Funktionärs, dem er im Schuldienst begegnete, charakterisierte Ahlberg meistens als geistig unselbständig und antiintellektuell. Über Ausdrücke wie *Wahrheit* und *Wissenschaft* gab es im Kollegium und mit der Schulverwaltung unfruchtbare Streitereien, vor allem zum damit verknüpften politischen und ideologischen Führungsanspruch der bolschewistischen Partei. Der Aufforderung zur Selbstkritik ausgesetzt, brach aus Ahlberg die bis dahin in ihm schlummernde Einsicht heraus: *Wahrheit* ist kein proletarisches Privileg und eröffnet sich „jedem Einsichtigen".(I/71) Wieso sollte kollektive Vernunft der Partei einem Einzelgewissen immer überlegen sein? Solche vermeintlichen ideologischen Unklarheiten zu beseitigen, sollte die Betriebsgewerkschaftsleitung helfen. In seiner Distanz zur Parteiideologie sah sich Ahlberg plötzlich „vor einem toten Ideal." (I/73)

Die Schwächen des totalitären Regimes führten zum Aufstand des 17. Juni 1953, den R. A. in Ost-Berlin beobachtete. Notlügen hatten nicht mehr ausgereicht, eine klare Entscheidung war vonnöten: Unterwerfung oder Freiheit. Indem die ostdeutsche Schule die Freiheitsliebe unterdrückte, verstärkte sie den Ruf nach ihr.

Flucht in die Lüge erschließt einige persönliche Motive der danach in West-Berlin begonnenen wissenschaftlichen Arbeit von René Ahlberg.

Lasset die Blumen blühen. Eine Diskussion um Jürgen Kuczynski.

Wissenschaft und Kultur entfalten sich nur im freien Meinungsstreit, so Jürgen Kuczynski, Humboldt-Universität, im Mai 1957 im theoretischen Organ der SED, *Einheit,*
nachdem der ungarische Volksaufstand erfolglos geblieben war, die polnischen Unruhen beendet schienen und die ostdeutsche Parteiopposition wieder schwieg.

So verblieb es als kritische Aufgabe der Intelligenz in der DDR, dem Wahrheitsstreben Gehör zu verschaffen und gegen ideologischen Dogmatismus erneut die Stimme
zu erheben. Bereits in der Sowjetunion der zwanziger Jahre (des 20. Jahrhunderts)
waren die Widersprüche zwischen der Forderung nach freiem Meinungsstreit und der
vermeintlich unantastbaren Parteilinie mehrfach offen zutage getreten. Nach dem
XX. Parteitag der KPdSU, sowie nach Mao Tse-tungs Aufruf *Lasset 100 Blumen blühen, 100 Schulen miteinander streiten* schien Walter Ulbricht 1957 die internationale
Lage geeignet, in der DDR eine parteilich gelenkte Diskussion über Meinungsfreiheit
(eigentlich eine Grundvoraussetzung jeglichen Fortschritts) zu gestatten. Aber in der
verzerrten Wahrnehmung gesellschaftlicher Wirklichkeit durch viele hohe Parteifunktionäre wuchs bereits die Kritik eines Einzelnen bald zu einer angeblichen Gefahr für
die führende Rolle der bolschewistischen Partei und provozierte deren Reaktion. Aus
der Sicht ihrer Kritiker war für die Partei nur wahr, was ihr jeweils aktuell nützte.

*Ungarn! Polen! Mitteldeutschland! Oppositionelle Strömungen in den sowjetischen
Satellitenstaaten.*

Bereits 1958 erkennt René Ahlberg eine Verschiebung des geographischen Mittel-
punkts der kommunistischen Ideologie von Moskau nach Belgrad, Warschau und
Budapest. Unter dem Einfluß von Georg Lukács steht eine Gruppe von SED-Funktionären um Wolfgang Harich. Bei gleichzeitiger militärischer Stärke hat Moskau begonnen, „seinen ideologischen Führungsanspruch endgültig und nicht nur vorübergehend an die Randstaaten zu verlieren".(I/234)

Der humanitäre Sozialismus.

Der Ursprung neuer Ideen liegt 1958 an der Peripherie des Ostblocks. Ahlberg sieht
in dem bolschewistischen Begriff *proletarische Ideologie* einen Verfall philosophischer Theorie, denn nach Karl Marx sei eine *Ideologie* Ausdruck überholter Vorstellungen.(I/236) Mit systemfremder Kritik umzugehen, sei in der sowjetischen Philoso-

phie leichter als mit systemimmanenter, intellektueller Kritik.(I/237) Leszek Kola-kowski unterscheidet zwischen *institutionellem* (das heißt behördlich festgelegtem) und *intellektuellem* (das heißt hier menschlichem) Sozialismus. In der Wirklichkeit nichtkapitalistischer Länder zeigen sich Probleme, die Marx noch nicht im Blick ha-ben konnte, weshalb sein Begriffsapparat veraltet sei.

Das Programm des Revisionismus.

Die jugoslawischen Kommunisten nehmen sich, gestützt vom jugoslawischen Staat, in ihrem Parteiprogramm 1958 das Recht, dem bolschewistischen Wahrheitsmonopol entgegenzutreten. Demnach werden aktuelle Entwicklungstendenzen in demokrati-schen Staaten aus bolschewistischer Sicht falsch interpretiert, das heißt Revoluti-onshoffnungen sind aus jugoslawischer Sicht vergeblich; alle gesellschaftlichen Wi-dersprüche können und (müssen) evolutionär gelöst werden. Infolge von Stalins Machtfülle ist der Dialektische Materialismus in der Sowjetunion zur Metaphysik ent-artet und kann nicht länger Maßstab für die sozialistische Bewegung sein, ergibt sich aus dem Programm der jugoslawischen Kommunisten. Ahlberg sieht 1959 gute Chancen für sie, sich gegenüber Moskau durchzusetzen, weil ihre Kritik an der So-wjetunion „so wohlfundiert" (I/249) ist, also schätzen sie die sowjetische Wirklichkeit realistisch ein.

A. M. Deborin. Bibliographie der Werke Abram Moiseevič Deborins mit einer biblio-graphischen Einleitung von René Ahlberg.
Deborin, 1881 in Litauen geboren, begab sich 1903 zu Lenin in die Schweiz. Plecha-nov verpflichtet, widmete Deborin sein Leben der materialistischen Philosophie. 1931 endet sein Versuch einer parteiunabhängigen Philosophie. Obwohl von *Stalin* ideolo-gisch angegriffen, überlebt er diesen. Deborins Achtung gegenüber *Lenin* war poli-tisch begründet, dessen Philosophie maß er - so Ahlberg - keine Bedeutung bei.

Revolte gegen das Dogma. Emanzipationsbestrebungen in der Sowjetunion.
1960 rückblickend auf die erste Zeit nach Stalins Tod (1953) analysiert René Ahlberg eine vordergründige Kritik am Persönlichkeitskult als Ausdruck des Emanzipations-bestrebens der Naturwissenschaften in der Sowjetunion. Dialektischer und Histori-scher Materialismus, die dazugehörige *dialektische* Methode und ein damit untrenn-bar verbundener, als philosophischer dargestellter Dominanzanspruch kollidierten in

XII

Theorie und Praxis mit einzelwissenschaftlichen Problemen. Hatte die *dialektische* Methode irgendeine Seinsentsprechung in Natur- und Gesellschaftswissenschaften? Erhielten einzelwissenschaftliche Forschungen sinnvolle Impulse aus Diamat und Histomat? Muß, so ist hinzuzufügen, alles (philosophische) Denken auch der (gesellschaftlichen) Wirklichkeit entsprechen? Gibt es irgendwelche allgemeinen Gesetze des Denkens außerhalb der Kausalität? Die mittlerweile längst offensichtliche Fruchtlosigkeit des *dialektischen* Totalitätsanspruches für jegliche einzelwissenschaftliche Forschung konnte nach Stalins Tod thematisiert und der Streit zugunsten der Naturwissenschaften, später weiterer Disziplinen, entschieden werden.

Die Befreiung der Spezialwissenschaften von staatsphilosophischen Dogmen war ein Indiz für die allmähliche Wiederherstellung der individuellen Freiheit des Denkens.

„Dialektische Philosophie" und Gesellschaft in der Sowjetunion.

1960 rückblickend erinnert René Ahlberg in seiner Dissertation an den Artikel „Die Philosophie über Bord!" von O. Minin 1922. Minin thematisierte die damals von vielen sowjetischen Naturwissenschaftlern geteilte Auffassung, nach der „die Philosophie, einschließlich der marxistischen, ein Überbleibsel der bürgerlichen Ideologie sei" und forderte „ihre Ausschaltung aus dem geistigen Leben der Sowjetunion zugunsten der positiven Wissenschaft". Minin sah „drei Arten, die Welt zu begreifen: die Religion, die Philosophie und die Wissenschaft".(I/286-287)

Ahlberg erinnert an die erste Phase sowjetischer Philosophie bis Mitte der zwanziger Jahre. Seitens der „Vulgärmaterialisten" galt Marxsche Dialektik lediglich als Scholastik und Metaphysik (I/289); demgegenüber gehörte für Deborin „die Dialektik zum Wesen des Marxismus" (Ahlberg, I/290). Idealistische Auffassungen erschienen ihm als unwissenschaftlich, der Dialektische Materialismus „als universale Methodologie" aller Wissenschaften (I/295), als Philosophie in einer führenden Rolle gegenüber den Einzelwissenschaften. Unvermeidlich kollidiert dies mit einem Totalitätsanspruch der Naturwissenschaften. Enthält Philosophie mehr weltanschauliche Wahrheit als irgendeine Einzelwissenschaft? Angesichts der naturwissenschaftlich fruchtlosen dialektischen Hypothesen verstärkt sich auf der naturwissenschaftlichen Seite Widerstand gegenüber dem philosophischen Prioritätsanspruch. Wie entwickelte sich in der Sowjetunion das Verhältnis zwischen dialektischer Philosophie und Geschichts- und Sozialwissenschaften?

Welche Reaktionen löst der Vorwurf aus, Dialektik sei Scholastik und ihre scholastischen Spitzfindigkeiten besäßen „keine Seinsentsprechung" (I/358)?

Proletarische Selbstkritik einzufordern, ohne anzugeben, was ihr Inhalt sein soll, wird ab 1930 „zu einem integrierenden Bestandteil der bolschewistischen Ideologie der Stalinära".(Ahlberg, I/368) Dem Dominanzanspruch der sowjetischen Philosophie folgte die Politisierung der Philosophie durch die Partei. Deren tagespolitische Einschätzungen und Interessen führen zu widersprüchlichen Anordnungen, denen gerecht zu werden auf Dauer nur möglich ist über Opportunismus und Prinzipienlosigkeit.(I/383) Über wahr und falsch entscheidet die (sich ändernde) Generallinie der Partei, die sich der Philosophie zur Rechtfertigung bestehender und geplanter sozialer Zustände bedient.(I/402)

Besteht nicht ein Zusammenhang zwischen der Kontrollfunktion sowjetischer Philosophie und der politischen und sozialen Entwicklung? Welche Legitimierung bleibt der sowjetischen Gesellschaft nach der Liquidierung ihrer Staatsphilosophie?

Hartmut Salzwedel

Flucht in die Lüge

Vier Jahre im Ost-Berliner Schuldienst. Ein Bericht von

Peter Daniel (Pseudonym)

Das Ideal ist ein grausames Geschöpf,
es nährt sich von Menschenblut

1. KAPITEL

Erste Eindrücke

Ende August 1951 erhielt ich vom Schulamt die Nachricht, daß ich in der 33. Grundschule als Lehrer „eingesetzt" worden sei. Wie jeder Anfänger, malte ich mir meine
Zukunft in den rosigsten Farben aus. Schule und pädagogische Ausbildung lagen
nun hinter mir - ich war am Ziel meiner Wünsche.

Als ich an einem der letzten heißen Augusttage zum Schulamt ging, um einige For-
malitäten zu erledigen, hatte ich Herzklopfen. Alles, was mit dem Lehrerberuf zu-
sammenhing, war für mich damals noch mit einem Heiligenschein umgeben. Voller

Ehrfurcht näherte ich mich dem Gebäude, in dem zukünftig mein Schicksal entschieden werden sollte.

Das Haus, vor dem ich dann stand, war meine erste Enttäuschung. Es lag irgendwo im Norden Berlins, in einer schmutzigen und verwahrlosten Gegend. Eine einzelne rote Fahne hing schlaff aus einem Fenster. Sie war zerschlissen und schmutzig.

Bisher hatte ich mich nur unter Studenten bewegt, für die der Marxismus ein Diskussionsthema war, an dem sich unsere idealsten Leidenschaften entflammten. Nun sollte ich die Praxis kennenlernen, um deren Willen wir uns in langen Nächten die Köpfe heißgeredet hatten. Ich war bis zum Äußersten gespannt.

Als ich das Schulamt betrat, fiel mir auf, daß der Hausmeister, der hinter einer trüben Scheibe saß, das Parteiabzeichen trug. Das war nur selbstverständlich - ich hätte es überhaupt nicht bemerken dürfen - aber aus einem unerklärlichen Grunde blieben mir die verschlungenen Hände auf seinem Revers hartnäckig im Gedächtnis. Ich wußte sehr genau, daß der Hausmeister in der Deutschen Demokratischen Republik ein wichtiger Mann war. Er hatte den Eingang zu hüten, Passierscheine auszustellen und darüber zu wachen, daß der Klassenfeind sich nicht einschlich. Die meisten Hausmeister in öffentlichen Gebäuden waren daher Parteimitglieder.

Woher kam also mein plötzliches Befremden? Waren Schule und Partei trotz strengster weltanschaulicher Schulung noch immer getrennte Begriffe für mich? Hatte ich nicht gelernt, daß nach den Regeln der Dialektik das Entgegengesetzte als eine Einheit zu fassen sei? In mir blieb trotzdem ein ungutes Gefühl zurück. Ich konnte es nicht fassen - es war eine sonderbare Angst, wie man sie vielleicht vor einem Unheil empfindet, das man nicht abwehren kann.

Ich betrat ein Zimmer, in dem drei Frauen müßig hinter ihren Schreibtischen saßen. In einer Ecke befand sich das Stalinbild; es war mit Papierblumen und einem roten Tuch als Altar drapiert. Ich hatte unwillkürlich den Eindruck, daß die drei Frauen sich jeden Abend vor dem Bild bekreuzigten, ehe sie nach Hause gingen.

Während ich wartete, plauderten sie miteinander und gaben sich Kosenamen. Dadurch entstand die zwielichtige Atmosphäre eines Kaffeekränzchens, in die ich mit meinem sachlichen Anliegen nicht hineingehörte.

Diese Frauen schienen mir nicht in die Nüchternheit eines Büros zu passen. Ihr Wesen verriet deutlich, daß sie sich ein Leben lang zu Hause wohlgefühlt hatten, bis ihnen die neuen Verhältnisse eine unerwartete Chance boten. Dem Küchenherd und der Tyrannei ihrer Männer entronnen, imitierten sie jetzt, was sie für Autorität und sozialistische Emanzipation hielten.

Waren das bürgerliche Vorurteile? War ich zu empfindlich? Ich konnte nicht verhindern, daß ich ärgerlich wurde. In diesem Augenblick öffnete sich hinter mir eine Tür. Drei Männer waren eingetreten. Einer von ihnen drängte sich in den Vordergrund. Er war eine vierschrötige Erscheinung, wie man sie auf mittelalterlichen Holzschnitten sieht. Die Stimme, mit der er auf seine Begleiter einsprach, polterte wie ein Sack Kartoffeln durchs Zimmer. Mir kam nicht einmal der Gedanke, daß er irgendetwas mit der Schulverwaltung zu tun haben könnte. Die beiden anderen konnten Lehrer sein, sie gaben sich konventionell und trugen jene Starrheit zur Schau, wie sie nur ein langjähriger Schuldienst erzeugt. Eine der Frauen wandte sich mir zu. Ich mußte einen Fragebogen ausfüllen und einige Papiere unterschreiben. Schon im Begriff zu gehen, erkundigte ich mich nach meinem Gehalt. Sie nannte zu meiner Überraschung eine Summe, wie sie für Neulehrer ohne jede Ausbildung gezahlt wurde. Ich wandte ein, daß ich doch zwei Semester an der Pädagogischen Hochschule studiert und nur auf Drängen des Schulamtes meine Ausbildung unterbrochen hätte.

Wir hatten uns zum Abbruch des Studiums erst bereitgefunden, nachdem uns das Schulamt zugesichert hatte, daß die provisorische Fachlehrerprüfung, die wir auf Drängen des Schulamts ablegten, gleichzeitig als erste Lehrerprüfung anerkannt würde. Unter diesen Bedingungen waren wir vorzeitig in den Schuldienst eingetreten. Jetzt hörte ich plötzlich, daß von einer Anerkennung der abgelegten Prüfung keine Rede sein konnte und ich, wie alle, die mit mir die Pädagogische Hochschule verlassen hatten, wie Neulehrer mit einem dreiwöchigen Schnellkurs bezahlt werden sollten. „Soll ich jetzt etwa als Lehramtsbewerber eingestuft werden", fragte ich, „nachdem uns das Schulamt ausdrücklich zugesichert hat, daß die Prüfungen anerkannt würden?"

Ich hatte keine Ahnung, daß ich damit in ein Wespennest stieß. Wie sollte ich auch wissen, daß zwischen den Schulämtern und der Pädagogischen Hochschule eine eifersüchtige Rivalität bestand, weil die PH die Lehrerausbildung an sich gerissen hatte.

„Was heißt hier ‚etwa'", brüllte unverhofft der vierschrötige Funktionär hinter mir, „‚etwa', ‚etwa' ... Sie ... Sie ... Mensch, sein Sie froh, daß wir uns überhaupt mit Ihnen

3

abgeben. Im Westen würden Sie sieben Jahre auf ihre Einstellung warten ... kuschen würden Sie dort ... aber hier meckert Ihr gleich los, wenn Euch etwas nicht gefällt." Ich reagierte genau so heftig wie er und verbat mir energisch seinen Ton. Er war überrascht - wir starrten uns eine Weile wortlos an.

„Sie ...", begann er wieder; anscheinend fiel ihm kein passenderer Ausdruck ein; „... ändern Sie Ihren Ton, wenn Sie sich mit mir unterhalten."

Offensichtlich erwartete er eine Antwort. Ich drehte mich um und ging mit einem höflichen Gruß zur Tür.

„Auf Wiedersehn!" brüllte er mir höhnisch nach, aber man spürte, daß er nicht mehr ganz so sicher war. Seine beiden Begleiter standen verblüfft daneben. Ich bemühte mich, die Tür so leise wie möglich zu schließen.

Einige Tage nachher erfuhr ich, daß ich mit dem Hauptschulrat Altmeyer zusammengestoßen war. Mein erster Eindruck war falsch - später als ich mich mit den Verhältnissen vertraut gemacht hatte, nötigte er mir sogar Achtung ab. Er war nach dem Tode des Stadtschulrats Wildangel der fähigste Kopf in der Ostberliner Schulverwaltung. Ich bin ihm in den folgenden Jahren noch oft begegnet, in der Schule, bei Besprechungen im Schulamt und auf den sogenannten allgemeinen Konferenzen vor versammelter Lehrerschaft. Immer war es sein elementares Rednertalent, das alle Phrasen vergessen ließ. Wenn er sich erhob, hatte ich den Eindruck, daß sich alle im Saal duckten. Wuchtig stand er dann hinter dem Pult und donnerte seine Herausforderungen in die Menge. Niemals erfolgte in seiner Anwesenheit ein Widerspruch oder gar Auflehnung. Er verstand es meisterhaft, jede Opposition schon im Keime zu ersticken. Und dabei behandelte er die tausend Lehrer des Stadtbezirks wie einen Haufen widerspenstiger Schüler.

Wenn er erregt war, duzte er die Versammlung. Ich erinnere mich, daß er nach einer Auseinandersetzung in den Saal rief:

„Wenn Ihr nicht versteht, wenn ich höflich mit Euch spreche, kann ich auch einen Ton anschlagen, den man noch am Hochbahnhof Dimitroffstraße hört ..." - und dabei brüllte er schon, daß die Scheiben klirrten.

Altmeyer war Altkommunist. Das Bewußtsein, die alte Garde gegenüber einem Haufen unzuverlässiger Opportunisten und übereifriger Funktionäre zu vertreten, verlieh seiner Sprache eine Aggressivität, wie sie sonst keiner zu führen wagte. Wir sind uns bei dienstlichen Anlässen noch oft begegnet, aber nie haben wir später ein Wort außer betont höflichen Grüßen gewechselt.

Auch seine beiden Begleiter sind mir noch in verschiedenen Situationen begegnet. Den einen kannte ich bereits. Das fiel mir erst ein, als ich von meinem Erlebnis auf dem Schulamt Abstand gewonnen hatte.

Im Dezember 1948 - ich war damals Primaner - wurde uns ein neuer Gegenwartskundelehrer angekündigt. Unsere Klasse galt wegen ihrer kritischen Einstellung als reaktionär. Bisher hatten wir alle Gegenwartskundelehrer „zur Strecke gebracht". Das war wohl dem Schulamt zu bunt geworden. Der alte Gegenwartskundelehrer, der bei uns eine unglückliche Figur gemacht hatte, verschwand.

An seine Stelle trat ein kleiner Mann mit scharfgeschnittenem Gesicht und wachen Augen. Er hieß Greiffer.

Unsere Methode, den Lehrer in uferlose Diskussionen zu verwickeln, in denen wir mit Erfolg der Theorie von der klassenlosen Gesellschaft und den Segnungen der Diktatur des Proletariats die ärmliche Wirklichkeit entgegenstellten, verfing bei ihm nicht. Er bog jedes Gespräch über konkrete Verhältnisse ins Theoretische ab und konnte uns auf diesem Gebiet mit Zitaten und Statistiken alles beweisen.

Bis zu seiner Ankunft hatten wir uns auf die Gegenwartskundestunden gefreut, weil sie regelmäßig mit tumultuarischen Szenen endeten und wir dabei Gelegenheit hatten, unsere Kritik verhältnismäßig frei zu äußern. Mit Greiffers Auftreten änderte sich das schlagartig. Wenn er vor die Klasse trat, hefteten sich seine Augen auf einen imaginären Punkt an der Wand. Er sprach virtuos, ohne zu stocken, ohne jemals den Faden zu verlieren und ohne seine Augen, die auf irgendetwas in der Unendlichkeit gerichtet waren, zu bewegen. Das freudige Gefühl, sich aussprechen zu können, wich einer beklemmenden Stimmung. Wir wurden in einen endlosen Redestrom eingefangen. Von ihm ging eine Überzeugungskraft aus, die nicht auf den Verstand, sondern auf die Nerven wirkte. Waren wir früher im Zweifel, ob unsere Gegner es ernst meinten, konnten wir bei Greiffer nicht mehr zweifeln. Er war es, und zwar in einem Maße, das wir erschraken. Nach einigen Stunden wagte keiner mehr ein offenes Wort. Die Stunden bei ihm wurden zu einem Monolog, in dem unaufhörlich politische Dogmen auf uns niedergingen.

Bei Greiffer spürte ich zum ersten Mal, wie alles Menschliche aus dem Unterricht wich. Vor uns stand ein Mann, dessen Ideal keine Kompromisse kannte. Der Unterricht bei ihm war nur eine Episode. In drei Wochen hatte er in der Klasse Proselyten gemacht, die seine Aufgabe wirkungsvoll übernehmen konnten. Mißtrauen zog ein. Alte Freundschaften zerbrachen und neue wurden durch politische Bande geknüpft. In der Klasse war ein Gegensatz aufgebrochen, der nicht mehr verschwinden sollte. - Seitdem waren vier Jahre vergangen. Als ich Greiffer im Schulamt wiedersah, war er zum Schulrat aufgerückt. Nach meinem Eintritt in den Schuldienst amtierte er jedoch nur noch vier Monate, dann verschwand er wie so viele, die trotz ihres Fanatismus nicht wendig genug waren, um allen ideologischen Kapriolen der Partei zu folgen. Er hatte die Unverfrorenheit besessen, sich wegen einer bei ihm angefeindeten Geschichtsauffassung direkt an Stalin zu wenden. Der Brief wurde abgefangen und Greiffer liquidiert.

Der dritte Mann hieß Kanzog. Ich lernte ihn später als geistreichen Gesprächspartner kennen. Daß er studiert hatte, erfuhr ich wie alle persönlichen Dinge durch Zufall. In dieser Hinsicht legten sich alle Lehrer eine strenge Zurückhaltung auf; keiner sprach freiwillig über seine Vergangenheit. Wenn man die stille Übereinkunft, niemals private Fragen zu stellen, durchbrach, bekam man meistens nach einem betretenen Schweigen eine ausweichende Antwort. Keiner konnte wissen, ob ein harmloses Detail nicht beim nächsten Kurswechsel zu einer existenzbedrohenden Anklage gemacht werden konnte.

Kanzog hatte Anfang der dreißiger Jahre enge Beziehungen zur KP gehabt. Nach der Machtergreifung Hitlers löste er diese Bindungen und konnte unbehelligt unterrichten.

1945 war er einer der ersten, die sich in Berlin für die „Demokratisierung" des Schulwesens einsetzten. Aber er gehörte trotz seiner kommunistischen Überzeugung zu den Intellektuellen, die sich nur ungern parteipolitisch banden. Solange die Partei ihn brauchte, übersah sie seinen Individualismus. Er war ein brillianter Verfechter der „neuen Ordnung" und bis der konservative Teil der Lehrerschaft noch überwog, konnte er wirkungsvoll als intellektuelles Paradepferd vor den Wagen der Partei gespannt werden. Das sicherte ihm lange eine Sonderstellung im Schuldienst. Als aber die Partei stark genug war, um ihre Widersacher auf administrativem Wege auszuschalten, wurde Kanzog gezwungen, der Partei beizutreten und sich ihrer Disziplin zu unterwerfen. Aber gerade das war ihm nicht möglich. Er war nur solange ein guter Kommunist, bis er persönlich nicht dem Zwang unterworfen wurde, den er

selbst inauguriert hatte. Bei einer heftigen Auseinandersetzung in einer Schulleiter-
konferenz sprach er die Worte, die seine Laufbahn besiegelten:

„Solange ich parteilos war, konnte ich meine Meinung vertreten, aber seitdem ich
Genosse geworden bin, darf ich keine persönliche Meinung mehr haben. Man verbie-
tet mir mit Hilfe der Parteidisziplin den Mund."

Als ich Kanzog kennenlernte, war er noch Schulrat, aber es dauerte nicht mehr lange
und er verlor alle Funktionen. Als ich ihn das letzte Mal sprach, verschanzte er sich
hinter einem maßlosen Zynismus und witzelte darüber, daß die Pferde, die er aufge-
zäumt hatte, durchgegangen seien. -

Von dem Trio, dem ich bei meinem ersten Besuch auf dem Schulamt begegnete, hat
nur Altmeyer alle Säuberungen bis heute auf seinem Posten überlebt.

Eine Woche nach meinem Zusammenstoß mit Altmeyer stellte ich mich meinem
Schulleiter vor.

Die 33. Schule lag in der Nähe des Berliner Praters. Sie war in einem roten Back-
steingebäude aus den Gründerjahren untergebracht. Von außen machte das Haus
noch einen leidlichen Eindruck, aber innen war es feucht und modrig. Die Klassen-
räume boten ein unbeschreibliches Bild. Auf den Fußböden lag eine Schicht von zer-
stampftem Stroh. Papierfetzen, leere Konservenbüchsen und allerhand Gerümpel
quoll bis auf die Flure ...

Ich mußte eine Zeitlang suchen, bis ich das Lehrerzimmer fand. In einer engen
Kammer empfing mich eine verschlafene Frau. Sie war so fett, daß ihr jede Bewegung den Schweiß auf die Stirn trieb. In den vier Wochen, die ich an dieser Schule
verbrachte, habe ich sie kaum einmal von ihrem Platz aufstehen sehen. Gewöhnlich
saß sie unverrückbar auf ihrem Stuhl in dem schon ohnehin engen Lehrerzimmer,
bediente das Telefon und ließ alle Gänge von Schülern besorgen. Die jungen, wen-
digen Sekretärinnen, die noch vor wenigen Jahren die Verwaltungsgeschäfte besorgt
hatten, schienen ausgestorben zu sein.

Der Schulleiter war noch nicht erschienen. Ich konnte mich in aller Ruhe umsehen.
Am Fenster, von dem man einen staubigen Hinterhof überblicken konnte, saß die
Sekretärin. Über ihr hing eine alte Kuckucksuhr. Vervollständigt wurde die Einrich-
tung durch einen riesigen Konferenztisch, der fast das ganze Zimmer einnahm. Seine Platte war mit unzähligen Flecken bedeckt, die davon zeugten, wie eifrig er schon

durch Generationen benutzt worden war. Nach einer Stunde tauchte der Schulleiter auf. Obwohl mir bekannt war, daß sich unter den Neulehrern ganz junge Leute befanden, war ich dennoch überrascht, einem Jungen von kaum mehr als zwanzig Jahren gegenüberzustehen. Er hatte eine blasse, ungesunde Gesichtsfarbe und schütteres Haar, das ihm in langen Strähnen in den Nacken hing. Bisher waren mir unter den jungen Funktionären nur die intellektuellen begegnet. Sie trugen trotz ihres politischen Engagements einen gewissen Snobismus zur Schau, der im starren Parteirahmen durchaus nicht unangenehm wirkte. Hier stand ich dem entgegengesetzten Typ gegenüber.

Rudi Krüger war im Zuge der Neulehrerausbildung in den Schuldienst gelangt. Er hatte die Volksschule besucht und anschließend ein oder zwei Jahre als Maurerlehrling gearbeitet. Dann war es ihm gelungen, mit Hilfe eines dreiwöchigen Schnellkursus die erste Stufe der Lehrerhierarchie zu erklimmen. Einmal im Schuldienst, hatte er das Schulamt durch seine minutiöse Kenntnis der offiziellen Parteigeschichte überrascht und war daraufhin zum Schuleiter ernannt worden.

Man muß zugeben, daß Krügers Stellung in der 33. Schule nicht leicht war. Im Kollegium, das er zu führen hatte, befand sich sein ehemaliger Lehrer. Zwischen ihnen kam es unaufhörlich zu kleinen Reibereien, die das Kollegium in zwei Parteien spalteten. Ich erinnere mich, daß ich gleich am ersten Schultag einer Szene beiwohnte, deren Sinn mir erst später verständlich wurde. Herr Meyer, sein ehemaliger Klassenlehrer, hatte im Durcheinander des ersten Schultages eine Aufsicht versäumt. Krüger rief darauf das Kollegium zu einer Blitzkonferenz zusammen und als wir uns versammelt hatten, schrie er, daß er im allgemeinen ein ruhiger Mensch sei; wenn ihn aber ein gewisser Kollege zu provozieren gedenke, dann würde er ihm beweisen, daß die Zeiten sich gewandelt hätten. Aber ich will nicht vorgreifen.

Krüger begrüßte mich mit einem unbestimmten Kopfnicken und bat mich in sein Zimmer. „Sie kommen also von der Pädagogischen Hochschule", er unterbrach sich und ordnete etwas auf seinem Schreibtisch - „haben Sie schon mal unterrichtet?"

„Nein."

„Es wird schon werden", sagte er. „Sie übernehmen die achte Klasse in Deutsch und die sechsten Klassen in Geschichte. Haben Sie noch eine Frage?"

„Nein." -

„Dann können wir an die Arbeit gehn."

Was sollte ich auch erfragen? Ich stand den Problemen, die mich erwarteten, dermaßen ahnungslos gegenüber, daß ich nicht einmal imstande war, eine sinnvolle Frage zu formulieren. Das kam mir aber gar nicht zum Bewußtsein; meine Unkenntnis war so groß, daß mir im Gegenteil alles völlig klar erschien. Als aber im Laufe der ersten Wochen eine unübersehbare Zahl von Fragen bei mir auftauchten, erfuhr ich, daß niemand einen brauchbaren Rat zu geben vermochte und daß man immer allein fertig werden mußte.

„Wir beginnen heute mit dem Einräumen der Schulbänke", bemerkte Krüger.

„Heute?" fragte ich überrascht.

„Ja, heute."

„Aber ich bin doch erst vom 1. September an eingestellt", gab ich zu bedenken.

„Ja, natürlich, aber Sie gehören schon jetzt zum Kollegium. Ich hatte Sie eigentlich schon früher erwartet. Mir fehlt ein Kollege; da Sie jetzt zur Schule gehören, kann ich erwarten, daß Sie mitmachen."

„Natürlich", antwortete ich.

Meinen ersten Tag als Lehrer verbrachte ich wie ein Schwerarbeiter. In der Schule waren während der sogenannten „Weltjugendfestspiele" einige Hundert FDJ-ler untergebracht - jetzt hatten wir Lehrer das Vergnügen, den Dreck auszuräumen. Alles Mobiliar war aus den Klassen entfernt worden, stinkendes Stroh lag auf den Fußböden, obszöne Zeichnungen bedeckten die Wände. Als ich mich bei einem Kollegen beiläufig erkundigte, warum das Schulamt nicht einige Hilfskräfte anstellte oder die Lehrer wenigstens für die Extraarbeit bezahlte, erhielt ich nur ein Schulterzucken zur Antwort. Meine Frage war unzeitgemäß.

Die Schulbänke waren im Keller aufgestapelt. Wir mußten sie aus einem großen Haufen herausziehen und dann nach oben schleppen. Das Stroh wurde inzwischen von einem anderen Kommando aus dem Fenster geworfen. Das Zusammensetzen der Bänke war mühselig, Werkzeuge fehlten, ein Schraubenschlüssel und eine Kneifzange gingen von Hand zu Hand.

Am Nachmittag erschien für ein paar Minuten der Hauptschulrat Altmeyer. Er ging mit Krüger durch alle Räume und überzeugte sich persönlich vom Fortschreiten der Aufräumungsarbeit.

Seit Monaten hatte die Ostberliner Presse die „Weltjugendfestspiele" propagandistisch ausgeschlachtet. Der „Marsch auf Berlin" sollte das Ende West-Berlins bringen

- und womit hatte das Mammutunternehmen geendet? Täglich gingen Tausende FDJ-ler nach West-Berlin, nicht um es zu stürmen, sondern um dort die Lebensverhältnisse zu bestaunen. - Der Spuk war inzwischen verpufft, Millionen zum Fenster hinausgeworfen und wir hatten das Nachsehen. So unverantwortlich, wie der Rummel begonnen hatte, ging er auch zu Ende. Um Geld zu sparen, wurde einige Tage vor Schulbeginn die ganze Arbeit auf die Lehrerschaft abgewälzt.

Der 1. September war der erste Schultag. Ich erinnere mich, daß an diesem Tag eine kaum spürbare Kälte in der Luft lag. Es war, als ob ein kalter Hauch von fernen Eisfeldern die sommerliche Wärme aufbrach.

Ich war viel zu früh in der Schule. Nicht einmal die Sekretärin, die sonst vor allen anderen erschien, saß auf ihrem Platz. Ich war allein. Noch rührte sich nichts im Hause. Was würde aber geschehen, wenn die vierhundert Schüler sich versammelt hatten? Ich hatte noch niemals allein vor einer Klasse gestanden. Würde man mich respektieren? Würde ich mich durchsetzen können? Das waren für mich Fragen, die ich nicht beantworten konnte.

Allmählich füllte sich das Lehrerzimmer. Eine geschäftige und nüchterne Atmosphäre breitete sich aus. Jeder schien seine Aufgabe genau zu kennen, nur ich saß verloren auf meinem Stuhl.

Der stellvertretende Schulleiter Hackmann verteilte die Stundenpläne. Ich war in einer fünften Klasse zum Ordinarius bestimmt und hatte noch in zwei sechsten und einer siebenten Klasse Geschichtsunterricht zu geben. Dieser Stundenplan hatte aber nur eine Lebensdauer von zwei Stunden, dann stellte es sich heraus, daß die achte Klasse keinen Deutschlehrer hatte und ich mußte auch noch diese Klasse übernehmen.

Inzwischen hatten sich die Schüler mit unvorstellbarem Lärm in den Klassen versammelt. Mir schien, als ob die Decke einstürzen müßte, aber außer mir bemerkte das keiner. Beim Klingelzeichen erhoben sich meine Kollegen und jeder ging in seine Klasse. Ich wußte nicht einmal, wo die fünfte Klasse lag, in die ich hinaufgehen mußte. Mir war wie einem Schiffbrüchigen zumute, den man plötzlich mitten auf dem Meer allein gelassen hat. In dieser Stimmung ging ich in meine erste Unterrichtsstunde. Ich weiß nicht mehr, wie sich die Klassen damals verhalten haben. Am ersten Tage geschah jedenfalls nichts Ungewöhnliches. Die Schwierigkeiten, die sich bald für mich ergaben, gingen von einer anderen, für mich ganz überraschenden Seite aus.

Der stellvertretende Schulleiter Hackmann ist mir neben Krüger am deutlichsten in der Erinnerung geblieben. Er war ein dunkelhaariger Mann mit fetten Gesichtszügen. Im Gespräch betonte er, daß er Tutor sei. Er hatte also Studenten bei ihrer praktischen Ausbildung zu überwachen. Ich verstand zuerst nicht, was er damit sagen wollte. Ich hatte meine erste Lehrerprüfung schlecht und recht an der Pädagogischen Hochschule abgelegt und brauchte daher keinen Tutor. Ich achtete nicht auf seine Anbiederungsversuche. Er hatte es nicht überwinden können, daß ich ihn nicht um „Rat" fragte. Von Anfang an wartete er, daß ich als Neuling irgendeinen Fehler machte, um mich seine Macht fühlen zu lassen.

Diese Gelegenheit sollte sich bald finden. Von den neuen Eindrücken völlig in Anspruch genommen, hatte ich in der ersten Woche vergessen, meine Spalten in den Klassenbüchern auszufüllen. Hackmann sah jeden Sonnabend die Klassenbücher durch und machte die Lehrer auf ihre Versäumnisse aufmerksam. Ich nahm in der ersten Zeit die bürokratischen Seiten meines Berufs nicht wichtig und darum traf mich eine gewisse Schuld. Aber die Art, wie er mich darauf aufmerksam machte, trieb mir das Blut in den Kopf.

Nach der sechsten Stunde kam ich erschöpft in das Lehrerzimmer. Hackmann saß am Tisch und kontrollierte die Klassenbücher. Plötzlich begann er den Kopf zu schütteln und bedauernd mit der Zunge zu schnalzen. Dann warf er mir einen vielsagenden Blick zu und knallte das Klassenbuch auf den Tisch.

„Kollege Daniel, kommen Sie mal her." Er war aufgestanden und erwartete mich mit einem lauernden Ausdruck im Gesicht.

„Bitte", sagte ich, als ich vor ihm stand.

„Lieber Kollege Daniel", begann er, „Sie sind noch sehr jung und ich will Ihnen gern helfen, wenn Sie einen Rat brauchen. Ich sage Ihnen das, damit Sie sehen, daß ich nichts gegen Sie habe. Aber so geht es nicht weiter. Sehen Sie mal her", er schlug eine Seite des Klassenbuches auf, „hier fehlt zum Beispiel eine Eintragung ... und hier ist überhaupt nichts eingetragen. Nein, so geht das nicht, bringen Sie das sofort in Ordnung."

„Hat das nicht bis Montag Zeit?" fragte ich.

Das hätte ich natürlich nicht tun dürfen; er lief rot an und sagte mit schneidender

Stimme: „Nein, sofort, bringen Sie das sofort in Ordnung!" Diese Szene war nur das Vorspiel zu einer Zermürbungstaktik, die mich beinahe zur Verzweiflung trieb.

Die nächste Gelegenheit bot sich für ihn, als ich eines Tages Aufsicht hatte. Ich stand in der großen Pause auf dem Hof und versuchte, eine Horde randalierender Schüler im Zaum zu halten. Plötzlich trat ein Kollege aus dem Haus und rief mir zu, daß mich eine Mutter sprechen wollte. Was sollte ich tun? Ich ging ihr bis auf den Flur entgegen und bat sie, mit mir ans Fenster zu treten. Ich weiß nicht mehr, worüber wir sprachen, die Unterhaltung zog sich längere Zeit hin und ich konnte sie nicht ohne weiteres fortschicken. Plötzlich stürmte Hackmann mit blutunterlaufenen Augen aus dem Lehrerzimmer. Kaum hatte er mich erblickt, begann er zu toben.

„Sie haben doch Aufsicht ... Warum stehen Sie hier herum?"

„Sie sehen doch, daß ich mich unterhalte, ich kann auch von hier aus den Schulhof beobachten."

„Nein, das können Sie nicht", schrie er. Die Schüler blieben draußen stehen und sahen interessiert zu uns herein.

„Wissen Sie was geschieht, wenn sich jetzt ein Kind verletzt? ... Sie werden verantwortlich gemacht!"

„Ich bin gleich fertig, dann gehe ich auf den Hof", antwortete ich.

„Gehen Sie augenblicklich auf den Hof, unterhalten können Sie sich später!"

Während er wütete, mußte ich fasziniert auf seine blutunterlaufenen Augen starren. Das Weiße war von einem Netz roter Äderchen durchzogen. Sie erweckten den Eindruck, daß sie jeden Augenblick platzen müßten.

Ich verabschiedete mich von der Frau und ging auf den Hof. Die Schüler hatten den lauten Streit im Flur gehört und sahen mich jetzt schadenfroh an. Ich kann an diesem Tag eine Zäsur machen, denn von nun an begann die Disziplin in meinen Stunden schnell zu verfallen.

Mein nächstes Fiasko ergab sich daraus, daß ich Hackmanns Anweisungen genau befolgte. Am Tage darauf wollte mich wieder eine Mutter während der großen Pause sprechen. Durch die Unruhe in meinen Stunden nervös gemacht, grüßte ich flüchtig und bat sie, nach dem Unterricht wiederzukommen. In diesem Augenblick erhob sich auf dem Hof ein lauter Tumult. Ich stürzte hinaus.

Nach der sechsten Stunde rief mich Krüger mit ernstem Gesicht in sein Zimmer.

„Kollege Daniel", begann er, „was war denn in der großen Pause los? Eine Mutter hat sich bei mir über Sie beklagt. Sie wollte Sie in einer ernsten Angelegenheit sprechen und Sie haben nicht einmal auf ihren Gruß geachtet. Das geht doch nicht. Wir haben eine Verpflichtung gegenüber den Eltern unserer Schüler. Wenn wir sie so wie Sie behandeln, werden die Eltern das Vertrauen zur Schule verlieren. Durch ein solches Verhalten wird unsere Erziehungsarbeit ernstlich gefährdet. Ich werde den Fall auf der Konferenz zur Sprache bringen." Das war nach anderthalb Wochen Schuldienst.

Ich war inzwischen soweit demoralisiert, daß ich nichts zu erwidern wußte.

Ein unerklärlicher Prozeß hatte eingesetzt. Die Disziplin in meinem Unterricht verfiel von Stunde zu Stunde. Die Auflehnung wuchs im Zeitlupentempo. Ich konnte sie unter meinen Händen entstehen sehen, aber ich konnte sie nicht aufhalten. Schließlich kam es in der sechsten Klasse zur Katastrophe. Hackmann war dort Klassenlehrer. Als ich zum Unterricht ging, empfing mich ein brodelnder Hexenkessel. Bisher waren die Jungen noch einigermaßen friedfertig gewesen. Jetzt löste sich jede Ordnung auf.

Ich trat in die Klasse. Keiner beachtete mich. Die Schüler gingen über die Bänke ... schrieen ... bewarfen sich mit Papierkugeln. Ich stand hilflos dabei. Was sollte ich tun? Den Schulleiter zu Hilfe rufen? Das wäre eine pädagogische Bankrotterklärung gewesen. Ich machte noch einige Versuche, die Klasse zu bändigen - natürlich vergeblich.

Plötzlich flogen Kastanien und Kieselsteine durch die Luft. Prügeleien brachen aus. Ich versuchte dazwischenzutreten - es nutzte nichts. Ein Stein traf mich am Kopf ... jetzt gab ich auf.

Ich schickte einen Jungen zu Krüger. Als er kam, verstummte der Lärm. Er stellte sich vor die Klasse und hielt ihr eine Standpauke. Ich hätte dieselben Worte, vielleicht noch bessere Wendungen gebrauchen können, aber bei mir hätten sie nichts gefruchtet.

Als Krüger gegangen war, war ich davon überzeugt, daß ich als Lehrer versagt hatte. Ich kam die ganze Nacht nicht zur Ruhe. Immer wieder kreisten meine Gedanken um die Schule. Irgendetwas stimmte nicht, irgendwo war eine Lücke, die ich nicht schließen konnte ...

Am anderen Morgen war ich wieder etwas vertrauensvoller. In der Schule erwartete mich zunächst eine angenehme Überraschung; Krüger hatte mich in der sechsten Klasse abgelöst. Noch vor kurzem wäre mir das als eine Niederlage erschienen; jetzt fühlte ich mich nur erleichtert. Ich wußte, daß ein unbeherrschter Schlag, eine einzige Ohrfeige, mich sofort meine Stellung kosten konnte und ich war daher froh, daß ich eine Galgenfrist bekam.

Bis zur dritten Stunde ging auch alles gut. Ich war gerade dabei, Hefte für ein Diktat in der achten Klasse vorzubereiten, als Hackmann auf mich zutrat und mir eine Dame vom Redaktionskollegium einer pädagogischen Zeitschrift vorstellte. Ich weiß nicht mehr, welchen Auftrag sie hatte; auf jeden Fall wollte sie eine Stunde hören, und zwar bei mir.

Da sich mein Zusammenstoß in Hackmanns Klasse zugetragen hatte, mußte er davon Kenntnis haben. Er mußte auch wissen, daß sich sowas schnell unter den Schülern herumspricht. Aber er winkte nur verächtlich ab, als ich ihn darauf aufmerksam machte.

Wir gingen hinauf. Ein Blick genügte - die Klasse wußte Bescheid. Eine kaum verhohlene Spannung lag in der Luft. Die Journalistin und Hackmann setzten sich in die hinterste Bank. Ich begann mit dem Unterricht.

Als ich das Diktat ankündigte, ging es los. Ein empörtes Geraune ging durch die Bänke. Einige behaupteten, daß sie nicht darauf eingestellt seien. Ein Mädchen rief mir zu, daß es üblich sei, Klassenarbeiten anzukündigen. In diesem Stil ging es weiter.

Noch in der vorigen Woche hatte ich nicht die leisesten Anzeichen einer Rebellion bemerkt. Jetzt war die Klasse wie verhext. Wie ich es auch versuchte, es war falsch. Mit äußerster Anstrengung gelang es mir, Ruhe zu schaffen, aber ich fühlte, wie mich meine Nerven im Stich ließen. Ich nahm mich zusammen und begann zu diktieren.

Kaum hatte ich den ersten Satz vorgelesen, als das allgemeine Durcheinander wieder losging. „Zu schnell ... Sie diktieren zu schnell ... wir kommen nicht mit!" Ich diktierte langsamer. Es half nichts. Sie paßten sich mir an und kauten gedankenvoll an ihren Federhaltern. Diejenigen, die schneller schrieben, sahen ostentativ in die Hefte der Nachbarn. Ich verbot es - sie kümmerten sich nicht darum. Schließlich nahm ich einem Mädchen das Heft ab. Wieder allgemeiner Protest. Ich war ratlos.

Zuerst hatten die Kinder vorsichtig nach hinten geschielt. Hackmann saß mit zufriedenem Lächeln in seiner Bank und sprach ungezwungen mit der Journalistin. Den Tumult schien er nicht zu bemerken; ab und zu warf er einem besonders frechen

Schüler einen schalkhaften Blick zu. Die Schüler wurden dadurch angefeuert. Sie wußten hinter sich ein dankbares Publikum.

Ich drang mit keinem Satz durch. Ich war der Mittelpunkt eines Kreises, der sich bemühte, mich nicht zu bemerken. Plötzlich schaute Hackmann befriedigt auf und rief mir zu, daß ich den Unterricht abbrechen sollte.

Was sollte ich tun? Ich packte meine Sachen zusammen und folgte ihnen. Vor der Klassentür empfing mich Hackmann.

„Fräulein X. möchte sich mit Ihnen über die Stunde unterhalten", sagte er.

Wir gingen in den FDJ-Raum hinunter. Hier stellte sich mir Fräulein X. ausführlich als Redakteurin der pädagogischen Zeitschrift „Die neue Schule" vor. Dann begann sie, vor mir einen langen politischen Leitartikel zu entwickeln.

Ich suchte vergeblich nach einem Zusammenhang zwischen der großartigen Entwicklung der deutschen demokratischen Schule und der Disziplinlosigkeit in meinem Unterricht.

Ich saß wie auf Nadeln und wartete ungeduldig auf das Ende ihres Vortrags. Fräulein X. trug eine fesche Baskenmütze und war überhaupt sehr elegant gekleidet. Nur die saloppe Art, in der sie ihre Sachen trug, erinnerte an ihre Stellung als fortschrittliche Journalistin. Das war Absicht. Jeder Parteigenosse ist darauf bedacht, seine politische Gesinnung in seiner Kleidung zum Ausdruck zu bringen. Kann ein Parteimitglied sich bessere Kleidung leisten, dann wird sie nachlässig getragen und irgendein Kleidungsstück symbolisiert den legitimen sozialen Ursprung seines Trägers. Die Parteigrößen tragen bei Demonstrationen und sonstigen öffentlichen Schaustellungen zu eleganten Anzügen eine Schiebermütze. Der untere Teil ist sowieso von der Tribüne verdeckt. Was die Demonstranten zu sehen bekommen, sind nur die Köpfe und die sind ideologisch einwandfrei bedeckt.

Fräulein X. schlug die Beine übereinander, überzeugte sich, daß ihr Rock richtig saß und sagte ohne Übergang: „Es ist notwendig, daß wir zu unserer Aussprache einige bewußte Schüler der Klasse hinzuziehen."

Ich protestierte dagegen. Beide schüttelten sie über soviel Unverstand die Köpfe. Hackmann ging in die Klasse und kam mit zwei FDJ-lern zurück.

„Was haben Sie zu ihrem Unterricht zu sagen?" eröffnete er das Verhör. Er lehnte sich, gemütlich zurück und blickte an die Decke. Er schien sich auf eine gestotterte Verteidigung zu freuen. Ich konnte ihm das Wohlbehagen, mich in eine peinliche Situation gebracht zu haben, förmlich vom Gesicht ablesen. Aus der Klasse hatte er einen fünfzehnjährigen Jungen und ein gleichaltriges Mädchen mitgebracht. Sie saßen kampflustig auf ihren Stühlen. Die ihnen zudiktierte Rolle, über mich zu Gericht zu sitzen, machte ihnen Spaß.

„Ich habe nichts zu sagen." antwortete ich kurz.

„So? Nichts?" Er schien überrascht. Ein Teil der beabsichtigten Wirkung war verdorben. Er sprang auf.

„Kollege Daniel, ich muß wirklich mit Ihnen ein ernstes Wort sprechen. Sie haben alles falsch gemacht und jetzt weigern Sie sich obendrein, das einzusehen. Das ist ein starkes Stück. Sehen Sie mich an. Ich komme in kurzen Hosen zur Schule und trotzdem achten mich die Kinder. Sie machen sich durch Ihre Überheblichkeit unmöglich. Glauben Sie, etwas Besseres zu sein, weil Sie immer lange Hosen tragen? Nein, nein, mein Lieber, damit erreichen Sie bei unserer Jugend nichts. Unsere Schüler können beobachten, sie wissen genau, wen Sie vor sich haben. Ich werde Ihnen sagen, was ein Lehrer zu tun hat: er muß seine Schüler erobern, ja, erobern!"

Er hatte sich in Feuer geredet.

Fräulein X. wandte sich mit Katzenfreundlichkeit an mich.

„Glauben Sie denn, daß Sie keine Fehler machen?"

„Ich leugne nicht, daß ich Fehler mache. Ich fühle mich nur für den Verlauf der Stunde nicht verantwortlich."

„Wer ist dann verantwortlich?" fragte Hackmann. Es entstand eine Pause.

„Als ich meine erste Klasse übernahm", begann Hackmann wieder, „hatte ich auch Schwierigkeiten. Ich bilde keine Ausnahme. Aber ich habe gelernt. Ich habe schnell gelernt und dann ging es plötzlich. Eines Tages sprach man nicht mehr von der sechsten Klasse, sondern von Hackmanns Klasse."

Er wandte sich an die Journalistin. „Es ist ein schönes Gefühl, Autorität zu besitzen - aber man muß hart um sie kämpfen."

Fräulein X. ergriff die Initiative. „Was hält denn die Klasse von Herrn Daniel?" Sie sah die beiden Schüler an.

„Er ist immer so zugeknöpft, wir lernen deshalb nichts bei ihm", sagte der Junge.

„Habt Ihr sonst noch was gegen ihn? Habt keine Angst, Ihr könnt hier alles sagen."

„Er ist so überheblich", sagte das Mädchen.

„Was verstehst Du denn darunter?" erkundigte sich Fräulein X.

„Na ja, Herr Daniel ist so abweisend - man darf sich bei ihm nicht unterhalten." Fräulein X. gab es auf, weitere Aufschlüsse zu erhalten. Zum Abschied gab sie mir die Hand und sagte:

„Sie sind noch jung, Sie müssen Ihre Fehler einsehen. Dann werden sie bestimmt ein Lehrer, wie unsere deutsche demokratische Schule sie braucht."

Dieser Abschluß überraschte mich. Ich glaubte vor einem Tribunal zu sitzen, das über meine Entlassung entschied und nun stellte sich heraus, daß es nur eine private Unterhaltung gewesen war. Und doch war sie nicht ganz privat. Zumindesten von seiten der Journalistin schwang ein politisches Mißtrauen mit. Damals habe ich es nicht einmal geahnt. Erst viele Monate später habe ich verstanden, daß das auch meine erste politische Auseinandersetzung war. Hackmann gehörte nicht zur Partei, für ihn war es nur ein billiger Triumph; für die Journalistin dagegen ging es um ein politisches Anliegen. Als ergebene Parteigenossin witterte sie in meiner ganzen Art den Keim einer politischen Gegnerschaft. Ihre Absicht war, mich zu einem allgemeinen Schuldbekenntnis zu veranlassen. Nicht zu irgendeinem konkreten Vergehen, sondern zu einem Schuldbekenntnis zu dem „neuen Leben". Erst wenn ich mich als Person auslöschte, konnte ich dem Regime vorbehaltlos dienen.

Ich hielt noch eine Woche durch. In meinem Unterricht konnte ich mich nicht mehr durchsetzen. Jeden Tag entschloß ich mich zu kündigen, um dann doch meinen Entschluß einem neuen Versuch zu opfern.

Am Tage vor meiner Versetzung ging ich mit dem Russischlehrer Lehmann nach Hause. Plötzlich blieb er stehen. „Wissen Sie", sagte er, „daß der Kollege Hackmann in allen Klassen erzählt hat, daß Sie völlig unfähig wären und er verstehen könne, wenn sie bei Ihnen keinen Unterricht haben wollen?"

Das war an dem Tage geschehen, als die Schüler der Hackmannschen Klasse gegen mich rebellierten. Ich drehte mich um und stürzte zur Schule zurück. Ich glaube, wenn ich ihn in diesem Augenblick angetroffen hätte, würde ich ihn in Stücke gerissen haben.

2. KAPITEL

Das „neue Leben"

Die Beziehungen zwischen Krüger und mir gestalteten sich sachlich. Unter einer Schicht oberflächlicher Höflichkeit, die wir im dienstlichen Verkehr übten, verbarg sich eine Verschiedenheit, deren wir uns bewußt blieben. Vielleicht kam unsere Gegensätzlichkeit daher, daß wir verschiedenen „Rassen" angehörten. Ich meine damit keine biologische Verschiedenheit oder was man gewöhnlich unter diesem Begriff versteht, sondern eine fundamentale geistige Andersartigkeit, die nur in den Grenzen eines streng sachlichen Verkehrs nicht in Feindschaft umschlug. Wir begegneten uns mit einer bewußten Toleranz, die durch ein kaum merkliches Mißtrauen ergänzt wurde.

Im Funktionärstyp, wie ihn Krüger darstellte, mischten sich Aggressivität gegen Parteifremde und Ergebenheit gegenüber der Partei in eigentümlicher Weise. Dieser Typ wurde nicht nur durch Einseitigkeit, Intoleranz und schablonenhaftes Auftreten gekennzeichnet, sondern auch durch eine eigenartige Affinität zur Parteiideologie. Es schienen Menschen zu sein, die nur darauf gewartet hatten, ein in sich geschlossenes Weltbild aufzunehmen, um es dann gegen jede Anfechtung mit Erbitterung zu verteidigen. Sie schlossen sich früher oder später der Partei an und stellten eine ideale Funktionärselite.

Sie fühlten, daß ich nicht zu ihnen gehörte. Daß war der Grund, daß mir Funktionäre wie Altmeyer oder Krüger mit politischen Vorbehalten entgegentraten. Es war für sie deutlich, daß ich weitaus geneigter war, meinen eigenen Ansichten zu folgen, als politische Aufträge kritiklos durchzuführen. Daher war ihnen mein Marxismus von vornherein verdächtig. Er war sogar ein wesentliches Hindernis, mir zu trauen, denn er verband sich mit einer Person, die nicht zu ihrer Welt gehörte. Über die Konflikte, die daraus folgten, werde ich noch zu sprechen haben.

Krüger war nicht der erste Funktionär, der mir begegnete, aber er war der erste, dessen Anordnungen ich befolgen mußte. Daß es unter diesen Verhältnissen nicht zu einem offenen Konflikt gekommen ist, lag nur daran, daß ich bald seine Schule verließ. Krüger gehörte damals noch nicht der Partei an. Sonderbarerweise existierte an der 33. Schule überhaupt keine Parteizelle, aber in der Praxis wurde sie streng nach den Anweisungen der Partei geführt. -

Eines Tages saß ich im Lehrerzimmer und löffelte meine Schulspeisung. Krüger kam mit einem ironischen Lächeln herein und sagte, daß er mir den Appetit verderben müsse. Ich folgte ihm ins Direktorzimmer. Dort pflanzte er sich vor seinem Schreibtisch auf und ergriff ein Schriftstück.

„Ich brauche Sie wohl nicht auf die Bedeutung des Diensteides aufmerksam zu machen, Kollege Daniel", sagte er, „erheben Sie die rechte Hand und sprechen Sie mir die Eidesformel nach."

Ich war erleichtert! Gefolgt war ich ihm in der Überzeugung, wieder einmal gegen eines der vielen Tabus verstoßen zu haben, jetzt atmete ich auf. Ein Diensteid - das war etwas anderes. Es gab im grauen Schulalltag doch noch feierliche Augenblicke ...

Krüger sah mich erwartungsvoll an.

„Sind Sie bereit?" fragte er.

„Ja", antwortete ich.

„Erheben Sie die Hand, ich spreche Ihnen jetzt die Eidesformel vor", wiederholte er. Unglücklicherweise traf es sich, daß kurz vorher mein Füllfederhalter ausgeflossen war. Ich streckte meine schwarzen Finger in die Luft und sprach den Eid. Es muß ein groteskes Bild gewesen sein; während ich meine Rechte erhoben hielt, umspannte meine Linke einen Löffel, den ich in der Eile mitgenommen hatte.

Meine Kollegen habe ich in der kurzen Zeit, die ich an der 33. Schule verbrachte, nur flüchtig kennengelernt. In der Konferenz, die sich meiner Vereidigung anschloß, sah ich sie zum ersten Mal beisammen. Da war zuerst der schweigsame Russischlehrer Lehmann, der mir später von Hackmanns Intrige erzählen sollte. Er beteiligte sich nicht an der Konferenz. Insichgekehrt saß er in einer Ecke und versuchte unauffällig, Hefte zu korrigieren. Doch diesmal sollte er nicht weit kommen ... Der Schulleiter schaute während der Konferenz öfters zu Lehmann hinüber. Ob er in seine Korrekturen wirklich so vertieft war, daß er nichts bemerkte, oder ob er es absichtlich übersah, konnte ich nicht sagen. Er ließ sich jedenfalls nicht stören. Ab und zu tauchte er aus seiner Versunkenheit auf, blickte in die Runde und setzte dabei ein törichtes Lächeln auf. Nach diesem Zeichen intensiver Aufmerksamkeit wandte er sich jedesmal seinen Heften zu.

Krüger hatte gerade über einen sogenannten „Westeinsatz" gesprochen. Trotz mehrfacher Aufforderung hatte sich niemand freiwillig gemeldet.

Plötzlich wandte er sich an Lehmann.

„Wie ist das eigentlich mit Ihnen? Sie können doch auch mal was für die gesellschaftliche Arbeit tun."

Lehmann zuckte zusammen. Da er nicht genau gehört hatte, worum es ging, leierte er die mit Stichwort „Westeinsatz" verbundenen Phrasen herunter. „Ich glaube, daß die Westarbeit unbedingt nötig ist, um das Volk in Westberlin über die Ziele der imperialistischen Kriegstreiber aufzuklären!"

„Gut, Kollege Lehmann, dann übernehmen Sie doch bitte mit Ihrer Klasse den für Donnerstag angesetzten Einsatz."

„Am Donnerstag habe ich doch Arbeitsgemeinschaft - da kann ich nicht!" protestierte Lehmann.

„Ihre Arbeitsgemeinschaft beginnt um 15 Uhr und der Einsatz erst um 17 Uhr. Sie brauchen nichts ausfallen zu lassen. Gerade Sie als junger Mann müßten froh sein, eine solche Aufgabe zu bekommen ..."

„Wann soll ich denn den Unterricht vorbereiten, wenn ich den ganzen Tag in der Schule bin und abends noch nach Westberlin muß?" fragte Lehmann.

„Die Westarbeit ist wichtiger als eine pedantische Vorbereitung. Sie werden eben einmal ohne schriftliche Ausarbeitungen unterrichten."

Lehmann war am Ende seines Lateins. „Gut, ich mach's", erwiderte er geschlagen.

Die übrigen Kollegen hatten gespannt zugehört - als Lehmann nachgab, malte sich Erleichterung auf ihren Gesichtern. Einer mußte ja den Auftrag ausführen und, da es sich um eines der peinlichsten Kapitel unseres Lehrerdaseins handelte, war jeder froh, daß es nicht ihn getroffen hatte.

„Ich mache den Vorschlag, daß Herr Daniel den Kollegen Lehmann bei seinem Einsatz unterstützt", sagte plötzlich Hackmann. „Als unser jüngster Kollege könnte er dabei wertvolle Erfahrungen für seinen Geschichtsunterricht sammeln."

Alle wandten sich mir erwartungsvoll zu. Schließlich kam ich von der Pädagogischen Hochschule, die für ihre strenge ideologische Ausbildung bekannt war. Ich hatte sofort das unangenehme Gefühl, daß von meiner Antwort verschiedenes abhing, mein Verhältnis zu den Kollegen und meine Stellung zu Krüger. Innerlich verfluchte ich Hackmann - was sollte ich jetzt sagen? Wie immer ich meine Antwort formulierte, sie würde für jeden Anwesenden ein Bekenntnis sein.

Wenn ich angeben soll, wann ich mich bewußt von der Partei zu trennen begann, muß ich diese unscheinbare Episode angeben. Der Zwang zu bekennen brachte mir die allgemeine Zwangslage zum Bewußtsein, in der ich mich befand. So nichtig der Anlaß war, in einem totalitären Staat führte auch die nebensächlichste Entscheidung

zu weitreichenden Folgen. Wer auch nur ein winziges Stück von der Parteilinie abwich - und sei es auch nur ein gefühlsmäßiger Widerstand gegen eine Anordnung -
merkte sehr bald, daß die unsichtbare Linie, der rote Faden sich seinerseits von ihm
entfernte. Ich reduzierte meinen Wortschatz auf die Ausdrucksweise eines Funktionärs:

„Ich bin erst eine Woche im Schuldienst. Ich meine, daß ein Westeinsatz eine wichtige Angelegenheit ist, die große Erfahrung erfordert. Ich muß mich erst einarbeiten,
ehe ich einen so verantwortungsvollen Auftrag übernehmen kann."

Das waren meine ersten Worte auf der Konferenz. Sie wurden ohne Kommentar
aufgenommen. Der Vorstoß Hackmanns war offenbar nur ein privater Versuchsbal-
lon gewesen. Man ließ die Sache fallen.

Neben mir saß Herr Meyer. Er war ein alter Lehrer mit einer dreißigjährigen Praxis.
Die Schüler hatten einen höllischen Respekt vor ihm. Wenn er durch die Schule ging
oder Hofaufsicht hatte, erstarb der Lärm. Er brauchte kein Wort zu sagen, allein seine Anwesenheit genügte, um jeden Aufruhr zu besänftigen. Obwohl er schon die
Sechzig überschritten hatte, machte er noch einen jugendlichen und elastischen Eindruck. Seine Fächer, er unterrichtete Mathematik und Physik, beherrschte er souve-
rän. Das gab seinem Auftreten Sicherheit und Ruhe. Man horchte unwillkürlich auf,
wenn er das Wort ergriff. Er sprach nur über technische Dinge - bei politischen Diskussionen hielt er sich zurück. Das fiel nicht weiter auf, weil er sich eifrig an sachlichen Erörterungen beteiligte und da war sein ausgewogenes Urteil auch meistens
entscheidend.

Beim Einräumen der Klassen war er mein Partner gewesen. Er erzählte gern von
seinen Erlebnissen in einer langen Lehrerlaufbahn. Manchmal blitzten in seinen
Worten ironische Funken auf, sie flossen ihm scheinbar absichtslos von den Lippen.
Der Berliner Humor, trocken und hintergründig, stand ihm immer zu Gebote. Nur
wenn er auf seinen ehemaligen Schüler Krüger zu sprechen kam, klang ein leiser
Anflug von Erbitterung mit.

Als beim Einräumen Werkzeuge fehlten, fragte uns Krüger, ob wir nicht welche mit-
bringen könnten. Herr Meyer schaute ihn an und sagte unbewegt:

„Ich habe noch einen Morgenstern zu Hause!"

Kurz bevor ich die 33. Schule verließ, wurde er auf eigenen Wunsch versetzt.

Auf der anderen Seite des Tisches saßen zwei junge Mädchen. Die eine, Fräulein

Grabowski, sehr rührig, fleißig und intelligent, die andere sensibel und verträumt. Beide hatten schon mehrere Dienstjahre hinter sich. Das romantische Fräulein Enders unterrichtete in der Unterstufe. Als ich einmal mit einer Klasse nicht fertig wurde, kam sie mir energisch zu Hilfe. Ich war überrascht, wie schnell sie sich Respekt verschaffte. Ihr Geschick im Umgang mit den Kindern weckte meine Bewunderung; ich glaubte, das niemals erreichen zu können. Ein Jahr später hörte ich, daß sie nach West-Berlin geflohen war.

Weiter gehörte zum Kollegium Herr Wachtel. Er war vor kurzem nach einer schweren Tuberkulose aus einem Sanatorium entlassen worden und beklagte sich jetzt bitter über seine Krankheit. Er behauptete, daß er schon längst Schulleiter wäre, wenn die Tuberkulose ihm nicht dazwischengekommen wäre - „Alle aus meinem Kurs sind schon Schulleiter oder wenigstens Stellvertreter, nur ich bin noch einfacher Lehrer", wiederholte er bei jeder Gelegenheit. Das Thema erbitterte ihn dermaßen, daß er regelmäßig einen Hustenanfall erlitt.

Dann war da noch Fräulein Ritzel. Eine tatkräftige junge Dame, die auf ihre Disziplin stolz war. Sie sollte mich in die pädagogische Arbeit einführen. Einmal sagte sie sich zur Hospitation an. Die Stunde verlief schlecht und recht. Bei der Besprechung fragte sie mich, welches mein Erziehungsziel gewesen sei. Ich konnte das nur sehr verschwommen angeben, weil meine ganze Aufmerksamkeit dem Stoff und meine Energie der Disziplin in der Klasse zugewandt war. Ich bereitete meine Stunden zwar vor, aber anders als ein Lehrer, der sich sicher im Sattel weiß. An die Feinheiten des Unterrichts hatte ich noch keinen Gedanken verschwendet. Stundenlang grübelte ich dagegen darüber nach, warum in meinem Unterricht keine Ordnung herrschte. Ich fühlte mich machtlos, ausgeliefert ...

Jeden Tag suchte ich verzweifelt nach neuen Mitteln, um mein bißchen Kredit bei den Schülern zu verlängern und um wenigstens für Minuten Ruhe zu haben. Statt mir einen Wink, einen Hinweis, einen Rat zu geben, wie ich mich durchsetzen könnte, erklärte sie im Brustton der Überzeugung:

„Jede Stunde muß für die Schüler ein Erlebnis sein!" - Wenn jede Stunde ein Erlebnis sein sollte und ich nicht einmal Ruhe herzustellen verstand, war ich für den Lehrerberuf ungeeignet. Nach einigen Tagen hospitierte ich meinerseits bei Fräulein Ritzel. Sie sprach über Schiller. Ich konnte feststellen, daß ihre Stunde zwar gut, aber auch kein Erlebnis war. Scheinbar hatte ich sie zu wörtlich verstanden.

Schließlich saß am Konferenztisch noch ein schmalbrüstiger Praktikant mit eingefallenen Wangen und dürftigem Wortschatz. Eine undurchsichtige Figur ... Wenn er zu einem seiner gestammelten Sätze ansetzte, trat ein idiotischer Ausdruck in sein Gesicht. Er war mir unheimlich. Ich habe niemals herausfinden können, wie er über die Schule, die Politik oder gar den Staat dachte. In den Konferenzen machte er dunkle Andeutungen, die mir sinnlos schienen. Wenn ich mit ihm sprach, mußte ich angespannt aufpassen, damit ich einigermaßen den Sinn seiner verworrenen Sätze verstand. Wie dieser Mensch vor einer Klasse bestehen konnte, war mir ein Rätsel.

Die Konferenz dauerte sieben Stunden. Als ich nach Hause kam, hatte ich fünfzehn Stunden ununterbrochen in der Schule verbracht. Ich nahm mir gar nicht die Mühe, mich auf den nächsten Tag vorzubereiten, sondern warf mich aufs Bett und schlief sofort ein.

Solange schulische Fragen auf den Konferenzen besprochen wurden, beteiligten sich die meisten Kollegen daran. Kam das Gespräch jedoch auf ein politisches Thema, verstummte sofort ein großer Teil der Anwesenden. Wer die Verschwörung des Schweigens durchbrach, legitimierte sich als besonders fortschrittlich.

Frau von Zitzewitz zum Beispiel - sie kam erst eine Woche nach Schulbeginn zu uns - war eine vornehme weißhaarige Dame, die das Pensionsalter weit überschritten hatte. Trotzdem versuchte sie, politische Bekenntnisse zu machen. Mir schien das verachtenswert, und doch wußte ich, daß sie es aus Angst tat und das Demütigende ihrer Situation empfand.

Sie wohnte in West-Berlin und die Furcht, in ihrem Alter entlassen zu werden, trieb sie zu Worten und Handlungen, deren Unaufrichtigkeit deswegen so peinlich war, weil ihre psychologische Motivation durchschien. Es dauerte eine geraume Weile bis ich begriff, daß die wirkliche Gesinnung niemanden interessierte und daß die Notlüge einen legalen, von jeder moralischen Wertung freien Platz in politischen Diskussionen besaß.

Lüge und Heuchelei hatten in der Schule ein unangefochtenes Bürgerrecht. Das Beängstigende dabei war, daß das alle wußten. Selbst die engstirnigsten Funktionäre waren nicht im Zweifel über die wahre Stimmung der Lehrerschaft. Sie lösten den Konflikt, indem sie Lippenbekenntnisse forderten. Reden, reden und immer wieder reden war der Preis, den das Regime von jedem Andersdenkenden forderte. Sogar eine temperierte Kritik - natürlich nicht in grundsätzlichen Fragen - war nicht so gefährlich wie hartnäckiges Schweigen. In den Konferenzen versuchte Krüger unablässig, Äußerungen, Stellungnahmen und Bekenntnisse zu provozieren. Gleichviel was gesagt wurde, es konnte das Banalste und Dümmste sein, aber es mußte gesagt werden.

Schweigen war eine unausgesprochene Drohung, dahinter konnten sich Abgründe verbergen. Nichts bewies einem Funktionär eine feindliche Gesinnung deutlicher, als betonte Schweigsamkeit. Das Regime fürchtete die Stummheit seiner Bürger mehr als eine offene Opposition. Es versuchte daher, dieses unheimliche Phänomen mit der Parole „Die Konterrevolution hüllt sich in Schweigen" zu bekämpfen ...

Wer begriffen hatte, daß man reden mußte, um seinen Beruf zu behalten und wer diesen Preis zahlen wollte, nahm unaufhörlich zu allen Fragen „Stellung". Er wurde öffentlich gelobt und den anderen als Beispiel vorgehalten. Der unerschöpfliche Redestrom, der dabei verschwendet wurde, führte dazu, daß alles substanzlos, verwaschen, trivial und manchmal geradezu sinnlos wurde. Es kam dabei oft zu lächerlichen Szenen, bei denen man sich fragen mußte: merken es denn die anderen nicht, merken sie es wirklich nicht? Verstehen sie nicht oder wollen sie nicht verstehen, daß das, was dieser Mann oder diese Frau sagt, mühsam zusammengestottert wird, um ja nichts von der eigenen Gesinnung zu verraten? Die Funktionäre wollten nicht begreifen - sie durften es nicht! Wenn sie auch nur durch eine Geste verraten hätten, daß sie es wußten, hätten sie vor sich selbst und der Partei nicht entschuldigen können, daß sie untätig blieben. Das hätte aber Folgen gehabt, die damals nicht im Interesse des Regimes lagen.

Es war Konvention zu lügen, darüber war man sich einig. Anders war auch eine Zusammenarbeit in der Schule nicht möglich. Hätten zum Beispiel damals alle in der Konferenz ihre wahre Meinung gesagt, wären die meisten Lehrer entlassen worden. Das Theater, das wir spielten, war ein Waffenstillstand. Es war keineswegs gedankenlos. Beide Teile konnten ihn ideologisch begründen. Die Lehrer, die gegen das Regime opponierten, wollten Zeit gewinnen, und die Partei argumentierte, daß viele Kollegen noch in bürgerlichen Vorurteilen befangen seien und daß man ihnen noch Zeit lassen müsse. Sie würden sich eines Tages aussöhnen oder lernen und dann ganz gewonnen werden. Um das zwielichtige Provisorium zu überbrücken, mußte man sie zum Sprechen bringen. So schuf man wenigstens die Illusion politischer

Einhelligkeit. Für diejenigen aber, die unbelehrbar waren, mußte sich das unaufhörliche Reden zur Gefahr auswachsen. Sie würden sich früher oder später versprechen und dann hatte man Gelegenheit, sie auf eine unvorsichtige Äußerung festzunageln und auszuschalten.

Diese Methode war gut, ich habe fast nur Zusammenbrüche erlebt. Wer von den anderen isoliert war und in einer ideologischen Frage gestellt wurde, mußte sich bedingungslos unterwerfen oder fliehen ...

Meine größte Sorge war die Disziplin; sie wurde so brennend für mich, daß zeitweilig alles andere dahinter verschwand. Ich weiß noch, wie sich in mir eine ruckartige Wendung vollzog, als mir eine Klasse zum ersten Mal entglitt. Ich war in eine andere Welt getreten. Ob ich wollte oder nicht, im Zustand der Klasse, in ihrer Zustimmung oder ihrer Ablehnung, in ihrem Gehorsam oder ihrem Aufbegehren, in ihrem Interesse oder Desinteresse, sah ich immer nur ein Spiegelbild meiner Person. Ich war der Mittelpunkt, nach dem sich ihr Verhalten richtete. War die Klasse unruhig, so war ich es, der die gebührende Ordnung nicht herzustellen verstand, war sie gelangweilt, so fehlte es mir an Fähigkeiten, ihre Aufmerksamkeit zu fesseln und war sie respektlos, so war ich es, der keine Achtung einzuflößen verstand.

Ich bin gewiß, daß auch meine Schüler in mir nur einen beliebigen Lehrer sahen, den man eben ärgern konnte. Dahinter verbarg sich keine besonders gegen mich gerichtete Abneigung - sie lärmten gedankenlos oder auch mit einem bestimmten Ziel, aber nicht ich als Mensch war von ihnen gemeint, sondern als Typ, als Lehrer, als Staatsfunktionär, der sich zufällig noch nicht durchzusetzen verstand.

Ich sagte mir, daß nicht ich es bin, gegen den es geht - jeder andere an meiner Stelle würde in der gleichen Lage sein - und trotzdem änderte das nichts für mich. Entglitten mir die Schüler, so war ich es, der versagte und dadurch entwertet wurde.

Das Gefühl der Ohnmacht und das Bewußtsein, daß sie in der eigenen Person liegt, erzeugt eine unerträgliche Spannung. Man wirft sich verzweifelt hin und her, zermartert sich den Kopf nach einem Ausweg und erlebt bei jedem neuen Versuch doch nur eine Enttäuschung.

Ich begriff, was es bedeutet, dreißig oder vierzig Jungen und Mädchen nur durch die eigene Person zu regieren. Jedes Geräusch, jede Störung war der Beweis, daß man keinen Einfluß besaß. Früher hatte ich kaum verstanden, wie man in einer widerspenstigen Klasse einen Nervenzusammenbruch bekommen konnte, jetzt verstand ich es.

Ich habe mich auch in der noch folgenden Zeit öfters danach gesehnt, eine tüchtige Maulschelle auszuteilen, aber irgendwie gelang es mir, ohne dieses letzte Mittel auszukommen. Viele junge Lehrer, die wie ich ohne jede pädagogische Erfahrung in den Schuldienst geworfen wurden, konnten sich eines Tages nicht mehr beherrschen und ließen sich zu einer Züchtigung hinreißen; sie wurden ausnahmslos entlassen. Viele erlitten schwere Nervenzusammenbrüche und andere wieder verließen nach ein paar Monaten freiwillig den Schuldienst. Eine andere ebenso unerfreuliche Folge war der Haß gegen die Schüler.

Oft hörte ich auf dem Heimweg oder auch noch im Lehrerzimmer wütende Ausbrüche. Die Machtlosigkeit gegenüber Frechheiten entlud sich in dieser unschönen Art. Seit körperliche Züchtigungen verboten waren, konnte sich eine Reihe von Lehrern nicht mehr durchsetzen. Das äußerte sich dann sofort in einer hektischen Lautstärke beim Unterricht. Ich hörte einmal einen alten Lehrer sagen, daß durch das ausnahmslose Verbot der Prügelstrafe der vornehme und zurückhaltende Unterrichtston einer ungesunden Reizbarkeit gewichen sei.

So sehr ich anfänglich gegen die Prügelstrafe eingenommen war, mußte ich doch einsehen, daß es Situationen gab, in denen eine Maulschelle Wunder wirkte. Es muß dem Verantwortungsbewußtsein des Lehrers anheimgestellt sein, wann er zu diesem letzten und drastischsten Mittel greift. Die Beantwortung eines bewußten und heimtückischen Angriffs durch eine physische Explosion kann die Situation in der Klasse blitzartig wieder herstellen. In voller Absicht angewandt, kann sie nicht nur einen Lehrer vor einem für ihn qualvollen Absterben seiner Autorität bewahren, sondern auch schnell ein gesundes Gleichgewicht herstellen, in dem das notwendige Vertrauen sich von selbst ergibt. Von Tag zu Tag hoffte ich, daß es besser würde, aber ich erreichte nur vorübergehende Erfolge. Langsam gewöhnte ich mich an die Spannung. Ich begann meine Kollegen zu beobachten. Was ich sah, machte mir wieder Mut. Der Russischlehrer Lehmann befand sich in einer weit verzweifelteren Lage als ich. Die Abneigung der Schüler gegenüber allem, was an Rußland erinnerte, war grenzenlos. Der Haß der Eltern auf das kommunistische Regime, der Widerstand gegen den Zwang, schon in der Grundschule Russisch lernen zu müssen, erzeugte in seinem Unterricht eine unerträgliche Atmosphäre.

Nach der großen Pause, in der ich wieder Hofaufsicht führte, mußte ich noch etwas im Lehrerzimmer erledigen. Dadurch verspätete ich mich.

Ich genoß die ungewöhnliche Stille. Die Flure waren leer; langsam ging ich die Treppe hinauf. Alles an diesem Haus war abstoßend. Die nackten, getünchten Wände, die abgetretenen Stufen und selbst das Eisengitter, an dem ich mich festhielt, erinnerten mich an ein Schlachthaus. Meine Vorstellungen vom Lehrerberuf waren hier in wenigen Tagen zusammengebrochen. Hier herrschte ein Kampf aller gegen alle. Die Schüler widersetzten sich den Lehrern, den Lehrern war wiederum jedes Mittel recht, die Kinder zu unterdrücken. Und um dem ganzen die Krone aufzusetzen, war das Kollegium von Neid, Eifersucht und Mißtrauen zerrissen. Wie zur Bestätigung hörte ich in diesem Augenblick ein dumpfes Poltern im dritten Stock. Ich eilte hinauf. Mit einem Blick überzeugte ich mich, daß der Lärm nicht aus meiner Klasse kam - er drang aus der gegenüberliegenden Tür. Sollte ich hineingehen? Sicher war kein Lehrer in der Klasse. Während ich noch überlegte, wurde die Tür von innen aufgerissen und ich sah den Russischlehrer Lehmann retirieren. Ich finde keinen anderen Ausdruck, es war ein richtiger militärischer Rückzug. Lehmann hielt seine Aktentasche schützend vors Gesicht und zog sich vorsichtig zurück. Aus der geöffneten Tür flogen ihm Federhalter, Tintenfaß und Klassenbuch nach ...

Ich war gelähmt. Lehmann schlug krachend hinter sich die Tür zu.

„Was machen Sie nun?" fragte ich.

„Nichts!"

„Wollen Sie nicht den Schulleiter holen?"

„Wozu? Es hilft ja doch nichts!"

Er zog wortlos eine Zeitung aus der Tasche und begann zu lesen. Vielleicht hatte er recht, warum sollte er sich auch die Nerven ruinieren?

Meine Stunde verlief wider Erwarten ruhig. Als ich wieder auf den Flur trat, war Lehmann verschwunden. Ich hatte erwartet, daß die sich selbst überlassenen Kinder in seiner Klasse meinen Unterricht stören würden, aber nichts dergleichen geschah.

Wir hatten auch in der Schule getobt, aber es war ein Krach um des Kraches willen, gewissermaßen ein „l'art pour l'art"-Standpunkt, dem wir huldigten. Je weniger wir beaufsichtigt wurden, um so größer war der Lärm, den wir vollführten. Hier war das anders! Die Schüler machten bewußte Opposition. Sie verfolgten ein bestimmtes Ziel und wurden schlagartig ruhig, wenn sie es erreicht hatten. Der Widerstand richtete sich nicht gegen Lehmann, sondern gegen den Russischunterricht und das Prinzip, das er als Lehrer dieses Fachs vertrat.

Ich ging hinunter und holte mir die Schulspeisung. Kaum hatte ich den ersten Bissen im Munde, als mir Hackmann zurief, daß ich für den abwesenden Kollegen Meyer die Hofaufsicht übernehmen sollte.

Ich aß, so schnell ich konnte. Der Gedanke, wieder auf den Hof zu müssen, entsetzte mich. Fräulein Enders saß am Tisch und korrigierte Hefte. Wachtel und ein neuer Kollege, den ich noch nicht kannte, standen beisammen und unterhielten sich. Krüger sprach aufgeregt am Telefon und machte jemandem Vorwürfe. Trotzdem war das Lehrerzimmer eine Oase der Stille in einem Hexenkessel von Lärm und Gedränge. Hackmann sah mich auffordernd an - ich ging.

Unglücklicherweise hatte ich mir am Morgen eine rote Krawatte umgelegt. Als ich auf den Hof trat, richteten sich die Blicke der Jungen und Mädchen auf diesen Farbfleck. Ich versuchte, die hämischen Blicke zu ignorieren. Es gelang mir nicht. Von allen Seiten beobachtet, abgeschätzt und belauert, wurden meine Bewegungen gegen meinen Willen hölzern. Ich war der Situation nicht gewachsen.

Am anderen Ende des Hofes brach eine Schlägerei aus. Als ich so schnell wie möglich hinging, zog sich die Prügelei in eine andere Ecke. Ich machte mich lächerlich, indem ich dem Knäuel folgte, ohne ihn zu erreichen. Man forderte mich heraus. Man kannte mich noch nicht so genau und war gespannt, wie ich reagieren würde. Ich wollte besonders geschickt sein und verpaßte in Wirklichkeit den richtigen Zeitpunkt. Als auf dem Schulhof ein allgemeines Gejohle losging, brüllte ich los - aber es war zu spät. Hätte ich einen Augenblick früher so spontan gehandelt, wäre es wahrscheinlich nicht zu der Kraftprobe gekommen. Aus dem Hause stürzten drei, vier Lehrer und stellten mühsam die Ordnung wieder her. Doch der Aufruhr hatte bereits gezündet, er wurde in den Unterricht mitgenommen. Eine latente Spannung hatte schon den ganzen Vormittag geschwelt - ich war nur zu ungeschickt gewesen, den allgemeinen Ausbruch zu verhindern.

Nach dem Klingelzeichen herrschte im Lehrerzimmer betretenes Schweigen. Jeder wußte, was sich jetzt ereignen würde.

Die Klassen waren von unheimlichem Leben erfüllt. Ein untrügliches Zeichen, daß Angriffspläne geschmiedet und die Marschrouten festgelegt wurden. Im dritten Stock schien es besonders schlimm zu sein. Von dort drang in regelmäßigen Abständen ein lauter Knall zu uns. Anscheinend waren die Schüler damit beschäftigt, alle Türen des Stockwerks gleichzeitig zuzuschlagen. Mir trat kalter Schweiß auf die Stirn. Ich hatte Vertretung in einer mir unbekannten Klasse - das mußte schief gehen! Ich ging hinauf. „Guten Tag", sagte ich, als ich vor der Klasse stand.

„Tag", grüßten einige. Die Mehrzahl begrüßte mich nicht. Ich legte meine Aktentasche aufs Katheder und sah der Klasse in die Augen.

„Nehmt bitte die Grammatikbücher vor", sagte ich. Meine Worte verhallten, keiner rührte sich. Zur Abwechslung herrschte unheimliche Stille. Sie versprach nichts Gutes. Ein rothaariges Mädchen in der ersten Bank sah mich abschätzend von Kopf bis Fuß an. Meine Aufforderung schien sie nicht gehört zu haben. „Hast Du nicht gehört? - Du sollst Dein Grammatikbuch vornehmen!" sagte ich. Sie legte den Kopf auf die Seite und sah mich mitleidig an. „Wollen Sie sich nicht vorstellen? Wir unterhalten uns nicht gern mit fremden Männern", flötete sie.

Richtig! Das hatte ich in der Aufregung versäumt; jetzt war es zu spät.

„Steh auf, wenn Du mit mir sprichst." - Ich sah sie wütend an.

„Wenn Blicke töten könnten, wärst Du 'ne Leiche". Ich fuhr herum, offenbar war das rothaarige Mädchen gemeint. Jemand lachte. Die Klasse war auf dem Sprung. Ich überging die Herausforderung. Aber aus dem Unterricht wurde nichts. Bald war hinten etwas los, bald vorne, je nachdem, wo ich mich gerade befand. Am meisten fürchtete ich mich, der Klasse den Rücken zuzuwenden; ich wußte, dann würde es losgehen. Aber ich war gezwungen, es zu tun. Kaum hatte ich einige Sätze gesprochen, als eine Schülerin mich scheinheilig bat, etwas an die Tafel zu schreiben. Als ich mich umdrehte, flogen Kreidestücke an die Wand. Ich wandte mich wieder um. Alle saßen harmlos auf ihren Plätzen. „Wer war das?" fragte ich einen Jungen.

„Wir sind die achte Klasse!" erwiderte er.

„Ja, und?"

„Wir werden nicht geduzt!"

„Solange Ihr Euch wie Kinder benehmt, duze ich Euch!"

„Dufte."

„Was soll das heißen?"

„Knorke."

„Raus mit Dir - zum Teufel" schrie ich.

„Das ist verboten! Sie dürfen mich nicht hinauswerfen."

„Das laß nur meine Sorge sein" - außer mir vor Wut, trat ich einen Schritt auf ihn zu. Da bemerkte ich, daß die Mädchen wie auf Kommando ihre Röcke hochzogen. Mir blieben die Worte in der Kehle stecken.

Ich schickte jemanden augenblicklich zu Krüger. Als er kam, war alles friedlich. Er blickte mich verwundert an.

„Was war denn los?" fragte er amüsiert.

„Nichts!" antwortete ich.

Damit war der Vorfall erledigt. Die letzten zwanzig Minuten war die Klasse ruhig. Als ich nach der sechsten Stunde hinunterging, saßen alle Lehrer erschöpft um den Konferenztisch. Man war sich einig: sowas war schon lange nicht mehr dagewesen. Ich gab mein Erlebnis zum besten. Lehmann winkte verächtlich ab.

„Das ist harmlos", sagte er. „Wissen Sie, wie es dem Kollegen Temme von der 17. Schule ergangen ist? Man hat ihn entlassen und dabei muß er noch zufrieden sein, daß er nicht im Zuchthaus gelandet ist.

Eines Tages kommt er in seine Klasse. Alles ist ruhig und er macht seinen Unterricht. Plötzlich sieht er, daß ein Mädchen aufsteht und nach vorn geht. Er denkt, daß sie austreten will und fragt nicht weiter. Sie sagt kein Wort, stellt sich vor die Klasse hin und reißt sich die Kleider vom Leib. Temme brüllte sie an, ob sie wahnsinnig geworden sei? und versucht dabei, ihr wenigstens das Kleid um die Schultern zu hängen. Und da passierts. Sie haut ihm eine runter und schreit, daß sie's ihrer Mutter erzählen wird und daß sie sich von so einem alten Schwein nicht belästigen lasse und so weiter.

Als die Klasse verhört wird, behaupten alle Mädels, daß er es besonders auf die eine abgesehen habe. Er hätte sie aus der Bank gerissen und dann vor allen ausgezogen. Da war nichts zu machen, sie blieben bei ihrer Aussage. Auch als sie es unter Eid wiederholen mußten, kippte keine um. Na ja, Temme kann froh sein, daß er bloß entlassen wurde."

„Das ist eine bequeme Methode, einen unbeliebten Lehrer loszuwerden", sagte Wachtel. „Etwas Ähnliches ist auch in der 6. Schule gewesen. Der Mathematiklehrer war bei den Mädchen unbeliebt. Beim Unterricht merkt er plötzlich, daß etwas im Klassenschrank rumort. Er geht hin, reißt die Tür auf - und was glauben Sie, ein splitternacktes Mädchen fällt ihm entgegen. Zuerst sah's mies aus. Aber dann kam doch heraus, daß die anderen sie ausgezogen und gegen ihren Willen in den

Schrank gesperrt hatten. Als sie ins Gebet genommen wurde, gestand sie, daß der Mathematiklehrer unschuldig war."

„Wenn die Klasse sich verabredet, kann man nichts machen", sagte Lehmann.

„Nee, da kann man wirklich nichts machen", schaltete sich der neue Kollege ein. „Wenn die Klasse zusammenhält, sind wir geliefert. Bei unserer hohen Klassenfrequenz brauchen Sie nur zwischen den Bankreihen hindurchzugehen, oder sich über eine Schülerin zu beugen und schon haben Sie sie unsittlich berührt. Unsereins steht da und weiß nicht, wie ihm geschieht."

Lehmann wandte sich wieder an mich.

„Wenn Sie dem Bengel heute eine runtergehauen hätten, wären Sie die längste Zeit Lehrer gewesen. Ich sehe mir das Theater ruhig an und wenn's mal zu schlimm kommt, gehe ich auf den Flur und warte, bis alles vorüber ist. Das ist immer noch ungefährlicher, als bei der Stange zu bleiben. Sie brauchen bloß an den Kollegen Klemke zu denken, der hat auch die Nerven verloren. Und was hat er davon? Man hat ihn zu 250 Mark verknackt."

Der Fall Klemke machte damals in den Schulen die Runde. Er war an der 6. Schule Russischlehrer gewesen. Als ihm eine Mädchenklasse Schwierigkeiten machte, ging er zu seiner Schulleiterin. Die Frau hörte gar nicht hin und speiste ihn mit Redensarten ab. Als es in der Klasse nicht besser wurde, ging er wieder verzweifelt zu seiner Schulleiterin. Die wußte ihm keine bessere Hilfe zu geben als den Rat, eifrig Sowjetpädagogik zu studieren. Es fiel ihr nicht ein, selbst in die Klasse zu gehen und ihren jungen Kollegen bei der Arbeit zu beobachten. Sie unternahm nichts und ließ die Dinge treiben.

Eines Tages wußte sich der Russischlehrer nicht mehr zu helfen und gab einem Mädchen, das ihn unflätig beschimpfte, eine Ohrfeige. Das junge Ding verließ spornstreichs die Klasse und beklagte sich bei der Schulleiterin.

So gleichgültig sie sich bisher gegenüber den Schwierigkeiten ihres Kollegen verhalten hatte, so energisch setzte sie jetzt den Gewerkschaftsapparat und die Schulverwaltung in Bewegung. Eine Konferenz wurde einberufen, die Parteifunktionäre des ganzen Bezirks versammelten sich, jede Schule schickte ihren Delegierten zur Beobachtung des „interessanten Falles" und als Klemke erschien, wurde er ideologisch gekreuzigt. Durch die Ohrfeige war das erzieherische Problem zu einer hochaktuellen politischen Frage geworden. Plötzlich zeigte nicht nur das Schulamt, sondern auch die Partei und vor allem die Justiz eifriges Interesse. Schließlich bemächtigte sich noch die Presse des Falles und er wurde, mit politischen Akzenten versehen, zu Ungunsten des armen Menschen in aller Öffentlichkeit breitgetreten. Prompt wurden in allen Schulen Resolutionen verfaßt, die das klassenfeindliche und reaktionäre Verhalten des Kollegen Klemke energisch verurteilten.

Nach zwei Wochen fand ein Prozeß statt. Dabei kamen haarsträubende Einzelheiten ans Licht. Jeder objektive Richter hätte das Verhalten der Schulleiterin und des Kollegiums als strafmindernd ausgelegt, nicht so das betreffende Gericht. Alles wurde vertuscht, die Schülerinnen hielten zusammen und belasteten den Angeklagten. Das Ende vom Lied war, daß Klemke seine Stellung verlor und zu zwei Monaten Gefängnis beziehungsweise 250 Mark Geldstrafe verurteilt wurde.

Für das Gericht war damit der Fall erledigt, nicht aber für die Schulen. Eltern und Schüler lasen von dem Urteil in der Zeitung. Die Folge war, daß die Schüler nur noch aufsässiger wurden. Bald konnte jeder Lehrer, der zufällig Disziplinschwierigkeiten hatte, von seinen Schülern die stete Redensart hören: „Wenn Sie mich anfassen, gehen Sie ins Gefängnis!"

Die letzten Tage in der Akazienallee verbrachte ich wie im Alptraum. Hatte ich eine Klasse verlassen, glaubte ich für immer jeden Einfluß verloren zu haben. Und ich war in der nächsten Stunde genausooft überrascht, daß die Kinder scheinbar alles wieder vergessen hatten. Jede Stunde war bis zu einem gewissen Grade von der folgenden isoliert. Es war gleichsam ein ewiger Anfang - man war überzeugt, ein Stück vorwärtsgekommen zu sein und bemerkte am nächsten Tage, daß man wieder am Ausgangspunkt stand. Nur die Gegenwart zählte ... ich mußte immer von vorn beginnen. Das Sonderbare aber war, daß auch die Schüler immer in die abwartende Haltung der ersten Stunde zurückfielen.

Die Stunden führte ich unter Anspannung meiner ganzen Energie durch. Ich verlor keinen Boden mehr, aber ich gewann auch kein neues Terrain. Alles blieb in der Schwebe - ein Provisorium! Sollten das die ersten Zeichen sein, daß ich auf dem richtigen Wege war?

Ich mußte an den hohlwangigen Praktikanten denken. Zufällig war ich in seinen Unterricht geraten. Da stand er, von keinem beachtet, und „unterrichtete". Die Kinder machten nicht einmal den Versuch, ihm zuzuhören. Er stand in einer Ecke und sprach zu einer imaginären Zuhörerschaft. Ein gespenstischer Anblick. Ich zog mich so leise wie möglich zurück.

Der Praktikant kündigte am nächsten Tag - er war erledigt. Er machte zwar viele Worte, aber das konnte nicht darüber hinwegtäuschen, daß er nur noch ein Nervenbündel war.

Je mehr ich gegenüber meinem eigenen Schicksal abstumpfte, umso stärker drängte sich das Phänomen nach vorn. Was trieb die Schüler zu dieser Erbitterung gegen ihre Lehrer? Lag es daran, daß diese Generation ohne die strenge Hand eines Vaters aufgewachsen war, oder lag es an den neuen Verhältnissen?

Was sollte ich zum Beispiel von folgendem Ereignis halten? Herr Wachtel, trotz einiger Eigenarten ein achtenswerter und guter Lehrer, kam eines Tages mit zerbrochenen Brillengläsern aus dem Unterricht. Die Kinder hatten ihm die Gläser heruntergerissen und sie zerstampft. Er hatte niemand angefaßt - doch er befand sich in einem unbeschreiblichen Zustand. Man mußte ihn in einer Taxe nach Hause bringen.

Ich muß vorgreifen, wenn ich die Ursachen für den „Aufstand in der Schule" erklären will. Die Disziplinlosigkeit hatte zwei Gründe. Es gab zum Beispiel an meiner ersten Schule nur zwei oder drei Lehrer mit gediegener pädagogischer Ausbildung. Der Rest bestand aus Neulehrern. Sie kamen aus den verschiedensten Berufen. Ihre persönliche Leistung war oft achtunggebietend, doch was half das, wenn es ihnen an Erfahrung und was viel wichtiger ist, an Hingabe und Liebe für ihren Beruf mangelte. Ich habe unter den Neulehrern viele handfeste Lehrer getroffen, aber nur sehr selten einen Pädagogen aus Leidenschaft. Sehr oft lockte die soziale Stellung, der Einfluß oder das Gehalt und nicht die Aufgabe. Das machte sich bemerkbar. Mangelnder Bildungstrieb, Trägheit, Selbstgerechtigkeit waren das gewöhnliche Bild, das die Neulehrer nach der zweiten Lehrerprüfung boten. Selbst wenn sie sich an der sogenannten Weiterbildung, die von jeder Schule organisiert wurde, eifrig beteiligten, blieb ihr geistiger Horizont eng. Ohne geistige Orientierungsmöglichkeit waren sie dem dargebotenen Stoff ausgeliefert. Sie entwickelten sich meistens zu engstirnigen Funktionären, die im Stalinismus ihre weltanschauliche Heimat fanden und jede Bedrohung ihres mühsam erworbenen Weltbildes leidenschaftlich zurückwiesen. Dieser völlig unpsychologische Lehrertyp trug viel zu den Mißständen in der Schule bei.

Ich bin weit davon entfernt zu verallgemeinern. Ich habe einfache Arbeiter unter meinen Kollegen getroffen, deren Bildungstrieb echt war. Sie hatten in wenigen Jahren Ungeheueres geleistet. Sie standen den alten und erfahrenen Pädagogen in nichts nach. Aber sie gehörten nicht zu denen, die in höhere Verwaltungsstellen aufrückten. Sie blieben Lehrer.

Die anderen aber, die die gängigsten Bücher von Stalin und Lenin gelesen hatten, deren Bildung auf diese Lektüre beschränkt war, entwickelten eine Geisteshaltung, die von der Partei bevorzugt und gefördert wurde. Aus ihnen rekrutierte sich die pädagogische Oberschicht; gleichviel ob sie pädagogisch begabt waren oder nicht, wurden sie in wenigen Jahren Schulleiter, Schulräte und Hauptschulräte. Die Partei nahm sich ihrer liebevoll an und sie verdienten sich dieses Vertrauen, denn sie standen und fielen mit ihr.

Die zweite Seite der Disziplinlosigkeit ist politisch bedingt. Die Schule wird nicht nur durch die Verwaltung, sondern auch durch das Elternhaus politisiert. Der Schüler befindet sich in einem echten Dilemma. Zu Hause steht er unter dem Einfluß seiner Eltern, die meist das Regime ablehnen, und in der Schule bekommt er das Gegenteil zu hören. Zwischen diesen Polen hin- und hergerissen, weiß er nicht mehr, wem er glauben soll. Dadurch entwickelt sich sehr früh bei vielen ein zynischer Skeptizismus. Der Schaden, den dadurch die sittliche Erziehung nimmt, liegt auf der Hand. Meistens ist die Bindung an das Elternhaus stärker als an die Schule. So gerät der Schüler von vornherein in einen Zwiespalt zwischen Schule und Elternhaus. Die Eltern raten ihm zur Vorsicht, er soll seine Lehrer hinters Licht führen, heucheln, um seine Versetzung oder auch sein späteres Studium nicht zu gefährden. Zu Hause darf man nicht lügen, man muß aufrichtig, ehrlich sein, aber in der Schule soll man sich verstellen, täuschen; ja man muß es tun, um die Eltern und sich selbst nicht in Gefahr zu bringen. Jeder wird sich vorstellen, wie sich diese innere Spannung auswirkt. Sie schreit nach einem Ventil, nach einer Lösung, nach einem Zustand, in dem man endlich einmal alles Belastende abwirft und nur „man selbst" ist. Vorsicht, Zurückhaltung und Berechnung, all das, was einem Kinde wesensfremd ist, bricht als Haß gegen die Lehrer, gegen die Schule und selbst gegen das Mobiliar hervor. Alle unterdrückten Gefühle machen sich Luft. Die Disziplinlosigkeit wird zu einem Akt der Befreiung.

Als ich soweit war, die Zusammenhänge zu verstehen, stand ich vor einem fast unlösbaren Problem. Einerseits konnte ich die Eltern aus ganzem Herzen verstehen, die ihren Einfluß auf die Kinder nicht verlieren wollten. Andererseits brach er aber als

Widerstand gegen mich hervor. Ich löste diesen Konflikt schließlich dadurch, daß ich eine freie und ungezwungene Atmosphäre zu schaffen suchte. Es dauerte oft Wochen und Monate, bis die Jungen und Mädchen wirkliches Vertrauen zu mir faßten und sich frei aussprachen. In solchen Augenblicken war ich Lehrer - selbst die Gefahr, denunziert zu werden, konnte mir die Freude nicht rauben.

Ende der vierten Woche tauchte bei uns der Schulrat Spangenberg auf. Alle waren ungemein aufgeregt, weil jeder seinen Besuch im Unterricht fürchtete. Ich ahnte, daß sein Kommen nicht ihnen, sondern den neuen Lehrern von der Pädagogischen Hochschule galt. In diesem Falle mir.

Das Schulamt brachte den 300 neuen Lehrern, die nach einer provisorischen Abschlußprüfung von der Pädagogischen Hochschule direkt in den Schuldienst eingeschleust worden waren, Mißtrauen entgegen. Obwohl sie eine strenge ideologische Schulung mitgemacht hatten, kamen sie aus verschiedenen sozialen Schichten und bildeten in der Masse der Neulehrer eine Art geistiger Elite. Ihnen galt daher das besondere Augenmerk des Schulamtes.

Jetzt war Herr Spangenberg gekommen und sollte über mein weiteres Schicksal entscheiden.

Bisher hatte ich mich nicht eine Stunde als Lehrer, sondern immer als Sklavenhalter gefühlt. Mein pädagogisches Können bestand darin, daß ich mit aller Macht Ruhe und Ordnung herstellte - mit anderen Fragen hatte ich mich nicht beschäftigt. Wenn Spangenberg trotzdem nichts an mir auszusetzen fand, so war das reiner Zufall. Ich sprach über Heines „Harzreise", erzählte etwas aus seinem Leben und ließ einige Ausschnitte lesen, die ich glücklicherweise vor der Stunde ausgewählt hatte.

Die Besprechung war kurz. Spangenberg und Krüger, der auch dabeigewesen war, machten einige nichtssagende Worte und die Aussprache war beendet.

Im Lehrerzimmer traf ich den neuen Kollegen. Wir hatten uns öfter gesehen, aber noch nicht vorgestellt. Das holten wir jetzt nach. Er hieß Mauri. Sein Gesicht war von unzähligen Falten durchzogen. Wenn er jemand anblickte, lockerte er vorsichtig seine Stahlbrille und spähte über ihren Rand. Sein schmaler Kopf erinnerte an einen Fuchs. Er war mir sofort sympathisch. Ich glaube, wir sprachen über das leidige Disziplinproblem. Plötzlich sah er mich an.

„Darf ich Ihnen ein Horoskop stellen?" fragte er.

Ich habe ihn wohl recht dumm angesehen, denn er lächelte und meinte, daß es nun mal sein Steckenpferd sei.

„Bitte, mit Vergnügen", stimmte ich zu. Sein Vorschlag, mein Schicksal aus den Sternen zu deuten, erschien mir grotesk. Ich lehnte nur deshalb nicht ab, weil ich ihn nicht beleidigen wollte. Welch Gedanke! Seit ich meinen Feenglauben verloren hatte, war in mir nichts mehr von einer jenseitigen, verborgenen Welt zurückgeblieben, die mein Leben beeinflussen konnte. Mein Skeptizismus hatte die lichte Welt der Mythen gründlich zerstört. Die Sterne standen mir auch innerlich so fern, wie die Astronomen sie am Firmament berechnen.

Ich konnte meine mokante Haltung nicht verbergen. Wahrscheinlich war er das gewöhnt, denn er beachtete mich nicht, während er meine Daten notierte. Er entwarf eine astrologische Zeichnung ... und das alles in dieser nüchternen, kalten und unerbittlichen Umgebung.

Und trotzdem war ich ihm dankbar. Meine Enttäuschung, meine Verlorenheit wurde durch diesen irrationalen Akt verwischt. In diesem Augenblick hatte ich wieder ein persönliches Schicksal, ein eigenes Horoskop, das nur mir gehörte und das ich mit niemand teilen mußte. Ich war froh, daß er meine Linien zeichnete, an die ich nicht glaubte.

Er warf einen langen Blick auf die Figur.

„Sie werden Ihren Arbeitsplatz wechseln", sagte er nachdenklich. „Am Ende werden Sie scheitern - aber das liegt noch in weiter Ferne. In der Zwischenzeit werden Sie Erfolg haben, heiraten, Karriere machen ... das Ende ..."

Weiter kam er nicht. Ich hörte meinen Namen rufen.

Ich kann kaum meine widersprechenden Gefühle beschreiben. Ich glaubte ihm kein Wort. Ich war nicht einmal sicher, daß er es ernst meinte. Wenn er plötzlich aufgestanden wäre und mich ausgelacht hätte, wäre ich nicht böse geworden, so naheliegend schien mir diese Lösung.

Ich wurde in Krügers Zimmer gebeten. Spangenberg stand am Fenster.

„Der Kollege Spangenberg und ich haben beschlossen, Sie im schulischen Interesse zu versetzen", sagte Krüger.

„Ich kann Ihnen noch nicht sagen, an welcher Schule Sie Ihre Arbeit fortsetzen werden, aber ich glaube, daß unsere Entscheidung auch in Ihrem Interesse liegt."

Beide sahen mich verlegen an. Warum sind sie bloß so verlegen? dachte ich. Mir war die Versetzung mehr als recht. Ich hatte nicht den geringsten Grund, mich zu beklagen. Im Gegenteil, ich hatte mehr als einmal durchblicken lassen, daß ich versetzt werden wollte.

Sie waren nach meiner Zustimmung sichtlich erleichtert. Auch das begriff ich nicht; es war ja schließlich Spangenbergs Aufgabe, Lehrer zu versetzen. Sie schüttelten mir herzhaft die Hand. „Sie stehen von sofort an zur freien Verfügung des Schulamtes", schloß Spangenberg unsere Unterhaltung.

Im Lehrerzimmer setzte ich mich wieder neben Mauri.

„Wie erklären Sie sich das?" fragte ich. „Man hat mich soeben versetzt."

Er lächelte vor sich hin und gab keine Antwort. Ich verstand nicht, was ich soeben erlebt hatte. War es Zufall? Ich wischte meine Zweifel beiseite. Wichtig war nur, daß ich dieser Schule den Rücken kehren konnte.

3. KAPITEL
Enttäuschte Hoffnungen

Es war Spätherbst geworden, als ich zu meiner neuen Schule ging. Sie war in einem verhältnismäßig modernen Gebäude untergebracht. Die nackte, nichtssagende Fassade trat einige Meter hinter die Häuserfront zurück. Über dem Eingang hing ein Plakat, das von den Erfolgen des ersten Fünfjahrplans erzählte.

Das Sekretariat war in einem kleinen Anbau untergebracht. Alles war sauber und ordentlich. Die Sekretärin wußte Bescheid und gab mir bereitwillig Auskunft. Ich brauchte nicht lange zu warten, der Schulleiter erschien einige Minuten nach mir. Er begrüßte mich ungezwungen. Daß er mir so selbstverständlich gegenübertrat, berührte mich angenehm. Ich war von meinen jüngsten Erlebnissen noch so beeindruckt, daß ich mich zuallererst nach der Disziplin erkundigte. Er ging leicht darüber hinweg. Ich erriet, daß diese Frage hier keine große Rolle spielte. Später erfuhr ich, daß sie sehr schlecht gewesen war, bevor er die Schule übernahm.

Stüdemann war ungefähr fünfundzwanzig Jahre alt und sah wie ein Südländer aus. Er sprach sprunghaft, wechselte rasch seine Themen und war bald ernst, bald ironisch. Als ich ihn sprechen hörte, spürte ich, daß er weder in seiner Aufgabe noch in einem politischen Dogma ganz aufgehen konnte. Sein Arbeitsstil war künstlerisch und von der Nachlässigkeit, die sich auf die Intuition des Augenblicks verläßt.

Das Kollegium verstand Stüdemann vorbildlich zu leiten. Seine Methode war dabei nicht ungewöhnlich, aber sie bekam durch ihn eine persönliche Note. Er beobachtete seine Lehrer, und zwar in Augenblicken, in denen sie es am wenigsten erwarteten. Dabei merkte er sich alles, was ihm wichtig schien und behielt es solange für sich, wie alles ordnungsgemäß verlief. Geriet er jedoch mit jemand in Konflikt, wußte er das Gespräch geschickt auf dessen Nachlässigkeiten oder Versäumnisse zu bringen. Für seinen Gesprächspartner kam der Angriff meist überraschend und das Sündenregister, das Stüdemann dann hervorholte, war immer sehr umfangreich. Der andere hatte das meiste schon vergessen oder geglaubt, daß niemand etwas bemerkt hätte und war durch die plötzliche Gegenüberstellung mit seinen Missetaten verwirrt. Stüdemann war bei solchen Aussprachen niemals zynisch oder gar böswillig. Er trug es lächelnd vor und wenn der Betreffende einsichtig war, wurden die Reibungsflächen schnell aus der Welt geschafft.

Ein weiterer Zug seines Wesens war, daß er in Gesprächen geheimnisvolle Andeutungen zu machen liebte. Jeder vermutete etwas Bestimmtes dahinter. Bei dem politischen Klima, das damals herrschte, war das nicht verwunderlich. Durch solche Andeutungen wurden fast bei jedem verborgene Schuldgefühle wachgerufen.

Für Stüdemann war das nur ein amüsantes Spiel, er dachte sich nichts Böses dabei. Er verließ sich auf die Menschenkenntnis seiner Kollegen und glaubte, daß sie seine Spielregeln einhalten würden. Wer ihn aber nicht durchschaute, fühlte sich bedroht. Dadurch entstand um ihn eine zwielichtige Atmosphäre und das Urteil der Kollegen war dementsprechend geteilt.

Was aber die Zusammenarbeit mit ihm leicht und angenehm machte, war die Verspieltheit, mit der er die Geschäfte führte. Man hatte den Eindruck, daß er sich selbst über seine Stellung wunderte und das Leben als ein interessantes Abenteuer ansah.

Auch das neue Kollegium machte auf mich einen angenehmen Eindruck. Es gab hier keinen einzigen Funktionärstyp. Politische Themen waren auch hier, wie an allen anderen Schulen, an der Tagesordnung, aber sie wurden ohne persönlichen Einsatz besprochen. Eine Abweichung von der Parteiideologie wurde nicht als Beleidigung oder als Herausforderung gebrandmarkt.

Anfänglich spürte ich eine gewisse Zurückhaltung gegen mich. Aber ich machte mir darüber keine Gedanken. Ich war noch fremd, und ich selbst hielt mich ja auch Fremden gegenüber zurück. Aber der eigentliche Grund für diese Zurückhaltung ist mir erst auf einem sonderbaren Umweg verständlich geworden. Das Jahr an der Pädagogischen Hochschule war nicht spurlos an mir vorübergegangen. Ich hatte wohl viel mehr von der Parteiideologie eingesogen, als ich selbst ahnte. Das hat sich wahrscheinlich auch in meinem Auftreten geäußert. Ich selbst kannte meine Einstellung zum Regime, aber einem Außenstehenden mußte der Gegensatz sehr gering erscheinen.

Hinzu kam noch, daß ich in meiner ersten Schule auf eine typische Parteiatmosphäre getroffen war, in der ich mich sofort in Opposition sah. Eine freie Auseinandersetzung hatte es dort nicht gegeben, wenn überhaupt etwas gesagt wurde, bemühte man sich bis in die Wortwahl hinein, die Leitartikel des „Neuen Deutschland" zu kopieren. Ich fühlte mich in dieser Atmosphäre wie ein Reaktionär. Ich vermutete daher nicht, daß ich in einer anderen Umgebung selbst wie ein Funktionär wirken konnte.

In der neuen Schule traf ich aber gerade auf ein unpolitisches Kollegium, das ganz bestimmte, andere Konventionen zu seinem Schutz entwickelt hatte. Wenn man unter sich war, sprach man offen; nur wenn ein Funktionär des Schulamtes anwesend war, bediente man sich sprachlicher und gedanklicher Schablonen. Das wußte ich nicht und so bewegte ich mich auf den Konferenzen im klassischen Parteijargon. Der Stil meiner Diskussionsbeiträge mußte zwangsläufig Mißtrauen erzeugen.

Eines Tages plauderte ich mit der Sportlehrerin. Wir kamen auf Literatur zu sprechen. Ein wenig verlegen nannte sie einen französischen Dichter als Lieblingslektüre. Ich griff das Thema auf und gestand ihr, daß ich Mallarmé besonders bewunderte. Als ich dann auch noch einiges über die französische Romantik äußerte, versuchte sie ihr Erstaunen gar nicht zu verbergen.

„Woher wissen Sie denn das alles? Ich denke, Sie lesen nur Marx und Engels!" stieß sie überrascht hervor.

„Warum?", fragte ich jetzt ebenso erstaunt.

„Sie kommen doch von der Pädagogischen Hochschule und da glaubte ich, daß Sie sich nur für Politik interessieren."

Ich versicherte ihr, daß die Pädagogische Hochschule noch nicht ganz meinen Geschmack verdorben hätte - aber ich konnte sie nicht ganz von meiner Harmlosigkeit überzeugen. Nachdem wir uns getrennt hatten, ging ich verstohlen zum Spiegel. Hatte mein Aussehen gelitten? Ich konnte an mir nichts Ungewöhnliches entdecken.

Gleich bei unserer ersten Begegnung hatte ich Stüdemann gebeten, keine besonderen Umstände mit mir zu machen. Ich wollte mich ohne fremde Hilfe durchsetzen. Aber er bestand darauf, mir eine Stunde persönlich vorzuführen um, wie er sich ausdrückte, mich mit der besonderen Situation vertraut zu machen. Wir gingen hinauf. Die Schülerinnen erhoben sich höflich. Kein Widerstand, keine halblauten Bemerkungen, die mich sonst immer empfangen hatten. Wenn ich noch gezweifelt hatte, mußte mich dieser Empfang überzeugen, daß hier ein anderer Wind als in der Akazienallee wehte. Während Stüdemann mich vorstellte, beobachteten mich die Mädchen aus den Augenwinkeln. In ihren Blicken lag kein Mißtrauen, kein Haß, nur Neugier.

Die Schülerinnen folgten dem Unterricht mit kindlichem Ernst. Mir schien es wie ein Wunder, daß es Schüler gab, die wirklich nur lernen wollten. Alle hörten aufmerksam zu, meldeten sich, wenn sie Fragen hatten oder gar einen Einwand machen wollten. Als die Stunde weiterging, bemerkte ich, daß Stüdemann improvisierte. Er hielt sich an kein Konzept und sprach frei. Das war natürlich nicht Absicht - er hatte sich wie alle anderen Lehrer der strengen Vorschrift zu unterwerfen, daß jede Unterrichtsstunde schriftlich auszuarbeiten sei. Er war einfach nicht vorbereitet. Doch sein Unterricht gewann gerade durch seine Systemlosigkeit eine bewundernswerte Lebendigkeit. Es ging ausgezeichnet. Jeder Einwurf gab ihm Gelegenheit, neue Anregungen aufzugreifen und sie geschickt einzubauen.

Obwohl ich erst vier Wochen Praxis hinter mir hatte, spürte ich sofort, wenn er einer bestimmten Tatsache auswich. Genaue Einzelheiten mußte man eben vorbereiten; aber seine Improvisationsgabe überspielte jede Unsicherheit. Die Mädchen vermuteten keinen Augenblick, daß er manchmal einer besonders genauen Frage aus dem Wege ging. Er beantwortete sie trotzdem so, daß alle befriedigt waren.

Er selbst muß sich doch unsicher gefühlt haben, denn gegen Ende der Stunde brach er plötzlich ab und bat mich, den Unterricht zu übernehmen.

Die Stunde gelang mir großartig. Zum ersten Mal fühlte ich mich vor einer Klasse völlig ungehemmt. Die Gedanken strömten mir nur so zu. Ich konnte sie gar nicht so schnell formulieren, wie sie mir zuflogen. Die Energie, die ich bisher auf die Disziplin verwandt hatte, verwandelte sich in eine Fülle von überraschenden Einfällen und gab mir einen ungewohnten Elan.

Der erste Eindruck trog nicht. Auch die übrigen Klassen erwiesen sich als sehr ordentlich. Natürlich gab es auch hier welche, die ihre Tücken hatten, aber nachdem man sie kennengelernt und sich auf sie eingestellt hatte, kam man gut mit ihnen aus. Stüdemann warnte mich zwar vor den siebenten Klassen, doch ich fand sie unvergleichlich besser als in der Akazienallee.

Wie jeder Mensch, so hat auch jede Klasse ihre unverwechselbare Individualität. Die Beliebtheit eines Lehrers hängt davon ab, inwiefern er sich einer Klasse anpassen oder sie für sich gewinnen kann. Das ist aber nicht in jedem Fall möglich. Zwischen einer Klasse und ihrem Lehrer gibt es wie zwischen zwei Menschen alle Grade von Sympathie und Abneigung. Eine „Liebe auf den ersten Blick" ist ebenso möglich, wie elementarer Haß.

In den achten Klassen schlug mir vom ersten Augenblick an eine sympathische Stimmung entgegen. Wenn ich eintrat, erfaßte mich unwillkürlich ein Hochgefühl und ich traf instinktiv den Ton und die Interessen der Schüler. Es gab Stunden, in denen die Zeit wie im Fluge verstrich und die Kinder das Klingelzeichen mit Bedauern aufnahmen.

Die siebenten Klassen waren anders. Auch sie bestanden zum größten Teil aus Mädchen, doch sie begegneten mir mit einer gewissen Aufsässigkeit. Nachdem die übliche Kraftprobe für mich entschieden war, ließ sich zwar die Arbeit mit ihnen recht gut an, doch eine leise Fremdheit konnte ich nicht überwinden. Die Mädchen stellten sich nur sehr langsam auf mich ein und versuchten, mich durch verschiedene kleine Tricks aus dem Konzept zu bringen. Dabei kam es einmal zu einer amüsanten Szene.

In der 33. Schule hatte ich nach einem mißglückten Versuch jeden Scherz vermieden. Jetzt versuchte ich es in den siebenten Klassen doch noch einmal und sonderbarerweise gelang es mir, gerade dadurch ihre anfängliche Widerspenstigkeit zu besiegen.

Die meisten Lehrer, die in der 7c unterrichteten, beklagten sich über eine Schülerin. Ich kannte noch nicht alle Namen und wußte daher nicht, wer gemeint war. Doch das brauchte ich auch nicht, denn die Schülerin fiel mir ohnedies auf.

Sie war ein schmächtiges Geschöpf mit verbitterten Augen. Ihr Haß richtete sich nicht nur gegen die Lehrer, sondern auch gegen ihre Mitschülerinnen. Sie konnte keine fünf Minuten stillsitzen, aus einem unerfindlichen Grund fing sie mit ihren Nachbarinnen Streit an. Gegen mich benahm sie sich bockbeinig und gab geistreiche Antworten. Sie hatte sich in der Klasse eine Art Sonderstellung geschaffen und glaubte es ihrer Rolle als extravaganter Klassenclown schuldig zu sein, die Lehrer lächerlich zumachen.

Ich ließ mir das eine Weile gefallen; als sie aber dreister wurde, rief ich sie nach vorn und „stellte sie in die Ecke". Das gefiel ihr großartig. Sie stand lässig an die Wand gelehnt und machte der Klasse hinter meinem Rücken Zeichen. Plötzlich drehte ich mich um. Sie ließ verlegen ihre Hand sinken.

„Dreh dich zur Wand", befahl ich.

Das war nicht nach ihrem Geschmack. Sie machte Einwände, aber ich ließ nicht locker. Nach zwanzig Minuten stand sie noch immer an der Wand.

Die Schüler hatten sie inzwischen vergessen. Das schien sie maßlos zu verdrießen. Sie drehte sich ungeduldig hin und her und stieß dabei unverständliche Laute aus. Wahrscheinlich waren das Verwünschungen. Allmählich wurde ihr das Ganze zu langweilig. Unbeachtet, fühlte sie sich an der Wand auf dem falschen Platz. Um meine Verzeihung zu erlangen, nahm sie eine Habt-Acht-Stellung ein. Sie wollte mich von ihren friedlichen Absichten überzeugen. Als ich sie auch jetzt noch nicht beachtete, konnte sie nicht mehr an sich halten und flüsterte mir von hinten zu, daß sie mir etwas zu sagen habe. „Was willst Du denn?" fragte ich scheinbar überrascht.

„Ich kann nicht mehr stehen - ich bin müde!"

„Das tut mir leid, aber ich kann Dir nicht helfen."

„Aber wenn ich doch so müde bin", sagte sie mit weinerlicher Stimme.

„Das hättest Du Dir vorher überlegen sollen", gab ich zu bedenken.

„Es ist schlecht für die Gesundheit, wenn man so lange steht", spielte sie ihren Trumpf aus.

„Gut, setz Dich auf den Papierkorb", sagte ich ernst. Das schien ihr eine gute Gelegenheit, die verlorene Aufmerksamkeit wiederzugewinnen. Doch die erhoffte Wirkung blieb aus. Sie bot auf dem Papierkorb einen so umwerfend komischen Anblick, daß alle in ein schallendes Gelächter ausbrachen. Das war zuviel, mit Tränen in den Augen erklärte sie, daß sie doch lieber stehen wolle.

Seither war sie bei mir ein Muster an Aufmerksamkeit und Gehorsam.

Mein neuer Stundenplan sah je eine Gegenwartskundestunde in den siebenten Klassen vor. Das war ein heißes Eisen, das kein Lehrer gern anfaßte. Obwohl der

Geschichtsunterricht nicht unmittelbar mit der Gegenwartskunde gekoppelt war, bestand bei allen Kollegen das stillschweigende Übereinkommen, daß der Geschichtslehrer, als der ideologisch stärkste Kollege, auch einige Gegenwartskundestunden übernahm. Ich mußte wohl oder übel in den sauren Apfel beißen. Nichts hat mir dann auch mehr Unannehmlichkeiten und innere Konflikte gebracht als dieser Unterricht.

Im Schuljahr 1951/52 waren für den Gegenwartskundeunterricht noch keine Lehrpläne ausgearbeitet. Der Lehrer hatte also in einem begrenzten Rahmen noch eine gewisse Entscheidungsfreiheit bei der Gestaltung des Unterrichts. Die sogenannten Erziehungsziele waren dagegen schon damals genau festgelegt. Das vom Ministerium für Volksbildung geforderte Ziel, dem jede Gegenwartskundestunde dienen mußte, war die Erziehung zum „Sozialistischen Patriotismus". Das waren zwar allgemeine Richtlinien, aber sie mußten bis in jede Unterrichtsstunde hinein fühlbar sein. Dafür sorgten schon die häufigen Kontrollen durch die Schulämter.

Unter den allgemein gehaltenen Formulierungen verbarg sich eine bis ins einzelne gehende Unterstützung der jeweiligen Tagespolitik der Regierung. In den pädagogischen Zeitschriften wurden lange Artikel veröffentlicht, die eine detaillierte Gliederung des Erziehungsziels vornahmen. So verstand man unter „sozialistischem Patriotismus" die „Erziehung zum Stolz auf die Leistungen und Errungenschaften der Werktätigen in unserer Republik, zur Treue gegenüber unserem Staat, der diese Erfolge schützt und mehrt, und der Regierung, die ganz im nationalen und sozialen Interesse unseres Volkes handelt." Diese Feststellungen gipfelten in dem Satz: „Die Erziehung zum Patriotismus und Humanismus schließt die Erziehung zum *Haß* gegen die Feinde der friedliebenden Völker, die imperialistischen Kriegstreiber und Vaterlandsverräter ein." Kurz, der Gegenwartskundeunterricht hatte allem zu dienen, was das Regime stärken und jede selbständige Regung unterdrücken mußte. Dazu kamen noch besondere, verbindliche Hinweise von den Schulämtern, die bestimmte Tagesereignisse betrafen. Wurde zum Beispiel ein neues und unpopuläres Gesetz erlassen, konnten wir sicher sein, daß in den nächsten Tagen diesbezügliche Richtlinien eintrafen, die verpflichtende Gesichtspunkte für die Besprechung im Unterricht enthielten. Solche außerplanmäßigen Stunden mußten in einer eigens dafür vorgesehenen Spalte in den Klassenbüchern eingetragen werden und ermöglichten dadurch den Schulämtern eine genaue Kontrolle.

Im Schuljahr 1953/54 wurde die Selbständigkeit der Lehrer durch umfassende Lehrpläne fast völlig vernichtet. Der Stoff wurde für jede einzelne Stunde nach propagandistischen Gesichtspunkten vom Ministerium für Volksbildung (Hauptabteilung Unterricht und Erziehung) festgelegt. Um die Wirksamkeit der neuen Maßnahmen zu sichern, wurden die Lehrpläne zum Gesetz erhoben. Jeder Lehrer, der von den Lehrplänen abwich, konnte hinfort haftbar gemacht werden.

Ich wußte, daß ich mit dem Gegenwartskundeunterricht eine heikle Aufgabe übernahm, aber ich hoffte damals noch, daß ich in der Praxis zwischen dem Stalinismus und einem demokratischen Sozialismus einen Ausgleich finden würde. Ich glaubte sogar, mich mit meinen Ansichten gegenüber der Partei behaupten zu können, ohne mit ihr in einen offenen Konflikt zu geraten. Das war natürlich eine Illusion.

Meine Ausrichtung nach dem viel stärker von demokratischen und humanistischen Ideen getragenen deutschen Sozialismus barg den Keim eines unüberbrückbaren Gegensatzes. Als Sozialist fühlte ich mich dem ostdeutschen Regime verpflichtet, aber als Mensch wurde ich augenblicklich von der politischen Praxis abgestoßen. Es war für mich nicht leicht, meine politischen Ideale in der Schule mit Füßen getreten zu sehen und meinen Schülern gerade dadurch, daß ich Sozialist war, als Exponent des Regimes zu erscheinen. Im Unterricht stand ich vor dem Dilemma, einen demokratischen Sozialismus zu vertreten und trotzdem den FDJ-Schülern und den Funktionären in der Verwaltung nicht verdächtig zu werden. Das ließ sich aber schon deswegen nicht vereinbaren, weil die Schüler aus Gewohnheit jeden Gedanken, der sozialistisch gefärbt war, mit der Partei in Verbindung brachten und darin nicht meine Ansicht, sondern eine Verteidigung des Staates erblickten. Statt meine Schüler zu einem politischen Selbstverständnis zu führen, unterstützte ich in der ersten Zeit gegen meinen Willen das Regime.

Ich muß noch erwähnen, daß 1951 die meisten Schüler demokratisch oder konservativ eingestellt waren, soweit man bei Kindern überhaupt von einer politischen Einstellung sprechen kann. Sie waren sich einig im Widerstand gegen die Regierungspolitik. Das hat sich aber in den folgenden Jahren stark geändert. Mehr und mehr wirkte die einseitige Information durch Presse, Film und Rundfunk. Die im Unterricht ständig wiederholten Phrasen ließen bei vielen tiefe Spuren zurück und bewirkten einen langsamen, aber stetigen Umschwung. Das hatte zur Folge, daß ich mich nach vier Jahren - allerdings mit umgekehrten Vorzeichen - vor das Dilemma meiner ersten Stunden gestellt sah. Ich befand mich in einer tragikomischen Lage. Meine Kollegen, die keine ausgeprägte politische Meinung besaßen und das Regime rein gefühlsmäßig ablehnten, sprachen im Unterricht die Phrasen der Partei nach - allerdings nicht ohne ein süffisantes Lächeln oder eine fatalistische Gebärde, um das Gesagte zu entwerten - und wurden von den Schülern als ihre Verbündeten betrachtet. Ich versuchte, die Ereignisse theoretisch zu kritisieren und wurde mit den Funktionären auf eine Stufe gestellt. Ich verstand damals noch nicht, meinem Vortrag eine ganz persönliche Note zu geben. Zudem war mein Unterricht für viele Schüler viel zu abstrakt und so geriet ich denn öfters in eigenartige Situationen. Ich will nur ein Erlebnis erzählen, das mir besonders charakteristisch erscheint.

Ich hatte in der siebenten Klasse eine Gegenwartskundestunde gegeben; dabei waren mir einige kritische Bemerkungen unterlaufen, die ich durch einige fortschrittliche Schlußphrasen ausglich. Mit der Stunde war ich sehr zufrieden, ich glaubte die richtige Dosierung gefunden zu haben.

Die Mädchen strömten aus den Klassen. Es war Hofpause und alle gingen hinunter. Zwei oder drei Mädchen blieben in meiner Nähe und tuschelten. Ab und zu warfen sie mir einen verstohlenen Blick zu. Als der Flur schon fast leer war und sie noch immer keine Anstalten trafen hinunterzugehen, mußte ich sie offiziell bemerken.

„Wollt Ihr nicht hinuntergehen?" fragte ich sie.

Pause. Verlegenheit. Schließlich raffte sich eine von ihnen auf.

„Dürfen wir Sie etwas fragen?"

„Bitte."

„Sie glauben doch selbst nicht daran, was Sie uns zuletzt erzählt haben."

Ich war so überrascht, daß ich kein Wort hervorbringen konnte. Blitzartig ging mir durch den Kopf, daß jede Antwort falsch und kompromittierend sein mußte. Schließlich murmelte ich:

„Geht auf den Hof - ich kann die Frage jetzt nicht beantworten."

Wenn ich geglaubt hatte, durch mein Ausweichen eine indirekte Antwort gegeben zu haben, irrte ich mich gründlich. Die Schüler sahen in mir nur eine Amtsperson und meine Unsicherheit war für sie eine Schwäche des Regimes, die es auszunützen galt. Sie beklagten sich prompt bei Stüdemann, daß mein Unterricht schlecht sei, weil ich ihre Fragen nicht beantworten wolle. Jetzt blieb mir allerdings nichts anderes übrig, als in die Klasse hinaufzugehen und lauthals zu erklären, daß ich an jedes

Wort, das ich gesprochen hatte, auch wirklich glaubte. So zwangen mich die Schüler durch einen feinen Kunstgriff, gegen meinen Willen für die Partei zu optieren.

Wäre ich gleich in meiner Antwort an die Schüler ehrlich gewesen, so hätte mir das gar nichts geholfen. Sie hätten nicht verstanden, daß das ein Vertrauensbeweis war und sich erst recht beim Schulleiter über mich beklagt. Andererseits wollte ich mich damals noch nicht der doppelten Moral beugen und, vor die Frage gestellt, einfach behaupten, daß ich selbstverständlich an alles glaubte, was ich sagte. Ich wäre mir verächtlich erschienen. So wählte ich denn die dritte Möglichkeit, nämlich der Frage auszuweichen. Doch gerade dieser Fluchtversuch zeigte mir, daß ich keine Wahl hatte.

Die Schülerinnen traf keine Schuld. Sie hatten sich nur auf ihre Art geschickt gegen einen mutmaßlichen Feind gewehrt. Schuld waren die Verhältnisse, die zur Lüge zwangen. Ich durfte alles tun und lassen, nur die Wahrheit durfte ich nicht sagen.

Nicht genug damit, daß ich gegen meinen Willen für die Partei stimmen mußte, war ich jetzt auch gezwungen, mich der allgemeinen Konvention, die die Lüge als Mittel zur Selbstverteidigung gebrauchte, anzuschließen.

Die Lehrer logen aus Angst, die Schüler logen aus Angst und beide Teile wußten genau, daß sie sich wechselseitig betrogen. Als ich vor dem Dilemma stand, selbst mitzumachen oder meine Stellung zu gefährden, wollte ich naiverweise der Entscheidung aus dem Wege gehen. Es gab aber keine dritte Möglichkeit. Die Bedingungen, unter denen die Zusammenarbeit in dieser Schule erst möglich wurde, waren von unzähligen Kollegen in stummer Übereinkunft herausgebildet worden. Als Einzelner mußte ich mich dem neuen Moralkodex unterwerfen.

Vielleicht, so sagte ich mir, nimmt das Bewußtsein, nur ein durch die Verhältnisse erzwungenes Schauspiel zu geben, dem Vorgang etwas von seiner demoralisierenden Wirkung. Vielleicht - beide wußten ja, was gespielt wurde und daß gespielt wurde.

Bitterer Ernst wurde aus dem Spiel erst, wenn ein überzeugter Genosse das feine Netz in Gefahr brachte. Dann mußten die Schüler höllisch aufpassen, daß ihnen kein falsches Wort entschlüpfte. Bei der verschlungenen und krausen Dialektik des Stalinismus war das keine leichte Aufgabe für ein unkompliziertes Kindergehirn. Jeder impulsive Ausbruch, jedes unbedachte Wort wurde von diesen Lehrern vor die Konferenz gebracht. Der Fachausdruck für solche Vergehen lautete „mangelhafte Bewußtheit" oder „gesellschaftliche Rückständigkeit". Sie wurden am Ende des Schuljahres sorgfältig auf den Zeugnissen vermerkt, und wenn es sich um eine achte Klasse handelte, hing es den Schülern fürs Leben an oder legte ihnen wenigstens bei der Arbeitssuche viele Hindernisse in den Weg.

An der neuen Schule arbeitete ich mich verhältnismäßig schnell ein, bald brauchte ich nicht mehr meine Energie für die Bekämpfung von Revolten zu verschwenden. Dafür traten politische Probleme in meinen Gesichtskreis. Sie waren das eigentliche Zentrum der „sozialistischen" Erziehung. Unter dem Ansturm neuer Eindrücke und ganz mit mir beschäftigt, hatte ich das in den ersten Wochen nicht sehr stark empfunden. Umso gebieterischer meldeten sie jetzt ihren Anspruch an. Dem konnte kein Lehrer ausweichen, weil alle praktischen und theoretischen Fragen des Unterrichts politisiert waren. Man wurde mit der Nase darauf gestoßen und mußte sich dementsprechend einstellen.

Der Erziehungsschlager des Jahres 1951/52 war der „Sozialistische Patriotismus". Um die Lehrerschaft fester und direkter mit dem Kommando der Schulämter zu verbinden, wurde in diesem Jahr eine neue pädagogische Institution aus der Taufe gehoben: der „Pädagogische Rat". Als Organisationsmuster stellte das Schulamt aus den fortschrittlichsten Lehrern des Bezirks eine Kommission zusammen, die unter Altmeyers Vorsitz alle Schulen überprüfen sollte. Auch unserer Schule wurde zum Auftakt der neuen Maßnahme ein solcher Besuch angekündigt.

Wohlweislich wurde der Termin der Revision verschwiegen. Die Damen und Herren unseres Kollegiums fühlten sich seit diesem Tage nicht mehr sicher. Eine allgemeine Nervosität erfaßte das Kollegium. Stündlich erwarteten wir die Kommission und bereiteten uns sorgfältig auf alle politischen Aspekte unseres Unterrichts vor. Und dann wurde die Überprüfung von Tag zu Tag, von Woche zu Woche verschoben. Nach einem Monat waren viele mit ihren Nerven am Ende.

Frau Rauscher, eine ziemlich robuste Person - sie war übrigens Parteimitglied - brach vor ihrer Klasse aus einem nichtigen Anlaß zusammen. Schreiend sank sie vor den Kindern in die Knie und mußte von zwei Kollegen hinausgetragen werden. Ihre hysterischen Schreie gellten stundenlang durch das ganze Haus. Sie brauchte drei Monate, um wieder unterrichten zu können, aber ihre alte Lebendigkeit war dahin.

Ähnlich ging es auch den anderen Kollegen. Kamen wir in der großen Pause oder nach dem Unterricht im Lehrerzimmer zusammen, so drehte sich das Gespräch nur um die bevorstehende Revision. Bei manchen wurde es geradezu eine fixe Idee. Jeder Tag wurde mit der ängstlichen Umfrage eingeleitet, ob nicht jemand etwas Genaueres über den Termin und die Art der Prüfung wußte.

Dann drangen die ersten Gerüchte aus anderen Schulen zu uns. Es hieß, daß jemand fristlos entlassen worden sei, weil im Unterricht irgendwelche „politischen Abweichungen" festgestellt wurden. Keiner wußte Genaues, aber alle fürchteten das heraufziehende Unheil.

Ich hatte mich zu einem für mich ungewöhnlichen Fatalismus durchgerungen. Zuviel hatte in den ersten Monaten meines Schuldienstes auf mir gelastet, ich brauchte Ruhe und suchte sie in erzwungener Gleichgültigkeit ...

Das Mißtrauen gegen mich hatte sich verloren. Auch die Vorbehalte, die ich meiner Jugend zuschrieb - ich war damals einundzwanzig Jahre alt - fielen allmählich weg; cum grano salis [„mit einem Körnchen Salz" = nicht ganz wörtlich zu nehmen] - denn eine rückhaltlose Offenheit war nicht möglich. Selbst im vertraulichsten Gespräch regte sich eine instinktive Vorsicht. Jeder hatte seine bitteren Erfahrungen gemacht und vielen war schon eine allzu offenherzige Vertraulichkeit zum Verhängnis geworden.

Besonders gefährlich waren in diesem Zusammenhang die plötzlichen Erleuchtungen. Man arbeitete Wochen und Monate mit einem Kollegen oder einer Kollegin zusammen, lernte sich gegenseitig kennen und schätzen, vertraute sich die geheimsten Gedanken an, bis der eine plötzlich dunkle Reden zu führen begann, verworrene Selbstanklagen erhob, um dann unvermittelt seine alten Überzeugungen zu desavouieren und sich auf der vorgeschriebenen Parteilinie wiederzufinden. Der frischgebackene Ideologe beantragte nach einer Weile die Aufnahme in die Partei und versuchte, seine frühere „reaktionäre" Einstellung durch Dienstbeflissenheit und Zuträgerei vergessen zu machen. Hatte man einem solchen Menschen irgend etwas im Vertrauen erzählt, zum Beispiel seine wahre Meinung über die herrschenden Verhältnisse, so schwebte man wochenlang in Furcht und Schrecken.

Auch wir hatten bald einen solchen Fall. Ein junger Lehrer - ich glaube, in meinem Alter - wurde der Schule zur Vertretung der Kollegin Rauscher zugeteilt. Er hatte nur die Volksschule besucht und war von einem Neulehrerkurs direkt an unsere Schule versetzt worden. Er machte anfänglich aus seiner Abneigung gegen die Partei keinen Hehl, als er sich jedoch mit seinen Klassen nicht zurechtfand und von der bevorstehenden Überprüfung hörte, wurde er zusehends nachdenklicher. Um sich ideologisch zu präparieren, griff er zu Propagandaschriften. Es dauerte dann auch keine vierzehn Tage und er gebärdete sich wie ein fanatischer Funktionär.

Psychologisch wurde dieser Vorgang durch seine geistige Trägheit begünstigt. Unter anderen Verhältnissen hätte Jeske niemals zu einer politischen oder philosophischen Schrift gegriffen. Sein Desinteresse an theoretischen Fragen konnte nur durch die praktische Notwendigkeit gebrochen werden. Als er sich aber notgedrungen durch die ersten Seiten hindurchgearbeitet hatte, befand er sich plötzlich in einem geistigen Raum, der auf alle Fragen des Lebens eine fertige Antwort bot. Zuerst mit Verwunderung, dann mit immer größerem Eifer las er die populärsten Bücher von Stalin und wurde so eingesponnen, daß er alle, die anderen Sinnes waren, nicht mehr verstand und sie für ausgemachte Idioten hielt. Ihn ergriff so etwas wie ein Sendungsbewußtsein, im Banne seiner ersten geistigen Erleuchtung wünschte er, daß alle daran teilnähmen. Jeske stieß natürlich auf kühle Ablehnung. Zurückgestoßen, wähnte er böse Absicht hinter dem Verhalten seiner Kollegen und sein Enthusiasmus verwandelte sich in bittere Feindschaft.

Bei uns kam er nicht zum Zuge. Als Jeske sich zu mausern begann, wurde er vom Schulleiter geschickt in seine Schranken verwiesen. Stüdemann fing seine zu fortschrittlichen Ausfälle auf und leitete sie in ein praktisches Bett; dort blieben sie dann auch stecken.

Als Jeske aber nach seiner Versetzung an eine andere Schule auch in eine andere Umgebung kam, entwickelte er sich zu einem sturen Funktionär. Er denunzierte einen Kollegen und bekam als Belohnung dafür eine Wohnung.

Wir sind uns noch einige Male begegnet; immer benahm er sich sehr devot in meiner Gesellschaft. Ich weiß nicht, was ihn dazu veranlaßte. Als wir uns einmal zufällig in der Straßenbahn trafen, berichtete er unterwürfig, daß er inzwischen Parteigenosse geworden sei und eine Wohnung in der Stalinallee besitze.

Den tiefsten Eindruck machte auf mich Herr Jähnke. Er mochte ungefähr sechzig Jahre alt sein. Seine Erscheinung erinnerte in ihrer vornehmen Distinguiertheit an einen Gelehrten. Der abgeschabte graue Anzug war stets sorgfältig gebügelt. Herr Jähnke war sehr gebildet und sehr hilflos. Seine Bescheidenheit im Verkehr mit den meist jüngeren Kollegen war bewundernswert. Wenn er sprach, lag auf seiner hohen

Stirn immer ein melancholischer Zug. Wurde in der Konferenz eine Frage an ihn gerichtet - von sich aus beteiligte er sich fast nie am Gespräch - bedeckte er seine Augen mit der Hand und antwortete nach einer Weile sehr langsam und überlegt.

Jähnke war Studienrat, er konnte auf mehr als dreißig Jahre Schuldienst zurückblicken. Er hatte sein Leben in der Schule verbraucht und das konnte er nicht leugnen. Bis vor einem Jahr hatte er noch an der Heinrich-Heine-Oberschule unterrichtet. Dann war er der großen Säuberung von 1950 zum Opfer gefallen. Mit vielen anderen erfahrenen Lehrern mußte er das Feld räumen.

Einmal erzählte Jähnke, wie es dazu gekommen war. Einer besonders fortschrittlichen Klasse paßte sein Geographieunterricht nicht. Er hatte die Sowjetunion nicht genügend gewürdigt und da seine Schüler FDJ-ler waren, hatten sie seine Abberufung durchgesetzt. Seither war Jähnke ein gebrochener Mann. An die Arbeitsweise in Oberschulen und Gymnasien gewöhnt, konnte er sich nicht auf den rauhen Ton in der Grundschule umstellen. Er hatte ständig Reibereien mit seinen Klassen. Er war den Kindern höflich und konziliant begegnet. Die Schüler waren diesen Ton nicht gewöhnt und legten es in ihrer Weise aus.

Einmal kam Jähnke mitten in der Unterrichtszeit ins Lehrerzimmer.

Draußen herrschte starke Kälte. Der Wind häufte den Schnee zu einer dichten Schicht vor den Fenstern. Wir saßen uns eine Weile schweigend gegenüber. Der Unterrichtslärm erreichte uns durch die dicken Wände wie aus weiter Ferne. Die gewöhnliche Entspannung, die sich bei mir in einer Freistunde einstellte, ließ mich unentschlossen vor mich hinstarren.

Plötzlich bewegte Jähnke müde seine Hand und sah mich an.

„Ich liebe die Springstunden nicht", sagte er langsam, während er sich auf seinem Stuhl etwas zurücklehnte, „es ist eine tote Zeit."

Ich nickte. Wieder sahen wir uns schweigend an. Die Vorhänge bewegten sich in einem kaum merklichen Luftzug. Ich stand auf und ging durchs Zimmer.

„Ich habe Unterricht - die Kinder haben mich verjagt", sagte Jähnke. Er hatte so gesprochen, als ob er mir etwas Belangloses mitteilte. Ich blieb erschrocken stehen.

„Sie haben den Unterricht abbrechen müssen?" fragte ich überrascht.

„Sowas habe ich noch niemals erlebt", fuhr er fort. „Seit dreißig Jahren bin ich in der Schule und bisher ist mir noch nie eine Klasse völlig entglitten. Heute konnte ich nicht mehr. Ich war am Anfang nicht streng genug, jetzt ist nichts mehr zu ändern.

Als ich in die Klasse kam, saßen alle unter den Bänken und der Klassensprecher befand sich unter dem Katheder. Stellen Sie sich das bitte vor. Ich betrete die Klasse und finde die Kinder unter den Bänken. Ich habe geschrien, geschimpft und getobt, als alles nichts half, habe ich sogar gebeten, nein, angefleht habe ich die Kinder, hervorzukommen - aber umsonst. Was soll ich nun machen?"

Seine Stimme war leise, aber er fürchtete sich nicht vor der Niederlage. Ich mußte ihn bewundern; er befand sich offensichtlich am Ende seiner Kräfte, trotzdem bekannte er mutig seine Schwäche. Er stellte sie ganz sachlich fest. Keine Spur von Rechtfertigung oder Entschuldigung lag in seiner Stimme.

„Wer ein Kind schlägt, hat als Lehrer versagt. Früher war alles anders. Ich war froh, wenn ich eine lebendige Klasse hatte, aber das ..." Er brach ab und zuckte hilflos mit den Schultern. Die Stille wurde bedrückend. Er erwartete von mir keine Antwort. Was hätte ich auch sagen können. Ich nahm den Marsch durchs Zimmer wieder auf.

Er stützte sich schwer auf den Tisch, dann begann er wieder gedankenverloren zu sprechen.

„Wenn jetzt die Kommission kommt und mich so vor der Klasse sieht, werde ich bestimmt entlassen. Was dann? Ich habe nichts außer meinem Lehrerberuf gelernt." Er sank in sich zusammen. Es war zwecklos, ihn zu trösten, damit mußte jeder für sich allein fertig werden. Ich hatte mich allein gefühlt, jetzt erriet ich hinter der zur Schau getragenen Gefaßtheit mühsam unterdrückte Panik. Uns einte die Angst vor einem grausamen Mechanismus, der keine menschlichen Rücksichten kannte. Gleichzeitig fühlte ich, daß es keine Hilfe gab. Mit den pädagogischen und besonders mit den politischen Schwierigkeiten mußte jeder allein fertig werden. Obwohl wir in einer angenehmen Atmosphäre zusammenarbeiteten, ragte das durch die Partei geschaffene Mißtrauen bis in unser persönliches Leben hinein. Selbst eine so harmlose Tatsache wie Disziplinschwierigkeiten wollte keiner an die Öffentlichkeit dringen lassen, weil sie unversehens politisiert werden konnten.

Herr Jähnke hatte mehr getan als die meisten; er hatte ein offenes Gespräch mit mir nicht gescheut. Ich konnte nur stillschweigend die Schulpolitik verdammen, die jede kollegiale Hilfe verdächtig machte.

Im Unterricht fühlte man sich wie ein Dompteur im Löwenkäfig; gelang die Vorstellung, applaudierte das Publikum, geschah ein Mißgeschick, mußte man mit Kopf und Kragen dafür einstehen.

An den gehässigen Kampf in meiner alten Schule gewöhnt, genoß ich das verhältnismäßig friedliche Zusammenleben mit vollen Zügen. Hier konnte man wenigstens, wenn auch in genau bestimmten Grenzen, von einem persönlichen Mißgeschick sprechen. Aber trotzdem teilte sich auch hier das Kollegium in drei Gruppen, die man in den meisten Schulen fand und die auch mehr oder weniger deutlich in der Bevölkerung auftraten.

Die Mehrheit der Lehrerschaft war ursprünglich unpolitisch. Durch die brutalen Maßnahmen der Partei und der ihr hörigen Schulbehörden wurden sie aus ihrem bisherigen Vorstellungskreis herausgerissen und in eine feindselige Opposition gedrängt. Der Zwang, die eigene Meinung zu verhüllen und sich doch in den von der Partei provozierten Aussprachen äußern zu müssen, verursachte fast zwangsläufig persönliche Feindschaft gegen die Funktionäre und Haß gegen das Regime. Ihre menschliche Stellung war insofern unproblematisch, als sie in Bausch und Bogen und gewissermaßen von der praktischen Seite alles ablehnten, was mit Kommunismus zu tun hatte. Gleichviel ob sie christlich oder national fühlten, ihre Ablehnung des Regimes war in sich konsequent. Sie hatten es in keiner Weise leichter als die anderen, aber ihnen blieben die qualvollen Gewissenskonflikte erspart, die das Wesen und den Zwiespalt der zweiten Gruppe bildeten.

Die „Zwischengruppe", wie ich sie nennen will, war politisch inhomogen. In ihr trafen sich Menschen verschiedener weltanschaulicher Schattierung. Gemeinsam war ihnen nur ein fester Fortschrittsglaube und eine gewisse Aufgeschlossenheit gegenüber dem Neuen.

Die Sozialisten unter ihnen zeigten die profilierteste Einstellung. Sie waren übrigens auch die einzigen, die die Parteiideologie wirkungsvoll bekämpfen konnten. Unter ihnen befanden sich Sozialdemokraten, Nationalkommunisten und Anhänger eines gemäßigten Bolschewismus, der sich von den russischen Menschewiki herleitete. Vielfach waren sie auch Anhänger von Persönlichkeiten, die nach der russischen Revolution überspielt und dann in Schauprozessen hingerichtet worden waren.

Sonderbarerweise strömten dieser Gruppe auch Menschen zu, die vom Humanismus geprägt worden waren. Sie wurden besonders von den humanistischen Deklamationen des Regimes angezogen und entwickelten sich oft, wenn auch unter gewissen Vorbehalten, zu loyalen Parteigängern der SED.

Zusammengehalten wurde die „Zwischengruppe" nur durch ein negatives Gefühl:

nämlich durch die Ablehnung aller brutalen und unmenschlichen Maßnahmen. Für ein positives Zusammengehen waren die menschlichen und politischen Differenzen zu groß. Ihre Tragik bestand in dem ewigen Hin- und Herschwanken. Eine leichte Kursänderung rief wilde Hoffnungen hervor, die bei der ersten Enttäuschung wieder einer tiefen Niedergeschlagenheit wichen. Es gab Fragen, in denen sie die Partei heftig unterstützten, froh darüber, endlich einmal ohne inneren Zwiespalt im Sinne der Partei aktiv zu sein. Und dann gab es wieder Maßnahmen, denen sie sich ebenso heftig widersetzten. Die Funktionäre spürten hinter ihrer Zustimmung und Ablehnung ein System. Eine klare und besonders eine aus sozialistischen Quellen gespeiste Opposition fürchtete die Partei aber über alle Maßen. Hier wußte sie eine reale Gefahr für ihren Bestand. Einen Widerstand aus konservativer oder liberaler Haltung nahm sie ironisch hin, damit wurde sie fertig, aber eine Ablehnung durch Sozialisten, die sich womöglich in den Gedankengängen der Partei mühelos zurechtfanden, konnte ihr den Existenzboden entziehen. Im Kampf gegen Lehrer, die durch ihre weltanschauliche Schulung die Partei gewissermaßen von innen aufbrechen konnten, war sie daher unerbittlich.

So existierte die zahlenmäßig nur schwache Gruppe im drohenden Schatten der Partei, ewig auf dem Sprung, eine politische Abweichung vom klassischen Marxismus zu kritisieren, jede Lücke, jede Schwäche und Unsicherheit zu ihren Gunsten zu wenden. Mit der Unterstützung, die man von Zeit zu Zeit der Partei angedeihen ließ, erwarb man sich das Vertrauen für die folgende Kritik.

Doch das Lavieren zwischen den Fronten mußte auf die Dauer demoralisieren. Für jeden von ihnen kam einmal die Feuerprobe; dann galt es, sich zu entscheiden: entweder mußte man durch eine hemmungslose Selbstkritik jede fernere Selbständigkeit aufgeben und der Partei die Treue schwören, oder es blieb nur die Flucht aus dem Bereich des Staatssicherheitsdienstes.

Die dritte Gruppe wurde durch die Masse der Parteimitglieder gebildet. Aber auch unter ihnen gab es viele, die gegen die Linie opponierten, doch sie waren durch die Parteidisziplin gebunden. Die Mehrheit der Genossen jedoch schien ihren einzigen Lebenssinn in der minutiösen Befolgung aller Parteibeschlüsse zu sehen. Es erübrigt sich, hier weiter auf diese Gruppe einzugehen; sie ist ohnehin bekannt. Praktisch beherrschte sie die ganze Schulverwaltung und stellte die Schulleiter und Inspektoren.

Obwohl Stüdemann Parteigenosse war, gehörte er zu den seltenen Ausnahmen, die

sich persönlich schützend zwischen Schulamt und Kollegium stellten. Menschenkenntnis und ein ungewöhnliches Geschick in der Diskussion erlaubten ihm diese gefährliche Taktik. Er mißbilligte die vielen sinnlosen Anweisungen des Schulamtes
niemals wörtlich, sondern ließ durch die Art, wie er diese Schreiben verlas, seine Gefühle durchblicken. Bei solchen Gelegenheiten sahen wir uns verstohlen an - fast
fühlten wir uns wie Verschwörer, die sich direkt unter den Augen des Tyrannen mit
geheimen Zeichen verständigen. Die herausfordernde Haltung Stüdemanns war für
ihn umso gefährlicher, als er nicht der einzige Kommunist im Kollegium war.

Frau Eisele zum Beispiel war die aktivste Genossin. Sie fühlte sich bei Stüdemanns
gewagten Scherzen nicht wohl und versuchte, mit Parteiphrasen den gebührenden
Ernst zu erhalten. Doch Stüdemann ließ sich nicht aus dem Konzept bringen, entweder befreite er sich durch eine witzige Redewendung aus der heiklen Situation oder
er verstand seine Äußerungen so auszulegen, daß nicht er, sondern sie im Unrecht
schien. Frau Eisele ließ sich dadurch nicht abschrecken, hartnäckig verfolgte sie ihre
Absicht, den Konferenzton auf Vordermann zu bringen.

Sie spürte wohl genau wie wir, daß unsere Konferenzen zweideutig waren - doch sie
wagte nichts zu unternehmen. Stüdemann galt im Schulamt als einer der begabtesten jungen Schulleiter und viele hielten ihn für den kommenden Mann.

Und jetzt geschah das Unerwartete! Unsere Konferenzen wurden gerade durch das
Scheingefecht, das wir lieferten, im ganzen Bezirk berühmt. Das Schulamt befahl allen Schulleitern, an unseren Konferenzen teilzunehmen. Sie sollten bei uns lernen,
wie man die Lehrerschaft aus ihrer Reserve herausholt. Im offiziellen Schreiben hieß
es, daß man bei uns ein gewissenhaftes und fortschrittliches Kollegium bei der Arbeit
studieren könnte.

Die Ironie dieses Urteils war vollkommen. Was uns von den meisten Schulen unterschied, war lediglich ein begrenztes Vertrauen zueinander, das uns ermöglichte, jedem Zuhörer ein Potemkinsches Dorf vorzumachen. Dem Schulamt schien jedenfalls
der bei uns unerschöpflich fließende Redestrom geeignet, das eisige Schweigen der
Lehrerschaft zu brechen.

Und wirklich - zum festgesetzten Termin erschienen alle Schulleiter mit Altmeyer an
der Spitze.

Stüdemann setzte das Programm wie ein gutes Schauspiel in Szene. Alles klappte
vorschriftsmäßig, nichts wurde vergessen. Kein Punkt, den man in der Sowjetpä-

dagogik für eine vorbildliche Konferenz ausgearbeitet hatte, wurde übersehen. Keiner hielt sich zurück, jeder trug seinen Teil zur politischen Aussprache bei.

Herr Kubicki, ein militanter Christ, brillierte in fortschrittlichen Vorschlägen zur Hebung des ideologischen Niveaus, die anderen trafen eifrige Absprachen zur gegenseitigen Unterstützung im Unterricht und Herr Jähnke schwang sich zu einer sogenannten „Selbstverpflichtung" auf; er verpflichtete sich, den Bücherschrank im Lehrerzimmer innerhalb einer Woche in Ordnung zu bringen. Mit einem Wort - wir boten eine beachtliche Leistung.

Ich weiß nicht, wie ein Außenstehender sich dazu verhalten kann, aber ich weiß, daß wir alle mit reinem Gewissen handelten.

Wir kämpften um unser bißchen Freiheit und Selbständigkeit mit den Mitteln, die uns noch übriggeblieben waren. Ich sprach von In-Szene-Setzen, aber man darf sich darunter keine bewußte oder verabredete Maßnahme vorstellen. Wir handelten in einer gefühlsmäßigen Einstellung des Übereinstimmens. Das Zusammenfließen der Absichten trat spontan ein und hatte viel von einer gemeinsamen Notwehr in einer gemeinsamen Gefahr an sich. Wir hatten uns vorher nicht verständigt, das konnte keiner wagen; als aber die Konferenz anlief, spürten wir instinktiv unseren gemeinsamen Wunsch und wir handelten mit schlafwandlerischer Sicherheit.

Zu einer heiklen Szene kam es erst, als Stüdemann nach Freiwilligen für einen Propagandaeinsatz in Westberlin fragte. Eine Konferenz - und mag sie noch so gut sein - ist unvollkommen, wenn in ihr nicht die Bereitwilligkeit zu Propagandaeinsätzen sichtbar wird. Nach Stüdemanns Frage trat peinliche Verlegenheit ein. Wir glaubten schon, auf eine ernste Klippe gestoßen zu sein, als Stüdemann doch noch die Situation rettete. Er meldete sich als erster.

„Den älteren Damen und Herren will ich es nicht zumuten", sagte er konziliant, „aber ich bitte besonders die jüngeren Kollegen, mitzumachen."

Er sah mich dabei auffordernd an. Ich meldete mich - auch Herr Kubicki folgte meinem Beispiel und die Klippe war umschifft. Die Sitzung endete mit einem vollen Erfolg für uns. Ich erinnere mich, daß ein Funktionär, der die wirtschaftlichen Belange der Lehrer vertrat, am Ende feierlich aufstand und zwei Schuhbezugscheine für das Kollegium spendete.

Der „Westeinsatz" war eine Komödie, über deren Sinnlosigkeit wir nicht im Zweifel waren. Aber nicht das war es, was ihn so peinlich machte. Wir mußten bei Menschen eindringen, die sich überhaupt nicht für die plumpen Propagandaschriften interessierten oder sogar selbst mit dem Regime schlechte Erfahrungen gemacht hatten. Unser Auftauchen wurde mit Recht als Belästigung empfunden und was das Schlimmste war, wir wurden als freiwillige Sendboten des Regimes betrachtet. Wurde man in ein Gespräch gezogen, konnte man natürlich sagen: „Ich denke ganz anders - aber ich muß mitmachen, weil ich Familienvater bin oder meine Stellung nicht verlieren will." Aber dann wurde man meist etwas mitleidig angesehen und vielleicht auch zu Kaffee und Kuchen eingeladen. Dabei konnte es geschehen, daß sich unter den Adressen, die man mitbekommen hatte, ein eingeschriebenes Parteimitglied verbarg, das natürlich sofort den seltsamen Agitator denunzierte. Das war genau so peinlich und gefährlich, als wenn man sich als überzeugter Funktionär gab und den Mann oder die Frau, die gerade die Tür öffneten, mit den Worten begrüßte: „Wollen Sie die Einheit Deutschlands? Ja? Dann müssen Sie Adenauer stürzen!" Das endete wiederum damit, daß man hinausgeworfen wurde.

Man wird sich leicht meine Verfassung vorstellen können, als ich zu dem verabredeten Treffpunkt ging. Ich wußte nichts über den Umfang oder die Art der Aktion. Mir war nur gesagt worden, daß wir uns unter strenger Beachtung aller Regeln der Konspiration in einem Gebäude der Berliner Straße versammeln sollten. Obwohl unser Treffpunkt im Ostsektor lag, durften wir nicht in Gruppen erscheinen. Angeblich waren solche Aktionen vorzeitig der Westberliner Polizei gemeldet worden und um das zu verhüten, mußten wir uns jetzt wie Geheimagenten benehmen.

Die Berliner Straße lag in einem zerbombten Viertel der Innenstadt. Es war spät am Abend und die Straßen waren in dieser Gegend menschenleer. Kein Lichtschein verriet, wo die Zusammenkunft stattfinden sollte. Wenn nicht ab und zu eine graue Gestalt in einem bestimmten Toreingang verschwunden wäre, hätte ich geglaubt, mich in der Adresse geirrt zu haben.

Ich heftete mich an die Fersen eines Mitverschworenen. Er führte mich über einen düsteren Hof und vielverschlungene Treppen vor eine dunkle Tür. Auch hier verriet kein Lichtschimmer, daß sich dahinter zwei- bis dreihundert Lehrer versammelt hatten. Als er die Tür öffnete, sah ich einen hellerleuchteten Saal, der bereits bis zum Bersten gefüllt war. Die Fenster waren mit schwarzen Papprolleaus verdunkelt und selbst die Eingangstür war mit einer Decke verhangen. Ich sah mir die Versammlung an. In der Menge erkannte ich einige Lehrer, die ich bei anderen Anlässen gesehen hatte. Die meisten waren mir jedoch unbekannt. Und selbst die, die ich schon kannte, waren seltsam verändert. Sie wirkten in dieser Umgebung unscheinbarer, grauer, sie hatten ihre Persönlichkeit verloren. Ich hatte den Eindruck, daß sie sich die schlechtesten Kleider angezogen hatten, um wie uniformierte Landstreicher auszusehen. Die unterdrückte Erregung um mich her sprang auf mich über. Plötzlich fühlte ich mich wie ein Verschwörer vor einem Putschversuch.

Ich sah mich nach meinen Kollegen um. Stüdemann und Kubicki standen etwas abseits. Sie winkten mir zu. Sie unterhielten sich über Belanglosigkeiten und doch war es deutlich, daß sie genau wie die anderen der aufgepeitschten Stimmung unterlagen. Kubicki sagte zur Begrüßung, daß ihn das Ganze an die letzten Minuten vor einem Sturmangriff erinnere.

Plötzlich sprang eine Frau auf einen Tisch.

„Kollegen!" rief sie mit lauter Stimme, „Genossen, ich bitte um Aufmerksamkeit! ... Genosse, sei mal ruhig!" Sie wandte sich an einen mageren Mann, der auf einen älteren Lehrer einsprach.

„Genossen, hört mal her!" rief sie wieder. Der Lärm legte sich.

„Ihr teilt Euch am besten in Dreiergruppen. Die Einsatzziele liegen hier im Kasten. Wenn Ihr einen Zettel gezogen habt, könnt Ihr die Häuser untereinander aufteilen, Propagandamaterial werdet Ihr beim Ausgang erhalten. Genossen, vergeßt nicht, die Parteidokumente abzugeben, wenn Ihr sie bei Euch habt. Jede Gruppe muß sich sowieso nach dem Einsatz zurückmelden, dann kann der Genosse gleich die Dokumente abholen. Ich denke, das ist alles. Hat jemand noch eine Frage zum Einsatz? -" Sie machte eine Pause; als keiner sprach, begann die Aktion.

Stüdemann ging unseren „Einsatzbefehl" holen. Wir mußten eine Weile warten, weil sich alle zum Zettelkasten drängten. Als er glücklich das Papier in der Hand hatte, rief er uns zu: „Sundgauer Straße!"

Die Einsatzleiterin, die noch immer auf dem Tisch stand, drehte sich empört zu ihm um.

„Was soll das, Genosse? Kannst du nicht Disziplin wahren?"

„Ist schon gut", beschwichtigte sie Stüdemann, „man wirds nicht bis zur Sundgauer Straße gehört haben."

Mir klang die Anrede „Genossen" im Ohr. Nahm die Frau an, daß sich hier nur Parteimitglieder befanden, oder wollte sie damit den parteilosen Lehrern ihr Vertrauen ausdrücken? Ich empfand bei dieser Anrede eine Verlegenheit, wie sie sich immer einstellt, wenn ein Fremder einen mit einer vertraulichen Anrede in eine Sache hineinzuziehen versucht, mit der man nichts zu tun haben will.

Als wir die Häuser untereinander „aufteilten" - wir hatten die Nummern 93 bis 103 - bemerkte Kubicki erfreut:

„Da hab ichs aber nicht mehr weit bis zu meiner alten Tante!"

„Wollen Sie Ihr Zeug dort abladen?" fragte ich scherzhaft.

„Na hören Sie, ich werde mich hüten. Es wird sich schon ein anderer Papierkorb finden."

Wir machten uns fertig. In der Nähe der Tür waren zwei Tische aufgebaut, auf denen dicke Bündel mit „Material" lagen. Jeder von uns bekam ein umfangreiches Paket in die Hand gedrückt. Mein Paket fiel besonders groß aus. Ich sah hilflos an mir herunter; wohin sollte ich das „Material" stecken? Die Frau, die inzwischen vom Tisch geklettert war, stand jetzt hinter den Papierstapeln. „Mach schnell, Genosse! Stecks unter den Mantel!" sagte sie ungeduldig.

So machten wir es auch. Wir verteilten das Papier sorgfältig auf Rücken und Bauch, dann zogen wir unsere Gürtel fester und waren für alle Unbilden des Einsatzes gerüstet. „Jetzt habe ich endlich mein Normalgewicht", sagte Kubicki beim Hinausgehen und grinste die Frau an.

Auf dem Weg zur S-Bahn kamen wir uns alle drei lächerlich vor. Jeder hatte den Gedanken, das Papier im ersten besten Papierkorb verschwinden zu lassen, aber keiner wagte, den Anfang zu machen.

Die S-Bahnzüge waren trotz der späten Abendstunde noch stark besetzt. Ich hatte auf der ganzen Fahrt das unangenehme Gefühl, daß mir jeder den Wulst unterm Mantel ansehen mußte. Wenn mich ein zufälliger Blick streifte, fühlte ich mich beinahe wie ein ertappter Verbrecher.

Aus konspirativen Rücksichten war uns noch eingeschärft worden, bei einer Begegnung mit einer anderen Gruppe kein Erkennungszeichen zu geben. In unserem S-Bahnabteil befanden sich noch zwei oder drei andere Gruppen und wir bemühten uns, geflissentlich aneinander vorbeizusehen. Die Anweisung, auch innerhalb der Dreiergruppen nicht miteinander zu sprechen, hatten wir umgangen. Wir standen beieinander und versuchten, das Unbehagen, das uns erfüllte, mit erzwungener Fröhlichkeit zu vergessen.

Unangenehm war noch, daß wir uns nicht setzen konnten. Die dicken Papierwülste unter dem Mantel begannen sich auch ohnedies zu verschieben und wir dachten mit Schrecken an die peinliche Situation, die entstehen mußte, wenn sich der Papierstrom zufällig in der S-Bahn selbständig machte. Als ich mich nach den anderen Gruppen umsah, hatte sich auch bei ihnen keiner zu setzen gewagt, obwohl noch eine Reihe von Plätzen frei war.

Auf unserem Bestimmungsbahnhof trennten wir uns. Meine Komplizen verließen mit den übrigen Fahrgästen den Bahnhof. Nachdem sie verschwunden waren, ging ich ihnen nach.

Die Straße vor dem Bahnhof wurde von Peitschenmasten erhellt. Fußgänger waren nicht zu sehen. Die wenigen Autos fuhren mit großer Geschwindigkeit in beiden Richtungen. Die Fahrgäste, die mit uns ausgestiegen waren, waren verschwunden. Dafür zog sich auf beiden Seiten der Straße und in ziemlich gleichen Abständen eine Kette von ängstlichen Gestalten an den Hauswänden hin. „Die Avantgarde des Proletariats ist im Vormarsch", murmelte ich, als ich mich als letzter in die Schützenkette der Verschwörer einreihte.

Ich ging ziemlich rasch. Ich war nur von dem Gedanken erfüllt, möglichst unauffällig mein „Material" loszuwerden, und so geschah gerade das, wovor ich mich die ganze Zeit über gefürchtet hatte. Der Packen unter meinem Mantel lockerte sich und auf einmal ergoß sich alles auf den Bürgersteig. Ich war zu Tode erschrocken. Mit zitternden Fingern sammelte ich das „Material" aus der Gosse und verstaute es in fliegender Hast in allen Taschen.

Ungefähr auf der Höhe meines Reviers schlich ich in ein Haus, tastete mich die Kellertreppe hinab - Licht wagte ich nicht einzuschalten - und warf meine Last in eine Ecke. Hoffentlich hat der Hausmeister für mich Verständnis, dachte ich, als ich fluchtartig den Ort meiner agitatorischen Tätigkeit verließ.

Auf dem Bahnsteig war noch niemand zu sehen. Ich war als erster von der Aktion zurückgekehrt.

Was ich eben getan hatte, war von mir nicht überlegt getan worden. Ich hatte zwar darüber gesprochen, doch bis zum letzten Augenblick nicht gewußt, wie ich mich wirklich verhalten würde. Kubicki und Stüdemann hatten auch darüber gescherzt und was taten sie in diesem Augenblick? Wenn sie auch die Flugblätter weggeworfen hatten, mußten sie schon zurück sein.

Ich hatte nicht aus Sympathie für den Westen oder aus Antipathie gegen den Osten meine Flugblätter weggeworfen.

Ich hatte auch nicht die Folgen überlegt, die für mich eintreten konnten, wenn mich jemand beobachtet hätte - ich hatte mich einfach einer Sinnlosigkeit entledigt. Ich war weit entfernt, meine Handlung zu analysieren und mich zu fragen, warum ich so gehandelt hatte und auf welcher Seite ich eigentlich stand. Das lag mir damals noch fern.

Ich schämte mich wegen des plumpen Textes auf den Flugblättern und wollte nicht damit in Zusammenhang gebracht werden. Vielleicht hätte ich mich auch mit dem Text ausgesöhnt, wenn eine wirkliche Gefahr damit verbunden gewesen wäre oder ich etwas aufs Spiel gesetzt hätte, indem ich sie an die Leute verteilte; da das aber nicht der Fall war, blieb mir nichts als Scham.

Endlich kamen Kubicki und ein wenig später Stüdemann zurück. Wir taten, als ob nichts geschehen wäre, sprachen über Lyrik und vermieden die Gegenwart. Stüdemann analysierte seinen Lieblingsdichter Paul Eluard und ich gab zerstreute Antworten, weil ich mich nicht konzentrieren konnte.

4. KAPITEL
Die Feuertaufe

Wochenlang hatten wir uns in Erwartung der angekündigten Überprüfung auf jede Stunde schriftlich vorbereitet. Als aber zwei Monate verflossen waren, ohne daß etwas geschah, schöpften wir Hoffnung, daß das Gewitter an uns vorübergehen würde. Und selbst diejenigen, die dem Frieden nicht recht trauten, stumpften mit der Zeit ab. Das Leben an der Schule kehrte langsam in die alten Bahnen zurück. Doch gerade darauf schien die Kommission gewartet zu haben, denn als sie eines Morgens vor unserer Tür stand, waren wir überrumpelt.

Ich weiß nicht mehr, warum ich an dem verhängnisvollen Tage keine schriftlichen Vorbereitungen hatte, wahrscheinlich wegen der gewöhnlichen Überbürdung mit Konferenzen und sonstigen Extraarbeiten, die man uns fast täglich zumutete. Ich mußte mich auf meine Geistesgegenwart verlassen und das fortschrittliche Erziehungsziel aus dem Stoff der Stunde extemporieren. Daß ich keine schriftlichen Vorbereitungen hatte, beunruhigte mich nicht. Die improvisierten Stunden gelangen mir weit besser als die schriftlich fixierten. Ich war frei, jede Anregung aus der Klasse aufzugreifen und innerlich war ich nicht an ein vorgesehenes Schema gebunden. Das hätte mich also nicht aus dem Gleichgewicht gebracht - aber ich kam einige Minuten zu spät. Als ich ahnungslos ins Lehrerzimmer trat, schlug mir eine Welle von Erregung entgegen. Die Kollegen riefen mir zu, daß ich mich um Gottes Willen beeilen solle, weil einige Kommissionsmitglieder mich schon vor der Klasse erwarteten. Das war allerdings ein Formfehler, der mir übel angerechnet werden konnte.

Ich riß mir den Mantel von den Schultern und stürzte hinaus. Zu allem Überfluß hatte ich an diesem Tage im dritten Stock Unterricht. Während ich die Treppe hinaufjagte, fand ich den Unterricht in den anderen Klassen bereits in vollem Gange und das brachte mich doch aus dem Gleichgewicht. Der Gang im dritten Stock bot bereits das friedliche Bild, das während des Unterrichts immer auf unseren Fluren herrschte. Nur meine Klassentür stand sperrangelweit offen. Kein Laut drang aus der Klasse. Wahrscheinlich waren die Kinder durch die Männer eingeschüchtert, die stumm vor der Tür standen. Ich ging eilig auf sie zu und entschuldigte meine Verspätung. Wider Erwarten schien ihnen das nicht wichtig. Ich ließ sie an mir vorbei in die Klasse, dann schloß ich die Tür. Das Einschnappen des Schlosses hatte etwas Endgültiges. Die Untersuchungsrichter hatten Platz genommen - jetzt mußte ich mich auf Gedeih und Verderb produzieren.

Von den vier Männern, die bei mir erschienen waren, kannte ich nur Dreier. Er war ein kleiner dicker Mann mit schütterem Haar und vielen Goldplomben im Mund. Wenn er lachte - und das tat er fast unaufhörlich - beherrschten sie sein Gesicht. War ich mit ihm einmal allein, so suchte ich krampfhaft nach einem Gesprächsthema und wenn ich eins gefunden hatte, wußte ich, daß es gerade das Falsche war. Ich hatte ihm nichts zu sagen und er wußte ebenso wenig mit mir anzufangen.

Dreier leitete im Schulamt die Lehrerausbildung; in dieser Funktion kontrollierte er die ideologische Erziehung der Lehrer im Bezirk. Seine scharfen politischen Attacken wurden von allen gefürchtet, und er besaß in der Tat das Talent, selbst in der harmlosesten Kleinigkeit eine politische Häresie zu entdecken.

Ich war daher auf der Hut - oder ich glaubte, auf der Hut zu sein. Die Kollegen, die mit Dreier erschienen waren, brauchte ich nicht zu beachten. Sie genossen das fortschrittliche Vertrauen Dreiers. Sie würden unter allen Umständen, selbst gegen ihre Überzeugung, das Urteil Dreiers unterstützen.

Die Kinder saßen bei Unterrichtsbeginn verschüchtert in den Bänken. Sie ahnten natürlich nicht, daß sie mit den finsteren Männern im Hintergrund nichts zu tun hatten. Sie bezogen den Besuch auf sich und waren sehr ängstlich. Ich mußte sie unbedingt aus ihrer Zurückhaltung reißen, denn die Mitarbeit der Schüler war Dreiers Lieblingsthema. Ich wußte, daß er darauf achten würde. Die natürliche Schüchternheit der Kinder in Anwesenheit Fremder würde ihn nicht hindern, mich des mangelnden Kontakts mit den Schülern zu zeihen, wenn ich ihre Zurückhaltung nicht brach. Mangelnder Kontakt mit den Schülern war kein pädagogisches Versagen, sondern eine politische Unzulänglichkeit. Wer das Vertrauen seiner Schüler nicht besaß, konnte auf sie keinen Einfluß gewinnen und gehörte nicht in die deutsche demokratische Schule. In den ersten Minuten war ich verwirrt. Das unverhoffte Auftauchen der Kommission, mein Zuspätkommen, die Ängstlichkeit der Schüler brachten mich derart durcheinander, daß ich vor Aufregung buchstäblich das Unterrichtsthema vergaß. Als ich mit dem Unterricht einsetzen wollte, war alles wie weggewischt. Die ersten zwei bis drei Minuten verbrachte ich mit allgemeinen Erörterungen. Ich zermarterte mir verzweifelt das Gehirn nach einem Ansatzpunkt. Glücklicherweise ließ mich meine Beredsamkeit nicht im Stich. Ich fing irgendwo an und während ich meine Sätze formulierte, fiel mir plötzlich der Stoff ein: die Julirevolution in Frankreich. Jetzt kam ich ins Gleis! Aus Freude darüber machte ich einen Witz. Auch von den Schülern wich die krampfhafte Zurückhaltung. Es war, als ob sie um meinen Einsatz gebangt hätten und jetzt mit mir befreit aufatmeten. Sie lachten über meinen Scherz und sahen sich erlaubnisheischend nach den Fremden im Hintergrund um.

Ich mußte in dieser Stunde meine Aufmerksamkeit gleichzeitig auf mehrere Dinge richten. Erstens mußte ich auf das Verhalten der Schüler achten, damit man mir nicht später vorhalten konnte, daß hinten jemand unaufmerksam gewesen war oder gar mit dem Bleistift gespielt hätte; zweitens mußte ich auf meine Formulierungen aufpassen, damit mir kein ideologischer Schnitzer unterlief, und drittens mußte ich den in der Aufregung halbvergessenen Unterrichtsstoff memorieren und den Aufbau der Stunde nach den Regeln der Sowjetpädagogik gestalten. Viertens mußte ich noch Dreier beobachten. Er saß zwar mit steinernem Gesicht da, aber jedesmal, wenn ihm etwas auffiel, notierte er es. Dann mußte ich entscheiden, ob es Lob oder Tadel war. Auf jeden Fall wurde ich besonders vorsichtig, wenn er sich über seine Notizen beugte.

Ich fühlte, daß mir die Stunde gelang. Die Mädchen waren lebendig, folgten mir aufmerksam und meldeten sich, wenn sie etwas nicht verstanden hatten. Obwohl mir der Unterricht flott von der Hand ging und ich auch die politischen Akzente richtig zu setzen vermeinte, schrieb Dreier verdächtig viel mit. Das gefiel mir nicht, ja es drohte mich gegen Ende der Stunde wieder aus dem Konzept zu bringen ...

Endlich klingelte es. Der planmäßige Stoff war aufgearbeitet und die Hausaufgaben gestellt. Ich setzte mich erleichtert ans Klassenbuch. Das Weitere lag nicht mehr in meiner Hand.

Auf dem Gang erwartete mich Dreier mit seinen Begleitern. Er verzog den Mund zu seinem ewigen Lächeln, indem er mir die Hand drückte, und ich hatte das Gefühl, daß es nicht so schlimm sein könnte. Ein weiteres Zeichen, das ich zu meinen Gunsten auslegte, war, daß keinem einfiel, mich nach meinen schriftlichen Ausarbeitungen zu fragen. Sie nahmen wahrscheinlich an, daß meine flüssig vorgetragene Stunde auch vorbereitet sein mußte.

Unten war die Kommission schon eifrig an der Arbeit. Das Lehrerzimmer war nicht mehr wiederzuerkennen. Alles Mögliche war auf den Tischen aufgestapelt. Stöße von Hausarbeits- und Diktatheften, verstaubte Akten und alte Klassenbücher türmten sich zu Bergen. Dazwischen saßen die Kommissionsmitglieder und prüften jeden Federstrich auf Herz und Nieren.

Als ich ins Lehrerzimmer kam, saß Altmeyer vor einem Stoß Personalakten. Ich grüßte ihn höflich, er grüßte mich ebenso höflich und damit war unsere Konversation zuende. Ich ging ziellos zwischen den beladenen Tischen und Stühlen herum. Von Zeit zu Zeit tauchte Stüdemann auf, sah sich nervös um und lief wieder hinaus. So wanderte er den ganzen Tag umher, immer bereit, seinen Kollegen bei einem Mißgeschick zu helfen.

Wozu war dieser Aufwand gut? fragte ich mich; aber das war nur eine rhetorische Frage, die ich selbst sehr gut beantworten konnte. Wenn die politische Überprüfung überhaupt einen Sinn hatte, dann lag er in der Einschüchterung der Lehrerschaft. Die Angst vor Entlassung und Strafe sollte uns enger mit dem Regime verbinden. Die Kommission sah alles; sie blickte uns bis ins Herz. Sie ging von dem Vorsatz aus, daß in jedem Kollegium der Klassenfeind wühle, und wenn man ihn nicht bei der Arbeit entlarven konnte, dann mußte man ihn eben auf andere Weise stellen.

Die Funktionäre, die jetzt in unseren Klassenbüchern und Aufsatzheften herumstocherten, stammten fast ausnahmslos aus sozialen Zwischenschichten. Ohne geistige Fähigkeiten zu Amt und Würden gelangt, taten sie alles, um ihre Unersetzbarkeit zu beweisen. Sie waren erfüllt von der Aufgabe, die verkappten Feinde der Republik aufzuspüren. Sie ließen keinen Zweifel darüber, daß wir die Opfer waren, und ebenso unzweifelhaft war es, daß sie eine politische Anklage erfinden würden, wenn sich ihnen sonst kein Vorwand bieten würde.

Mich fröstelte - aber noch wußte ich nicht, daß ich diesmal zum Sündenbock gemacht werden sollte. In der Tat - ich bot aus mehr als einem Grund ein dankbares Objekt. Schon rein äußerlich glich ich nicht dem Bild, das sich die Funktionäre von einem kommunistischen Junglehrer machten, dagegen entsprach ich vollkommen ihren Vorstellungen von einem „Bourgeois".

Kein vernünftiger Mensch wird vom Äußeren auf die politische Gesinnung schließen; nicht so der Funktionär. Er entscheidet sich auch äußerlich nur für seinesgleichen und begegnet jeder Abweichung vom Schema mit Mißtrauen. Er ist von tiefer Abneigung gegen jede Originalität und Selbständigkeit erfüllt, weil er hier die Grenzen seines Einflusses weiß. Macht man zum Beispiel den Eindruck eines unselbständigen, ideenlosen und beschränkten Menschen, ist man den Funktionären sympathisch; trägt man aber zufälligerweise eine Brille, wird man sofort der Kategorie verdächtiger Intellektueller zugezählt. -

Die ersten Folgen der Überprüfung erlebten wir nach der vierten Stunde. Frau Grünewald, eine freundliche und durch und durch harmlose Dame, saß aufgelöst am Konferenztisch und wurde von heftigen Weinkrämpfen geschüttelt. Die Sportlehrerin und eine andere Kollegin bemühten sich vergeblich um die zusammengebrochene Frau. Es hieß, daß Dreier zwei Stunden bei ihr hospitiert hatte. Was im einzelnen vorgefallen war, konnten wir nicht erfahren. Sie wehrte jede Frage mit einer schwachen Geste ab und begann nur noch heftiger zu schluchzen.

Das genügte mir. Morgen sollte im Beisein der Kommission die Auswertung der Überprüfung stattfinden. Ich versprach mir nichts Gutes davon.

Am nächsten Morgen ging ich wieder einmal von bangen Vorahnungen erfüllt in die Schule. Die Angst, in meinem Beruf zu versagen, hatte ich überwunden. Mir konnte niemand mehr die glücklichen Augenblicke verleiden, die ich erlebt hatte, wenn meine Schüler mit strahlenden Augen und gespannten Gesichtern dem Unterricht folgten. Ich war jetzt geneigt, viele von den Konflikten in der ersten Schule auf meine

Unerfahrenheit und Naivität zu schieben und vielleicht war es sogar notwendig gewesen, daß ich durch diese Demütigungen gegangen war. Ich habe auch in Zukunft Fehler gemacht und viele bittere Stunden erlebt, aber niemals war ich wieder so hilflos ausgeliefert, wie in den ersten vier Wochen.

In der Schule herrschte das gleiche Treiben wie am Vortag. Das Lehrerzimmer war für uns nicht zu benutzen; es glich dem Hauptquartier eines Generalstabes. Unaufhörlich wurden Akten hin- und hergetragen, die Klassenbücher wurden bis zur letzten Seite revidiert und alle Schülerhefte, die von uns eingesammelt worden waren, wurden von einem besonderen „Kommando" nachkorrigiert. Wehe dem Kollegen, der ein politisch anrüchiges Thema gestellt oder die ideologische Abweichung eines Schülers nicht mit einem „Ungenügend" quittiert hatte. Er konnte sich auf etwas gefaßt machen!

Viel konnten sie indes in den Heften nicht finden. Stüdemann hatte mit dem stellvertretenden Schulleiter die wichtigsten Hefte vorgeprüft. So blieben als schwache Punkte bei uns nur die Unterrichtsstunden. Hier lag die Chance für die Kommission, und sie wußte sie auch zu nutzen.

Ich gab meinen Unterricht ziemlich gleichmütig. Eine Deutschstunde in der fünften Klasse wurde zwar wieder bei mir kontrolliert, aber diesmal handelte es sich um eine harmlose Lesestunde und der Prüfungskommissar war irgendein Schulleiter. Anschließend zeigte er sich sehr befriedigt. In seinem Bericht schrieb er jedoch das Gegenteil, weil er inzwischen die Anklagen Dreiers gegen mich gehört hatte und ihm in der Wachsamkeit nicht nachstehen wollte.

Die große Konferenz begann um vierzehn Uhr. Das Kollegium und die Kommissionsmitglieder hatten sich im Lehrerzimmer versammelt. Die Funktionäre waren nicht weniger aufgeregt als wir, denn jetzt waren sie an der Reihe, ihre Anklagen vorzubringen und sie konnten nicht wissen, wie stark der Widerstand sein würde.

Stüdemann ging unruhig zwischen uns herum und erkundigte sich nach dem Verlauf der überprüften Stunden. Aber darauf konnte ihm keiner von uns antworten - die Kommissionsmitglieder hatten auf diese Fragen geschwiegen oder ausweichend geantwortet. Sie wußten zum Teil selbst nicht, was gelobt oder getadelt werden sollte.

Die Richtlinien für das allgemeine Vorgehen wurden von Altmeyer und Dreier in einer Separatkonferenz festgelegt. Die Masse der Kommission hatte sie dann nur bei ihren Angriffen oder Lobsprüchen zu unterstützen. Endlich nahmen wir Platz. Altmeyer präsidierte - Stüdemann saß als Schulleiter an seiner Seite. Er blätterte aufgeregt in seinen Aufzeichnungen. Dreier hatte sich in eine neutrale Ecke zurückgezogen und war von seinem politischen Stab umgeben. Er hatte seinen Platz mit Bedacht gewählt; alle Augen waren nach vorn gerichtet, umso wirkungsvoller mußten seine fulminanten Angriffe aus einer unvermuteten Richtung wirken. Er hatte Sinn für Dramatik. Es mußte ihm auch Genugtuung bereiten, wenn er im Laufe der Konferenz seine Pfeile abschoß und alle gezwungen waren, nach seinem Platz zu sehen.

Und da saß unser Kollegium - ängstlich, eingeschüchtert, innerlich auf jede unvermutete Anklage gefaßt, aber auch bereit, sich aus einer seltsamen Mischung aus Trotz und Verzweiflung seiner Haut zu wehren.

Ich sah sie der Reihe nach an. Die Sportlehrerin, mit der ich über französische Literatur geplaudert hatte und die so überrascht gewesen war, daß ich nicht nur Marx und Engels lese. Frau Grünewald, die immer noch verweinte Augen hatte und deren fahrige Bewegungen ihre innere Unrast verrieten. Frau Gerlach, die kurz vor ihrer Pensionierung stand und jetzt um ihre Altersversorgung bangte. Auch die blassen Gesichter der übrigen Damen verrieten Angst und Unsicherheit.

Herr Jähnke hatte seine rechte Hand auf die Tischplatte gestützt und schien von den Vorgängen unberührt. Wir jüngeren Kollegen versuchten uns ein überlegenes Aussehen zu geben. Dem Russischlehrer Felsch gelang die Pose nicht. Er war durch die Kommission mitten aus seinen Hochzeitsvorbereitungen gerissen worden. Zu den Aufregungen, die damit verbunden waren, kam jetzt noch die entnervende Konferenz. Kubicki und Jeske ließen sich nichts anmerken und auch ich unterdrückte meine Erregung, so gut ich konnte.

Altmeyer erhob sich und eröffnete mit seiner bulligen Stimme die Konferenz.

„Kollegen! Kolleginnen!" - er machte eine Kunstpause, in der er uns prüfend ansah.

„Wir dürfen die Entwicklung der deutschen demokratischen Schule nicht losgelöst von der gesellschaftlichen und politischen Entwicklung der Deutschen Demokratischen Republik sehen. Die Überprüfung, die wir heute vornehmen, steht in engem Zusammenhang mit unserem staatlichen Leben.

Das Leben drängt vorwärts und die Schule kann sich nicht vor dem Geist verschließen, der in unseren Betrieben herrscht. Es gibt bei uns noch immer Elemente, die das nicht begreifen wollen. Kollegen! Wir werden das nicht länger dulden. Die Schule hinkt in der gesellschaftlichen Entwicklung nach. Wir müssen daher von den

Werktätigen in der Produktion lernen. Das ist der Sinn unserer heutigen Konferenz!" Hier machte er wieder eine Pause und sah uns bedeutungsvoll an.

„Kollegen, ich habe hier und dort das Wort „überwachen" gehört. Das ist die Parole des Klassenfeindes! Mit ihr wollen bestimmte Subjekte die Zusammenarbeit zwischen Schule und Verwaltung stören. Seid wachsam, laßt Euch nicht durch den Klassenfeind verwirren! Wir sind nicht gekommen, um bei Euch herumzuschnüffeln, sondern um Euch bei der Arbeit zu *helfen*. Das dürft Ihr keinen Augenblick vergessen. Wer von Schnüffelei spricht, sabotiert die Aufbauarbeit der Schule. Wir werden nicht davor zurückschrecken, solchen Leuten das Handwerk zu legen. In diesem Sinne eröffne ich den Pädagogischen Rat der 17. Schule."

Ein zufriedenes Lächeln umspielte Altmeyers Lippen, als er sich setzte. Er beugte sich demonstrativ mit einigen scherzhaften Worten zu seinen Nachbarn. Damit versuchte er, das Kollegium ins Vertrauen zu ziehen und den Eindruck zu erwecken, daß er sich nur zum Sprecher unserer eigenen Gedanken gemacht hatte.

Das Stichwort seiner Ansprache war das Wort „helfen". Er gab uns damit klipp und klar zu verstehen, daß jeder Verteidigungsversuch von unserer Seite ein konterrevolutionäres Verbrechen war. Uns sollte „geholfen" werden, die Weisungen der Partei widerspruchslos in die Praxis umzusetzen. „Helfen" hieß ferner, daß wir in Zukunft jede Brüskierung und jeden noch so phantastischen Vorwurf als „Hilfe" hinnehmen mußten. Mit einem Wort, es gab keine Alternative für uns. Durch diesen geschickten Schachzug hatte er uns praktisch mattgesetzt. Selbst wenn wir auf der Stelle zum Tode verurteilt worden wären, hätten wir unsere Henker als „Helfer" preisen müssen.

Als zweiter nahm Dreier das Wort. Alle Köpfe drehten sich in seine Richtung.

„Liebe Kolleginnen und Kollegen! Sie können auf Ihre Schule stolz sein. Ich möchte als Beispiel für die positive Arbeit an dieser Schule nur den Einsatz des Genossen Stüdemann hervorheben ..."

Er wurde von Altmeyer unterbrochen.

„Kollegen, erlaubt mir dazu noch ein Wort. Ich habe gesagt, daß von Kontrolle nicht die Rede sein kann; ich will noch hinzufügen, daß wir auch nicht negative Kritik üben wollen. Wir müssen zwischen zersetzender, feindlicher Kritik und aufbauender, freundschaftlicher Kritik unterscheiden. Wir wollen Euch den Weg aufzeigen, den die deutsche demokratische Schule in unserem Staat einschlagen muß. Ich glaube, daß die Arbeit des Genossen Stüdemann uns ein Vorbild sein kann. Ich erinnere nur an die Musterkonferenz, die in dieser Schule unter seiner Leitung durchgeführt worden ist.

Kollegen, ich kenne den Genossen Stüdemann als einen aufrechten Menschen. Ich schätze ihn sehr!

Als der Genosse Dreier und ich eine Stunde bei ihm hospitierten, sahen wir uns nach ein paar Minuten stillschweigend an. Wir waren uns einig: eine großartige Stunde!

Wir wollen eine patriotische Jugend, die sich in den politischen Fragen der Gegenwart auskennt. Wir wollen einen Unterricht, der lebendig und gegenwartsbezogen ist. Der Genosse Stüdemann versteht es, die Forderungen organisch aus dem Unterricht zu entwickeln und er verfällt nicht in den Fehler, dem wir in anderen Schulen begegnet sind und den auch bei Euch noch einige Kollegen machen, wenn sie am Ende einer völlig lebensfremden Unterrichtsstunde unvermittelt ein fortschrittliches Schwänzchen anhängen. Damit kann man nämlich nicht seine Pflicht gegenüber unserer Arbeiter- und Bauernmacht erfüllen. Das ist Formalismus und wir haben gerade auf diesen Punkt sehr genau bei unserer Arbeit geachtet. Das muß sich ändern!"

Dreier hatte mehrmals, während Altmeyer sprach, bekräftigend mit dem Kopf genickt und fuhr jetzt fort:

„Der Genosse Altmeyer hat sehr richtig gesagt, daß wir eine fortschrittliche Jugend erziehen wollen. Wir haben dabei schon große Erfolge erzielt. Aber der Klassenfeind schläft nicht, im Gegenteil, je größer unserer Erfolge werden, je schneller wir auf dem ruhmreichen Weg des Sozialismus voranschreiten, umso erbitterter versucht der Feind seine alten Positionen zurückzugewinnen. Da er nicht mehr offen unsere Arbeit sabotieren kann, greift er zu einer heimtückischen List. Seit einiger Zeit versucht der Klassenfeind mit der Parole des Objektivismus in die Schule einzudringen. Kollegen, wir müssen gegenüber dem Objektivismus wachsam sein und ihn als Methode des Feindes entlarven. Viele Kollegen wissen gar nicht, daß sie dem Feind auf den Leim gegangen sind und darum will ich hier etwas über seine Methoden sagen. Eure Schule ist ein typisches Beispiel dafür, wie sich der Klassenfeind unter der Maske des Objektivismus in ein fortschrittliches Kollegium einschleichen kann."

An dieser Stelle ging eine heftige Bewegung durch unsere Reihen. Jeske, der neben mir saß, wurde grün vor Angst. Seine verglimmende Zigarette mußte ihm die Finger versengen, aber er schien nichts davon zu spüren. Dreier nahm von unserer Nervosität keine Notiz. Er fuhr gelassen im Funktionärsjargon fort, der mit seinen seltsam unmotivierten Wortbetonungen an die Reden Ulbrichts erinnerte.

„Der Objektivismus kann in verschiedenen Formen auftreten. Ich will nur die wichtigsten Arten herausgreifen, weil sie in einer Stunde, die wir hier gehört haben, stark zum Ausdruck gekommen sind.

Eine Spielart des Objektivismus ist der Indifferentismus. Lehrer, die dieser Methode huldigen, unterrichten absichtslos. Ihnen ist es gleichgültig, welche politischen Schlußfolgerungen die Schüler aus dem Stoff ziehen. Indem sie nur Fakten ausbreiten und nicht zeigen, wo sie selbst stehen, verletzen sie die Parteilichkeit des Unterrichts. Hinter dem Indifferentismus steht eine feindliche Einstellung zu unserer Republik. Die Angst vor jeder parteilichen Stellungnahme erwächst aber auch aus der Krise des bürgerlichen Denkens, dem diese Menschen verhaftet sind. Sie sind gleichgültig bis zu einem lebensfeindlichen Pessimismus.

Zweitens kann er als objektivistischer Ekklektizismus auftreten. Diese Methode des Klassenfeindes erkennt man daran, daß sie unschöpferisch ist. Solche Lehrer bieten ihren Schülern ein sinnverwirrendes Nebeneinander ohne sinnklärendes Nacheinander. Die Kinder werden dadurch zum mechanischen Lernen angehalten. Sie haben deshalb eine Fülle von Fakten im Kopf, aber sie können sie nicht mit unserer gesellschaftlichen Wirklichkeit in Verbindung bringen.

Der Objektivismus offenbart sich ferner noch als ästhetischer Formalismus. Hier hat immer die Form den Vorrang vor dem Inhalt. Wenn man diese Menschen zur Rede stellt, faseln sie etwas von Ästhetik, Schönheitssinn und Bildung, aber sie vergessen dabei, daß unser nationales Kulturerbe, das sie dauernd im Munde führen, mit der Waffe in der Hand gegen den räuberischen Imperialismus verteidigt werden muß.

Und dann gibt es noch den individualistischen Psychologismus. Der Mensch wird aus der Gesellschaft herausgerissen und im luftleeren Raum nach psychologischen Abnormitäten untersucht. Wenn man solchen psychologischen Betrachtungen zuhört, könnte man meinen, daß der Kapitalismus ein psychologisches und nicht ein ökonomisches Problem ist.

Kollegen - das sind die Methoden des Klassenfeindes! Er ist immer bereit, zuzuschlagen, wenn unsere Wachsamkeit nachläßt. Deswegen sind wir hergekommen. Wir wollen Euch wachrütteln und zeigen, wie raffiniert unsere Feinde arbeiten.

Wir haben eine Stunde bei dem Kollegen Daniel gehört. Er sprach über die Julirevolution in Frankreich. Er hatte also ein Thema, wie wir es uns alle wünschen. Der Stoff der Stunde legt ihm beinahe von selbst das Erziehungsziel in den Mund. Er hat die Möglichkeit, die unmenschlichen Lebensbedingungen des französischen Proletariats zu schildern und den Haß der Kinder gegen die Blutsauger des Volkes zu wecken. Er kann - ohne den Stoff zu vergewaltigen - seine eigene Abscheu vor den Unterdrückern äußern. Aber was tut er? Nichts! Er verstößt, ohne mit der Wimper zu zukken, gegen das Prinzip der Parteilichkeit im Unterricht. Kollegen, das ist eine ernste Sache. Wir fordern von unseren Schülern ein bewußtes politisches Urteil, aber wie können wir Erfolge erzielen, wenn es noch Lehrer in der deutschen demokratischen Schule gibt, die nicht Partei ergreifen?

Der Unterricht des Kollegen Daniel war ein typisches Beispiel des Objektivismus. Damit nicht genug, ließ er noch Tendenzen des Sozialdemokratismus erkennen. Und das in einer Zeit, in der die Adenauerclique unser Volk an das amerikanische Monopolkapital zu verkaufen sucht und die ganze deutsche Jugend dagegen kämpft. Ich frage Sie, was wollen Sie antworten, wenn Ihre Schüler Sie einmal fragen: Welchen Beitrag haben Sie in unserem Kampf für den Frieden geleistet?"

Offensichtlich war das eine rhetorische Frage, die Dreier selbst zu beantworten wünschte. Ich war aber zu aufgeregt, um das zu verstehen. Ich öffnete den Mund zu einer Antwort. Dreier besann sich.

„Ja, bitte, was würden Sie sagen?"

„Ich verstehe nicht, was die Julirevolution, die weit über hundert Jahre zurückliegt, mit Adenauer zu tun hat."

Dreier sah sich mit einem Gesichtsausdruck am Tisch um, als ob ich etwas unbeschreiblich Dummes gefragt hätte.

„So - das wissen Sie nicht - dann will ich es Ihnen erklären. Das Proletariat hat damals für seine Freiheit gekämpft. Stimmt das, Kollege Daniel?"

„Ja."

„Und wofür kämpfen die Werktätigen in Westdeutschland? Kämpfen sie etwa nicht auch gegen die Ausbeutung durch das westdeutsche Monopolkapital, an dessen Spitze Adenauer steht?"

„Doch", sagte ich müde.

„Sehen Sie, darin liegt die historische Parallele, die Sie nicht beachtet haben."

„Ich begreife aber noch immer nicht, wie ich die im Lehrplan geforderte Wissenschaftlichkeit des Unterrichts mit Ihrer Forderung nach Parteilichkeit verbinden soll", beharrte ich. „Das eine schließt doch das andere aus. Wenn ich die Geschichte wissenschaftlich darstellen will, muß mein höchstes Ziel Objektivität sein. Wenn ich mich aber bei der Behandlung historischer Ereignisse von einer leidenschaftlichen Parteinahme leiten lasse, wird meine Darstellung durch persönliche Gefühle getrübt und kann nicht mehr wissenschaftlich sein."

„Es ist gut, daß der Kollege Daniel das gefragt hat. Es gibt mir Gelegenheit, mit allem Nachdruck festzustellen, daß die von unseren Lehrplänen geforderte Wissenschaftlichkeit des Unterrichts in seiner Parteilichkeit liegt. Durch unsere Parteilichkeit im Unterricht beweisen wir den Schülern unsere Verbundenheit mit der Arbeiter- und Bauernmacht. Wir dienen damit dem Fortschritt und der Wahrheit. Man kann heute nicht mehr wissenschaftlich und gleichzeitig antisozialistisch sein."

„Das ist unlogisch!" wandte ich ein.

„Kümmern Sie sich weniger um Logik und mehr um die dialektischen Zusammenhänge!" sagte Dreier aufgebracht. „Die historischen Triebkräfte liegen im Klassenkampf und nur wer auf der Seite des siegreichen Proletariats steht, kann wirklich wissenschaftlich sein."

„Die Wahrheit ist doch nicht das Privileg einer zufälligen proletarischen Geburt", versuchte ich meinen Gedanken fortzusetzen, „sie eröffnet sich jedem Einsichtigen ..."

„Kollegen", schrie Dreier, „wir haben lange genug über ideologische Fragen diskutiert, wir haben eine unermüdliche Überzeugungsarbeit geleistet; jetzt diskutieren wir nicht mehr über grundsätzliche Fragen."

Ich hatte das Gefühl, daß ich schon zu weit gegangen war; aber andererseits hatten mich die spitzfindigen Angriffe Dreiers so erregt, daß ich nicht mehr auf die warnende Stimme in mir hörte.

„Wenn die Wissenschaft eine Methode der Wahrheitsfindung ist, muß sie objektiv sein und wenn ich als Lehrer die Wahrheit übermitteln soll, darf ich keine parteiliche Auswahl treffen."

„Glauben Sie, daß die Partei sich irrt?" Dreiers Stimme überschlug sich.

„Glauben Sie", fragte ich zurück, „daß die kollektive Vernunft und das kollektive Gewissen der Partei immer der Vernunft und dem Gewissen eines Einzelnen überlegen sind? Kann es nicht Fälle geben, wo der Einzelne gegenüber der Partei Recht behält?"

„Das ist eine Provokation", schrie Dreier, „ich fordere den Kollegen Daniel auf, sofort zu seiner Frage selbstkritisch Stellung zu nehmen!"

Nach Dreiers Aufforderung, Selbstkritik zu üben, herrschte tödliche Stille. Wie durch einen Schleier nahm ich wahr, daß Jeske trotz der dichtgedrängten Reihe um den Tisch von mir abzurücken suchte, und an den ratlosen Gesichtern um mich her sah ich, daß alle von der fatalen Wendung, die die Diskussion genommen hatte, völlig überrascht waren. Aber sie konnten nicht überraschter sein als ich selbst, denn die Gedanken, die ich ausgesprochen hatte, waren mir bis vor wenigen Augenblicken fremd gewesen. Sie mußten irgendwo in meinem Unterbewußtsein geschlummert haben und erst die Anklage Dreiers hatte sie mir ins Bewußtsein geschwemmt. Ich tat, was von mir erwartet wurde. „Ich habe keine Provokation beabsichtigt", sagte ich, „ich habe nur den Kollegen Dreier nach seiner Meinung gefragt, um einige Unklarheiten bei mir zu beseitigen. Ich glaube jetzt die Antwort zu wissen und danke für die Hilfe, die mir der Pädagogische Rat dabei gewährt hat."

So plump mein Rückzug war, er verfehlte indes nicht seine Wirkung. Dreier besann sich. Auch er war offenbar weiter gegangen, als er ursprünglich beabsichtigt hatte. Er fuhr jetzt wesentlich ruhiger fort.

„Es hat sich in unserer Aussprache gezeigt, daß der Kollege Daniel noch starke ideologische Unklarheiten aufzuweisen hat. Die Betriebsgewerkschaftsleitung muß sich mit ihm zusammensetzen und seine ideologischen Schwächen beseitigen. Ich habe den Eindruck gewonnen, daß er ein entwicklungsfähiger Kollege ist und daß unsere Aussprache ihm bei der Überwindung ideologischer Abweichungen helfen wird.

Kollegen! Wir müssen den Objektivismus in unserer Schule überwinden; wenn Ihnen der Pädagogische Rat dabei geholfen hat, ist unsere Aussprache nicht sinnlos gewesen."

Damit war mein Fall abgeschlossen. Von meinen Kollegen hatte keiner auch nur den Versuch gemacht, mir zu helfen. Sie waren alle in ihre eigene Angst eingesponnen, die einen Grad erreicht hatte, bei dem man nur noch an sein eigenes Schicksal denkt. Im Grunde hatte ich auch nicht erwartet, daß sie mir beistehen würden. Was mich aber sehr überraschte, war, daß Altmeyer nicht zu meinen Ungunsten in die Diskussion eingegriffen hatte.

Die Konferenz dauerte bis in die späten Nachtstunden. Was alles besprochen wurde, weiß ich nicht mehr. Dreier nahm einen nach dem anderen ins Kreuzverhör, aber die bis zum Zerreißen gespannte Atmosphäre, die bei unserer Auseinandersetzung geherrscht hatte, war verschwunden. Sie wurde durch Routine ersetzt.

Soweit ich mich erinnern kann, kritisierte Dreier noch die Zusammenarbeit zwischen Schule und Elternschaft, beanstandete viele Aufsatzthemen, war mit den Klassenbüchern nicht zufrieden und verlor sich überhaupt in unbedeutenden Nebenfragen. Im Hintergrund standen aber die Argumente, die ich vorgebracht hatte und die Dreier nicht beantworten konnte. Keiner erwähnte sie - aber gerade dadurch, daß sie geflissentlich vermieden wurden, blieb ihre Anwesenheit im Zimmer fühlbar.

Während ich versunken am Konferenztisch saß und das Stimmengewirr eindruckslos an mir vorüberrauschte, dachte ich an die Worte, die so unvermutet aus mir hervorgebrochen waren. Ich hatte zum ersten Mal mein inneres Unbehagen in Worte gefaßt und jetzt, nachdem sie ausgesprochen waren, fühlte ich mich ihnen verpflichtet. Daran änderte auch nichts, daß ich in der erzwungenen Selbstkritik meine Überzeugungen verleugnet hatte. Sie blieben in mir und brachten eine Lawine ins Rollen. Plötzlich, ohne Übergang, wurde mir bewußt, daß ich die Parteiideologie nicht teilte und auch früher nicht geteilt hatte. Als ich das zu denken wagte, entstand in mir, wie im Mittelpunkt einer Explosion, ein seelisches Vakuum. Meine menschlichen Bindungen, die mich vor Sekunden noch zu tragen schienen, brachen zusammen und ich stand vor einem toten Ideal.

Aber fast im gleichen Augenblick, in dem ich halb betäubt auf meine innere Leere starrte, fühlte ich, daß man ohne geistige und moralische Bindungen nicht in einem totalitären Staat arbeiten durfte, weil man dann nicht die Kraft und die Möglichkeit besitzen würde, dem Unrecht zu widerstehen.

Und wieder wußte ich, ehe ich nach einer Lösung fragte, daß ich nicht den Weg des geringsten Widerstandes gehen würde und mich nicht für einen der magnetischen Punkte entscheiden würde, die die Welt polarisierten. Insofern entschied ich mich doch in diesen Minuten, ich wollte mir treu bleiben und in Zukunft nur Konzessionen machen, die ich mit meinem Wesen vereinbaren konnte. Eine Wahl, die mir von außen aufgedrängt wurde, erschien mir ehrlos. Ich fühlte, daß es zu leicht war, die eigene Person zugunsten einer fordernden Welt aufzugeben. West oder Ost - es blieb sich gleich; der Preis, den ich für meine Geborgenheit in einer dieser Welten zahlen sollte, war zu hoch.

5. KAPITEL

Umschichtungen

Am Ende jedes Schuljahrs war es üblich geworden, die „fortschrittlichsten" Lehrer der Deutschen Demokratischen Republik mit dem Titel „Verdienter Lehrer des Volkes" auszuzeichnen. Das geschah alljährlich in einem feierlichen Staatsakt im ehemaligen „Admiralspalast" in der Friedrichstraße.

Schon lange vor der feierlichen Zeremonie waren die Kandidaten in den Parteizellen der Schulen ausgewählt worden. Maßgebend war bei der Auswahl, in der die Partei natürlich das letzte Wort sprach, die sogenannte „gesellschaftliche Tätigkeit" des Kandidaten. Darunter verstand man nicht das pädagogische Können eines Lehrers, sondern seine Aktivität bei propagandistischen Aufgaben. Um „Verdienter Lehrer des Volkes" zu werden oder die Aktivistennadel an die Brust geheftet zu bekommen - beide Auszeichnungen waren mit einer erheblichen Geldprämie verbunden - brauchte man sich nur in den der Schule angeschlossenen Jugendorganisationen „Junge Pioniere" und „FDJ" hervorzutun. Man mußte in seiner Klasse fleißig Mitglieder sammeln, die Heimabende ausgestalten, politische Arbeitsgemeinschaften abhalten und man konnte beinahe sicher sein, für die nächste Prämie vorgemerkt zu werden.

Da jeder sehen konnte, daß die Auswahl von der Partei nach politischen Gesichtspunkten getroffen wurde, war das Prämiensystem bei der Lehrerschaft denkbar unbeliebt. Man war verstimmt, weil man miterleben mußte, wie ein geräuschvolles Lippenbekenntnis demonstrativ ausgezeichnet wurde, während die aufopferungsvolle Arbeit in den Klassen keine Anerkennung fand.

Nach unserer letzten gemeinsamen Konferenz - die Gewerkschaftsleitung hatte gerade bekanntgegeben, daß unser Vorschlag, Stüdemann zum „Verdienten Lehrer des Volkes" zu wählen, abgelehnt worden war - trat Stüdemann auf mich zu und fragte, ob ich nicht am Staatsakt teilnehmen wolle. Ursprünglich war die Karte für ihn bestimmt gewesen, da er aber aus irgendeinem Grunde verhindert war, kam ich jetzt in den Genuß des seltenen Schauspiels. Das Portal des Admiralspalastes war von Lorbeerbäumen flankiert. Eine festlich gekleidete Menge wogte vor den Eingängen. Jeden Augenblick kam eine russische Luxuslimousine vorgefahren und ihre Insassen begaben sich mit Siegermiene in die für sie reservierten Logen. Im Parkett hatte sich die Elite der DDR-Lehrerschaft versammelt. Aus allen Teilen Ostdeutschlands waren sie zu diesem Anlaß nach Berlin gebracht worden. Unter ihnen sah man auch die Delegierten der „befreundeten Nationen", Russen, Polen, Chinesen, Koreaner, kurz alle Volksdemokratien waren vertreten.

Ich begab mich etwas beklommen auf meinen Platz. Mich ergriff das befremdliche Gefühl, nicht in diesen Kreis hineinzupassen. Es ging mir wie einem Menschen, der in einer Gesellschaft plötzlich entdeckt, daß er sich in ihr nicht unauffällig zu benehmen weiß. Ich war ängstlich bemüht, nicht aufzufallen, aber ich konnte das Gefühl nicht loswerden, das man mich mißtrauisch beobachtete.

Diesmal wurden vierzig Lehrer ausgezeichnet. Der damalige Volksbildungsminister Paul Wandel eröffnete die Feierlichkeit mit der üblichen Aufzählung der anwesenden Delegationen. Immer, wenn er ein Land nannte, erhob sich stürmischer Beifall. Natürlich erhielt die russische Abordnung den stärksten Applaus. Einige sprangen sogar von ihren Sitzen auf und empfingen die verlegen auf der Bühne stehenden Russen mit frenetischem Jubel. Ich wußte nicht, wie ich mich verhalten sollte. Viele Lehrer blieben sitzen und bewegten nur widerwillig die Hände. Ich war also nicht der einzige, der die dienstbeflissene Huldigung als entwürdigend empfand.

Ich saß auf dem Balkon und konnte die Szene gut überblicken. Wandel stand hinter einem rot drapierten Pult. Über ihm hingen die Porträts der „Klassiker". Die vier Köpfe schienen verächtlich in den Saal zu blicken, wo einige in den Reihen verteilte Funktionäre mit wütendem Händeklatschen Beifall provozierten. Wenn es ihnen angezeigt erschien, erhoben sie sich demonstrativ und begannen zu applaudieren. Dann war jeder vor die Wahl gestellt, entweder mitzumachen oder sich feindseligen Blicken auszusetzen. Die Regie war gut, die meisten machten mit und diejenigen, die sich zurückhielten, gingen in der herausgeforderten Begeisterung unter.

Nach Wandel erschien Grotewohl auf der Bühne. Er verbeugte sich verhalten nach rechts und nach links, wechselte hier und da ein Wort mit den ausgezeichneten Lehrern und begab sich zum Rednerpult. Er beugte sich vor, sah einen Augenblick eindringlich ins Publikum und begann leise, fast im Plauderton, die Festrede.

Was er aber in seiner pastoralen Art sagte, stach auffällig von seinem kultivierten Ton ab.

Diese Rede, die am 12. Juni 1952 vor der ostdeutschen Lehrerschaft gehalten wurde, war der Auftakt zu einer Politik der starken Hand. In ihrem Zeichen wurden in wenigen Monaten die Einheiten der „Volkspolizei" zu einem Berufsheer umgewandelt, die Normen in der Industrie heraufgesetzt, die Löhne gedrückt und die Landwirtschaft durch eine forcierte Kollektivierung an den Rand des Zusammenbruchs gebracht. Die Ereignisse trieben von nun an schnell zu einer wirtschaftlichen und sozialen Katastrophe, die am 17. Juni des nächsten Jahres ihren Höhepunkt fand.

Der Lehrerschaft war im Rahmen der neuen Politik eine propagandistische Rolle zugedacht. Sie sollte in den Schulen, bei Klassenelternabenden und auf allgemeinen Elternversammlungen die Bevölkerung im Sinne der Regierungspolitik bearbeiten. Die Partei hatte mit der Lehrerschaft einen vollkommenen und bei der Bevölkerung in hohem Ansehen stehenden Organismus in der Hand, den sie von nun an skrupellos für ihre Absichten auszunutzen gedachte. Ich ging bedrückt nach Hause ... Die Menschen waren niedergeschlagen zu den Ausgängen geströmt. Nachdem sie ihre Mäntel übergezogen hatten, sah man nichts mehr von der festlichen Kleidung. Freund und Feind wurden unkenntlich in der grauen Monotonie des Ostberliner Alltags.

In der Schule wurden die Rückwirkungen der verschärften Politik sehr bald fühlbar. Noch mehr als bisher blieben wir mit unseren Gedanken allein. Die Unsicherheit war zermürbend, keiner konnte wissen, ob er nicht in der nächsten Stunde verhaftet würde. Sprunghaft stieg die Zahl der Lehrer, die bei Nacht und Nebel alles zurückließen und nach Westen flohen.

Die Auflösungserscheinungen griffen auf die Schulämter über. Eines Tages hieß es, daß einige bei der Lehrerschaft besonders verhaßte Funktionäre nach Westberlin geflohen waren. Im Schulamt herrschte Panik. Das allgemeine Mißtrauen begann seine Früchte zu tragen. Was sollten die Funktionäre tun, nachdem ihre sichersten Stützen im Schulamt sich freiwillig als „Agenten" entlarvten? Planlose Umbesetzungen wurden durchgeführt. Fast das ganze Schulamt wurde reorganisiert, aber das konnte alles nicht mehr die steigende Abwanderung nach dem Westen aufhalten.

Stüdemann hatte schon vor einer geraumen Zeit Andeutungen über eine geheimnisvolle Ernennung gemacht. Auf einmal hieß es, daß er zum Schulinspektor avanciert war. Wir wünschten ihm Glück; aber gleichzeitig waren wir überzeugt, daß er innerlich viel zu unabhängig war, um sich auf die Dauer durchsetzen zu können. Seine Ernennung war ein Zeichen der Panik. Die Partei versuchte es mit neuen Männern, die noch nicht diskreditiert waren.

Am Abend besuchte ich ihn. Ich hatte ihn schon öfter in seiner kleinen Zweizimmerwohnung aufgesucht, in der er mit seiner Frau wohnte. Das Mißtrauen war uns zu einer Gewohnheit geworden, die wir selbst im vertrauten Kreis nicht ganz abschütteln konnten. Wir kannten uns schon fast ein Jahr und doch sprachen wir erst an diesem Abend mit rückhaltloser Offenheit.

Da uns beide ein starkes Interesse für Literatur verband, begannen unsere Gespräche immer mit Dichtung und endeten ebenso regelmäßig bei der Politik. Ich lehnte den „Sozialistischen Realismus", der damals gerade propagiert wurde, rundweg ab. Er leitete sich aus einer zufälligen Äußerung von Friedrich Engels in einem Brief an die heute völlig vergessene Schriftstellerin Margaret Harkness her. In seinem Dankschreiben für ein ihm von der Schriftstellerin zugesandtes Buch finden sich diese Zeilen: „Realismus bedeutet, meines Erachtens, außer der Treue des Details die getreue Wiedergabe typischer Charaktere unter typischen Umständen."

Aus dieser zufälligen Bemerkung wurde im Statut des sowjetischen Schriftstellerverbandes ein ästhetisches Dogma fabriziert.

„Der sozialistische Realismus als Grundmethode der sowjetischen schönen Literatur und Literaturkritik", hieß es dort, „fordert vom Künstler eine wahrheitsgetreue, geschichtlich konkrete Darstellung der Wirklichkeit in ihrer revolutionären Entwicklung. Hierbei muß die Wahrheitstreue und geschichtliche Konkretheit Hand in Hand gehen mit der Zielsetzung der Werktätigen im Geiste des Sozialismus."

Ich hatte mich immer zu überwinden, wenn ich meinen Schülern diktieren mußte, daß das die einzige künstlerische Methode sei, in die Weltliteratur einzugehen. Im Grunde waren wir uns einig, daß das nur ein Versuch war, die Dichtung unter die Kontrolle der Partei zu bringen. Aber Stüdemann interessierte sich nicht sehr für die theoretischen Fragen der Literatur. Er nahm auch doktrinären Forderungen gegenüber eine abwartendere und hoffnungsvollere Haltung ein.

„Das sind Übergangserscheinungen", begegnete er meiner Kritik, „nicht alles ist schlecht - denken Sie zum Beispiel an Gorki ..."

„Sicher, Gorki war ein ausgezeichneter Dichter, aber als er seine Hauptwerke schrieb, gab es noch kein Statut des sowjetischen Schriftstellerverbandes. Sehen Sie sich in der jüngeren Generation um, wer Talent hatte, wie Majakowski und Jessenin, mußte verstummen. Beide haben Selbstmord begangen."

„Ich entschuldige das nicht", erwiderte Stüdemann, „aber die Revolutionen suchen nach einem geheimnisvollen Gesetz ihre Opfer unter den Besten. Da hilft eben nichts. Das war schon so in der französischen Revolution. Ein Talent wie Camille Desmoulins wurde mit der Guillotine getötet, die er selber aufzurichten half."

„Wenn es um das Schicksal von Menschen geht, kann ich nicht fatalistisch denken", sagte ich.

„Ich denke realistisch", antwortete er. „Bisher ist jeder Fortschritt mit Blut erkauft worden und man sollte nicht soviel Aufhebens davon machen. In der sowjetischen Literatur gibt es viele hoffnungsvolle Ansätze."

„Sie denken an den „Stillen Don" von Scholochow und vielleicht an Nekrassow. Doch auch bei ihnen ist das Talent größer als die Bücher, die sie schreiben. Sie müssen immer zwischen den Statuten und ihrem künstlerischen Gewissen lavieren."

„Wenn ihre Bücher dennoch gut sind, spricht das nur für ihr Geschick."

„Das kann man doch nicht einfach so hinnehmen ..."

„Was sollen wir tun?" fragte er.

„Es geht mir nicht ums Tun, ich will die Hintergründe verstehen."

„Das wird Ihnen nichts helfen."

„Können Sie Ihre Arbeit als Lehrer verantworten?" fragte ich.

Wir saßen uns eine Weile schweigend gegenüber. „Doch, ich kann meine Arbeit verantworten. Nehmen Sie zum Beispiel Balzac. Er war Legitimist. Im politischen Leben stand er auf der Seite des Unrechts. Als Politiker muß man ihn verurteilen, aber als Romancier gehört er der Weltliteratur an. Was heute in Rußland geschieht, geschieht aus menschlicher Unzulänglichkeit; aber so, wie man einen Dichter nach seinem Werk und nicht nach seinen persönlichen Fehlern beurteilt, verblassen für mich die Mißstände bei uns vor dem geschichtlichen Werk, an dem wir mitarbeiten dürfen. Es wird bestimmt eine Zeit kommen, in der der Wert eines Menschen nicht nach dem Unrecht, das er in unserer Epoche begangen hat, gemessen wird, sondern nach seiner Entscheidung für oder gegen die Zukunft. Ich sehe das Unrecht und ich verurteile es auch, aber ich will später nicht zu den Menschen gehören, die sich aus Sentimentalität auf die Seite der Ewig-Gestrigen schlugen."

„Sie werfen mir meine theoretischen Ansichten vor, aber Sie rechtfertigen sich mit einer Antizipation", erwiderte ich. „Was ist denn die Zukunft vor der Gegenwart? Die Geschichte hat zwar über Balzac ein Urteil gesprochen, aber sie hat es noch nicht über unsere Gegenwart gefällt. Woher wollen Sie wissen, daß das Urteil günstig ausfallen wird?"

„Ich weiß, daß die Zukunft dem Osten gehört; nicht in seiner heutigen Gestalt, aber in einer duldsamen und menschlichen Form."

„West oder Ost - das kann ich nicht entscheiden. Wenn Sie aber die Zukunft anführen, können Sie alles rechtfertigen. Man kann sogar die ganze Menschheit zugunsten eines legendären Morgen ausrotten und sich als Messias fühlen. Das Unrecht, das begangen wird, muß heute erduldet werden und das Blut, das fließt, wird heute vergossen. Ich fühle mich vor der Gegenwart verantwortlich und nicht vor einer unbestimmten Zukunft."

Stüdemann erhob sich. „An der Gegenwart kann ich nichts ändern, aber ich kann versuchen, für eine bessere Zukunft zu wirken. Darin sehe ich den Sinn meiner Arbeit." Wir hatten uns in Eifer geredet. Jeder schien von seinem Standpunkt aus recht zu haben. Das Problem, bei dem wir in unserem Gespräch angelangt waren, konnte nicht mit Argumenten gelöst werden.

Wir gingen unbefriedigt auseinander. Einige Tage später gerieten wir wieder in einen Wortwechsel, und zwar auf einem Gebiet, das sonst nicht zu Diskussionen zwischen uns führte. Ich hatte Stüdemann empfohlen, den Charlie-Chaplin-Film „Monsieur Verdoux" anzusehen. Als ich anderntags ins Amtszimmer kam, empfing er mich mit einem empörten Ausbruch.

„Ich begreife nicht, wie man den Chaplin-Film gut finden kann! Ich habe den Film genau durchdacht!" Ich setzte mich auf einen Stuhl vor seinem Schreibtisch. Stüdemann sprach gegen seine Gewohnheit aufgeregt gestikulierend.

„Der Film ist verhauen", wiederholte er. „Er hat mich überhaupt nicht berührt. Ich habe über ihn gelacht."

Ich unterbrach ihn und sagte, daß ich auch gelacht hätte, weil der Film darauf angelegt sei.

„Ich habe gewissermaßen zweimal gelacht", erwiderte er, „einmal über die Handlung und dann über den Film an sich. Dieser Film fordert den Zuschauer zum Mord heraus ... Welchen Eindruck macht denn der Streifen auf das Parkett? Ich habe nach der Vorstellung mit einigen Besuchern gesprochen ... der allgemeine Eindruck war, daß Chaplin etwas angefaßt habe, was er nicht bewältigte. Das Wichtigste ist für mich bei einem Film die Wirkung auf die Menschen und die war für Chaplin vernichtend."

„Was kann denn der Mann dafür, daß der Film mißverstanden wird?" verteidigte ich ihn. „Schließlich macht ein Kunstwerk fast auf jeden zweiten Menschen einen anderen Eindruck. Darauf kommt es doch nicht an. Wenn man schon ein Kunstwerk nach seinem weltanschaulichen Wert befragt, entscheidet darüber sein Sinn und mag er noch so verborgen sein."

Ich konnte mir Stüdemanns leidenschaftliche Ablehnung nicht recht erklären. War es möglich, daß er der allgemeinen Friedenspropaganda zum Opfer gefallen war? Das Drehbuch übertrug nur die Gesetze des Krieges in eine private Sphäre. Es zeigte, daß das, was im Kriege mit einem Orden belohnt wird, im Frieden ein abscheuliches Verbrechen sei. Konnte man das wirklich mißverstehen ...? Oder kam in seinem Protest eine unbewußt aufgenommene Empfindlichkeit zum Ausdruck, die bestimmte Themen mit einem moralischen Tabu belegte, wenn in ihnen nicht mit grober Deutlichkeit Partei ergriffen wurde?

Wie nicht anders zu erwarten war, wurde Frau Eisele nach Stüdemanns Weggang Schulleiterin. Die vertrauensvolle Zusammenarbeit zwischen Schulleitung und Kollegium war dahin. Erst jetzt spürten wir, wie stark uns der breite Rücken Stüdemanns gegen die Parteiranküne abgeschirmt hatte. Von nun an mußten wir jeden leisen Wink des Schulamts genau befolgen.

Unter der neuen Regie hatte besonders Herr Kubicki zu leiden. Er hatte sich den Haß von Frau Eisele auf eigenartige Weise zugezogen.

Anfang Dezember - ich begann mich damals gerade in der Schule einzuleben - wurde Herr Kubicki von Stüdemann anläßlich des Stalingeburtstags zum Festredner bestimmt. Kubicki wehrte sich gegen diese Ehre mit Händen und Füßen, aber am Ende mußte er nachgeben. Darauf lief er tagelang mit finsterem Gesicht in der Schule herum und erklärte uns im Vertrauen, daß er sich ein für allemal als Festredner unmöglich machen würde.

Der Festtag nahte heran, Schüler und Lehrer versammelten sich in der Aula, niemand ahnte etwas Böses - der Saal war verhältnismäßig geschmackvoll mit Blumen dekoriert, der Schulchor sang fröhlich seine Kampflieder, mit einem Wort, es wäre eine der vielen gesichtslosen Schulfeiern geworden, wenn - ja, wenn Herr Kubicki nicht den Ehrgeiz besessen hätte, ein rhetorisches Exempel zu statuieren.

Er betrat feierlich das Rednerpult, zog ein umfangreiches Manuskript aus der Tasche - seine Rede dauerte indes nur wenige Minuten - und begann zu sprechen. Was jetzt kam, haben wahrscheinlich nur wenige Schüler verstanden, aber wir Lehrer waren nach den sieben oder acht Minuten, die er sprach, in Schweiß gebadet. „Wir hören immer", hob Kubicki an, „daß der Generalissimus Stalin ein genialer Mensch sei. Heute sollt Ihr selbständig ein Urteil fällen." Der Rest seiner Rede bestand in einer Anhäufung von Zitaten berühmter Männer, in denen sie sich über Genialität aussprachen. Er hatte fleißig gesammelt. Minutenlang hieß es: „Goethe sagt ... Schiller meint ... Heine definiert ... usw." Kubicki schloß mit den schwungvollen Worten: „So, jetzt könnt ihr selbst entscheiden, ob Stalin ein Genie ist."

Wohlgemerkt, das war in einer Zeit, in der der Führerkult seine düstersten Triumphe feierte. Diese Rede hatte für Kubicki nur deswegen keine üblen Folgen, weil Stüdemann sie mit Stillschweigen überging.

Frau Eisele erinnerte sich aber sehr wohl seiner Ketzerei und ließ es ihn bei jeder Gelegenheit fühlen. Damit waren Kubickis Tage im Schuldienst gezählt. Es bedurfte nur noch eines geringfügigen Anlasses, um gegen ihn vorzugehen.

Kurz nach Beginn des neuen Schuljahres fand der turnusmäßige Wandertag statt. Ich ging mit meiner Klasse in die Müggelberge. Wenn das auch kein besonders originelles Wanderziel war, so war es doch wenigstens ideologisch unverdächtig. Herr Kubicki fuhr jedoch trotz unserer Warnungen in den Grunewald. Unglücklicherweise befand sich unter seinen Schülern die Tochter eines Volkspolizeioffiziers. Das Mädchen erzählte natürlich zu Hause von ihrem Ausflug; darauf ging der Vater sofort zum Schulamt und empörte sich darüber, daß seine Tochter in den Westen gelockt worden sei.

Am nächsten Tag wurde Kubicki aufs Schulamt zitiert. Und wieder wollte es der Zufall, daß er zu Stüdemann kam, dem in seiner neuen Eigenschaft als Schulinspektor unsere Schule unterstellt war. Kubicki kam nach der Unterredung ganz verstört zurück. Er wußte genau, daß Stüdemann ihn auf jede nur erdenkliche Art schützen würde, aber ihm schienen die Augen darüber aufgegangen zu sein, in welcher Gefahr er schwebte.

Zur selben Zeit wurden die ersten Gerüchte darüber laut, daß die Volkspolizei die Grenzübergänge nach West-Berlin sperren würde. Obwohl offiziell nichts darüber verlautete, beobachteten wir alle mißtrauisch die Vorbereitungen auf den S-Bahnhöfen. An den Grenzübergängen wurden in Akkordarbeit lange Holzgerüste in Höhe der S-Bahnwagen gebaut. Diese kostspieligen Gerüste konnten nur eine Bedeutung haben, nämlich die teilweise Abriegelung des Ostens. An eine gänzliche Absperrung glaubte ich nicht. Das hätte der Parole widersprochen, daß die Separatisten im Westen säßen. Aber eine teilweise Drosselung des Verkehrs zwischen West und Ost schien damals durchaus möglich.

Der freie Zugang zum Westen war aber für viele Menschen die letzte Hoffnung, ein verzweifelter Notausgang, den sie sich um keinen Preis nehmen lassen wollten. Täglich warf ich einen Blick auf die schnell wachsenden Holzgerüste. Eines Abends fuhr ich nach West-Berlin und sah im Vorüberfahren, daß die Gerüste bereits bemannt waren. Am nächsten Tag erzählte ich das Kubicki. Er war sehr niedergeschlagen. „Gut, daß Sie mir das sagen", flüsterte er mir zu, „es ist sehr wichtig für mich." Er verabschiedete sich herzlich von mir - zum letzten Mal, denn wir sollten uns nicht wiedersehen.

Im Frühjahr 1953 verschärfte sich die politische Lage fast täglich. Die Lehrerschaft antwortete auf die Gewaltmaßnahmen der Partei mit passivem Widerstand oder mit der Flucht nach Westen. Die Anhänger des Regimes schmolzen auf ein kleines Häufchen verzweifelter Funktionäre zusammen. Der politische Bankrott des Regimes zeichnete sich bereits deutlich ab.

Damals wurde plötzlich eine außerordentliche Lehrerkonferenz einberufen. Wahrscheinlich wollte die Partei einer Rebellion der Lehrerschaft zuvorkommen und ein kleines Ventil schaffen. Aus diesem Grunde wurden ausnahmsweise einmal nicht alle Diskussionsbeiträge vorher festgelegt. Man wollte testen, wie die Lehrerschaft auf eine geringfügige Lockerung reagierte.

Die Konferenz fand im sowjetzonalen Finanzministerium in der Unterwasserstraße statt. Das Gebäude, das der Finanzverwaltung diente, war während des Nationalsozialismus im gängigsten Monumentalstil erbaut.

Vielleicht steigerte der unglücklich gewählte Saal den Widerwillen der Lehrer und rief Erinnerungen an die Vergangenheit wach; sicher war jedoch, daß wir uns mit ungewöhnlicher Nervosität versammelten.

An den Eingängen waren Tische aufgebaut, auf denen Listen mit den Namen der einzelnen Kollegien auslagen. Man mußte seine Liste heraussuchen und hinter dem vorgedruckten Namen unterschreiben. Das war die übliche Kontrolle.

Wichtig war nur die Unterschrift auf der Liste. Dadurch war man vor jedem Angriff salviert. Auf die Referate und bestellten Diskussionsbeiträge achtete kein Mensch. Unaufmerksamkeit und selbst laute Gespräche während der endlosen Reden wurden kaum gerügt. Fehlte aber die Unterschrift auf der Liste, konnte man sich auf eine peinliche Befragung gefaßt machen, und das Mindeste war ein Vermerk im Personalbogen. Ein Lehrer, der mehrmals bei allgemeinen Konferenzen gefehlt hatte, war gebrandmarkt und wurde niemals befördert.

Die Bühne bot ein vertrautes Bild: rotes Tuch, FDJ-Fahnen, Transparente, überlebensgroße Bilder von Pieck und Grotewohl ...

Ich setzte mich in der Nähe der Tür, etwa hundert Meter von der Bühne entfernt. Die Redner konnte man hinten, wegen der Krümmung des Saals, nur undeutlich sehen; umso aufdringlicher dröhnten ihre Stimmen aus vielen Lautsprechern in die Ohren.

Nach dem langen und eintönigen Referat des stellvertretenden Hauptschulrats Spangenberg - Altmeyer war bei dieser Konferenz nicht anwesend - wurde die Diskussion eröffnet. Zuerst kamen die bestellten Beiträge, die vor Unterwürfigkeit nur so strotzten und in denen alle Maßnahmen in den höchsten Tönen gelobt wurden. Dann war die Liste der parteifreundlichen Redner erschöpft. Wenn sich jetzt jemand zu Worte meldete, mußte er aus freien Stücken für oder gegen die Schulpolitik sprechen.

Nichts rührte sich im Saal - die Gespräche waren schlagartig verstummt. Die Funktionäre auf der Bühne erstarrten zu gesichtslosen Götzen. Alles wartete.

Schließlich erhob sich ein junger Lehrer. Er war eine große, überschlanke Erscheinung und ging etwas verlegen unter den gespannten Blicken der Versammlung zum Mikrophon.

Der junge Lehrer war zuerst von der gebannten Aufmerksamkeit des Auditoriums verwirrt. Seine Worte fielen nur zögernd in den Saal. Als aber der erste Beifall aufflackerte, sprach er sich rasch frei. Er schilderte mit Leidenschaft den völligen Verfall der Disziplin an seiner Schule und forderte vom Schulamt statt der vielen theoretischen Belehrungen eine wirksame Hilfe für die Lehrer, die sich täglich physischen Angriffen ausgesetzt sahen.

„Ich habe am eigenen Körper gespürt", rief er den Funktionären zu, „daß ein Lehrer als Person hemmungslos beleidigt werden kann. Er steht außerhalb der Verfassung. Als Bürger könnte er gegen eine Beleidigung gerichtlich vorgehen oder zur Selbsthilfe greifen, als Lehrer muß er sich alles gefallen lassen und ein Durchgehen seiner Nerven mit einem Gerichtsurteil bezahlen. Wir Lehrer werden schutzlos zwischen dem politischen Widerstand der Schüler und den dogmatischen Forderungen der Schulämter zermalmt, die *wir* und nicht die Schulämter im Unterricht durchsetzen müssen, und die *uns* in diese verzweifelte Lage bringen."

Zuerst applaudierten wir, weil er frei und ohne die gewöhnlichen Zitate aus Stalins Werken sprach. Wir waren bereit, alles aufzugreifen, was auch nur im entferntesten als Protest gegen unsere Entmündigung ausgelegt werden konnte. Es war sogar gleichgültig, daß er uns allen aus dem Herzen sprach; er wandte sich gegen das Schulamt und das genügte, um die angestauten Leidenschaften ausbrechen zu lassen. Vorerst äußerten sie sich in einem stürmischen Beifall, der unsere Solidarität mit jedem Widerstand ausdrückte. Als sich aber das schockierte „Ehrenpräsidium" auf der Bühne einigermaßen gefaßt hatte, sprang Dreier auf und stieß den jungen Lehrer vom Mikrophon weg. Ein unbeschreiblicher Tumult brach los. Dreier versuchte zu sprechen, er wurde niedergeschrien. Rufe wurden laut. Die scheinbar willenlose Masse der Versammlung geriet in Bewegung ... jemand stand auf, andere folgten ihm und plötzlich riß es uns alle von den Sitzen.

Dreier zappelte hilflos vor dem Mikrophon. Er beschwor die Versammlung in der plötzlich eingetretenen Stille, wieder Platz zu nehmen. Mit zitternder Stimme erklärte er, daß alle Mißstände beseitigt würden und wir keinen Grund zur Unzufriedenheit hätten ...

Gelächter unterbrach ihn. Kaum hatten wir diese neue Art des Widerstandes gefunden, beantworteten wir jeden neuen Überredungsversuch mit schallendem Gelächter. Dreiers Worte ertranken in dieser maßlosen Heiterkeit. Er wurde durch unser Gelächter buchstäblich von der Bühne gefegt.

Kanzog tauchte vor dem Mikrophon auf. Wahrscheinlich sah er hier eine Möglichkeit, seinem sinkenden Stern neuen Glanz zu verleihen. Er hatte früher große Autorität unter den Lehrern besessen.

„Wollt Ihr unsere Aufbauarbeit durch ein Gelächter vernichten?" schrie er. „Nein, das könnt Ihr nicht! Unsere Arbeit war zu mühselig. Sie darf nicht in einem Gelächter untergehen!"

Man kann nicht beschreiben, was Menschen in solchen Augenblicken der Entfesselung empfinden, nachdem sie jahrelang geschwiegen haben. Wir lachten uns den angestauten Haß in einem Atemzug vom Herzen. Keiner von uns glaubte, daß wir etwas ändern könnten, darum war es uns auch nicht zu tun; wir wollten den Funktionären ein einziges Mal unsere Verachtung ins Gesicht lachen und das wog alle Bedenken auf.

Kanzog konnte die Situation nicht mehr retten. Das Schlagwort vom Vertrauen zwischen Lehrern und Verwaltung war vor aller Augen widerlegt. Die Konferenz ging im Chaos unter. Plötzlich drängte alles zu den Ausgängen. Und während sich Kanzog vor dem Mikrophon verzweifelt bemühte, uns zurückzuhalten, leerte sich bereits der Saal.

Ende Februar bestellte mich Stüdemann zu einer Besprechung ins Schulamt. Obwohl ich damals nichts „ausgefressen" hatte, ging ich mit dem gewöhnlichen unangenehmen Gefühl in die Höhle des Löwen.

Das Schulamt lag in der Müllerstraße. Früher war es ein Krankenhaus gewesen, man konnte noch deutlich den Karbolgeruch wahrnehmen, der sich in den Wänden und Fußböden festgesetzt hatte.

Stüdemann saß in einem kleinen Zimmer im zweiten Stock. Als erstes machte er mich darauf aufmerksam, daß die Wände dünn seien und man jedes Wort im Nebenzimmer hören könne. Wir unterhielten uns flüsternd.

Stüdemann teilte mir mit, daß an der Heinrich-Heine-Oberschule zwei Kollegen nach Westen geflüchtet seien. Der Direktor habe dringend einen Geschichtslehrer angefordert.

„Ich habe Sie vorgeschlagen", sagte er. „Falls Sie es wagen wollen, hängt alles von Ihrer zweiten Lehrerprüfung ab."

Bedenkenlos stimmte ich zu. Erlangte ich doch dadurch die Möglichkeit, Schüler zu unterrichten, die älter waren und daher eine theoretische Kritik des Stalinismus besser verstehen mußten, als meine neun- oder zehnjährigen Schüler in der Grundschule.

Ich sagte ihm, daß ich mich vor der zweiten Lehrerprüfung nicht fürchte. Ich war entschlossen, in der Prüfungslektion ein fortschrittliches Schauspiel zu geben, damit ich später umso wirkungsvoller meinen eigenen Standpunkt vertreten konnte.

Stüdemann gab mir gute Ratschläge und äußerte, daß meine Aussichten günstig seien.

„Altmeyer und Dreier wollen es jetzt mit jüngeren Kräften versuchen", sagte er. „Die alten Lehrer sind nicht mehr fähig, dem verschärften Kurs der Partei zu folgen. Besonders jetzt, nach dem Krach auf der Lehrerkonferenz, haben sie sich entschlossen, radikal gegen jeden Widerstand vorzugehen. Übrigens - der Kollege, der zur Diskussion gesprochen hat, ist fristlos entlassen."

Beim Abschied wünschte mir Stüdemann Hals- und Beinbruch zu meiner bevorstehenden Prüfung.

Innerhalb von vier Tagen nach meinem Gespräch auf dem Schulamt fand meine zweite Lehrerprüfung statt. Sie diente eigentlich nur dazu, meine politische Linie zu begutachten. Der theoretische Teil wie Schulrecht, Psychologie und Pädagogik wurde nur am Rande erledigt. Ausschlaggebend war meine Haltung vor der Klasse.

Ich wählte ein mundgerechtes Thema: Die Revolution von 1848 in Deutschland. Ich hatte bereits mehr Stoff bewältigt, als der Lehrplan vorsah. Daher machte ich in den der Prüfung vorangehenden Stunden Wiederholungsstunden, so daß bei der Prüfung sich mein Thema mit den Terminen im Lehrplan deckte.

Die Prüfungskommission bestand aus Dreier, Stüdemann, der neuen Schulleiterin Frau Eisele und einem FDJ-Vertreter. Sie geleiteten mich mit todernsten Gesichtern in die Klasse.

Ich fühlte mich für das, was ich sagen würde, nicht verantwortlich. Wie immer in solchen Situationen überkam mich die Gewißheit, daß keiner meine wahre Meinung hören wollte. Die Schüler würden gleich aus meinem veränderten Ton erkennen, daß ich für die Kommission sprach und den Zuhörern blieb es überlassen, sich eine Meinung zu bilden. Was ich vortrug, war für mich keine Frage des Gewissens, sondern der Schauspielkunst.

Man kann gegen mich einwenden, daß das verantwortungslos gedacht war, gewiß, aber man muß die Zwangslage berücksichtigen, in der jeder Lehrer in einem totalitären Staat steht. Entweder er macht Konzessionen und bleibt im Dienst oder er macht keine Zugeständnisse und überläßt seinen Platz einem gewissenlosen Parteimann. Ein moralisch einwandfrei zu definierendes Recht gibt es nur in der Freiheit, in einem totalitären Staat verschwimmen die Grenzen. Wo alles nach einer politischen Konzeption genormt ist, wird ein Lehrer immer schuldig - wenn er dem Staat dient, gegenüber seinen Schülern, und wenn er ihm Widerstand leistet, gegenüber dem geltenden Gesetz.

Ich hielt eine Agitationsrede - die Schüler waren mein Publikum. Als ich die Stunde beendet hatte, erwartete ich tatsächlich so etwas wie Beifall für meine Leistung. Daß jemand meine Tiraden auch ernst nehmen könnte, fiel mir schwer zu glauben.

Die Kommission nahm meine Stunde ernst, natürlich bis auf Stüdemann - aber auch er machte mir das Kompliment, daß er mir beinahe geglaubt hätte. Meine Schüler kannten mich indes schon viel zu gut, sie hatten genau gemerkt, daß ich für den fremden Besuch gesprochen hatte und selbst die Kinder von Parteimitgliedern fanden an meiner Haltung nichts Anrüchiges.

Noch während ich meine Eintragungen ins Klassenbuch machte, flüsterte mir ein Schüler mit verschmitztem Augenzwinkern ins Ohr: „Die Stunde war dufte - die haben Sie aber schön eingewickelt!"

Die Notlüge gehörte bereits zum Alltag und die Schüler sahen darin keinen Betrug, sondern nur eine selbstverständliche Anpassung an die Verhältnisse.

Dreier war begeistert. Mit Kennermiene schlug er mir auf die Schulter und sagte zu Stüdemann:

„Der Kollege Daniel hat jetzt alle Fähigkeiten entwickelt, die wir von einem jungen Oberschullehrer erwarten. Unsere Aussprache im Pädagogischen Rat hat doch etwas genutzt."

Die Ironie dieser Worte empfanden natürlich nur die Eingeweihten. Ursprünglich sollte ich noch eine zweite Lektion geben, aber Dreier lehnte entrüstet ab.

„Es kommt mir nur auf einen persönlichen Eindruck an", sagte er. „Ich besitze soviel Menschenkenntnis und pädagogische Erfahrung, um nach einer solchen Stunde ein endgültiges Urteil zu sprechen."

Die Stunde wurde mit eins bewertet. Ich hatte mein Debüt bestanden.

Schon am nächsten Tage bekam ich vom Schulamt ein Schreiben, in dem mir mitgeteilt wurde, daß ich an die Heinrich-Heine-Oberschule versetzt worden sei.

6. K A P I T E L

In der Oberschule

Nicht nur das politische Leben in Ost-Berlin und der Zone wurde gespannter, auch mein privates Leben drohte aus den Fugen zu geraten. Das Problem, vor dem ich stand, war unter normalen Bedingungen denkbar einfach: ich wollte heiraten. Das hatte nur den einen Haken, daß meine zukünftige Frau im Westen und ich im Osten wohnte.

Zuerst wollte ich Marianne überreden, zu mir nach Ostberlin zu ziehen, dann wäre das Problem aus der Welt geschafft und ich hätte der Partei keine Handhabe geboten. Aber Marianne - die im Westen studiert hatte - konnte sich zu diesem Schritt nicht entschließen. Ihr schwebte eine andere Lösung vor: ich sollte zu ihr ziehen und kein großes Aufheben davon machen, daß ich ein paar Straßenzüge weiter westlich wohnte.

Die Bedingungen, unter denen wir damals lebten, waren für beide Teile unerträglich. Besuchte mich Marianne in meiner Wohnung, mußten wir über politische Dinge leise sprechen, damit kein Laut durch die dünnen Wände drang; fuhr ich zu ihr nach West-Berlin, mußte ich aufpassen, daß mich keiner sah und meine verdächtigen Besuche in der „imperialistischen Spionagezentrale" hinterbrachte. Es half nichts, daß ich die Zeit verfluchte, die meine Gefühle zu einer hochpolitischen Angelegenheit machte.

Unsere Heirat hatten wir immer wieder in der Hoffnung hinausgeschoben, daß die Entwicklung unsere Verbindung begünstigen oder wenigstens ermöglichen würde, aber die Ereignisse trieben in entgegengesetzter Richtung. Solange ich auch darüber grübelte, eine Lösung fand ich nicht. Meine Gedanken verwirrten sich regelmäßig in einem Chaos von Ursachen und Wirkungen, die einem gordischen Knoten glichen.

Ich nahm die politische Atmosphäre im Osten in Kauf, der Kampf, den ich in der Schule führte, desillusionierte mich, aber er entsprach meinem Wesen. Ich hatte mich mit der Gefahr abgefunden, wenn ich mit einigen Marxzitaten der Parteilinie widersprach; doch das war nicht jedermanns Sache. Marianne hielt mir entgegen, daß sie sich im Osten wie im Gefängnis fühlen und die ewige Angst um mich nicht ertragen würde. Was sollte ich darauf antworten ...?

Wir kamen zu einem Kompromiß: heiraten und alles beim alten lassen.

Es wäre für mich leicht gewesen, meine Sachen zu packen und zu meiner Frau nach West-Berlin zu ziehen, doch das erschien mir als Fahnenflucht. Noch war ich nicht in Gefahr, noch konnte ich unterrichten, noch schienen mir nicht alle Hoffnungen verloren. Ich hatte zu oft erlebt, daß Lehrer ohne wirkliche Bedrohung ihre Schüler im Stich ließen, nur weil sie ihr Gehalt zukünftig in West-Mark beziehen wollten. Zu denen, die nicht alles versucht hatten, bevor sie sich nach Westen wandten, wollte ich auf keinen Fall gehören.

Andererseits rief ich durch die Heirat mit einer Frau, die im Westen wohnte, neue Konflikte hervor. Nicht nur für meine Frau und mich, sondern auch in der Schule ...

Vielleicht geben einige Zeilen aus meinem Tagebuch meine damalige Stimmung am besten wieder. „Mein Wunsch, zwischen den Machtblöcken keine Wahl zu treffen, bedroht mein privates Glück", schrieb ich. „Ich habe aber ein Recht auf mein Leben und mein Glück. Ich wähle, was mir als Menschen zukommt, ohne Rücksicht auf irgendeine Instanz. Früher oder später wird die Partei eine Entscheidung zu ihren Gunsten fordern, vielleicht werde ich dann keine Wahl mehr haben. Ich bin bereit, Zugeständnisse zu machen; nur in zwei Punkten werde ich zukünftig fest bleiben: im Anspruch auf mein persönliches Glück, das keinen außer mir etwas angeht, und in der Achtung dieses Anspruches bei allen anderen Menschen."

Wieder ging ich ohne jede Vorbereitung einer neuen Arbeit entgegen. Mir war keine Zeit geblieben, mich innerlich auf den bevorstehenden Wechsel vorzubereiten. Von einem Tag zum andern war ich aus meiner alten Umgebung herausgerissen worden und vor eine neue Aufgabe gestellt.

Nachdenklich machte ich mich auf den Weg. Ich mußte einige Stationen mit der S-Bahn fahren und dann eine lange Straße hinuntergehen.

Die Heinrich-Heine-Oberschule war in einem weitläufigen, im wilhelminischen Prunkstil erbauten Gebäude untergebracht. Das imposante Haus gab der Straße ein würdiges Aussehen. Fast scheute ich mich einzutreten. Als ich dann durch das Hoftor schlüpfte, rief mir auch der Hausmeister in tiefem Baß, der über den ganzen Hof schallte, zu, daß ich gefälligst den Eingang für Schüler benutzen sollte. Nach der üblichen Irrfahrt durch ein Labyrinth von Gängen fand ich das Direktorzimmer. Es war freundlich, fast elegant eingerichtet. Der Direktor trat mir weltgewandt entgegen.

„Vanselow", stellte er sich vor. „Ich freue mich, daß ich Sie kennenlerne, Kollege Daniel. Sie sind mir vom Schulamt empfohlen worden. Sie kommen von der 17. Schule, höre ich. Nun, bei uns ist nicht alles Gold, was glänzt. Ich werde mich über jede Anregung freuen."

Damit war ich entlassen.

Vanselow war erst seit kurzer Zeit Leiter der Schule. Sein Vorgänger war ein gewisser Flossenbach, der eine Reihe früher vielbenutzter Schulbücher geschrieben hatte und jetzt Direktor einer Ostberliner Paradeschule war.

Als ich vor vier Jahren mein Abitur gemacht hatte, fungierte Flossenbach bei uns als linientreuer Prüfungskommissar.

Ich erinnere mich, daß er nach meiner Prüfung in Kunstgeschichte fragte, ob ich schon das Kommunistische Manifest gelesen hätte. Als ich das verneinte, versicherte er - zur übrigen Kommission gewandt - daß es ein sehr lehrreiches Buch sei. Der Zufall wollte nun, daß ich Lehrer an der Schule wurde, die er jahrelang geleitet hatte.

Sein Nachfolger war ein wendiger, aalglatter Mann. Als Sohn eines Studienrats geboren, stammte Vanselow aus gutbürgerlichem Hause. Das war seine einzige ideologische Achillesferse. Er war ängstlich bemüht, diesen sozialen Makel durch unverdrossene Linientreue auszugleichen. Er repräsentierte den gebildeten, aalglatten, ja geistreichen aber bis zur Selbstaufgabe nachgiebigen Funktionärstyp.

In seinen betont korrekten Anzügen, hinter denen er sich so vollkommen verbarg, daß selbst nach jahrelanger Zusammenarbeit nichts von seiner privaten Person durchschimmerte, erinnerte er an einen wegen eines Ehrenhandels vom aktiven Dienst ausgeschlossenen preußischen Offizier.

Nie hörte man von ihm ein Wort, das persönlichen Mut verriet. Gleichviel, was von ihm gefordert wurde - wenn es eine Person oder ein Amt forderte, das Einfluß besaß, gab er augenblicklich nach. Hatte er sich dennoch im Eifer des Gefechts vergallopiert - was sehr selten geschah - und widersprach ihm gar der Parteisekretär, so desavouierte er sofort seine Meinung und zeigte sich in der nächsten Minute vom Gegenteil überzeugt.

Er besaß ein ungewöhnliches Verwaltungstalent; soweit es organisatorische Dinge betraf, war die Schule vorbildlich geleitet. Wie innerlich unsichere und verantwortungsscheue Menschen löste er jeden Konflikt und jedes auftauchende Problem mit formalen Mitteln. Die Leidtragenden waren dabei die Lehrer.

Sein Verhältnis zum Kollegium war äußerst distanziert. Kein herzliches Wort, keine menschliche Geste, immer nur Anweisungen, Durchführungsbestimmungen und Paragraphen ...

Der Parteisekretär - er war zugleich stellvertretender Schulleiter - war ein Mann von ganz anderem Schlage.

Clemens Budde fiel mir bei der Vorstellung dadurch auf, daß er meine Hand mit aller Gewalt drückte. Zuerst dachte ich, daß das eine besonders herzliche und proletarische Form der Begrüßung sei. Später bemerkte ich, daß er damit einen Minderwertigkeitskomplex ausglich. Die Damen wichen ihm bei der allmorgendlichen Begrüßung aus, weil er auch ihre Hände mit einem Kraftaufwand presste, der selbst robusten Personen den Atem nehmen konnte.

„Ich verabscheue einen schwachen Händedruck", antwortete er auf unsere Fragen. „Ein kräftiger Händedruck ist aufrichtig und gesund."

Clemens Budde war ungefähr fünfundzwanzig Jahre alt. Er hatte eine hohe schmale Stirn und eine spitze Nase, die unmotiviert in einem harmonischen Gesicht saß. Er war kränklich, sein Teint war blaß und er wirkte immer überarbeitet. Von Natur schwächlich, hatte er eine sonderbare Vorliebe für alles Starke und Gesunde entwikkelt.

Budde war ein Mann von ungewöhnlicher intellektueller Nervosität. Ein aufgeworfenes Problem durchdachte er blitzschnell und sehr gründlich. Dann ging er bereitwillig auf die Argumente seines Gesprächspartners ein. Doch das hinderte ihn nicht, ein guter Funktionär zu sein. Als ausgesprochener Willensmensch hatte er seine widerspruchsvolle Natur vollkommen in der Gewalt. Sein Weltverhalten war willentlich auf eine Idee reduziert. Darin war er zutiefst deutsch. Er gehörte zu den Menschen, die aus einem überspannten Pflichtbegriff sich nur einmal weltanschaulich festlegen und ihren ganzen Stolz daransetzen, nicht wankend zu werden. Unwandelbarkeit im politischen Denken war für ihn Gesinnungsadel.

Wenn man sich in seine Gedankenwelt einfühlte, strahlte sie trotz ihrer Unmenschlichkeit ein asketisches, selbstloses Heldentum aus. Verließ man aber seinen Standpunkt und versuchte man, ihn von außen zu sehen, gewann sein Wesen augenblicklich eine gefährliche Dämonie. Das starre Festhalten am marxistischen Dogma, die übertriebene Gewissenhaftigkeit, die erschreckende Pedanterie in ideologischen Fragen und die bis zur Rücksichtslosigkeit gehende Offenheit in seiner Sprache, all das schuf eine unwirkliche Atmosphäre um ihn. Er lebte eine Philosophie und war damit einem normalen Maßstab entrückt.

Ich bin seither nie einem Menschen begegnet, der so mitleidlos seine Natur vergewaltigt hätte. Wieweit er sich in seinem selbstgewählten Prokrustesbett wohlfühlte, konnte man nicht sagen. Er reagierte ohne jedes Gefühl für menschliche Schwächen. Ein persönliches Gespräch war fast undenkbar und doch habe ich oft den Eindruck gehabt, daß er verzweifelt nach der verlorenen Verbindung suchte. Für mich war er immer voller Überraschungen - ein seltsames, nur aus religiöser Hingabe an ein Ideal zu verstehendes Phänomen. Budde war Funktionär - aber er war gleichzeitig mehr. Was es war, konnte ich nicht sagen. Vielleicht war etwas Unzeitgemäßes an ihm, denn er endete wie die Penthesilea bei Kleist.

Vom Kollegium gewann ich anfänglich nur einen oberflächlichen Eindruck. Auffällig waren die Altersunterschiede. Der Kern des Kollegiums wurde von erfahrenen und politisch konservativen Lehrern gebildet. Man mißtraute ihnen und versuchte ihren Einfluß durch junge, dem Regime ergebene Lehrer, einzuschränken. Vor anderthalb Jahren hatte man den ersten Schlag gegen die alten Oberschullehrer geführt. Alle Lehrer, die der FDJ nicht genehm waren, wurden entweder entlassen oder an die Grundschule versetzt. Herr Jähnke, den ich in der 17. Schule kennengelernt hatte, war eins dieser Opfer, die man von der Heinrich-Heine-Oberschule entfernt hatte.

Als ich während der großen Pause vorgestellt wurde, fand ich die gleiche Zurückhaltung von Seiten der älteren Kollegen, wie sie mir bisher in jeder Schule entgegengebracht worden war. Man verhielt sich höflich und sehr zurückhaltend. Keiner konnte wissen, mit wem er es zu tun hatte.

Nach dem Alter zu schließen, überwogen die Altgedienten im Kollegium, aber ich hütete mich vor voreiligen Urteilen. Es stellte sich dann auch heraus, daß unter den älteren Lehrern Parteimitglieder waren, die der jüngeren Generation an Fanatismus nichts nachgaben.

Der Anblick des Lehrerzimmers war mir vertraut - wahrscheinlich unterschied sich dieser charakteristische Raum nicht viel von seinen Brüdern in anderen Ländern. In der Mitte befand sich der Konferenztisch, in den Ecken standen die unvermeidlichen Kleiderständer und an den Wänden waren halbhohe Pulte aufgestellt, die oben eine abgeschrägte Schreibunterlage boten. Als ich an ihnen entlangging, entdeckte ich auf einer Tür meinen Namen. Er war in sauberen Druckbuchstaben über einen anderen Namen gesetzt, den man flüchtig ausradiert hatte.

Erst in der Oberschule merkte ich, wie leicht der Unterricht sein kann, wenn gute Disziplin herrscht. Im letzten Jahr hatte ich in der Grundschule keine Schwierigkeiten, aber es war ein Unterschied, ob ich mir Ruhe erzwang oder ob sie mir freiwillig zuteil wurde. Der Energieaufwand, an den ich gewöhnt war, kam jetzt der Unterrichtsgestaltung zugute. In den ersten Tagen war das ein freudiges Erlebnis. Eine große Last war von mir genommen und ich unterrichtete munter drauflos ...

Meine Hochstimmung hielt indes nicht lange vor. Ich hatte am Ende der Woche eine Gegenwartskundestunde - Gott sei Dank, nur eine einzige - in einer mir noch unbekannten zwölften Klasse zu geben. Ich begrüßte meine neuen Schüler mit einem herzhaften „Guten Morgen". Eine kleine Pause entstand, dann erscholl als Antwort ein lautes „Freundschaft!".

Wenn ich jetzt zurückdenke, verstehe ich nicht mehr, warum ich damals zutiefst erschrak. Der FDJ-Gruß traf mich wie ein Keulenschlag.

„Ja, was denn", stammelte ich, „grüßt Ihr immer so?". Eine Schülerin in FDJ-Uniform erhob sich. Sie wies mich empört zurecht. Ich stand wie ein begossener Pudel daneben und fühlte mich mit meinem „reaktionären" Gruß wie ein Mensch, der die Zeit seit 1945 verschlafen hatte und noch immer „Heil Hitler" rief.

„Wir haben das Kollegium ersucht, uns mit dem FDJ-Gruß anzusprechen. Das war der Wunsch der ganzen Klasse. Wir wollen damit unsere Verbundenheit mit der Regierung zum Ausdruck bringen", erklärte sie mir.

„Gut, sehr gut", sagte ich ziemlich blöde. „Aber das hat mir noch keiner gesagt. Also dann: gute Freundschaft." Wieder ertönte mit militärischer Präzision der FDJ-Gruß.

Ich sah in die Gesichter der Schüler. Ihre Augen lagen tief unter der Stirn, keiner wich meinem Blick aus. Wie hypnotisiert starrten sie mich an. Dabei völlige Stille, außer meinem Herzschlag hörte ich keinen Laut.

„Mein Gott", dachte ich verzweifelt, „das sind ja keine Schüler, das sind junge Funktionäre, die gerade aus dem Ei geschlüpft sind."

Sie saßen bewegungslos da; so wie sie sich gesetzt hatten, ein Bein vorgezogen oder einen Arm aufgestützt, waren sie erstarrt, erfroren ...

Richtig, erinnerte ich mich, das war „bewußte Disziplin". Auf einmal wußte ich, daß das die Klasse sein mußte, die im vergangenen Jahr Jähnkes Entfernung durchgesetzt hatte. Ich durfte mir keine Blöße geben.

Während ich das dachte, sprach ich über den „Friedenskampf". Ich hatte nur Klassen erlebt, die bewegungslos jede Phrase über sich ergehen ließen, solange sie nicht behelligt wurden. Das war hier anders. Ich fühlte beinahe körperlich, wie mir Feindseligkeit entgegenschlug.

Plötzlich hob ein großgewachsener Schüler die Hand. Ich unterbrach mich und fragte erst nach seinem Namen. „Ich bin der FDJ-Sekretär. Ich heiße Pluschkat. Ich mache Sie darauf aufmerksam, daß die Art, wie Sie über unseren Friedenskampf sprechen, nicht richtig ist. Was Sie da erzählen, wissen wir selbst. Wir erwarten von Ihnen, daß Sie uns den konkreten Weg aufzeigen, den die Jugend in der DDR beschreiten muß, um den Frieden zu erhalten." Soweit zu mir. Das Folgende sprach er zur Klasse.

„Es gibt nur einen Weg, um die westdeutschen Faschisten und ihren Häuptling Adenauer zu beseitigen. Die Völker müssen, wie der Genosse Stalin in seinem historischen Interview sagt, den Frieden der Welt zu ihrer Sache machen. Wenn die Völker die Sache des Friedens in ihre Hände nehmen, sagt der Genosse Stalin, dann wird er siegen. Seht, Genossen, so müssen wir den Friedenskampf führen." Er sagte wirklich Genossen. Pluschkat und zwei andere Schüler waren in der Partei. Ich konnte nur mit dem Kopf nicken und meinem Vorredner zustimmen. Durch die Atmosphäre in der Klasse war ich gelähmt. Etwas Sympathie brauchte man immer, um warm zu werden, aber davon konnte hier nicht die Rede sein.

Die „Ansprache" Pluschkats hatte keine Verwunderung ausgelöst. Anscheinend war das hier üblich. Ideologisch fühlten sich die FDJ-ler ihren Lehrern nicht nur ebenbürtig, sondern überlegen. Ein Kollege erzählte mir einmal, daß anläßlich eines aktuellen Ereignisses eine Schülerversammlung stattfand. Nach dem Direktor erhob sich der FDJ-Sekretär und hielt folgende Standpauke:

„Den FDJ-lern der Schule ist es gelungen, die rückständigen Lehrer nach langen Diskussionen über die Schädlichkeit des Objektivismus aufzuklären. Die FDJ kann auf diesen Erfolg stolz sein. Viele Lehrer haben den Sinn der FDJ-Arbeit in der Schule noch immer nicht begriffen. Das ist ein schwerer Fehler. Das Beispiel unserer Schule beweist aber, daß manche Lehrer nicht allein mit ideologischen Schwächen fertig werden. Daher ist es die Aufgabe der Lehrerschaft, eng mit der FDJ zusammenzuarbeiten. Ist das klar? ..."

Ich hatte in der Gegenwartskundestunde nichts Ungewöhnliches erlebt. Man hatte mich im Gegenteil sehr höflich behandelt.

Nach den ersten Stunden sah ich die Klassenbücher durch. Ungefähr 50% der Schüler waren sogenannte „Arbeiter- und Bauernkinder". Hinter jedem Namen, der zu dieser bevorzugten Kategorie gehörte, war mit roter Tinte ein großes AB eingetragen. Das Zeichen bedeutete für den Lehrer, daß diese Schüler besonders unterstützt werden mußten. Sie mußten gefördert, behutsam angefaßt und vor allem mit guten Zensuren bedacht werden. (Die Förderung der Arbeiter- und Bauernkinder war ein Prüfstein für die Fortschrittlichkeit eines Lehrers.) Glücklich diejenigen, die nach eifrigem Studium der Ahnentafel einen Land- oder Fabrikarbeiter im Stammbaum entdeckten. Sie gehörten dann zur neuen Aristokratie und genossen ihre Privilegien. Die Zauberformel „Arbeiter- und Bauernkind" erschloß nicht nur eine finanzielle Unterstützung, die als „Unterrichtsbeihilfe" in Höhe von 20 bis 100 Mark gezahlt wurde, sondern sie half auch am Ende des Schuljahres über mangelhafte Zensuren hinweg. Wenn die Versetzung eines Schülers beraten wurde und die Fachlehrer Bedenken hegten, war die abschließende Frage des Direktors immer:

„Ist Schultze ein Arbeiter- und Bauernkind?" War Schultze zufällig ein Arbeiter- oder Bauernkind, wurde er gegen alle Einwände versetzt. Man mußte ihn dann eben im nächsten Jahr entsprechend fördern. Konnte jedoch ein Kind mit gleichen Zensuren dieses Privileg nicht für sich in Anspruch nehmen, war seine Versetzung selbstverständlich ausgeschlossen.

Mit den beiden anderen zwölften Klassen gewann ich sofort Kontakt. Die Disziplin war vorbildlich. Sie hatte einen Anflug von Höflichkeit und war nicht verkrampft wie in der FDJ-Klasse.

Besonders die 12a zeichnete sich durch Intelligenz und Humor aus. Ihr geistiges Interesse kam meiner Neigung zum Problemunterricht entgegen. Ich griff aus der Geschichte oder Literatur ein besonders markantes Problem heraus und ließ die Schüler darüber sprechen. Da jeder zu Worte kam und ich mich soweit wie möglich im Hintergrund hielt, hatten die Schüler bald das Gefühl, an der Problemlösung beteiligt zu sein. Wenn ich eingriff, stellte ich meine Meinung vorher in Frage. So erreichte ich, daß es keine offizielle Meinung gab.

Trug ein Schüler seinen Standpunkt allzu entschieden vor, konfrontierte ich ihn mit einer Reihe von Gegenargumenten. Seine Verteidigung fiel meist nicht sehr überzeugend aus. Ich brauchte nur den einen oder andern Schüler aufzurufen und der „Dogmatiker" wurde rasch in logische Widersprüche verwickelt.

Diese Unterrichtsmethode war den Schülern neu. Meine Vorgängerin, eine gewisse Frau Rattay, hatte die Klassen in Furcht und Schrecken gehalten. Sie duldete im Unterricht keine Abweichung von der Parteilinie. Man erzählte mir, daß sie Schüler auf übelste Weise verdächtigte, wenn sie ihr widersprachen. Nun, das hat diese Frau aber nicht gehindert, nach West-Berlin zu „fliehen" und sich dort im Schuldienst zu etablieren.

In der ersten Zeit kamen oft Schüler zu mir und ließen ihre Erleichterung durchblicken. Das war umso erstaunlicher, als es sich ja nicht um greifbare Dinge handelte; es war nur die Atmosphäre, in der der Unterricht durchgeführt wurde. Anscheinend hatten sie die Überzeugung gewonnen, daß sie bei mir nicht auf jedes Wort achten mußten. Ich weiß nicht, ob sich ein Außenstehender recht vorstellen kann, was es heißt, Tag für Tag auf jede Spontaneität zu verzichten und zu allem Ja und Amen zu sagen. Ich erwähnte bereits, daß es für Erwachsene schwer und für Kinder unerträglich ist.

So gering der Spielraum war, den ich in politischen Fragen einräumen durfte, wurde er als große Erleichterung empfunden. Endlich schien der Sinn meiner Arbeit gefunden; ich glaubte daran.

Doch nicht alle waren von meiner Methode angetan. Besonders die FDJ-Schüler, die ihre guten Zensuren durch fortschrittliche Redensarten und „gesellschaftliche Tätigkeit" erwarben, beschwerten sich beim Direktor. Für sie war der freie Wettbewerb in der Klasse eine Gefahr. Ihnen mißfiel, daß ich auf ihre fortschrittlichen Phrasen nicht einging und Fachwissen forderte. Es hatte sich nämlich erwiesen, daß ihre guten Zensuren unhaltbar waren.

Bald kam es zu einer Auseinandersetzung mit der FDJ. Ich hatte eine zehnte Klasse als Ordinarius übernommen. Als ich eines Tages die Hausarbeiten nachsehen wollte, konnten die FDJ-ler sie mir nicht vorzeigen. Sie entschuldigten sich mit einem „Westeinsatz". Ich ließ die Ausrede nicht gelten. Ich erklärte ihnen, daß die Schularbeit auf keinen Fall durch FDJ-Einsätze gestört werden durfte.

Die Folgen meiner Äußerung ließen nicht lange auf sich warten. In der Pause stürzte Pluschkat ins Lehrerzimmer und forderte kategorisch, daß ich die schlechten Zensuren löschen sollte. Ich wies ihn mit der Begründung ab, daß ich ohne ausdrückliche Aufforderung durch den Direktor keine Streichungen im Klassenbuch vornehmen würde. Pluschkat ging zu Vanselow und der forderte mich natürlich auf, der FDJ entgegenzukommen.

„Schließlich handelt die FDJ auch in Ihrem Interesse", sagte er mir, „wenn sie für die Einheit Deutschlands kämpft."

Künftig ließ ich die versäumten Arbeiten nachholen und überprüfte sie später.

Am 5. März starb Stalin. Ich brauche kein Wort darüber zu verlieren, wie es im Osten aufgenommen wurde.

Später - im Sommer - befand ich mich mit meinen Schülern auf einer Ferienfahrt im Spreewald. Ich kam dort zufällig mit einem russischen Offizier ins Gespräch. Er verwaltete einen Fahrzeugpark und hatte eingewilligt, meine Schüler in einem Lastauto nach X zu bringen. Wir unterhielten uns russisch. „Nu", fragte er mich, „wie gehts in Deutschland?"

„So, es geht", antwortete ich.

„So, so, es geht - " wiederholte er. „Nu, weißt du, jetzt wird es besser. Etot stary brodjaga zdoch (der alte Vagabund ist krepiert). Jetzt können wir wieder hoffen. Ach, das war ein Tag. Ich geh ins Depot und da sagt der Oberleutnant, er ist gestorben. Du lügst, sag ich, er kann nicht sterben. Ja, ja, er ist tot. Am Abend haben wir gesoffen, bis wir nicht mehr kriechen konnten."

Besser kann man die Gefühle nicht wiedergeben, die uns bei der Nachricht vom Tode des Diktators erfüllten. Wir waren erleichtert; und das Sonderbare war, auch die hartgesottensten Funktionäre reagierten eigenartig.

Eine Demonstration wurde organisiert. Alle Ostberliner Schulen mußten sich beteiligen. Auch wir versammelten uns auf dem Schulhof. Keine Spur von Trauer - dafür bei Schülern und Lehrern kaum unterdrückte Freude ...

Erregt marschierten wir ab. An der Spitze die uniformierten FDJ-ler mit Fahnen und Transparenten, dahinter die Schüler.

Auf der Stalinallee ging es nur noch schrittweise vorwärts. Vorbei am Stalindenkmal, das unter riesigen Kränzen fast verschwand, ging es weiter nach Lichtenberg. Die ganze Stadt schien auf den Beinen, die Arbeit ruhte. Befehlsgemäß wälzten sich die Massen zum Grabe von Rosa Luxemburg und Karl Liebknecht.

Der Demonstrationszug stockte. Die Schüler begannen aus der Marschordnung auszubrechen. Lachend stürzten sie zu den Bockwurstständen. Hier und da versuchte ein Lehrer einzuschreiten. Aber man sah, daß sie nicht bei der Sache waren.

Wir standen eine Viertelstunde herum. Ein leichter Regen hatte eingesetzt. Zeichenlehrer Kufahl - der Spaßmacher unseres Kollegiums - zog auf einmal eine Schnapsflasche hervor. Jeder nahm einen herzhaften Schluck. Noch immer ging es nicht weiter. Wieder kreiste die Flasche. Von hinten näherte sich Vanselow. Er arbeitete sich mühsam durch die Menge.

„Aber meine Herren, das geht doch nicht!" protestierte er, als er die Flasche sah.

Es ging langsam weiter.

Wo der Demonstrationszug vorbeikam, füllten sich die Kneipen. Kam eine neue Gaststätte in Sicht, faßte Kufahl in komischer Verzweiflung nach seiner Hosentasche ...

Irgendwo vor uns marschierte das Schulamt: Altmeyer, Spangenberg, Dreier und Stüdemann.

Altmeyer: „Ein schöner Tag - was?"

Spangenberg: „Mensch, es regnet doch."

Altmeyer: „Eh ... häh ... häh ...".

Spangenberg: „Was?" Altmeyer: „Sagt mal, Herrschaften, ist das hier ein Bockbierfest?"

Spangenberg: „Blödsinn!"

Altmeyer (kichernd): „Wenn die Katze weg ist, tanzen die Mäuse."

Spangenberg: „Na, hör mal ..."

Unser Kollegium blieb beisammen. Niemand kümmerte sich um die Schüler. Es wäre auch zwecklos gewesen, denn die meisten hatten die Gelegenheit genutzt und waren nach Hause gefahren oder hatten sich in dem unendlichen Menschenstrom verloren.

Nach der Demonstration gingen wir in ein Lokal, um uns, wie Kufahl situationsgerecht formulierte, „ein wenig aufzuwärmen". Es wurde ein feuchtfröhlicher Abend. Selbst Vanselow gesellte sich für eine Stunde zu uns. Als wir spät in der Nacht aufbrachen, waren wir alle stark angeheitert.

Am nächsten Morgen schlug die Stimmung im Schulamt gründlich um. Viele Funktionäre hatten an dem übermütigen Benehmen der Schüler Anstoß genommen und rannten Altmeyer das Haus ein. Man bedenke, der Führer des Weltfriedenslagers, der weise Generalissimus Stalin, wird von der Bevölkerung durch einen Trauermarsch geehrt und da wagen es ein paar Rotznasen, selbstverständlich aus der Oberschule, fröhlich Bockwurst essend an den tieferschütterten Genossen Pieck und Grotewohl vorbeizudefilieren.

Eine Besprechung wurde einberufen. Ein Skandal bahnte sich an. Es hieß strenge Maßnahmen ergreifen. Die pflichtvergessenen Kollegen mußten sofort zur Verantwortung gezogen werden.

Kaum war man versammelt, brüllte Altmeyer los. Das sei unglaublich ..., das sei unerhört ..., das grenze an Provokation ...

Als er sich beruhigt hatte, wies Stüdemann darauf hin, daß auch das Schulamt sich bei der Demonstration nicht vorbildlich benommen habe. Er könne sich erinnern, daß sogar gelacht worden sei ...

Altmeyer erbleichte. Er begann höflich zu plaudern. Na ja, die Leute reden eben viel, meistens übertreiben sie. Überhaupt, man dürfe niemals voreilig sein, das widerspräche dem Marxismus-Leninismus. Man müsse die Situation gründlich analysieren. Dann würde man sehen. Zum Donnerwetter, er sei doch auch dabeigewesen und habe nichts bemerkt! Vorläufig müsse man jedenfalls abwarten ...

Die Kluft, die Partei und Volk trennte, war unüberbrückbar geworden. In unserem Kollegium spiegelte sich die Krise in kleinem Kreise wider.

Trotz der sorgfältig gesiebten Schülerschaft und des dezimierten Lehrkörpers waren die Oberschulen noch immer ein Hort geistiger Freiheit. Anfang Juni 1953 holte die Partei zu einem entscheidenden Schlag gegen die teilweise noch vorhandene politische Unabhängigkeit der Oberschulen aus.

Die beabsichtigte Reorganisation der Oberschulen - nach den Ereignissen des 17. Juni war keine Rede mehr davon - wurde mit einer Propagandaoffensive eingeleitet.

„Kollegen, in den nächsten Tagen werden an unserer Schule Kontrollen der Arbeiter und Bauern durchgeführt", erklärte Vanselow vor versammeltem Kollegium. „Wir werden rücksichtslos gegen alle volksfeindlichen Elemente vorgehen. Wir können in der deutschen demokratischen Schule keine subversiven Tendenzen mehr dulden. Wir müssen wachsam sein. Kein Fremder darf in Zukunft das Schulgelände betreten ohne meine ausdrückliche Erlaubnis. Denken Sie immer an die Lehre Joseph Wissarionowitsch Stalins, daß der Erfolg in den sozialistischen Staaten den Klassenfeind zu verzweifelten Aktionen treiben wird.

Um unseren Feinden einen entscheidenden Schlag zu versetzen, hat das Zentralkomitee der Sozialistischen Einheitspartei Deutschlands die Reorganisation der Oberschulen beschlossen. Die Oberschulen haben in der gegenwärtigen Etappe der Entwicklung eine große gesellschaftliche Aufgabe zu erfüllen. Es ist notwendig geworden, die letzten bürgerlichen Überbleibsel in der Organisation und Arbeit unserer Schulen auszumerzen. Neue Aufgaben fordern neue Methoden. Der ZK-Beschluß muß daher für unsere Diskussion richtungsweisend sein."

Die Einzelheiten der geplanten Reorganisation wurden uns von Budde unterbreitet. Ich glaubte zuerst, nicht recht gehört zu haben, als er verkündete, daß die Oberschulen nur noch Allgemeinbildung vermitteln sollten. Uns wurde bald klar, worum es sich bei der neuentdeckten Liebe der Partei zur „Allgemeinbildung" handelte.

„Wir stehen an einem Wendepunkt der deutschen Geschichte", verkündete Budde. „Die Adenauerclique versucht, mit Hilfe des Generalkriegsvertrags und faschistischer Banditen den Angriff auf die DDR vorzubereiten. Das wird ihnen niemals gelingen. Aber wir dürfen uns auch nicht in Sicherheit wiegen. Daher müssen wir die Werbungen für die Volkspolizei gerade unter den zwölften Klassen verstärken. Um uns diese Arbeit zu erleichtern, hat das ZK zur Diskussion gestellt, ob man das 12. Schuljahr abschaffen sollte. Das würde allen Schülern Gelegenheit geben, vor dem Studium oder der Berufsausbildung einige Jahre in der Volkspolizei zu dienen."

Die Aufforderung zur Aussprache über diesen Punkt wurde nur von den Genossen beachtet. Sie nahmen zu den „Vorschlägen" des ZK der SED in einem schon vorher genau besprochenen Sinne Stellung. Keiner widersprach. Wir waren überrumpelt worden.

Schließlich raffte ich mich auf. Ich sagte, daß es doch gerade ein vielgenannter Grundsatz der sozialistischen Pädagogik sei, nicht nur das Bildungsmonopol bestimmter Kreise zu brechen, sondern auch das Niveau über die bisher geübte Praxis zu heben. Ich fragte, wie man das erreichen wolle, wenn man das 12. Schuljahr abschaffte.

Budde nahm mit beleidigtem Gesicht das Wort. Er hatte ein Recht dazu, denn ich hatte ein stillschweigendes Übereinkommen durchbrochen. Wenn die Partei etwas zur Diskussion stellt, so heißt das, daß man unbegrenzt reden, aber am Ende immer zustimmen muß. Die Partei auf einen Widerspruch zu stoßen, war in der Denkart der Funktionäre ein böswilliger Angriff.

Budde nahm sich nicht die Mühe, meine Frage sachlich zu beantworten; er wiederholte einfach, daß der Mangel an Arbeitskräften und die geringen freiwilligen Meldungen zur Volkspolizei diese Maßnahme rechtfertigten.

Er schloß in einem Ton, der mir deutlich machen sollte, daß jede weitere Diskussion darüber die Kollegen nur noch langweilen könnte. Damit war meine Frage abgeschnitten.

Vanselow stellte fest, daß keine weiteren Wortmeldungen vorlagen und daher eine Resolution ausgearbeitet werden sollte, in der das Kollegium seine Zustimmung zu den weitsichtigen Reformvorschlägen aussprach.

Als zweiter Punkt stand auf der Tagesordnung die Aktivität christlicher Kreise in der Oberschule. Die „Junge Gemeinde" war der Partei schon lange ein Dorn im Auge.

Sie hatte beschlossen, Schüler, die in der „Jungen Gemeinde" aktiv mitarbeiteten und nicht austraten, von den Oberschulen zu entfernen.

„Soweit mir bekannt ist, gibt es nur in der Klasse von Frau Cöber eine organisierte Gruppe der „Jungen Gemeinde"."

Frau Cöber hob erschrocken den Kopf.

„Mir ist gemeldet worden", fuhr Vanselow fort, „daß sie sich regelmäßig in der Wohnung der Schülerin Balluscheck treffen. Was sie da treiben, können wir nicht wissen. Ich bitte Sie, die betreffenden Schüler aufzufordern, aus der „Jungen Gemeinde" auszutreten. So geht das nämlich nicht mehr weiter. Ich habe mir mal die Wandzeitung der „Jungen Gemeinde" im Pfarrhaus oder wie ihr Club heißt, angesehen. Kollegen, das ist Boykotthetze! Wir müssen den verführten Schülern erklären, daß sich die Mitgliedschaft in der „Jungen Gemeinde" nicht mit dem Besuch unserer Oberschulen vereinbaren läßt."

„Wie soll ich denn das begründen?" fragte Frau Cöber entsetzt. „In der Verfassung wird doch Freiheit für jede konfessionelle Betätigung zugesichert."

„Wenn Sie die Presse in den letzten Tagen aufmerksam verfolgt hätten, liebe Frau Cöber, müßten Sie wissen, daß unter dem Schutz der verfassungsmäßig gewährten Freiheit unser Aufbau sabotiert wird. Solange die Leute still in ihrem Zimmer beten, werden wir ihnen nichts tun; aber wenn sie unsere Arbeit sabotieren, wie das immer häufiger durch die „Junge Gemeinde" geschieht, werden wir sie dahinbringen, wo sie hingehören."

Frau Cöber starrte noch immer entsetzt auf Vanselow. Der Gedanke, morgen einige ihrer Schüler mit einer fadenscheinigen Begründung von der Schule zu weisen, war ihr unvorstellbar.

„Das geht doch nicht", stieß sie hervor. „Die psychologischen Folgen wären unübersehbar. Die Kinder werden ihre religiöse Überzeugung nicht verraten. Das können Sie doch nicht ..."

Der FDJ-Sekretär Pluschkat unterbrach sie. Psychologie war sein Stichwort.

„Ich höre immer „psychologische Folgen". Kollegen, ich bin der Meinung, daß wir die Frage nicht richtig stellen. Wenn wir beim Aufbau der DDR „psychologisch" vorgegangen wären, säßen wir nicht hier. Die Frage muß anders gestellt werden. Wer hat bei uns die Macht - die Arbeiterklasse oder die Kapitalisten? Kollegen, bei uns haben die Arbeiter und Bauern die Macht. Sie haben unseren Staat aufgebaut. Wer für die

„Junge Gemeinde" eintritt, stellt sich auf die Seite des Klassenfeindes. Das wollen wir doch ganz klar feststellen. Der Feind sucht immer neue Wege, uns zu schädigen; einer davon ist der Psychologismus. Wir werden uns also noch ernsthaft mit der Kollegin Cöber unterhalten müssen."

Man kann nur vermuten, was in diesen Augenblicken in Frau Cöber vorging. Sie war wehrlos. Sie konnte, sie durfte sich nicht verteidigen. Der FDJ-Sekretär Pluschkat war ein achtzehnjähriger Jungfunktionär, hinter ihm stand die FDJ. Frau Cöber war Studienrätin, sie war eine feinsinnige, hochgebildete Frau, aber hinter ihr stand niemand, nicht einmal das Kollegium. Die Situation war so unsagbar entwürdigend, weil ein Grünschnabel in der Lage war, eine um vierzig Jahre ältere und ihm an Erfahrung und Persönlichkeit unvergleichlich überlegene Frau einfach zurechtzuweisen. Was nutzten Worte, die Ankläger würden sie nicht verstehen; sie redeten in verschiedenen Sprachen! Frau Cöber schwieg. Was blieb ihr auch übrig? Ein Wink von Pluschkat hätte genügt, sie hinter Kerkermauern zu bringen.

Ich sehe uns noch am Konferenztisch versammelt; verbissen, krampfhaft in eine andere Richtung starrend, um dem hilfesuchenden Blick der Frau nicht zu begegnen. Diese Konferenz ließ uns mit aller Deutlichkeit empfinden, wie tief der Riß war, der mitten durch die Herzen von 17 Millionen Deutschen ging. Was wir eben erlebten, erlebten zur gleichen Zeit hunderte anderer Kollegien, ebenso verbissen, ebenso krampfhaft und ebenso schweigend.

Als wir aufbrachen, kam es zu keinem Gespräch. Wir zogen uns stumm die Mäntel über und jeder ging vereinsamt nach Hause.

Vor mir gingen Frau Cöber und Herr Hoffmann. Ich ging langsam hinter ihnen her, zuviel war auf mich eingestürmt. Keiner hatte Vanselow und dem FDJ-Sekretär widersprochen. Ich wußte, daß die Mehrzahl der Damen und Herren des Kollegiums über den verschärften Kurs erbittert waren, aber keiner hatte ein offenes Wort gewagt. Unsere Selbständigkeit wurde ausgelöscht, wir wurden wie kleine Kinder oder senile Greise entmündigt und keiner wagte zu widersprechen. Wir nahmen die Demütigung hin. Ich fragte mich, wie lange sich ein Mensch demütigen läßt. Gab es eine Grenze, die nicht überschritten werden durfte? Konnte man den Groll ewig hinunterwürgen oder würde einmal der in den Herzen schwelende Haß auflodern und die Demagogen hinwegfegen?

Warum hatten wir geschwiegen? War es nur die Angst oder war es das Mißtrauen, das uns voneinander isolierte? Wenn das so war, dann mußte ein einziger Funke genügen, um die Schranken, die uns voneinander trennten, zu durchbrechen. Wenn die Menschen sich auch nur für eine Minute gegenseitig erkannten und in ihrem Haß verständigten, mußte etwas Furchtbares geschehen.

Es war Abend. Vor mir gingen immer noch Frau Cöber und Herr Hoffmann. Die Frau war ganz in sich zusammengesunken. Sie ging wie ein Mensch, der plötzlich entdeckt, daß er viel Zeit hat. Sie blieben an einer Ecke stehen. Herr Hoffmann schien ihr mit Gewalt etwas erklären zu wollen. Ich ging schneller, um nicht in den Verdacht zu kommen, ihnen absichtlich gefolgt zu sein. Hoffmann bemerkte mich. Mit einer eindringlichen Geste brachte er Frau Cöber zum Schweigen. Sie standen wortlos nebeneinander, als ich vorüberging. Ich kann mich nicht mehr erinnern, was ich dachte, aber ich wußte, daß wieder eine Entscheidung gefallen war.

Das erste, was ich am nächsten Morgen erfuhr, war, daß Frau Cöber und eine andere Kollegin nach Westen geflohen waren. Das Ausbleiben der beiden Damen genügte schon, damit wir alle Bescheid wußten. Vanselow war an solche Abgänge gewöhnt. Wenn jemand unentschuldigt einen Tag dem Dienst fernblieb, schickte er gleich einen zuverlässigen Schüler in die Wohnung. Als ich einmal mit einer schweren Erkältung zu Hause lag, erschien bereits um halb Zehn ein Schüler bei mir, der sich ausgiebig nach meinem Gesundheitszustand erkundigte. Stüdemann erzählte mir, daß bei ihm innerhalb eines Monats die Polizei dreimal im Hause gewesen sei, weil irgendwelche hysterische Denunzianten zu wissen glaubten, daß er geflohen sei.

Ich kümmerte mich nicht um die Neuigkeiten, die im Kollegium ausgetauscht wurden. So entging es mir auch, daß die geheimnisvollen „Arbeiter- und Bauernkontrolleure" eingetroffen waren. Am Morgen schaute ich nur flüchtig ins Lehrerzimmer und ging in den zweiten Stock hinauf. Beim Klingelzeichen befand ich mich vor meiner Klasse.

Ich gab eine Geschichtsstunde. Ungefähr zehn Minuten nach Unterrichtsbeginn öffnete sich verstohlen die Tür und ein junger Mann, kaum älter als neunzehn, kam grußlos herein und setzte sich auf die letzte Bank ... Lange Pause.

Die Schüler wandten sich verwundert nach dem seltsamen Gast um. Ich hatte augenblicklich meinen Unterricht unterbrochen. Der junge Mann war völlig von seinem Notizbuch in Anspruch genommen. Er schien nichts zu bemerken.

„Guten Morgen", sagte ich. Er schaute ärgerlich auf. Ich hatte ihn beim Nachdenken gestört. „Meinen Sie mich?" fragte er.

„Allerdings."

„Machen Sie nur weiter", forderte er mich auf.

„Das ist mir nicht möglich."

„Was?"

„Verlassen Sie sofort die Klasse!" sagte ich.

„Ich gehöre zur Arbeiter- und Bauernkontrolle. Wollen Sie meinen Ausweis sehen?"

„Wer bei mir hospitieren will, muß zuerst die Erlaubnis beim Direktor einholen und sich dann bei mir anmelden."

„Herr Vanselow weiß, daß wir im Hause sind."

„Haben Sie eine schriftliche Erlaubnis?"

„Nein."

„Verlassen Sie augenblicklich die Klasse, Sie stören den Unterricht."

„Ich denke nicht daran."

„Dann werde ich gehen", sagte ich entschlossen.

Das konnte er nicht riskieren. Widerwillig stand er auf und verließ unter dem Gelächter der Schüler den Raum. Ungefähr nach zehn Minuten klopfte es an die Tür. Anscheinend war er jetzt gewillt, alle höflichen Formen zu wahren.

„Hier ist die schriftliche Erlaubnis. Darf ich jetzt zuhören?"

„Selbstverständlich."

Haßerfüllt saß er den Rest der Stunde auf seinem Platz und lauerte auf eine ideologische Abweichung. Da ich über englische Geschichte sprach, konnte er nichts entdecken, was sich gegen mich ausmünzen ließ. Anschließend kam er zu mir und erkundigte sich, wann ich eine Gegenwartskundestunde gäbe. Ich mußte ihm sagen, daß das in der nächsten Stunde geschehen würde.

„Gut, sehr gut, ein Jugendfreund und ich werden uns das anhören."

Meinen Geschichtsunterricht konnte ich noch verteidigen, aber in der Gegenwartskunde würde sich bestimmt etwas ergeben, was ich nicht vorhersehen konnte. Der Lehrplan schrieb die Behandlung des „heißgeliebten Präsidenten Wilhelm Pieck" vor. Ich war zu müde, um ein anderes Thema unterzuschieben.

Noch während ich vor der Klasse stand, wußte ich, was ich falsch machte; ich wußte es und war trotzdem nicht im Stande, es zu ändern. Jetzt fuhr mir doch der Schreck

104

in die Glieder. Ich mußte mich für das Leben Piecks begeistern, das mußte sich in meiner Stimme, in meinen Gesten zeigen - aber es ging nicht mehr. Ich riß mich zusammen, ich wollte mir selbst beweisen, daß ich es noch konnte. Ich versuchte zu schreien, das war immerhin eine vielgeübte Art, Begeisterung zu spielen, aber ich wurde nur müde davon ...

Die beiden „Jugendfreunde" saßen mit verkniffenen Gesichtern in ihrer Ecke. Als ich laut wurde, blickten sie erfreut auf, als ich aber in einen normalen Ton zurückfiel, sahen sie wieder finster drein. Aus der anschließenden Besprechung ist mir nur ein Satz in Erinnerung geblieben. Der junge Mann stieß empört hervor:

„Ich wollte jeden Augenblick aufspringen und dazwischenfahren, als Sie so gleichgültig über unseren Präsidenten sprachen."

Es war der heilige Zorn seines verletzten Sendungsbewußtseins, der aus ihm sprach. Ich ließ mich mit ihnen auf keine Diskussion ein, als sie ausfallend wurden, ging ich.

Die Ereignisse begannen sich zu überschlagen. Im Lehrerzimmer erfuhr ich, daß Vanselow schweren Angriffen durch die „Arbeiter- und Bauernkontrolle" ausgesetzt war. Man warf ihm mangelnde Wachsamkeit vor. Unglaublich! Die Funktionäre konnten nicht mehr Freund von Feind unterscheiden.

Einige Tage nach der Kontrolle wurde Herr Hoffmann entlassen. Er war ein mittelgroßer Mann mit einer dicken Stahlbrille. Obwohl er sich den Fünfzigern näherte, gehörte er zu den Menschen, die ihre Jugendlichkeit bis ins hohe Alter bewahren.

Von allen Lehrern, die ich im Ostberliner Schuldienst kennengelernt habe, stand er mir am nächsten. Er verkörperte das Persönlichkeitsideal, sich immer und unter allen Umständen treu zu bleiben, in vollkommenem Maße. Er lehnte wie ich jede leichtfertige Flucht nach Westen ab und sah seine Aufgabe dort, wo er stand. Wir trafen uns auch in der Überzeugung, daß sich bei der Beurteilung der politischen Situation keine Leidenschaften einmischen durften. Selbst in der tragischen Lage, in der er sich damals befand, behielt er einen klaren Kopf.

Wegen seiner überragenden Intelligenz wurde er von den Funktionären im Schulamt gehaßt, da er sich aber hervorragend zu verteidigen wußte, hatten sie bisher keinen legalen Vorwand gefunden, um ihn auszuschalten. Sein pädagogisches Können war über jeden Zweifel erhaben. Bei allen Überprüfungen hatte man ihm gerade diese

Fähigkeit bescheinigen müssen. Auf ehrliche Weise konnte man gegen ihn nichts unternehmen. Da er aber ein gefährlicher Gegner war, mußte er um jeden Preis ausgebootet werden. Eine offene Aussprache konnte das Schulamt nicht wagen. Dazu war Hoffmann viel zu geschickt. Er hätte die Leute mit ihren eigenen Argumenten und vor allem mit seiner genauen Kenntnis der gesetzlichen Verhältnisse geschlagen, daher schickten sie ihm die Entlassung kommentarlos in die Schule. Es gehörte zwar ein gewisses Vertrauen zum Gesetz, um sich auf die Verfassung und die in ihr proklamierten Rechte zu berufen, zumal die Funktionäre sie schon häufig zu ihren Gunsten interpretiert hatten, aber solange noch der Schein des Rechtsstaats erhalten werden sollte, konnte man damit einigermaßen operieren.

Hoffmann brachte besonders unseren BGL-Vorsitzenden Löbsack zur Verzweiflung, der ihn durch verschleierte Drohungen zum Eintritt in den FDGB zwingen wollte. Er untersuchte solche Versuche sofort auf ihre Vereinbarkeit mit dem Gesetz und das war den Leuten sehr peinlich.

Mit der Berufung auf die Verfassung konnte man bis zu einem gewissen Grade Erfolge erzielen, aber sie stempelten den Betreffenden zum Gegner des Regimes. In der Mentalität des Funktionärs ist die Verfassung nur ein Stück Papier oder - wenn man so will - ein Aushängeschild. Die Verfassung steckt das Gehege ab, indem sich das außerparteiliche Leben frei bewegen kann. Eine bindende Verpflichtung hat der Funktionär nur seinem Parteistatut gegenüber. Ihm ist er bedingungslos ergeben. Die Verfassung dagegen ist so etwas wie ein bürgerlich-kapitalistisches Überbleibsel, das nur geschaffen worden ist, weil es noch immer Menschen gibt, die der Parteidisziplin nicht unterworfen sind. Mit einem Wort, die Verfassung legt für den Funktionär nicht allgemeine bürgerliche Freiheiten fest, sondern nur die äußersten Grenzen der Bewegungsfreiheit der außerhalb der Partei Stehenden.

Wer sich daher auf die Verfassung bezieht, nimmt Rechte in Anspruch, die ihn der Partei entziehen. Er wird als Gegner betrachtet, der ein - leider - gültiges Gesetz mißbraucht.

Jetzt war aber die Zeit gekommen, in der die Partei nicht mehr auf den Schein der Rechtsstaatlichkeit Rücksicht nahm. Der Klassenfeind mußte liquidiert werden und dazu war jetzt jeder phantastische Vorwand recht.

Hoffmanns lapidares Entlassungsschreiben lautete: „Sie werden wegen pädagogischer Unfähigkeit zum 31. August dieses Jahres entlassen."

Unterschrieben war der Zettel von Altmeyer. Ich erinnere mich, daß ich vor dem Lehrerzimmer stand, als die Russischlehrerin Fräulein Schulte und Herr Hoffmann aus dem Zimmer kamen und mir das Entlassungsschreiben zeigten. Wir waren fassungslos.

„Ich werde gegen meine Entlassung protestieren", sagte Hoffmann, „aber ich habe keine Hoffnung, daß das etwas nutzt."

„Wenn Ihre Entlassung nicht rückgängig gemacht wird, müßte das Kollegium streiken oder seinen Dienst quittieren", sagte ich. „Man muß den Leuten klarmachen, daß sie uns nicht verhöhnen können."

Ich hatte es so dahingesagt, eigentlich mehr, um mir selbst die Möglichkeiten aufzuzählen, mit denen man Widerstand leisten könnte, als um Hoffmann zu trösten oder ihm gar einen praktischen Rat zu geben. Seine Entlassung war endgültig. Wir mußten sie wie viele andere Demütigungen widerspruchslos hinnehmen oder es mußte ein Wunder geschehen.

Von der Entlassung eines Kollegen war bei der nächsten Konferenz keine Rede. Sie wurde peinlich umgangen. Mit der Entlassung hatte Hoffmann gerechnet, womit er nicht gerechnet hatte, war die zynische Begründung. „Pädagogische Unfähigkeit" war das letzte, was man ihm vorwerfen konnte. Da man es dennoch tat, war es offener Zynismus. Sie begnügten sich nicht mit der Entlassung, sondern der Mensch, der ausgeschaltet wurde, mußte auch als Person entwertet werden.

Hoffmanns Flucht nach dem Westen war vorbereitet. Am schmerzlichsten traf ihn die Aufgabe seiner Wohnung, in der er seit seiner Kindheit lebte. Das war keine schwere Last, aber jeder Mensch hat Wurzeln, über die andere nicht urteilen können.

„Was heut' bei uns geschieht," sagte ich am Abend zu Stüdemann, „ist ein Verbrechen. Ich spreche dem Regime in Rußland das Recht ab, sich kommunistisch zu nennen. Die stalinistischen Theoretiker haben sich jahrelang bemüht, den Faschismus soziologisch zu deuten. Gut, ich bin damit einverstanden, es gibt eine soziologische Erklärung für dieses Phänomen. Aber leider haben die Ideologen unterlassen, die Ergebnisse ihrer Untersuchung mit den Verhältnissen im eigenen Lande zu vergleichen. Vielleicht hätten sie dann erkannt, daß der russische Bolschewismus eine Spielart des Faschismus ist."

„Sie sind der westlichen Propaganda erlegen", erwiderte Stüdemann. „Mit Faschismus hat das gar nichts zu tun. Die Sowjetunion ist von einem feindlichen Ring umgeben und muß sich, so gut es geht, wehren."

„Jahrelang war es ein Vorrecht der sowjetischen Propaganda, die schlimmsten Schimpfworte gegen den Westen zu gebrauchen", entgegnete ich. „Ich sehe keinen Grund, warum ich harte Worte vermeiden soll. Was ich sage, ist überdies nicht neu. Trotzki hat bereits 1929 den Stalinismus so definiert. Bisher konnte man vielleicht in Deutschland daran zweifeln, aber nach der jüngsten Entwicklung, die in unserer unmittelbaren Umgebung geschieht, die Sie und ich täglich erleben, ist es mir nicht mehr möglich, daran zu zweifeln."

„Nein, ich sehe die Dinge anders", sagte Stüdemann. „Seit dem Tode Stalins gibt es Anzeichen, daß die Auswüchse seiner Politik beseitigt werden. Nimm zum Beispiel den Aufsatz von Ilja Ehrenburg über die sowjetische Literatur. Wenn Sie das lesen, werden Sie erstaunliche Formulierungen finden. Vor einem halben Jahr wäre das noch unmöglich gewesen. Die Dinge sind in Fluß geraten. Mit Gefühlsausbrüchen kann man erst recht nichts ändern."

„Sie meinen, man muß abwarten, bis man zugrunde gegangen ist. Die Geschichte hat einen langen Atem, ich weiß, für den Historiker mag der Standpunkt richtig sein. Aber für uns, die wir heute leben, müssen andere Maßstäbe gelten."

„Sie wollen harte Worte gebrauchen", sagte Stüdemann, „Sie werden zu harten Taten greifen müssen. Ich kann für meinen Teil die oberflächliche Propaganda nicht mehr ertragen. Im Osten wird geschimpft, im Westen wird geschimpft - so kommen wir nicht weiter. Ich bin dagegen, daß man Gewalt anwendet."

„Sie sind gegen die Gewalt, aber die Gewaltmaßnahmen des Regimes lassen Sie gelten. Ich glaube aber an das Recht, auf Gewalt mit Gewalt und auf Terror mit Terror zu antworten. Dieses Recht ist so alt wie der Mensch, es ist Notwehr!"

„Nein", widersprach Stüdemann, „so kann man heute nicht mehr denken. Ich ziehe es vor, innerhalb der Partei ruhig zu wirken. Wenn ich etwas zu sagen habe, wähle ich Beispiele aus meinem Arbeitsgebiet, mit denen ich sachlich beweisen kann, daß etwas nicht stimmt. Das ist mein Weg, er bringt keine radikalen Änderungen, aber er wird auch nicht wirkungslos bleiben."

„Wir verwerfen beide die Gewalt als Mittel der Politik", erwiderte ich darauf, „soweit sind wir uns einig - aber wenn sie angewandt wird, wenn sie mich trifft und mich meiner Freiheit beraubt, rebelliere ich dagegen. Das ist meine unkontrollierbare Reaktion; sie ergreift mich. Für die Folgen, die daraus entstehen, bin ich nicht verantwortlich. Man darf Ursache und Wirkung nicht zugunsten einer abstrakten Menschlichkeit vertauschen und den, der zu ersticken droht, verurteilen, weil er seine Peiniger abzuschütteln versucht."

Gegen die festgefügte Wirklichkeit nahmen sich unsere Gespräche reichlich theoretisch aus. Was konnten sie schon an Verhältnissen ändern, die mir unverrückbar erschienen. Die Politik wurde in Regionen gemacht, zu denen der Mann von der Straße keinen Zutritt besaß.

7. KAPITEL
Der Aufstand

Wer an das Gute im Menschen glaubt, gesteht, daß er in Freiheit lebt und viel Zeit zum Hoffen hat. Er bekennt aber auch, daß er am Menschen bereits verzweifelt ist.

Am Abend des 16. Juni kehrte ich von einem Besuch bei meiner Frau in den Ostsektor zurück. Als die Straßenbahn über den Alexanderplatz fuhr, standen bei der großen Litfaßsäule diskutierende Arbeiter, auch Frauen waren dabei.

Seit Monaten hatte ich keine Zusammenrottungen auf der Straße gesehen. Früher hatten sich öfter Gruppen zusammengefunden und über Lebensmittelpreise und Arbeitsverhältnisse diskutiert, aber das war schon lange her.

Wenn ich jetzt zurückdenke, fällt mir auf, daß ich die Menschenmenge auf dem Alexanderplatz nicht mit einem politischen Ereignis in Verbindung brachte. Ich staunte über die vielen Regenschirme und darüber, daß die Leute mitten auf dem Platz auf etwas warteten.

Dann waren wir vorüber. Die Menschen in der Straßenbahn sahen sich nicht um, keiner ahnte, was die Menge bedeutete. Die grauen Häuserfronten glitten trübselig vorüber, der Regen wusch gleichgültig die Steine und nichts verriet, daß ein besonderer Tag zuende ging.

Am nächsten Morgen stand ich später als gewöhnlich auf. Mein Unterricht begann erst um halb zehn. Der Regen hatte noch immer nicht aufgehört. Schwere bleigraue Wolken hingen über der Stadt, sie berührten beinahe die Dächer.

Auf dem Weg zur S-Bahn mußte ich an einem Baugerüst vorbei. Die Maurer standen in weißen Arbeitsanzügen auf der Straße. Sie standen so da, als ob sie gerade eine Marschkolonne formieren wollten und dabei gestört worden waren. Ich sah verwundert auf meine Uhr, die Frühstückspause mußte doch längst vorüber sein.

Um neun Uhr langte ich an der S-Bahn an. Die Schalter waren geöffnet. Ich kaufte eine Fahrkarte und ging zur Sperre. Der Bahnsteig war überfüllt. Aha, eine Verkehrsstockung, stellte ich fest. Aber etwas stimmte nicht. Die Menschen standen auf beiden Seiten des Bahnsteigs. Das war ungewöhnlich. Bei Verkehrsstörungen war meistens nur eine Richtung gesperrt. Auch die Menschen benahmen sich ungewöhnlich. Sie benahmen sich so, als ob sie nicht wüßten, ob sie schimpfen oder jubeln sollten.

Ich ging zum Schalterbeamten. „Was ist denn los?" fragte ich.

„Nichts."

„Ja, fahren denn die Züge nicht mehr?" fragte ich verständnislos. „Weiß ich nicht", brummte er.

Ich konnte nicht länger warten, um halb Zehn begann mein Unterricht und bis dahin mußte ich in der Schule sein. Ich ging bis zum nächsten S-Bahnhof. Dort versuchte ich wieder mein Glück. Aber hier war es nur noch schlimmer.

Das Bahnhofspersonal lief durcheinander. Die Sperren waren unbesetzt. Man konnte unbehindert hindurchgehen.

„Was wird denn hier gespielt?" fragte ich jemand.

„Wir streiken!" antwortete man mir.

Streik - dachte ich; das ist doch nicht möglich. Eher wird die Sonne am Himmel verschwinden, als daß ein Streik ausbricht. Der Mann ist verrückt, es geschehen doch keine Wunder. Wie stände es dann auch um die These von der Diktatur des Proletariats, nach der ein Streik oder gar ein Aufstand in einem kommunistischen Staat undenkbar sind?

Ich ging wieder hinaus. Als nächstes fiel mir auf, daß die Geschäfte schlossen, allen voran die HO-Läden. Ich ging zu einem Mann, der vor einem Radiogeschäft das Eisengitter herunterließ.

„Sagen Sie mal, ist heute Feiertag?"

„Nee, wir verkaufen bloß nicht."

„Warum denn?"

„Kann ich Ihnen nicht sagen - eben ist uns durchgegeben worden, daß alle Geschäfte in der Stadt schließen."

Ich beeilte mich. Die Straßen waren ruhig, die Geschäfte hatten geschlossen. Ab und zu war noch ein Laden geöffnet, aber ich sah keine Kunden. Die Straßen waren ungewöhnlich menschenleer.

Mich trieb eine heftige Unruhe weiter. Beinahe lief ich. Eine unbestimmte Angst erfüllte mich. Ich fürchtete, zu spät zu kommen. Nicht zum Unterricht, der war mir gleichgültig. Ich hatte Angst, daß alles vorüber sein könnte, ohne daß ich daran teilgenommen hätte. Ich wollte sehen, dabeisein ... soviel hatte ich bereits verstanden: etwas Unbegreifliches, Unerhörtes spielte sich in der Stadt ab. Aber wo? Hier schien alles ruhig. Vielleicht in der Schule etwas erfahren. Die letzten hundert Meter legte ich im Laufschritt zurück.

Das großzügige Gebäude stand ungerührt und - so schien es mir - trotzig im feinen Sprühregen, der auf die Dächer niederging. Nichts Außergewöhnliches war zu sehen. Ich stürzte ins Lehrerzimmer - dort war kein Mensch. Ich ging auf den Flur - aus einer Klasse drang die laute Stimme von Dr. Rehboom ... „Schreiben Sie ‚Anobium pertinax‘“ ... er trennte deutlich die Silben und dann sagte er plötzlich: „Die Totenuhr“ ... Ich ging ins Lehrerzimmer zurück.

Es klingelte. Die Kollegen kamen herein. Vanselow und Budde waren nicht zu sehen. Fräulein Schulte erwähnte beiläufig, daß nur 40% der Schüler anwesend seien. Wir schwiegen. Von den Lehrern waren die meisten gekommen. Der kleine Harras ging ruhelos auf und ab. Er war ein typischer Volksschullehrer. Aus den Lehrerseminaren der Weimarer Republik hervorgegangen, hatte er eigenartige Ehrbegriffe bis in unsere Zeit hinübergerettet. Sie äußerten sich darin, daß er von Zeit zu Zeit störrisch an Privilegien festhielt, die für ihn zum Lehrerberuf gehörten. Er sprach gern von seinem Widerstand gegen den Nationalsozialismus, daß er ihre Anweisungen umgangen und sich nicht gefürchtet hätte. Jetzt war er Kommunist, allerdings mit einer leisen, unmodernen Beimischung von Aufrichtigkeit. Er war ehrlich überzeugt; vielleicht war seine Ehrlichkeit nur eine Lüge, aber er hatte sich nun einmal in diese Rolle geflüchtet und sie zwang ihn - er war konsequent - das Unbegreifliche, das sich in der Stadt abspielte, an seiner ehrlichen Überzeugung zu messen. Er ging regelmäßig wie ein Pendel, von einer Ecke in die andere. Wie hatte Rehboom eben gesagt? ... „Anobium pertinax“ - „Die Totenuhr“.

Herr Hoffmann saß auf seinem angestammten Platz - er setzte sich niemals woanders hin - und blätterte in seinen Papieren. Manchmal hob er lauschend den Kopf.

Noch war nichts geschehen. Ein unvorsichtiges Wort konnte gefährlich sein. Wie wir da so ratlos herumstanden und auf das ferne, unhörbare Beben lauschten, trat mir das leere Schlachtfeld von Waterloo, wie Stendhal es beschreibt, vor Augen. Irgendwo in der Stadt ballte sich eine Revolution zusammen. Die künstliche Isolierung aus Mißtrauen und Furcht war durchbrochen - etwas Unfaßbares spielte sich um uns herum ab und wir konnten nichts sehen.

Der Unterricht verlief normal. Obwohl nur ein Drittel der Schüler anwesend war, taten wir, als sei alles in Ordnung. Ich suchte in den Gesichtern nach Zeichen der Anteilnahme oder Empörung, aber ich sah nichts.

Eine festgefügte Welt war ins Wanken geraten. Studenten und Gymnasiasten wurden mit der Revolution in einem Atemzug genannt ... aber die Schüler vor mir waren ausgebrannt, skeptisch, leidenschaftslos. Sie verachteten das Regime, sie haßten es in diesen Augenblicken, aber sie waren auch von diesem Regime gezeichnet, sie konnten sich nicht mehr vergessen. Sie hatten ihr Leben, ihre Sicherheit lieben gelernt. Sie hatten schon viel zu lange im Feuer gestanden. Sie waren vorsichtig und bedacht, wo ihre Altersgenossen kühn und stürmisch wurden.

Ungefähr um halb elf erreichte ein Ausläufer des Aufstandes unsere Schule. Plötzlich klirrten Fensterscheiben. Ein Schrei gellte auf. Er teilte sich, man hörte ihn durch die Gänge hallen und gleichzeitig drang er von außen durch die Fenster.

Ich sprang auf. Eine Menschenmenge hatte sich vor dem Haus versammelt. Ein aufgeregter Mann in Arbeitskleidung zerschlug die Glasscheibe des FDJ-Schaukastens und riß das Propagandamaterial heraus. Ich sah Vanselow und Budde vor dem Eingang hin- und hergehen. Sie wirkten von oben marionettenhaft steif. Budde rief der Menge etwas zu. Von überall strömten Menschen herbei. Ich konnte vom Fenster sehen, wie sich die Passanten umdrehten und in Richtung auf unsere Schule zurückliefen. Die Menge nahm eine drohende Haltung ein. Budde zog sich schleunigst hinter die schweren Flügeltüren zurück. Vanselow hatte inzwischen das Hoftor verschlossen und verbarrikadierte das Hauptportal. Man sah nur noch die Menge, wie sie mit Vanselow und Budde verhandelte, die sich hinter den starken Türen in Sicherheit fühlten.

Eigentlich ist es doch die Aufgabe des Hausmeisters, die Türen zu schließen, schoß es mir durch den Kopf; wahrscheinlich hat er sich geweigert. Ich sah an der Hausfront entlang. Meine Schüler waren die einzigen, die ihre Köpfe zum Fenster hinausstreckten. In den übrigen Klassen schien der Unterricht störungslos zu verlaufen. Als ich sah, wie gleichgültig sich die übrigen Lehrer verhielten, erfaßte mich eine heftige Erbitterung. Nein, ich hatte Unrecht, wenn ich glaubte, daß unser Schicksal dort entschieden wurde, wo es am lautesten zuging. Es wurde bei uns, bei uns Intellektuellen entschieden. Wenn wir uns vom Aufstand fernhielten, mußte er zusammenbrechen. Wo blieb der Elan, der Widerstandswille, den wir unter schweren Bedingungen bewiesen hatten? Jetzt waren die Ketten gelockert, wir konnten uns befreien. In jeder Stunde, die tatenlos verrann, verloren wir ein Jahrzehnt, in jeder Sekunde, die wir achtlos verstreichen ließen, gingen unwiderbringliche, einzigartige Chancen verloren. Wir wußten doch, was auf dem Spiele stand!

Mir war es unerträglich, beim Unterricht die Stunden verrinnen zu sehen, in denen ein unermeßliches, vielleicht einmaliges Kapital so verschwendet wurde. Wenn sich jetzt Berlin nicht wie ein Mann erhob, war alles umsonst! Im Lehrerzimmer hing dichter Tabakqualm. Im Kollegium wurde erbittert über die Frage diskutiert, wer das moralische Recht auf seiner Seite habe. Man überlegte abstrakt und unwirklich, wollte in dieser Stunde Recht und Unrecht fein säuberlich trennen und unterdessen erlosch das Feuer, das unsere Absichten verwirklichen konnte. Sofort nachdem ich frei war, verließ ich das Haus. Auf der Prenzlauer Allee wälzte sich ein breiter Menschenstrom in Richtung Alexanderplatz. Alle Uniformen waren aus dem Straßenbild verschwunden. Aus Gesprächsfetzen entnahm ich, daß russische Panzerverbände die Stalinallee erreicht hätten und sich fächerförmig in der Stadt ausbreiteten.

Es war ein Uhr. Die Bürgersteige konnten die Menschen nicht mehr fassen. Man marschierte auf der Straße. Auffallend waren die vielen Männer und Frauen in Arbeitskleidung. Sie hatten die Fabriken wie sie gingen und standen verlassen. An einigen Jacken sah man noch den hellen Fleck, wo sich das Parteiabzeichen befunden hatte. Jetzt marschierten die Genossen unauffällig mit. Sie besaßen nicht den Mut, für ihre Partei einzutreten, aber wehe, wenn der Aufstand zusammenbrach; dann würden die Abzeichen plötzlich wieder am Rockaufschlag erscheinen und sie würden handeln, als ob sie das Parteiabzeichen niemals abgelegt hätten.

Erstaunlich war die Disziplin, mit der sich die Menschen bewegten. Nur vor einem Parteilokal kam es zu einem Auflauf. Die Fensterscheiben waren zerbrochen. Auf dem Bürgersteig schwelte ein Haufen Asche. Dort war die Parteiliteratur verbrannt worden. Mitten auf der Straße lag ein Bild Piecks.

In der Liebknechtstraße wollte eine schwarze Limousine den Menschenstrom durchbrechen. Der Chauffeur versuchte, ohne Hupe durchzukommen. Im Fond lehnte ein feister Funktionär. Der Wagen wurde umringt und zur Umkehr gezwungen. Das geschah unter den Augen der „Nationalen Volksarmee". Die Truppen hatten etwa hundert Meter weiter einen dichten Kordon um den Alexanderplatz gelegt. Das Sonnenlicht wurde unangenehm von ihren aufgepflanzten Bajonetten reflektiert. Vor der Postenkette blieben die Menschen stehen.

„Laßt mich mal durch", forderte ein Arbeiter die Soldaten auf.

„Gehen Sie weiter!" sagte ein langer Soldat und bewegte ungeschickt das Gewehr.

„Bist Du ein Deutscher?" fragte der Arbeiter.

„Hier finden Manöver statt, gehen Sie weiter."

„Sag mal, bist Du ein Deutscher?" wiederholte der Arbeiter.

„Das sehen Sie doch", gab der Soldat widerwillig zur Antwort.

„Warum stehst Du dann hier?"

„Ich habe einen Befehl!"

Hinter dem Kordon kam eilig ein Offizier heran. Der Soldat verstummte. Ich weiß nicht, wie das Gespräch weiterging und wie es endete. Die Menschenmenge schob mich weiter.

Es war halb zwei Uhr nachmittags. In der Königsstraße tauchten sowjetische Panzerkolonnen auf. Ihr Dröhnen zerriß die Luft. In langen Reihen rollten sie zum Lustgarten. Die Maschinengewehrläufe waren auf die Menschen zu beiden Seiten der Straße gerichtet. Die Menschen wichen in die Nebenstraßen aus. Ein Mann fuhr sich verstohlen über die Augen.

Kurze Zeit später wurden Unter den Linden Flugblätter verteilt. Der Stadtkommandant General Dibrowa verkündete den Ausnahmezustand. Die Sektorengrenzen wurden hermetisch abgeriegelt. Berlin wurde ein großes Gefängnis. Der Aufstand war zusammengebrochen.

Nach dem Einmarsch sowjetischer Panzer ist mir nur noch ein Bild in Erinnerung geblieben. In einer Seitenstraße waren die Panzer in Bereitschaftsstellung gefahren. Die Soldaten öffneten die Turmluken und sahen sich neugierig um. Aus einem Panzer stieg ein russischer Offizier. Er hatte eine athletische Figur und ein pockennarbiges Gesicht. Plötzlich löste sich ein kleiner Junge von der Hauswand, ergriff einen Stein und schleuderte ihn nach dem Offizier. Der Stein traf ihn an der Schulter. Außer sich vor Wut, riß er eine Maschinenpistole aus der Luke und legte auf den Jungen an. Wahrscheinlich war der kleine Junge von seiner eigenen Kühnheit gelähmt. Als der Russe sah, daß der Junge nicht weglief, ließ er fluchend die Maschinenpistole sinken und kletterte in den Panzer zurück.

In dieser Nacht konnte ich nicht schlafen. Unaufhörlich peitschten Schüsse durch die Stadt. Man konnte mit unheimlicher Deutlichkeit die Richtung unterscheiden aus der sie kamen. Arnswalder Platz - Leipziger Straße - jetzt eine ganze Salve aus der Richtung des Alexanderplatzes - Bülowstraße ... Worauf feuerten die Patrouillen? Waren es Aufständische, die erschossen wurden, oder nur einzelne Passanten, die die Sperrstunde übertreten hatten und mit Schüssen bedacht wurden?
Ich trat ans Fenster. Die Nacht war milde. Am Himmel glitzerten Sterne. Ich konnte nichts sehen.
Nach kurzer Zeit wurde ich wieder aus dem Schlaf gerissen. Jetzt fielen Schüsse in unmittelbarer Nähe. Ich ging vorsichtig ans Fenster. Eine Streife näherte sich. Es waren acht oder neun Mann, sie nahmen die ganze Straße ein. Plötzlich bemerkte ein Soldat ein erleuchtetes Fenster. Mit einem Ruck hob er die Maschinenpistole und feuerte das Magazin über das Dach. Wahrscheinlich war die Munition nicht rationiert ...

Meine Gedanken wanderten zu den Ereignissen des Tages zurück. Seit der Meuterei der Kronstädter Matrosen hatte es in einem kommunistischen Land keinen Aufstand gegeben. Das war auch nach marxistischer Theorie nicht möglich. Die proletarische Revolution war nach Karl Marx die letzte in der menschlichen Geschichte. Der heutige Tag hatte aber einen Volksaufstand gesehen, in dem gerade die Arbeiterschaft eine hervorragende Rolle gespielt hatte. Die sogenannte „Arbeiter- und Bauernregierung" wäre von ihnen hinweggefegt worden, wenn die russischen Panzer sie nicht gerettet hätten.
Heute war der Mythos von der Interessengemeinschaft zwischen Proletariat und kommunistischem Staat vernichtet worden. Der alte Antagonismus zwischen Bourgeoisie und Proletariat war zwar aufgehoben, aber an seine Stelle war ein weit krasserer Gegensatz zwischen dem totalitären Staat und seiner gesamten Bevölkerung aufgebrochen. Die einzig vernünftige Schlußfolgerung, die man aus dem Aufstand

ziehen konnte, war die Aufgabe der lebensfremden Tendenzen der Diktatur; aber ich glaubte nicht einen Augenblick, daß die Funktionäre das tun würden. Sie würden Zugeständnisse machen, sie würden von dieser oder jener Forderung Abstand nehmen, aber nur um Zeit zu gewinnen und das Regime als Ganzes zu retten. Das Steuer ganz herumwerfen, das würden sie niemals machen.

Ich fragte mich, was die Partei morgen tun würde, um den Aufstand „marxistisch" zu interpretieren. Innerhalb der Parteiideologie gab es keine logische Erklärung. Theoretisch war der Aufstand nicht möglich. Wenn man die Theorie vor dem Zusammenbruch retten wollte, mußte man zur Lüge greifen. Das war nichts Neues, die Partei hatte sich niemals vor Zwecklügen gefürchtet, aber eine ganze Revolution wegzulügen, war auch für einen Mann wie den Propagandaminister Eisler keine leichte Sache. Wenn man den Aufstand nicht mit der Theorie erklären konnte, blieb immer noch die Propaganda. Und in der Tat, hatte man nicht seit Jahren mit einer Kurzschlußreaktion gerechnet? Es verstand sich von selbst, daß solche Aktionen nur von Agenten ausgehen konnten und daß sich ihnen nur ein fiktives Bürgertum anschließen würde. Was tat's, daß sich die Arbeiterschaft erhoben hatte, man konnte es ignorieren, dann brauchte wenigstens die Propaganda keine Schwenkung vorzunehmen. Sie war seit Monaten auf eine Tonart abgestimmt, als ob die ganze Bevölkerung nur ein einziges Agentennest war. Wirklich - die Agitatoren hatten einen Akt marxistischer Voraussicht vollbracht.

Am nächsten Morgen glich die Stadt einem Heerlager. Vor unserer Schule waren zwei schwere Panzer aufgefahren. Sie hielten ihre Rohre drohend gegen Osten gerichtet. Es schien mir symbolisch; die Geschütztürme nahmen vom Westen keine Notiz, sie zeigten ins eigene Hinterland.

Der Unterricht spielte sich unter dem Schutz schwerer Waffen ab. Die Schüler fanden sehr schnell einen Weg, sich mit den Besatzungen der Panzerwagen zu „verbrüdern". Irgendwie hatten sie herausbekommen, daß pornographische Photographien ein besonders begehrter Artikel unter den Rotarmisten war. Bald entwickelte sich ein schwungvoller Tauschhandel mit dieser „Ware". Ich entdeckte die geheime Transaktion, als ich an einen unglaublich verdreckten Panzersoldaten herantrat und ihn nach der Stimmung unter den Truppen ausfragte. Wir sprachen Russisch. Er schnitt meine Frage ab. „Hast du Photographien?"

Ich verstand ihn nicht. Als ich mich erkundigte, ob er Ansichtskarten von Berlin wünschte, wehrte er ungeduldig ab.

„Nein, nein, Photographien von nackten Weibern, verstehst du."

Ich sagte ihm, daß ich sowas leider nicht besäße. Dann versuchte ich zu erfahren, woher sie solche Bilder bekämen.

„Wir haben sie von den jungen Burschen gekauft, die hier lernen", sagte er.

Ich ließ nicht locker und fragte, was er von der Lage in Berlin halte. Darauf fragte er mich, ob ich denn nicht wüßte, daß faschistische Banden von Westberlin eingedrungen seien. Er fügte aber beruhigend hinzu, daß sie ihnen schon die Schwänze plattwalzen würden, wenn sie sich nochmal zeigten. Mit dieser freundschaftlichen Versicherung ging ich in die Schule hinüber.

Im Lehrerzimmer fand ich den Kollegen Harras mit dem Mathematiklehrer Kessler in heftigem Streit. Kessler hatte zwei Leidenschaften: Motorräder und obszöne Witze. Was das letztere betraf, entfaltete er ein enzyklopädisches Wissen. Eine Zeitlang hatte er die Parteiideologie als „blöden Quatsch" abgetan, als man ihm aber kurz vor dem 17. Juni nahelegte, seine Einstellung zu ändern oder die Konsequenzen zu ziehen, hatte er das Steuer herumgeworfen.

Als ich eintrat, lief Harras, vor Aufregung stotternd, auf und ab.

„Sowjetische Panzer haben auf deutsche Arbeiter geschossen - nein, das geht zu weit!" rief er empört.

Kessler stand mit gelangweiltem Ausdruck am Pult. Er hatte den Kopf zurückgelehnt und betonte mit seiner Haltung, daß er sich beherrschen mußte, um das kindische Gerede des anderen ertragen zu können.

„Das wundert mich aber, Willy. Du bist doch Marxist. Was sollen wir denn machen, wenn aus Westberlin ein paar tausend Halbstarke in den demokratischen Sektor herüberkommen und Unruhe stiften? Willst Du zusehen, wie diese Jazzheinis unsere Errungenschaften zusammenschlagen?"

„Die Bauarbeiter von der Stalinallee sind keine Jazzheinis! Sie nicht!" Harras sprang um den Tisch herum und ging mit weit vorgestrecktem Kopf auf Kessler zu. „Eine Arbeiterregierung darf nicht auf Arbeiter schießen. Sie sind Fleisch von ihrem Fleisch. Begreifst Du das? Wenn die Arbeiter Forderungen stellen, muß die Regierung nachgeben."

„Willy, ich verstehe Dich wirklich nicht", sagte Kessler. „Die Partei hat doch zugegeben, daß sie Fehler gemacht hat und ein neuer Kurs eingeschlagen wird. Du hast doch gesehen, wie der Mob geplündert hat. In der Königsstraße haben sie einen HO-Laden ausgeräumt, in der Leipziger Straße sind unsere Arbeiterfunktionäre mißhandelt worden. Nee, so nicht. Ich habe es begrüßt, daß sowjetische Panzer dem Spuk ein Ende gemacht haben."

In diesem Augenblick kam Vanselow ins Lehrerzimmer. Er blieb eine Weile stehen und sagte dann leutselig:

„Ich freue mich, daß Ihr über die Ereignisse diskutiert. Das hat uns bisher gefehlt. Die begangenen Fehler müssen in offener Aussprache geklärt werden."

Harras wandte sich an Vanselow.

„Was soll ich jetzt meinen Schülern erzählen. Jahrelang habe ich ihnen im Unterricht gesagt, daß wir eine Arbeiter- und Bauernmacht haben. Ich habe den Kurs unserer Regierung verteidigt und jetzt sollen das alles Fehler gewesen sein? Wie stehe ich vor der Klasse da?"

„Aber Kollege Harras", beschwichtigte Vanselow, „Sie müssen die Schüler über die Ursachen der Fehler aufklären. Der Klassenfeind hat es verstanden, sich in verantwortliche Positionen einzuschleichen. Das müssen Sie den Schülern erklären. Sie müssen ihnen helfen, sich in den Verhältnissen zurechtzufinden. Wenn unsere Partei zugibt, daß sie Fehler gemacht hat, ist das ein Zeichen von Stärke. Unsere Regierung braucht sich nicht, wie ein imperialistischer Staat, vor der Wahrheit zu fürchten."

„Jawohl, Kollege Vanselow", bekräftigte Kessler, „der Klassenfeind hat genau erkannt, daß er durch den „Neuen Kurs" die Unterstützung bei der Bevölkerung verlieren wird. Er ist unserer Regierung in letzter Minute in die Arme gefallen, aber die Provokateure werden uns nicht daran hindern, unbeirrt den „Neuen Kurs" durchzuführen. Jawohl, Willy, wir müssen unseren russischen Freunden dankbar sein, daß sie dem Feind eine vernichtende Niederlage bereitet haben."

„Aber nicht alle waren Provokateure. Die Bauarbeiter von der Stalinallee, die Belegschaft der SAG „Kabel" ... das sind Werktätige. Mit Panzern ..."

„Kollege Harras", unterbrach ihn Vanselow, „wir müssen darauf achten, daß sich in unsere Diskussionen keine feindlichen Parolen einschleichen. Denken Sie lieber gründlich über die Ereignisse nach, vielleicht kommen Sie dann zu einem anderen Urteil. Jetzt wollen wir die fruchtlose Diskussion abbrechen." Vanselow drehte sich um und verließ den Raum. Harras hatte sich beruhigt. Man sah ihm an, daß er bereits seine Offenheit bereute.

Von draußen hörte man das Summen von Motoren. Irgendwo wurden Truppen verschoben.

Während des Unterrichts mußte ich daran denken, daß alle Grenzübergänge nach Westen hermetisch abgeriegelt waren. Eine halbe Armee stand zwischen mir und meiner Frau. Wie sollte das weitergehen? Es war denkbar, daß die Westsektoren für geraume Zeit oder auch für immer vom Osten abgeschnitten wurden. Die Partei hatte schon lange nach einem Vorwand gesucht, den westlichen Einfluß einzudämmen; jetzt hatte sie die Gelegenheit.

In der großen Pause versammelte sich das Kollegium im Direktorzimmer. Mit großer Spannung verfolgten wir die Nachrichten. Der freie Zugang zum Westen war plötzlich für alle sehr wichtig. Selbst die Kollegen, die niemals die Absicht hatten, nach Westen zu gehen, spürten auf einmal, was es hieß, unwiderruflich gefangen zu sein. In den Nachrichten wurde nichts von der Blockade gesagt. Der eiserne Vorhang schien endgültig niedergegangen zu sein.

Solange ich wußte, daß ich mich nur in die S-Bahn zu setzen brauchte, um zu meiner Frau zu gelangen, war unsere Trennung noch erträglich. Jetzt hatte sich aber eine unübersteigbare Wand zwischen uns aufgerichtet. Am Abend wollte ich einen Durchschlupf suchen. Von einigen Arbeitern, die von der Blockade im Westen überrascht worden waren, erfuhr ich, daß es in den Laubenkolonien noch bis vor wenigen Stunden unbewachte Übergänge gegeben habe. An dieser Stelle wollte ich hinüber. Ich irrte eine ganze Weile ziellos in der Laubenkolonie an der Bornholmer Straße herum. Ich fand keine unbewachte Stelle. Immer, wenn ich glaubte, schon durchgekommen zu sein, tauchte eine Streife oder ein geschickt getarnter Panzerwagen auf und ich mußte schleunigst umkehren. Ich wurde mehrmals angehalten und hatte Mühe, meine Anwesenheit an diesem verdächtigen Ort zu erklären.

Ich ging in Richtung Pankow weiter. Dort sollte es eine Straße geben, deren eine Seite zum Osten und deren andere zum Westen gehörte. Als ich sie fand, mußte ich zu meiner Enttäuschung feststellen, daß nur Leute mit Passierscheinen hineingelangen konnten. Ich gab es auf. Hundert Meter vor jedem Grenzübergang standen Volkspolizisten mit übergehängten Maschinenpistolen und leichten in Stellung gebrachten MGs. Weiter im Hintergrund sah man meist ein oder zwei russische Panzer.

Es gab kein Durchkommen. An diesem Abend hatte ich das Gefühl, als ob das Tor zur Welt endgültig hinter mir zugefallen war.

Der Wunsch, meine Frau wiederzusehen, überschattete in den folgenden Wochen alles, was ich tat. Ich hatte beinahe die Hoffnung aufgegeben, als mir ein Zufall zu Hilfe kam. Ich hörte im Radio, daß in West-Berlin der Katholikentag stattfand und alle, die daran teilnehmen wollten, sich registrieren lassen sollten. Ich ging sofort zur Kirche. Ich konnte noch nicht so recht fassen, daß mir das ersehnte Papier in den Schoß fallen sollte, nachdem ich Himmel und Hölle vergeblich in Bewegung gesetzt hatte. Aber es war so.

Ich wurde anstandslos aufgeschrieben und man teilte mir mit, daß ich nach zwei Tagen meinen Schein abholen durfte.

Als ich mich am Dienstag einstellte, warteten schon viele Menschen. An drei oder vier Stellen des Gemeindehofes wurden Namen aufgerufen. Ich blieb bald bei der einen, bald bei der anderen Gruppe stehen, aber ich wurde nicht genannt. Schon glaubte ich, daß mich dieses technische Mißgeschick um die Früchte meiner Bemühungen bringen würde, als ein Schüler mich aufgeregt am Ärmel zupfte.

„Sie haben ihn!" rief er. Wahrscheinlich hatte man mich schon öfter ausgerufen und ich hatte es nur nicht gehört, weil ich gerade an einer anderen Stelle stand. Es überraschte mich, hier einem Schüler zu begegnen. In der Schule wurde fast nie über religiöse Dinge gesprochen und wenn man schon gezwungenermaßen darauf zu sprechen kam, vermied man peinlich seine eigene Stellung. Es wurde theoretisiert, man äußerte sich abstrakt über Glaubensdinge. Schüler und Lehrer wußten nicht voneinander, wie weit ihre gefühlsmäßige Bindung an eine Kirche ging.

„Wollen Sie auch zum Katholikentag?" fragte mich der Schüler. Er sah mich dabei mit offener Freude an, so wie man sie empfindet, wenn man unverhofft einen geheimen Verbündeten entdeckt.

„Nein, ich will meine Frau besuchen." Sein Lächeln erkaltete. Ich hatte keine Zeit, darüber nachzudenken; als ich meinen Passierschein in Händen hielt, fühlte ich mich wie ein Auserwählter und fuhr los.

Nach der niederdrückenden Stimmung im Osten erschien mir West-Berlin wie eine Stadt auf einem anderen Stern. Die Menschen bewegten sich ungezwungen, sie waren frei von dem unsichtbaren Druck einer allgegenwärtigen Gefahr. Sicher, das war das gewöhnliche Bild einer Großstadt und wenn ich jemand darauf aufmerksam gemacht hätte, würde er mich nicht verstanden haben. Für mich war es eine Offenbarung. Meine Frau hatte schon nicht mehr erwartet, mich wiederzusehen. Die Zeitungen hatten von Demonstrationen und blutigen Zusammenstößen geschrieben. Das Ausmaß an Menschenopfern war noch nicht bekannt und meine Frau befürchtete das Schlimmste. Umso größer war unsere Wiedersehensfreude. Ich fühlte mich zu Hause und die Zeit verstrich wie im Fluge.

Am Abend begleitete mich meine Frau bis zum Schlagbaum. An der Sektorengrenze sah es aus, als ob dort die Welt aufhörte. Weite, verödete Straßen, ein paar Menschen und dann natürlich die Volkspolizeikette. Als ich die Sperre passierte, umfing mich wieder die alte bedrückende Stimmung.

8. KAPITEL
Der „Neue Kurs"

Der „Fall Hoffmann" hatte inzwischen ein peinliches Ende gefunden. Ich erfuhr die groteske Geschichte, als ich mit Hoffmann bei einer Partie Schach in der Bibliothek saß. „Wissen Sie schon", fragte er mich plötzlich, „daß meine Entlassung rückgängig gemacht worden ist?"

„Ach! ... Nein, das wußte ich nicht." - Pause. -

„Ja, meine Entlassung war ein ‚Irrtum'. Das Empörende dabei ist, daß jetzt keiner dafür verantwortlich sein will. Einer schiebt es auf den anderen. ‚Fehler' sind gemacht worden, ‚Irrtümer' sind begangen worden - so, in abstracto - persönlich will niemand verantwortlich sein."

„Sie können sich doch ans Schulamt halten", wandte ich ein.

„Das Schulamt entläßt, aber vorher muß die Gewerkschaft unterschreiben; so ist einer durch den anderen gedeckt. Die Leute sind nicht zu fassen. Hinter ihnen steht die Anonymität. Und versuchen Sie mal, dieses anonyme Gebilde ‚Partei' oder ‚Apparat' oder wie immer Sie es nennen, verantwortlich zu machen - Sie werden scheitern. Ja - die Partei hat Fehler gemacht, sie hat sie auch ‚freimütig' eingestanden, aber fragen Sie mal, wie diese Fehler aussehen, wie sie beschaffen sind, fragen Sie nach Einzelheiten, nach einem bestimmten Fall und Sie hören, daß es nur einen abstrakten, anonymen ‚Fehler' gibt, aber keine konkreten Einzelheiten."

„Sie müssen doch die Leute kennen, die für Ihre Entlassung verantwortlich sind",
sagte ich.

„Sicher kenne ich sie, aber was hilft mir das? Wenn ich sie zur Verantwortung ziehen
wollte, müßte ich soviel Schmutz und Gemeinheit aufwühlen, daß ich einer geschlossenen Front gegenüberstände."

„Warum sind Sie entlassen worden? Ich meine, wie ist es dazu gekommen?" fragte
ich.

„Die Gründe ...? Ich kann Ihnen keine Einzelheiten angeben. Ich war den Leuten
von vornherein ein Dorn im Auge. Vielleicht gab es Dinge, die meine Entlassung be-
schleunigt haben. Kurz bevor Sie zu uns versetzt wurden, gab es eine Konferenz
über die Schrift „Der Marxismus und die Fragen der Sprachwissenschaft" von Stalin.
Ich sagte damals, daß das Buch für Deutschland keine Bedeutung habe, weil bei
uns keine Sprachtheorie aufgestellt worden sei, wie sie Stalin bei Marx bekämpft.
Das Buch trage einen polemischen Charakter und habe für uns daher nicht die Bedeutung, die es vielleicht in Rußland habe.

Darauf benachrichtigte Vanselow das Schulamt, und zwar, ohne vorher mit mir
Rücksprache genommen zu haben. Ich erhielt eine Zitation zum Schulamt.

Altmeyer empfing mich.

‚Bitte, nehmen Sie Platz ... Sie haben merkwürdige Ansichten über Stalin geäußert -
können Sie sie hier wiederholen?'

Ich erklärte mich damit einverstanden und gab meine Worte wieder. Wahrscheinlich
hatte Vanselow meine Äußerungen entstellt. Altmeyer hörte sich meinen Bericht an
und fragte mich, ob ich das in seiner Gegenwart niederschreiben könnte. Ich machte
den Bericht und unterzeichnete.

Jetzt hatte ich meinerseits eine Frage zu stellen.

‚Das ist wohl erledigt - jetzt will ich Sie mal fragen, ist es richtig, daß ein Schulleiter,
ohne seinen Kollegen zu fragen und ohne um eine nochmalige Darlegung seiner Ansichten zu bitten, ihn bei der nächsthöheren Dienststelle anzeigt?'

Darauf Altmeyer:

‚Nein, das ist nicht richtig, das können Sie auch Ihrem Schulleiter sagen.'

Anschließend hatte ich eine heftige Auseinandersetzung mit Vanselow. Ich nahm
kein Blatt vor den Mund. Ich machte ihm klar, daß sein Verhalten geeignet sei, das
größte Mißtrauen zu wecken. Ich sagte ihm ins Gesicht:

‚Das ist Mord am Vertrauen. Das bißchen, was davon noch übrig ist, wird dadurch zerstört!'

Vanselow war in die Enge getrieben. Er gab alles zu.

‚Kann das Vertrauen noch wiederhergestellt werden?' fragte er mich.

‚Das kann ich nicht sagen - einstweilen ist es zerstört.' Vanselow entschuldigte sich bei mir. Aber - wie Sie sehen - er hat es heimzuzahlen versucht.

Aber - ich glaube, das war es gar nicht, was zu meiner Entlassung geführt hat. Da war etwas anderes. Ich bin der einzige Lehrer im Schulbezirk, der noch nicht dem FDGB angehört. Ich gehöre überhaupt keiner Organisation an. Seit Jahren haben sie versucht, mich mit allen Mitteln zum Eintritt in die Gewerkschaft zu bewegen, aber ich bin nicht eingetreten. Das wird wohl bei meiner Entlassung ausschlaggebend gewesen sein.

Unser BGL-Vorsitzender Löbsack hat dabei eine besonders jämmerliche Rolle gespielt. Sie kennen ihn ja, er bekommt jedes Jahr eine fette Prämie und wird als bester Pädagoge unseres Kollegiums gefeiert; was Sie aber nicht wissen werden, ist, daß Löbsack ein Spitzel des SSD ist. Er war ein alter PG - mit goldenem Parteiabzeichen, Blutorden und was weiß ich, dadurch ist er wahrscheinlich in die Fänge des SSD geraten. Kurz bevor er an unser Kollegium versetzt wurde, hatte er in seiner alten Schule einen Lehrer ans Messer geliefert und mußte versetzt werden. Aber wir waren alle gewarnt, der RIAS hatte seinen Namen durchgegeben.

Können Sie sich noch an die Demonstration anläßlich des Todes von Stalin erinnern? Löbsack gesellte sich zu mir und begann ein provozierendes Gespräch.

‚Gott, wissen Sie', sagte ich ihm, ‚ich spreche offen, selbst ein Spitzel könnte nichts bei mir herausholen. Ich sage immer öffentlich, was ich meine.'

Eine Woche später war ich entlassen. Und nun hören Sie sich Folgendes an: kurz nach meiner Entlassung kam ich mit Löbsack ins Gespräch. Ich erinnere mich, daß er scheinbar erschüttert neben mir auf dem Stuhl saß und mit dem Kopf schüttelte.

‚Ich kann das nicht verstehen, Kollege Hoffmann', sagte er, ‚nein, das kann ich nicht verstehen. Das ist furchtbar.'

Dann informierte ich mich über den Gang einer Entlassung und erfuhr, daß sie nur durch die Unterschrift des BGL-Vorsitzenden - also Löbsack - rechtskräftig wurde.

Ich stellte Löbsack sofort zur Rede - es war mitten auf der Treppe - und fragte ihn, wie er mir sein Beileid ausdrücken könne, wenn er selbst meine Entlassung unterschrieben habe? Es war der 18. Juni, in der aufgelösten Situation hatte er einen aufrechten Augenblick.

‚Was sollte ich tun', stammelte er. ‚Wir haben doch alle nur gemacht, was wir machen mußten.'

Darauf erklärte ich, daß ich auch nicht alles getan hätte, wozu man mich zwingen wollte.

Löbsack wußte nichts zu antworten.

Nicht weniger grotesk sind die Umstände, unter denen meine Entlassung rückgängig gemacht worden ist. Ein Sonderbote sollte mich von dem „bedauerlichen Irrtum" in Kenntnis setzen. Ich hatte das Haus bereits verlassen und er wurde schleunigst in meine Wohnung umdirigiert - wahrscheinlich fürchteten die Leute, daß ich schon geflohen sei. Ich wurde in dem Schreiben gebeten, im Schulamt vorzusprechen. Als ich erschien, war Altmeyer die Freundlichkeit in Person. Nach ein paar hilflosen Phrasen fragte er:

‚Wir haben Ihre Akten überprüft. Sagen Sie mal, wer hat Ihnen denn das eingebrockt? ... In Ihren Akten steht nur, daß Sie nicht dem FDGB angehören und in den Konferenzen kritische Bemerkungen machen. Das ist alles kein Entlassungsgrund.'

‚Wer mir das eingebrockt hat, müssen Sie besser wissen als ich', entgegnete ich. ‚Sie haben die Entlassung unterschrieben und nicht ich.'

Das verschlug Altmeyer die Sprache, auch er wußte nichts zu antworten.

‚Wollen Sie nicht doch lieber in den FDGB eintreten?' fragte er schließlich ziemlich ratlos. ‚Ich weiß, es war bisher nicht alles in Ordnung, aber jetzt wird es doch anders.'

‚Glauben Sie, daß alles in Ordnung kommt, wenn ich eintrete? Sie können doch nicht von mir erwarten, daß ich in eine Organisation eintrete, die meine Entlassung befürwortet hat.' Ich ließ mich von Altmeyer nicht ins Bockshorn jagen ... ich war sachlich, aber entschieden. Nun, ich bin gespannt, wie der FDGB-Knatsch weitergeht ... Meine Geschichte ist aber noch nicht zuende! Die Pointe kommt noch ...

Ich habe heute diesen bemerkenswerten Brief bekommen. Wissen Sie, was das ist?" Hoffmann reichte mir ein Schriftstück herüber. „Das ist ein Anerkennungsschreiben des Pädagogischen Kabinetts für meine ‚hervorragenden pädagogischen Leistungen', wie es hier so schön heißt. Lesen Sie das Datum, das Schreiben ist zwei Tage vor meiner Entlassung ausgestellt worden. Ich werde jetzt beim Schulamt anfragen, warum man dieses Schreiben so lange zurückgehalten hat. Es wäre doch viel einfacher gewesen, mir das Dankschreiben für ‚hervorragende pädagogische Leistungen' zusammen mit meiner Entlassung wegen ‚pädagogischer Unfähigkeit' zuzustellen. Meinen Sie nicht auch? ..."

In der gelockerten Atmosphäre des „Neuen Kurses" versuchte ich im Unterricht einen Vorstoß gegen die chauvinistische Interpretation der russischen Geschichte. Das „Universalgenie" Lomonossow, das alle Erfindungen der Welt vorweggenommen hatte, war ohnehin der allgemeinen Lächerlichkeit preisgegeben, darüber brauchte man kein Wort zu verlieren; anders war es mit den historischen Legenden. Sie genossen den besonderen Schutz der Partei und bisher hatte niemand daran zu rütteln gewagt.

Im Grunde war mein „Vorstoß" nur eine unbedeutende Arabeske; ich streckte die Fühler aus, um zu erfahren, wie weit ich gehen konnte. Bei meinen Schülern hatten aber meine vagen Andeutungen - mehr waren es nicht - eine durchschlagende Wirkung. Sie hatten augenblicklich begriffen, worauf ich hinauswollte und sie änderten von Stund an ihr ganzes Verhalten zu mir. Ich besaß plötzlich mehr Autorität als der Ordinarius oder der Direktor.

Bei der Vorbereitung auf das Abitur ging ich in der 12. Klasse noch einmal alle wichtigen geschichtlichen Ereignisse durch. Unter anderem kam ich auch auf den Rußlandfeldzug Napoleons zu sprechen. Die sowjetische Geschichtsschreibung stellt die beharrliche Weigerung Alexanders I., mit dem im Kreml sitzenden Napoleon Friedensverhandlungen aufzunehmen, als Ergebnis der patriotischen Gesinnung des Zaren und der überlegenen Strategie Kutusows dar. Der Einfluß Bernadottes auf den durch die Niederlagen seiner Truppen verzweifelten Zaren wird von der sowjetischen Geschichtsschreibung ignoriert.

Dem stellte ich gegenüber, daß die Standhaftigkeit Alexanders nicht so sehr seiner patriotischen Gesinnung und dem russisch-nationalen Einfluß seines Hofes zu verdanken sei, als vielmehr dem beharrlichen Rat eines Dritten. Ich erzählte in der Klasse, daß es der französische Marschall Bernadotte war, der als schwedischer Thronfolger die Interessen seiner Wahlheimat über die alten Beziehungen zu Napoleon gestellt hätte und - mit der Strategie des Korsen bestens vertraut - Alexander brieflich und mündlich aufs Eindringlichste geraten habe, Napoleon in die Weiten des russischen Raumes zu locken. Von der strategischen Überlegenheit des Kaisers überzeugt, riet Bernadotte, keine Feldschlacht anzunehmen. Wenn Kutusow nach dem Fall von Moskau überhaupt zum Zuge gekommen und nicht durch den Zaren abgesetzt worden sei, so habe man das dem Einfluß Bernadottes zu danken.

Als ich das sagte, hätte man in der Klasse die berühmte Stecknadel hören können. Ich fühlte an der Wirkung, daß die Schüler meine Äußerung, daß ich in diesem Punkte nicht mit dem Lehrbuch übereinstimmen konnte, stellvertretend für die Ablehnung des russischen Führungsanspruchs überhaupt nahmen.

Ich betone die Wirkung in der Klasse, weil mir selbst erst in dieser Stunde die Hellhörigkeit der Schüler so recht bewußt wurde. Sie übersahen kein Wort; obwohl ich mich an einer abgelegenen Stelle gegen die sowjetische Geschichtsdarstellung aussprach, war es für sie sensationell.

Ich erkläre mir die unverhältnismäßige Wirkung damit, daß die Schüler nach einer ehrlichen Äußerung ihres Lehrers ausgehungert waren. Sie werteten meine Äußerungen als einen mutigen Vertrauensbeweis. In Zukunft wurde ich durch die Achtung, die man mir in dieser Klasse entgegenbrachte, beschämt.

Der freiheitliche Geist, der sich nach den Selbstbezichtigungen der Partei überall gezeigt hatte, wurde allmählich eingeschränkt. Die Partei war noch immer so straff organisiert, daß ein leiser Wink des Politbüros in wenigen Stunden den Parteisekretären bekannt wurde. Sie schalteten blitzschnell auf den „neuesten Kurs" um. Das Thema der nächsten Konferenz hieß dann auch „Einige Fragen zum ‚Neuen Kurs'".

Bei uns war das erste Opfer der sich anbahnenden Stabilisierung der kleine Herr Harras. Er mußte bitter büßen, daß er den „Neuen Kurs" wörtlich genommen hatte.

„Liebe Kollegen", begann Budde, „es hat sich gezeigt, daß die Fehler, die von der Sozialistischen Einheitspartei Deutschlands freimütig eingestanden worden sind, vom Klassenfeind ausgenutzt werden! (Dieses vertraute Wort tauchte seit acht Wochen zum erstenmal wieder in einer Konferenz auf. P.D.) Wir werden die Grundlagen des Sozialismus auch unter dem Neuen Kurs gegen Angriffe schützen. Die Deutsche Demokratische Republik ist kein Tummelplatz für feindliche Ideologien."

Budde sagte (wie alle Funktionäre) nicht SED und DDR, sondern er sprach die Abkürzungen langsam und feierlich aus. Er gab durch ein Vibrieren des Tons zu verstehen, daß es sich um bedeutende Begriffe handelte.

„Leider hat sich auch in unserem Kollegium ein bedauerlicher Fall zugetragen", fuhr

Budde fort. „Herr Harras hat in einem Gespräch mit dem Kollegen Kessler solche RIAS-Parolen vertreten. Ich möchte zuerst im Namen der Partei den Kollegen Kessler und Vanselow danken, daß sie sich durch die faschistische Provokation des 17. Juni nicht beeindrucken ließen und Herrn Harras ganz entschieden entgegengetreten sind. Herr Harras, ich fordere Sie auf, zu Ihrem Gespräch vom 18. Juni selbstkritisch Stellung zu nehmen."

Der kleine Harras saß mit irrem Blick am unteren Ende des Konferenztisches. Er konnte vor Aufregung kaum sprechen.

„Ich habe mich von den Ereignissen ... von den Ereignissen verwirren lassen. Aber Kollegen ... aber ich habe nichts in böser Absicht gesagt. Es war für mich nicht leicht ..." er zögerte und sah sich hilfesuchend um, „es war für mich nicht leicht, die Gründe einzusehen, die unsere Regierung veranlaßt haben, sowjetische Truppen zu Hilfe zu rufen.

Falsch war von mir, daß ich nicht die Parteipresse gründlich gelesen habe. Ich habe es nachgeholt. Jetzt ist es mir wie Schuppen von den Augen gefallen. Ich gestehe, daß ich zu spät den ganzen schändlichen Verrat an der Arbeiterklasse begriffen habe, der durch die Provokation am 17. Juni begangen worden ist. Es ist notwendig, ja, Kollegen, es ist notwendig, daß sich alle mein Versagen zur Warnung dienen lassen."

„Harras", sagte Budde mit schneidender Stimme, „Sie versuchen die Wahrheit zu verkleistern. Wer seine politische Abweichung verniedlicht, steht auf einer feindlichen Plattform. Kollege Kessler, geben Sie doch bitte eine Darstellung des Gesprächs vom 18. Juni."

Kessler griff bereitwillig zu einem vorbereiteten Manuskript.

„Mir tut es leid, daß sich so etwas in unserem Kollegium abspielen mußte. Ich habe persönlich nichts gegen den Kollegen Harras. Er hat ja seine fortschrittliche Gesinnung in unseren Konferenzen und wahrscheinlich auch in seinem Unterricht zum Ausdruck gebracht. Wenn ich jetzt den Inhalt unseres Gesprächs wiederhole, so nicht, um dem Kollegen Harras etwas am Zeuge zu flicken; ich will nur die Methoden des Klassenfeindes entlarven.

Der Kollege Harras hat sich in unserem Gespräch über die Niederwerfung des Aufstandes ..."

Kufahl: „Wat denn ... wat denn ..." Ein Blick Vanselows brachte ihn zum Schweigen.

„ ... eh, der faschistischen Provokation empört gezeigt. Wir haben versucht, die dialektischen Zusammenhänge zu erklären, aber der Kollege Harras beharrte auf seiner feindlichen Meinung. Er war der Ansicht, daß man den Provokateuren nicht in die Arme fallen durfte. Damit wollte er zum Ausdruck bringen, daß er einverstanden ist, wenn die Errungenschaften unserer Deutschen Demokratischen Republik vernichtet werden. Kollegen, der Feind hat mit solchen Reaktionen gerechnet. Er brauchte nur nachzuhelfen, damit die ehrliche Erschütterung - das wollen wir dem Kollegen Harras glauben - sich in Empörung gegen die notwendigen Maßnahmen unserer Regierung verwandelten.

Wir können am Beispiel des Kollegen Harras studieren, wie gerissen der Feind arbeitet. Das soll uns eine Mahnung sein, im Neuen Kurs noch wachsamer zu sein, und noch stärker als bisher für den Frieden einzutreten."

Kessler lehnte sich aufatmend zurück. Ganz wohl schien er sich in seiner Haut doch nicht zu fühlen. Er griff verstohlen nach seinem Taschentuch und wischte sich den Schweiß von der Stirn.

„Ich danke dem Kollegen Kessler für seine Ausführungen", sagte Budde. „Ich gebe jetzt dem Kollegen Harras noch einmal Gelegenheit, sich wirklich selbstkritisch zu seinem Verhalten auszusprechen."

Budde gebrauchte zum ersten Mal an diesem Abend die Anrede „Kollege" für Harras. Bisher hatte er das unpersönliche „Herr" benutzt. Anscheinend war jetzt alles gesagt, was gesagt werden mußte. Er konnte einlenken.

„Ich habe mich objektiv auf die Seite des Klassenfeindes gestellt", stammelte Harras. „Ich habe erkannt, daß meine subjektive Meinung über mein Verhalten nebensächlich ist." Die Selbstkritik war zwar peinlich für ihn, aber im Grunde ganz ungefährlich. In seinem Fall kam es nur auf die Erfüllung einer Formalität an. Die allgemeine politische Situation erlaubte noch keine schärferen Maßnahmen. So zeigte sich Budde auch sehr zufrieden mit dem letzten Geständnis. Er hielt anschließend noch ein „richtungsweisendes Referat" und Harras wurde behandelt, als ob nichts geschehen wäre.

Aber wir waren in einer Übergangsepoche. Die Partei hatte sich noch nicht vom Volksaufstand erholt, sie begann sich erst langsam zu konsolidieren. Unter gefestigten Verhältnissen hätten Äußerungen, wie sie Harras getan hatte, zu ganz anderen Konsequenzen geführt.

Die Selbstkritik, der sich Harras unterziehen mußte, war nur prophylaktisch, sie wurde ganz formlos durchgeführt und diente nur als warnendes Beispiel. Wir hatten eine harmlose, gewissermaßen öffentliche Version der Selbstkritik erlebt. Im Ernstfall war sie aber eine scharfe und tödliche Waffe der Partei.

Eine ganze Generation kommunistischer Funktionäre ist mit dem institutionalisierten Ritus der „Kritik und Selbstkritik" erzogen worden. Saß man erst auf der Armesünderbank des Parteitribunals, gab es kein Entschlüpfen mehr.

Solange ein Parteimitglied an die Unfehlbarkeit des Dogmas glaubte und davon überzeugt war, daß das kollektive Gehirn der Partei seinen individuellen Verstand in jedem Falle übertraf, war der Genosse „gesund". Zeigte er aber Individualität, konnte er über kurz oder lang damit rechnen, daß er vor die Parteiinquisition gebracht wurde.

Alle Parteischulen, in denen junge Funktionäre gezüchtet wurden, forderten als conditio sine qua non [„Bedingung, ohne die nicht" = notwendige Bedingung] blindes Vertrauen. Jede ausschließlich intellektuelle Beschäftigung mit den gestellten Themen wurde als Quelle von Skeptizismus unterbunden. Der reine Intellekt ist kritisch, er mußte durch Fanatismus oder Besessenheit getrübt werden.

Wer auf der Parteischule nicht gelernt hatte, daß selbständiges Denken oder auch nur ein auffälliges Wesen unerwünscht waren, wurde durch erzwungene Selbstkritik darauf gestoßen. Verstand der Pechvogel immer noch nicht, begann der zweite Akt der „Kritik und Selbstkritik" - er wurde durch massive Anklagen zermürbt. Die Gesichtspunkte, nach denen dabei vorgegangen wurde, waren bizarr, aber im Sinne der Partei erfolgreich. Jede selbständige Regung wie Mitleid, Selbstbewußtsein, Stolz, ausgeprägte Kameradschaftlichkeit, Originalität usw. - der Rahmen unerwünschter Eigenschaften war sehr weit gespannt - wurde als Ansatzpunkt einer potentiellen Gegnerschaft rücksichtslos ausgemerzt.

Interessant war auch die Zusammensetzung der Kommissionen, vor denen sich die Angeklagten dem Ritus der Selbstkritik unterziehen mußten. In ihnen saßen niemals „Theoretiker" oder intellektuelle Mitglieder der Partei, sondern nur Genossen, die sich durch ihr Klassenbewußtsein auszeichneten. Sie konnten unwissend und plump sein, aber sie spürten mit untrüglichem Klasseninstinkt den politischen Ketzer. Man unterhielt sich über harmlose Dinge - Kino, Theater, Bücher, Geschmack - aber am Ende wußte die Kommission genau über die Zuverlässigkeit des Vorgeladenen Bescheid. Ein Intellektueller, der aus theoretischen Überlegungen in die Partei eingetreten war und seine Eigenarten nicht auszulöschen verstand, war der Kommission von vornherein verdächtig. Sie vertraute nur denen, die aus Klassenbewußtsein Kommunisten geworden waren. Wenn sie überhaupt zur Selbstkritik gezwungen wurden, kamen sie leichten Kaufes davon.

Die Intellektuellen aber, die in ihrer Geistigkeit einen Vorzug sahen, begriffen gar nicht, wessen sie beschuldigt wurden. Sie glaubten sich - zur Selbstkritik gezwungen - Anklagen gegenüber, die sie einem Mißverständnis oder einer Intrige zuschrieben und versuchten sich zu verteidigen. Damit waren sie in die Falle gegangen. Wer den Mut besitzt, sich zu verteidigen, wird bald die Unverfrorenheit aufbringen, eigene Ansichten zu vertreten. Wer an die Vernunft appelliert, auf ein unparteiisches Recht pocht, ist ein verkappter Rebell, ein geheimer Renegat - er hat zwar bisher noch nichts gegen die Partei unternommen und sich auch keiner Abweichungen schuldig gemacht, aber er wies sich allein durch sein Wesen als möglicher Verräter aus.

Das waren die Überlegungen, aus denen heraus die Kommission die Vorgeladenen zum Widerspruch, zur Verteidigung, zur Selbstbehauptung reizte. Zeigten sie aber auch nur eine dieser Eigenschaften - widersprachen sie, verteidigten sie sich, versuchten sie sich zu behaupten - waren sie als geheime Feinde entlarvt. Sie waren aus einem Holz geschnitzt, das der Partei gefährlich werden konnte.

Die Harmlosen unter den Vorgeladenen, die noch nicht bis in die feinsten Verästelungen der Parteipsychologie vorgedrungen waren, wußten bis zuletzt nicht, worum es ging. Sie verwickelten sich in Widersprüche und ließen alles über sich ergehen. Der Ausschluß aus der Partei, was gleichzeitig meist den Verlust der Stellung bedeutete, traf sie völlig ohne Verständnis. Sie wurden für ein Verbrechen bestraft, das sie noch gar nicht begangen hatten.

Die anderen, besser Geschulten, wußten, worum es ging. Sie fühlten sich schuldig. Ihr Wesen, ihre Persönlichkeit war eine Gefahr für die Partei; das brauchte man ihnen gar nicht zu sagen. Als gute Kommunisten empfanden sie ja die Stimme ihres Gewissens als Hochverrat. Ein seltsamer Zwiespalt: ihr Charakter, ihr Wesen stand im Gegensatz zu ihrer politischen Überzeugung. Sie wußten es, konnten es nicht ändern und fühlten sich schuldig. (Immer vorausgesetzt, daß sie überzeugte Kommunisten waren. Waren sie es nicht, erkannte man sie an ihren unorthodoxen Reaktionen.) Verlief die Veranstaltung programmgemäß, mußte sich der Vorgeladene schuldig fühlen, peinlich die Liturgie der Kritik und Selbstkritik beachten, einen Kotau vor der unfehlbaren Partei machen und Besserung geloben. Wer seiner Individualität abschwor und freiwillig in die Anonymität der Partei zurückkehrte, hatte das Fegefeuer passiert.

Wie man sieht, gab es nur zwei Möglichkeiten bei der Selbstkritik; entweder endete sie mit absoluter Unterwerfung oder mit dem Zusammenbruch aller politischen Ideale. Beide Resultate waren gleich willkommen, die Unterwerfung, weil sie einen ergebenen Genossen rechtfertigte und der Zusammenbruch, weil er einen potentiellen Verräter entlarvte.

Ich möchte nur noch darauf aufmerksam machen, daß die hier entwickelte Methode der „Kritik und Selbstkritik" der ganzen Sowjetpädagogik zugrunde liegt.

In der Zulassungskonferenz am Ende des Schuljahres, in der über das Schicksal unserer Abiturienten beschlossen wurde, kam es wieder zu einer heftigen Auseinandersetzung mit der FDJ. Die Abgangszeugnisse mußten mit zwei Worturteilen versehen sein. Das eine - unwichtige - wurde vom Klassenlehrer geschrieben, es enthielt die fachliche Beurteilung; das andere - wichtige - die gesellschaftliche Mitarbeit betreffende, wurde von der FDJ verfaßt.

Bei der Zulassung zum Studium war nur das FDJ-Urteil maßgebend. Wem mangelhafte gesellschaftliche Mitarbeit bescheinigt wurde, brauchte sich gar nicht mehr an einer Universität zu bewerben, er wurde routinemäßig abgelehnt.

Pluschkat las uns seine Urteile vor. Wir hatten als Fachlehrer der zwölften Klasse ein gewisses Mitspracherecht. Was wir zu hören bekamen, war haarsträubend. Kaum ein Schüler wäre mit diesen politischen Urteilen an die Universität gelangt. Pluschkat hatte zwei schematische Entwürfe gemacht, den einen überschwenglich lobend, den anderen scharf verurteilend. Dieses Schema hatte er mit geringfügigen Varianten auf alle Schüler angewandt. Es zeigte sich, daß fünf oder sechs schlechte Schüler, die von den Fachlehrern nur mit Bedenken zum Abitur zugelassen worden waren, die besten politischen Urteile erhalten hatten; der Rest mußte sich mit mehr oder weniger negativen Beurteilungen begnügen.

Pluschkat - er ging ebenfalls ins Abitur - hatte sich von seinen Paladinen ein überaus schmeichelhaftes politisches Zeugnis ausstellen lassen.

Hoffmann und ich protestierten, aber Pluschkat wollte von einer Änderung nichts wissen. Er beharrte besonders auf seinen negativen Urteilen. Es half nichts, daß wir darauf hinwiesen, daß die besten Schüler, die das Abitur voraussichtlich mit Auszeichnung bestehen würden, von der FDJ die schlechtesten Charakterisierungen erhalten hatten.

Eine erbitterte Auseinandersetzung entbrannte. Als wir unsere Argumente restlos erschöpft hatten, nahmen wir zu einem Kunstgriff Zuflucht. Wir begannen, die sprachlichen Formulierungen auseinanderzunehmen. Wir wiesen ihm grammatische Fehler im Text nach, kreideten jede Ungenauigkeit des Ausdrucks an, stellten einen falschen Gebrauch des Konjunktivs fest usw. ... unter dem Vorwand, den Stil zu korrigieren, milderten wir die politischen Verdammungsurteile.

Unsere Taktik bewährte sich. Bei jeder neuen Beurteilung, die Pluschkat verlas, erhoben wir Einspruch gegen Stil und Satzbau. Es wurde um die consecutio temporum, den Konjunktiv und das Konditional, um Konzessiv- und Finalsätze gerungen, bis der Text einen erträglichen Klang gewann.

Nach diesem Prinzip gingen wir alle gesellschaftlichen Beurteilungen durch. Es war ein schweres Stück Arbeit, aber am Ende hatten wir vielen Schülern das Studium gerettet.

Zu Beginn des neuen Schuljahres tauchten bei uns zwei neue Lehrer auf. Das war ein erfreuliches Ereignis. Die lästigen Überstunden fielen weg und eine empfindliche Lücke im Stundenplan konnte geschlossen werden.

Die beiden neuen Kollegen waren altgediente Lehrer. Ich wunderte mich ein wenig, woher das Schulamt den Ersatz bekommen hatte.

Seibold, ein großer, hagerer Mann, war Neusprachler. Er erwies sich als stiller, unauffälliger Arbeiter. Nachdem er sich ins Kollegium eingeordnet hatte, wurde er fast unsichtbar.

Der zweite war ein gewisser Dr. Born - ein kleiner, untersetzter Mann anfang sechzig. Eine wallende Beethovenmähne gab seinem gnomenhaften Gesicht etwas Zwielichtiges - es war zerrissen, ein Abgrund, über den sich eine welke Haut spannte, und trotzdem - es war noch in seiner Verwüstung bedeutend.

Born sprach vom ersten Tage an mit allen Lehrern burschikos-vertraulich. Er gab sich bewußt proletarisch, vielleicht zu bewußt, denn sein großspuriges Du, das er jedem anbot, wirkte peinlich auf mich. Born spielte eine Rolle - geschickt, brilliant, er spielte den akademischen Bohemien, der seinen Titel verachtete, der nichts ernst-nahm, am wenigsten sich selbst. Er baute von der ersten Minute eine künstliche Fassade auf. Er verbarg etwas. Aber was?

Es gab Situationen, in denen er sich wie ein Chamäleon der Umgebung anpaßte und er war dabei so geflissen, so anstellig, daß es abstoßend war. Born wollte sich un-sichtbar machen, das stand für mich fest; es war, als ob er sich vor einer spitzen Nadel fürchtete, die ihn vor einem leuchtenden Hintergrund, für alle sichtbar, als schwarzen Punkt aufzuspießen drohte.

Eines Tages beobachtete ich etwas Sonderbares.

Nach dem Unterricht schlenderte ich meist langsam zur S-Bahn. Ich genoß die Ent-spannung, die sich nach getaner Arbeit einstellt. Vor mir ging Born. Auch er ging langsam; ich wollte nicht in ein Gespräch verwickelt werden und ließ einen gezie-menden Abstand zwischen uns. So gingen wir eine Zeitlang hintereinander die Stra-ße hinunter. Plötzlich blieb Born stehen. Ein Gedanke schien ihn zu elektrisieren. Die Umgebung war für ihn versunken, er lauschte nur noch in sich hinein.

Zuerst glaubte ich, daß er etwas vergessen hätte und umkehren wollte, aber Born rührte sich nicht. Auch ich blieb stehen; es wäre mir jetzt unangenehm gewesen, ihn zu überholen. Wir standen, ich wartete - Born bewegte sich noch immer nicht - ich wurde ärgerlich. Worauf wartet der Mensch? fragte ich mich; am Ende ist er krank? Vielleicht soll ich ihm helfen?

Da bemerkte ich, daß er vor einem Lokal stand. Warum in drei Teufels Namen geht er denn nicht hinein, wenn er etwas trinken will? Hat er etwa kein Geld?

Als ob er meine Gedanken erraten hätte, zog er ein Portemonnaie aus der Tasche. Er hielt es einen Augenblick in der Hand, winkte dann ab und setzte seinen Weg fort. Na also, dachte ich.

Aber ich hatte mich getäuscht; es dauerte nicht lange und er schwenkte wild herum. Jetzt gab es kein Halten mehr; im Laufschritt, ohne meinen Gruß zu beachten, stürz-te er in die Kneipe.

Ungefähr eine Woche später kam ich mit Born ins Gespräch. Wir plauderten über dieses und jenes. Ich erzählte ihm unter anderem, daß ich mich mit der Wieder-täufergeschichte beschäftigte und ein bestimmtes Buch suchte. Ich nannte den Ver-fasser. Kaum hatte ich das gesagt, rief er:

„Was? - den Cornelius wollen Sie haben? Können Sie von mir haben. Er treibt sich irgendwo in meinem Bücherschrank herum. Ja, ja, da brauchen Sie nicht erst lange zu suchen. Ich bringe Ihnen das Buch."

„Das wäre sehr freundlich von Ihnen", bedankte ich mich.

„Geben Sie mir zwanzig Mark - einverstanden? Es ist immerhin eine wertvolle Ausgabe."

Ich gab ihm das Geld. Zwar wunderte ich mich etwas, daß er so schnell und ohne zu überlegen sein Angebot machte; aber wenn er das Buch im Schrank hatte, war es wohl in Ordnung.

Am nächsten Morgen erinnerte ich ihn natürlich nicht an sein Versprechen; als aber eine Woche verging, ohne daß er auch nur mit einer Silbe unsere Abmachung erwähnte, fragte ich ihn danach.

„Nein, nein, ich habe es nicht vergessen. Wie können Sie nur so etwas annehmen? Ich habe die Bibliothek einer alten Dame aufzulösen. Ich war schon zweimal bei ihr, aber man hat mir nicht geöffnet. Wahrscheinlich ist sie krank."

„Wann werden Sie die Dame antreffen?" fragte ich mißtrauisch. Er hatte mir doch erzählt, daß das Buch sein Eigentum war und jetzt hatte eine „alte Dame" etwas damit zu tun.

„Keine Bange, lieber Kollege, in einer Woche haben Sie bestimmt Ihren Cornelius", sagte er überzeugend.

Ich wartete abermals eine Woche und als sich nichts ereignete, stellte ich ihn zur Rede. Jetzt behauptete er, daß er die „alte Dame" angetroffen habe, aber - welch scheußliches Pech - der Schlüssel zum Bücherschrank sei verlorengegangen.

„Ich habe das Buch durch die Scheibe gesehen, es steht drin, verlassen Sie sich drauf. Wissen Sie, ich werde den Schrank einfach aufbrechen lassen", fügte er hinzu.

So rigoros wollte ich ihn in meinem Interesse nicht vorgehen lassen und ich versicherte ihm, daß das noch Zeit hätte.

Als ich ihn das nächste Mal nach meinem Buch fragen wollte, kam er mir zuvor.

„Sie wollen Ihr Buch haben", er klopfte mir herablassend auf die Schulter, „ich hab's Ihnen mitgebracht. Sehen Sie, ich halte mein Wort."

Er zog einen Stapel Bücher aus seiner Aktentasche.

„Bitte, hier haben Sie sie."

Ich sah mir die Titel an. Als erstes fiel mir „Der Untergang des Abendlandes" von Oswald Spengler in die Hände. Die restlichen Broschüren - reichlich zerfleddert - waren irgendwelchen obskuren Themen gewidmet.

„Und wo ist der Cornelius?" fragte ich verwundert. Auf diese Wendung der Dinge war ich nicht gefaßt gewesen.

„Was für ein Cornelius? ..." Born tat verständnislos ...

„ ... ach so, ja - nun, nehmen Sie doch diese Bücher hier. Sie werden daraus viel mehr lernen."

„Ich bin Ihnen für das Buch von Spengler sehr dankbar", sagte ich, „ich werde es sogar kaufen. Aber auf den Cornelius möchte ich doch nicht verzichten."

„Gut, schon gut", sagte er überschwenglich. „Geht in Ordnung; lassen Sie mir die zwanzig Mark und ich besorge Ihnen alles. Den Spengler bekommen Sie ganz billig von mir. Ich will nur sechs Mark dafür haben. Na, ist das ein Angebot?"

Ich bezahlte die sechs Mark. Natürlich wußte ich, daß er mir das Buch nicht beschaffen würde; aber ich brachte es nicht über mich, unumwunden die zwanzig Mark zurückzufordern. Als ich mir in einer Freistunde das gekaufte Buch ansah, entdeckte ich einen Stempel: „Strafgefängnis - Brandenburg (Havel) - 1942". Das Exemplar stammte aus der Gefängnisbücherei.

Jetzt verstand ich, woher unser Nachschub kam. Das Schulamt legte den „Neuen Kurs" in seiner Art aus. Die gelockerte politische Atmosphäre ermöglichte anscheinend auch eine großzügigere Personalpolitik. Wenn man schon politische Verbrecher im Schuldienst dulden mußte, warum dann noch die harmloseren Kriminellen ausschließen?

Später fragte ich Born, ob er sich unter dem Nationalsozialismus politisch betätigt hätte. Eigenartigerweise benutzte er nicht diese Gelegenheit, sich zu rehabilitieren. Er verneinte meine Frage.

Den Cornelius hat mir Born nicht gebracht. Das war für ihn nur ein Vorwand, Geld in die Finger zu bekommen. Als vollausgebildeter Oberschullehrer verdiente er fast 1000 Mark, trotzdem hatte er nie einen Pfennig in der Tasche, er mußte enorme Ausgaben haben.

Auch Kesslers Stunde schlug. Es half ihm nichts, daß er durch seine entstellende Aussage mitgeholfen hatte, den Widerstandswillen des kleinen Harras zu brechen.

Jetzt war er selbst an der Reihe und diesmal ging es wirklich um Kopf und Kragen. Gewöhnlich wurde eine Konferenz ein oder zwei Tage im voraus angesagt. Diesmal war nichts bekannt. Nach Unterrichtsschluß zog ich mich mit dem Lateinlehrer Trautner zu einer Partie Schach in die Bibliothek zurück. Wir freuten uns auf die paar Stunden, die wir - selten genug - beim Spiel verbringen konnten.

Kaum hatten wir uns hingesetzt, öffnete Budde die Tür und rief uns zu einer Besprechung. Anscheinend war in letzter Minute etwas angesetzt worden. Trautner wußte ebensowenig wie ich, worum es sich handelte; aber es mußte sehr wichtig sein. Wir waren nicht unter uns. Das ganze Schulamt hatte sich im Lehrerzimmer versammelt. Ab und zu kam noch ein Nachzügler herein. Budde lief durchs ganze Haus und trommelte sie zusammen. Ich erkundigte mich bei Fräulein Schulte, aber auch sie war schon auf dem Heimweg gewesen, als Budde sie zurückgeholt hatte.

Keiner von uns saß auf seinem gewöhnlichen Platz. Wir achteten sonst peinlich darauf, daß die angestammte Sitzordnung eingehalten wurde. Selbst wenn jemand abwesend war, blieb sein Stuhl leer. Von dieser Gewohnheit waren wir zum ersten Mal abgewichen. Es war, als ob wir uns vor uns selbst fürchteten und durch den Wechsel der Plätze auch äußerlich von unseren Taten abrückten.

Trautner und ich ließen uns neben einer unbekannten Frau nieder. Sie entpuppte sich im Laufe der Sitzung als Delegierte der Bezirksparteileitung ...

Vanselow sah angegriffen aus. Er sprach kaum zwei Worte und überließ Altmeyer die Führung. „Ich bin der Meinung", sagte Altmeyer, „daß das Kollegium der Heinrich-Heine-Schule ein Recht hat, zu erfahren, mit was für Menschen es bisher zusammengearbeitet hat. Ich spare mir jede weitere Einleitung, der betreffende Lehrer soll sich hier vor seinem Kollegium melden." Eisiges Schweigen folgte seinen Worten. Von uns fühlte sich anscheinend keiner getroffen - oder nein, weil wir nicht wußten, was gespielt wurde, hatten wir plötzlich alle ein schlechtes Gewissen. Die Anspannung ließ uns erstarren. Was war gestern ... was vorgestern und vor einer Woche? Hatten wir etwas Verdächtiges getan oder gesagt ... ?

„Herr Kessler!" Altmeyer dehnte das „Herr", bis es zu einer monströsen Anklage wurde - „Sie sind ein Feigling!" Kessler fuhr - wie von einem giftigen Insekt gestochen - vom Stuhl. „Ja?! ...", er stand zwischen Tisch und Stuhl eingeklemmt und machte mehrere sinnlose Verbeugungen. Er war fahl geworden.

„Ich weiß nicht ..."

„Sie wissen!" donnerte Altmeyer. „Sie wissen genau, was ich meine! Sie wissen auch, daß Sie heucheln! Wo waren Sie zum Beispiel am 14. Mai?"

„Das weiß ich nicht mehr ... wo soll ich gewesen sein ... wahrscheinlich zu Hause", die Sätze sprudelten tonlos aus ihm heraus. Er achtete nicht auf sie. In Gedanken kaute er mechanisch die Frage wieder: wo war ich am 14. Mai? Wo war ich am 14. Mai? ...

„Ich werde Ihnen sagen, wo Sie waren." Altmeyer zielte mit dem Finger auf seine Brust. „Sie waren beim amerikanischen Geheimdienst und haben am 14. Mai Diversantenmaterial in die Deutsche Demokratische Republik gebracht!"

Kessler setzte sich. Die Anklage wog fünfundzwanzig Jahre Sibirien. Sein Herz spie ihm das Blut ins Gesicht.

„Das ist eine Lüge!" schrie er auf.

„Wir wissen aus zuverlässiger Quelle, mein Lieber", sagte Altmeyer höhnisch, „daß Sie an diesem Tage in einer Westberliner Agentenzentrale gewesen sind."

„Ich war nicht in Westberlin ..."

„Nun hören Sie mal gut zu. Wenn wir uns überhaupt mit Ihnen abgeben, dann haben Sie es Ihrer Schwester zu verdanken. Sie ist eine vorbildliche Genossin. Sie hat uns benachrichtigt, daß Sie am 14. Mai nach Westberlin gefahren sind und Verbindung mit dem imperialistischen Geheimdienst aufgenommen haben."

„Nein! Um Gottes Willen, das ist ein Mißverständnis. Ich kann alles erklären. Jetzt erinnere ich mich. Am 14. Mai war ich bei meiner Schwester. Wir kamen irgendwie auf die Ausgabe von Care-Paketen in Westberlin zu sprechen. Sie müssen das richtig verstehen, meine Schwester nimmt alles tierisch ernst. Ich habe sie nur aufziehen wollen. Ich habe ihr im Scherz gesagt, daß ich mein Care-Paket abholen würde. Nein, nein, ich war nicht dort. Mir würde es niemals einfallen, das Paket abzuholen. Ich bin viel zu stolz dazu. Ich gehe nicht betteln. Ich habe bloß einen Witz gemacht. Sehen Sie, ich bin mit meiner Schwester verkracht und da hat sie wahrscheinlich angenommen ... wirklich, das ist zu dumm. Ich muß mal mit ihr sprechen, dann wird sich alles aufklären."

An dieser Stelle machte ich einen Scherz. Trautner und ich mußten lachen. Die Funktionärin warf mir einen bösen Blick zu. Ich hatte die Liturgie verletzt. Solches Benehmen drückte Opposition aus. Im Grunde hatte sie nicht unrecht; mir war die Spannung einfach zuviel geworden.

Kessler versuchte indessen verzweifelt, den Verdacht von sich abzuwälzen. Altmeyer schien ihm zu glauben.

„Ich verbitte mir in Zukunft solche Witze!" brüllte er los. „Ich habe meine Zeit nicht gestohlen. Ich werde dafür sorgen, daß solche Witze nicht mehr gemacht werden." Altmeyer sah dabei das Kollegium an.

„Der Kollege hier will noch etwas sagen", bemerkte die Funktionärin neben mir. „Er hat die ganze Zeit witzige Glossen gemacht. Ich bin der Meinung, daß wir sie uns anhören sollten."

„Wem ich meine Witze erzähle, müssen Sie schon mir überlassen", antwortete ich. „Für Ihre Ohren waren sie zum Beispiel nicht bestimmt."

Sie machte eine angewiderte Grimasse.

„Aber ich habe in der Tat noch etwas zu sagen. Ich werde Witze erzählen, wann und wo ich will. Ich sage das, damit der Kollege Altmeyer ruhig weiterarbeiten kann, wenn er erfährt, daß ich irgendwo einen Witz gemacht habe."

Altmeyer lief rot an.

„Wollen Sie unsere Arbeit sabotieren?! ... Ich habe gesagt, daß mir für dumme Redensarten keine Zeit bleibt. Wenn es Ihnen bei uns nicht paßt, können Sie gehen. Worüber wollen Sie eigentlich Witze machen? Vielleicht über unseren Präsidenten?!"

„Das würde mir nie einfallen", antwortete ich. „Das wäre ganz witzlos."

„Was soll das heißen?"

„Das heißt, daß ich über eine so verdienstvolle Persönlichkeit keine Witze mache."

Born verstrickte sich rasch in ein Netz von kleinen Gaunereien, die das Schulamt mehr kompromittierten als ihn selbst. Er hatte nicht nur von mir Geld geborgt, sondern von fast allen Lehrern unserer Schule. Sie drängten jetzt mehr oder weniger energisch auf die Rückzahlung. Dem einen hatte er eine Wohnung versprochen - natürlich gegen Vorschuß - dem anderen wollte er Möbel besorgen - von allen hatte er Geld genommen und zurückgezahlt hatte er nichts.

So standen die Dinge, als er für mehrere Wochen „krankheitshalber" aus der Schule verschwand. Nach seiner Rückkehr traf ich ihn eines Morgens in strahlender Stimmung im Lehrerzimmer. Bis zum Unterrichtsbeginn blieben uns noch einige Minuten. Mit Ausnahme seiner glänzenden Laune glich er einem Wrack. Sein Anzug war zerknittert, schmutzig, und aus seinen Augen perlten blutige Tränen.

Ich wandte mich ab, er bot einen abstoßenden Anblick. Er stand offensichtlich unter dem Einfluß irgendeines Narkotikums.

Er zupfte mich am Ärmel.

„Wissen Sie, ich war beim Augenarzt. Er hat einen kleinen Eingriff vorgenommen." Das Wort „Eingriff" sprach er wie eine Kostbarkeit aus. „Kennen Sie den Ätherrausch? Nein? Das ist ein herrliches Gefühl ... erhebend ... Unter uns gesagt, ich provoziere manchmal eine Krankheit, um in den Genuß eines Ätherrausches zu kommen."

Das Klingelzeichen unterbrach ihn. Er sprang elastisch auf und eilte mit den anderen in die Klasse.

Je länger sich Born an der Schule aufhielt und je vertrauter ihm die Umgebung wurde, umso hemmungsloser wurde er. Anfänglich hatte er noch mit sich gekämpft. Dann aber, als er merkte, daß man ihn gewähren ließ, verlor er jeden Halt. In den großen Pausen zog er regelmäßig mit zwei oder drei Schülern in die benachbarte Gaststätte und ließ sich von seinen Schülern freihalten. Seine Gegenleistung waren gute Zensuren. Völlig betrunken kehrte er dann zum Unterricht zurück. Als ich einmal in meine Klasse kam, Born war gerade gegangen, empfing mich der Ruf: „Luft Luft!"

Das ganze Zimmer stank nach Schnaps.

Das ging mehrere Monate so. Vanselow und das Schulamt hatten in Born ihren Meister gefunden; sie waren ratlos. Politisch betrachtet, machte sich Born nicht schuldig. Moralisch gesehen ... nun, man mußte dem Kollegen gut zureden, vielleicht änderte er sich.

Das Verhalten der Partei war exemplarisch. Hätte es sich um ein politisches Vergehen gehandelt, wäre Born innerhalb von vierundzwanzig Stunden entlassen worden. Bei einer politischen Abweichung, einem herausfordernden Wort, wußte sie blitzschnell zuzuschlagen. Aber ... bei einem pathologischen Fall war sie hilflos. Es gehörte nicht in ihr Ressort, und es gab keinen Präzedenzfall. Daß Born süchtig und hoffnungsloser Alkoholiker war, mußte inzwischen auch der letzte Schüler gemerkt haben. Er konnte sich vor der Klasse oftmals nicht auf den Beinen halten. Ging er über den Flur, torkelte er von Wand zu Wand. Budde, Vanselow, der Schulinspektor übersahen geflissentlich seinen Zustand. Das Schulamt zögerte acht Monate, bis Born einen „handfesten" Vorwand bot.

Der Fall kam erst bei der nächsten Zensurenkonferenz ins Rollen. Es stellte sich heraus, daß er überhaupt keine begründeten Zensuren gegeben hatte. In den Klassenbüchern war nichts eingetragen und er hatte sich nicht einmal private Notizen gemacht. Mit Versprechungen hatte er dagegen nicht gegeizt.

Als er in der Konferenz seine Latein- und Französischzensuren bekanntgeben sollte, murmelte er hinter jedem Namen „Sehr gut" ... Wahrscheinlich merkte er selbst, daß sein monotones „Sehr gut", je länger er es sagte, Aufsehen erregte. Er begann aus dem Stegreif eine „normale" Zensurenskala zu entwickeln. Als nun die Schüler die „neuen" Zensuren erfuhren, fühlten sie sich betrogen. Es kam zu einem Skandal.

Jetzt stellte sich auch heraus, daß die Schüler ein Jahr lang nur fiktiven Latein- und Französischunterricht erhalten hatten. Born hatte beide Sprachen vergessen.

Das Erstaunliche dabei war, daß seine Schüler solange stillgehalten hatten. Ich kann mir das nur so erklären, daß es den Schülern schon ganz gleichgültig war, was für ein Mensch ihr Lehrer war, solange er sie mit Politik verschonte. Da Born nach allen Seiten zuvorkommend war, hatte er im Unterricht überhaupt kein politisches Wort gesagt - er wußte genau, womit er sich das Schweigen der Schüler erkaufen konnte. Umso mehr hatte er dafür in den Konferenzen bramarbasiert, und zwar so erfolgreich, daß es niemandem eingefallen war, seinen Unterricht von der fachlichen Seite zu überprüfen.

Einige Wochen nachdem Hoffmanns Entlassung rückgängig gemacht worden war, unternahm die Gewerkschaft einen neuen Versuch, ihn zum Eintritt zu bewegen. Löbsack fing ihn unauffällig vor der Klasse ab und drängte auf eine Entscheidung.

„Lieber Kollege Hoffmann", beschwor er ihn, „Ihre Entlassung war ein Irrtum. Gut, gut ... sagen Sie nichts, ich habe das Ganze am meisten bedauert, aber Sie müssen verstehen, daß Ihr Fernbleiben von unserer Arbeit sonderbar, wenn nicht, verdächtig gewesen ist. Vergessen wir's, machen wir einen dicken Strich unter die Rechnung. Sie genießen jetzt alle Rechte, die die Gewerkschaften und unsere Republik den arbeitenden Menschen gewähren.

Die Gewerkschaft erwartet von Ihnen, nachdem sich alles so gut aufgeklärt hat, daß Sie jetzt auch einige Pflichten übernehmen und daß Sie das Ihnen erwiesene Vertrauen dadurch rechtfertigen, indem Sie sich Ihren Reihen anschließen."

„Ich bin grundsätzlich damit einverstanden", erwiderte Hoffmann, „aber ich bitte Sie, mich nicht zu drängen. Ich werde von selbst um die Aufnahme in die Gewerkschaft bitten."

„Aber Kollege Hoffmann!" Löbsack zeigte sich entrüstet. „Seit der Gründung unserer Republik sind sechs Jahre vergangen. Sie müssen doch zugeben, daß wir lange gewartet haben. Wir brauchen von Ihrer Seite einen Vertrauensbeweis. Wenn Sie dem FDGB nicht beitreten, können wir nicht garantieren, daß sich solche Vorgänge nicht wiederholen. Wir schützen nur unsere Mitglieder. Ich warne Sie, Kollege Hoffmann."

„Ich werde mich in der nächsten Zeit mit den Statuten der Gewerkschaft beschäftigen; wenn ich sie genügend gründlich kennengelernt haben werde, wird meine Entscheidung fallen. Bis dahin bitte ich Sie, sich zu gedulden." „Gut, Kollege Hoffmann, wir werden bis zur nächsten Gewerkschaftskonferenz warten. Ich lade Sie hiermit zu unserer nächsten Sitzung ein."

Damit war das Gespräch beendet.

In der folgenden Gewerkschaftskonferenz bewies Hoffmann noch einmal sein großes Geschick im Umgang mit den Funktionären. Praktisch war er in seiner Argumentation auf ein engbegrenztes Feld verwiesen. Das war eine Schwierigkeit, der sich jeder in einem totalitären Staat gegenüber sieht. Man muß zu seiner Verteidigung Argumente wählen, die nicht im Widerspruch zur Ideologie stehen und doch ihre Absicht erreichen. Das heißt, daß man sich nicht mit den eigentlichen Gründen verteidigen kann und daß man vor allem nicht eine individuelle Sprache sprechen darf. Alles muß in einen fortschrittlichen und den Funktionären geläufigen Wortteig gewickelt sein. Man muß eine doppelte Gedankenarbeit leisten; einmal darf man nicht seine Absicht aus dem Auge verlieren und zum anderen muß sie sich als Ergebnis der Ideologie darstellen. Das ist ein dialektischer Taschenspielertrick, den nur wenige verstehen.

Die pseudogewerkschaftlichen Angelegenheiten wurden in der üblichen Weise breitgetreten. Das Ganze war in eine friedliche Stimmung getaucht. Die Kollegen korrigierten Aufsatzhefte oder lasen verstohlen die Zeitung. Im Grunde erwartete keiner, daß man den langatmigen Erklärungen des Gewerkschaftsleiters zuhörte. Als aber Löbsack am Ende seines Referates zum „Fall Hoffmann" überleitete, verwandelte sich augenblicklich die Szene.

„Nachdem ich die wichtige Arbeit unserer Gewerkschaft umrissen habe", sagte Löbsack, „möchte ich den Kollegen Hoffmann bitten, eine Erklärung abzugeben. Wir haben uns nämlich in sehr freundschaftlicher Weise unterhalten und dabei hat sich ergeben, daß der Kollege noch nicht genau über die Aufgaben unserer Organisation orientiert war. Jetzt sind wohl die letzten Hindernisse beseitigt und ich bin davon überzeugt, daß der Kollege Hoffmann um seine Aufnahme in den FDGB nachsuchen wird."

Hoffmann: „Ich habe mich grundsätzlich mit dem Eintritt in die Gewerkschaft einverstanden erklärt - soweit hat mich Herr Löbsack richtig verstanden. Aber ich habe nicht gesagt, daß ich heute oder morgen eintreten werde. Ich lehne einen formalen Eintritt ab. Ich glaube, das ist auch ganz in Ihrem Sinne. Erst wenn ich aus freiwilligem Entschluß um die Aufnahme bitte, haben Sie die Gewißheit, daß ich mich für Ihre Ziele einsetze. Unter diesen Umständen bitte ich Sie, mit mir Geduld zu haben."

Vanselow: „Wie lange sollen wir uns denn gedulden? Ich bin der Meinung, daß wir uns lange genug geduldet haben. Ihre Entlassung ist doch rückgängig gemacht worden. Im Namen des Neuen Kurses können sich solche Irrtümer nicht mehr wiederholen. Also - worauf warten Sie noch?"

Hoffmann: „Ich habe im Unterricht gerade ein Gedicht von Goethe durchgesprochen; darin heißt es nicht: Mensch, werde Mitglied der Gesellschaft für Edelmut und Hilfsbereitschaft, sondern: edel *sei* der Mensch, hilfreich und gut. Lesen Sie sich das Gedicht einmal durch, darin stehen einige entscheidende Sätze zu unserem Thema!"

Löbsack: „Die Mitgliedschaft im FDGB ist für jeden demokratischen Lehrer eine Ehre und eine Pflicht. Ihre Haltung ist mir ganz unverständlich - Sie haben genügend Zeit gehabt, sich freiwillig zu entscheiden. Entweder Sie beweisen durch Ihren Eintritt Ihr Vertrauen zu unserer Regierung oder Sie müssen die Konsequenzen aus Ihrer Haltung ziehen. Ein Drittes gibt es nicht."

Hoffmann: „Stehen Sie eigentlich zu den Statuten Ihrer Gewerkschaft, Herr Löbsack?" Löbsack: „Jawohl, das tue ich!"

Hoffmann: „In ihren Satzungen wird ausnahmslos von einem freiwilligen Eintritt gesprochen. Steht das nur auf dem Papier oder kann ich mich darauf verlassen? Wenn das nur auf dem Papier steht und in der Praxis mit Bedrohungen und Zwang verfahren wird, werde ich niemals beitreten. Wenn Sie aber die Satzungen ernstnehmen, dann frage ich, wie lange für Sie eine freiwillige Entscheidung dauert? Wie lange, meine Herren? ... Eine Woche ... einen Monat ... ein Jahr? ... Ist dann die Zeit der

„freiwilligen" Entscheidung vorüber ... und die Zeit der Zwangsmaßnahmen gekommen ... oder dauert sie vielleicht ein ganzes Leben lang?"

Löbsack: „Natürlich, Kollege Hoffmann, die Freiwilligkeit ist unbegrenzt. Ich danke Ihnen für den interessanten Diskussionsbeitrag. Ich meine, daß wir alle etwas für die Werbung neuer Mitglieder gelernt haben.

Der Herr Kollege Hoffmann wird sich eines Tages von der Nützlichkeit der Gewerkschaftsarbeit überzeugen."

9. KAPITEL

Das dialektische Ethos

Die Ansprüche, die mein privates Leben stellte, wurden immer unvereinbarer mit den Forderungen, die die „deutsche demokratische Schule" ihren Lehrern zumutete. Glaubte ich, durch meine Heirat wenigstens einigen persönlichen Konflikten aus dem Wege zu gehen, so mußte ich sehr bald erfahren, daß dadurch nichts gelöst war - weder im Privaten, noch im Politischen ... Das Mißtrauen der Schulfunktionäre war durch meine Heirat mit einer Westberlinerin nur gewachsen, und die Besorgnisse meiner Frau ins Unerträgliche gesteigert, weil sie mich jetzt erst recht in Gefahr wähnte.

Aber das alles war noch nicht ausschlaggebend für mich, durch einen Umzug nach Westen alle Brücken hinter mir - gleichsam symbolisch - abzubrechen und meinen weiteren Verbleib im Schuldienst den Funktionären zur Disposition zu stellen.

Die Arbeit in der Schule war für mich noch immer auf die Überzeugung gestellt, daß es einem Lehrer möglich sein müßte, selbst bei schärfster Kontrolle, wenigstens etwas von dem unerträglichen Druck aufzufangen, der tagtäglich auf den Schülern lastete. Wenn man sie auch nur vor den gröbsten Auswirkungen politischer Willkür bewahren und zeitweilig eine verhältnismäßig freie Arbeitsatmosphäre schaffen konnte, dann war eine pädagogische Arbeit im totalitären Staat zu rechtfertigen. Das erschien mir eine Zeitlang durchaus erfüllbar und wenn ich im Unterricht dieser meiner Forderung nicht immer genügen konnte, so beruhigte ich mich mit dem Gedanken, daß wenigstens meine persönliche Integrität nicht berührt würde. Aber dann kam es zu einem Zwischenfall, der mir zu meiner Bestürzung bewies, daß es nicht möglich war, in einem totalitären Staat zu arbeiten und schuldlos zu bleiben.

Als ich wieder ein Aufsatzthema zu stellen hatte, wählte ich für meine zehnte Klasse aus Heines Gedicht „Deutschland - ein Wintermärchen" ein paar charakteristische Verse.

Das hatte ich schon öfter getan. Es ermöglichte mir, umstrittene Themen zu stellen und dennoch durch ein klassisches Zitat gedeckt zu bleiben. (Goethe, Schiller, Lessing, Heine waren für die Funktionäre tabu, weil sie zum „nationalen Kulturerbe" gehörten.)

Auch diesmal wäre alles gut gegangen, zumal es sich um ein gern gehörtes Zitat handelte, wenn ein Schüler nicht den Ehrgeiz besessen hätte, Heine nachzueifern und die Strophe:

> „Ein neues Lied, ein besseres Lied,
> O Freunde, will ich euch dichten!
> Wir wollen hier auf Erden schon
> Das Himmelreich errichten ..."

mit einer Satire auf die Stalinallee zu beantworten. Ich dachte mit diesem Thema zwei Fliegen mit einem Schlag zu treffen. Erstens wollte ich die Phantasie der Schüler anregen und zweitens konnte ich damit auch den „aktuellen" Forderungen genügen. Aber mein harmloser Einfall, die Schüler mit Hilfe von Heines geistreichen Versen vor Phrasen und sprachlichen Schablonen zu bewahren, hatte eine unerwartete Wirkung. Mein dringender Hinweis, zur Behandlung nur ein originelles Beispiel zu wählen, tat das Übrige.

Bennicke, sonst ein miserabler Schüler, setzte sich hin und schrieb eine Satire auf die Prunkstraße des Regimes.

Sein Aufsatz war eine stilistische Kuriosität; neben zahllosen Fehlern und Ungereimtheiten standen treffende und ungewollt geistreiche Formulierungen, in denen die lächerlichen Seiten des Regimes grotesk-überspitzt zu Tage traten. Es war dem Aufsatz anzumerken, daß Bennicke keine politische Provokation beabsichtigte, er beschrieb mit kindlicher und naiver Freude am Spaß, was er an der Stalinallee komisch fand. Er nahm beim Schreiben seine eigene politische Überzeugung als gegeben hin und vergaß, daß er sie nicht offen aussprechen durfte. Seine Darstellung wurde ungewollt zu einer scharfen Satire auf das Regime. Um das Unglück vollzumachen, klangen die Stellen, wo er unangenehme Wahrheiten aussprach und wo er mit dem Herzen dabei war, glaubhafter als die Stellen, wo er sie bieder und treuherzig widerlegte. So hatte sich alles verschworen, seinen Sätzen eine „feindliche" Tendenz zu geben.

Für mich war der Aufsatz anfänglich eine Kuriosität, die ich belächelte, und die ernstzunehmen mir auch in Traum nicht eingefallen wäre. Aber - es wurde ernst.

Bennicke hatte noch während des Schreibens seine Arbeit in der Klasse herumgereicht, seine Kameraden hatten darüber gelacht und die FDJ-ler hatten auch darüber gelacht, aber das hatte sie nicht gehindert, den Inhalt dem FDJ-Sekretär zu erzählen und der hatte es brühwarm an Vanselow weitergegeben.

Doch das wußte ich noch nicht, als ich anderntags in die Schule kam; ich tat dasselbe, was Bennicke in der Klasse getan hatte, ich ließ den Aufsatz im Kollegium kursieren. Die Arbeit hatte einen ungeteilten Heiterkeitserfolg. Wir amüsierten uns ... bis Vanselow den Aufsatz in die Hände bekam. Und dann war es zu spät. Vanselow reagierte prompt mit einem Wutausbruch. Bennicke wurde sofort zum Direktor geholt und es dauerte keine zehn Minuten, bis er vom Unterricht ausgeschlossen war. Bennicke wurde auf dem Dienstweg aus der Schule ausgestoßen. Das Kollegium, das gewöhnlich bei solchen Schritten abstimmen mußte, wurde nicht gefragt. Der Aufsatz wanderte noch am gleichen Tage als ein Stück konterrevolutionärer Arbeit ins Schulamt. Es gab ein heilloses Spektakel. Ich wurde von Vanselow aufgefordert, eine Beurteilung zu schreiben. Ich versuchte zu retten, was noch zu retten war, und das war nach Lage der Dinge fast nichts. Meine Beurteilung wurde von Vanselow zurückgewiesen. Ich weigerte mich, irgendetwas daran zu ändern. Es half nichts, Bennicke war endgültig von der Schule gewiesen.

Später hörte ich, daß Altmeyer den Aufsatz in einer Massenversammlung als Beispiel für die Aktivität des Klassenfeindes verlesen hatte.

Wenn ich zurückdenke, was mich veranlaßt hat, in Zukunft keine Konzessionen mehr zu machen - gleichgültig, welche Folgen es für mich hatte - so war es dieses Erlebnis. Ich hatte geglaubt, die stalinsche Dialektik bis in ihre feinsten Verzweigungen durchexerziert zu haben und in Wirklichkeit war ich noch weit davon entfernt. Ich konnte mich nicht daran gewöhnen, daß es für die Partei keine psychologischen Kurzschlüsse und keine kindliche Ungeschicklichkeit gab, die man mit der jugendlichen Tolpatschigkeit des Urhebers entschuldigen durfte. Es gab in Bennickes Aufsatz Stellen, in denen seine wahre Einstellung durchgebrochen war, aber es handelte sich um einen fünfzehnjährigen Jungen, der die Folgen seiner Darstellung gar nicht übersehen konnte. Für die Partei war ein Fünfzehnjähriger voll verantwortlich, wenn es um die Ideologie ging, das hatte ich vergessen, als ich Vanselow den Aufsatz aushändigte. Ich fühlte mich in zweifacher Hinsicht schuldig. Einmal hatte ich leichtfertig gehandelt, weil ich den Aufsatz nicht gleich vernichtet hatte, und zweitens trug ich die Verantwortung in einem allgemeineren und für mich paradoxen Sinn. Ich hatte in meinem Unterricht eine verhältnismäßig freie Arbeitsatmosphäre geschaffen. Darin lag für mich der Sinn meiner Arbeit, und ich hatte gerade dadurch nicht nur Bennicke, sondern alle meine Schüler in Gefahr gebracht. Sie hatten sich daran gewöhnt, bei mir Dinge auszusprechen, die sie unter anderen Verhältnissen verschwiegen hätten. Sie hatten sich auch daran gewöhnt, daß man bei mir seine Meinung ungezwungen äußern durfte und wurden leichtsinnig. Die Freiheit, die sie im Unterricht wünschten und die ich ihnen zu bieten versuchte, hatte sich als eine Gefahr erwiesen. In meinen Unterricht war der Panzer aus Mißtrauen und Vorsicht aufgebrochen und ein Ausnahmezustand geschaffen worden, der meiner Kontrolle entglitt.

Ich hatte mich geirrt. Meine Arbeit im Osten war sinnlos. Wer in einem totalitären Staat tätig ist, gleichviel mit welchem Ziel und mit welcher Absicht, wird mitschuldig. Man kann lindern, ausgleichen, schützen oder man kann sich auch aus allem herauszuhalten vorsuchen, man kann sich auch die Hände in Unschuld waschen, sich auf den Zwang berufen, Notwehr vorschützen und man wird dennoch mitschuldig. Man wird durch den Mechanismus der täglichen Arbeit in die allgemeine Verantwortung hineingezogen. Wenn sich das Unrecht erst als Staat institutionalisiert hat, wird das ganze Leben vergiftet - es ist wie die Erbsünde des Christentums, sie belastet Schuldige und Unschuldige.

Ich hatte die Erfahrung gemacht, daß meine Entschlüsse unbewußt in mir reiften, es bedurfte keiner intellektuellen Anstrengung, bis ich wußte, was ich tun und wie ich mich verhalten sollte. Einen Zufall gab es für mich nur „draußen", nicht in mir.

Als es soweit war, verfolgte ich meinen Standpunkt wie ein Schlafwandler.

Das Gespräch begann ganz harmlos auf der Straße. Wir, das heißt Clemens Budde und ich, hatten zufällig den gleichen Weg. Wir unterhielten uns über Verschiedenes.

Es ist für mich nicht leicht, unseren Gesprächsstoff zu bestimmen. Wir sprachen über unsere politischen Bekenntnisse; aber das ist nicht genau. Unser Gespräch war doppelbödig. Es war mehr als eine alltägliche Unterhaltung. Was wir einander in dürren oder manchmal pathetischen Worten zu sagen hatten, klingt nachträglich banal. Aber was wir aussprachen, war nur die Folie, hinter der wir einen zweiten, unerbittlichen Kampf austrugen.

Ich gebe zu, daß ich mich manchmal unsicher fühlte, aber ich wurde bald siegesgewiß. Ich wurde es nicht durch bessere Argumente, die seinen waren ebenso gut wie die meinen, aber ich fühlte, daß Budde in unserem unsichtbaren Duell unterlag.

„Ich wundere mich über Dich", eröffnete Budde unser Gespräch, „Du büßt durch Deine unbestimmbare Haltung einen großen Teil Deiner Autorität ein. Du gibst Dich zum Beispiel zurückhaltend und reserviert, wahrst eine beleidigende Distanz und wenn man sich an dich gewöhnt hat, schockierst Du alle, indem Du Dich und Deine Gedanken lächerlich machst. Das ist ein Bruch in Deiner Persönlichkeit."

Ich erschrak. Er hatte richtig beobachtet. Hatte ich mich verraten? Das war nicht möglich; wie sollte er ahnen, daß ich alles, was ich nicht offen ablehnen konnte, negierte, indem ich es lächerlich machte. Wenn mich die Funktionäre festnageln wollten, entzog ich mich ihrem Zugriff, indem ich mich als ernstzunehmenden Faktor auslöschte. Ihr Zugriff stieß ins Leere. Wahrscheinlich war ihnen meine Taktik zu gefährlich geworden und Budde sollte herausfinden, woran es bei mir lag. Wenn es sich um einen „Bruch" meiner Persönlichkeit handelte, wie Budde eben gesagt hatte, befanden wir uns auf „psychologischem" Gebiet. Hier konnte Budde nur wohlwollend ermahnen, aber keine „Maßnahmen ergreifen".

„Ich fühle mich in meiner Haut recht wohl", antwortete ich, „der Bruch, von dem Du sprichst, wird wahrscheinlich nur von Dir in mein Verhalten hineingesehen."

Budde wurde ungeduldig. Anscheinend wollte er eine ernste Aussprache herbeiführen.

„Nimm doch bitte ernsthaft Stellung!" sagte er im Funktionärston. „Es ist nicht nur in Deinem Interesse, es handelt sich um Deine Arbeit an unserer Schule. Die Schüler können zu Dir kein Vertrauen fassen, wenn Du ihnen nicht als geschlossene Persönlichkeit gegenübertrittst."

Ich hatte nicht mit der nötigen Schwere geantwortet. Ich fühlte, daß ich mich diesmal nicht gegen ihn durchsetzen würde, wenn ich nicht meinen wahren Standpunkt preisgab. Ich mußte es wagen. „Was Du über mein Verhalten im Kollegium sagst, mag stimmen. Aber meinen Schülern gegenüber bin ich eindeutig, wenn ich es vielleicht nicht immer in Worten sein kann, so doch in meinen Taten. Ich besitze genug Mut,

um mich zu meinen Schwächen zu bekennen, aber ich werde sie nur dort bekämpfen, wo es im Interesse meines Berufes liegt."

Ich überspitzte absichtlich meine Antwort. Budde zog die Brauen hoch. Er suchte
nach einem Anknüpfungspunkt; als er ihn gefunden hatte, hob er die Hand.

„Ich muß schon sagen, das ist ein sonderbarer Mut, den Du da für Dich in Anspruch
nimmst. Ich kann eine solche Haltung nicht verstehen. Ich höre mir jeden Rat und jede Kritik an und habe dann genug Mut, daraus zu lernen."

„Ich will damit nicht sagen, daß ich einen ernstgemeinten Rat oder eine echte Kritik in
den Wind schlage, aber mein Bemühen geht nicht bis zur Selbstaufgabe. Ich beharre
auf meiner Eigenart und ich beharre erst recht darauf, wenn sich in die Kritik an mir
ein überindividuelles Element einmischt, mit dem man mich aus ideologischen Erwägungen ablehnt."

Nach einer Pause fügte ich hinzu:

„Wenn Du sagst, daß meine Art Anstoß erregt, könnte ich mit gleichem Recht behaupten, daß auch Du Eigenarten besitzt, die nicht jedermann behagen."

„Seit ich in der Partei bin", erwiderte Budde, „habe ich mich geändert. Die Partei
braucht harte Menschen. Ich habe mich zur Härte erzogen. Ich kann verstehen, daß
das für andere unangenehm ist."

„Und wie fühlst Du Dich dabei?" fragte ich.

„Das ist eine Sache des Willens und nicht des Gefühls."

„Du meinst, daß man nur zu wollen braucht, um ein „Mensch neuen Typus" zu werden. Nun gut, vielleicht ist das möglich. Wenn man das neue Menschenbild freiwillig
wählt, habe ich nichts dagegen. Für mich beginnt das Problem in der Schule, dort
muß ich es den Jungen und Mädchen aufzwingen. Ich muß mit ihnen die grauen-
hafte Geschichte von dem sowjetischen Flieger lesen, der mit zerschossenen Füßen
im feindlichen Hinterland abgeschossen wird und fünfzig Kilometer auf seinen blutigen Stümpfen zu den eigenen Linien zurückkriecht. Das ist das neue Vorbild, das ist
der „wahre Mensch", wie ihn Polewoj nennt, dem unsere Jugend nacheifern soll."

„Ich finde das Buch großartig", sagte Budde. „Es zeigt, daß der Wille Berge versetzen kann. Die Sowjetmenschen haben uns vieles voraus, sie sind heroisch im Leid
und überschwänglich im Glück. Sie sind mutig, stark und unbeugsam - sie sind
Kämpfer, es gibt für sie keine unüberwindlichen Hindernisse. Was Polewoj darstellt,
ist wahres Heldentum im Dienste des sozialistischen Vaterlandes."

„Mut und Heldentum gehören auch für mich zum Menschen - ich kann ihn mir ohne diese großen Eigenschaften gar nicht vorstellen - aber es gibt eine gefährliche Grenze, wenn sie überschritten ist, kann sich Wille und Mut ins Gegenteil verkehren, sie triumphieren über den Menschen. Wer nur noch mit einem einzigen Ziel vor Augen existiert und fanatisch, rücksichtslos ihm entgegenstrebt, nähert sich dem Tierischen. Er lebt und kämpft blind für eine Zukunft, die er nie erleben wird, und für ein Ideal, das ihn narrt ...“

„Das ist reaktionärer Unsinn“, unterbrach mich Budde. „Du hast keine Ahnung von der kommunistischen Moral. Wir haben ein neues Bewußtsein, wir arbeiten und kämpfen freiwillig für die Menschheit ...“

„Bisher kannte man nur unfreiwillige Sklaven, es ist dem „Menschen neuen Typus“ vorbehalten, ein freiwilliger Sklave zu sein. Er ist durch sein Ethos stärker gefesselt als ein Galeerensklave ...“

„Ich unterhalte mich nicht mehr mit Dir, Du hetzt ...“ Wir gingen schweigend nebeneinander her. „Was Du treibst, ist Boykotthetze!“ sagte Budde plötzlich.

„Fürchtest Du Dich vor meinen Worten? Sie werden doch vor keinem Unberufenen ausgesprochen. Du bist Parteisekretär!“

Wir waren an unserem Ziel angelangt. Schweigend kehrten wir um und gingen zurück.

„Wie ist es mit Dir?“ nahm ich den Faden wieder auf. „Kannst Du noch unbefangen sein, kannst Du ein Buch lesen, Musik hören oder ein Bild betrachten, ohne daß Dir ein Dutzend ideologische Kategorien einfallen, die Dir vorschreiben, was Du gut und was Du schlecht finden mußt? Kannst Du noch einen eigenen Gedanken haben, der nicht sofort durch Dein „Bewußtsein“ zensiert wird? Kannst Du überhaupt noch etwas Eigenes fühlen, ohne ein schlechtes Gewissen zu haben? Und kannst Du noch glücklich sein?“

„Warum sollte ich nicht glücklich sein?“ fragte er.

„Weil es Dir zum Beispiel schwerfällt, menschliche Beziehungen anzuknüpfen.“

Er schwieg, dann antwortete er überraschend ruhig.

„Das ist meine schwächste Seite. Ich weiß niemals, ob mich jemand haßt oder liebt. Erst wenn man es mir gesagt hat, weiß ich, woran ich bin. Ich beneide Menschen, die das intuitiv spüren.“

„Vielleicht kann ich das erklären“, sagte ich. „Du hast Dich mit Deinem ganzen Wesen auf ein politisches Prinzip eingestellt, und zwar so ausschließlich, daß keine menschlichen Gefühle daneben Raum haben. Du scheinst nur noch von einer Idee aus zu leben und die Inkonsequenzen des Daseins zu übersehen. Das Leben erlaubt aber keine absolute Konsequenz, wer sie trotzdem übt, zerfällt mit sich und den Menschen. Ich glaube, daß man einer Konzeption nur solange treu bleiben darf, wie sie selbst wandlungsfähig bleibt. Wer ihr darüber hinaus treu bleibt, isoliert sich selbst. Wenn ich mich zum Beispiel mit Dir oder anderen Parteifunktionären unterhalte, vermisse ich das Gefühl, daß wir über alle politischen Gegensätze hinweg menschlich verbunden bleiben."

„Das verstehe ich nicht", sagte Budde, „gerade das wollte ich immer vermeiden. Aber neben rein menschlichen Bindungen bestehen nun einmal auch politische. Man muß verstehen, sie miteinander in Einklang zu bringen. Wenn man das nicht tut, wird man durch die soziale Entwicklung überholt und muß resignieren." Er sprach „resignieren" mit einer Betonung aus, als ob er die beklagenswerteste Lage bezeichnete, in die ein aktiver Mensch geraten könnte. Der von ihm häufig zitierte Satz: „Die Philosophen haben die Welt nur verschieden interpretiert, es kommt aber darauf an, sie zu verändern", hatte für ihn die Bedeutung von Aktivität um jeden Preis angenommen.

„Ich will lieber resignieren, als gegen mein Gewissen handeln", antwortete ich, „für mich ist das Zusammengehörigkeitsgefühl der Menschen wichtiger als alle äußere Bravour. Das Bewußtsein der menschlichen Koexistenz ist für mich die Grundlage meines politischen Bekenntnisses. Ich kann dieses Gefühl in mir nicht auslöschen und will es auch nicht."

Er suchte krampfhaft nach einer Antwort, aber wir hatten bereits eine Ebene erreicht, auf der keine Parteiphrase ausreichte.

„Neben der menschlichen Koexistenz, von der Du sprichst, gibt es ein politisches Zusammengehörigkeitsgefühl", erwiderte er schließlich. „Es gibt Ideale, denen wir nicht gleichgültig gegenüberstehen können, die eine Entscheidung von uns fordern. Mich haben zum Beispiel Maßnahmen, die ich aus politischer Notwendigkeit getroffen habe, oft geschmerzt. Ich habe niemals einen Freund gehabt ... einmal lernte ich jemand kennen ... wir verstanden uns gut und dann machte er eine Dummheit. Ich mußte das öffentlich zur Sprache bringen. Ich konnte nicht anders handeln, ich würde es auch jetzt noch tun, selbst wenn ich meinen besten Freund dadurch verlieren würde."

Er hatte sichtlich bewegt gesprochen. In dem, was er gesagt hatte, war etwas von der Unerbittlichkeit aller Idealisten angeklungen.

„Für mich ist das Ideal ein leeres Schema", entgegnete ich, „wenn ich ihm zuliebe lebendige Menschen verletzen muß. Der abendländische Geist ist ungeduldig geworden, er will mit Gewalt die häßliche Gegenwart zugunsten einer schönen Zukunft aufheben. Wer aber gegen die Wirklichkeit an einem Ideal festhält, wird zum Fanatiker oder Narren. Mit ist jede Gewaltanwendung gegen Menschen, und sei es im Namen des höchsten Ideals, unerträglich."

„Du forderst Prinzipienlosigkeit", antwortete Budde erregt, „man wird zum Opportunisten, wenn man dem Leben immer nachgibt und nicht den Mut hat, politische Forderungen zu stellen."

„Vielleicht habe ich keinen politischen Standpunkt, wie Du ihn verstehst, aber deswegen bin ich nicht standpunktlos. Neben aller Verschiedenheit unserer Herkunft und Überzeugung haben wir ein gemeinsames Schicksal - wir müssen leben, hier und jetzt. Die Ehrfurcht vor der Unantastbarkeit des Menschenlebens ist eine unsichtbare Mauer, die es vor der Vernichtung schützt. Die Unantastbarkeit des verkommensten Exemplars der Gattung Mensch garantiert erst die Unantastbarkeit ihrer wertvollsten Individuen. Durchbricht man nur in einem einzigen Fall diese Mauer, ist das Leben aller sofort in Frage gestellt.

Man kann das mit zwei Heeren vergleichen, die Gewehr bei Fuß einander gegenüberstehen. Fällt der erste tödliche Schuß, ist plötzlich ein geheimnisvoller Ausnahmezustand geschaffen - man nennt ihn Krieg - durch ein Menschenleben, das vielleicht zufällig vernichtet wurde, besitzt man das Recht, Millionen zu töten."

„Was Du da forderst, heißt für mich, auf die bewußte Gestaltung der Geschichte verzichten."

Budde war sehr erregt.

„Die Partei ist die Avantgarde der Menschheit, sie wird sich ihr Handeln niemals von solchen konterrevolutionären Anschauungen beschneiden lassen. Die Partei ist das Gehirn der Geschichte, sie lenkt ihre Entwicklung zum Wohle aller Menschen. Du versuchst die Geschichte zu enthaupten.

Der Marxismus aber ist unüberwindlich, weil er wahr ist. Ich bin stolz, der kommunistischen Partei anzugehören. Es wäre Wahnsinn, den Schlüssel zur Geschichte, den uns Marx geliefert hat, aus Empfindlichkeit wegzuwerfen."

„Ich versuche nur, nicht klüger als die Geschichte zu sein", erwiderte ich, „mehrere Jahrtausende überlieferter Geschichte liegen hinter uns und niemand wird behaupten können, daß sie von irgendeinem Wesen geplant worden sei. Es sei denn, daß man als überzeugter Christ in der Geschichte die Verwirklichung eines göttlichen Weltplanes sieht.

Die Geschichte hat ihren Weg allein gefunden. Wenn jetzt plötzlich Parteiideologen in ihren komplizierten Gang eingreifen, kann das nur Unheil heraufbeschwören. Ich könnte Hugo zitieren, er spricht einmal aus, daß die Utopie zerstört wird, wenn man sie zu hart anfaßt."

Budde antwortete mit sichtlicher Erbitterung.

„Das ist eine fatalistische Geschichtsbetrachtung. Wir sind von revolutionärem Optimismus erfüllt. Wir vertreten die Ethik der Tat. Unsere Stunde hat jetzt geschlagen. Wir werden nicht eher ruhen, bis wir die ganze Welt von dem kapitalistischen System befreit haben und bis unsere Aufgabe erfüllt ist."

Unser Gespräch hatte sich schon längst zu einem politischen Gegensatz zugespitzt, aber ich konnte ihm nichts mehr an Schärfe nehmen.

„Jeder politische Standpunkt", sagte ich, „der in die geschichtliche Betrachtung einfließt, stört die Harmonie der Erkenntnis. Wer zum Beispiel die Gegenwart parteilich analysiert, wie Du und die Partei es tun, verteilt willkürliche Akzente.

Die Vergangenheit, von Gegenwart und Zukunft ganz zu schweigen, enthüllt sich nur dem Fragenden, vor dem Behauptenden verschließt sie sich. Die Partei behauptete aber gerade eine bestimmte Entwicklung, es ist für mich daher nicht verwunderlich, wenn sie mit der Wirklichkeit Konflikte hat.

Und noch etwas. Wer die Vergangenheit parteilich betrachtet, degradiert sie zur Rechtfertigung der Gegenwart. Man kann das Böse nicht in der Vergangenheit füsilieren und hoffen, daß es in der Gegenwart nicht wieder aufersteht. Ich will damit nicht sagen, daß die Welt unwandelbar ist. Im Gegenteil, aber sie folgt ihrem eigenen Gesetz, das der Marxismus höchstens in seinen allergröbsten Zügen erfaßt hat. Die marxistische Dogmatik stört die Entwicklung, geschweige denn, daß sie sie fördert. Keine Macht der Welt vermag aus einem unmündigen Kind einen weisen Greis zu machen. Ebenso überspringt auch die Geschichte keine Epoche. Es ist eine durch nichts bewiesene Behauptung, daß wir jetzt und im Augenblick für das kommunistische Wirtschaftssystem reif sind. Die Partei will aktiv bleiben und findet kein anderes

Mittel als Gewalt. Mit Gewalt läßt sich allerdings jedes Hirngespinst verwirklichen. Wie steht es aber mit ihrer Aktivität, wo ihre Macht versiegt? Seit Jahren bemüht sich die Partei, in Westdeutschland eine revolutionäre Bewegung zu inspirieren und mit welchem Erfolg?"

„Du wirst doch nicht verlangen, daß ich das ernstnehme", sagte Budde. „Wenn ich das tun würde, könnte ich mich nicht mehr mit Dir unterhalten. Der Mensch braucht nun einmal Ideale und ich bin entschlossen, sie unter der Führung der Kommunistischen Partei zu verwirklichen. Es ist mir gleich, ob ich damit einigen Reaktionären das Leben schwer mache oder nicht. Unser Einsatz ist zu hoch, als daß wir auf das Schicksal eines Einzelnen Rücksicht nehmen könnten."

„Ich kann nur wiederholen, daß der Mensch der Geschichte nichts mit Gewalt abringen kann, was sie ihm nicht freiwillig gewährt. Das heißt nicht, daß man passiv sein soll, aber es heißt, daß man nichts überfordern darf."

„Nein, das glaube ich nicht", sagte Budde. „Die Gewalt ist die Geburtshelferin des Neuen. Sie ist das einzige Mittel zur Durchsetzung historisch richtiger und sozial notwendiger Tendenzen. Wenn die Partei darauf verzichtet, verzichtet sie auf ihren revolutionären Charakter.

Aber ... eigentlich wollte ich gar nicht mit Dir darüber sprechen. Ich wollte Dich etwas fragen. Du hast schon eine indirekte Antwort darauf gegeben, aber ich frage Dich trotzdem, willst Du Mitglied der Sozialistischen Einheitspartei Deutschlands werden?"

Die Spannung, die im Laufe unseres Gesprächs aufgekommen war, verschwand. Das Abschwenken Buddes von unserem Thema überraschte mich. Das war sonst nicht seine Art. War ihm wirklich an meinem Eintritt in die Partei soviel gelegen oder fühlte er sich nicht mehr stark genug, das Gespräch fortzusetzen? Es schien mir manchmal, daß er nicht mich, sondern sich selbst zu überzeugen suchte. Die Aufforderung, in die Partei einzutreten, kam für mich nicht überraschend. Er und Vanselow hatten schon öfter Andeutungen gemacht, daß sie es gern gesehen hätten, wenn ich der Partei beiträte.

„Ich trete aus Prinzip keiner Partei bei", antwortete ich entschieden.

„Warum? Du beraubst Dich doch dadurch der einzigen Wirkungsstätte, in der Du Deine sozialistische Weltanschauung verwirklichen kannst."

„Das weiß ich. Ich werde mich der Parteidisziplin nicht unterwerfen. Das ist mir nicht möglich. Ich glaube, das ist ein Grund, den Du verstehen wirst. Für mich ist die kollektive Vernunft der Partei nicht die letzte Autorität. Ich könnte mich niemals den Anweisungen der Partei widerspruchslos unterwerfen. Unter diesen Umständen wäre es sinnlos, wenn ich irgendeiner Partei beitreten würde."

„Ja, das sehe ich ein; es müssen nicht alle in der Partei sein."

„Ich habe Dir noch etwas zu sagen", fuhr ich fort. „Ich werde in Zukunft mein privates Leben so einrichten, wie es mir richtig erscheint und keine Rücksichten mehr darauf nehmen, welche Folgerungen für mich oder meine Arbeit in der Schule daraus entstehen."

„Wenn alle so wie Du denken würden, gäbe es bald keinen Menschen, der sich für ein hohes Ziel einsetzt."

„Nein", sagte ich, „wenn ich an einen Ort gestellt wäre, an dem ich wirklich in den Gang der Dinge eingreifen könnte, würde ich mein privates Leben dieser Aufgabe opfern. Von mir hängt jedoch nichts ab, ich kann nichts ändern, ich kann nur mitmachen, schlecht und recht mitmachen. Du kannst das auffassen wie Du willst, nimm es meinetwegen als Individualismus, aber unterschiebe mir keine unlauteren Absichten."

„Was willst Du tun?" fragte mich Budde.

„Ich werde zu meiner Frau nach Westen ziehen", sagte ich.

Beim Abschied ergriff Budde meine Hand und versicherte, daß er alles tun würde, um mir meinen Arbeitsplatz zu erhalten.

Für mich war damals Buddes Haltung unerklärlich. Ich hatte alles andere als Unterstützung von ihm erwartet, das widersprach nicht nur seiner Stellung als Parteisekretär, sondern auch seinem sonstigen Wesen. Heute glaube ich den Grund zu kennen. Ich weiß, daß er mit mir nicht einverstanden war. Das hatte er deutlich zum Ausdruck gebracht. Aber seine Intelligenz spielte ihm einen Streich. Als Funktionär konnte er sich nur unangefochten halten, solange er den Standpunkt des anderen nicht verstand. Ich betone noch einmal, er war mit mir nicht einverstanden, aber allein die Tatsache, daß er mich verstanden hatte, band ihm die Hände. Man kann eben nur solange unbeugsam bleiben, bis man den anderen nicht versteht. Versteht man ihn doch, so wird die blinde Sicherheit des eigenen Standpunktes gebrochen.

Budde hat das sehr genau gespürt. Seit diesem Tag wich er jedem ernsthaften Gespräch mit mir aus. Er fürchtete sich vor seiner Intelligenz und vor seiner Einsicht. An seinem Versprechen, mich nicht anzugreifen, hat er bis zuletzt festgehalten ... Der Aufweichungsprozeß hatte bei Budde schon lange vor unserem Gespräch eingesetzt. Er bemühte sich, in den Konferenzen schon seit geraumer Zeit, bei aufflammenden Diskussionen auf die Gegenargumente sachlich einzugehen. Anfänglich fühlte er sich stark genug, sie logisch zu widerlegen und dann wurde er unmerklich das Opfer seiner Bemühungen. Er verschanzte sich verbissener denn je hinter seinem Parteijargon, aber ihm fehlte der letzte Nachdruck. Er war innerlich unsicher geworden. Wahrscheinlich fiel mein Gespräch mit ihm in eine kritische Zeit; er glaubte zwar noch, unerschüttert zu sein, aber ohne es zu wollen, hatte er Überlegungen Raum gegeben, die ihn als Funktionär erledigen mußten. In den letzten Monaten meiner Arbeit im Osten war Budde mehrmals am Rande des Zusammenbruchs. Er fehlte niemals; krank und abgezehrt schleppte er sich jeden Morgen in die Schule. Statt sich zu entspannen, bürdete er sich immer neue Lasten auf. Er wollte sich um jeden Preis vergessen. Einmal erwähnte er beiläufig, daß er nur noch drei Stunden schlafe. Seine Nerven waren bereits völlig zerrüttet.

Das dialektische Ethos des Funktionärs hatte sich gegen ihn gewandt. Er hatte bisher in einem nur mit dem christlichen Mittelalter zu vergleichenden Sendungsbewußtsein gelebt. Er war Asket der Tat gewesen. Eines mußte man ihm, wie allen fanatischen Funktionären der Partei, zugute halten: sie waren nicht nur hart gegen ihre Umwelt, sondern auch gegen sich selbst. Als er die Unmittelbarkeit des Fanatikers verlor, zerfleischte er sich selbst.

Kurz vor seinem Tode bäumte er sich noch einmal auf. Er heiratete eine ehemalige Schülerin. Wahrscheinlich hoffte er, daß sie ihn stützen würde. Aber das konnte nicht gut gehen. Da er bisher jeder persönlichen Bindung ausgewichen war und, wenn sie sich anzubahnen drohte, sie sofort rationalisiert hatte, suchte er in seiner Frau nicht einen menschlichen, sondern einen ideologischen Halt.

Ich erinnere mich, daß er mir in unserem Gespräch noch gestand, daß er heiraten wolle.

Ich fragte ihn geradeheraus ob er die Frau liebe.

„Nein", sagte er, „das ist bürgerliche Sentimentalität. Ich heirate das Mädchen, weil ich es ideologisch erziehen will. Wir haben uns zusammengetan, um uns gegenseitig bei der Parteiarbeit zu helfen."

So war auch dieser letzte Versuch, einen Halt zu gewinnen, zum Scheitern verurteilt. Als er das erkannte, stürzte er sich wieder in die Arbeit. Wenn er eine stärkere Konstitution besessen hätte, wäre es ihm nicht gelungen, sich buchstäblich zu Tode zu arbeiten. Aber er war nur noch ein Schatten seiner selbst. Er brach vor seiner Klasse zusammen und starb einige Tage später im Krankenhaus.

Später hörte ich ein Gerücht; er soll kurz vor seinem Tod noch einen Brief an die Partei geschrieben haben, in dem der dunkle Satz gestanden haben soll: „Wenn ich hier lebend herauskomme, werde ich wissen, was ich zu tun habe."

10. K A P I T E L

Grenzgänger

Einige Tage nach meinem Gespräch mit Budde meldete ich mich auf meinem Ost-Berliner Polizeirevier ab. Ich hatte mir das viel komplizierter vorgestellt. In Wirklichkeit dauerte es keine fünf Minuten, bis ich „ausgebürgert" war. Ich mußte meinen Ausweis abgeben und war staatenlos.

Nicht so schnell ging meine Wiederaufnahme in die menschliche Gesellschaft. Zuerst gab ich in West-Berlin meine Anwesenheit der Polizei bekannt; das war verhältnismäßig einfach, ich brauchte zur Anmeldung nur eine Bescheinigung meines neuen Hausbesitzers. Was dann folgte, war ein aufreibender Kampf gegen einen wildwuchernden Paragraphendschungel. Zuzugsgenehmigung, Währungsbescheinigung, polizeiliches Führungszeugnis aus Ost und West, Urkunden, Papiere ... all das mußte beschafft, vorgelegt, beglaubigt werden, bis ich drei Straßenzüge weiter westlich wieder „Bürgerrechte" erhielt.

Meine nächsten Bemühungen galten dem Währungsumtausch. Kurz und gut, nach vielen unerfreulichen Scherereien wurde mir das Recht zugestanden, 60% meines Ostmarkgehaltes 1:1 in Westmark umzutauschen.

Von nun an mußte ich jeden Monat mehrere Tage kreuz und quer durch die Stadt fahren, bis ich einen Teil meines Geldes in Händen hielt. Es wurde mir nicht mehr in der Schule ausgezahlt, sondern direkt auf ein Konto überwiesen. Wenn ich in den Besitz meines verdienten Geldes kommen wollte, mußte ich allmonatlich eine Bescheinigung meiner Umtauschquote auf der Wechselkasse (West) abholen; damit ging ich dann zum Bezirksamt (Ost), wo man mir die Umtauschquote vom Gehalt subtrahierte und den verbleibenden Rest auf einer Einkaufgenehmigung eintrug. Mit diesen Dokumenten versehen, erschien ich dann beim Stadtkontor (Ost) - die beiden Summen wurden addiert - und nach ein oder zwei Stunden (nicht ohne daß ich vorher zwei oder drei Unterschriften geleistet, meinen Ausweis und meine Einbürgerungsurkunde vorgezeigt hatte) endlich ausbezahlt. Bei diesem Verfahren erhielt ich fast nie mein volles Gehalt, die Gelder für Überstunden, Arbeitsgemeinschaften usw. froren auf meinem Konto ein.

Hielt ich mein Ostgeld in Händen, konnte ich aufatmen. Ich brauchte nur noch zu meiner Wechselkasse (West) zu gehen und dort meine Quote umzutauschen - allerdings nicht, ohne vorher ein oder zwei Stunden angestanden, mehrere Unterschriften geleistet und meine Papiere vorgezeigt zu haben.

Im Westen genügte es, daß ich Geld besaß, das ich ausgeben wollte. Im Osten genügte das nicht. Ich mußte mich mit meinem Ausweis und meiner Einkaufsgenehmigung ausrüsten, bevor ich in dem HO-Geschäft am Alexanderplatz - übrigens das einzige Geschäft, in dem wir Grenzgänger einkaufen durften - mein Kotelett erstehen durfte. Wenn ich eingekauft hatte, wurde die Summe fein säuberlich aufgerundet und von der Summe auf meiner Einkaufsbescheinigung abgezogen. Das wurde bei jeder Schachtel Zündhölzer so gehandhabt. Wollte ich mit meinen Einkäufen nach Hause fahren, mußte ich zwei Zollgrenzen passieren. Auf dem letzten S-Bahnhof des „demokratischen Sektors" gingen die „Arbeiterkontrolleure" durch den Zug. Sie ließen sich alle Markttaschen und Pakete öffnen. Einmal wurde ich festgenommen, weil sich in meiner Aktentasche ein saftiges Kotelett befand. Der „Arbeiterkontrolleur" glaubte wahrscheinlich, in mir einen besonders raffinierten Schieber gefangen zu haben. Meine Einkaufsbescheinigung wies er als ein „fingiertes Dokument" zurück.

Nach längerem Hin und Her durfte ich weiterfahren. „Mann, Sie haben aber Glück gehabt", versicherte er mir zum Abschied. „Ich habe ein gutes Auge für Schieber. Erst neulich ist mir eine Frau von wegen ihrer dicken Brüste aufgefallen. Na, hab ich mir gedacht, die wirst du mal filzen. Als sie sich ausziehen mußte, hatte sie zwei Pfund Hackfleisch im Büstenhalter."

Die zweite Kontrolle erwartete mich auf meinem West-Berliner Bahnhof. Auch hier wurden die „Reisenden" vom Zoll kontrolliert. Hatte ich auch dieses letzte Fegefeuer glücklich überwunden, konnte ich mit gutem Gewiesen sagen, daß ich mein Kotelett in Sicherheit gebracht hatte.

In den Wochen nach meiner Übersiedlung in den Westen begannen die ersten, noch versteckten Versuche, mich zu verdächtigen. Vielleicht ist das Wort zu scharf für die kühle Atmosphäre, die mich von nun an umgab. Manchmal brach aber das Ressentiment gegen meine Entscheidung in so grotesken Formen hervor, daß ich nicht wußte, ob ich wütend oder amüsiert sein sollte. Nachdem ich in einer Konferenz etwas gesagt hatte, das Vanselow ärgerte, reagierte er darauf mit folgendem Verweis: „Kollege Daniel, mir ist schon öfter aufgefallen, daß Sie zu laut niesen. Welchen Eindruck sollen denn die Eltern von unserer Schule gewinnen, wenn sie das zufällig hören!"

Daß sich Vanselow zu diesem Ausfall hinreißen ließ, bewies mir, daß er von „oben" unter Druck gesetzt worden war. Das hatte gute Gründe. Während seiner Amtsführung in der Heinrich-Heine-Schule waren vier Lehrer nach Westen geflüchtet. Die Flucht von Frau Cöber habe ich bereits beschrieben. Zwei andere Lehrer waren schon kurz bevor ich versetzt worden war, geflohen. Das Schulamt war über die „Massenflucht" an der Schule empört und schob Vanselow die Schuld in die Schuhe. Es folgte dann die unerfreuliche Affäre mit Hoffmann, die ebenfalls auf den Schulleiter zurückfiel, und jetzt war ich nach Westberlin gezogen. Ich war ja noch immer, wie es im Parteijargon hieß, ein „entwicklungsfähiger Kollege", und Vanselow war es nicht gelungen, mich ideologisch zu erziehen. Es war kein Wunder, daß sich in ihm ein geheimer Groll gegen mich angesammelt hatte ...

Als ich auf seine Herausforderung nicht einging, ließ er einige zusammenhanglose Worte fallen. Ich wurde nicht klug daraus - er murmelte etwas von Agententätigkeit und Spionage an der Schule. Als ich aufhorchte, war er schon bei einer anderen Frage.

Meine zwiespältige Lage hatte mich hellhörig gemacht. Irgendetwas mußte hinter seinen Worten stecken. Ich sah mich um. Die übrigen Kollegen schienen nichts gehört zu haben oder gaben sich wenigstens den Anschein, unwissend zu sein.

Ich rief mir die letzten Wochen ins Gedächtnis zurück. Ich mußte einen Fehler gemacht haben, sonst hätte Vanselow keine Anspielung gewagt. Sicherlich, sie war ihm unwillkürlich herausgerutscht, aber das war nur umso schlimmer für mich.

Die Konferenz dauerte bis 6 Uhr abends. Nachher konnte ich mir nicht erklären, womit wir wieder fünf Stunden verbracht hatten. Jede Kleinigkeit wurde auf unseren Konferenzen zerredet. Ihr Sinn lag einzig darin, eine eifrige „gesellschaftliche Arbeit" vorzutäuschen. Obwohl ich ebenso wie alle anderen Kollegen wußte, daß wir dreimal in der Woche von 13 bis 18 Uhr gähnende Langeweile um eines Ritus willen zu ertragen hatten, fühlte ich mich immer wieder von neuem um meine Zeit betrogen. Die Folge der stereotypen Konferenzen war, daß wir nachher bis spät in die Nacht hinein arbeiten mußten.

Ich kam an diesem Abend jedoch nicht zur Arbeit, mich beunruhigte mehr, als ich mir eingestehen wollte, die Anspielung Vanselows. Wenn er wirklich etwas hatte, was er gegen mich ausspielen konnte, würde es für mich ernst werden.

Der persönliche Gegensatz, der zwischen Vanselow und mir bestand, konnte nicht die Ursache sein. Wie immer er auch zu mir stand, das Parteiethos, an das er sich gebunden fühlte, erlaubte nicht, persönliche Abneigungen in ideologische Fragen hineinzutragen. Solange unser Gegensatz rein persönlich blieb, konnte mir Vanselow - was immer er auch für mich fühlte - nichts am Zeuge flicken. Er wußte genau, daß er mich nur persönlich angreifen durfte, wenn ich eine politische Angriffsfläche bot.

Ich brauchte auf die Lösung des Rätsels nicht lange zu warten. Am nächsten Morgen wurde ich von Budde unauffällig ins Amtszimmer gebeten. Zu meiner Überraschung waren dort Vanselow und alle Parteigenossen der Schule versammelt. Zur Partei gehörten außer Vanselow und Budde noch die Kollegen Löbsack, Trautner und Reusche. Selbstverständlich war auch Pluschkat dabei.

Als ich mich gesetzt hatte, nahm Vanselow das Wort. „Sie wissen, Kollege Daniel, daß der Klassenfeind auch in diesem Jahr versucht hat, Unruhe in die Schule zu tragen. Man hat anläßlich des vor einem Jahr gescheiterten Putschversuches Schweigeminuten durchzuführen versucht. Wir können jetzt feststellen, daß die Provokation bis auf wenige Ausnahmen gescheitert ist."

„Und warum erzählen Sie mir das?" fragte ich.

„Können Sie sich das nicht denken?"

„Leider nein", sagte ich.

„Wie erklären Sie sich dann, daß in Ihrem Unterricht die Schweigeminuten durchgeführt worden sind?"

Ich war wie vom Donner gerührt. Wenn es ihnen gelang, zu beweisen, daß ich eine der „wenigen Ausnahmen" war, mußte ich auf alles gefaßt sein. Meine Gedanken begannen fieberhaft zu arbeiten. Richtig - am 17. Juni waren wir alle von Vanselow zusammengerufen worden. Er hatte uns darauf aufmerksam gemacht, daß in Westberlin zum Gedenken des Volksaufstandes Schweigeminuten durchgeführt würden. Wir sollten im Unterricht aufpassen, daß um 12 Uhr von den Schülern keine „Provokation" erfolgte.

Ich hatte nicht weiter darauf geachtet und im Laufe des Tages völlig vergessen. In welcher Klasse hatte ich um 12 Uhr unterrichtet? Glücklicherweise erinnerte ich mich, daß es ein Montag gewesen war. An diesem Tag hatte ich nur zwei Stunden; die erste, eine Geschichtsstunde, gleich zu Beginn des Unterrichts, und dann, gegen Mittag, eine Deutschstunde in der 10. Klasse.

Obwohl ich wußte, daß in einer anscheinend ruhigen Stunde vieles geschehen konnte, wovon der Lehrer nicht die geringste Ahnung hat, war ich doch überzeugt, daß ich ein ostentatives Schweigen während mehrerer Minuten bemerkt haben würde. Je länger ich nachdachte, umso klarer trat mir das Bild der Stunde vor Augen. Ich war wie immer in die Klasse gekommen, hatte in der gewöhnlichen Atmosphäre den Unterricht durchgeführt, ohne daß mir auch nur die leiseste Spannung aufgefallen wäre, die solche Anlässe spürbar macht. „Was Sie da behaupten, ist absurd", sagte ich endlich. Während ich überlegte, herrschte eisiges Schweigen. Keiner von meinen Kollegen hatte mich angesehen. Es ging hier um mehr als um eine Disziplinfrage. Sie warteten gespannt auf meine Verteidigung. Die Entscheidung, die hier fallen mußte, würde auch ihr Schicksal beeinflussen. Sie waren alle, mehr oder weniger, mit mir in Kontakt getreten. Wenn ich als „Provokateur" entlarvt wurde, waren auch sie indirekt schuld, weil sie nicht „wachsam" gewesen waren.

„Schildern Sie uns bitte den Verlauf der Stunde", setzte Vanselow das Verhör fort.

Ich beschrieb, woran ich mich erinnerte, sagte, daß ich mit der Klasse Grammatik getrieben und nichts Ungewöhnliches gemerkt hätte.

„Und wie verhielt sich die Klasse um 12 Uhr, haben Sie auch da nichts ‚Ungewöhnliches' bemerkt?" fragte er ironisch.

„Nein, auch um 12 Uhr hat die Klasse diszipliniert mit mir gearbeitet." Pause. -

„Wer hat behauptet, daß in meinem Unterricht Schweigeminuten durchgeführt worden sind?" fragte ich in das Schweigen hinein.

„Die FDJ-ler haben es mir gemeldet", platzte Pluschkat heraus. Vanselow sah ihn wütend an, wahrscheinlich paßte ihm das nicht ins Konzept.

„Ich möchte, daß die Schüler in meiner Gegenwart die Behauptung wiederholen", sagte ich.

„Sie sind schon von uns verhört, sie haben alles bestätigt", versuchte Pluschkat seine Unbeherrschtheit wettzumachen.

„Führ' mal die FDJ-ler herein", forderte Vanselow den FDJ-Sekretär auf. Pluschkat führte die Jungen herein. Sie hatten im Vorzimmer gewartet. Die „Tatzeugen" traten verlegen ein. Sie wurden unsicher, als sie die schweigende Runde erblickten. Wahrscheinlich wurde ihnen erst jetzt die Tragweite ihrer Denunziation klar.

„Setzt euch hin", sagte Vanselow jovial. „Erzählt mal genau, wie sich die Schweigeminuten bei euch abgespielt haben."

„Das war so", begann Gniffke. „Als Herr Daniel den alten Stoff wiederholte, haben wir alle mitgearbeitet, aber gegen zwölf wurde die Klasse ruhig. Wir haben geschwiegen. Nicht? Das war doch so?" fragte er Unterstützung suchend.

Die beiden anderen Jungen wagten kaum mit dem Kopf zu nicken. Aug´ in Auge mit mir, schien ihnen doch das Gewissen zu schlagen. Als sie nichts hinzufügten, versuchte Vanselow ihre Befragung zu beenden.

„Die Schweigeminuten sind also durchgeführt worden. Ich denke, damit ist der Fall wohl klar."

„Einen Augenblick bitte", fuhr ich dazwischen, „ich habe noch einige Fragen zu stellen."

Vanselow lehnte das kategorisch ab, aber jetzt schaltete sich Budde zum ersten Mal ein.

„Ich bin der Meinung, daß der Kollege Daniel Fragen stellen soll. Wir müssen alles klären, bevor wir einen Beschluß fassen."

Ich wartete Vanselows Zustimmung nicht ab.

„Wann habt ihr das gemeldet?" fragte ich Gniffke.

„Gestern."

„Warum habt ihr das nicht früher gemeldet? Seit der Stunde sind acht Tage vergangen."

Gniffke begann sich vor Verlegenheit zu winden.

„Wir hatten gestern eine Aktivtagung im FDJ-Raum. Na und da haben wir gehört, daß in einer anderen Schule Schweigeminuten durchgeführt worden sind. Der Jugendfreund Pluschkat hat uns alle gefragt, ob wir nicht was beobachtet hätten und da haben wir gemerkt, daß es auch bei uns um zwölf rum ganz still gewesen ist."

„Die Klasse war also während meines Unterrichts ruhig.

Seid ihr bei mir in anderen Stunden unaufmerksam? Könnt ihr euch sonst unterhalten?"

„Nee, wir sind immer ruhig bei Ihnen."

„Es war also ruhig in der Klasse. Was habe ich um 12 Uhr gemacht?"

„Na wir haben über den Konzessivsatz gesprochen."

„Was tut ihr gewöhnlich, wenn ich etwas erkläre?"

„Wir hören zu."

„Immer?"

„Ja."

„Wenn ich also etwas erkläre, ist es immer ruhig in der Klasse. Ich habe in der Deutschstunde etwas erklärt und ihr habt zugehört. War das so?"

„Ja."

„Die Schweigeminuten haben also darin bestanden, daß ihr mir um 12 Uhr schweigend zugehört habt."

„Ja."

„Haben Sie etwas gegen einen disziplinierten Unterricht einzuwenden, Herr Vanselow?" fragte ich.

Vanselow sah mich entgeistert an. Die übrigen Kollegen verloren ihre Zurückhaltung. Ich fühlte, wie sie innerlich aufatmeten. Der Fall war erledigt. Ich erhob mich. Im Hinausgehen hörte ich, wie Vanselow seine Wut an den Schülern ausließ.

Seit ich vor zwei Jahren an die Heinrich-Heine-Schule versetzt worden war, hatte sich die Zusammensetzung des Kollegiums stark verändert. Die altgedienten Lehrer, was mit einer konservativen Geisteshaltung gleichgesetzt wurde, waren entweder an die Grundschule versetzt worden, entlassen oder geflohen. Sie wurden in der Regel durch jüngere, unerfahrenere, aber dem Regime verpflichtete Kräfte ersetzt, die eine unangenehme, politisch überspitzte Arbeitsatmosphäre schufen. Der neue Geist, der in der Schule zur Herrschaft gelangte, zwang die wenigen noch unabhängig und freiheitlich Denkenden entweder zur inneren Emigration oder zur Flucht nach Westen. Es war nicht so sehr die Bedrohung von Leib und Leben, die sie zu diesem letzten Schritt zwang, als vielmehr der unausgesetzte politische Druck, der sie zermürbte.

An die Stelle einer überstürzten Flucht war eine wohlvorbereitete Abwanderung getreten. Die Flucht wurde in allen Einzelheiten geplant und so durchgeführt, daß die offiziellen Stellen oft monatelang nicht wußten, ob der Betreffende noch in der Zone war.

In jedem Kollegium, das sich in jahrelanger Zusammenarbeit kennengelernt hatte, wußte man genau, wem man trauen konnte und wem man mißtrauen mußte. Wenn im Lehrerzimmer ein paar Kollegen zusammen waren, die sich kannten und einander vertrauten, verlief das Gespräch frei und ungezwungen. Ging zufällig die Tür auf, verstummte man. Kam ein Parteigenosse herein, wandte man sich sofort einem betont harmlosen Thema zu; betrat aber ein Gleichgesinnter das Zimmer, wurde er in die Unterhaltung miteinbezogen.

Ich empfand diese Situation nicht so drückend wie mancher andere. Ich betrachtete das als eine der unvermeidlichen Spielregeln, unter denen sich meine Arbeit an der Schule vollzog. Ich erwartete nicht eine ruhige, nur auf das Pädagogische gerichtete Arbeit, sondern ich faßte sie von vornherein politisch auf. Die Gefahren, die damit verbunden waren, gehörten für mich zu den Verhältnissen, in denen ich mich bewähren mußte.

Ich befand mich in dauernder Kampfbereitschaft. Jede gefährliche Lage, in die ich geriet, war von mir in Rechnung gestellt. Vielleicht ertrug ich dadurch unsere zwiespältige Lage leichter.

Unsere Musiklehrerin, Frau Schleede, ging jedoch daran innerlich zugrunde. Sie machte mir gegenüber keinen Hehl daraus, daß sie sich unglücklich fühlte und lieber heute als morgen ihre Arbeit im Osten aufgeben würde. Sie sagte mir niemals ausdrücklich, daß sie fliehen wollte, aber aus ihrem Verhalten konnte ich es deutlich erraten. Sie begann, vor Zeugen darüber zu sprechen, daß man ihr die Leitung eines Kirchenchors angeboten hätte und daß sie wahrscheinlich am Ende des Schuljahres den Dienst quittieren würde. Sie informierte auch Vanselow. Er widersetzte sich mit dem Hinweis auf das gerade damals erlassene Gesetz, das allen ausgebildeten Lehrern verbot, aus dem Schuldienst auszuscheiden.

Im Schulamt wurde aber diese Verfügung genau so unbestimmt gehandhabt, wie viele andere Gesetze, die nur einem bestimmten Tageszweck dienten und, wenn er erfüllt war, ein paar Wochen später durch neue Gesetze abgelöst wurden. Schließlich gab es einen Haufen sich widersprechender Bestimmungen, die je nach Bedarf herausgesucht oder wegdiskutiert wurden.

Jeder Lehrer war verpflichtet, das wöchentlich erscheinende Blatt „Mitteilungen und

Verfügungen" zu abonnieren. Wer die dort veröffentlichten Gesetze auch nur zu lesen versucht hat, wird ermessen können, welches Chaos auf juristischem Gebiet in der Schule herrschte.

Da das Schulamt bei Frau Schleede keine politischen Motive vermutete, gelang es ihr verhältnismäßig leicht, einen Kompromiß zu schließen. Sie erklärte sich einverstanden, neben ihrer neuen Arbeit noch ein Jahr den Schulchor zu leiten. Mit dieser halben Kündigung hatte sie Zeit gewonnen, ihre Flucht unauffällig vorzubereiten. Eines Tages war Frau Schleede verschwunden. Vanselow versuchte zuerst, sie in ihrer Wohnung zu erreichen; es hieß, sie sei verzogen. Als er bei ihrer neuen Arbeitsstelle anrief, erfuhr er, daß sie sich zwar um die fragliche Stelle beworben, aber sie nicht angetreten hätte. Frau Schleede war und blieb verschwunden.

Der ständige politische Druck wirkte besonders verheerend auf die weiblichen Mitglieder des Lehrkörpers. Die Leidensgeschichte von Fräulein Choinowski ist nur ein Beispiel für das Schicksal vieler junger Frauen, die voll pädagogischem Idealismus in den ostdeutschen Schuldienst eintraten und von der politischen Maschinerie zermürbt wurden.

Sie hatte einige Jahre nach Kriegsende das Staatsexamen gemacht und seither in der Heinrich-Heine-Schule unterrichtet. Da ihre Examina im Westen nicht anerkannt wurden, war sie verurteilt durchzuhalten oder ihren Beruf aufzugeben.

Sie erzählte gern von ihrer Studienzeit und besonders davon, daß sie auch einmal die Kraft besessen hätte, einen „Strauß" auszufechten. Aber das war lange her. Als ich sie kennenlernte, war sie schon ein gebrochener Mensch. Sie wunderte sich selbst über den Mut, den sie einmal besessen hatte.

Ich möchte noch einmal betonen, Fräulein Choinowski war keinen besonderen Angriffen von Seiten der Funktionäre ausgesetzt, aber die gespannte Atmosphäre, von der ich berichtet habe und die zu unserem Leben gehörte, hatte ihre Widerstandskraft aufgezehrt. Sie war immer gehetzt, von einer ungreifbaren, wesenlosen Angst erfüllt. Die gegenständliche Angst hatte sich bei ihr von der physischen Bedrohung gelöst und war zu einem monströsen seelischen Problem geworden, das sie in ständiger Panikstimmung hielt.

Fräulein Choinowski bewegte sich, solange ich sie kannte, am Rande eines Zusammenbruchs. Die Ärzte konnten nur alle Symptome einer schweren seelischen Erkrankung feststellen, helfen konnten sie ihr nicht, weil die Ursache ihrer Neurose das

Regime war. Sie wußte es selbst, aber sie konnte sich nicht entschließen, ihre Arbeit im Osten aufzugeben, weil - wie sie verzweifelt wiederholte - ihre Examina im Westen nicht anerkannt wurden. In ihrer Verzweiflung griff sie zu Pervitin und hielt sich mit diesem Mittel einigermaßen im Unterricht aufrecht. Einige Wochen vor ihrem Zusammenbruch zeigte sie deutliche Spuren von Verfolgungswahn. Einmal half ich ihr beim Aufräumen der Schülerbibliothek; alle Augenblicke unterbrach sie ihre Arbeit und schlich zur Tür. Ich versuchte, sie zu beruhigen, aber sie hatte sich schon so tief in ihre Wahnvorstellungen eingesponnen, daß sie mich nicht verstand ...

Hoffmann und ich waren die einzigen, mit denen sie noch offen zu sprechen wagte. Von allen übrigen Lehrern trennte sie eine unsichtbare Wand. Als sie nach einem halben Jahr nach ihrem Zusammenbruch wieder in der Schule erschien, rieten wir ihr, unbedingt den Osten zu verlassen. Innerlich war sie jetzt dazu entschlossen, aber sie hatte nicht einmal genügend Kraft zu den Gängen, die mit einem solchen Schritt verbunden waren. Außerdem wollte sie nicht völlig entkräftet ein neues Leben beginnen und verfiel auf den Ausweg, während eines Schuljahres nur die Hälfte der Pflichtstunden zu geben. Sie wollte sich in der freien Zeit erholen und ihre Flucht in Ruhe vorbereiten. Sie setzte auch wirklich beim Vertrauensarzt durch, daß sie nur die Hälfte der 24 Pflichtstunden zu geben hatte. Selbstverständlich wurde ihr nur die Hälfte des Gehalts ausbezahlt und so erkaufte sie sich ihr bißchen Erholung mit einer neuen Entbehrung. So ging das wieder ein ganzes Jahr. Hoffmann und ich besuchten sie einige Male, aber ihr Zustand hatte sich trotz der freien Zeit nicht gebessert. Sie hatte nicht einmal die beabsichtigte Flucht in Angriff genommen.

Die Erleichterung, die sie sich erhofft hatte, trat nicht ein. Im Gegenteil, durch ihren Schritt hatte sie das Mißtrauen Buddes erregt. Er machte keinen Hehl daraus, daß ihre Einstellung nicht mit dem Bewußtsein eines fortschrittlichen Lehrers in Einklang zu bringen sei.

Ich konnte es nicht fassen - der Funktionär Budde teilte noch in der Agonie tödliche Schläge aus. Er zerfleischte sich selbst, in einigen Monaten würde er sich zugrunde gerichtet haben, aber er blieb unerbittlich gegen sich selbst und unerbittlich gegenüber dem Leiden anderer.

Fräulein Choinowski kam vom Regen in die Traufe. Weil sie nicht voll einsatzfähig war, wurde sie als Aushilfslehrerin verwandt und mußte jetzt an drei Schulen als Lückenbüßer für fehlende Lehrer arbeiten. Wenn es schon schwer war, wegen der auch damals noch blutig aufflammenden Disziplinlosigkeiten in vertrauten Klassen zu unterrichten, so war es doppelt schwer, sich in neuen Klassen zurechtzufinden.

Aber auch dieser Zustand dauerte für Fräulein Choinowski nicht lange; sie wurde vom Schulamt in die Grundschule zurückversetzt. Die dort herrschenden Disziplinschwierigkeiten gaben ihr den Rest.

Endlich raffte sie sich auf und verließ den Osten. Sie hatte ihr Ausharren teuer genug mit ihrer Gesundheit bezahlt.

In welche verzweifelte Lage eine Mutter und Lehrerin gelangen kann, mag noch folgendes Ereignis schildern.

Neben Fräulein Schulte gehörte zu unserem Kollegium noch Frau Müller als Russischlehrerin. Sie war eine schwarzhaarige, zierliche Frau mit ausgeprägt slawischen Gesichtszügen. Sie galt als gute Sprachlehrerin und arbeitete gewöhnlich still für sich. Ich hatte mich öfters mit ihr russisch unterhalten und wahrscheinlich dadurch ihr Vertrauen gewonnen.

Als wir einmal allein im Lehrerzimmer waren, fragte sie mich - die Überwindung, die sie das kostete, war deutlich zu sehen - ob ich ihr einen Rat geben könnte.

Etwas verwundert sagte ich, daß das keiner Frage bedürfte.

„Was soll ich tun, Herr Daniel?" brach es aus ihr hervor, „Geben Sie mir einen Rat! Ich weiß nicht mehr aus noch ein. Wie ist das im Westen? Sie wohnen doch jetzt drüben, werde ich aufgenommen, wenn ich hier nicht mehr weiterleben kann?"

„Das ist eine Entscheidung", antwortete ich, noch immer etwas verständnislos, „die Sie allein fällen müssen. Ich kann Ihnen kaum einen Rat geben."

„Doch, doch!" antwortete sie. „Sie sind jünger als ich und verstehen die heutigen Verhältnisse besser als eine alte Frau."

„Sind Sie in unmittelbarer Gefahr?" fragte ich sie jetzt unumwunden.

„Das weiß ich nicht. Das ist das Furchtbare daran, ich weiß nicht, was man mit mir tun wird. Ich werde versuchen, alles wieder einzurenken, aber ich weiß ja nicht ... vielleicht werden sie mich verhaften."

„Gibt es einen Grund, eine berechtigte Beschuldigung, die man gegen Sie erheben könnte?" forschte ich.

„Ja, Herr Daniel. Ich habe eine Dummheit gemacht. Ich bin von Geburt Russin, mein Mann war Deutscher. Er ist im Kriege gefallen. Nach dem Umsturz hatte ich Angst, daß man mich nach Rußland repatriieren könnte und ich habe einen falschen Ge-

burtsort angegeben. Jetzt ist es der Partei bekannt, daß ich meinen Geburtsort geändert habe."

„Wie war das möglich?!" fragte ich entsetzt.

„Mein Gott" sagte sie, „das ist eine lange Geschichte. Ich weiß selbst nicht mehr, wie
das gekommen ist. Ich weiß schon, aber ich kann es noch immer nicht verstehen ..."
Frau Müller begann zu erzählen.

„Es ist furchtbar - mein Sohn hat mich angezeigt ..." Ich erfuhr eine erschütternde
Geschichte. Ihr Sohn war kurz vor dem Abitur der Partei beigetreten.

Früher war er ein unbefangener und fröhlicher Junge, als er aber Kandidat der Partei
wurde, veränderte sich sein Wesen. Er ging nicht mehr aus sich heraus, saß stundenlang brütend in seinem Zimmer und beteiligte sich nicht mehr wie früher an den
abendlichen Unterhaltungen. Seine Mutter wollte ihn zum Sprechen bringen, aber er
wies sie schroff zurück. Sie erzählte mir, daß sie schon etwas von dem Unheil geahnt
hätte, das er anrichten würde, aber sie befand sich in der furchtbaren Lage, tatenlos
mit ansehen zu müssen, wie ihr Junge sie verriet.

Eines Abends brach er dann das Schweigen und erklärte seiner Mutter, daß er den
Entschluß gefaßt habe, der Partei beizutreten. Er wolle alles Trennende zwischen
sich und der Partei aus dem Wege räumen und habe daher einen Brief an den Gene-
ralsekretär Ulbricht geschrieben.

„Meine Tochter und ich waren versteinert", erzählte Frau Müller. „Ich wußte nicht,
was ich sagen sollte. Jahrelang hatte ich davor gebangt, daß man mich und meine
Kinder nach Rußland schicken würde und jetzt hatte mich mein Sohn ausgeliefert.
Ich habe ihn gefragt, ob er denn vergessen hätte, daß ich seine Mutter wäre. Er hat
mir aber nur geantwortet, wenn ich ihn nicht verstünde, dann würde die Partei in Zukunft seine Mutter sein."

Dann war die Vorladung zum Polizeipräsidium gekommen. Frau Müller war dort verhört worden und sie fürchtete jetzt, daß man sie als ehemalige russische Staatsange-
hörige nach Rußland bringen könnte.

Das Erzählen hatte sie beruhigt. Ich sagte ihr zum Abschluß, daß ich ihr keinen Rat
geben könnte. Die Flucht nach Westen stand ihr immer als letzter Ausweg zu Gebote.

Was ich von Frau Müller erfahren hatte, erschütterte mich. Ich hatte von solchen Fällen gelesen, ich kannte auch die berüchtigte Geschichte von den jungen russischen

Komsomolzen, der seine Eltern denunziert hatte und dann umgebracht wurde - übrigens gehörte das zur Pflichtlektüre in der Schule - aber ich hatte mir nicht träumen lassen, daß sich so etwas auch in meiner unmittelbaren Umgebung abspielen könnte.

Nach vierzehn Tagen erzählte mir Frau Müller, daß es ihr gelungen war, die Angelegenheit zu regeln. Wahrscheinlich war sogar der Polizei die Denunziation ihres Sohnes peinlich, denn es erfolgte keine Strafanzeige gegen sie.

Als Ersatz für Frau Schleede und Dr. Born konnte das Schulamt nur einen Lehrer schicken.

Wie ich schon berichtet habe, ist das Auftauchen eines neuen Kollegen ein ernstes Problem in einem Kollegium, das seine Harmonie mühsam ausbalanciert hat. Jede Störung kann die Zusammenarbeit unerträglich machen. Wir verfolgten gespannt, wie sich der Neue verhalten würde.

Sein Name war Nötling. Er war angeblich aus politischer Überzeugung von Westdeutschland in die Zone gekommen und hatte hier sein Studium beendet. Er war verheiratet und wohnte irgendwo am Rande der Stadt. Nötling war Genosse.

In den Konferenzen nahm er eine „fortschrittliche" Haltung ein.

Im Winter stellte sich heraus, daß seine Wohnung Öfen besaß, die sich nicht heizen ließen. Nötling setzte alles in Bewegung, um eine neue Wohnung aufzutreiben. Als er nichts Passendes fand, nahm er den FDGB in Anspruch, und als auch die Gewerkschaft ihm nicht helfen konnte, wandte er sich an die Partei. Er sprach die Überzeugung aus, daß sie ihm in wenigen Tagen eine neue Wohnung beschaffen würde. Aber siehe da, in diesem Punkt war auch die Partei nicht allmächtig oder nahm die Wohnungssorgen des geplagten Kollegen Nötling nicht ernst genug. Er bekam keine neue Heimstatt.

Er begann hemmungslos auf die Partei und das ganze Regime zu schimpfen. Wohlgemerkt, nicht auf den Konferenzen oder den Parteisitzungen, sondern nur in Gegenwart Parteiloser, deren Verschwiegenheit nicht in Zweifel stand. Anscheinend war er mit der Illusion nach Ostdeutschland gekommen, daß es genüge, in die Partei einzutreten, um alle Privilegien einer herrschenden Klasse zu genießen. Seine Enttäuschung war grenzenlos.

Unerwartet bekam er doch eine neue Wohnung. Er änderte sofort seine Meinung und

wurde wieder ein linientreuer Genosse, allerdings mit einigen Sarkasmen, die er seiner Intelligenz schuldig zu sein glaubte.

Als Nötlings Entwicklung soweit gediehen war, begann er, mich wegen verschiedener „Formfehler" anzugreifen. Sein Selbstbewußtsein war durch die neue Wohnung
soweit gefestigt, daß er sich nach einem Mittel umsah, mit dem er sich in der Schul-
hierarchie vorwärtsschieben konnte. Er war überzeugt, daß die Intelligenz, die er aus
dem Westen großzügig mit seiner Person importiert hatte, auf dem Posten eines einfachen Schulmeisters nicht hinreichend zur Geltung gebracht werden konnte. Sein
Streben richtete sich jetzt auf eine Dozentur an der Humboldt-Universität.

Wir verkehrten auf durchaus freundschaftlichen Fuß. Er gehörte trotz seiner Parteizu-
gehörigkeit zu dem Kollegenkreis, der sich verhältnismäßig unabhängig zu den Dingen äußerte und ich sah keinen Grund, mich vor ihm in Acht zu nehmen.

Ich habe niemals feststellen können, ob er mich nur aus persönlichen Interessen angriff oder ob er dazu von der Partei ausersehen war.

Eines Tages fand in der Schulaula eine Versammlung statt. Die Klassen wurden wie
gewöhnlich in den Saal geführt, und als Ruhe eingetreten war, setzten wir Lehrer uns
in kleinen Gruppen zusammen. Ich ging nach hinten und nahm neben Kufahl Platz.
Er war ein lustiger Bursche, der mit seinem Berliner Humor alle zum Lachen brachte.
Wir unterhielten uns halblaut und achteten nicht auf die Rede Pluschkats, in der er,
soweit ich mich erinnere, die „Wiederaufrüstung Westdeutschlands" verdammte.

Ich nahm einmal flüchtig wahr, daß sich Nötling ostentativ nach uns umdrehte. Nach
der Versammlung geschah nichts. Nötling verlor kein Wort darüber, daß wir uns hinten im Saal unterhalten hatten. Ich vergaß das unangenehme Gefühl, das ich gehabt
hatte, als er sich zu uns umwandte.

Eine Woche später wurde aber dieser Zwischenfall von ihm zu einer Haupt- und
Staatsaktion gemacht. Er hatte absichtlich gewartet, bis er sich mit seiner Anklage
ins rechte Licht setzen konnte. Als er sie vorbrachte, waren aus irgendeinem Grunde
verschiedene Mitglieder des Schulamtes anwesend. Er kleidete seine Anklage in die
Beschwerde seiner Klasse. Er erklärte, daß einige Schüler sich bei ihm beklagt hätten, daß zwei Lehrer sich auf der letzten Versammlung in der Aula unterhalten hätten. Nun forderte er im Namen seiner Schüler ein Verfahren gegen die Kollegen Kufahl und Daniel, weil sie durch ihr Verhalten dem Kollegium das moralische Recht
genommen hätten, gegen schwatzende Schüler bei Feierlichkeiten vorzugehen.

Kufahl und ich gaben zu, daß wir uns unkorrekt benommen hatten. Aber damit war Nötling nicht zufrieden. Er versuchte, das Delikt politisch auszuwerten.

Er brachte vor, daß man die Gesinnung der Kollegen sehr genau daran erkennen könne, wie sie sich in einer demokratischen Protestkundgebung verhielten. Wir hätten durch unser Verhalten einen eklatanten Mangel an Achtung gegenüber einer demokratischen Feierlichkeit gezeigt, die den Belangen unseres Vaterlandes gewidmet war.

Er ersuchte uns mit herausfordernder Schärfe, uns doch einmal offen zu den politischen Beweggründen zu bekennen, die sich hinter unserem Verhalten verbargen. Wir wiesen das zurück. Es gab eine lange und unerfreuliche Diskussion. Wenn das Feuer zu erlöschen drohte, schürte Nötling eifrig die Flammen.

Er mußte sich mit der Anklage gegen Kufahl und mich schon die ganze Woche getragen haben und trotzdem hatte er uns nichts gesagt. Im Gegenteil, er hatte sich in meiner Gegenwart ironisch über die Langweiligkeit unserer häufigen Feiern ausgesprochen.

Aus Ungeschick versteifte sich Nötling solange auf seine Anklage, bis es den Übrigen langweilig wurde. Die Diskussion schlief sehr zu seinem Ärger aus Mangel an Beteiligung ein.

So verständnislos, wie ich in den ersten Wochen das Schwinden meiner Autorität beobachtet hatte - einen gewissen Kredit räumen die Schüler anfänglich jedem Lehrer ein - so unerwartet hatte meine Autorität im letzten Jahre zugenommen. Wenn ich sagen sollte, wie man Autorität vor einer Klasse gewinnt oder verliert, so wäre mir das genauso schwer, wie am ersten Unterrichtstag.

Ich weiß nur, daß ich eines Tages frei von allen inneren Vorbehalten in den Unterricht ging, daß ich nicht mehr versuchte, den Schülern etwas vorzumachen und daß ich mich einfach so gab, wie ich war. Vielleicht hatte ich früher Autorität erzwingen wollen und gerade dadurch das Gegenteil erreicht oder vielleicht war ich auch nur sicherer und natürlicher geworden. Es mag auch sein, daß meine Art, die Schüler zu behandeln, dazu beigetragen hat. Ich sprach mich über alle Probleme so aus, wie ich es im Kreise meiner Frau getan hätte. Ich machte keine Zugeständnisse an das sogenannte Fassungsvermögen der Schüler - dahinter verbirgt sich meist geistige Hilflosigkeit des Lehrers. Natürlich sprach ich in einer neunten Klasse anders als in einer zwölften; aber ich versuchte nicht, aufgetauchte Fragen zu umgehen. Wenn in einer Klasse ein Problem auftaucht, dann ist sie auch reif, es zu besprechen.

Wie dem auch war, ich besaß plötzlich Autorität. Anfänglich schmeichelte mir mein neuer Einfluß. Ich freute mich, daß jedes nebensächliche Wort, das ich aussprach, plötzlich Gewicht bekommen hatte. Aber dann mußte ich erleben, daß meine politische Überzeugung, die ich jetzt mit festgegründeter Autorität vortragen konnte, wieder eine paradoxe Wirkung hatte. Durch meine Autorität entdeckte ich die Grenzen meines Einflusses.

Jeder Lehrer hat den Wunsch, bei seinen Schülern Autorität zu besitzen, er wünscht das nicht nur aus Ehrgeiz, sondern weil er die Schüler nach seinen Idealen formen will. Bei mir war es nicht anders. Ich trat mit meiner ganzen Person für einen ethischen Sozialismus ein. Die Schüler fühlten wohl, daß ich es ehrlich meinte und sie achteten meine Überzeugung. In der Grundschule hatten die Schüler in mir nur den Repräsentanten des Regimes gesehen. Wenn ich über Sozialismus sprach, glaubten sie, daß ich für die DDR-Wirklichkeit warb. Das war in der Oberschule anders. Die Schüler hatten bald herausbekommen, daß ich für ganz andere Ziele eintrat als die, die in der DDR praktiziert wurden. Aber mein Wunsch, die Schüler in meinem Sinne zu erziehen, scheiterte auch in der Oberschule.

Das Problem bestand für mich darin, daß ich erst allgemeine marxistische Gedanken entwickeln mußte, bis ich zu meinem Anliegen, der Darlegung einer nichttranszendenten Ethik kam, ohne die für mich der Marxismus mit seinem Einblick in das wirtschaftliche und soziale Gefüge ein unkontrollierbares Machtinstrument blieb.

Ich konnte mich nur soweit frei aussprechen, wie ich die marxistische Theorie behandelte und mußte vorsichtig sein, wenn ich die ethischen Verpflichtungen anschnitt, die in der bolschewistischen Praxis zugunsten einer brutalen Diktatur unterdrückt wurden.

Meinen Schülern imponierte aber nur das straffe, bis ins letzte durchrationalisierte Weltbild. Die ethischen Verpflichtungen, die für mich ein unabdingbarer Bestandteil des Sozialismus waren, blieben für sie Imponderabilien, die sich logisch nicht so leicht fassen ließen.

Ich mußte erfahren, daß das abstrakte marxistische System durch seine Logik ein meiner ethischen Konzeption genau entgegengesetztes Ethos produzierte. Sobald die Schüler einige marxistische Axiome begriffen hatten und mit ihnen leidlich operieren konnten, bekannten sie sich plötzlich bedenkenlos zum abstrakten System. Es entstand ein ethischer Radikalismus, der aus jugendlicher Ungeduld erwuchs. Ich hatte in meinen Schülern das Funktionärsethos erzeugt. -

Mehrere Schüler meldeten sich zur FDJ. Als ich sie vorsichtig von diesem Vorsatz abbringen wollte, erklärten sie mir:

„Nur der Sozialismus kann die Menschheit von Unterdrückung und Ausbeutung befreien, wir sind Ihnen dankbar, daß Sie uns das beigebracht haben. Jetzt wissen wir, was zu tun ist! Es gibt kein anderes Mittel als Gewalt und nur eine Organisation bietet uns die Möglichkeit, gemeinschaftlich gegen das Unrecht in der Welt einzuschreiten."

Meine Autorität und das Vertrauen, das die Schüler meinen Gedanken gegenüber aufgeschlossen hatte, führte sie direkt in die FDJ. Ich war machtlos.

Die Schüler waren mir gefolgt, bis ich sie in die Logik des Marxismus einführte. Sie hatten nicht abgewartet, bis ich zu den daraus resultierenden ethischen Verpflichtungen kam. Die beiden Götzen unseres Zeitalters, die präzise Technik und das logische System, wanden mir die Waffen aus der Hand. Was ich ihnen darüber hinaus zu bieten hatte, waren nur noch persönliche Grillen, die sie etwas geniert belächelten.

Sie sagten mir ganz offen, daß ich inkonsequent sei und nur platonisch mit der Wahrheit sympathisiere. Ich stand auf verlorenem Posten, als ich ihnen erklären wollte, daß auch die Wahrheit zur Geißel wird, wenn Menschen zu ihr gezwungen werden. Es nutzte nichts, daß ich ihnen sagte, daß die bürgerliche Welt nicht ein Verbrechen derjenigen sei, die zufällig in ihr lebten. Ihr jugendnaher Enthusiasmus setzte sich darüber hinweg. Ich hatte ihnen einige marxistische Gedanken beigebracht und sie brannten förmlich darauf, sich mit den „Feinden der Menschheit" zu messen. Das Unrecht der ganzen Geschichte konzentrierte sich für sie in den abstrakten Personen einiger Kapitalisten, die für sie persönlich am Dilemma unserer Zeit schuld waren.

Die Geister, die ich gerufen hatte, waren selbständig geworden. Vielleicht war ich an Grenzen gestoßen, die jedem Lehrer gezogen sind. Aber das war für mich keine Entschuldigung.

11. KAPITEL

Die Prüfung

Verschiedene Anzeichen deuteten darauf hin, daß meine Tage im Ost-Berliner Schuldienst gezählt waren. In unseren Konferenzen merkte ich, daß mein Marxismus den Genossen zu originell geworden war. So erlaubte ich mir auf einer Konferenz zu sagen, daß ich den RIAS-Berlin wie jeden anderen Sender höre. Ich brauche nicht die Hilfe der Partei, wenn es darum ginge, ein Bild von der politischen Lage zu gewinnen. Alle Kollegen waren starr - Vanselow und Budde sahen sich ratlos an. Sie schwiegen - aber sie schwiegen nur solange, bis sie in der Parteisitzung das Vorgehen gegen mich vorbereitet hatten ...

Bei der ersten passenden Gelegenheit wurde meine Äußerung wieder aufs Tapet gebracht, die Schlingen waren gelegt, in denen ich mich fangen mußte. Entweder ich unterwarf mich der Partei, und zwar endgültig, so daß mir jeder Rückzug abgeschnitten wurde ... oder ich war entlarvt.

Auf der nächsten Konferenz versuchte man, mich zu einem ideologischem Schuldbekenntnis zu zwingen. Ich bekam die alten Argumente zu hören, daß es sinnlos sei, westliche Sender abzuhören, weil sie Zweckpropaganda trieben, und daß es außerdem von politischer Unreife zeuge, wenn man sich so überheblich wie ich über die Empfehlung der Partei hinwegsetze ... Erst später erkannte ich, daß das ein Scheinangriff war, bei dem man gar nicht auf ein Schuldbekenntnis gehofft hatte. Es war nur ein Vorbereitungsmanöver, mit dem ich für den zweiten Angriff mürbe gemacht werden sollte.

Ich war gerade dabei, meine Äußerungen zu begründen, als die Tür aufging und die Schulsekretärin mir zuflüsterte, daß eine Kollegin mich am Telefon verlange. Ich winkte ab, weil ich erst meine Sache zuende bringen wollte. Die Aussprache führte zu keinem Ergebnis; als ich zu meiner Äußerung stand, wurde die Diskussion nach einiger Zeit von Vanselow abgebrochen.

Ich ging zu Frau Behrendt. Irgendeine Kollegin hatte mich zu sprechen gewünscht, teilte sie mir mit. Sie könne nichts ausrichten lassen und würde wieder anrufen ...

Das war sonderbar. Die „Kollegin" hatte weder ihren Namen genannt, noch die Schule angegeben, von der sie anrief. Auch Frau Behrendt war stutzig geworden, aber weil die Frau mich wieder anzurufen beabsichtigte, ließ ich es auf sich beruhen.

In den folgenden Tagen wiederholten sich die mysteriösen Anrufe. Die „Kollegin" rief an und ich war entweder gerade im Unterricht oder schon aus dem Hause. Schließlich nannte sie eine Telefonnummer, unter der ich sie erreichen könnte. Ich rief an, viermal wurde ich falsch verbunden; als ich durchkam, war die Leitung entweder besetzt oder es meldete sich niemand. Ich wollte gerade das Sekretariat verlassen, als das Telefon schrillte. Frau Behrendt nahm den Hörer ab und rief mich zurück - es war die „Kollegin".

Eine Frauenstimme nannte mir einen unbekannten Namen und sprach mich vertraulich an. Es war keine persönliche Vertraulichkeit in ihrer Stimme, sondern eine konspirative Intimität, wie sie sich bei Menschen entwickelt, die lange in der Illegalität gearbeitet haben.

Ich war unangenehm berührt. Mir widerstand es, in diese Art Vertraulichkeit hineingezogen zu werden. Sie wollte mich sprechen, warum und weshalb sagte sie nicht. Ich zeigte mich nicht sehr begeistert. Ihre Stimme wurde eindringlich. Wir verabredeten ein „Rendezvous" in ihrem Büro.

Die Häuslerstraße war eine schnurgerade und enge Gasse in der Nähe des Potsdamer Platzes. Als ich nach dem angegebenen Haus suchte, fand ich eine Reihe von zwielichtigen Klubs, in denen die Ostberliner Schieberprominenz ihre halblegalen Zusammenkünfte abhielt. Das Büro meiner „Kollegin" war im Gebäude eines Intourist-Restaurants untergebracht.

Ich betrat das Lokal. An der Bar saßen zwei elegante Männer und unterhielten sich in polnischer Sprache über Kaffee. „ ... zwei Zentner Kaffee ... das ist viel ... der Preis ist gut ... die Ware muß schnell geliefert werden."

Ich erwischte einen Kellner und fragte nach dem Büro meiner „Kollegin".

„Hinten rum bitte - im Hof gleich links", sagte er unterwürfig. Durch eine kleine Seitentür betrat ich einen schmutzigen Hof. Das Milieu schien mir für eine Schulbehörde nicht gerade passend. Ich stieg die Treppe hinauf ..., keine Privatwohnungen, an jeder Tür irgendein Firmenschild ... aber das Büro meiner „Kollegin" konnte ich nicht finden. Ich entschloß mich, an einer Tür zu klingeln, die kein Firmenschild trug. Nichts rührte sich. Als ich erleichtert aufgeben wollte, ging unten die Haustür auf. Eine junge Frau begann mich überschwenglich zu begrüßen. Ich fragte sie verwundert, woher sie mich kenne, aber sie winkte nur ab: „Sie wollen doch zu mir, nicht wahr? Sie sind Herr Daniel von der Heinrich-Heine-Schule."

Ich folgte ihr wortlos in ein winziges Büro, dessen Mobiliar aus einem Schreibtisch mit drei Telefonapparaten und einem Tresor bestand. Sie stellte sich mir nochmals vor. Ihr Name war Gabler.

„Also, Kollege Daniel, entschuldigen Sie bitte, daß ich Sie warten ließ. Ich habe im Restaurant gerade etwas gegessen. Setzen Sie sich. Darf ich Ihnen einen Cognac anbieten? Nein? Ich trinke immer nach dem Essen. Sie entschuldigen doch."

Sie goß sich einen Cognac ein. Ihr Haar war zu einem Pudelkopf frisiert. Als sie das Glas heruntergekippt hatte, mußte sie die Fransen auf ihrer Stirn ordnen. Ihr fleischiges Gesicht hatte einen Anflug ordinärer Hübschheit und ihre Art zu sprechen und sich zu bewegen erinnerte an eine Animierdame, die sich aus Überdruß an ihrem Gewerbe der hohen Politik zugewandt hat.

Ich erkundigte mich nach ihren Wünschen.

„Sie wohnen doch jetzt im Westen, lieber Kollege. Sehen Sie, wir stehen heute in einem Kampf auf Leben und Tod mit den imperialistischen Räubern. Sie sind ein fortschrittlicher Kollege - ich brauche Ihnen nicht zu erklären, was heute in Westdeutschland geschieht. Nun, wir haben uns in der demokratischen Hauptstadt in erster Linie mit den Westberliner Banditen auseinanderzusetzen. Jeder Hinweis, den wir über die verbrecherischen Pläne der Banditen bekommen, ist uns von großem Nutzen. Sie verstehen das doch, lieber Kollege?"

„Was für Banditen meinen Sie denn?" fragte ich naiv.

„Das Pack im Westberliner Senat. Sie wohnen doch drüben und können sich selbst eine Vorstellung machen."

„Sie sind sicher besser informiert als ich; welche Hinweise kann ich Ihnen dann noch geben?"

„Natürlich sind wir informiert, wir sind sogar sehr gut informiert, aber wir brauchen viele Freunde. Menschen, auf die wir uns verlassen können. Nicht wahr, Sie verstehen mich doch? Sie haben gute Verbindungen im Westen. Nein, nein, sagen Sie nichts, wir wissen das!"

Ich hatte eine bagatellisierende Handbewegung gemacht.

„Das ist keine Schande. Man muß nur seine Verbindungen richtig auszunutzen verstehen."

„Sie überschätzen meine Verbindungen. Ich kenne niemanden, der für Sie von Interesse sein könnte."

„So persönlich ist das nicht gemeint. Sie sind zum Beispiel im Westen ganz unverdächtig. Sie arbeiten zufällig im Osten. Das machen viele, nicht wahr? Sie können sich also überall frei bewegen. Verstehen Sie mich richtig. Sie sollen keinen Auftrag erfüllen, den Sie nicht freiwillig übernehmen. Sie sind ein fortschrittlicher Mensch, Sie werden sicher Ihre Frau oder Ihre Verwandten in Ihrem Sinne beeinflussen wollen. Nicht wahr, das tun Sie doch, ja? Sehen Sie, etwas anderes erwarten wir auch nicht von einem demokratischen Lehrer, der im Westen wohnt. Aber das ist nicht genug. Wir haben nichts dagegen, daß Sie im Westen wohnen. Sie haben sich dafür entschieden. Nun gut, das ist Ihre Privatangelegenheit. Aber wenn Sie schon dort wohnen, können wir von Ihnen erwarten, daß Sie aktiv für unsere DDR eintreten. Das ist doch selbstverständlich. Sie können doch nicht Ihre Schüler zu fortschrittlichen Menschen erziehen und dann nach Hause fahren und drüben Ihre Überzeugung einfach verleugnen, nicht wahr? Das verstehen Sie doch."

„Ich mache aus meinem Herzen keine Mördergrube", antwortete ich. „Wenn es nötig ist, vertrete ich meine Meinung. Was Sie mir eben gesagt haben, bestärkt mich nur in meinem Vorsatz, meiner Überzeugung, gleichviel wo, im Westen oder in Osten, treu zu bleiben.

Weil ich das tue, muß ich leider Ihren Vorschlag ablehnen. Solange ich freiwillig irgendeine Überzeugung vertrete, gehört sie mir allein, ich brauche sie vor niemandem verantworten. Wenn jemandem meine Meinung nicht paßt und wenn er mich angreift oder anklagt, dann befinde ich mich in Übereinstimmung mit mir selbst, ich kann mich mit gutem Gewissen verteidigen. Jetzt möchte ich, daß Sie mich recht verstehen. Wenn ich aber meine Meinung in irgendeinem Auftrag vertrete und wenn jemandem das nicht paßt und er mich angreift oder anklagt, dann trage ich auch die Verantwortung für meine Auftraggeber. Ich akzeptiere damit Dinge, die außerhalb meiner Reichweite liegen, und dazu bin ich nicht bereit."

„Lieber Kollege Daniel, Sie haben mich völlig falsch verstanden; Sie sollen keinen Auftrag übernehmen, sondern nur, wie Sie selbst gesagt haben, in Übereinstimmung mit Ihrem Gewissen handeln. Sie sind ein fortschrittlicher Mensch, Sie arbeiten bei uns in der demokratischen Schule und stehen auf dem Boden der Arbeiter- und Bauernmacht. Nicht wahr, das stimmt doch? Ja. Sonst könnte ich auch nicht verstehen, warum Sie bei uns arbeiten. Wir geben Ihnen keinen Auftrag, wir stellen Ihnen nur anheim, sich mit einigen Kollegen im Westen in Verbindung zu setzen und sie in Ihrem Sinne zu beeinflussen." Während sie sprach, zog sie einen Aktendeckel aus der Schublade und schlug ihn auf.

„Sehen Sie, lieber Kollege Daniel, das hier ist eine Liste von fortschrittlichen Kollegen im Westberliner Schuldienst. Niemand kann Ihnen verwehren, ihre Bekanntschaft zu suchen und sie zu bearbeiten ..." Sie korrigierte sich: „... ich meine, sich mit ihnen zu unterhalten."

„Was soll geschehen, wenn ich mich mit ihnen unterhalten habe?" fragte ich.

„Geschehen soll gar nichts, Sie brauchen keine Bedenken zu haben, die Menschen, mit denen Sie zusammenkommen werden, suchen Anschluß an die DDR. Wir kennen ihre Einstellung. Sie sollen nur entscheiden, ob ihre fortschrittliche Einstellung wirklich Herzenssache ist. Das übrige werde ich besorgen."

„Es tut mir leid, aber ich muß Ihren Vorschlag zurückweisen. Ich habe Ihnen schon gesagt, daß ich keine politischen Aufträge annehmen kann."

„Das heißt, Sie wollen nicht. Hoffentlich haben Sie sich Ihre Antwort gut überlegt. Ich sehe sonst keine Möglichkeit mehr für Sie, in unserer Schule zu arbeiten."

„Und ich sehe wiederum keinen Zusammenhang zwischen unserer Unterhaltung und meiner Arbeit als Lehrer."

„Lieber Herr Daniel", sagte die Frau, „ich will Ihnen jetzt reinen Wein einschenken. Sie haben wunderbar begründet, warum Sie keinen „politischen Auftrag" annehmen wollen. Aber diese Bedenken scheinen Sie nur im demokratischen Sektor zu haben."

„Ich nehme an, daß Sie sich von Ihrer Phantasie hinreißen lassen", erwiderte ich.

„Sie halten uns wohl für sehr dumm", fauchte sie, „Sie irren sich. Wir wissen alles. Wir wissen, daß Sie 1948 Verbindung zur amerikanischen Spionagezentrale im RIAS hatten. Wir haben nichts gesagt, wir haben Sie bei uns arbeiten lassen und jetzt, wo Sie Ihre Verbundenheit mit unserem Staat zeigen sollen, lehnen Sie plötzlich ab!"

„Wenn Sie ein paar Sendungen über moderne Kunst als Spionageauftrag betrachten, haben Sie recht."

Ich lehnte eine weitere Unterhaltung mit ihr entschieden ab. Ich tat es so höflich, wie ich es unter diesen Umständen tun konnte und verließ ihr „Büro".

Ich hatte schon seit Jahren befürchtet, daß man dieses Argument gegen mich verwenden würde. Ich erinnere mich an die Aufnahmeprüfung in der Pädagogischen Hochschule. Mir war nach dem Abitur eine Werbeschrift der Pädagogischen Hochschule auf den Tisch geflattert und weil man mich vom Studium wegen „mangelnder gesellschaftlicher Arbeit" ausgeschlossen hatte, ergriff ich freudig die Gelegenheit, doch noch in den Schuldienst zu kommen.

Ich erschien zur Aufnahmeprüfung. Die Prüflinge saßen auf einem langen Flur und beobachteten, wie einer nach dem anderen hinter einer gepolsterten Tür verschwand. Ich mußte lange warten. Es war eine sogenannte kollektive Prüfung. Drei oder vier Prüflinge wurden gleichzeitig vor die Kommission gerufen. Als ich an der Reihe war, mußte ich allein hineingehen. Ich fand nichts Auffallendes daran.

Im Zimmer saßen vier oder fünf Personen, ich nahm sie nur undeutlich wahr. Die Fragen, die man an mich richtete, gingen nicht über die übliche Schablone hinaus. Meine Kenntnisse des Marxismus-Leninismus schienen ihnen zu genügen. Persönliche Fragen wurden nicht gestellt. Die Prüfung verlief glatt. Als ich wieder vor der Tür stand, hatte ich aber den Eindruck, daß irgendetwas unausgesprochen geblieben war. Nach einer Woche sollten wir die Entscheidung der Kommission erfahren. Mein Name war nicht auf der Liste der zugelassenen Studenten, aber ich war auch nicht abgelehnt worden. Ich meldete mich bei dem Professor, der mich geprüft hatte. Ich nannte meinen Namen, er schien sich an mich zu erinnern. Ich fragte ihn nach der Entscheidung der Kommission. Die konnte er mir nicht sagen. Er ließ mich warten. Nach einer Stunde kehrte er wieder.

„Ja, Sie sind zugelassen", teilte er mir mit. Als ich erstaunt nach den Gründen für die späte Entscheidung fragte, sagte er nach einem leisen Zögern:

„Sie haben bei einigen Sendungen des RIAS mitgewirkt, die Kommission wollte Sie ausschließen. Ich habe eben durchgesetzt, daß Sie hier studieren können."

Ich verabschiedete mich von Professor Y. Seine Hilfe kam mir ebenso überraschend wie das Mißtrauen wegen meiner angeblichen Mitarbeit beim RIAS. Ich hatte als Primaner an ein oder zwei Diskussionen über bildende Kunst mitgewirkt. Das war alles. Als ich längere Zeit bei Professor Y. gehört hatte, erfuhr ich, daß er zur „Alten Garde" gehörte. Er war in der Regierung des verfehlten Bela Kuhn Volkskommissar gewesen und der ungarische Parteivorsitzende Rakosi hatte ihn ausgewiesen. Jetzt fristete Professor Y. als Staatenloser und von der Politik ausgeschlossener Mann in der DDR sein Dasein. -

Seit meiner Aufnahme in die Pädagogische Hochschule waren mehr als sechs Jahre vergangen und in der Zwischenzeit hatte kein Mensch auf meine ehemalige „Mitarbeit" im RIAS angespielt. Ich selbst dachte schon längst nicht mehr daran. Die „Kollegin" in der Häuslerstraße hatte mir ins Gedächtnis zurückgerufen, daß meine Akten seit Jahr und Tag mit einer „Spionageaffäre" belastet waren.

Das Schuljahr ging zu Ende. Die zehnten Klassen wurden auf die Ablegung der „Mittleren Reife" vorbereitet. In jedem Fach waren uns vom Volksbildungsministerium dreißig verbindliche Prüfungsfragen zugegangen. Die Fachlehrer hatten diese Fragen mit ihren Schülern durchgearbeitet.

Die Prüfung zerfiel in zwei Teile. Der schriftliche Teil bestand aus einem deutschen Aufsatz, einer Mathematikarbeit und einer russischen Übersetzung. Die Fächer, in denen die Schüler mündlich geprüft wurden, bestimmten die Fachlehrer. Durchschnittlich kam jeder Schüler dreimal in die mündliche Prüfung.

Die zentral gestellten Fragen verhinderten jedes individuelle Eingehen auf den Schüler. Da die Kinder nicht wußten, in welchen Fächern sie geprüft würden, mußten sie die Antworten auf ungefähr dreihundert Fragen auswendig lernen. Das führte dazu, daß die begabten Schüler von minderbegabten, aber gedächtnisstarken Schülern überflügelt wurden.

Die Art, in der der Prüfungsraum hergerichtet und die Sitzordnung aufgeteilt war, erinnerte an das Aussehen eines Gerichtssaals. Das Zeremoniell, das befolgt wurde, verhinderte jeden persönlichen Kontakt zwischen Prüfenden und Geprüften. Die Schüler, die in den letzten Wochen bis zur Bewußtlosigkeit gepaukt hatten, wurden durch die kalte, unpersönliche Atmosphäre, in der sie Rede und Antwort stehen mußten, um den letzten Rest ihrer Selbstbeherrschung gebracht.

Außer dem Vorsitzenden und dem prüfenden Lehrer waren noch zwei weitere Fachlehrer anwesend. Sie hatten bei der Abstimmung über die Schülerleistungen Stimmrecht.

Da wir drei Klassen hatten, die im Fach Deutsch geprüft werden sollten, gehörten die Deutschlehrer Harras, Nötling und ich zur Prüfungskommission. Vanselow war Vorsitzender, aber er hatte auf den Verlauf der Prüfung keinen Einfluß.

Der erste Schüler wurde hereingerufen. Er mußte unter Aufsicht eine Prüfungsfrage ziehen und konnte sich dann in einem Nebenraum auf sein Thema einige Minuten vorbereiten.

Harras' Klasse kam als erste in die Prüfung. Harras saß nervös auf seinem Platz und versuchte uns zu überzeugen, daß die Leistungen seiner Jungen und Mädchen besonders milde beurteilt werden müßten, weil viele Deutschstunden ausgefallen seien und er die Klasse erst in der Mitte des Jahres übernommen habe. Er hätte die Versäumnisse seines Vorgängers nicht aufholen können.

Hinter seinem Gerede verbarg sich die Angst, daß ein schlechter Zensurendurchschnitt seinen Ruf als fortschrittlicher Pädagoge endgültig vernichten würde. Das Ergebnis der Prüfungen wurde sofort dem Schulamt mitgeteilt und nach der Sowjetpädagogik war der Fachlehrer für die Leistungen seiner Klasse verantwortlich. Ein Lehrer, der gute Zensuren verzeichnen konnte, galt als geschickter Pädagoge, und ein Lehrer, der aus irgendeinem Grunde nicht das geforderte Soll erreichte, wurde als schlechter Pädagoge angesehen. Diese Methode führte zu grotesker Rivalität zwischen den Lehrern; jeder wollte mit guten Zensuren aufwarten und mußte dabei zu mehr als zweideutigen Mitteln greifen.

Solange man bei der Zensierung allein war, ließen sich die Zensuren leicht manipulieren; hatten jedoch Kollegen ein Mitspracherecht, wie bei der Prüfung zur „Mittleren Reife", mußte man sich deren „Mitwirkung" sichern. Harras gab uns zu verstehen, daß er milde Urteile wünschte und uns beistehen würde, wenn wir ihn jetzt stützten. Ich hatte nichts dagegen. Während des Schuljahres versuchte ich, meine Schüler gerecht zu beurteilen, aber in Prüfungen hatte ich es mir zur Regel gemacht, dem Schüler alle Vorteile zu überlassen.

Der erste Prüfling erschien. Er mußte sich an ein kleines Pult setzen. Die Kommission saß ihm auf einem erhöhten Podium gegenüber. Mit zitternden Händen breitete der Junge seine Aufzeichnungen vor sich aus.

Der prüfende Lehrer durfte ihm nur helfen, wenn er nicht weiterwußte. Eine Hilfsfrage des Lehrers setzte sofort die Zensur um eine Note herab. Natürlich zögerten wir mit einer Hilfsfrage solange, bis es feststand, daß der Schüler allein nicht mehr weiterkommen würde. Dadurch entstanden lange, peinliche Pausen.

Der Junge löste seine Aufgabe nur sehr ungenau. Er verfuhr nach dem Grundsatz: wer in der Sache unsicher ist, muß über Politik sprechen, und die Frage ist in jedem Falle beantwortet.

Als der Junge seinen Vortrag beendet hatte, wandte sich Harras an uns. Er wollte wissen, ob unser Urteil feststand oder ob wir noch Ergänzungsfragen stellen wollten. Ich lehnte ab. Nötling stellte jedoch einige komplizierte Fragen.

Harras verzog mißbilligend sein Gesicht. Ich hatte ein unangenehmes Gefühl. Der Junge konnte Nötlings Fragen nicht beantworten. Er ging verwirrt hinaus.

Wir hatten unabhängig voneinander die Zensuren niedergeschrieben und deckten sie jetzt auf.

Harras hatte „Sehr gut", ich „Gut" und Nötling „Ausreichend" notiert. Wir sahen uns verblüfft an.

„Das geht doch nicht", sagte Harras ärgerlich. „Wir müssen uns um objektive Zensuren bemühen!"

„Meine Zensur ist objektiv", verteidigte sich Nötling.

„Nein, sie ist nicht objektiv. Hier, bitte ... lesen Sie die Richtlinien für die Zensierung." Er schob uns die Broschüre herüber.

„Hier steht: ‚Der Schüler zeigt sichere Kenntnisse der Tatsachen, erkennt die Zusammenhänge und ist in der Lage, die durch den Unterricht gewonnenen Kenntnisse richtig anzuwenden!' Sehen Sie, danach kann ich Diegler ein „Sehr gut" geben. Ich verstehe gar nicht, wie man zu einem „Ausreichend" kommen kann."

„Lesen Sie mal, was unter der Rubrik ‚Genügend' steht", unterbrach ihn Nötling. „Sehen Sie, da steht: ‚Auf helfende Fragen des Lehrers ist er in der Lage, weitere zusammenhängende Ausführungen zum Thema zu machen.' ‚Zusammenhängend' ist unterstrichen; ich mache Sie darauf aufmerksam, zusammenhängende Ausführungen sind gemeint. Der Schüler konnte aber nicht einmal auf meine Zwischenfragen zusammenhängend antworten. Wenn ich ganz objektiv urteilen würde, müßte ich ihm ein „Mangelhaft" geben."

„Ich bin anderer Meinung", sagte Harras. „Diegler hat alles zusammenhängend beantwortet. Sie haben ihn mit Ihrer Zwischenfrage nur gestört. Er ist durch sie verwirrt worden. Außerdem bitte ich zu beachten, daß seine Antwort sehr parteilich war. Ich lehne Ihre Zensierung ab!"

„Vielleicht können wir uns auf ein „Gut" einigen", schlug ich vor.

„Ich richte mich streng nach den Bestimmungen und lehne jeden Kuhhandel ab!" ereiferte sich Harras. „Ich sehe nicht ein, warum die Leistungen meiner Schüler herabgesetzt werden sollen. Wenn das Ihr Schüler gewesen wäre, würden Sie nicht so streng zensiert haben."

„Was soll das heißen", schrie Nötling. „Mir werden alle Kollegen bestätigen können, daß ich ein sehr gerechter Lehrer bin. Bitte, fragen Sie nur den Kollegen Vanselow!

Fragen Sie ihn! Ich trete immer für objektive Zensuren ein. Es ist mir gleich, welche Klasse ich vor mir habe. Günstlingswirtschaft dulde ich allerdings nicht!"

„Günstlingswirtschaft?! ... Das sagen Sie mir, gerade Sie?" tobte Harras. „Ich habe mal bei Ihnen hospitiert. Ich weiß, wie Ihre Zensuren zustandekommen. Ich habe bisher nur aus Kollegialität geschwiegen, verstehen Sie; weil ich ein anständiger Mensch bin, habe ich nichts gesagt. Kollege Vanselow, wie beurteilen Sie die Leistung Dieglers?"

Vanselow hatte sich bisher nicht in den Streit eingemischt.

„Ich würde ein „Gut" vorschlagen", sagte er besänftigend. „Wir wollen uns doch genau an die Prüfungsbestimmungen halten. Dieglers Leistung war besser als „Ausreichend" und schlechter als „Sehr gut".

Harras sprang empört auf und lehnte jede weitere Prüfung ab.

„Ich mache nicht mehr mit! So geht das nicht. Ich bin jetzt fünfundzwanzig Jahre Lehrer. Schließlich sind meine Erfahrungen kein Pappenstiel. Ich weiß sehr genau, wann eine Leistung „Sehr gut", „Gut" oder schlechter ist. Was Diegler geboten hat, war „Sehr gut". Ich bin Klassenlehrer und kann meine Schüler am besten beurteilen!"

Der Disput hatte mittlerweile eine solche Lautstärke erreicht, daß man ihn auf dem Flur und im Vorbereitungszimmer deutlich hören konnte. Es gab eine turbulente Szene, weder Harras noch Nötling wollten nachgeben. Endlich gelang es Vanselow, die Kontrahenten zu besänftigen.

Wir setzten uns wieder hin.

Pause ...

„Also ...?" fragte Vanselow. „Ist alles geklärt?"

„Natürlich!" sagte Harras.

„Was bekommt Diegler?"

Harras: „Sehr gut"."

Nötling: „Nein, „Ausreichend"."

Der Streit brach wieder los. Ungefähr nach einer halben Stunde kamen wir überein, abzustimmen. Harras stimmte für „Sehr gut", Nötling für „Ausreichend", Vanselow und ich für „Gut". -

Der nächste Prüfling war ein Mädchen. Sie kam verstört aus dem Vorbereitungszimmer. Sie hatte das Gezänk mitgehört und natürlich auf sich bezogen. Als sie uns mit hochroten Köpfen sitzen sah, wurde sie so nervös, daß sie kein Wort hervorbringen konnte. Harras mußte Hilfsfragen stellen. Er versuchte, betont freundlich zu sein. Weil er aber noch erregt war, klang jedes Wort falsch. Das Mädchen antwortete mit „ja" und „nein". Einen zusammenhängenden Satz brachte sie nicht heraus.

Kaum war sie draußen, als das Gezänk von neuem begann, aber jetzt in einem noch aggressiveren Ton. Die Prüfungsatmosphäre wurde unerträglich.

Harras murmelte bei jedem halbwegs vernünftigen Satz „Gut!", „Sehr gut!" und Nötling schüttelte als Antwort gereizt den Kopf. Die Schüler sahen verwirrt von einem zum andern und wagten am Ende nichts mehr zu sagen.

Ich stand auf und ging ins Vorbereitungszimmer. Dort saß wieder ein Mädchen; als ich eintrat, bekam sie einen Weinkrampf. Jedes laute Wort, das man im Prüfungsraum sprach, drang durch die Tür. Es wurde gerade soweit abgedämpft, daß man nicht mehr den Sinn verstehen konnte. Ich versuchte die Schülerin zu beruhigen.

Als ich meinen Platz wieder einnahm, war die Prüfung eines Schülers gerade beendet worden.

Harras wandte sich an Nötling.

„Das war wohl auch ein „Ausreichend" - nach Ihrer Meinung, was?" fragte er höhnisch.

„Jawohl, das war ein knappes ‚Ausreichend'", antwortete Nötling beherrscht.

„Das war ein glattes „Sehr gut", mein lieber Kollege.

Ich lehne jede Diskussion darüber ab. Der Schüler hat sehr gute Kenntnisse gezeigt, er hat sie im Zusammenhang vorgetragen und er war in seiner Darstellung parteilich. Punkt - das ist ein „Sehr gut"."

Nötling äußerte, daß er jede Verantwortung ablehne. Er gebe nur nach, um die Prüfung zu retten.

Nach vier Stunden endloser Streitereien war Harras' Klasse geprüft. Jetzt war Nötling an der Reihe.

Die Rollen wurden getauscht. Nötling forderte noch radikaler als Harras gute Zensuren für seine Schüler und Harras übersah nicht das Geringste, um die Zensuren herabzusetzen. Als die Stimmung unerträglich geworden war, hatte Vanselow unter irgendeinem Vorwand die Prüfung verlassen und ließ sich nicht mehr sehen.

Die Leidtragenden waren die Schüler. Sie standen auf dem Flur herum und fühlten sich wie Angeklagte vor der Urteilsverkündung.

Die Prüfung dehnte sich endlos aus. Es ging schon längst nicht mehr um gerechte

Zensuren oder um die Schüler. Harras und Nötling kämpften um die Gunst der Partei. Sie wollten Karriere machen und brauchten dazu einen guten Leistungsdurchschnitt. Da sie ihr Niveau nicht hatten halten können, versuchten sie gegenseitig, ihre Zensuren zu drücken. Es war abstoßend. Ich dachte mit Schrecken, was geschehen würde, wenn meine Schüler in die Prüfung kommen würden.

Meine schlimmsten Erwartungen wurden übertroffen. Von ihren gegenseitigen Anklagen ermüdet, stürzten sie sich auf meine Schüler, um zu beweisen, wie objektiv, gerecht und gewissenhaft sie bisher gewesen waren. Beide nahmen mir übel, daß ich keinen von ihnen unterstützt hatte. Jetzt wurden sie gegen mich die Gerechtigkeit in Person. Kein Fehler, kein Irrtum und kein Versprecher der Schüler entging ihnen. Sie berücksichtigten jedes Detail bei der Urteilsfindung. Sie tüftelten solange an den Bewertungsmaßstäben herum, bis sich die für die vorliegenden Leistungen geringste Zensur ergab. Ob ich wollte oder nicht, ich wurde in das allgemeine Gezänk hineingezogen. Nachdem sie sich gegenseitig den Zensurendurchschnitt um zwei Noten herabgesetzt hatten, konnten sie natürlich nicht dulden, daß ich der lachende Dritte blieb.

Ich setzte mich zur Wehr - aber ich wurde von ihnen überstimmt. Es wurde bis aufs Messer gestritten. Die Prüfung zog sich bis acht Uhr abends hin. Planmäßig sollte sie schon um 15 Uhr zuende sein. Die Schüler, die für 13 oder 14 Uhr bestellt waren, mußten sechs oder sieben Stunden warten. Als sie aufgerufen wurden, waren sie übermüdet. Die Leistungen waren dementsprechend.

Als wir aufhörten, hatten die Zensuren im Fach Deutsch nichts mehr gemein mit den in Aussicht genommenen Vorzensuren. Mit grimmigen Gesichtern hatten Harras und Nötling ihr Zerstörungswerk vollbracht.

Nach der Prüfung nahm Nötlings Tätigkeit ein überraschendes Ende. Ich erwähnte schon, daß sein ehrgeiziges Ziel ein Lehrstuhl an der Humboldt-Universität war. Zur Verwirklichung dieser Absicht fehlte ihm nur die Zustimmung der Partei. Aus diesem Grunde hatte er mit aller Gewalt einen außergewöhnlichen Zensurendurchschnitt für seine Klasse zu erzwingen versucht. Als er nun seinen Plan gescheitert sah, suchte er fieberhaft nach einem neuen Mittel, um die Partei noch in letzter Minute umzustimmen. Er verfiel auf den Gedanken, seine Klasse geschlossen in die FDJ zu führen.

Vierzehn Tage lang bearbeitete er seine Schüler mit allen Mitteln, die ihm zur Verfügung standen. Er berief eine außerordentliche Klassenelternversammlung ein und drohte den Eltern, ihre Kinder von der Oberschule auszuschließen, wenn sie sich weiterhin weigern würden, in die FDJ einzutreten; er mobilisierte die FDJ, die ihm bereitwillig Agitatoren zu seiner Unterstützung in die Klasse sandte, und er setzte selbst im Unterricht seine Schüler solange unter Druck, bis sie sich tatsächlich einverstanden erklärten, geschlossen in die FDJ einzutreten ... Nötlings Triumph war jedoch verfrüht. Die Partei blieb halsstarrig. Sie verweigerte ihm die Genehmigung, den Schuldienst zu verlassen.

Als er erfahren mußte, daß seine Fähigkeiten trotz aller Anstrengungen nicht gewürdigt wurden, packte er kurz entschlossen seine Habseligkeiten und verschwand von einem Tag zum andern nach Westberlin.

Nötling war verschwunden, aber seine Schüler blieben zurück. Sie waren jetzt zwar Mitglieder der FDJ, aber sie hatten gleichzeitig mit aller nur wünschenswerten Deutlichkeit erlebt, wie es um die Gesinnung ihrer Peiniger bestellt war.

12. KAPITEL
Die relative Wahrheit

Einen Tag vor Ablauf der Kündigungsfrist erhielt ich einen dringenden Anruf vom Schulamt. Ich sollte mich unverzüglich beim stellvertretenden Hauptschulrat Krüger melden. Ich wußte, was diese überstürzte Zitation kurz vor dem letzten Entlassungstermin zu bedeuten hatte. Der Zufall wollte es, daß ich vor vier Jahren meinen Dienst bei Krüger aufgenommen hatte und daß er auch beim letzten Akt die Hauptperson war.

Ich war nur einer von vielen. Mit mir wurden alle noch in Westberlin wohnenden Lehrer entlassen. Bis zum letzten Tag war darüber strengstes Stillschweigen gewahrt worden. Mehrere hundert Lehrer wurden schlagartig an einem Tag ins Schulamt bestellt. Sie sollten überrumpelt werden und keine Zeit zu „Gegenmaßnahmen" haben. Die Vorsichtsmaßnahmen des Schulamts waren absurd. Kein Mensch dachte an irgendeine Aktion zu unseren Gunsten. Aber die Partei ging von der Fiktion aus, daß wir alle Agenten des Klassenfeindes waren und daß uns geheimnisvolle Mittel zur Verfügung stünden, denen man mit strikter Geheimhaltung und großem propagandistischen Aufwand begegnen müßte. Krüger hatte für die Entlassung jedes Lehrers etwa 10 Minuten angesetzt. In dieser Zeit mußte das Schreiben ausgehändigt, besprochen und unterschrieben werden. Kaum war die Unterschrift auf dem Papier, wurde man höflich, aber bestimmt aufgefordert, das Haus zu verlassen. Um die Zeit zu kontrollieren, die wir im Schulamt verbrachten, wurden uns Passierscheine ausgehändigt, auf denen der Zeitpunkt unseres Eintreffens und Abganges vermerkt wurde. Offenbar war die Ordnung etwas durcheinandergeraten. Als ich vor Krügers Büro eintraf, warteten schon einige Lehrer, bis sie zu Krüger vorgelassen wurden. Ich erfuhr, daß wir entlassen waren.

Als ich bei Krüger eintrat, reichte er mir hastig einen Zettel und wollte, daß ich ihn gleich unterschrieb. Ich las erst den lapidaren Text durch, ehe ich meinen Namen daruntersetzte.

„Werter Kollege,

infolge der absinkenden Schülerzahl verringert sich der Lehrerbedarf an unseren Oberschulen. Wir sehen uns daher gezwungen, Ihnen das Arbeitsverhältnis zum 31. August 1955 zu kündigen."

Krüger saß nervös da und trommelte mit seinem Bleistift auf die Schreibunterlage. Kaum hatte ich meinen Federhalter abgesetzt, fragte er mich:

„Wollen Sie gegen Ihre Entlassung protestieren?"

„Nein", antwortete ich.

Vor Krügers Tür waren noch mehr Lehrer eingetroffen. Sie wußten, was sie erwartete. Aber ich sah keine Spur von Aufregung. Seit Jahren hatten sie mit diesem Tag gerechnet. Sie waren trotz aller Kompromisse, die sie hatten schließen müssen, nicht demoralisiert worden. Sie nahmen die Folgen ihrer Haltung widerspruchslos auf sich. Einer nach dem anderen traten sie bei Krüger ein und gaben schweigend ihre Unterschrift.

Die Aushändigung des Entlassungsschreibens war eine Formalität. Mit diesem juristischen Akt war für die Partei noch nicht alles erreicht. Die Entlassung allein konnte uns zu Märtyrern stempeln; daher mußten wir noch ideologisch zur Strecke gebracht werden. Das Ansehen, daß wir bei Kollegen und Schülern vielleicht genossen, mußte untergraben werden. Unsere Ehrlichkeit, unser Ruf, unsere menschliche Sauberkeit mußten in den Schmutz gezogen werden.

Daß die Entlassungen politische Gründe hatten, wurde nicht in Zweifel gezogen; selbst die Funktionäre gaben sich nicht der Täuschung hin, daß jemand die fadenscheinige Begründung glauben könnte. Wir waren solange eine Gefahr, bis man nicht ein ideologisches und menschliches Verdammungsurteil über uns fällen konnte. Dieser zweite Akt spielte sich nach den Entlassungen auf den Konferenzen der einzelnen Schulen ab. Nach diesem Schema wurde auch bei mir verfahren. Offiziell sollten auf der nächsten Konferenz nur Routinefragen besprochen werden. Die Themen nahmen keine Notiz davon, daß ein Kollege entlassen worden war. Aber das war nur die Oberfläche; in Wirklichkeit hatten die Genossen einen detaillierten Plan vorbereitet, um mich ins Unrecht zu setzen.

Jedem einzelnen Genossen war eine genaue umrissene Rolle zugeteilt worden. Man hatte sich bemüht, die Argumente zu erraten, die ich möglicherweise zur Sprache bringen würde, und die Gegenargumente schriftlich ausgearbeitet. Wenn ich wider Erwarten schwieg, war dafür gesorgt, daß ein anderer den Fall aufs Tapet brachte - das ausgearbeitete Verdammungsurteil mußte auf jeden Fall gesprochen werden. Ich kannte die Spielregeln und beabsichtigte nicht, widerspruchslos meine politische Haltung entwerten zu lassen.

Vanselow setzte gerade zum Sprechen an, als er sah, daß ich mich zu Worte meldete. Hastig schluckte er seinen Satz herunter und räumte mir das Feld.

„Sie haben alle von meiner Entlassung gehört. Ich habe den Eindruck, daß Sie mir darüber einiges sagen wollen. Gut, sagen Sie, was Sie sagen müssen. Ich bin davon überzeugt, daß nicht alle hier anwesenden Kollegen auch sagen wollen, was sie sagen müssen."

Löbsack nahm als erster das Wort. „Was heißt, daß nicht alle sagen wollen, was sie sagen müssen? Wir sind uns hier alle einig ... Ihre Entlassung ist in Übereinstimmung mit den vorgesehenen Terminen und Gesetzen erfolgt. Die Rechtslage ist unanfechtbar. Wenn Sie die Gründe hören wollen, warum auch die Gewerkschaft ihrer Entlassung zugestimmt hat, möchte ich Sie daran erinnern, daß Sie in Westberlin wohnen. Uns ist allen bekannt, daß dort 36 imperialistische Geheimdienste ihr Unwesen treiben, die nur ein einziges Ziel verfolgen: die Vernichtung der Deutschen Demokratischen Republik. Ihr Wohnsitz entzieht Sie der Kontrolle der demokratischen Sicherheitsorgane. Wir wissen nicht, was Sie drüben machen und wozu man sie ‚mißbraucht'."

„Sie irren sich, wenn Sie glauben, daß ich über meine Entlassung empört bin. Es ist das gute Recht der Schulverwaltung, mich zu entlassen. Ich wehre mich nur dagegen, daß ich mit einer Lüge entlassen werde. Ich lege Wert darauf, hier, im Kreise unseres Kollegiums festzustellen, daß die wahren Gründe für meine Entlassung verheimlicht werden. Sie waren aber schon so freundlich und haben gesagt, daß ich wegen Spionageverdachts entlassen werde."

Löbsack war verblüfft. Er zögerte mit seiner Antwort. Die neue Parteisekretärin sprang für ihn ein. Sie war ein junges Mädchen und kam gerade von der Parteischule. Sie war das weibliche Gegenstück zu Budde, aber noch voller Idealismus und unverbrauchter Kraft. „Wir geben dem Klassenfeind keine Mittel in die Hand", belehrte sie mich. „Wenn wir den wahren Grund Ihrer Entlassung angeben würden, könnte der Feind das propagandistisch ausnutzen."

„Ich will Ihnen mit den Worten des ‚Kommunistischen Manifests' antworten", sagte ich. „Dort steht der Satz, daß die Kommunisten es verschmähen, ihre Ansichten und Absichten zu verheimlichen. Das sind mutige Worte, die man nur aussprechen kann, wenn man sich im Recht weiß. Wenn Sie glauben, daß alle jetzt entlassenen Lehrer Spione sind, dann können Sie es doch vor aller Welt aussprechen. Wenn Sie das nicht tun, unterdrücken Sie Ihre eigene Wahrheit. Daraus müßte man die Schlußfolgerung ziehen, daß Sie im Gegensatz zum Kommunistischen Manifest das Bekanntwerden Ihrer Ansichten und Absichten fürchten."

„Steht das im Kommunistischen Manifest?" fragte die junge Parteisekretärin Vanselow. Er konnte sich nicht erinnern.

„Können Sie den Satz vorlesen?" fragte sie mich.

Die Konferenz gewann etwas Operettenhaftes. Ich zog das Buch aus dem Regal und las die Stelle vor.

„Geben Sie mir doch bitte das Buch", forderte die Parteisekretärin. Sie vertiefte sich einen Augenblick in die Lektüre.

„Ja", sagte sie. „Nun, das Kommunistische Manifest ist unter anderen gesellschaftlichen Verhältnissen geschrieben. Was hier steht, ist für die damalige Zeit richtig gewesen. Die Verhältnisse haben sich geändert. Jetzt müssen wir anders handeln."

„Das ist nicht gut möglich", sagte ich, „dieser Satz ist ein Grundprinzip der kommunistischen Weltanschauung. Wenn Sie heute diesen Satz ablehnen, sind Sie keine Kommunistin mehr."

„Sie verdrehen mir das Wort im Munde!" erwiderte sie aufgebracht. „Ich lehne keinen Satz von Marx ab. Beides ist richtig. Als Marx und Engels das Kommunistische Manifest schrieben, war die Losung richtig. Heute muß man sie dagegen mit den neuen historischen Bedingungen in Einklang bringen."

„Dann hat man also nichts mehr, woran man sich halten kann. Dann kann jeder Satz des Kommunistischen Manifests umgestoßen werden. Wenn Sie so verfahren, wird das Vertrauen der Menschen in die Partei erschüttert. Es gibt nach Ihren Worten nichts Feststehendes, nichts Dauerndes - alles ist bloße Taktik im Kampf gegen den Klassenfeind."

Die junge Parteisekretärin beging eine große Unvorsichtigkeit. „Ja", sagte sie, „das ist nur Taktik."

Die Genossen schnappten nach Luft. Ich hatte sie bloßgestellt. Sie war vom Klassenfeind - als solcher wurde ich betrachtet - in eine unmögliche Lage gebracht worden. Sie hatte zugegeben, daß es keine unumstößlichen Normen, kein feststehendes Recht und keinen von der Politik des Tages unabhängigen Wahrheitsbegriff gab. Die Genossen begannen, ihrer Sekretärin heftig zu widersprechen, selbst der vorsichtige Vanselow mußte eingreifen.

„Nein, wir betreiben keine Politik des Augenzwinkerns. Wir sind in jedem Augenblick von der Richtigkeit unserer Politik überzeugt. Aber wir unterscheiden zwischen relativer, objektiver und absoluter Wahrheit. Wir haben einen historischen Wahrheitsbegriff. Er verändert sich mit der gesellschaftlichen Entwicklung. Das heißt nicht, daß wir keinen feststehenden Wahrheitsbegriff haben. Die absolute Wahrheit ist für die Partei in jeder historischen Phase bindend."

„Was ist denn diese absolute Wahrheit?" fragte ich.

„Nun ja", antwortete Vanselow überlegend - die junge Parteisekretärin hatte sich noch nicht von ihrem Schreck erholt und überließ ihm die Diskussion. „Nun ja, ... die absolute Wahrheit ist das Ziel der gesellschaftlichen Entwicklung. Sie besagt, daß sich alles in Bewegung befindet. Es gibt nur, wie soll ich sagen, eine sukzessive Approximation an die absolute Wahrheit, ohne daß sie jemals ganz erreicht werden könnte."

„Sukzessive Approximation heißt doch wohl eine allmähliche Annäherung an die Wahrheit. Wenn die Partei sich erst allmählich der absoluten Wahrheit nähert, dann geben Sie doch selbst zu, daß sie keinen feststehenden Wahrheitsbegriff hat, an dem sich festhalten läßt." „Nein, das verstehen Sie falsch ..." begann Vanselow wieder. Es ging ihm nicht um die Lösung der Frage. Er wollte den peinlichen Eindruck verwischen, den die unvorsichtigen Worte der Parteisekretärin gemacht hatten. Ich äußerte mich nicht mehr dazu. Endlich ließ er das Thema fallen.

Die Überleitung zu meiner Entlassung war jetzt schwer zu finden. Vanselow gab Löbsack einen Wink. Er setzte einfach dort an, wo er aufgehört hatte. Unsere Diskussion paßte nicht in seine Marschroute und er tat einfach so, als ob das eine nebensächliche Arabeske war.

„Also, was Ihre Entlassung betrifft - wir wissen nicht, ob Sie nicht schon lange ein Agent des imperialistischen Geheimdienstes sind. Darum müssen Sie gehen. Ich denke, das wird Ihnen durch die Diskussion klar geworden sein."

Vanselow griff den Faden auf.

„Liegen noch Wortmeldungen vor?" fragte er.

Er wartete eine Weile und als sich keiner meldete, fuhr er ärgerlich fort:

„Ich lege Wert darauf, daß jeder seine Meinung sagt."

Die Genossen brachten der Reihe nach ihre vorbereiteten „Diskussionsbeiträge" vor. Es waren jeweils nur ein paar Worte, in denen sie meiner Entlassung auch „persönlich" zustimmten. Von den parteilosen Lehrern sagte keiner ein Wort. Sie schwiegen. Das war das einzige, was sie für mich tun konnten; hinter ihrem Schweigen konnte sich alles verbergen.

Ich hatte mir vorgenommen, noch Verschiedenes zu sagen, aber ich kam nicht dazu. Ich wurde müde und wartete nur noch ungeduldig auf das Ende der Konferenz.

Nachwort

Was bleibt noch zu sagen? Ich habe hier wenig von meinen Schülern berichtet, aber ihre Situation war mir bei jeder Zeile, die ich niederschrieb, gegenwärtig.

Mein Schicksal im Ost-Berliner Schuldienst - so widerspruchsvoll es bis zu meinem Ausscheiden war - ist von mir stellvertretend für die Situation vieler Lehrer erzählt worden, die geflohen sind oder noch im Osten arbeiten. Meine Erlebnisse sind nur ein kleiner Ausschnitt, ein Mosaiksteinchen in einem großen Bild - aber es war mir ein Bedürfnis, etwas von der ausweglosen Situation des Lehrers in einem totalitären Staat einzufangen und vielleicht verständlich zu machen.

Das hatte ich mir zur Aufgabe gemacht. Bei all den Szenen, die ich erzählt habe, sind meine Schüler in den Hintergrund gedrängt worden, darum will ich hier noch ein letztes Wort über die Jugend sagen, wie sie mir in der Schule begegnet ist. Sie ist allen Anfechtungen zum Trotz geistig selbständig geblieben. Ich verhehle nicht, daß die seit 1948 einsetzende Politisierung Einfluß auf sie gehabt hat - vieles von der Parteiideologie ist unbewußt in ihr Denken eingegangen - aber sie hat sich in ihrem Wesentlichsten, in ihrer Freiheitsliebe erhalten können. Ich habe an vielen Beispielen erlebt, daß das Regime nicht die ursprüngliche Offenheit und den Gerechtigkeitssinn der Jugend brechen konnte und ich bin davon überzeugt, daß die kommunistische Schule mit ihren unzähligen Kontroll- und Zwangsmaßnahmen das auch in Zukunft nicht vermögen wird.

Ganz im Gegenteil. Wenn man schon von einem dialektischen Prozeß sprechen will, kann man dafür die Erziehungsergebnisse der ostdeutschen Schule anführen. Dadurch, daß sie die Freiheitsliebe der Jugend knebelt, ruft sie erst recht eine freiheitliche Besinnung hervor. Indem sie die Individualität des Schülers unterdrückt, macht sie ihm bewußt, daß er eine Individualität besitzt. Dieser widerspruchsvolle Prozeß ist mit der totalitären Schule unlösbar verbunden.

Verstärkt wird dieses unbeabsichtigte Erziehungsergebnis durch eine demoralisierte Lehrerschaft. Die konventionalisierte Lüge im Unterricht, die doppelte Moral, die von der Jugend trotz aller Gewöhnung immer empfunden wird, die politische Korruption, all das läßt sich vor den Schülern nicht verheimlichen. Zwischen Lehrer und Schüler steht eine Lüge, sie schafft eine Kluft, die sich niemals ganz überbrücken läßt. Das ist nicht zu vermeiden - und vielleicht ist es gut so. Die Distanz, die Lehrer und Schüler im totalitären Staat trennt, ist eine Garantie dafür, daß der feine Sinn der Jugend das Spinnennetz erkennt, das aus freiwilligen oder erzwungenen Lügen um sie gewoben wird.

René Ahlberg

Lasset die Blumen blühen

Eine Diskussion um Jürgen Kuczynski

Jürgen Kuczynski, prominenter Professor an der Humboldt-Universität und Leiter der Abteilung Wirtschaftsgeschichte am Institut für Geschichte an der Deutschen Akademie der Wissenschaften, Verfasser der siebenbändigen „Geschichte der Lage der Arbeiter" und anderer international anerkannter Werke, steht nicht zum erstenmal im Mittelpunkt einer aktuellen Diskussion um den Marxismus, aber die letzte Auseinandersetzung mit der Gruppe um Walter Ulbricht, in die er seit dem Frühjahr 1957 verwickelt ist, scheint die folgenschwerste und gefährlichste zu sein, die er bisher durchzustehen hatte. Den Auftakt zu der zwischen Kuczynski und der Partei mit Erbitterung geführten Diskussion gab sein im theoretischen Organ der SED, „Einheit", veröffentlichter Artikel „Meinungsstreit, Dogmatismus und ‚Liberale Kritik'", der, von der Redaktion ostentativ zur Diskussion gestellt, auch sogleich die beabsichtigte Flut empörter und linientreuer Zuschriften auslöste.[1]

Der Artikel Kuczynskis, der Ende November 1956 offensichtlich unter dem Eindruck der ideologischen Umwertung auf dem XX. Parteitag der KPdSU und vor allem unter dem Einfluß der von Mao Tse-tung ausgegebenen Parole - „Laßt hundert Blumen miteinander blühen! Laßt hundert Schulen miteinander streiten!" geschrieben worden ist, wurde zunächst von der Redaktion der „Einheit" abgelehnt, dann aber, nach internen Auseinandersetzungen im Redaktionskollegium - an denen übrigens neben Kuczynski auch Walter Ulbricht teilnahm - im Mai 1957, ein halbes Jahr nach dem Einsendetermin, doch noch zur Veröffentlichung freigegeben.

Zu diesem Zeitpunkt war allerdings der Volksaufstand in Ungarn zusammengebrochen, waren die Unruhen in Polen kanalisiert und die Opposition in der DDR mit der Verurteilung Wolfgang Harichs und seiner Gesinnungsgenossen zum Schweigen gebracht worden. Die SED war wieder Herr der Lage, die Opposition aber vorerst nur mit den Mitteln des Polizeiterrors zurückgedrängt; unterirdisch schwelten die freiheitlichen Ideen in der Intelligenz und besonders unter den Hochschullehrern und Studenten fort. Die Partei brauchte nunmehr einen Anlaß, die Opposition aus der Reserve zu locken. Der Kuczynski-Artikel, dessen leidenschaftliche Formulierungen mehr als eine Angriffsfläche boten, bot im Mai 1957 für die SED eine willkommene Gelegenheit, eine kontrollierte Diskussion zu entfachen, um die Idee der Opposition nun auch ideologisch zu unterdrücken.

1. Die Thesen Kuczynskis
1.1. Meinungsstreit und Schulen

„Möge es mehrere, möge es viele Schulen unter den Kulturschaffenden geben", schreibt Kuczynski einleitend in seinem Artikel „Meinungsstreit, Dogmatismus und ‚Liberale Kritik'". „Seit Jahrhunderten entwickelt sich die Kultur in solchen Schulen. Wie glänzend dienten die philosophischen Schulen Griechenlands der Sklavenhaltergesellschaft in ihrem fortschrittlichen Stadium! Wie klug und weise pflegte die Kirche des frühen Feudalismus die verschiedensten Richtungen des Denkens! Welche tiefe Bewunderung empfand Marx für die Entfaltung politökonomischen Denkens in den verschiedenen Schulen des fortschrittlichen Bürgertums, von den Merkantilisten bis zu den Ricardianern! Und welch genialer Gärtner im Blumengarten der sowjetischen Kultur war Lenin!"[2]

„Nichts von alledem was hier geschrieben steht, ist neu", fährt er fort. „Konsultieren wir die großen Wissenschaftler der Vergangenheit - Sokrates oder Leibniz oder Lenin - die großen Staatsmänner der Geschichte - Solon oder Heinrich IV. von Frankreich und wiederum Lenin: Zweieinhalb Jahrtausende sind diese Weisheiten bekannt und niemals ganz vergessen worden.

Und doch müssen wir sie heute wiederholen: einmal, um sie unter neuen Umständen richtig anwenden zu lernen, und sodann, weil, wie es schon oft in der Geschichte geschehen ist, sie zeitweilig von so manchen vergessen worden waren.

Vergessen unter *der Herrschaft des Dogmatismus und des Personenkults*.

Wohl hatte man gegen das Unkraut gekämpft. Aber gleichzeitig, um wucherndes Unkraut und blühende Blumen auch für Blinde unterschiedlich zu machen, war man dazu übergegangen, alle Blumen in gleicher Weise zu beschneiden."

1.2. Alle suchen die Wahrheit

„Alle Wissenschaftler und Künstler und Schriftsteller streben der Wahrheit entgegen", stellt Kuczynski sodann lapidar fest.[3] Und um zu unterstreichen, daß sich dieses Wahrheitsstreben bei keinem Wissenschaftler, Künstler und Schriftsteller zügeln läßt, schreibt er: „Der schöpferische Geist sucht beharrlich nach Neuem und stellt Fragen ... und dabei läßt er sich nicht ‚zügeln'! - ebensowenig wie ein beschränkter Beamter von Florenz das wissende Lächeln der Mona Lisa oder ein sich allmächtig dünkender Papst den Lauf der Erde um die Sonne ‚zügeln' konnte.

Vieles im gesellschaftlichen Leben läßt sich zügeln - aber niemals das Suchen nach Wahrheit! Natürlich kann man die nach Wahrheit Suchenden foltern, ins Gefängnis werfen, morden. Die Geschichte ist reich an solchen Beispielen ... Und noch etwas kann man tun: man kann die Jugend so erziehen, daß sie nie das Denken lernt - eine Aufgabe, die sich die Dogmatiker gestellt haben. Und manche Umstände haben auch bei uns den Dogmatikern bei der Erfüllung ihrer Aufgabe geholfen."[4]

1.3. Gegen Dogmatismus und Schwarzweißmalerei

„Bekanntlich führte der Dogmatismus bei uns dazu, daß kitschige Schwarzweißmalerei der Lage der Arbeiter in den kapitalistischen und den sozialistischen Ländern in einer Weise betrieben wurde", präzisiert Kuczynski seinen Standpunkt, „daß die Lage der Arbeiter in Westdeutschland so geschildert wurde, als ob sie dort alle chronisch am Hungertuche nagten, während sich die Lage der Arbeiter in der DDR in jeder Beziehung weit über der der westdeutschen Arbeiter befände."

Und etwas voreilig fährt er fort: „Reichlich lange hat es leider gedauert, bis die Lücke zwischen der ‚Schwarzweißerkenntnis' und der Wahrheit einer differenzierten Wirklichkeit sich zu schließen begann. Berechtigt also, notwendig, fruchtbar war und ist der Meinungsstreit um die bessere Erkenntnis der Wirklichkeit. Und je heftiger er tobt, desto schneller wird unsere Erkenntnis voranschreiten."

Aber „elende Krämerseelen des Marxismus sind die, die uns für so schwach halten, daß wir nicht vertragen können, zu wissen, daß die Arbeiter in Westdeutschland in mancher Beziehung besser leben als wir ...".[5]

1.4. Dialektische gegen „liberale" oder dogmatische Kritik

Um seine eigene dialektische Kritik von einer „feindlichen" abzuheben, schreibt er: „Natürlich sucht der Feind, den Meinungsstreit für sich zu nutzen ..."

„Die Forderung nach ‚Liberalisierung der Kritik' oder ‚Liberaler Kritik' heißt also bei uns nichts anderes als die Forderung, dem Feind die Form der Kritik zu erlauben, die nach rückwärts führt, die uns beim Fortschreiten hemmt und hindert, ja uns weit zurückwirft."[6]

„Aber nicht nur gewissermaßen im Gegensatz dürfen wir den wirklichkeitsfremden Dogmatiker und den ‚Liberalen Kritiker' gegenüberstellen, sondern auch dialektisch so: Je freier der Dogmatiker unter uns wüten kann, je heftiger wir ihn daher bekämpfen müssen, um so leichter kann sich die ‚Liberale Kritik' unter die Kämpfenden mischen, gekleidet in die Rüstung des Streiters gegen den Dogmatismus, in Wirklichkeit aber ein Feind allen Fortschritts, der die Blumenbeete mit den vergifteten Äpfeln des trojanischen Pferdes düngt."[7]

„Einfach sind die Grundlinien", sagt Kuczynski zum Abschluß, „lasset die Blumen blühen und rauft das Unkraut heraus! Entfaltet den Meinungsstreit und entlarvt die ‚Liberale Kritik'!"[8]

2. Zum Verständnis der Thesen

Daß Kultur und Wissenschaft sich nur im freien Meinungsstreit und mittels Schulen entfalten können, ist - wie Kuczynski betonte - nicht neu; aber von der erlauchten Ahnengalerie einmal abgesehen, die er beschwor, ist sie auch in der verhältnismäßig kurzen Geschichte Sowjetrußlands alles andere als neu. Er konnte sich mit seiner Forderung nach wissenschaftlichen und künstlerischen Schulen auf eine lange und konfliktreiche Tradition berufen. Diese Forderung ist in Sowjetrußland in den verschiedensten historischen Situationen immer wieder erhoben und ebensooft als bourgeoise Verirrung verworfen worden. Er warf nur einmal mehr den für jeden Marxisten unüberwindlichen Konflikt zwischen der Dialektik in der Theorie (was nichts anderes als Bewegung durch den Kampf der Gegensätze heißt) und der unantastbaren Parteilinie in der politischen Praxis auf.

Diesem Widerspruch ist in der Sowjetunion Ende der zwanziger Jahre die politökonomische Schule N. Bucharins ebenso zum Opfer gefallen wie später die dialektische Schule A. M. Deborins.

In gleicher Weise ist der bekannte sowjetische Wirtschaftswissenschaftler E. Varga Mitte der dreißiger Jahre zum Widerruf seiner Abweichungen gezwungen worden, als er auf den Meinungsstreit in den Wissenschaften pochte und damit seine Schule legitimieren wollte. Es erübrigt sich, an die jüngeren Vorgänge zu erinnern, etwa an den Versuch des sowjetischen Philosophen G. F. Alexandrov, mit seinem Buch über die Geschichte der Philosophie einen neuen Wertmaßstab in das sowjetische Geistesleben einzuführen. Alexandrov ist gleich nach Erscheinen seines Werkes von Shdanov 1947 gezwungen worden, abzuschwören.

Daß der geistige Fortschritt sich nur im Kampf der Meinungen verwirklicht, ist in der kommunistischen Welt schon immer eine vielzitierte These gewesen, die in der Praxis nie geduldet wurde. Es mutet daher etwas tragikomisch an, wenn Kuczynski die Übereinstimmung seiner Forderung mit der Parteilinie damit beweisen will, daß er in seinem Artikel aus dem Bericht des Politbüros „Über die Arbeit der SED nach dem XX. Parteitag und die bisherige Durchführung der Beschlüsse der 3. Parteikonferenz" den Ulbricht-Ausspruch zitierte: „Ohne wissenschaftlichen Meinungsstreit ist die Herausarbeitung neuer Erkenntnisse nicht möglich."[9] Damit hatte Ulbricht keinesfalls sagen wollen, wie man Kuczynski sehr bald klarmachte, daß das, was umstritten werden sollte, von irgendeinem Wissenschaftler, Schriftsteller oder Künstler, und sei es auch von einem so renommierten Mann wie Kuczynski, aufgeworfen werden dürfte, sondern damit war der Anspruch der Partei gemeint, den Gegenstand, über den diskutiert werden sollte, allein zu bestimmen.

Der Vorstoß Kuczynskis ist jedoch nicht in jeder Beziehung mit ähnlichen Versuchen in der Vergangenheit vergleichbar. Seine Situation unterschied sich in zwei Punkten ganz wesentlich von den hier aufgeführten Beispielen.

Erstens war er bei seinem Vorstoß in der Lage, sich auf die unumstrittene Autorität Mao Tse-tungs zu berufen, und zweitens konnte er die Argumente des XX. Parteitages zu seinen Gunsten ins Feld führen. Und gerade daß er von diesen beiden Möglichkeiten Gebrauch gemacht hat, brachte seine parteiamtlichen Kritiker in die peinliche Lage, ihn einerseits widerlegen zu müssen und andererseits - wenigstens in Worten - nicht gegen die Richtlinien des Moskauer Parteitages verstoßen zu dürfen.

Die Feststellung Kuczynskis, daß alle Wissenschaftler, Schriftsteller und Künstler ausnahmslos die Wahrheit suchen, verstößt nicht nur gegen den offiziell gepflegten Kult der Parteilichkeit, sondern steht sogar im Gegensatz zu seinen eigenen Ausführungen in der „Zeitschrift für Geschichtswissenschaft" über „Parteilichkeit und Objektivität".[10] Sie ist nicht anders zu erklären, als daß der seelische Druck, unter dem er bei Abfassung seines Artikels gestanden haben muß, so stark geworden war, daß er alle sonst geübte Vorsicht außer acht ließ.

Obwohl der Gedanke sich nicht wiederholt, setzten fast alle Angriffe an diesem Punkt an; denn diese Behauptung ist nicht so voraussetzungslos, wie man vielleicht meinen könnte. Ihre Beziehungen zu der von Georg Lukács in Ungarn proklamierten ideologischen Koexistenz sind nicht zu übersehen. Lukács hatte in seiner 1956 gehaltenen Rede vor der Politischen Akademie der Ungarischen Werktätigen die totale Koexistenz mit dem Westen gefordert und dabei die Meinung vertreten, daß man in dem anzubahnenden weltweiten Gespräch davon ausgehen müßte, daß auch im Westen Wissenschaft, Literatur und Kunst um die Wahrheit bemüht seien. Die Behauptung Kuczynskis, daß alle Wissenschaftler, Schriftsteller und Künstler der Wahrheit entgegenstreben, kommt daher den ungarischen Ideen über ideologische Koexistenz bedenklich nahe und mußte von der SED eine scharfe Zurückweisung erfahren.

Auch die außerordentlich scharfe Verurteilung des Dogmatismus mußte die Partei brüskieren. Seine Vorwürfe unterstellten, daß die Partei in dieser Periode nur schwarzweiß zu sehen vermochte und daß damit, wenigstens solange die Herrschaft des Dogmatismus währte, einer der fundamentalsten Ansprüche der sozialistischen Gesellschaft, nämlich mit Hilfe der marxistischen Erkenntnistheorie die Wirklichkeit besser und genauer zu erkennen als irgendeine andere Philosophie, außer Kraft gesetzt war. Der Dogmatismus wird damit von Kuczynski zu einer politischen Erscheinung gestempelt, die, mit Leichtigkeit und von der Partei unbemerkt, einen der wichtigsten Grundpfeiler des Marxismus untergraben hatte. So wird auch die Behauptung, daß die dialektische Erkenntnis der Wirklichkeit - aus der man die Überlegenheit des Sozialismus über den Kapitalismus ableitet - in dieser Zeit einfach in einer „Schwarz-Weiß-Erkenntnis" bestand, zu einem Angriff, der ins Herz der Partei traf. Und selbst in seiner letzten Forderung, die „Liberale Kritik" zu bekämpfen, zieht Kuczynski nur scheinbar am gleichen Strang wie die Partei. Wenn er den Kampf gegen die „Liberale Kritik" in einem Atemzug mit dem Kampf gegen den Dogmatismus nennt und wenn er sie als Ergebnis eben dieses Dogmatismus sieht, dann schiebt er die Schuld, daß es in der DDR Verhältnisse gibt, an denen der „Feind" Kritik üben kann, auf diesem Umweg der Partei in die Schuhe. Wenn er z. B. unterstellt, daß nur die Herrschaft des Dogmatismus in der DDR der sogenannten „Liberalen Kritik" die Möglichkeit gibt, in die Lücke zwischen Ideologie und Wirklichkeit hineinzustoßen, dann liegt für jeden die Schlußfolgerung auf der Hand, daß es diese Kritik nicht geben würde, wenn der Dogmatismus tatsächlich verschwunden wäre. Indem Kuczynski die „Liberale Kritik" ursächlich an den Dogmatismus bindet, wird das Vorhandensein dieses Phänomens in der DDR zum stillen Vorwurf gegen die Partei.

Wenn der Kuczynski-Artikel trotz der hier dargelegten häretischen Aspekte dennoch zum Abdruck gelangte, so nur, weil diese Ideen bereits in weite Kreise der Bevölkerung und selbst in die Reihen der Partei eingedrungen waren und weil es gefährlicher war, den unterirdischen Zersetzungsprozeß, dem man mit machtpolitischen Mitteln nicht beikommen konnte, unbeachtet fortschwelen zu lassen, als in einer gelenkten Diskussion wenigstens den Versuch zu machen, ihn ideologisch abzufangen.

3. Der Verlauf der Diskussion

Bevor die Diskussion über den Kuczynski-Artikel in Gang kam, hatte am 13. Mai 1957 in Berlin eine Konferenz der „Einheit" mit Wissenschaftlern, Propagandisten und Lesern stattgefunden, in deren Verlauf Walter Ulbricht unter anderen auch Kuczinski angriff.

„Es hat sich gezeigt", rügte Ulbricht, „daß eine Reihe von Genossen, die als Kämpfer gegen den Dogmatismus begonnen haben, inzwischen mit ihren Grundauffassungen hervorgekommen ist, die sich gegen die führende Rolle der Partei und gegen die Staatslehre des Marxismus-Leninismus richten. Fehler, die es früher in der Sowjetunion, in den volksdemokratischen Ländern und auch in der Deutschen Demokratischen Republik gab, wurden ausgenutzt, um die Staatstheorie des Marxismus-Leninismus und die führende Rolle der Partei anzugreifen. In dem Artikel des Genossen Kuczynski für die ‚Einheit' kommt diese Meinung über die Negierung der Rolle der Partei ganz deutlich zum Ausdruck. Genosse Kuczynski schüttelt mit dem Kopf. Das ist ja gerade sein Unglück, daß er den eigenen Fehler nicht sieht."[11] Worauf sich Kuczynski zu dem Zwischenruf veranlaßt sah: „Ich weiß schon!"

Ulbricht: „Ich weiß es noch nicht ... Eines muß man bei uns ändern: Bisher war es in einer Anzahl Zeitschriften und an den meisten Universitäten und Hochschulen so, daß die verschiedensten kleinbürgerlichen und anderen Ideologien vertreten werden durften, nur der Marxismus kam nicht zu Wort. Wir meinen, daß dieser Zustand nicht normal ist!"[12]

Von den Vorwürfen gegen Kuczynski einmal abgesehen, wirft die groteske Behauptung Ulbrichts, daß an den meisten Hochschulen und Universitäten der DDR kleinbürgerliche und andere Ideologien vorherrschen und nur der Marxismus nicht zu Worte kommt, ein bezeichnendes Licht auf die gegenwärtige und zukünftige Hochschulpolitik der SED. Sie zeigt auch, in welchen Verzerrungen sich die Zonenwirklichkeit in den Köpfen der höchsten Parteifunktionäre widerspiegelt. Darüber hinaus ist sie symptomatisch für die Unsicherheit der Partei, die sie überall Gefahren, Feinde, Saboteure wittern und den Artikel eines einzelnen Mannes zum Zeichen einer allgemeinen Auflösung des Marxismus nehmen läßt.

4. Wo bleibt der Klassenstandpunkt?

Es ist für die geistige Unbeweglichkeit der führenden SED-Funktionäre bezeichnend, daß sie der Gefahr, die der Kuczynski-Artikel mit der Forderung nach Meinungsstreit und wissenschaftlichen Schulen für die Parteibürokratie heraufbeschwor, nicht anders zu begegnen wußten als mit den alten dogmatischen Gedankenschablonen. Das typischste Beispiel dieser Tendenz lieferte der Genosse Ernst Hoffmann. Da er es zu einer echten Auseinandersetzung mit den von Kuczynski erhobenen Forderungen nicht kommen lassen konnte, stellte er einfach die Dinge auf den Kopf und behauptete, daß „der Dogmatismus eine Erscheinungsform der bürgerlichen Ideologie darstellt" und daher in der SED, die sich ausschließlich vom Marxismus-Leninismus in ihrer Politik leiten lasse, gar nicht zur Herrschaft gelangen konnte. Der Vorwurf des Dogmatismus sei daher gegenstandslos!

Die Begründung, die er dafür gibt, ist wirklich eine „schöpferische" Anwendung des Marxismus-Leninismus auf die die Herrschaft der SED bedrohenden neuen Gedanken aus China, zu deren Sprecher sich Kuczynski gemacht hatte.

„Der wissenschaftliche Meinungsstreit benötigt zu seiner Entfaltung nicht nur den unversöhnlichen Kampf gegen den Revisionismus", schreibt Hoffmann, „sondern zugleich auch den ständigen Kampf gegen Erscheinungen der dogmatischen Erstarrung und Versimpelung der marxistisch-leninistischen Wissenschaft. Der Dogmatismus verwandelt Anschauungen und Erkenntnisse in unabänderliche, erstarrte, von der lebendigen Entwicklung losgelöste Lehren und sanktioniert sie als unantastbare und keines Beweises bedürftige Glaubenssätze. Das ist vor allen Dingen ein Wesenszug der bürgerlichen Ideologie und spiegelt das gegen die sozialistische Veränderung des Lebens gerichtete Klasseninteresse der untergehenden Bourgeoisie wider. Ebenso geht hieraus hervor, daß der Dogmatismus den Interessen der Arbeiterklasse und ihrer Partei widerspricht, dem Marxismus wesensfremd und mit seiner dialektischen Seele unvereinbar ist."[13]

Der Dogmatismus ist nach Hoffmanns Definition ein „Wesenszug der gegenwärtigen bürgerlichen Ideologie", und da der Marxismus-Leninismus eben eine proletarische Ideologie ist, kann es in einer Partei, die von ihr erfüllt ist, natürlich keinen Dogmatismus geben. So zwiespältig dieser nahezu fetischistische Glaube an die Zauberkraft des Marxismus-Leninismus selbst für die Partei sein mußte - eine offizielle Zurückweisung dieser Behauptung ist nicht erfolgt.

„Eine Herrschaft des Dogmatismus hat es natürlich in unserer Partei nicht gegeben", stellt Hoffmann mit der größten Selbstverständlichkeit fest. „In unserer Partei herrschte und herrscht der Marxismus-Leninismus."[14]

Nach diesen grundsätzlichen Bemerkungen stellt er Kuczynski einige Fragen. Den

Anlaß zu seinen Fragen geben ihm die von Kuczynski erwähnten Namen Sokrates, Solon und Heinrich IV., hinter denen er eine subversive Tendenz vermutet.

„Da der Idealist Sokrates, der Verfechter der Theologie, ausdrücklich genannt und dazu noch als großer Wissenschaftler gekennzeichnet wird, ergibt sich, daß Genosse Kuczynski nicht etwa nur die materialistischen Schulen im Auge hat. Meint nun Genosse Kuczynski, daß wir Schulen der idealistischen Philosophie für den Aufbau der sozialistischen Gesellschaft errichten und pflegen lassen sollen?"[15]

Und in bezug auf Solon und Heinrich IV. fragt er:

„Warum wechselt Genosse Kuzcynski ohne jedwede Erklärung von den Schulen unter den Kulturschaffenden zu politisch-staatlichen Klassenorganisationen über? Warum unternimmt er es nicht, die alten bekannten Weisheiten Solons und Heinrichs IV. unter neuen Umständen richtig anwenden zu lernen? Soll der Leser hieraus schlußfolgern, daß es viele Schulen nicht nur unter den Kulturschaffenden, sondern auch unter den Politikern geben möge? Genügen dem Genossen Kuczynski die fünf politischen Parteien bei uns nicht? Für wen sollen wir dann weitere Parteien zulassen? Etwa für das Monopolkapital oder den Großgrundbesitz?"[16]

Völlig konsterniert ist Hoffmann durch die Erwähnung Lenins in diesem Zusammenhang:

„Und was hat Lenin mit alledem zu schaffen? Hat Lenin etwa die Sowjetverfassung gemäß den Weisheiten Solons und Heinrichs IV. ausgearbeitet?"[17]

Die restlichen Teile des Hoffmannschen Diskussionsbeitrages erschöpfen sich in der stilistischen Variation der in vielen ähnlichen Situationen bewährten Phrasen, daß „die Existenz mehrerer oder gar vieler Schulen ... der Klassenstruktur des Arbeiterstaates widerspricht" und daß Kuczynski in seinem Artikel nicht „von der Klassenposition des Proletariats ausgeht", sondern „von den Positionen aufsteigender Ausbeuterklassen."[18]

Im gleichen Ton, wenn auch mit etwas geschliffenerer Feder, griff Professor Zweiling, stellvertretender Leiter des Instituts für Philosophie an der Humboldt-Universität, in die Diskussion ein. Er betont gleich am Anfang, daß er sich mit Hoffmanns Urteil über den Kuczynski-Artikel einig wisse.

„Genosse Hoffmann hat bereits festgestellt", schreibt er, „daß die Berufung auf den Idealisten Sokrates, den Stammvater der großen idealistischen Schulen des klassischen Griechenland, deutlich verrät, daß Genosse Kuczynski den Klassenstandpunkt im ideologischen Meinungsstreit verlassen hat, obgleich er bei dem von ihm so unglaublich mißbrauchten Lenin hätte nachlesen können, daß ‚der Materialismus sozusagen die Parteimäßigkeit' einschließt, ‚da er verpflichtet, bei jeder Bewertung eines Ereignisses direkt und offen auf den Standpunkt einer bestimmten Gesellschaftsgruppe zu treten'."[19]

Auch Zweiling fehlen zu einer direkten Auseinandersetzung mit der Forderung nach Meinungsstreit und Schulen die Argumente. Dafür bieten auch ihm die von Kuczynski genannten Philosophen, besonders Sokrates, den Vorwand, eine Nebenfrage zum Hauptargument gegen Kuczynski zu machen. Er erörtert langatmig einige Probleme aus der griechischen Philosophie, um schließlich das sokratische „Daimonion" - das er vorher zu diesem Zweck dramatisiert hat - als Kronzeugen gegen Kuczynski zu zitieren.

„Während die Demokratie die Menschen auf die Polis, die Stadt, den Staat orientiert", schreibt Zweiling, „sucht Sokrates das Individuum auf sich selbst zu orientieren, auf das ‚Daimonion', die dämonische, ‚göttliche' Stimme in der eigenen Brust. Das bedeutet, soweit es gelang, die Atomisierung des Volkes, seine politische Entwaffnung gegenüber der aristokratischen Reaktion, die nur von einer einheitlich handelnden, aktiven Volksmasse niedergehalten werden konnte."[20]

Damit ist auch für Zweiling der Ausgangspunkt konstruiert, um Kuczynski „marxistisch" zu widerlegen. Fortan unterstellt er, daß Kuczynski bei seiner Forderung von der Überlegenheit des Genies, das sich auf sein „Daimonion" orientiert, über das Volk, die Massen ausgegangen ist. Marx, Engels, Lenin usw. hätten aber unwiderlegbar bewiesen, daß nicht Genies die Menschheit vorwärtsrissen, sondern daß der geistige und ökonomische Fortschritt von den breiten Massen vollbracht würde. Kuczynskis Forderung bedeute deshalb nichts anderes als eine „Mißachtung der Volksmassen" und eine Verherrlichung des Genies. Alles laufe bei ihm darauf hinaus, „jedem Daimonion seine Schule! - ‚blühen' zu lassen."

„Genosse Kuczynski aber sieht nur diese Seite des Gesamtzusammenhanges - nur die Diskussion unter Wissenschaftlern", schreibt Zweiling weiter, „nicht aber die Tatsache, daß diese Diskussion getragen wird von den Volksmassen und ihr Wert sich bestimmt in deren Lebensinteressen. Damit verliert er den wirklichen Zusammenhang. Und er bemerkt nicht, daß dies ein erster Schritt ist, den Boden unter den Füßen zu verlieren, wie Sokrates ihn verlor."[21]

Der Hinweis auf das Schicksal Sokrates ist deutlich genug. Kuczynski hat den ersten Schritt getan, um, nach Zweiling, gerechterweise das gleiche Schicksal zu erleiden. Gleich darauf enthüllt Zweiling mit aller nur wünschenswerten Deutlichkeit, welche Absicht er eigentlich mit der diffizilen Erörterung griechischer Philosophie verfolgt: „Wer auf dem Standpunkt steht: Jedem Daimonion seine Schule, der kann natürlich auch nicht begreifen, daß schon Marx darauf hingewiesen hat, daß es gesellschaftliche Zusammenhänge gibt, *in denen es nicht darauf ankommt, zu diskutieren, sondern allein darauf, zu denunzieren.*"[22]

Zweiling steht in seiner Diskussionsführung in nichts den primitiven Unterstellungen Hoffmanns nach, auch er vollzieht mit einem dialektischen Scheinmanöver die Umdeutung des Dogmatismus in etwas anderes, zwar nicht - wie Hoffmann - zu einem ausschließlich bürgerlichen Phänomen, sondern zu einer subjektiven Variante, mit der er Kuczynski zu diffamieren sucht.

Wer den wissenschaftlichen Meinungsstreit in der DDR fordert, wer unter den gegenwärtig herrschenden Klassenverhältnissen eine objektive Diskussion forciert, der ist - gleichviel, ob er es bewußt oder unbewußt tut - ein „Dogmatiker des Objektivismus".

„Aber kein ‚Dogmatiker' - mit und ohne Anführungsstriche", schreibt Zweiling, „hat der Sache der Arbeiterklasse, hat dem Fortschritt in der Erkenntnis der objektiven Wahrheit so viel Schaden zufügen können, wie die Preisgabe des Klassenstandpunktes durch den Genossen Kuczynski und einiger anderer Genossen Wissenschaftler."[23]

Einen weiteren Beitrag zur Diskussion lieferte der SED-Sekretär der Humboldt-Universität Hans Singer. Er betrachtete die Forderung nach Meinungsstreit praktisch von den ideologischen Verhältnissen an der Universität aus gesehen und kam zu dem Ergebnis, daß Schulen und Meinungsstreit für die Parteiarbeit nicht zuträglich seien.

„Genosse Kuczynski beginnt seinen Artikel mit der Feststellung: ‚Lasset die Blumen blühen: jede in ihrer Art und Eigenheit.' Hat nicht aber erst vor kurzer Zeit die vom damaligen Dekan der Veterinärmedizinischen Fakultät, Professor Schützler, geförderte Tätigkeit von Agenten imperialistischer Geheimdienste auch den Klassenkampf an der Humboldt-Universität gezeigt?" meint Singer. „Man muß offen sagen, daß seine (Kuczynskis) Überlegungen leider der Parteiarbeit an der Humboldt-Universität nicht gerade helfen, daß sie in ihrer abstrakten Art der Partei nicht dienen, ihre führende Rolle in Lehre und Forschung zu verwirklichen. Genosse Kuczynski diskutiert ohne Boden unter den Füßen, im luftleeren Raum. Der reale Boden sind doch die Klassenverhältnisse und der Klassenkampf."[24] „Für uns Genossen geht es darum, alle aufgeworfenen Probleme vom Standpunkt des Marxismus-Leninismus zu behandeln und überzeugend zu beantworten; streng wissenschaftlich und parteiisch, da das dem Sozialismus dient. Hätte Genosse Kuczynski das gründlich untersucht, hätte er der Partei an der Humboldt-Universität geholfen."[25]

Den letzten Beitrag mit neuen Gesichtspunkten zum Dogmatismus-Meinungsstreit-Problem brachte Günther Gräfe, Dozent für deutsche Sprache und Literatur an der Universität Nanking. Durch seinen Aufenthalt in China mit der dortigen Politik vertraut, interpretierte er die Losung: „Laßt hundert Blumen miteinander blühen! Laßt hundert Schulen miteinander streiten!" fast mit den gleichen Worten wie Kuczynski: „Das Wesen der Richtlinie besteht darin, unter den gegebenen Bedingungen alle Hemmnisse zu beseitigen, die der Entwicklung der Diskussion, der Kritik und des Meinungsstreits entgegenstehen. Die Partei will die freie Diskussion unter den Schriftstellern, Künstlern und Wissenschaftlern fördern und den Besonderheiten des wissenschaftlichen Meinungsstreites Rechnung tragen. Sie will alle Kräfte im Lande fördern und zusammenschließen, die etwas Positives zur neuen chinesischen Kultur beitragen können und wollen. Sie setzt sich damit das Ziel, den schöpferischen Kräften des chinesischen Volkes, insbesondere seinen Wissenschaftlern, Schriftstellern und Künstlern, einen Aufschwung zu ermöglichen, wie ihn die chinesische Kultur seit zweitausend Jahren nicht gekannt hat."[26]

Diese Ausführungen über die chinesische Kulturpolitik stimmen - wie schon gesagt - fast wörtlich mit der Forderung Kuczynskis überein. Aber - um die Übereinstimmung der Thesen ging es der SED gar nicht mehr, in diesen sauren Apfel mußte sie wohl oder übel beißen. So eifrig die Partei sonst alle Maßnahmen von der Sowjetunion übernahm und ihre Vorbildlichkeit pries, in diesem Fall wurden die Argumente, mit denen die Dogmatismusgegner gegen die schematische Übernahme sowjetischer Maßnahmen protestierten, gegen sie selbst ausgespielt. Zu diesem Zweck wurde ein Diskussionsbeitrag von Heinz Siggelkow aus Berlin N veröffentlicht:

„Genosse Kuczynski hat Abschnitte der Ausführungen des Genossen Mao Tse-tung, die eine bestimmte konkrete Situation in der Volksrepublik China betreffen, automatisch auf die Deutsche Demokratische Republik übertragen. Erst nach Kenntnis der Hinweise des Genossen Mao Tse-tung war mir der Dogmatismus des Genossen

Kuczynski richtig klargeworden." (Es bleibt unklar, welche Hinweise hier gemeint sind. Der Verfasser.) Siggelkow schreibt weiter: „Genosse Kuczynski will angeblich dem Dogmatismus zu Leibe rücken. Für meine Begriffe ist unter Dogmatismus auch die schematische Übernahme von Erfahrungen unserer Bruderparteien und Länder auf unsere Verhältnisse zu verstehen, ohne dabei von Ort, Zeit und Bedingungen auszugehen. Und das trifft offensichtlich auf die Ausführungen des Genossen Kuczynski zu."[27]

5. Die ganze Wahrheit

„Auch mir stieg der Satz von Kuczynski ‚Alle Künstler und Wissenschaftler und Schriftsteller streben der Wahrheit entgegen ...' unliebsam in die Nase", schreibt Kurt Jähnig aus Kitzscher im Kreise Borna, „jedoch hätte ich die Widerlegung dieses Satzes auf Grund meines recht mangelhaften Wissens nicht so überzeugend klar abfassen können wie Ernst Hoffmann."[28]

Das was Kurt Jähnig aus Kitzscher so „unliebsam in die Nase ... stieg", hatte Hoffmann allerdings klar und eindeutig ausgesprochen:

„Also alle Wissenschaftler, Künstler und Schriftsteller - sowohl die Ideologen der Arbeiterklasse als auch die Ideologen der Bourgeoisie - streben gemäß Genossen Kuczynski der Wahrheit entgegen. Das schreibt Genosse Kuczynski ohne jegliche Einschränkung zu einer Zeit, da die imperialistische Bourgeoisie Tausende ihrer Wissenschaftler und Schriftsteller damit beschäftigt, die objektive Wahrheit zu entstellen, die marxistisch-leninistische Wissenschaft zu ‚widerlegen' oder zu ‚revidieren' und die reaktionäre Ideologie des Nationalismus, des Antikommunismus sowie des verfaulten Liberalismus zu verbreiten."[29]

Und um die Gefahren dieser Wahrheitskonzeption für die Herrschaftsstruktur der SED allen Genossen plausibel zu machen, weist Hoffmann auf ihre Ähnlichkeit mit den Ideen der bekannten Lukács-Rede vom 28. Juni 1956 vor der Politischen Akademie der Partei der Ungarischen Werktätigen in Budapest hin.

„Es ist im Grunde die gleiche Konzeption, die Lukács in der im ‚Aufbau' (Heft 9, 1956) veröffentlichten Rede vertritt. Lukács leugnet ausgerechnet für die gegenwärtige Situation des verschärften ideologischen Kampfes in der Welt den Zustand, ‚wo sich Freund und Feind wie zwei Lager gegenüberstehen', und fährt fort: ‚Die Aufgabe des Marxismus wäre es, das ganze Feld (der Literatur und Kunst - E. Hoffmann) zu überblicken, die Werke unvoreingenommen vom Gesichtspunkt der Koexistenz, der jetzigen Strategie aus zu beurteilen ...'"[30]

Damit war von Hoffmann das schärfste Urteil gesprochen, das man unter den gegebenen Verhältnissen fällen konnte.

Zweiling versuchte auch, die These zu widerlegen, daß das subjektive Streben nach Wahrheit sich nicht zügeln ließe.

„Hinter dieser von Genosse Kuczynski aufgeworfenen Problematik steht natürlich die Frage", schreibt Zweiling, „die Genosse Kuczynski selbst auszusprechen aus Schamgefühl vermeidet - wer denn nun entscheidet, welcher Meinungsstreit ‚zulässig' ist und welcher nicht? Natürlich nicht das individuelle Bewußtsein der einzelnen Genossen Wissenschaftler, sondern das organisierte Bewußtsein der Arbeiterklasse, der Partei (von der auch wir Genossen Wissenschaftler selbst ein Teil, aber eben nur ein Teil sind!). Darum gehört es zu den Aufgaben der Partei, den ‚Meinungsstreit' zu ‚zügeln', so unangenehm das auch dem Daimonion des Genossen Kuczynski sein mag."[31]

Man beachte bei diesem Zitat - worauf auch Kuczynski in seinem Schlußwort hinwies - daß Zweiling das Wort „Wahrheit" durch das Wort „Meinungsstreit" ersetzte, wodurch er dann den gewünschten Effekt erzielte. Es hätte auch recht eigenartig geklungen: die Aufgabe der Partei ist, die Wahrheit zu zügeln!

Im Folgenden versuchte Zweiling mit dem Begriff der *„ganzen Wahrheit"* Kuczynskis Behauptung zu entkräften. „Die Wahrheit ist - wie schon Hegel wußte - immer das Ganze!" schreibt er.[32] Dabei unterstellt er wieder - gemäß dem Kuczynski bereits vorher unterschobenen sokratischen Daimonion - daß er „die Wahrheit individualistisch auf die Verantwortung des sokratischen Daimonion in der Brust des einzelnen Wissenschaftlers reduziert."[33]

Kuczynski spricht allerdings davon, daß jeder Wissenschaftler und Künstler nicht nur im gesellschaftlichen Zusammenhang, sondern auch individuell zur Wahrheit strebt, das ist seinem Artikel zweifellos zu entnehmen. Vom gesellschaftlichen Zusammenhang, der von Kuczynski ebenfalls erwähnt wird, sieht Zweiling völlig ab, er greift das individuelle Streben nach Wahrheit an, und zwar nicht aus logischen oder erkenntnistheoretischen Gründen, sondern ausschließlich aus ideologischen Erwägungen. Hinter Zweilings *„ganzer Wahrheit"*, die er Kuczynski gegenüberstellt, steht die sattsam bekannte Auffassung, daß nur die „kollektive *Vernunft*" der Partei die „*ganze Wahrheit*" erkennen kann und daß jedes individuelle Streben zur Wahrheit deshalb von vornherein ungenügend, fehlerhaft und partiell ist. Und wenn man noch ein Stück weitergeht und die bereits zitierte Stelle aus Zweilings Diskussionsbeitrag heranzieht, wo er davon spricht, daß die Diskussion und damit die Wahrheitsfindung sich in den „Lebensinteressen" der Volksmassen bestimmt, dann werden die Grundpositionen der Diskussionsteilnehmer sichtbar. Die Zweilingsche Position ist nur scheinbar pragmatisch. In Wirklichkeit ist für ihn die Lebensdienlichkeit durchaus nicht das Kriterium der Wahrheit. Auch dahinter verbirgt sich noch ein weiteres ideologisches Postulat, daß nur das, was dem Aufbau des Sozialismus dient, was der Partei dient, den Lebensinteressen der Volksmassen entspricht und wahr ist. Alles andere muß falsch sein!

Die „ganze Wahrheit", von der Zweiling spricht, erweist sich als die parteiliche Wahrheit der SED, die man in einem Satz aussprechen kann: Wahr ist, was der Partei dient!

6. Eine Schule genügt

Am einfachsten drückte der Genosse Wilhelm Weigel, Rentner in Chemnitz, in einem Brief an die Redaktion den Standpunkt der Partei zu den umstrittenen Problemen aus.

„Seit dem Erscheinen der ‚Einheit' bin ich Leser derselben und habe viele gute Aufsätze darin gelesen, welche ich in dem Parteilehrjahr und in Monatsversammlungen der Wohngruppe zur Diskussion gut verwerten konnte. Aber ich habe auch Aufsätze gelesen, wo ich den Kopf schütteln mußte, aber ich habe es gelten gelassen, weil ich auf dem Standpunkt stand, bei jedem ‚Schmelzprozeß' gibt es ‚Schlacken', warum soll es nicht auch in der ‚Einheit' welche geben.

Aber zu dem Aufsatz des Genossen Kuczynski möchte ich nicht schweigen.

Dieser Aufsatz erschien in der Mai-‚Einheit', und ich muß sagen, das sind keine ‚Schlacken' mehr. In einem Atemzug von den griechischen Schulen, von der Kirche in dem Feudalismus, von Solon und Heinrich IV. und von Lenin zu sprechen, ist schon kein Unsinn mehr. Von Heinrich IV. weiß ich nur wenig, aber von Lenin weiß ich, daß er die Welt aus den Angeln gehoben hat. Und nun kommt Genosse Kuczynski und stellt Heinrich IV. und Lenin gleich. Nach meiner Ansicht wäre dieser Aufsatz ein Artikel für die ‚Frankfurter Zeitung' gewesen, aber nicht für die ‚Einheit'.

Und dann schreibt Genosse Kuczynski von einem Blumengarten: den möchte ich sehen, da steht und wächst weiter nichts wie giftiger ‚Nachtschatten'. Auch schreibt Genosse Kuczynski von ‚Schulen', es fehlt bloß noch die ‚Hitlersche Schule', das war doch bestimmt eine harte Schule der bitteren Erkenntnis für die deutsche Arbeiterklasse.

Für mich kommen auch nicht die verschiedenen Blumengärten in Frage, sondern nur der marxistische.

Ich kenne auch nicht verschiedene Schulen, sondern nur eine, und zwar die Schule des wissenschaftlichen Marxismus, und die genügt mir. Genosse Kuczynski hat viel bürgerliche Philosophie gelesen, aber besser wäre es, er würde sich mehr mit unseren marxistischen Klassikern abgeben. Genosse Kuczynski soll doch einmal den Aufsatz von Fred Oelssner im Mai-Heft lesen, wie klar und einfach dieser geschrieben ist, mit diesem Aufsatz kann man wenigstens etwas anfangen, und mich dauern als Rentner die 0,50 DM nicht, die ich für die ‚Einheit' ausgebe."[34]

7. Abschließende Bemerkungen zur Diskussion

Die Diskussion um den Kuczynski-Artikel hat fast ein Jahr gedauert, vom Mai 1957 bis Februar 1958. In ihrem Verlauf sind 52 Beiträge in der Redaktion der „Einheit" eingegangen, von denen 22 zur Veröffentlichung ausgewählt wurden. Die Mehrzahl der eingegangenen Zuschriften war unbrauchbar, wohl weil sie dem Standpunkt Kuczynskis beipflichteten. Mit Ausnahme der hier besprochenen Artikel, die sich hauptsächlich um das Meinungsstreit-Dogmatismus-Problem gruppierten, beschäftigten sich die übrigen veröffentlichten Diskussionsbeiträge mit unwichtigen Detailfragen, wie Terminologie in den Wirtschaftswissenschaften oder Parteilichkeit in den SED-Publikationen, die hier nicht interessieren konnten. Der scharfe Ton in der Auseinandersetzung mit Kuczynski wurde nur im Falle des Kuczynski-Schülers und Westberliner SED-Funktionärs Paul Zieber durchbrochen, dessen liberaler Beitrag von der Redaktion auf wenige Zeilen zusammengestrichen nur mit den Initialen P. Z. und dem Vermerk „Bln.-Steglitz" veröffentlicht wurde und offensichtlich den Eindruck erwecken sollte, daß sich auch die Westberliner kritisch mit dem Kuczynski-Standpunkt auseinandersetzten.

Die Aggressivität der übrigen Veröffentlichungen ließ erwarten, daß Kuczynski dem organisierten Druck der Partei und der Pressekampagne gegen ihn erliegen würde. Es zeigte sich aber, daß die Umwertung auf dem XX. Parteitag und besonders die chinesische Kulturpolitik Kuczynski zunächst einen weit stärkeren Rückhalt boten, als die Partei vermutet hätte. Zwar distanzierte sich Kuczynski in seinem Schlußwort von einigen zum Teil „auch ausgesprochen schlechten Formulierungen", beharrte jedoch gegen alle Anfeindungen auf seiner Grundforderung nach wissenschaftlichen Schulen und freier Diskussion.

8. Kuczynskis Antwort

Die Antwort Kuczynskis an seine Kritiker erschien im Februar-Heft 1958 der „Einheit" zusammen mit einer redaktionellen Stellungnahme. Kuczynskis Erwiderung war in einer nicht weniger leidenschaftlichen Sprache gehalten wie der umstrittene Artikel: „Meinungsstreit, Dogmatismus und ‚Liberale Kritik'". Er distanzierte sich nur in zwei unwesentlichen Punkten von der ursprünglichen Fassung: erstens von der Form und zweitens - ein Zugeständnis an die Taktik der SED - vom Zeitpunkt des Erscheinens. Im übrigen waren seine Schlußbemerkungen alles andere als eine reumütige Selbstkritik.

„Die Form meines Appells ist, wie Genosse Meusel[35] mit Recht bemerkt hat, für einen Meinungsstreit ‚zu literarisch'. Er ist in den Formulierungen nicht präzis genug, weil er, meiner Ansicht nach mit vollem Recht für den ursprünglich gedachten Zweck, zuviel mit Vergleichen arbeitet, zu oft das eindringliche Bild an die Stelle der genauen Begründung setzt.

Dazu kommt, daß mein Artikel auch ausgesprochen schlechte Formulierungen enthält, wie die, in der ich sage, daß die Dogmatiker sich die Aufgabe gestellt haben, ‚die Jugend so zu erziehen, daß sie nie das Denken lernt'. Die Dogmatiker haben sich das nicht bewußt als Aufgabe gestellt, sondern das ist vielmehr das Resultat dogmatischer Belehrung."[36]

Selbst das Zugeständnis „schlechter Formulierungen" ist - wie man sieht - von einer genaueren Fassung begleitet, die den sachlichen Angriff gegen den Dogmatismus ungeschmälert aufrechterhält. Dann ergreift Kuczynski sofort wieder die Initiative und gibt den formalen Vorwurf an seine Gegner zurück. Er verwahrt sich energisch gegen die böswilligen Unterstellungen „von Genossen, die höhere wissenschaftliche Funktionen haben" und „in unserem Meinungsstreit mich so ,gelesen' haben, daß mein Text von ihnen den Argumenten, die ihnen zur Verfügung stehen, angepaßt wurde, oder daß der Sinn des Textes so völlig entstellt wurde, daß kein normaler Leser dem Interpreten mehr folgen kann."[37] „Verdrehungen sind keine Argumente", schreibt Kuczynski weiter und meint Ernst Hoffmann und Klaus Zweiling.

Auch wenn er zugesteht, den Zeitpunkt seiner Kritik falsch gewählt zu haben, gibt er nichts vom Inhalt seiner Forderungen preis:

„Nach dem XX. Parteitag der KPdSU hatten wir den Kampf gegen den Dogmatismus mit aller Schärfe aufgenommen. Das war richtig und notwendig. Nach den Ereignissen in Ungarn war es falsch, wie ich es in meinem Artikel getan habe, nur eine halbe Wendung vorzunehmen und das Gewicht des Kampfes gleichmäßig auf die Offensive gegen Dogmatismus und gegen ,Liberale Kritik' zu verteilen."[38]

Nach diesen Zugeständnissen in der Form und in der Taktik wendet sich Kuczynski wieder gegen alle Unterstellungen und Verdrehungen. Auf die schon erwähnte Konferenz der „Einheit" mit Wissenschaftlern, Propagandisten, Parteiarbeitern und Lesern vom 13. Mai 1957 eingehend, auf der er von Ulbricht angegriffen wurde, weist er entschieden den Vorwurf Ulbrichts zurück, daß er die führende Rolle der Partei negiert habe und schreibt:

„Ja, ich schüttelte den Kopf und schüttelte den Kopf und schüttle ihn heute noch viel energischer. Damals war noch ein Element des Spontanen im Schütteln des Kopfes; denn noch nie in meinem Leben hat jemand mir den Vorwurf gemacht, daß ich die führende Rolle der Partei negiere."[39]

Dann verteidigt er die von der Partei abgelehnte Forderung nach Schulen und wissenschaftlichem Meinungsstreit. In seinem Schlußwort wiederholt er aber nicht nur seine Forderung, sondern bringt den Versuch, beides zu verdammen, ganz offen mit dem noch immer existierenden Dogmatismus in Verbindung.

„Nur wo Dogmatismus, wo Unfruchtbarkeit herrscht - oder wo Persönlichkeitskult eine Wissenschaft zeitweilig durch einen Wissenschaftler, mag er noch so fruchtbar sein, in der Methodik und Problematik dominieren läßt, bilden sich keine Schulen."[40]

Damit hat Kuczynski seine Ausgangsposition bereits überschritten und seiner Forderung eine noch brillantere Formulierung verliehen. Während er bei seinem ursprünglichen Artikel noch von der Voraussetzung ausging, daß der Dogmatismus überwunden sei oder in nächster Zeit überwunden sein würde und daß damit der Weg zur Bildung von wissenschaftlichen Schulen offen stünde, wird die ursächliche Verbindung zwischen Ablehnung von Schulen und Existenz von Dogmatismus im gegenwärtigen Stadium der Diskussion und nachdem die Partei ein Jahr lang bemüht war, nachzuweisen, daß es keinen Dogmatismus in der DDR gibt, zur Rebellion gegen die Parteilinie.

Ferner betont er, daß man sehr wohl zwischen Weltanschauung und wissenschaftlicher Methode bei den Forschern der westlichen Welt unterscheiden müßte und daß es daher zulässig sei, auf Grund dieser Unterscheidung in ein Gespräch zu kommen. „Aus diesen Gründen ist es nicht objektivistisch, bedeutet es nicht ideologische Koexistenz, ist es kein Verlassen des Klassenstandpunktes, einen Meinungsstreit zu führen; z. B. über Probleme der Physik zwischen Physikern, die teils eine marxistische, teils eine antimarxistische Weltanschauung haben."[41]

Und zum Abschluß faßt er noch einmal die für ihn unabdingbaren Forderungen zusammen:

„Natürlich ist es leicht, auf die Weise, mit der die Genossen Zweiling, Hoffmann und Bollhagen in den hier als Beispiele aufgezeigten Fällen verfahren sind, jedem, ganz gleich was er geschrieben hat, schlimmste feindliche Auffassungen nachzuweisen. Solche Art der Polemik ist daher auf das schärfste abzulehnen. Sie schadet nicht nur der Entfaltung des Meinungsstreits, sondern der Partei als solcher. Meinungsstreit in unserer Partei, Meinungsstreit allgemein unter uns allen ist aber notwendig, absolut notwendig, wenn wir unsere Aufgabe im Kampf gegen Imperialismus für Frieden und Sozialismus schnell siegreich beenden wollen."[42]

9. Schlußwort der Redaktion der „Einheit"

Die Stellungnahme des Redaktionskollegiums der „Einheit" stellt gleich einleitend fest, daß „wir den Artikel des Genossen Kuczynski von vornherein als Ausdruck für die Position eines bestimmten Teils unserer Genossen Wissenschaftler in der ideologischen Auseinandersetzung nach dem XX. Parteitag der KPdSU gesehen haben ... Was den Genossen Kuczynski betrifft, so können wir allerdings in seiner jetzigen Stellungnahme nicht mehr als den Beginn einer Einsicht in die Fehlerhaftigkeit und Schädlichkeit der Grundkonzeption seines Artikels sehen."[43]

Kuczynski habe den Zusammenhang der Auseinandersetzung über seinen Artikel mit der großen revolutionären Umwälzung auf dem Gebiet der Kultur und der Ideologie, die sich in der DDR vollzieht, bisher offensichtlich nicht erkannt, heißt es weiter, sonst wäre er in seinem Artikel mehr in die Tiefe gegangen und in das Wesen der Sache eingedrungen.

Obwohl Kuczynski in seiner Antwort ausdrücklich und unmißverständlich die führende Rolle der Partei bei der Diskussion betonte und den Vorwurf zurückwies, daß er sie negiert habe, nimmt das Redaktionskollegium davon keine Notiz.

„In seinem ganzen Artikel spricht Genosse Kuczynski weder von Parteilichkeit noch von der führenden Rolle der Partei, obwohl diese Fragen damals wie heute im Zentrum unserer ideologischen Auseinandersetzung standen und stehen."[44]

Der Vorwurf Ulbrichts wird noch einmal unterstrichen, Kuczynski habe die Rolle der Partei negiert. Kuczynski lege einen falschen Maßstab an und wundere sich nachher, daß er damit nicht zurechtkomme.

„Wie konnte ein alter und erfahrener Genosse wie Jürgen Kuczynski übersehen, daß sein Artikel in der gegebenen Lage falschen Tendenzen entgegenkam? Es konnte doch nicht ausbleiben, daß diejenigen, die in jener Zeit an unseren Hochschulen gegen das gesellschaftswissenschaftliche Grundstudium Sturm liefen und eine Änderung unserer Hochschulpolitik verlangten, in Kuczynskis einseitigem Sturmlauf gegen ‚die Dogmatiker' eine Unterstützung und Bestätigung ihrer Forderung fanden ... Welche Wirkung erwartete er von seinem Auftreten bei der sozialistischen Erziehung seiner Studenten? Wie konnte er übersehen, was vor der Tür seiner eigenen Wirkungsstätte, der Humboldt-Universität, vor sich ging?"[45]

Die Forderung nach Schulen wird rundweg abgelehnt.

„Es geht um die sozialistische Wissenschaft, um die sozialistische Universität, die sozialistische Erziehung der studierenden Jugend, um den Sieg des Marxismus-Leninismus in allen Zweigen und Fachgebieten der Wissenschaft. Das ist gegenwärtig unsere Hauptaufgabe, zu deren Lösung wir auf einigen Gebieten noch viel zu tun haben.

Wollten wir in dieser Lage beginnen, von Schulen innerhalb der marxistischen Wissenschaft zu sprechen und sogar deren Gründung fordern, wie es der Genosse Kuczynski tut, so würden wir uns diesen Kampf sehr erschweren und Mißverständnissen Tür und Tor öffnen."[46]

Abschließend erklärt die Redaktion der „Einheit", daß sie die Diskussion in dem Bewußtsein beende, bei Kuczynski nur einen Teilerfolg erzielt zu haben. Das Wesen seiner Fehler sei ihm noch nicht klargeworden; dazu werde es „noch längerer Auseinandersetzungen" bedürfen und auf die parallellaufende Diskussion des Kuczynski-Artikels „Der Mensch, der Geschichte macht", den er im 1. Heft 1957 der „Zeitschrift für Geschichtswissenschaft" veröffentlicht hatte und dessen Konzeption ebenfalls auf die Ablehnung der SED-Historiker gestoßen war, anspielend, heißt es:

„Sie lassen erkennen, daß Genosse Kuczynski nicht so fest auf dem Boden des Marxismus-Leninismus steht, wie er selbst glaubt. Wir hoffen, daß Genosse Kuczynski sich schließlich davon überzeugt, daß er, nicht zuletzt durch seinen individualistischen Arbeitsstil, auf schlüpfrigen Boden geraten ist."[47]

10. Neue Angriffe

Es war vorauszusehen, daß sich die SED mit der halben Selbstkritik Kuczynskis nicht zufrieden geben würde. Das Beharren Kuczynskis auf seiner Forderung nach Schulen und Meinungsstreit schuf einen gefährlichen Präzedenzfall, der bei der angespannten Lage in der gegenwärtigen Hochschulpolitik von der Partei nicht geduldet werden konnte.

Schon einen Tag vor Auslieferung des Februar-Heftes der „Einheit", also noch bevor die unnachgiebige Haltung Kuczynskis den Lesern bekanntgeworden war, erschien daher am 13. Februar 1958 im „Neuen Deutschland" ein neuer heftiger Angriff gegen Kuczynski, der sich diesmal gegen das 1957 im Akademie-Verlag erschienene Buch „Der Ausbruch des 1. Weltkrieges und die deutsche Sozialdemokratie" richtete. Kuczynski hatte in dieser Schrift in sehr vorsichtigen Formulierungen den Versuch gemacht, nach der Verurteilung Stalins auf dem XX. Parteitag nun auch der Legendenbildung um Lenin entgegenzuwirken.

Die Schärfe des neuen Angriffes ließ erkennen, daß er damit die Grenze überschritten hatte, die die SED allenfalls dulden konnte. „Neues Deutschland" ließ jede Rücksicht fallen, erklärte die von Kuczynski in seinem Buch aufgestellte Behauptung, daß das deutsche Proletariat beim Ausbruch des 1. Weltkrieges chauvinistisch verseucht gewesen sei und daß auch Lenin den Ausbruch des Krieges nicht vorhergesehen hätte, für eine glatte Lüge, das ganze Buch für ein „nichtmarxistisches Werk" und bezichtigte Kuczynski ganz offen des Revisionismus.

Auf der 3. Hochschulkonferenz der SED, die vom 28. Februar bis zum 2. März d. J. in Ostberlin stattfand, setzte der Sekretär des SED-Zentralkomitees, Prof. Kurt Hager, in seinem Referat den Angriff gegen das Buch und die Artikel Kuczynskis in der „Einheit" fort und forderte eine selbstkritische Stellungnahme des Verfassers. Im Laufe der Diskussion ergriff Kuczynski das Wort und legte die geforderte Selbstkritik ab. Die SED empfand seine Selbstkritik jedoch als unbefriedigend. Es ist vor allem auf Grund der gegenwärtigen Linie der chinesischen Partei, auf die sich Kuczynski berief, zu erwarten, daß das Kesseltreiben gegen ihn weitergehen wird.

Anmerkungen

[1] „Einheit", Heft 5, Mai 1957.
[2] a.a.O., S. 602.
[3] a.a.O., S. 602.
[4] a.a.O., S. 608.
[5] Alle Zitate in „Einheit" a.a.O., S. 605/606.
[6] a.a.O., S. 605.
[7] a.a.O., S. 606.
[8] a.a.O., S. 611.
[9] von Kuczynski zitiert in: „Einheit". a.a.O., S. 604.
[10] „Zeitschrift für Geschichtswissenschaft", IV. Jahrgang, Heft 4, 56.
[11] „Einheit", Heft 6, Juni 1957, S. 659.
[12] a.a.O., S. 669.
[13] „Einheit", Heft 5, Mai 1957, S. 619.
[14] a.a.O., S. 620.
[15] a.a.O., S. 614.
[16] a.a.O., S. 616.
[17] a.a.O., S. 616.
[18] a.a.O., S. 615.
[19] „Einheit", Heft 7, Juli 1957, S. 879.
[20] a.a.O., S. 880.
[21] a.a.O., S. 884.
[22] a.a.O., S. 887.
[23] a.a.O., S. 888.
[24] a.a.O., S. 890.
[25] a.a.O., S. 891.
[26] „Einheit", Heft 10, Okt. 1957, S. 1308.
[27] Beide Zitate in: „Einheit", Heft 9, September 1957, S. 1168/69.
[28] a.a.O., S. 1171.
[29] „Einheit", Heft 5, Mal 1957, S. 612.
[30] a.a.O., S. 617.
[31] „Einheit", Heft 7, Juli 1957, S. 866.
[32] a.a.O., S. 885.
[33] a.a.O., S. 886.
[34] a.a.O., S. 893/94.
[35] Professor Dr. Meusel, Ordinarius für Neuere Geschichte an der Humboldt-Universität, Berlin.
[36] „Einheit", Heft 2, Februar 1958, S. 240.
[37] a.a.O., S. 241.
[38] a.a.O., S. 230.
[39] a.a.O., S. 239.

[40] a.a.O., S. 236.
[41] a.a.O., S. 237.
[42] a.a.O., S. 243.
[43] „Einheit", Heft 2, Februar 1958, S. 244.
[44] a.a.O., S. 248/49.
[45] a.a.O., S. 250.
[46] a.a.O., S. 254.
[47] a.a.O., S. 255.

Ungarn! Polen! Mitteldeutschland! Oppositionelle Strömungen in den sowjetischen Satellitenstaaten

Aus dem Themenkomplex „Marxismus-Leninismus der Gegenwart" hielt René Ahlberg [...] diesen Vortrag u. a. auf der 8. Tagung der Referenten für gesamtdeutsche Fragen. Er leistete damit einen wichtigen Beitrag zur Unterrichtung über die neuesten Ereignisse in den Ostblockstaaten. [Redaktion „Das Spitzeisen".]

Die bisher hervorgetretenen oppositionellen Strömungen innerhalb der marxistischen Weltanschauung lassen sich unter zwei Gesichtspunkten zusammenfassen: einmal unter dem Begriff „Nationalkommunismus" jugoslawischer Provenienz, der sich nur insofern als oppositionelle Bewegung darstellt, als er sich dem Totalitätsanspruch der sowjetischen Ideologie widersetzt und zum anderen unter dem Begriff des „menschlichen Sozialismus", wie er sich in Ungarn und Polen herausgebildet hat. Beide Spielarten der marxistischen Häresie sind eng verbunden und lassen sich beinahe nur regional unterscheiden. Der jugoslawische Nationalkommunismus versteht sich als orthodoxer Marxismus, gelangt aber in der politischen Praxis zu eben dem „menschlichen Sozialismus", der in Ungarn und Polen mehr gefühlsmäßig aus Widerstand gegen einen ideologischen Belagerungszustand entsprang. Der menschliche Sozialismus konnte bei seiner theoretischen Rechtfertigung nicht auf den nationalen Weg verzichten und so flossen beide oppositionellen Strömungen letzten Endes zusammen, weil anscheinend Menschlichkeit sich nur in Abgrenzung gegen die sowjetische Dogmatik verwirklichen läßt.

Aber während der jugoslawische Nationalkommunismus seine Impulse aus einem politischen Gegensatz schöpft und von politischen Rücksichten bestimmt wird, entsprang der menschliche Sozialismus aus einer neuen marxistischen Konzeption, die einem echten sozialen Bedürfnis Rechnung trug. Wir müssen uns daher in erster Linie dem System des menschlichen Sozialismus zuwenden, wenn wir dem theoretischen Gehalt der oppositionellen Strömungen in Ungarn, Polen und der sogenannten DDR gerecht werden wollen.

1. Die Entstehung des menschlichen Sozialismus in Ungarn

Die Idee des menschlichen Sozialismus tauchte zum ersten Mal in einer Rede des ungarischen Literaturwissenschaftlers Georg Lukács vor der Politischen Akademie der Partei der Ungarischen Werktätigen in Budapest (1956) auf. Die neue Theorie brauchte bei ihrer Geburt keinen dramatischen Auftakt; sie konnte mühelos aus dem auf dem XX. Parteitag in Moskau vorgetragenen Koexistenzgedanken abgeleitet werden. Allerdings erfuhr sie im Munde Lukács' eine so starke Ausweitung, daß man bei seiner Version von einer totalen Koexistenz sprechen muß. Der sowjetische Parteichef hatte die bolschewistische Ideologie ausdrücklich aus dem Bereich, in dem friedlich koexistiert werden sollte, herausgenommen. Lukács wandte seine Konzeption so, daß gerade das weltanschauliche Miteinander zur Voraussetzung der Koexistenzidee wurde. „Also, wir bleiben was wir sind", rief Lukács seinen Zuhörern zu, „Marxisten, Kommunisten, und als solche wollen wir auch mit euch, mit der bürgerlichen Welt, in Frieden leben, möglichst oft und intensiv in Berührung kommen mit euch, die ihr nach euren eigenen Gesetzen, nach eurer eigenen Gesellschaftsordnung und nach eurer eigenen Weltanschauung lebt. Und auf dieser Grundlage soll dann das Zwiegespräch, die Diskussion, Rede und Antwort, ein hoch entwickelter ständiger Kontakt, angefangen von Politik und Wirtschaft bis zur Kultur, zustandekommen."

Das ist ein Programm! Hier heißt koexistieren nicht mehr ein passives Nebeneinander, sondern ein aktives Miteinander. Man soll ins Gespräch kommen, sich gegenseitig überzeugen, Gedanken austauschen, was zwangsläufig zu einem gegenseitigen Kennenlernen und zu einem Ausgleich führen muß! Der Sozialismus tritt hier dem Westen nicht mehr als unerbittliche Wahrheit entgegen, sondern als Gesprächspartner, der hören und lernen will. Daraus folgt, daß der Sozialismus seine blinde Aggressivität verliert. Die Souveränität aller nicht-kommunistischen Staaten wird betont, „ ... jedes Volk bestimmt sein Schicksal selbst ..." bemerkt Lukács.

Damit nun der Sozialismus im ehrlich gemeinten Gespräch der Nationen ernst genommen wird und damit er etwas zu bieten hat, muß er wieder geistig und sozial attraktiv werden. In die sozialistische Überzeugung muß wieder eine humanistische Note einfließen. Er muß seine Dogmatik abstreifen und mit einer weltoffenen Geistigkeit bestechen.

„Je ernster wir die Koexistenz auffassen", schreibt Lukács, „bzw. je menschlicher wir den Sozialismus aufbauen, menschlicher für uns selbst, zu unserem eigenen Nutzen, vom Standpunkt unserer eigenen Entwicklung aus gesehen, um so mehr dienen wir dem Endsieg des Sozialismus auch auf internationaler Ebene" ... „Denn wenn es uns gelingt, den Sozialismus verlockend zu gestalten, dann wird er für die Massen kein Schreckgespenst mehr sein."

Die Idee der total gefaßten Koexistenz, die auf Gewaltenwendung verzichtet, die den Sozialismus menschlich aufbauen will, hat eine ideologische Umrüstung notwendig zur Folge. Wir haben es im menschlichen Sozialismus nicht nur mit einer totalen, vorbehaltlosen Koexistenztheorie, sondern auch mit einer Theorie des geistigen und sozialen Ausgleichs zu tun. Wir stehen vor einer neuen philosophischen Konzeption, vor der Theorie des menschlichen Sozialismus. -

Die neuen Gedanken Lukács bildeten sich in der Auseinandersetzung mit dem Stalinismus heraus. Die geistige Inferiorität der Stalinschule hat nach Lukács zur Abkapselung von der übrigen Welt geführt. Sie hat als Sektierertum begonnen und als Defaitismus geendet, als ein System, das sich ängstlich hinter dem eisernen Vorhang verbarg, systemfremde Argumente niemals widerlegte, sondern nur beschimpfte, das sich mit Terror nach innen und mit brutaler militärischer Gewalt nach außen behauptete.

„... ich glaube, hinter jedem Sektierertum verbirg sich ein tiefer Defaitismus", schreibt Lukács, „und zwar ein Defaitismus dergestalt, daß wir, wenn wir uns ... in freier Aussprache messen wollten, und wenn keine organisierte Unterstützung hinter uns stehen sollte, und wenn wir uns auf etwas anderes als unser Wissen und unsere Argumentation nicht stützen könnten, in einer solchen Aussprache rettungslos verloren wären. Deshalb finden es die Sektierer viel bequemer, wenn wir die gesamten abgedroschenen Phrasen ... in unserer Presse wieder auftischen und uns gleichzeitig davor hüten, mit den Vertretern gegenteiliger Ansichten in Berührung zu kommen und uns in eine freie Aussprache einzulassen."

Das ist die schärfste Abrechnung mit dem Stalinismus innerhalb des Ostblocks, die bisher bekanntgeworden ist. Lukács Kritik sieht dabei von der Person Stalins ganz ab, ja, man kann sagen, daß sie ihn überhaupt nicht interessiert. Er greift das System an und spricht darüber das im marxistischen Sprachgebrauch äußerst scharfe Urteil des Sektierertums aus. Es ist ein Sektierertum, das aus geistiger Unfähigkeit hervorgegangen ist und das keine anderen Mittel gekannt hat als grobe Beschimpfung. Das ist nach Lukács das Wesen des Stalinismus. Dieses defaitistische System gilt es zugunsten umfassender Bildung und Vergeistigung zu überwinden. Der Sozialismus muß wieder menschlich werden, er muß wieder eine natürliche Gesellschaftsordnung werden, in der die elementarsten Bedürfnisse und Rechte des Menschen zur Richtschnur der Politik erklärt werden. Der Marxismus soll entsprechend seinem historischen und sozialen Ursprung wieder eine Weltanschauung werden, die alle progressiven Ideen der Menschheit in sich vereinigt. Es soll nur noch mit Wissen, mit Bildung, mit den „Waffen des Geistes" - wie Lukács sagt - in den Gang der Dinge eingreifen.

Der von Lukács entwickelte menschliche Sozialismus soll allen Kräften Spielraum geben - auch der Kirche. Einen besonders günstigen Ansatz zur Zusammenarbeit findet er in der sich von Kierkegaard herleitenden Barth-Schule. Dieselbe Möglichkeit sieht er auch im Katholizismus, der nicht eine „Wall-Street-Filiale in Rom" sei, sondern Tendenzen entwickle, die in der sozialistischen Presse zu Worte kommen und akzeptiert werden müßten.

„Die Kirche ist, so sagt der Papst, im Grunde unveränderlich", schreibt Lukács, „doch adoptiert sie immer und ständig, was sie für sich notwendig erachtet, also auch politische Kräfte und soziale Ideen."

Hier kommt im Zuge der neuentworfenen Koexistenzidee die Hoffnung zum Ausdruck, daß das Christentum und vornehmlich der Katholizismus mit seinem ethischen Gehalt in die sozialistische Gesellschaft aufgenommen werden könnte. Der Sozialismus soll der Kirche Spielraum geben, er muß in sich die Voraussetzung für ein reibungsloses Zusammenleben schaffen, er muß auch gegenüber der Kirche menschlich werden, dann wird es gelingen, die Kirche nahtlos in die sozialistische Gesellschaft aufzunehmen. „Prof. Wetter von der Päpstlichen Universität in Rom verweist auf gewisse angebliche Analogien zwischen dem Thomismus und dem Marxismus", schreibt Lukács. „Er behauptet, der Materialismus des Marxismus stehe eigentlich dem Realismus des Thomismus, der mittelalterlichen Weltanschauung recht nahe."

Hier glaubt auch Lukács zumindest einen gemeinsamen Ansatz zu sehen. Unter der Herrschaft des Stalinismus war eine ehrliche Auseinandersetzung mit der Kirche und ihrem Gedankengut nicht denkbar, jetzt soll es möglich werden: indem man sich der Wirklichkeit stellt, der Argumentation des Gegners Raum gibt, sie ernst nimmt, das Gemeinsame betont, sich um eine Zusammenfassung aller progressiven Kräfte, darunter auch der Kirche, bemüht und so ein großes internationales Gespräch anbahnt. Das sind die Gedanken, die wie ein Funke auf die ungarische Intelligenz übersprangen, von ihr unter die Massen gebracht wurden und dann dem Volksaufstand zur ideellen Orientierung dienten.

2. Der menschliche Sozialismus in Polen

Die Entwicklung in Polen steht mit den Ideen Georg Lukács in engstem Zusammenhang. Auch in Polen war der weltanschauliche Hintergrund der Oktoberrevolution ein humanitärer Sozialismus. Die polnische Publizistin Edda Werfel hat unwidersprochen die Oktoberereignisse in Polen mit der russischen Revolution von 1917 verglichen und als Inhalt der Umwälzung die Rückkehr zu einem demokratischen und freiheitlichen Sozialismus bezeichnet. Besonders ihr Artikel „An die Genossen der Bruderparteien" ist charakteristisch für die großen Hoffungen, die sich in Polen mit den Oktoberereignissen verbanden.

„ ...jetzt erleben wir einen Völkerfrühling oder wenn man will, ein Jahr 1917", schreibt sie. „Zumindest in Osteuropa geht ein Gespenst um, das Gespenst des *menschlichen Sozialismus* und erschreckt nicht nur die Kapitalisten, sondern auch die Stalinisten."

Die Anspielung auf das „Kommunistische Manifest" deutet an, wie radikal man den Bruch mit der stalinistischen Vergangenheit empfand und mit welchem Enthusiasmus die neuen Ideen des menschlichen Sozialismus aufgegriffen wurden. In denselben Zusammenhang ordnet sich auch ein Artikel von Zofia Artymovska ein, der am 25. März 1956 in der „Trybuna Ludu" erschien. In ihm wurde zum ersten Mal das Kriterium der Wahrheit nicht mehr in der bolschewistischen Ideologie, sondern im menschlichen Gewissen gesucht.

„Wir suchen heute auf viele quälende Fragen eine Antwort", schrieb sie. „Auf viele haben wir noch keine Antwort bereit, auf viele werden wir - wer weiß - vielleicht schon keine Antwort mehr geben können. Aber auf die Frage, wo liegt die Wahrheit, wo die Lüge, auf die Frage, wo liegt die Garantie dafür, daß der XX. Parteitag nicht ein neuer Irrtum war, können wir antworten: die Beseitigung dieses Konfliktes, die Wiederherstellung der Harmonie zwischen Gewissen, Wort und Tat eines Kommunisten bedeutet die Rückkehr zur Wahrheit."

Auch diese Sätze offenbaren, wie stark die Erschütterung in Polen gewesen ist und wie vorbehaltlos man dazu geneigt war, alle ideologischen Fragen auf den Menschen als Maß aller Dinge zurückzuführen.

Die nach den Oktoberereignissen einsetzende Kritik ist trotz des vielbeachteten Verbots der Studentenzeitung „Po prostu" bis zur Stunde nicht verstummt. Die Vertreter des menschlichen Sozialismus haben sich im Gegenteil zu einer links-intellektuellen Opposition mit einem profilierten Programm zusammengefunden, das in seiner theoretischen Fundierung weit über die Thesen Lukács hinausgeht. Der Opposition in Polen stehen nach wie vor die Spalten so einflußreicher Zeitschriften wie „Nowa Kultura", „Myśl filozoficzna", „Przeglad kulturalny" und „Zycie literakie" zur Verfügung. Sie veröffentlichen auch weiterhin kritische Artikel und Essays, die das denkbar größte Unbehagen in Moskau auslösen und dort scharfe, der Phraseologie gegen den Westen in nichts nachstehende Angriffe gegen Polen provozieren. Man weiß im Kreml ganz genau, daß neue sozialpolitische Ideen, die zudem noch von einer marxistisch gebildeten Schicht vorgetragen werden, verheerende Folgen haben können. Deshalb wird schon seit Monaten ein versteckter, aber erbitterter Kampf im „Kommunist", dem theoretischen Organ der KPdSU und in der philosophischen Revue „Voprosy filosofii" gegen den „Revisionismus" in Polen als dem „Helfershelfer der Ausbeuter" geführt. -

Die Diskussion um den Marxismus begann mit der von der Studentenzeitung „Po prostu" gestellten Frage: Was ist Marxismus? Die brillanteste Antwort - die sofort die ganze folgende Diskussion in ihren Bann schlug und der sich eine Reihe von Publizisten, Schriftstellern und Hochschullehrern anschlossen - wurde von dem jungen polnischen Soziologen Leszek Kolakowski gegeben, der sich offen zum humanitären Sozialismus bekennt. Er unterzog den Begriff „Marxismus" einer eingehenden Kritik und wandte dabei eine Methode an, die z. B. auch von dem Leipziger Literaturprofessor Hans Mayer im Kampf gegen den sozialistischen Realismus benutzt wurde.

Das Ergebnis der Kolakowskischen Analyse war so zwingend, daß die von ihm gefundenen Begriffe „institutioneller" und „intellektueller Marxismus" heute schon zum selbstverständlichen Rüstzeug bei der Abwehr des sowjetischen Totalitätsanspruches gehören.

Kolakowski fragte einfach: „Wer ist im Sinne der bolschewistischen Partei ein Marxist?"

Zur Beantwortung dieser Frage zog er die Diskussion um die stalinschen „Linguistik-Briefe" heran, in der die bis dahin unangefochtene Sprachtheorie Marxs liquidiert wurde. Die meisten kommunistischen Sprachwissenschaftler hatten sich damals beeilt, von ihren erklärten Überzeugungen abzurücken und sich der neuen Linie anzuschließen. Dabei kam es zu der sattsam bekannten und doch immer wieder grotesken Erscheinung, daß enthusiastische Lobeshymnen innerhalb weniger Tage durch bitterböse Verdammungsurteile ersetzt wurden. Diejenigen nun, die sich unverzüglich, bedenkenlos und ohne Skrupel der neuen Linie anschlossen, galten im Sinne der bolschewistischen Partei als wahre Marxisten, diejenigen aber, die ihre individuelle, durchaus marxistische Überzeugung nicht sofort der „kollektiven Vernunft" der Partei unterwarfen, die sich darauf beriefen, erst prüfen zu müssen, ehe sie verwerfen könnten, wurden ausnahmslos als Renegaten und Nicht-Marxisten behandelt. An diesem Beispiel erwies sich für Kolakowski, daß der Begriff „Marxismus" in der sowjetischen Wirklichkeit nichts mehr mit der intellektuellen Überzeugung eines Menschen zu tun hatte, sondern nur eine Bezeichnung für diejenigen ist, die zugunsten der von der Partei willkürlich festgelegten Linie auf jedes selbständige Denken verzichtet haben. Die Konfrontation mit der Wirklichkeit zeigte, daß der Begriff „Marxismus" nicht mehr einen intellektuellen, sondern nur noch einen institutionellen Inhalt besaß. -

Marxist ist man im Sinne der bolschewistischen Partei nicht aus Überzeugung, Einsicht oder überhaupt auf Grund eines intellektuellen Aktes, sondern nur durch die Bereitschaft, jede Kursänderung, jede politische Schwankung, jede neue Richtlinie, jede neue Parole bedenkenlos zu vertreten. Eben aus diesem Grunde bekennt sich in der bolschewistischen Begriffsbestimmung der „wahre Marxist" zu Ansichten, die er subjektiv nicht teilen muß und die er nicht einmal zu verstehen braucht.

Kolakowski warf in der Diskussion weiter die Frage auf, ob der Marxismus überhaupt noch einen Sinn hat, nachdem diejenige Konzeption, die von der Behörde festgelegt wird, im Bewußtsein der Intellektuellen zusammengebrochen ist.

Seine Antwort auf diese Frage läßt an Deutlichkeit nichts zu wünschen übrig. In Zeiten, in denen es noch keine Behörden gab, die den Marxismus kanonisieren konnten und ihn gleichsam als Gedankenkonserven verpackt an die Verbraucher lieferten, hatte der Marxismus noch einen intellektuellen Inhalt. Bei Männern wie Lenin, Bucharin oder Trotzki wisse man genau, was es bedeutet, wenn man vom Marxismus spreche, nämlich die soziologische Analyse der russischen Gesellschaft und Geschichte mit dem marxistischen Begriffsapparat.

Kolakowski bleibt jedoch auch bei diesem Ergebnis noch nicht stehen. Auch der intellektuelle Marxismus, dem er in der Vergangenheit noch eine gewisse Berechtigung zuspricht, wird durch die geschichtliche Entwicklung überflügelt. Wenn es z.B. zu gewissen sozialen Prozessen kommt, die völlig neue, Marx nicht bekannten Tatsachen schaffen, muß sich auch der marxistische Begriffsapparat als veraltet und unbrauchbar erweisen. Und gerade das sieht Kolakowski in der neuen nichtkapitalistischen Gesellschaft gegeben. Eine solche nichtkapitalistische Gesellschaft ist in Polen entstanden. Bei der soziologischen Durchleuchtung der polnischen Wirklichkeit versagt der marxistische Begriffsapparat; er ist dem Gegenstand nicht mehr angemessen, er muß durch eine neue gegenstandsadäquate Methode ersetzt werden. Also auch der intellektuelle Marxismus ist in der neuen polnischen Wirklichkeit zu einer Fiktion geworden.

Die marxistischen Ideen sind unbemerkt in den Blutkreislauf des wissenschaftlichen Lebens eingegangen und haben dadurch ihren spezifisch marxistischen Charakter verloren. Sie sind durch die Geisteswissenschaften assimiliert, sie haben aufgehört als soziologische Schule zu existieren, weil sie in ihren wertvollsten Einsichten aus dem Rahmen einer Fachdisziplin herausgetreten und zum Allgemeinbesitz unserer Zeit geworden sind.

Mit dieser radikalen Auflösung des Marxismus wird jedoch für Kolakowski nicht jede geisteswissenschaftliche Trennung aufgehoben. Die Unterscheidung in „Marxisten" und „Nicht-Marxisten" ist zwar sinnlos geworden, aber nicht jede Differenzierung ist gegenstandslos. Was für Kolakowski übrig bleibt, ist die Trennung in eine geisteswissenschaftliche Linke und Rechte, eine Unterscheidung also, die ganz allgemein durch eine intellektuelle Haltung gekennzeichnet ist.

Es ist hochinteressant, daß diese explosiven Gedanken, denen sich in der Diskussion unter anderen der polnische Volksbildungsminister W. Bienkowski, Prof. Julian Hochfeld und Jerzy Szacki angeschlossen haben, von Gomulka zwar als Revisionismus bezeichnet, aber in der politischen Praxis nur mit einer sporadischen, hier und da eingreifenden, im übrigen sehr toleranten Zensur bekämpft worden sind. Als in der sowjetischen Revue „Voprosy filosofii" die von Kolakowski repräsentierte Bewegung angegriffen wurde, replizierte das Sprachrohr Gomulkas, die Parteizeitschrift „Polityka" - die in der Diskussion gegen die linke Opposition Stellung genommen hatte - sofort mit einer scharfen Erwiderung, die keinen Zweifel darüber ließ, daß die polnischen Kommunisten die Marxismusdiskussion als eine interne Angelegenheit betrachteten. Die „Polityka" verbat sich dabei energisch jede „inquisitorische Beschuldigung" und alle „nichtssagenden Vorwürfe" gerade aus Moskau, wo man die Fehler der Vergangenheit anscheinend noch nicht abgelegt hätte. Bei der Abwehr der Moskauer Einmischungsversuche zeigte sich, daß die von Gomulka vertretene Richtung über alle internen Gegensätze hinweg mit der links-intellektuellen Opposition darin einig ist, daß der Marxismus heute auf dem Hintergrund der modernen Wissenschaft und Gesellschaft neu formuliert werden muß.

3. Die Opposition in Mitteldeutschland

Die ideologische Umschichtung, die sich nach dem XX. Parteitag anzubahnen schien, setzte, weil sie philosophisch nicht eindeutig begründet war und zunächst viele Deutungen zuließ, in erster Linie die Intellektuellen in Bewegung. Aber im Gegensatz zu Ungarn und Polen, wo die intellektuelle Opposition in wenigen Tagen breite Schichten der Bevölkerung für sich gewinnen konnte, blieb die Rebellion in Mitteldeutschland auf eine rein geistige Auseinandersetzung beschränkt. Sie begann in zwei oder drei Zeitungen, griff auf die Universitäten über, in einigen Fällen auch auf die Oberschulen und wurde dann durch eine Verhaftungswelle erstickt.

Der Angriff gegen die Parteilinie entfaltete sich in Mitteldeutschland an drei neuralgischen Punkten: er richtete sich gegen den sozialistischen Realismus in Kunst und Literatur, gegen den Dogmatismus in der Philosophie und kulminierte in einer politischen Plattform, die die Taktik der SED revolutionieren wollte.

Hinter der Erbitterung, mit der man die Probleme des sozialistischen Realismus diskutierte, stand die Erfahrung, daß sich die soziale Unzufriedenheit jeder Mißfallenskundgebung bediente, um von einem Teilgebiet zur Negation des ganzen Regimes zu schreiten. Es war nicht nur die Frage, welche Funktion der Kunst in einem kommunistischen Staat zukommt, sondern eben die Erfahrung, daß der Angriff gegen ein scheinbar am Rande liegendes Problem lawinenartig den Zusammenbruch des ganzen ideologischen Systems zur Folge haben kann, die die Partei zur Verhaftung der Wortführer zwang.

Der Angriff gegen die parteiamtliche Kunstdoktrin begann mit einem Artikel des damaligen verantwortlichen Redakteurs der Wochenzeitung „Sonntag", Gustav Just (SED), der am 21. Oktober 1956 erschien.

„Um den Stand, die Probleme und die Aufgeben unserer Kunstdoktrin einzuschätzen", schrieb er, „müssen wir heraus aus der dürren, abgegrasten Weide einer gewissen Kunstdoktrin, welche den leichtfüßigen Musen Zentnergewichte an die Beine band und dem Pegasus die Flügel stutzte."

Auf die Fehler des sozialistischen Realismus eingehend, entwarf er zwei Antithesen: „Zum ersten ist es nicht richtig, das Wesen der Kunst auf die Erkenntnis der Wirklichkeit zu beschränken und ihr damit in jedem Falle eine bewußtseinbildende, erzieherische Funktion abzuverlangen ... Der zweite Fehler", fährt er fort, „dem die genannte Kunstdoktrin verfällt, ist die Vernachlässigung der Tatsache, daß der Mensch nicht nur ein Wesen der Gesellschaft, sondern auch der Natur ist!

Viele seiner Probleme und Konflikte lassen sich nicht mit den politisch-gesellschaftlichen Konflikten, den Klassenkämpfen und anderen sozialen Erscheinungen erklären, gewissermaßen als deren Widerspiegelung in den einzelmenschlichen Beziehungen."

Und nachdem er festgestellt hat, daß in den letzten zwanzig Jahren vom sozialistischen Realismus nichts Bemerkenswertes hervorgebracht worden sei, schreibt er: „Heute schreien wir nach dem Experiment, aber über zwanzig Jahre lang haben wir das Experiment diskreditiert, die geniale Eigenwilligkeit scheel angeblickt, wir bitterstrengen Musenhüter."

Die Kühnheit dieses Vorstoßes wird erst in der Gegenüberstellung mit der Definition des sozialistischen Realismus sichtbar, wie sie im Statut des sowjetischen Schriftstellerverbandes gegeben ist. Dort heißt es: „Der sozialistische Realismus als Grundmethode der sowjetischen schönen Literatur und Literaturkritik fordert vom Künstler eine wahrheitsgetreue, geschichtlich konkrete Darstellung der Wirklichkeit in ihrer revolutionären Entwicklung. Hierbei muß die Wahrheitstreue Hand in Hand gehen mit der Zielsetzung der Werktätigen im Geiste des Sozialismus."

Während die verbindliche Definition des sozialistischen Realismus die „Wahrheits-treue" durch die „Zielsetzung der Werktätigen im Geiste des Sozialismus" bestimmt, d. h. die Darstellung einer ideologisch einwandfreien Wirklichkeit fordert, mit der man propagandistischen Einfluß nehmen will, so lehnt Just diese Einflußnahme ab. Die Kunst soll nicht mehr oder nicht mehr in jedem Falle eine „bewußtseinbildende, er-zieherische Funktion" ausüben. Sie soll aus der Tagespolitik und darüber hinaus aus der politischen Unterordnung überhaupt herausgenommen werden. Sie soll - das wird man aus den Justschen Sätzen herauslesen müssen - wieder autonom werden.

Diese Konsequenzen, die in den scheinbar nur kunsttheoretische Fragen betreffen-den Gedanken Justs impliziert sind, widersprechen aber der Lehre von Basis und Überbau. Nach den Prinzipien des Historischen Materialismus ist der Überbau, unter dem alle künstlerischen, rechtlichen, philosophischen und religiösen subsumiert wer-den, abhängig von den Produktionsverhältnissen und damit im Kapitalismus reine Ideologie, d.h. falsches Bewußtsein, während er im Sozialismus von allen Irrtümern gereinigt ist, die reine Wahrheit darstellt und auch von der Kunst verbreitet werden muß. Enthebt man nun die Kunst ihrer erzieherischen Funktion und setzt man noch hinzu, daß sie sich nicht auf die Erkenntnis der sozialistischen Wirklichkeit beschrän-ken dürfe - eine andere Wirklichkeit kann selbstverständlich nicht gemeint sein - so sprengt man damit ein Dogma des Historischen Materialismus.

Die zweite Antithese Justs ist genau so gefährlich! Der Mensch soll nicht nur ein We-sen der Gesellschaft, sondern auch ein Wesen der Natur sein. Das ist eine Feststel-lung, die jeden linientreuen Funktionär hilflos macht, weil es keine marxistische An-thropologie gibt, die die naturzugewandte Seite des Menschen untersucht. Die natur-zugewandte Seite des Menschen und der Gesellschaft ist ein Gebiet, das noch über-haupt nicht im Marxismus integriert ist. Die Ansätze zu einer marxistischen Anthropo-logie, wie sie in den Arbeiten Nikolai Bucharins und Georg Lukács in den zwanziger Jahren und neuerdings durch Ernst Bloch vorliegen, sind allesamt als häretisch ver-dammt worden.

Am Beispiel der Justschen Kritik läßt sich recht einleuchtend nachweisen, daß ein geschlossenes System wie der Marxismus sofort in seinem Bestand bedroht ist, wenn auch nur eins seiner Prinzipien unterwandert wird. Dieser Gefahr waren sich die Funktionäre bewußt, als sie jede weitere Diskussion über den sozialistischen Realismus unterbanden. Gustav Just wurde während des Prozesses gegen Wolfgang Harich aus dem Zeugenstand heraus mit der Begründung verhaftet, daß er die politische Konzeption Harichs verbreitet hätte. Die Redaktion des „Sonntag" hatte sich bereits am 2. Dezember 1956 selbstkritisch von ihrer bisherigen Linie distanziert. Sonderbarerweise war aber in derselben Nummer, in der die Redaktion des „Sonntag" sich selbstkritisch äußerte, ein Beitrag des Literaturwissenschaftlers und Professors an der Leipziger Universität, Hans Mayer, abgedruckt. Daß dieser Artikel, der ursprünglich als Rundfunkvortrag gedacht war, überhaupt das Licht der Öffentlichkeit erblickte, wird man wohl noch der Initiative Justs danken müssen. Dieser Beitrag ist dann auch bis zur Stunde die letzte abweichende Meinungsäußerung im Kampf um den sozialistischen Realismus geblieben.

Hans Mayer formulierte seinen Artikel „Zur Gegenwartslage unserer Literatur" weit vorsichtiger als Just. Die literarische Misere des Ostblocks wurde von ihm nicht mit Argumenten charakterisiert, die den Mißstand in der kommunistischen Ideologie suchen, sondern mit einer „Oberflächenkritik"!

„Im Ernst gesprochen", schreibt Mayer, „es scheint mir an der Zeit zu sein, Begriffe wie Optimismus und Pessimismus aus der Sphäre eines Streites um Begriffe ohne Wirklichkeitsgehalt zu entfernen und nur dort zu verwenden, wo sie sinnvoll sind und wo genau definiert wurde, was man darunter versteht."

Das ist eine für die Auseinandersetzung in kommunistischen Ländern typische Formulierung; sie ist nach allen Seiten abgesichert, scheint kein ideologisches Dogma anzugreifen, verbannt den Streit um Optimismus und Pessimismus in der Kunsttheorie in das Reich der Begriffe und ist dennoch voller Explosivität! Zu welchen theoretischen Konsequenzen die Begriffskritik führen kann, hat nicht zuletzt Leszek Kolakowski gezeigt.

Wenn der kategorisch von der Partei geforderte Optimismus und der ebenso kategorisch abgelehnte Pessimismus in der Literatur nur ein Streit um Begriffe ohne Wirklichkeitsgehalt ist, so wirft Mayer, auf dem Umweg über Begriffsbestimmungen, der Partei vor, daß ihre Begriffe ohne Wirklichkeitsgehalt sind, und da er seine Begriffe mit einem anderem, der Partei entgegengesetzten Inhalt füllt, hebt er die offizielle Kunsttheorie mit einem formalen Mittel aus den Angeln.

Wir haben hier ein Schulbeispiel der indirekten Methode vor uns, die viele Intellektuelle im Kampf gegen die Partei bevorzugen, weil sie die geringsten Angriffsflächen bietet.

„Es scheint mir abermals an der Zeit, dies nüchtern festzustellen und nach den Ursachen zu fragen.", schreibt Mayer weiter. „Symptome gibt es genug, die auf einen Krisenzustand hindeuten, um nicht von einem Krankheitszustand zu sprechen. Es ist vielleicht doch keine Äußerlichkeit, wenn die Nationalpreisverleihung in diesem Jahr im Bereich der Literatur keinem neuen Werk gegolten hat. Der Lyriker Louis Fürnberg erhielt eine verdiente Auszeichnung für sein Lebenswerk; die Übersetzerleistung des siebzigjährigen Johannes von Guenther wurde gleichfalls anerkannt. Das ist alles."

Der mehr als dürftigen literarischen Produktion in Mitteldeutschland stellt Mayer nun die zwanziger Jahre gegenüber:

„Rückblickend kann heute festgestellt werden, daß nahezu in jedem Jahr damals ein wirklich bedeutendes neues Werk, ein neu auftauchendes, wahrhaft bedeutendes Talent ausgezeichnet werden konnte. Fast alle Namen, die damals zuerst als Kleist-Preisträger bekannt wurden, gehören seitdem zum eisernen Bestand unserer deutschen Gegenwartsliteratur ... So viele Namen, so viele Tendenzen, Gattungen, Stile, literarische Richtungen. In ihrer Gesamtheit genommen, bilden sie ... eine imponierende Vielfalt damaliger Literatur."

„Das ist es", resümiert Mayer im Hinblick auf den Verfall der mitteldeutschen Literatur. „Eine sich verändernde Welt setzt exakte wissenschaftliche Erkenntnis voraus. Darüber hinaus verlangt sie nach neuen Formen und Methoden der Erkenntnis und der Umsetzung solcher Erkenntnis in neue künstlerische Wirklichkeit ... Will man immer noch so tun, als habe Franz Kafka nie gelebt, als sei der „Ulysses" von James Joyce nie geschrieben worden, als sei das sogenannte „epische Theater" bloß ein Hirngespinst des im übrigen sehr achtbaren Bertold Brecht? ... Will man also das literarische Klima bei uns ändern, so muß die Auseinandersetzung mit der modernen Kunst und Literatur im weitesten Umfang endlich einmal beginnen."

Die hier auszugsweise wiedergegebenen Gedanken Mayers fanden eine ungewöhnliche Resonanz in Mitteldeutschland. Inzwischen sind unzählige Artikel erschienen - auf die hier leider nicht eingegangen werden kann - die Mayers Thesen erfolglos zu widerlegen versuchen. Da Hans Mayer - wie wir gesehen haben - die Ideologie nirgends offen angriff, sondern nur einen Zustand bewertete, konnte Alexander Abusch bei seinem Widerlegungsversuch nur ziemlich geistlos fragen:

„Sieht Mayer nicht, daß er durch seinen im Grunde antihistorischen Vergleich den

Klassenstandpunkt in der literarischen Wertung aufgibt und versucht, die Grundlagen unseres IV. Schriftstellerkongresses zu revidieren?"

Es steht wohl außer Frage, daß Hans Mayer das nicht nur gesehen, sondern geradezu beabsichtigt hat.

Die Auseinandersetzung mit dem Dogmatismus in der Philosophie entwickelte sich nur sehr zögernd. Sie ging von einer vagen Unzufriedenheit mit der Staatsphilosophie aus und suchte die Ursachen nicht im System, sondern in seinen Vertretern. Übrigens eine typische Erscheinung für die meisten kritischen Äußerungen in der SBZ. Die Kritik richtete sich anfänglich gegen Personen, gegen Parteiagitatoren. Man warf ihnen vor, daß sie sich den Marxismus nur sehr oberflächlich angeeignet hätten, und sah das Hauptübel darin, daß sie ihn nicht „schöpferisch" anwandten. Von dieser „schöpferischen" Anwendung erwartete man ein Wunder. Dabei waren sich die meisten, die diese Phrase im Munde führten, nicht darüber klar, was nun „schöpferisch" eigentlich heißt und was die neue Methode leisten sollte.

Explosiv wurde die Diskussion erst durch den Beitrag des philosophierenden Naturwissenschaftlers Professor Havemann von der Humboldt-Universität, der am 18. Juli 1956 im „Neuen Deutschland" erschien. Von der Dialektik ausgehend, erklärte er den Stalinisten:

„Wer andere Meinungen nicht achtet und zu unterdrücken sucht, schätzt offensichtlich die Überzeugungskraft seiner eigenen Ideen gering ein."

Havemann greift hier wieder einen Gedanken von Georg Lukács auf. Er folgt beinahe wörtlich Lukács, wenn er fortfährt: „Dogmatismus führt stets zur Isolierung und damit zum Sektierertum!"

Das Kernstück der Havemannschen Kritik ist in den folgenden Sätzen enthalten:

„So sehr die Philosophie also bei allen wissenschaftlichen Erkenntnissen - wenn auch oft als unsichtbarer Gast - Geburtshelferdienste leistet, ist doch andererseits die Philosophie niemals die ursprüngliche Quelle neuer Erkenntnis. Im Gegenteil, die Philosophie, und zwar eben unsere dialektisch-materialische Philosophie, bereichert sich selbst durch jede neue wissenschaftliche Erkenntnis und macht dadurch den gewonnenen Reichtum zum Allgemeinbesitz aller Wissenschaften.

Ein wissenschaftliches Ergebnis nur daraufhin zu untersuchen, wie und ob es den Dialektischen Materialismus bestätigt, ist fruchtlos und philosophischer Dogmatismus … Purer Dogmatismus ist es aber, wenn sich ein Philosoph der Wissenschaft gegenüber als Richter der letzten Instanz aufspielt, womöglich noch dazu ohne gründliche sachliche Kenntnis."

Stellen wir die hierin enthaltene Position zusammen:

1. Die Philosophie ist niemals die ursprüngliche Quelle der Erkenntnis.

2. Die ursprüngliche Erkenntnis ist den Naturwissenschaften vorbehalten, die Philosophie hat sie nur zu verallgemeinern.

3. Die Philosophie wird dann zum Dogmatismus, wenn sie über die Ergebnisse der Wissenschaften im allgemeinen und der Naturwissenschaften im besonderen als letzte Instanz entscheidet.

Mit Philosophie ist hier - wie Havemann selbst sagt - nicht jede beliebige Philosophie gemeint, sondern gerade der Dialektische Materialismus. Indem nun Havemann die ursprüngliche Erkenntnis in die Naturwissenschaften verlegt, entzieht er sie der Staatsphilosophie. Die Frage nach dem Ort der ursprünglichen Erkenntnis wird dadurch zu einer hochpolitischen Entscheidung. Die ideologische Rechtfertigung der kommunistischen Herrschaftsstruktur beruht aber gerade auf dem Anspruch, im Dialektischen Materialismus die einzig wahre und damit ursprüngliche Quelle aller Erkenntnis zu besitzen. Nur aus diesem Postulat läßt sich der Führungsanspruch der Partei gegenüber der Gesellschaft herleiten. Und da auch die Diktatur des Proletariats neben ihrer soziologischen Rechtfertigung von der unabdingbaren Forderung ausgeht, in der Philosophie die ursprüngliche Quelle der Erkenntnis zu besitzen, stempelt die Havemannsche Auffassung die Argumentation der SED zum unverbesserlichen Dogmatismus.

Das konnte natürlich nicht unwidersprochen bleiben. Am 23. Oktober 1956 veröffentlichte Georg Klaus, Direktor des philosophischen Instituts der Humboldt-Universität, und Alfred Kosing, stellvertretender Leiter des Lehrstuhls Philosophie am Institut für Gesellschaftswissenschaften beim ZK der SED eine Widerlegung Havemanns und aller seiner Meinung nahestehenden Diskussionsteilnehmer.

Nach einer wortreichen Widerlegung der Havemannschen Position heißt es:

„Übrigens kann seine Auffassung von der Philosophie dazu dienen, unsere Arbeit zur Verbreitung unserer Weltanschauung, besonders unter den Studenten, zu erschweren ... und in der Tat sind schon Stimmen laut geworden, die unter Berufung auf die Darlegung Havemanns forderten, das Studium der Philosophie für die Studenten aller Fakultäten abzuschaffen."

Damit waren die Havemannschen Überlegungen politisiert und er mußte am 20. März 1957 einen Widerruf im „Neuen Deutschland" erscheinen lassen.

Ihren Höhepunkt und vorläufigen Abschluß fand die Opposition der mitteldeutschen Intellektuellen in der politischen Plattform Wolfgang Harichs. Die Vertreter dieser Plattform bezeichneten sich selbst „als eine Gruppe von SED-Funktionären, die über eine breite bewußte und eine noch breitere unbewußte Anhängerschaft verfügt." Die Gruppe um Harich hatte nach den bitteren Erfahrungen des 17. Juni 1953 und im Anschluß an den XX. Parteitag der KPdSU eine „Plattform über den besonderen deutschen Weg zum Sozialismus" ausgearbeitet. Das Programm sollte den Spitzenfunktionären der Partei vorgelegt und dann „vollkommen legal" in der ganzen Partei diskutiert werden.

Aber dazu kam es gar nicht! Die antichambrierenden Parteirevolutionäre wurden in den Vorzimmern von Ulbricht, Oelßner, Wandel und Hager abgefertigt und überhaupt nicht empfangen. Die Partei brauchte nur abzuwarten, bis die „Putschisten" ungeduldig wurden und Verbindungen aufnahmen, die im Sinne der SED keinesfalls noch „vollkommen legal" genannt werden konnten. Als sich Harich mit einigen westlichen Zeitungen ins Vernehmen setzte, hatte die Partei die Möglichkeit, ihm wegen „Zusammenarbeit mit westlichen Geheimdienststellen" den Prozeß zu machen. -

Die in der politischen Plattform vereinigten Ideen sind keineswegs neu. Der Einfluß Georg Lukács ist unverkennbar und wird auch ausdrücklich zugegeben.

„Besonderen Einfluß hat auf unsere ideologische Entwicklung der Genosse Georg Lukács genommen", heißt es da.

Mit dieser, von Harich selbst eingestandenen Verbindung, ordnet sich sein politisches Anliegen in das System des menschlichen Sozialismus ein. Das ganze Harische Programm muß als Anwendung der neuen geistigen Haltung auf die politischen Verhältnisse Mitteldeutschlands verstanden werden. Auch als theoretisches Ziel der Gruppe wird der menschliche Sozialismus angeführt.

„Wir wollen nicht mit dem Marxismus-Leninismus brechen, aber wir wollen ihn vom Stalinismus und vom Dogmatismus befreien und auf seine humanistischen und undogmatischen Gedankengänge zurückführen."

In Bezug auf Deutschland kommt das Programm zu folgenden praktischen Schlußfolgerungen:

„In einem wiedervereinigten Deutschland kann nur die SPD im Bündnis mit den echten sozialistischen Kräften in der SED den Sozialismus errichten ..." Dazu ist es nötig, die Stalinisten aus der SED auszustoßen und die Herrschaft des Parteiapparats über die Mitglieder zu brechen.

„Wir sind uns darüber klar", heißt es dann wörtlich, „daß bei einer solchen Politik die SPD bei gesamtdeutschen Wahlen die Mehrheit in ganz Deutschland bekommen würde. Eine reformierte SED müßte diese Entscheidung bedingungslos annehmen und respektieren."

Die Beurteilung der internationalen Entwicklung ist in folgenden Sätzen enthalten: „Eine radikal entstalinisierte östliche Wirtschaftsstruktur in der UdSSR und in den Volksdemokratien wird im Verlaufe der weiteren Entwicklung den kapitalistischen Westen allmählich beeinflussen."

„In dieser wechselseitigen Beeinflussung und Durchdringung sehen wir die Verwirklichung einer echten Koexistenz, die dem Osten politische Freiheit und Demokratie und dem Westen Wirtschaftsstrukturen bringen wird, die er zumindest für seine Grundstoffindustrie übernehmen muß."

„Diesen Prozeß wollen wir in der DDR beschleunigen, um damit den Gegensatz Ost-West abzuschleifen und zu einem friedlichen Zusammenleben in Europa zu kommen."

Solange eine Abweichung von der Parteilinie im Bereich der abstrakten Philosophie oder der reinen Kunsttheorie bleibt, kann man sie noch durch ein Schuldbekenntnis und einen öffentlichen Widerruf ungeschehen machen. Wenn sie jedoch - wie im Falle Harichs - in der Form eines politischen Aktionsprogramms auftritt, dann stellt sie eine unmittelbare Bedrohung des kommunistischen Herrschaftssystems dar und muß - einer guten Stalinschen Tradition folgend - rücksichtslos ausgemerzt werden. Das muß Harisch gewußt haben; daß er dennoch den Weg einer „vollkommen legal" zu verhandelnden Parteireform beschritt, bleibt völlig unverständlich und verstärkt nur den schillernden Eindruck, den seine Persönlichkeit macht. -

Wenn man im Anschluß an die hier behandelten oppositionellen Strömungen die gewiß nicht uninteressante Frage nach dem geographischen Mittelpunkt der kommunistischen Ideologie aufwirft, so kommt man zu dem erstaunlichen und noch vor wenigen Jahren unvorstellbaren Ergebnis, daß sich das geistige Schwergewicht und damit der Ursprung neuer Ideen eindeutig an die Peripherie des Ostblocks verlagert hat. Was heute noch für eine wie immer geartete Weiterentwicklung in der kommunistischen Welt fruchtbar gemacht werden kann, kommt nicht mehr aus Moskau - wenn man von seinen machtpolitischen Konzeptionen einmal absieht - sondern aus Belgrad, Budapest und Warschau. Vieles spricht sogar dafür, daß Moskau im Begriff ist, seinen ideologischen Führungsanspruch endgültig und nicht nur vorübergehend an die Randstaaten zu verlieren, weil es sich fast nur noch aus der Position der militärischen Stärke gegen den Ansturm neuer Ideen wehrt.

Der humanitäre Sozialismus

Die mit dem Artikel von Peter Wengrow eingeleitete Diskussion über den Zusammenhang von ‚Revisionismus' und dem ‚Dritten Weg' schneidet zweifellos eine der interessantesten und für die kommunistische Welt gefährlichsten Erscheinungen an. Die sehr instruktiven Ausführungen des Verfassers leiden jedoch unter dem stellenweise ungenau definierten Begriffsapparat. So rückt der Verfasser den Begriff ‚Dritter Weg', den er als weltanschauliche Grundlage des ungarischen Volksaufstandes bezeichnet, in die engste Nachbarschaft mit dem ‚Nationalkommunismus', stellt aber dann im Verlauf seiner Untersuchung den Begriff ‚Dritter Weg' dem Kommunismus als etwas Neues entgegen.

Nun erlaubt dieser Begriff natürlich viele Deutungen; man kann darunter alle nationalkommunistischen Strömungen verstehen, aber mit ihm auch die politische Weltanschauung derjenigen Kreise bezeichnen, die nach einem demokratischen Weg zum Sozialismus suchen. Schließlich bietet er sich geradezu an als Sammelbegriff für alle sozialen und politischen Gruppen, die unabhängig von ihren oft sehr unterschiedlichen Überzeugungen nach einem ‚Dritten Weg' suchen. Der Begriff erweist sich also für eine politische Analyse als ungeeignet.

Stefan C. Stolte hat in seiner Erwiderung auf den zur Diskussion gestellten Artikel auch eine Definition des Begriffes ‚Revisionismus' gefordert. Er hat in seinem Beitrag die Ansicht vertreten, daß der Leninismus oder Stalinismus oder welche Ausformung der kommunistischen Philosophie auch gemeint ist, gegenwärtig das Produkt einer mehr oder weniger ausgeprägten Revision des ursprünglichen Marxismus darstellt. Wenn man die erklärten Dogmen von Karl Marx als Ausgangspunkt wählt, ist selbstverständlich alles, was sich heute in der politischen Arena auf ihn beruft, mehr oder weniger ‚revisionistisch'.

Diese Feststellung hat jedoch nur ideengeschichtlichen Wert; für die politische Auseinandersetzung ist sie irrelevant. Die bolschewistische Philosophie betrachtet es ja als ihr ureigenstes Verdienst, den Marxismus gemäß den ‚neuen historischen Bedingungen schöpferisch weiterentwickelt' zu haben. Sie ist mit dem Begriff ‚Revisionismus' ebensowenig zu treffen, wie die marxistische Opposition in Ungarn, Polen und der ‚DDR'.

Wenn man von der Definition Stefan C. Stoltes einmal absieht, der den Revisionismus nur erörtert, um festzustellen, daß sowohl der Bolschewismus als auch die marxistische Opposition revisionistisch sind, so ist der Begriff auch noch in einer anderen Beziehung unfruchtbar und nur mit Vorbehalt zu gebrauchen. Er bezeichnete eine Strömung in der deutschen Sozialdemokratie, die - um einen philosophischen Terminus zu gebrauchen - dem philosophischen Realismus nahestand. Eduard Bernstein unterzog den Marxismus einer eingehenden und zum Teil unanfechtbaren Kritik und revidierte sein politisches Programm. Eine politische Richtung jedoch, die in der realistischen Position verharrt, nur revidiert, ohne sich der Dialektik von Realismus und Nominalismus bewußt zu sein, hat, wie die Geschichte des deutschen Revisionismus bewiesen hat, keine politische Wirkung. Sie versandet, weil sie mit der Revision keine neuen Ideale zu verbinden weiß. Der Revisionismus ist - in diesem Punkte stimme ich mit den Ausführungen Stefan C. Stoltes überein - immer stabilisierend und niemals revolutionär.

Das Wort Revisionismus ist also nur mit vielen Vorbehalten und nur dann auf die marxistische Opposition anwendbar, wenn man sich der stillschweigenden Voraussetzung bewußt ist, daß der Stalinismus als Ausgangspunkt für alle Abweichungen angenommen wird. Wenn man jedoch den genuinen Marxismus als Bezugssystem wählt, ist heute jede marxistische Sekte revisionistisch und der Begriff derart ausgeweitet, daß er nichtssagend wird, wobei wir ganz von der pejorativen Bedeutung absehen, die dieser Begriff in der politischen Literatur hat.

Herr Wengrow bezeichnet in seinem Artikel den ‚Dritten Weg' als eine Ideologie. Selbstverständlich gebraucht er diesen Begriff als Synonym für ‚politische Theorie'. Man sollte jedoch diesen Begriff für den Bolschewismus reservieren, da er die schärfste und präziseste Kennzeichnung eines reaktionären Ideenzusammenhanges ist. ‚Ideologie' wird in der Marxismusforschung - durchaus im Anschluß an Marx - als falsches Bewußtsein von der Wirklichkeit definiert. Er ist die Bezeichnung eines Denkens, das traditionelle, erstarrte Ideen in einer Wirklichkeit behauptet, die diesen ‚ideologischen' Vorstellungen längst zuwiderläuft. Man sollte um so mehr auf die genaue Anwendung dieses Begriffes achten, als es charakteristisch für den Verfall der bolschewistischen philosophischen Theorie ist, daß sie sich paradoxerweise als ‚proletarische Ideologie' versteht. Sie denunziert sich damit selbst, gemäß der von Marx diesem Begriff gegebenen Bedeutung, als Vertreterin überholter Vorstellungen.

Es handelt sich daher bei der Auseinandersetzung zwischen Stalinismus und marxistischer Opposition nicht um den Gegensatz zweier ‚Ideologien', sondern um den Kampf des längst zur Ideologie erstarrten Stalinismus mit einer neuen wirklichkeitsadäquaten politischen Konzeption.

Aus diesem Grunde scheint es mir bedenklich, die marxistische Opposition - wie Stefan C. Stolte das tut - nur als ‚taktischen Verbündeten' gelten zu lassen. Es ist eine alte Erfahrung, daß die bolschewistische Philosophie mit einer systemfremden Kritik noch immer fertig geworden ist, daß sie sich aber sofort in ihren Grundlagen erschüttert sieht, wenn die Kritik systemimmanent, von einer marxistisch geschulten Intelligenz, mit marxistischen Begriffen und im Namen der Ideale vorgetragen wird, die sie selbst zu vertreten vorgibt.

Fragt man sich nun nach dem ideellen Inhalt der bisher hervorgetretenen oppositionellen Strömungen in den sowjetischen Satellitenstaaten, so findet man zwei politische Richtungen: einmal den Nationalkommunismus jugoslawischer Provenienz, und zum anderen den ‚menschlichen Sozialismus', wie er zuerst in Ungarn, dann in Polen und der ‚DDR' entstanden ist.

Aber während der jugoslawische Nationalkommunismus seine Impulse aus einem politischen Gegensatz schöpft und von politischen Rücksichten bestimmt wird, entspringt der menschliche oder humanitäre Sozialismus einer neuen, ernstzunehmenden marxistischen Konzeption, die einem echten sozialen Bedürfnis Rechnung trägt. Obwohl sich der Nationalkommunismus in Jugoslawien und Polen unter dem Druck der Sowjetunion, gewissermaßen in einer Gegenbewegung, den Positionen des menschlichen Sozialismus nähert, ist er nicht revolutionär. Die beiden prominentesten Nationalkommunisten, Tito und Gomulka, sind ganz offensichtlich bemüht, durch Zugeständnisse an die nationale Eigenart ihrer Länder das Regime zu stabilisieren und der alten Ideologie neuen Glanz zu geben. Der Nationalkommunismus ist das Produkt eines Zugeständnisses von oben.

Das Beispiel des ungarischen Volksaufstandes und der zu spät erfolgten Einsetzung der nationalkommunistischen Regierung Nagy hat andererseits gezeigt, daß der Nationalkommunismus nicht immer stabilisierend wirkt, sondern in Zeiten äußerster sozialer Spannungen gerade soviel demokratische Freiheit gewährt, um der Revolution erst recht den Weg zu bahnen. Das kann indes nicht darüber hinwegtäuschen, daß die Regierung Nagy mit ihrer Politik nicht revolutionär war. Sie wurde es erst, als sie durch den Gang der Ereignisse, deren Kontrolle ihr entglitten war, vor der Alternative stand, entweder unterzugehen oder sich auf die Seite des Volkes zu schlagen. Als sie sich aber zum Sprecher der Revolution machte, verlor sie ihren nationalkommunistischen Charakter.

Der menschliche Sozialismus dagegen ist das Ergebnis einer Bewegung von unten. Er hat sich gegen die kommunistischen Regierungen entfaltet. Er hat nichts mehr mit einer Ideologie zu tun, die den Nationalkommunismus - trotz vieler positiver Züge - doch immer noch bestimmt. Er hat zweifellos dem ungarischen Volksaufstand zur ideellen Orientierung gedient, wenn ich auch nicht leugnen will, daß der politische Druck, unter dem die ungarische Bevölkerung stand, die Vertreter fast aller weltanschaulichen Überzeugungen zur Revolution gedrängt hat.

Die Konzeption des menschlichen Sozialismus als politisches Programm wurde zum ersten Mal von Georg Lukács in seiner bekannten Rede vor der Politischen Akademie der Partei der Ungarischen Werktätigen am 28. Juni 1956 in Budapest entworfen. Die neue Theorie brauchte bei ihrer Geburt zunächst keinen dramatischen Auftakt, sie konnte mühelos aus dem auf dem XX. Parteitag in Moskau vorgetragenen Koexistenzgedanken abgeleitet werden. Allerdings erfuhr sie im Munde Lukács eine so starke Ausweitung, daß man bei seiner Version von totaler Koexistenz sprechen muß. Der sowjetische Parteichef hatte die bolschewistische Ideologie ausdrücklich von allen Koexistenzplänen ausgenommen. Lukács wandte seine Konzeption so, daß gerade das weltanschauliche Miteinander zur Voraussetzung der Koexistenzidee wurde. Koexistieren heißt daher bei Lukács nicht mehr ein passives Nebeneinander, sondern ein aktives Miteinander. Man soll, nach Lukács, mit dem Westen ins Gespräch kommen, sich gegenseitig überzeugen, Gedanken austauschen; was zwangsläufig zu einem gegenseitigen Kennenlernen und zu einem Ausgleich führen muß. Der Sozialismus tritt dem Westen nicht mehr als unerbittliche Wahrheit entgegen, sondern als Gesprächspartner, der hören und lernen will.

Damit nun der Sozialismus im ehrlich gemeinten Gespräch der Nationen ernst genommen wird und damit er etwas zu bieten hat, muß er wieder geistig und sozial attraktiv werden. In die sozialistische Weltanschauung muß wieder eine humanitäre Note kommen. Er muß seine Dogmatik abstreifen und durch weltoffene Geistigkeit bestechen.

Die Idee der total gefaßten Koexistenz, die auf Gewaltanwendung verzichtet, die den

Sozialismus menschlich aufbauen will, hat nach Lukács eine ideelle Umorientierung notwendig zur Folge. Wir haben es daher im menschlichen Sozialismus nicht nur mit einer totalen und vorbehaltlosen Koexistenztheorie, sondern auch mit einer Theorie des geistigen und sozialen Ausgleichs zu tun: Wir stehen hier vor einer neuen politischen Konzeption.

Die neuen Gedanken Lukács bildeten sich in der Auseinandersetzung mit dem Stalinismus heraus. Die geistige Inferiorität der Stalinschule hat nach Lukács zur Abkapselung von der übrigen Welt geführt. Sie hat als Sektierertum begonnen und als Defaitismus geendet, und zwar als ein System, das sich ängstlich hinter dem eisernen Vorhang verbarg, systemfremde Argumente niemals widerlegte, sondern nur beschimpfte, das sich nach innen durch Terror und nach außen nur durch brutale militärische Gewalt behauptete.

Dieses defaitistische System gilt es zu überwinden. Der Marxismus soll entsprechend seinem historischen und sozialen Ursprung wieder eine Weltanschauung werden, die alle progressiven Ideen der Menschheit in sich vereinigt. Er soll nur noch mit Wissen, mit Bildung, mit den ‚Waffen des Geistes' - wie Lukács sagt - in den Gang der Dinge eingreifen.

Der von Lukács entworfene menschliche Sozialismus soll allen Kräften Spielraum geben - auch der Kirche. Einen besonders günstigen Ansatzpunkt findet er in der sich von Kierkegaard herleitenden Schule von Karl Barth. Dieselbe Möglichkeit sieht er auch im Katholizismus, der nicht eine ‚Wall-Street-Filiale in Rom' sei, sondern Tendenzen entwickle, die auch in der sozialistischen Presse zu Worte kämen und daher auch akzeptiert werden müßten.

Hier kommt im Zuge der neuentworfenen Koexistenzidee die Hoffnung zum Ausdruck, daß das Christentum und vornehmlich der Katholizismus mit seinem ethischen Gehalt in die sozialistische Gesellschaft aufgenommen werden könnte. Der Sozialismus soll auch der Kirche Spielraum geben, er muß in sich selbst die Voraussetzung für ein reibungsloses Zusammenleben mit der Kirche schaffen; dann wird es nach Lukács gelingen, die Kirche nahtlos in die sozialistische Gesellschaft aufzunehmen.

Das waren die Gedanken, die wie ein Funke auf die ungarische Intelligenz übersprangen, von ihr unter die Massen gebracht wurden und dann dem Volksaufstand zur ideellen Orientierung dienten.

Der von Lukács entworfene humanitäre Sozialismus wäre nicht so interessant, wenn sich seine Wirkung auf Ungarn allein beschränkt hätte. Er ist aber, genau wie in Ungarn, auch das politische Programm der marxistischen Opposition in Polen und der ‚DDR'.

Man braucht nur an den bekannten Artikel „An die Genossen der Bruderparteien" der polnischen Publizistin Edda Werfel zu denken, in dem sie, das ‚Kommunistische Manifest' variierend, schrieb: „... jetzt erleben wir einen Völkerfrühling, oder wenn man will, ein Jahr 1917. Zumindest in Osteuropa geht ein Gespenst um, das Gespenst des menschlichen Sozialismus, und es erschreckt nicht nur die Kapitalisten, sondern auch die Stalinisten."

Man braucht auch nur an die durch die polnische Studentenzeitung „Po prostu" entfachte Marxismusdiskussion zu denken, in der sichtbar wurde, daß ein großer Teil der polnischen Intelligenz Gedanken des menschlichen Sozialismus vertraten. Die brillianteste Antwort auf die von der Studentenzeitung gestellte Frage „Was ist Marxismus?" gab der junge polnische Soziologe Leszek Kolakowski, der sich offen zum menschlichen Sozialismus bekennt. Das Ergebnis seiner Analyse war so überzeugend, daß die von ihm eingeführten Begriffe ‚institutioneller' und ‚intellektueller Marxismus' heute zum selbstverständlichen geistigen Rüstzeug der Abwehr des sowjetischen Totalitätsanspruches in Polen gehören.

Von der Radikalität, mit der die Vertreter des menschlichen Sozialismus gegen die sowjetische Ideologie vorgehen, zeugt auch die von Leszek Kolakowski im Verlauf der Diskussion aufgeworfene Frage, ob der Marxismus überhaupt noch einen Sinn habe, nachdem diejenige Konzeption, die von den Behörden festgelegt wird und die er den ‚institutionellen Marxismus' nennt, im Bewußtsein der Intellektuellen zusammengebrochen ist.

Auch seine Antwort auf diese selbstgestellte Frage läßt an Deutlichkeit nichts zu wünschen übrig. In Zeiten, in denen es noch keine Behörden gab, die den Marxismus kanonisierten und ihn, gleichsam als Gedankenkonserven verpackt, an die Verbraucher lieferten, hatte der Marxismus noch einen ‚intellektuellen' Inhalt. Bei Männern wie Trotzki, Bucharin oder Lenin wisse man genau, was es bedeutet, wenn man von Marxismus spreche, nämlich die soziologische Analyse der russischen Gesellschaft und Geschichte mit dem marxistischen Begriffsapparat. Aber auch dieser ‚intellektuelle Marxismus', dem er in der Vergangenheit noch einen gewissen Wert zuspricht, wurde durch die geschichtliche Entwicklung überholt. Den neu entstandenen Problemen gegenüber, die Marx gar nicht voraussehen konnte, muß sich der marxistische Begriffsapparat als veraltet und unbrauchbar erweisen. Und gerade das sieht Kolakowski in der neuen nichtkapitalistischen Gesellschaft gegeben. Eine solche nichtkapitalistische Gesellschaft ist in den sogenannten Volksdemokratien entstanden. Bei der soziologischen Durchleuchtung der polnischen Wirklichkeit versagt der Marxsche Begriffsapparat. Er ist dem Gegenstand nicht mehr angemessen. Er muß durch eine neue gegenstandsadäquate Methode ersetzt werden. Also ist nach Kolakowski auch der ,intellektuelle Marxismus' in der neuen polnischen Wirklichkeit zu einer Fiktion geworden.

Mit dieser radikalen Auflösung des Marxismus wird jedoch für Kolakowski nicht jede geisteswissenschaftliche Trennung aufgehoben. Die Unterscheidung in Marxisten und Nicht-Marxisten ist zwar sinnlos geworden, aber nicht jede Differenzierung ist gegenstandslos. Was für ihn übrig bleibt, ist die Trennung in eine geisteswissenschaftliche Linke und Rechte, eine Unterscheidung also, die ganz allgemein durch eine intellektuelle Haltung gekennzeichnet ist.

Die Kritik Kolakowskis wird übrigens in Moskau so ernst genommen, daß in der „Prawda", dem „Kommunist" und der philosophischen Zeitschrift „Voprosy filosofii" bis zur Stunde an hervorragender Stelle Beiträge erscheinen, die vergeblich seine Ansicht zu widerlegen suchen.

Den gleichen Einfluß wie in Polen haben auch die Ideen des menschlichen Sozialismus in der ,DDR'. Es ist an diesem Ort selbstverständlich nicht möglich, eine genaue Darstellung des Einflusses zu geben, die die Theorie des menschlichen Sozialismus auf die marxistische Opposition seit 1956 in der ,DDR' gehabt hat. Ich will nur an das bekannteste Beispiel erinnern. Die Gruppe um Wolfgang Harich hatte nach den bitteren Erfahrungen des 17.Juni 1953 und im Anschluß an den XX. Parteitag der KPdSU eine „Plattform über den besonderen deutschen Weg zum Sozialismus" ausgearbeitet. Die in diesem Programm niedergelegten Ideen stammen von Lukács. Das wird ausdrücklich zugegeben.

„Besonderen Einfluß hat auf unsere ideologische Entwicklung der Genosse Lukács genommen", heißt es da. Mit dieser, von Harich selbst eingestandenen Verbindung ordnet sich sein politisches Anliegen wie das seiner Anhänger in das System des menschlichen Sozialismus ein. Das ganze Harichsche Programm für die Wiedervereinigung Deutschlands muß daher als Anwendung der neuen geistigen Haltung der marxistischen Opposition auf die politischen Verhältnisse Mitteldeutschlands verstanden werden. Auch als theoretisches Ziel der Gruppe wird der menschliche Sozialismus angeführt:

„Wir wollen nicht mit dem Marxismus-Leninismus brechen, aber wir wollen ihn vom Stalinismus und vom Dogmatismus befreien und auf seine humanistischen und undogmatischen Gedankengänge zurückführen."

Der ‚nationale Weg', wie er in der Harichschen Plattform anklingt, ist hier nicht, wie im Nationalkommunismus, ein stabilisierendes Zugeständnis zur Aufrechterhaltung der totalitären Herrschaftsstruktur in der ‚DDR', sondern nur die politische Form, in der die revolutionären Ideen des humanitären Sozialismus heute verwirklicht werden sollen.

Wenn man im Anschluß an die bisher aufgetretenen oppositionellen Strömungen die gewiß nicht uninteressante Frage nach dem geistigen Zentrum des Kommunismus stellt, so kommt man zu dem erstaunlichen und noch vor wenigen Jahren unvorstellbaren Ergebnis, daß sich das geistige Schwergewicht und damit der Ursprung neuer Ideen eindeutig an die Peripherie des Ostblocks verlagert hat. Was heute noch für eine wie immer geartete geistige Weiterentwicklung der kommunistischen Welt fruchtbar gemacht werden kann, kommt nicht mehr aus Moskau, sondern aus Budapest, Belgrad und Warschau. Vieles spricht sogar dafür, daß Moskau im Begriff ist, seinen ideellen Führungsanspruch endgültig und nicht nur vorübergehend an die Randstaaten zu verlieren, weil es sich fast nur noch aus der Position der militärischen Stärke gegen den Ansturm neuer Ideen wehrt. Die politischen Konsequenzen dieser Entwicklung sind in der Tat unabsehbar.

Das Programm des Revisionismus

Der Bund der Kommunisten Jugoslawiens hat auf seinem Kongreß, der vom 22. bis zum 26. April 1958 in Laibach tagte, sein neues Parteiprogramm angenommen. Die Reaktion, die dieses Ereignis in der Sowjetunion und ihren Satellitenstaaten ausgelöst hat, nimmt in der an Krisen gewiß nicht armen Entwicklung der kommunistischen Welt einen besonderen Platz ein. Soweit man den immer wieder aufflammenden Kampf gegen den Revisionismus zurückverfolgt, immer waren es bisher nur Einzelpersönlichkeiten oder kleine, machtlose Gruppen, die mit mehr oder weniger guten Argumenten dem bolschewistischen Totalitätsanspruch entgegentraten.

Seit der Bestätigung des neuen jugoslawischen Parteiprogramms ist das anders geworden. Eine staatstragende kommunistische Partei hat ein Programm zum Credo ihrer zukünftigen Politik gemacht, das in mehr als einem Punkt von der sowjetischen Lesart abweicht. Damit hat zum ersten Mal seit der russischen Oktoberrevolution eine kommunistische Ideologie, die von Moskau nicht gebilligt wird, einen nicht mehr wegzudiskutierenden Platz auf der politischen Landkarte Europas erhalten. Der kommunistische Revisionismus oder, genauer gesagt, das, was Moskau als ‚Revisionismus' verdammt, ist nunmehr mit einem Staat verschmolzen.

Der Kreml als Gralshüter der kommunistischen Wahrheit unterliegt jetzt auch innerhalb der kommunistischen Welt einer Konkurrenz der Ideen; denn die jugoslawischen Kommunisten nehmen mit dem gleichen erbitterten Ernst Marx in Anspruch und behaupten ebenso bestimmt, seine Lehren unverfälscht zu praktizieren, wie die bolschewistischen Ideologen das tun. Wenn auch der Anspruch der jugoslawischen und russischen Kommunisten im gleichen Ziel mündet, so ist es doch eine Tatsache, daß nicht nur ein von Moskau unabhängiger kommunistischer Staat existiert - das ist mehr oder weniger seit 1948 der Fall - sondern, daß jetzt auch eine von Moskau offiziell abgesetzte Ideologie fixiert ist. Das aber ist ein Ereignis ohne Parallele.

Wenn auch die Konkurrenz auf staatlicher und politischer Ebene seit 1948 besteht, so hat doch erst die für jeden Kommunisten sakrale Zeremonie bei der offiziellen Beschlußfassung über das neue Parteiprogramm die ideologische Konkurrenz zwischen Belgrad und Moskau zu einer Existenzfrage gemacht. Kominformbeschlüsse lassen sich noch allenfalls verleugnen - obwohl auch das nicht ungestraft geschehen kann - aber ein Programm, an das sich eine kommunistische Partei und ein von ihr beherrschter Staat hochoffiziell binden, läßt sich nicht mehr aus der Welt schaffen. Ein kommunistischer Staat ist an eine einzige und von einer Person verbindlich auszulegende ‚Wahrheit' gebunden. Kommt es in den höchsten Gremien der Partei zu Gruppenbildungen, zu einer Konkurrenz politischer Konzeptionen, dann ist die Partei sofort gelähmt, wie zum Beispiel in den ersten Tagen des ungarischen Volksaufstandes. Es ist wirklich eine Existenzfrage für einen totalitären Staat, ob das Geschäft der Wahrheitsfindung in einer Hand vereinigt ist oder nicht.

Dem gleichen Phänomen unterliegen die kommunistischen Staaten auch in ihren zwischenstaatlichen Beziehungen. Das ‚monolithische Gefüge' des Ostblocks kann nur solange reibungslos funktionieren, als Moskau der anerkannte Statthalter der kommunistischen Wahrheit ist. Bildet sich jedoch ein zweites, von Moskau unabhängiges ideologisches Zentrum aus, so ist das sowjetische Monopol zumindest in Frage gestellt. Erweist sich dieses zweite Zentrum als lebensfähig, dann ist das Moskauer Monopol erschüttert.

Man könnte die Wirkung des in Jugoslawien institutionalisierten Revisionismus gar nicht treffender als mit Chruschtschows Worten auf dem VII. Parteitag der KP Bulgariens wiedergeben: „Der zeitgenössische Revisionismus ist eine Art trojanisches Pferd. Die Revisionisten versuchen, die revolutionären Parteien von innen zu zersetzen, die Einheit zu unterminieren und Verwirrung und Durcheinander in die marxistisch-leninistische Ideologie zu tragen."

Man braucht hier nur zu ergänzen, daß die jugoslawischen Kommunisten gar nicht die von Chruschtschow befürchtete Wirkung hervorbringen wollten und selbst wenn sie es gewollt hätten, so berührt das in keiner Weise die Tatsache, daß es sich hier um eine objektive Tendenz handelt, die unabhängig von den in Jugoslawien mit dem neuen Programm verfolgten Absichten und Zielen wirkt.

Das neue jugoslawische Parteiprogramm weicht in sechs wichtigen Punkten von den sowjetischen Auffassungen ab: In der Beurteilung der bürgerlichen Demokratie und des sozialistischen Staates, der internationalen Beziehungen und des Verhältnisses zwischen den sozialistischen Ländern, in der Einschätzung der sowjetischen Politik gegenüber Jugoslawien und schließlich in der Behauptung, daß die marxistischen Ideen hinter der sozialen Entwicklung zurückgeblieben sind.

Obwohl das beschlossene Parteiprogramm bei der Kennzeichnung der Entwicklungstendenzen der bürgerlichen Demokratie weit vorsichtiger abgefaßt ist als der ursprüngliche Programmentwurf, haben die Verfasser doch an der verhältnismäßig positiven Beurteilung der Demokratie festgehalten. „Das Inerscheinungtreten regionaler und breiterer internationaler Wirtschaftsorganisationen", heißt es im Programm des BdKJ, „in denen die Staaten unmittelbar beteiligt sind, stellen neue Formen der Wirtschaftszusammenarbeit und der Integration dar, im Unterschied zu der früheren ausschließlichen Aktivität der privaten Monopole und anderer privatkapitalistischen Organisationen auf diesem Gebiet." Und einige Zeilen weiter heißt es dann: „Der bürgerliche Staat übernimmt also wirtschaftliche Funktionen auf jener Entwicklungsstufe des Kapitalismus, auf der das Privateigentum und die privatkapitalistischen Beziehungen in der Produktion für die entfalteten Produktivkräfte einen zu engen Rahmen darstellen."

Die hier vertretene Auffassung vom wachsenden Einfluß des demokratischen Staates auf das Wirtschaftsgefüge stellt einen eklatanten Bruch mit der bolschewistischen Lehre vom Monopolkapitalismus dar. Ruht doch die bolschewistische Deutung des demokratischen Staates auf der Überzeugung, daß der bürgerliche Staat mit den privatwirtschaftlichen Interessen unlöslich verflochten und in den Imperialismus hinübergewachsen sei und daß er einer Anpassung an neue sozialökonomische Verhältnisse nicht fähig sei. Wenn es jedoch, wie im Programm des BdKJ behauptet wird, Tendenzen im demokratischen Staat gibt, sich den „gesellschaftspolitischen Veränderungen der letzten Jahrzehnte ... anzupassen", dann fußt die bolschewistische Revolutionshoffnung auf einer falschen Analyse der gegenwärtigen Situation.

Mit der jugoslawischen Deutung der Entwicklungstendenzen des demokratischen Staates ist ferner auch die Frage entschieden, ob die Umgestaltung der zeitgenössischen Gesellschaft nur auf revolutionärem Wege - wie es die bolschewistische Ideologie behauptet - oder auch auf friedlichem und evolutionärem Wege erfolgen könne. Wenn sich der moderne Staat neuen Verhältnissen anzupassen vermag, dann ist es offensichtlich, daß er elastisch und anpassungsfähig bleibt - oder, in jugoslawischer Sicht, den „ersten Schritt zum Sozialismus" macht. Die bolschewistische Alternative in Hinblick auf die moderne Demokratie - sozialistische Revolution oder Stagnation und permanente Verelendung - ist damit gegenstandslos geworden.

Weiter hängt mit der neuen jugoslawischen Auffassung der modernen Demokratie noch eine veränderte Vorstellung von der politischen Aufgabe des Proletariats zusammen. Nach Lenin führt der Weg des Proletariats zum Sozialismus nur über die Zerschlagung des bürgerlichen Staatsapparates. Die jugoslawischen Kommunisten sehen dagegen die politische Aufgabe des Proletariats in der Schaffung eines Gleichgewichts zwischen Bürgertum und Proletariat im „Kampf um die führende Rolle im Mechanismus der Macht und ihre Bereitschaft und Fähigkeit, die Rolle tatsächlich zur Veränderung der Gesellschaftsbeziehungen zu nutzen." Es ist also nicht mehr, wie bei Lenin, von einer Zerschlagung des demokratischen Staates die Rede, sondern nur von seiner Kontrolle, bei gleichzeitiger Bewahrung seiner demokratischen Institutionen. Hinter dieser Auffassung der jugoslawischen Kommunisten steht die Überzeugung, daß der moderne Staat sich evolutionär zu einer sozialistischen Demokratie entwickelt.

Nicht weniger einschneidend sind auch die Gegensätze gegenüber der bolschewistischen Ideologie in der Beurteilung des sozialistischen Staates, das heißt der Diktatur des Proletariats. Die Verfasser des neuen jugoslawischen Parteiprogramms schließen sich in der Frage des sozialistischen Staates wieder enger an die staatsfeindliche Einstellung Marx an und definieren die Diktatur des Proletariats als „politisches System in der Zeit des Übergangs". „Das ist ein politisches System", heißt es im Programm des BdKJ, „das nur einen ‚Übergang zur Aufhebung aller Klassen und zur klassenlosen Gesellschaft' darstellt (Marx)."

Die Widersprüche, die im neuen jugoslawischen Parteiprogramm in der sozialistischen Gesellschaft ausdrücklich konstatiert werden, können nur „im Wege der Evolution gelöst werden" und das heißt für die Verfasser: „Entwicklung des Demokratismus und der Gesellschaftsselbstverwaltung auf allen Gebieten des Gesellschaftslebens ... Der sozialistische Staat ist und muß demzufolge ein Staat eines bestimmten Typus sein, ein Staat, der abstirbt."

Die Verfasser des neuen jugoslawischen Parteiprogramms haben auch eine detaillierte Vorstellung von den gesellschaftspolitischen Modalitäten des „sterbenden Staates": „Mit der Entwicklung des sozialistischen demokratischen Systems geht eine Beschränkung der Rolle der staatlichen Verwaltung bei der unmittelbaren Leitung der Wirtschaft, auf dem Gebiet der kulturell-erzieherischen Tätigkeit, des Gesundheitswesens, der Sozialpolitik usw. vor sich. Die Verwaltungsfunktionen dieser Betätigungen gehen mehr und mehr auf verschiedene gesellschaftliche Selbstverwaltungsorgane über, die entweder selbständig wirken oder zu einem entsprechenden demokratischen Organisationsmechanismus verbunden sind." Von dieser Position ausgehend kommt das jugoslawische Parteiprogramm zu einer scharfen Kritik der sowjetischen Staatstheorie und ihrer praktischen Auswirkungen auf die Gesellschaft. Mit einem deutlichen Seitenhieb gegen die Staatsauffassung Stalins, nach der der Staat im Sozialismus so lange nicht abstirbt, als die sozialistische Gesellschaft von kapitalistischen Ländern eingekreist ist, stellt das jugoslawische Parteiprogramm fest, daß alle „bürokratisch-etatistischen Deformationen in der Entwicklung der sozialistischen Beziehungen" auf diese Konzeption Stalins zurückgehen.

Die jugoslawische Kritik geht sogar so weit, diese Staatstheorie als unmittelbare Ursache für die Restauration „staatskapitalistischer Beziehungen" in der Sowjetunion zu erklären: „Der Bürokratismus und die etatistisch-bürokratischen Tendenzen als letzter Widerhall der alten Gesellschaftsbeziehungen streben eine Deformierung der Entwicklung der sozialistischen Beziehungen an, in erster Linie im Sinne der Erhaltung, Erweiterung oder Restaurierung der verschiedenen Formen der staatskapitalistischen Beziehungen oder Methoden bei der Lenkung, und dies unter Bedingungen, unter denen die Produktivkräfte und die Produzenten solche Beziehungen und Methoden nicht mehr dulden."

Die Staatstheorie der Stalinzeit hat nach Ansicht der jugoslawischen Kommunisten nicht nur negative Auswirkungen nach innen, sondern auch auf die Beziehungen der sozialistischen Staaten untereinander. Im Zusammenhang mit dem „Persönlichkeitskult" um Stalin sind die Beziehungen der sozialistischen Länder einseitig zugunsten Moskaus gehandhabt worden. Im Programm wird ausdrücklich betont, daß die „Deformation der Entwicklung der sozialistischen Beziehungen" zu der gegen „das sozialistische Jugoslawien gerichteten Aktion" geführt hat. „Indem sie sich gegen einen solchen Druck auflehnten und um die Erhaltung der Unabhängigkeit ihres Landes kämpften, haben die jugoslawischen Kommunisten nicht nur um das Recht auf eine eigene, freie sozialistische Entwicklung gerungen, sondern sie haben auch einen Beitrag geleistet zum unumgänglichen Kampf gegen alle bürokratisch-etatistischen Deformationen in der Entwicklung des Sozialismus und in den Beziehungen zwischen jenen Völkern, die den sozialistischen Weg beschreiten."

Aus diesen Formulierungen geht eindeutig hervor, daß es die jugoslawischen Kommunisten als gegeben ansehen, daß ihre Politik richtig war und daß sie darüber hinaus einen Beitrag im notwendigen Kampf gegen „alle bürokratisch-etatistischen Deformationen" des Sozialismus darstellt. Der ideologische Führungsanspruch, der in dieser Auffassung involviert ist, mußte die russischen Kommunisten besonders hart treffen. So hat auch die im Programm aufgestellte Behauptung, daß „das marxistische Gedankengut in den letzten Jahrzehnten hinter der zeitgenössischen Gesellschaftsentwicklung zurückgeblieben ist", den erbitterten Widerspruch Chruschtschows in der bereits erwähnten Rede vor dem bulgarischen Parteitag hervorgerufen. Die Behauptung vom Zurückbleiben des marxistischen Gedankengutes im Laufe der letzten Jahrzehnte mußte um so explosiver wirken, als dahinter der Anspruch der jugoslawischen Kommunisten steht, mit ihrem neuen Parteiprogramm die sowjetischen Versäumnisse nachgeholt zu haben.

Im Programm der jugoslawischen Kommunisten wird auch die Frage eingehend erörtert, wie es im Verlauf der „etatistisch-pragmatischen Revision bestimmter ... Thesen des Marxismus" zum gegenwärtigen Dogmatismus in der Sowjetunion kommen konnte: „Zum Zurückbleiben des marxistischen Gedankengutes hinter der Entwicklung der Ereignisse trug auch die Tatsache bei, daß Stalin innerhalb der kommunistischen Bewegung einige Jahrzehnte hindurch ein autoritäres, widerspruchsloses Urteil über alle Entwicklungsprozesse unserer Zeit abzugeben pflegte."

Durch die ungerechtfertigte Machtfülle in den Händen Stalins ist der Dialektische Materialismus in der Sowjetunion „zum Subjektivismus und zur Metaphysik" entartet. Die Deformation in den Beziehungen der sozialistischen Staaten hat aber auch zu einem einseitigen „ideologischen Monopol" der Sowjetunion geführt. Die Verfasser des Parteiprogramms verwahren sich nachdrücklich gegen den Mißbrauch des „proletarischen Internationalismus" durch die Sowjetunion als Rechtfertigung ihres ‚ideologischen Monopols' und gewisser ‚hegemonistischer Tendenzen', und sie betonten, „daß die Zusammenarbeit innerhalb der Arbeiterbewegung nur auf der Basis einer völligen Gleichberechtigung möglich ist". Es wird weiter festgestellt, daß die praktische und die theoretische Entwicklung in der Sowjetunion nur so lange ein Maßstab für die sozialistische Bewegung sein konnte, als es neben der Sowjetunion keine anderen sozialistischen Länder gab. „Heute ist dieser Maßstab etwas breiter geworden", heißt es lakonisch.

Besonders heftig war auch die sowjetische Reaktion auf die im Programm entwickelte Analyse der internationalen Situation. Die weltpolitischen Spannungen erklärt das jugoslawische Programm als durch die Existenz zweier großer und in ihren machtpolitischen Zielen durch nichts von einander unterschiedener Blöcke hervorgerufen. Die von den jugoslawischen Kommunisten vertretene Auffassung, daß das Grundübel der internationalen Spannungen in der Politik der Stärke und zwar in der von West und Ost in gleicher Weise betriebenen Politik der starken Hand zu suchen sei, entzieht der Sowjetunion mit einem klaren Affront das Recht, sich als ‚Lager des Friedens' zu bezeichnen. Das von der Sowjetunion beanspruchte Friedensmonopol wird damit eindeutig und unmißverständlich als Verhüllung ihrer Machtpolitik entlarvt; die UdSSR wird damit zum Mitschuldigen an allen internationalen Konflikten erklärt. Im Parteiprogramm der jugoslawischen Kommunisten muß dieser Vorwurf weit schwerer wiegen als im Munde eines traditionellen Gegners.

Überblickt man das jugoslawische Parteiprogramm, so wird vor allem deutlich, daß der BdKJ sich auch gegenüber der Sowjetunion als legitimer Erbe des orthodoxen Marxismus versteht. Die jugoslawischen Kommunisten haben dabei zu einem erstaunlichen Selbstbewußtsein gefunden und sie entwickeln ihre theoretischen und praktischen Anschauungen mit einer überraschenden Unabhängigkeit. Sie gelangen in ihrer Beurteilung der westlichen Demokratie und der internationalen Beziehungen zu Zugeständnissen, die noch vor wenigen Jahren undenkbar waren. Ihre Einschätzung der sowjetischen Wirklichkeit ist trotz aller Zurückhaltung und trotz ihres orthodox-marxistischen Geschichtsbildes so negativ und gleichzeitig so wohlfundiert, daß sich die neuen jugoslawischen Ideen, wenn sie gegenüber dem sowjetischen Druck lebensfähig bleiben, zu einem ernstzunehmenden ideologischen Gegenpol innerhalb der kommunistischen Welt entwickeln müssen.

„Die Kommunistische Partei der Sowjetunion ging immer davon aus, daß die ‚nationalen' und internationalen Aufgaben des Proletariats der UdSSR sich zu einer gemeinsamen Aufgabe der Befreiung der Proletarier aller Länder vom Kapitalismus vereinigen und daß die Interessen des Aufbaues des Sozialismus in unserem Lande sich ganz und vollständig verbinden mit den Interessen der Revolutionsbewegung aller Länder zu dem allgemeinen Interesse am Sieg der sozialistischen Revolution in allen Ländern." (J. W. Stalin, „Werke", Band 9, S. 27)

A. M. Deborin

Bibliographie der Werke Abram Moiseevič Deborins mit einer biographischen Einleitung von René Ahlberg

Biographische Einleitung

Abram Moiseevič Deborin ist als Vertreter eines eigenwilligen, in der Methode an Hegel orientierten Marxismus bekannt geworden. Sein Werk - dessen Bibliographie hier zum ersten Male vorliegt - ist aufs engste mit der Entwicklung und Geschichte der sowjetischen Philosophie verbunden. Bis zur Verurteilung seiner Philosophie durch die Partei im Jahre 1931 galt er in der Sowjetunion als der führende marxistische Philosoph und wurde in einem Atemzug mit Lenin genannt. Heute sind Deborin und sein Werk fast vergessen und nur noch in Kreisen von Fachwissenschaftlern bekannt.

Obwohl Deborin noch 1935 in das Präsidium der Akademie der Wissenschaften der UdSSR gewählt wurde und bis 1945 in dieser Position verblieb (er war Sekretär der Abteilung Geschichte und Philosophie der Akademie), sind die Spuren seines persönlichen Wirkens in allen philosophischen Publikationen der Sowjetunion völlig ausgelöscht. Die neue Sowjet-Enzyklopädie widmet seinem Leben nur noch ein paar Zeilen.

Die Quellen zu Deborins Biographie fließen daher nur spärlich und versiegen nach der Verurteilung seiner Philosophie ganz. Außer aus Nachschlagewerken, die bis 1931 erschienen sind und die seine Lebensdaten nur sehr kurz und allgemein wiedergeben, ist seine Existenz nur noch aus gelegentlichen Hinweisen auf seine Mitgliedschaft in wissenschaftlichen Instituten und aus den wenigen nach der Verurteilung seiner Philosophie noch erschienenen Arbeiten zu erschließen. Da weitere Nachrichten fehlen, ist jede Darstellung seines Lebens auf das dürftige Material in der ersten Sowjet-Enzyklopädie und auf einige ungesicherte Hinweise in der einschlägigen Literatur angewiesen.[1]

Abram Moiseevič Deborin ist 1881 in Kowno in Litauen geboren. Er beendete dort 1897 eine staatlich-jüdische Schule und erlernte daneben das Schlosserhandwerk.

Die nächsten Jahre finden wir ihn in einer Kownoer Werkstatt, wo er seinem Beruf nachgeht und wahrscheinlich zum ersten Male mit einer revolutionären Bewegung in Berührung kommt. Ende 1898 siedelt er nach Cherson über. Dort schließt er sich, wie die meisten jungen Intellektuellen, die sich später in der russischen Revolution hervortun sollten, einem illegalen marxistischen Arbeiterzirkel an. Im Kreise dieser debattierfreudigen jungen Intellektuellen und Arbeiter hat Deborin die Grundlagen seiner späteren politischen und weltanschaulichen Überzeugungen gelegt.

Deborin wird jedoch sehr bald aus Cherson ausgewiesen - die Gründe bleiben im Dunkeln - und kehrt wieder nach Kowno zurück.

1902, also mit 22 Jahren, tritt er schon als profilierter „Iskra"-Anhänger hervor und wird im gleichen Jahre wegen seiner politischen Aktivität verhaftet und nach seiner Freilassung unter Polizeiaufsicht gestellt.

Ein Jahr später begibt er sich in die Schweiz, um sich in der Hochburg der revolutionären russischen Emigration dem Lenin-Flügel in der russischen Sozialdemokratie anzuschließen. In Bern vervollkommnet er seine Kenntnisse an der Philosophischen Fakultät und veröffentlicht in der in Stuttgart erscheinenden sozialdemokratischen Zeitschrift „Die Neue Zeit" seine ersten philosophischen Arbeiten in deutscher Sprache.

Im Jahr 1907 trennt sich Deborin von den Bolschewiki und schließt sich den Menschewiki an. Die Gründe, die ihn zu diesem Schritt bewogen haben, sind nicht zu rekonstruieren. Doch spricht die Tatsache, daß Deborin auch nach der Oktoberrevolution in der menschewistischen Partei blieb und seinen Eintritt in die kommunistische Partei bis 1928 hinauszögerte, dafür, daß der Bruch mit den Bolschewiki nicht einer vorübergehenden Differenz entsprang.

Im Jahre 1908 kehrt Deborin nach Rußland zurück und führt zeitweilig ein unstetes Wanderleben, das ihn nach Warschau, Petersburg und Poltawa führt. Über seine Tätigkeit seit seiner Rückkehr nach Rußland bis zum Jahre 1917, in dem er als Vorsitzender des Stadtsowjets in Poltawa genannt wird, finden sich keine Hinweise. In dieser Zeit muß er aber an seinem Buch „Einführung in die Philosophie des dialektischen Materialismus" gearbeitet haben, das 1916 mit einem Vorwort von G. V. Plechanov in Petersburg erscheint. Er gibt darin einen Überblick über die wichtigsten Probleme des Dialektischen Materialismus und weist sich mit dieser glänzend geschriebenen Arbeit als einer der begabtesten jungen Marxisten Rußlands aus. Sein erstes Buch hat bis 1930 in der Sowjetunion mindestens fünf Auflagen erlebt und muß als sein Hauptwerk betrachtet werden.

Von 1914 an ist Deborin „Menschewik-Internationalist" - wie es damals im Parteijargon heißt. Ob er am Ersten Weltkrieg teilgenommen hat, läßt sich nicht eruieren.

Über den Einfluß der Oktoberrevolution auf Deborins politische Überzeugungen steht in der ersten Sowjet-Enzyklopädie nur die widerspruchsvolle Bemerkung, daß er mit der menschewistischen Partei bricht, obwohl einige Zeilen weiter behauptet wird, daß er auch nach 1917 in ihren Reihen verbleibt.

Gesichert ist nur, daß er sich in dieser Zeit vom politischen Leben zurückzieht und sich der ihm eröffnenden Lehrtätigkeit widmet.

In den Jahren nach der Revolution widmet sich Deborin ganz seinen vielfältigen Verpflichtungen an der Swerdlow-Universität, am Institut der Roten Professur - er ist Mitglied vom Augenblick der Gründung an - der Kommunistischen Akademie und dem Marx-Engels-Institut und tritt erst 1928 in die KPdSU (B) ein.

Neben seiner Lehrtätigkeit und den sich in diesen Jahren häufenden Publikationen über die verschiedensten Probleme des Dialektischen Materialismus widmet sich Deborin noch als Herausgeber der Veröffentlichung der bedeutendsten Werke der materialistischen Philosophie des 17. und 18. Jahrhunderts. Unter seiner Redaktion erscheinen in den Reihen „Bibliothek des Materialismus" und „Bibliothek des Atheismus" die Werke von Holbach, Helvétius, Lamettrie, Toland, Diderot und Hobbes. Die von Deborin geplante Gesamtausgabe Hegels (die 1930 abgebrochen wurde) sollte neben den bereits erschienenen Werken Ludwig Feuerbachs die beiden wichtigsten Vorläufer der marxistischen Philosophie dem russischen Publikum zugänglich machen.

Mitte der zwanziger Jahre kommt es in der sowjetischen Philosophie zu einer folgenschweren Auseinandersetzung, die auch Deborin in ihren Bann schlägt.

Eine Gruppe sowjetischer Philosophen, unter denen sich I. I. Skvorcov-Stepanov, A. Varjaš, L. I. Aksel'rod (Ortodoks), V. L. Sarab'janov und A. K. Timirjazev befanden, verwarf die Dialektik und betonte das Prinzip der Kausalität. Die Kategorie des dialektischen Sprunges wurde von ihnen geleugnet, als ein idealistisches Moment in der sowjetischen Philosophie verdammt und die Entwicklung als ein mechanischer Kausalzusammenhang gedeutet.

Im Verlauf der Diskussion zeigte sich, daß hinter der „mechanizistischen" Interpretation von Natur und Gesellschaft eine negative Einstellung zur Philosophie überhaupt stand. Die „mechanizistische" Strömung gipfelt in der Forderung: „Die Philosophie über Bord!" und „Die Wissenschaft ist sich selbst Philosophie!"

Die schärfsten Gegner dieser Auffassung waren Deborin und seine Schüler I. K. Luppol, N. A. Karev und Ja. Stėn. Sie setzten in der philosophischen Diskussion, die sich von 1925 bis 1929 hinzog, der kausalmechanischen Deutung der Entwicklung die an Hegel orientierte Kategorie der „Aufhebung" in dreifachem Sinne entgegen.

Ihren Höhepunkt erreichte Deborins Laufbahn, als auf dem Unionskongreß der marxistischen Forschungsinstitute im April 1929 die von ihm bekämpfte „mechanizistische" Strömung als eine Abweichung von der „marxistisch-leninistischen Philosophie" gebrandmarkt wurde.

Nachdem die „Mechanizisten" ausgeschaltet sind, beherrschen Deborin und seine Schule für kurze Zeit die sowjetische Philosophie. In seinen Händen sind eine Reihe wichtiger Positionen vereint. So ist er seit 1926 Chefredakteur der Zeitschrift „Pod znamenem marksizma" (Mitglied des Redaktionskollegiums war er seit ihrer Gründung im Jahre 1922, und er blieb auch nach 1931 nominell in ihrem Redaktionskollegium), Direktor des Philosophischen Instituts, Mitglied des Präsidiums der Kommunistischen Akademie und stellvertretender Direktor des Marx-Engels-Instituts. Im Jahre 1929 wird er ordentliches Mitglied der Akademie der Wissenschaften.

Die Periode, in der Deborin die zentrale Figur in der sowjetischen Philosophie war, dauerte jedoch nur ein Jahr. Bereits 1930 begann unter Führung der Philosophen P. F. Judin und M. B. Mitin, die beide der KPdSU (B) angehörten und schon in der Diskussion mit den „Mechanizisten" als dritte Gruppe den Standpunkt der Partei geltend gemacht hatten, eine Kampagne gegen Deborin und seine „dialektische Schule". Sie warfen ihm vor, daß er die „Leninische Etappe in der Entwicklung der marxistischen Philosophie" unterschätzt, die Rolle Hegels dagegen bei der „Formierung des Marxismus" maßlos übertrieben, das Prinzip der Parteilichkeit in seinen Arbeiten vernachlässigt und die Ausarbeitung philosophischer Probleme nicht mit der Praxis des sozialistischen Aufbaus verbunden hätte. Die von der Partei unterstützten Angriffe gegen Deborin, an denen Stalin namentlich beteiligt war, endeten mit der Verurteilung der Deborinschen Schule durch den „Beschluß des Zentralkomitees der KPdSU (B)" vom 25. Januar 1931.[2] Deborin und seine „dialektische Schule" wurden des „menschewisierenden Idealismus" beschuldigt und der Konspiration mit Trotzki verdächtigt.[3] Der Beschluß des Zentralkomitees zog den Schlußstrich unter den einzigartigen und bis heute nicht wiederholten Versuch, eine parteiunabhängige marxistische Philosophie in der Sowjetunion zu begründen. Die Auseinandersetzung in der von Deborin geleiteten Zeitschrift „Pod znamenem marksizma" - die bis 1931 das führende philosophische Organ in der Sowjetunion war - zwischen den Anhängern Deborins und den „Mechanizisten" war ein echter philosophischer Meinungskampf und von der sowjetischen Tagespolitik weit entfernt. Aber gerade dadurch, daß das von Deborin geleitete Redaktionskollegium um eine vorurteilslose und objektive Behandlung aller auftauchenden Probleme bemüht war und die Spalten der Zeitschrift bewußt jedem parteipolitischen Gezänk verschloß, wurde die Partei erst recht auf den Plan gerufen. Mit der Verurteilung Deborins verlor auch die Zeitschrift „Pod znamenem marksizma" ihren objektiven wissenschaftlichen Charakter.

Nach 1931 brechen Deborins bis dahin ziemlich umfangreiche Publikationen schlagartig ab. Seine bedeutendsten Bücher und Aufsatzsammlungen sind in der Zeit von 1922 bis 1930 erschienen. Deborin verbleibt zwar auch nach 1931 bis zur Auflösung der Zeitschrift „Pod znamenem marksizma" im Jahre 1944 nominell im Redaktionskollegium, aber er tritt bis auf einige wenige Publikationen kaum noch in Erscheinung.

Über die Zeit von 1931 bis zur Gegenwart liegen keine Einzelheiten über sein Leben oder seine Tätigkeit vor. Außer einigen routinemäßig herausgegebenen Büchern unverfänglichen Inhalts hat Deborin während des politischen Tauwetters nach Stalins Tod nur noch einige Aufsätze in der philosophischen Revue „Voprosy filosofii" veröffentlicht.

Gegenwärtig lebt der 77-jährige Deborin in Moskau.

Den nachhaltigsten Einfluß auf die geistige Entwicklung Deborins hat neben der Lektüre Marx' unzweifelhaft Hegel genommen. Schon in seinen ersten philosophischen Aufsätzen, die Deborin in der „Neuen Zeit" veröffentlichte, ist der Einfluß der Hegelschen Dialektik auf sein Denken unverkennbar. Die Begegnung mit der Hegelschen Dialektik ist sogar so nachhaltig, daß er zeitweilig der Manie vieler junger Regelenthusiasten verfällt, alle Erscheinungen auf Biegen oder Brechen mit den Hegelschen Kategorien zu messen.

Die erstaunliche Belesenheit, die sich ebenfalls schon in den ersten Aufsätzen Deborins offenbarte, hat dann auch seinen späteren philosophischen Bemühungen die

Bahn gewiesen. Aus der umfassenden Kenntnis der vormarxschen Philosophie entsprang später sein Versuch, einerseits den Marxismus ideengeschichtlich in den Gang der Philosophie seit Spinoza einzuordnen und ihn andererseits - gemäß dem dialektischen Dreischritt Hegels - als die große Synthese der materialistischen Philosophie des 17. und 18. Jahrhunderts, einschließlich der Philosophie Feuerbachs, mit den dialektischen Elementen des deutschen Idealismus zu deuten. Die Leistung Marx' suchte Deborin in der Verbindung der von der vormarxschen Philosophie zwar ausgearbeiteten, aber bis dahin nicht verbundenen Kategorien „Materie" und „Dialektik". Damit war die von der bolschewistischen Philosophie behauptete Einmaligkeit und Unvergleichlichkeit der Marxschen Philosophie hinfällig geworden.

Nachdem der Marxismus von Deborin ideengeschichtlich und sozial lokalisiert war, mußte er nach der Konzeption Deborins, um als wissenschaftliche Weltanschauung wirksam zu bleiben, wiederum im Sinne der Hegelschen Kategorie der Aufhebung in dreifachem Sinne zwangsläufig alle progressiven Elemente der vormarxschen Philosophie in sich aufnehmen. Die Bestimmung des Marxismus konnte sich in der Deborinschen Konzeption nur im „conservare" aller bleibenden Erkenntnisse des menschlichen Geistes erfüllen. Von diesem Anliegen getragen, ist er nicht müde geworden, die französische, englische und besonders die deutsche Philosophie nach materialistischen und dialektischen Elementen zu durchforschen.

So ist es nicht verwunderlich, daß das zentrale Thema der Deborinschen Philosophie die Dialektik ist. Die von ihm in Angriff genommene Ausarbeitung einer marxistischen Geschichte der Dialektik, die er von Spinoza über Kant, Fichte und Hegel bis zu Marx verfolgte, ist ebenso kennzeichnend für sein Werk, wie ihre Systematisierung im Bereich der Naturwissenschaften. Gemäß dieser Marxinterpretation war es nur konsequent, daß Deborin trotz aller Hochachtung vor dem politischen Genie Lenins dessen Philosophie keine Bedeutung beimaß. Die bolschewistische Version von einer „Leninschen Etappe der marxistischen Philosophie" konnte in seinem Denken keinen Platz finden.

Unter den russischen Marxisten ist er nur seinem Lehrer G. V. Plechanov verpflichtet, dessen umfassendes Wissen und tiefe Bildung er jederzeit als vorbildlich empfindet. In seinen Schriften greift er zum Beleg seiner Auffassungen immer wieder auf Plechanov zurück und macht ihn zum Kronzeugen seiner Aussagen. Lenin hingegen erscheint nur als der geniale Theoretiker der Revolution.

Eine so weitgespannte Konzeption des Marxismus mußte früher oder später mit den politischen Interessen der bolschewistischen Partei in Konflikt geraten. Das von Deborin postulierte Primat der Philosophie über alle Bereiche des geistigen und sozialen Lebens und der in seiner Konzeption involvierte Führungsanspruch der Philosophie gegenüber der Politik mußte zum Bruch mit der Partei führen. Der in dieser Philosophie ebenfalls implizierte Anspruch, als letzte Instanz gegenüber der sozialen und politischen Praxis zu gelten, degradierte die bolschewistische Partei zu einem Vollzugsorgan der Philosophie und konnte von ihr auf die Dauer nicht geduldet werden.

Mit der Verurteilung der Deborinschen Philosophie siegte daher das Parteiinteresse über ein aus dem abendländischen Denken hervorgegangenes Wertbewußtsein der Philosophie. Die Ausschaltung der sogenannten „Mechanizisten" und die darauf folgende Verurteilung der „dialektischen Schule" Deborins war nicht, wie man vielleicht meinen könnte, ein Sieg der Partei über eine politische „Rechte" oder „Linke", sondern die Ausschaltung allen von der Partei und ihren politischen Interessen unabhängigen Denkens.

Mit dem Ausscheiden Deborins aus dem aktiven philosophischen Leben in der Sowjetunion Anfang 1931 tritt an die Stelle der sowjetischen Philosophie die bolschewistische Ideologie.

Anmerkungen

[1] Bol'šaja sovetskaja enciklopedija, Tom 20, 1930, S. 757-759.
[2] „Pravda", 25. Januar 1931.
[3] Im Anschluß an die Verurteilung der „dialektischen Schule" Deborins wurde eine Reihe von parteitreuen Resolutionen und Artikeln veröffentlicht. Wir zitieren hier nur die wichtigsten Veröffentlichungen:
Ob itogach filosofskoj diskussii. In: PZM 1931, Nr.1/2, S. 248-249.
O položenii i zadačach na filosofskom fronte In: PZM 1931 Nr.1/2, S. 242-247.
M. B. Mitin: Očerednye zadači raboty na filosofskom fronte v svjazi s itogami diskussii. In: PZM 1931, Nr.3, S. 12-35.
K itogam vsesojuznogo soveščanija OVMD. In: PZM 1931, Nr.3, S. 1-11.
Za rešitel'nuju perestrojku form i metodov organizacii teoretičeskoj raboty. In: PZM 1931, Nr.6, S. 1-14.
L. Mańkovskij: K voprosu o filosofskich istokach menševistvujuščego idealizma. In: PZM 1931, Nr.6, S. 44-72.
P. Vyšinskij: L. Fejerbach v osveščenii menševistvujuščego idealizma i mechanicizma. In: PZM 1931, Nr.9/10, S. 34-59.
P. F. Judin: Bor'ba na dva fronta filosofii i gegelevskaja dialektika. In: PZM 1931, Nr.11/12, S. 121-132.

Zeitschriften- und Bibliothekssigel

+ Monographien

a) deutsche Zeitschriften

AL   Arbeiterliteratur

I   Die Internationale

      (Zeitschrift für Theorie und Praxis des Marxismus)

MEA Marx-Engels-Archiv

NZ   Die Neue Zeit

S   Sowjetwissenschaft

      (Gesellschaftswissenschaftliche Abteilung)

UBM Unter dem Banner des Marxismus

b) russische Zeitschriften

AME Archiv K. Marksa i F. Ėngel'sa

VKA Vestnik Kommunističeskoj Akademii

VM   Voinstvujuščij materialist

VF   Voprosy filosofii

IAN Izvestija Akademii nauk SSSR IMEN

KR   Kommunističeskaja revoljucija

LM   Letopisi marksizma

PZM Pod znamenem marksizma

FNT Front nauki i techniki

c) Enzyklopädien

BSĖ Bol'šaja sovetskaja ėnciklopedija (1. Auflage)

d) Bibliothekssigel

1a   Marburg, Westdeutsche Bibliothek

83   Bibliothek der Technischen Universität Berlin

188   Universitätsbibliothek der Freien Universität Berlin

B 813 Philosophisches Seminar der Freien Universität Berlin

B 848 Osteuropa-Institut an der Freien Universität Berlin (Abt. für Osteurop. Recht)

B 849 Institut für Politische Wissenschaften an der Freien Universität Berlin

B 856 Osteuropa-Institut an der Freien Universität Berlin

(Abteilung für Osteuropäische Wirtschaft)

B 866 Osteuropa-Institut an der Freien Universität Berlin

(Abteilung für Osteuropäische Soziologie)

Bibliographie

1905

1. (Unter dem Namen A. M. Joffe:) Das konstitutionelle Selbstherrschertum und die wahrscheinliche Lösung dieses Widerspruches.

   In: NZ 24 (1905/06), Nr. 37, S. 390-396   188

2. Zu Mandevilles Ethik und Kants „Sozialismus".

   In: NZ 24 (1905/06), Nr. 28, S. 45-50   188

3. (Unter dem Namen A. M. Joffe:) Besprechung von: Zenker, E. V. Soziale Ethik.

   In: NZ 24 (1905/06), Nr. 50, S. 804-805   188

1906

4. Revolution und Kultur.

   In: NZ 25 (1906/07), Nr. 24, S. 208-210   188

1908

5. (Unter dem Namen A. M. Joffe:) Die Philosophie des Individuums und die bürgerliche Gesellschaft.

   In: NZ 26 (1908), Nr. 33, S. 220-223   188

1916

+6. Vvedenie v filosofiju dialektičeskogo materializma. S predis. G.V. Plechanova.

   (Einführung in die Philosophie des Dialektischen Materialismus. Mit einem Vorwort von G. W. Plechanow.)

   Petrograd 1916. 379 S.   B 866

1922

7. Vorwort zu: Gel'vecij, K. A. (Helvétius, C. A.): Istinnyj smysl sistemy prirody.
    Moskva 1922

8. Gibel' Evropy ili toržestvo imperializma.
    (Der Untergang Europas oder der Triumph des Imperialismus.)
    In: PZM 1922, Nr. 1/2, S. 8-28

9. Ljudvig Fejerbach. (Ludwig Feuerbach.)
    In: PZM 1922, Nr. 7/8, S. 5-40; Nr. 9/10, S. 5-34; Nr. 11/12, S. 5-43
    (Fortsetzung: →14.)

10. Vmesto stat'i. (Statt eines Artikels)
    In: PZM 1922, Nr.5/6, S.10-12

1923

+11. Ljudvig Fejerbach. Ličnost' i mirovozzrenie.
    (Ludwig Feuerbach. Persönlichkeit und Weltanschauung.)
    Moskva 1923. 380 S. (→ 9.14.)   B 866

+12. (Zusammen mit anderen:) Trudy instituta Krasnoj Professury. Raboty semina-
    riev filosofskogo, ėkonomičeskogo i istoričeskogo za 1921-1922 gg.
    (Arbeiten des Instituts der Roten Professur. Arbeiten des philosophischen,
    ökonomischen und historischen Seminars während der Jahre 1921-1922.)
    Moskva, Petrograd 1923. 374 S.

13. A. Gol'bach. K 200-letiju ego roždenija.
    (A. Holbach. Zum 200. Geburtstag.)
    In: PZM 1923, Nr. 11/12, S. 80-92

14. Ljudvig Fejerbach. (Ludwig Feuerbach.)
    In: PZM 1923, Nr. 1, S. 5-41. (Fortsetzung von: → 9.)

15. Vorwort zu: Ljudvig Fejerbach: Principy materialističeskoj teorii poznanija.
Moskva 1923

16. Vorwort zu: Ljudvig Fejerbach: Sočinenija. Tom 1.
(Ludwig Feuerbach: Werke Bd. 1.)
Moskva, Leningrad 1923. (Biblioteka materializma)

17. Marks i Gegel'. (Marx und Hegel.)
In: PZM 1923, Nr. 8/9, S. 5-20; Nr. 10, S. 5-17. (Fortsetzung: → 30.)

18. Vstupitel'nye zamečanija k stat'jam Didro.
(Einleitende Bemerkungen zu den Artikeln Diderots.)
In: PZM 1923, Nr.4/5, S.42-44

1924

+19. Lenin kak myslitel'. (Lenin als Denker.)
Moskva 1924. 87 S.   B 866

+20. Lenin - der kämpfende Materialist.
Wien 1924. 72 S. (→ 27.)   83

21. Vorwort zu: Ljudvig Fejerbach: Sočinenija. Tom 3.
(Ludwig Feuerbach: Werke Bd. 3.)
Moskva 1924

22. Fichte i velikaja francuzskaja revoljucija.
(Fichte und die Große Französische Revolution.)
In: PZM 1924, Nr. 10/11, S. 5-22; Nr. 12, S. 33-49. (Fortsetzung: → 36.)

23. Vorwort zu: Gol'bach, P. (Holbach, P.): Razoblačonnoe christianstvo ili issledovanie načal i vyvodov christianskoj religii.
Moskva 1924

24. Vorwort zu: Gol'bach, P. (Holbach, P.): Sistema prirody ili o zakonach mira
fizičeskogo i mira duchovnogo.
Moskva 1924

25. Vorwort zu: Gol'bach, P. (Holbach, P.): Zdravyj smysl. Ateističeskij pamflet
XVIII veka.
Moskva 1924

26. Vorwort zu: Kniga dlja čtenija po istorii filosofii. Tom 1.
(Lesebuch zur Geschichte der Philosophie.)
Moskva 1924

27. Lenin - voinstvujuščij materialist.
(Lenin - der kämpfende Materialist.)
In: PZM 1924, Nr.1, S. 10-28; Nr.2, S. 5-24

28. G. Lukač i ego kritika marksizma.
(G. Lukács und seine Kritik des Marxismus.)
In: PZM 1924, Nr. 6/7, S. 49-69

29. Lukács und seine Kritik des Marxismus.
In: AL1924, Nr. 10, S. 615-640. (→ 28.)

30. Marks i Gegel'. (Marx und Hegel.)
In: PZM 1924, Nr. 3, S. 6-23. (Fortsetzung von: → 17.)

31. Marksizm, Lenin i sovremennaja kul'tura.
(Der Marxismus, Lenin und die zeitgenössische Kultur.)
In: PZM 1924, Nr.6/7, S. 6-27

32. Vorwort zu: Žan Mel'e. (Jean Meillet.): Zaveščanie. Tom 1.2.
Moskva 1924

33. Očerki po istorii dialektiki. Očerk 1: Dialektika u Kanta. (Skizzen zur Geschichte
     der Dialektik. Skizze 1: Dialektik bei Kant.)
     In: AME 1924, Tom 1, S.13-75

1925

+34. Poslednee slovo revizionizma.
      (Das letzte Wort des Revisionismus.)
      Moskva 1925. 52 S.

+35. (Zusammen mit anderen:) Voinstvujuščij materialist. (O Lenine.)
      (Streitbarer Materialist.) Sborniki. Kniga 2. Moskva 1925

36. Ėngel's i dialektičeskoe ponimanie prirody.
     (Engels und die dialektische Auffassung der Natur.)
     In: PZM 1925, Nr. 10/11, S. 5-45

37. Fichte i velikaja francuzskaja revoljucija.
     (Fichte und die Große Französische Revolution.)
     In: PZM 1925, Nr. 3, S. 5-23. (Fortsetzung von: → 22.)

38. Frejdizm i sociologija. (Freudianertum und Soziologie.)
     In: VM 1925, Nr.4, S. 3-39

39. Vorwort zu: Institut Krasnoj Professury. Istoriko-filosofskij sbornik.
     (Institut der Roten Professur. Ein geschichtsphilosophisches Sammelwerk.)
     Moskva 1925. 237 S.

40. Vorwort zu: Kniga dlja čtenija po istorii filosofii. Tom 2.
     (Lesebuch zur Geschichte der Philosophie.)
     Moskva 1925

41. Vorwort zu: Lamettri, Ž. O.: Izbrannye sočinenija.
     (Lamettrie, J. O.: Ausgewählte Werke.) Moskva 1925. (Biblioteka materializma)

42. Lenin o suščnosti dialektiki.
(Lenin über das Wesen der Dialektik.)
In: PZM 1925, Nr. 5/6, S. 5-13

43. Lenin als revolutionärer Dialektiker.
In: UBM 1925, Nr. 2, S. 201-230. (→ 35.)   188

44. Lenin über Dialektik.
In: UBM 1925, Nr. 2, S. 403-411. (→ 42.)   188

45. Materialističeskaja dialektika i estestvoznanie.
(Die materialistische Dialektik und die Naturwissenschaft.)
In: VM 1925, Nr. 5, S. 3-38

46. O stat'e Lassalja.
(Über einen Artikel Lassalles.)
In: PZM 1925, Nr.4, S. 5-10

47. Des Revisionismus letzte Weisheit.
In: UBM 1925, Nr. 1, S. 64-89. (→ 34.)   188

48. Revoljucija i kul'tura. (Revolution und Kultur.)
In: PZM 1925, Nr.7, S. 5-13

49. Studien zur Geschichte der Dialektik. I. Die Dialektik bei Kant.
In: MEA 1925, Bd. 1, S. 7-81. (→ 33.)   B 866

50. Vstupitel'nye zamečanija k konspektu „Nauki logiki" N. Lenina.
(Einleitende Bemerkungen zum Konspekt Lenins „Die Wissenschaften der
Logik".)
In: PZM 1925, Nr. 1/2, S. 3-6

1926

51. Vorwort zu: Didro, D.: Izbrannye sočinenija. Tom 1. 2.

(Diderot, D.: Ausgewählte Werke Bd. 1.2)

Moskva, Leningrad 1926. (Biblioteka materializma.)

52. Ėngel's i dialektika v biologii.

(Engels und die Dialektik in der Biologie.)

In: PZM 1926, Nr. 1/2, S. 54-89; Nr. 3, S. 5-28

53. Frensis Bekon.

(Francis Bacon.)

In: PZM 1926, Nr.4/5, S. 5-15

54. K pjatiletiju žurnala „Pod znamenem marksizma".

(Zum fünfjährigen Bestehen der Zeitschrift „Unter dem Banner des Marxismus")

In: PZM 1926, Nr. 12, S. 5-15   1a. B 866

55. Lenin und der dialektische Materialismus. Teil 1.

In: I 9 (1926), S.196-201. (→ 64.)   188

56. Vorwort zu: Ljudvig Fejerbach: Sočinenija. Tom 2.

(Ludwig Feuerbach. Werke Bd. 2.)

Moskva 1926.

57. Materialistische Dialektik und Naturwissenschaft.

In: UBM 1926, Nr. 3, S. 429-458. (→ 45.)   188

58. Naši raznoglasija.

(Unsere Meinungsverschiedenheiten.)

In: LM 1926, Nr.2, S. 2-42

59. Novyj pochod protiv marksizma. (Ein neuer Feldzug gegen den Marxismus.)

In: LM 1926, Nr. 1, S. 19-37

60. Očerki po teorii materialističeskoj dialektiki. Očerk 1: Predmet filosofii i dialektika.

(Skizzen zur Theorie der materialistischen Dialektik. Skizze 1: Der Gegenstand der Philosophie und die Dialektik.)

In: PZM 1926, Nr.11, S. 5-23   1a. B 866

61. Vorwort zu: Tomas Gobbs: Izbrannye sočinenija.

(Thomas Hobbes: Ausgewählte Werke.)

Moskva 1926. (Biblioteka materializma.)

1927

62. Benedikt Spinoza.

(Benedict Spinoza.)

In: PZM 1927, Nr. 2/3, S. 5-21   1a. B 866

63. Diktatura proletariata i teorija marksizma.

(Die Diktatur des Proletariats und die Theorie des Marxismus.)

In: PZM 1927, Nr.10/11, S. 5-45   1a. B 866

64. K istorii „Materializma i ėmpiriokriticizma".

(Zur Geschichte des „Materialismus und Empiriokritizismus".)

In: PZM 1927, Nr. 1, S. 5-18   1a. B 866

65. Lenin und der dialektische Materialismus. Teil 2.

In: I 10 (1927), S. 239-244. (→ 64.)   188

66. Vorwort zu: W. I. Lenin: Materialismus und Empiriokritizismus. Wien, Berlin

1927. (→ 64.) (Lenin: Sämtliche Werke, Bd. 13.)   B 856.188

67. Mechanisty v bor'be s dialektikoj.

(Die Mechanizisten im Kampf mit der Dialektik.)

In: VKA 1927, Nr. 19, S. 21-61

68. Mirovozzrenie Spinozy.

(Die Weltanschauung Spinozas.)

In: VKA 1927, Nr. 20, S. 5-29

69. Naši filosofskie spory.

(Unsere philosophischen Meinungsverschiedenheiten.)

In: KR 1927, Nr.11, S. 13-22

70. Očerki po teorii dialektiki. Očerk 2: Dialektika u Fichte.

(Skizzen zur Geschichte der Dialektik. Skizze 2: Die Dialektik bei Fichte.)

In: AME 1927, Tom 3, S. 7 ff.

71. Oktjabr'skaja revoljucija i dialektičeskij materializm.

(Die Oktoberrevolution und der dialektische Materialismus.)

In: VKA 1927, Nr. 24, S. 5-19

72. Revizionizm pod maskoj ortodoksii.

(Der Revisionismus unter der Maske der Orthodoxie.)

In: PZM 1927, Nr. 9, S. 5-48; Nr. 12, S. 5-33. (Fortsetzung: → 81.)   1a. B 866

73. Spinozizm i marksizm.

(Spinozismus und Marxismus.)

In: LM 1927, Nr.3, S. 3-12

74. Studien zur Geschichte der Dialektik. Skizze 2: Die Dialektik bei Fichte.

In: MEA 1927, Bd. 2, S. 3-55. (→ 70.)   B 813

75. Vorwort zu: Toland, Džon: Izbrannye sočinenija.

(Toland, John: Ausgewählte Werke.)

Moskva, Leningrad 1927. (Biblioteka materializma.)

76. Vorwort zu: Vajnstejn, I.: Organizacionnaja teorija i dialektičeskij materializm.

(Die Organisationstheorie und der dialektische Materialismus.)

Moskva, Leningrad 1927

77. Naši raznoglasija s mechanistami. Lekcii dlja partijnogo aktiva.
     (Unsere Meinungsverschiedenheiten mit den Mechanizisten. Lektionen für das
     Parteiaktiv.)
     Moskva 1928. 3 S.

78. Benedict Spinoza.
     In: UBM 1928, Nr. 1/2, S. 1-7. (→ 62.)   B 849

79. Filosofskie vzgljady N. G. Černyševskogo.
     (Die philosophischen Ansichten N. G. Tschernyschewskis.)
     In: LM 1928, Nr.7/8, S. 3-21

80. Ein neuer Feldzug gegen den Marxismus.
     In: UBM 1928, Nr. 1/2, S. 44-67. (→ 59.)   B 849

81. Revizionizm pod maskoj ortodoksii.
     (Der Revisionismus unter der Maske der Orthodoxie. (Fortsetzung von:) → 72.)
     In: PZM 1928, Nr.1, S. 5-44.   1a. B 866

82. Die Weltanschauung Spinozas.
     In: A. Thalheimer/A. Deborin: Spinozas Stellung in der Vorgeschichte des
     dialektischen Materialismus. Wien, Berlin 1928. (→ 68.)   188

+83. Dialektika i estestvoznanie.
     (Dialektik und Naturwissenschaft.) Sbornik stat'ej.
     Moskva, Leningrad 1929. 254 S. (→ 35. 44. 52. 58. 60. 67.)   B 866

+84. Očerki po istorii materializma 17-18 vv.
     (Skizzen zur Geschichte des Materialismus im 17. und 18. Jahrhundert.)
     Moskva, Leningrad 1929. 299 S.

+85. Sovremennye problemy filosofii marksizma. Doklad A. M. Deborina, prenija po dokladu i zaključ. slovo.

(Die gegenwärtigen Probleme der marxistischen Philosophie. Vortrag A. M. Deborins, Diskussion des Vortrags und Schlußwort.)

Moskva 1929. 198 S.

86. Gegel'. (Hegel.)

In: BSÉ 1929, Tom 14, S. 766-809   188

87. Vorwort zu: Gegel', G. V. F.: Énciklopedija filosofskich nauk. Logika.

(Hegel, G. W. F.: Enzyklopädie der philosophischen Wissenschaften. Logik.)

Moskva, Leningrad 1929.

88. Vorwort zu: Gegel', G.V.F.: Nauka logiki. Sočinenija.

(Hegel, G. W. F.: Die Wissenschaft der Logik. Werke.)

Moskva, Leningrad 1929.

89. Oktjabr' i marksistsko-leninskaja dialektika.

(Der Oktober und die marxistisch-leninistische Dialektik.)

In: „Pravda", 10. November 1929.

90. Rezoljucii II vsesojuznoj konferencii marksistsko-leninskich naučno-issledova-tel'skich učreždenij: O sovremennych problemach filosofii marksizma-leninizma.

(Prinjata edinoglasno po dokladu A. M. Deborina.)

(Resolutionen der II. Unionskonferenz der marxistisch-leninistischen For-schungsinstitute: Über die gegenwärtigen Probleme der marxistisch-leninis-tischen Philosophie.

(Einstimmig angenommen nach dem Bericht von A. M. Deborin.))

In: PZM 1929, Nr.5, S. 6-8   1a

91. Vsesojuznoe soveščanie Obščestva voinstvujuščich materialistov-dialektikov.

(Unionsberatung der Gesellschaft der kämpferischen Materialisten und Dialek-tiker.)

In: PZM 1929, Nr. 5, S. 129-165   1a. B 866

92. Sovremennye problemy filosofii marksizma. (Die gegenwärtigen Probleme der marxistischen Philosophie.)
In: VKA 1929, Nr. 32, S. 3-29

1930

+93. Filosofija i marksizm.
(Philosophie und Marxismus.) Sbornik stat'ej.
Moskva, Leningrad 1930. 372 S.
(→ 2.4.5.8.16.28.30.34.37.45. 59. 71. 86. 87.)   B 866

+94. Lenin i krizis novejšej fiziki. Reč' akad. A. M. Deborina. Čitana v toržestvennom godovom sobranii Akad. nauk SSSR 2 fev. 1930.
(Lenin und die Krisis der neuesten Physik. Rede des Akademiemitgliedes A. M. Deborin auf der feierlichen Jahresversammlung der Akademie der Wissenschaften der UdSSR am 2. Februar 1930.)
Leningrad 1930. 29 S.   B 866

95. Zusammen mit: I. Luppol, Ja. Stėn: O bor'be na dva fronta filosofii.
(Über den Kampf an zwei Fronten der Philosophie.)
In: PZM 1930, Nr. 5, S. 139-149

96. Itogi i zadači na filosofskom fronte. Doklad na ob-edinennom zasedanii frakcij In-ta filosofii i OVMD.
(Ergebnisse und Aufgaben an der philosophischen Front. Bericht auf der gemeinsamen Sitzung der Abteilungen des Philosophischen Instituts und der Gesellschaft der kämpferischen Materialisten und Dialektiker.)
In: PZM 1930, Nr. 6, S. 1-32

1932

97. Problema vremeni v osveščenii akad. Vernadskogo.
(Das Problem der Zeit in der Darstellung des Akademiemitgliedes Vernadskij.)
In: IAN 1932, Nr. 4, S. 53-69

1933

+98. Karl Marks i sovremennost'.

(Karl Marx und die Gegenwart.)

Moskva, Leningrad 1933. 69 S.

99. Germanskij fašizm i SSSR.

(Der deutsche Faschismus und die UdSSR.)

In: PZM 1933, Nr. 5, S. 66-83   1a

100. Institut Krasnoj professury filosofii i estestvoznanija: Materialy naučnoj sessii Inta filosofii Kom-akademii.

(Institut der Roten Professur der Philosophie und Naturwissenschaft: Materialien der wissenschaftlichen Sitzung des Philosophischen Instituts der Kommunistischen Akademie.)

In: PZM 1933, Nr. 3, S. 132-161   1a. B 866

101. Kritičeskie zamečanija akad. V. I. Vernadskogo.

(Die kritischen Bemerkungen des Akademiemitgliedes W. I. Wernadski.)

In: IAN 1933, Nr. 3, S. 409-419

1934

102. Lenin i sovremennost'.

(Lenin und die Gegenwart.)

In: Pamjati V. I. Lenina. Sbornik stat'ej k 10-letiju so dnja smerti.

Moskva, Leningrad 1934.

103. Problema poznanija v istoriko-materialističeskom osveščenii.

(Das Problem der Erkenntnis in historisch-materialistischer Beleuchtung.)

In: PZM 1934, Nr. 4, S. 110-128

1935

+104. Novoe učenie o jazyke i dialektičeskij materializm.

(Die neue Lehre über die Sprache und der dialektische Materialismus.)

Moskva, Leningrad 1935. 66 S.

1936

105. N. A. Dobroljubov.

In: PZM 1936, Nr.2/3, S. 42 ff.

106. I. P. Pavlov i materializm.

(I. P. Pavlow und der Materialismus.)

In: VAN 1936, Nr.3, S. 14 ff.

1937

107. Gumanizm buržuaznyj i gumanizm socialističeskij.

(Der bürgerliche Humanismus und der sozialistische Humanismus.)

In: PZM 1937, Nr. 10, S. 77-100

1951

108. Pochod podžigatelej vojny protiv nacional'nogo suvereniteta.

(Der Feldzug der Kriegsbrandstifter gegen die nationale Souveränität.)

In: VF 1951, Nr. 6, S.106-124

1953

109. Agentura amerikanskogo imperializma.

(Die Agentur des amerikanischen Imperialismus.)

In: VF 1953, Nr.1, S.151-167

1954

110. Žan Mel'e. (Jean Meillet.)

In: VF 1954, Nr.1, S. 118-127

1956

111. Materializm i dialektika v drevneindijskoj filosofii.

(Materialismus und Dialektik in der altindischen Philosophie.)

In: FV 1956, Nr.1, S. 91-103   B 866

112. Materialismus und Dialektik in der altindischen Philosophie.

In: S 1956, Nr.7, S. 844-860. (→ 111)   B 848

272

+113. Social'no-političeskie učenija novogo i novejšego vremeni.
(Die sozial-politischen Lehren der neuen und neuesten Zeit.) Tom 1:
Social'no-političeskie učenija novogo vremeni.
(Die sozial-politischen Lehren der neuen Zeit.)
Moskva 1958. 628 S.

Von Deborin herausgegebene Publikationen

1. K. A. Gel'vecij: Istinnyj smysl sistemy prirody.
Moskva 1922. 163 S.

2. L. Fejerbach: Principy materialističeskoj teorii poznanija.
Moskva 1923. 290 S.

3. L. Fejerbach: Sočinenija. Tom 1-3.
Moskva 1923-1926

4. P. Gol'bach: Ražoblačennoe christianstvo ili issledovanie načal i vyvodov
christianskoj religii.
Moskva 1924. 182 S.

5. P. Gol'bach: Sistema prirody ili o zakonach mira fizičeskogo i mira duchovnogo.
Moskva 1924. 578 S.

6. P. Gol'bach: Zdravyj smysl. Ateističeskij pamflet XVIII veka.
Moskva 1924. XXII+335 S.

7. Žan Mel'e: Zaveščanie. Tom 1. 2.
Moskva 1924.

8. Kniga dlja čtenija po istorii filosofii. Tom 1. 2.
Moskva 1924-1925.

9. Ž. O. Lamettri: Izbrannye sočinenija.
   Moskva 1925. LI+371 S.

10. T. Gobbs: Izbrannye sočinenija.
    Moskva 1926. XXVIII+276 S.

11. D. Didro: Izbrannye sočinenija. Tom 1.2.
    Moskva, Leningrad 1926.

12. D. Toland: Izbrannye sočinenija.
    Moskva, Leningrad 1927. LXVI+192 S.

13. I. Vajnstejn: Organizacionnaja teorija i dialektičeskij materializm.
    Moskva, Leningrad 1927. 243 S.

14. G. V. F. Gegel': Ènciklopedija filosofskich nauk. Logika.
    Moskva, Leningrad 1929. CIII+368 S.

15. G. V. F. Gegel': Nauka logiki.
    Moskva, Leningrad 1929.

16. Sto let so dnja smerti A. S. Puškina. 1837-1937. Trudy Puškinskoj sessii Akad.
    nauk SSSR.
    Moskva, Leningrad 1938. 283 S.

17. Galilee Galilei. 1564-1642. Sbornik posveščennyj 300 letnej godovščine so dnja
    smerti Galilee Galilei.
    Moskva 1943. 190 S.

18. D. S. Lichačev: Nacional'noe samosoznanie drevnej Rusi. Očerki iz oblasti
    russkoj literatury 11-17 vv.
    Moskva 1945. 118 S.

19. Trudy po novoj i novejšej istorii. Tom 1. Moskva 1948.

Revolte gegen das Dogma

Emanzipationsbestrebungen in der Sowjetunion

Die Diadochenkämpfe nach Stalins Tod und die sensationellen Enthüllungen auf dem XX. Parteitag haben in der Öffentlichkeit einen derart lebhaften Widerhall gefunden, daß darüber die nicht minder sensationellen Ursachen für den Kampf gegen den Dogmatismus in der Philosophie weitgehend in den Hintergrund getreten sind. Tatsächlich aber ist der im Zusammenhang mit dem XX. Parteitag angekündigte Kampf gegen den Dogmatismus in der Philosophie von Ursachen diktiert, die das ganz besondere Interesse verdient hätten.

Die vorsichtige und verhüllte Kritik an der dogmatischen Form der sowjetischen Philosophie, die angeblich durch den subjektiven Rigorismus Stalins verursacht worden sein sollte und die man angeblich nur in Verbindung mit der Kritik am Persönlichkeitskult bekämpfte, hatte eine weit schwerwiegendere Ursache. Die treibende Kraft für die Kritik am philosophischen Dogmatismus war das methodologische Emanzipationsbestreben der Naturwissenschaften. Indem man vordergründig die Kritik am philosophischen Dogmatismus mit dem Kampf gegen den Persönlichkeitskult in Verbindung brachte, versuchte man hintergründig durch ein taktisches Zurückweichen die Emanzipationsbestrebungen der Naturwissenschaften abzufangen.

Das Aufbegehren der sowjetischen Naturwissenschaften gegen die Zwangsjacke der dialektischen Methode begann schon einige Monate nach dem Ableben Stalins. Zu Vertretern der einzelwissenschaftlichen Belange auf philosophischem Felde machten sich die Hochschullehrer S. J. Belezki und F. K. Kotschetkov. Ersterer ist Professor für Dialektischen und Historischen Materialismus und letzterer Dozent für Dialektischen Materialismus an der Lomonossov-Universität in Moskau. Der Vorstoß Belezkis und Kotschetkovs - im Januar 1954 - gegen die Vergewaltigung der einzelwissenschaftlichen Forschung durch die dialektische Kollektivmethode war radikal und gipfelte in einer kritischen, Kant verwandten erkenntnistheoretischen Position. Auf einem vom Ministerium der Kultur veranstalteten theoretischen Seminar für Dozenten der Gesellschaftswissenschaften referierte Professor Belezki über das Thema „Die allgemeinen und spezifischen Entwicklungsgesetze der ökonomischen Gesellschaftsformationen".

Er ging dabei von dem Gedanken aus, daß es an der Zeit sei, sich entschieden von jeder Ontologisierung der dialektischen Kategorien zu distanzieren. „Viele von uns - und ich nehme mich selbst nicht aus - haben bis in die letzte Zeit hinein geglaubt", sagte er, „daß der dialektische Materialismus die Summe der allgemeinen Gesetze darstelle und daß die Aufgabe darin bestehe, für diese allgemeinen Gesetze eine Bestätigung in der Wirklichkeit, in der Wissenschaft zu finden." Diese Ansicht gab Belezki nun zugunsten einer weit kritischeren Position auf. Im Lichte seines neugewonnenen Standpunktes verwandelten sich für ihn die dialektische Methode und ihre Kategorien in eine „allgemeine Theorie der wissenschaftlichen Erkenntnis", in eine „Theorie des wissenschaftlichen Denkens ..., was uns eine richtige Auffassung von der Dialektik als Wissenschaft ermöglicht. Eben deshalb ist die dialektische Methode für uns keine Ontologie."[1]

Wer auch nur ein wenig mit dem System des Dialektischen Materialismus vertraut ist, wird die revolutionierende Bedeutung der Belezkischen These leicht erkennen. Hier wird zum ersten Mal seit der großen philosophischen Auseinandersetzung in den zwanziger Jahren zwischen den Anhängern der dialektischen Philosophie Deborins und den Vertretern des mechanizistischen Materialismus wieder die seinerzeit von den Deborinisten bekämpfte und von den Mechanizisten verteidigte Auffassung vertreten, daß die dialektische Methode keine echte Seinsentsprechung besitze. Wenn die Dialektik jedoch ihre ontologische Seite einbüßt, dann kann sie bestenfalls eine für das theoretische Denken verbindliche Methode sein, nicht aber für die einzelwissenschaftliche Objektforschung Gültigkeit besitzen.

Ebenso wie Belezki behauptete auch Kotschetkov, daß die dialektische Methode nur für das theoretische Denken relevant sei und keine Entsprechung in den jeweiligen Objekten der einzelwissenschaftlichen Forschung finde: „Die Thesen, die die Philosophie formuliert, sind zwar aus der Wirklichkeit abgeleitet, haben aber in der Form, in der sie in der Philosophie vorgetragen werden, wesentliche Bedeutung nur für das Denken und für nichts anderes. Sie sind also an sich nicht Gesetze der Wirklichkeit, sie sind vielmehr Gesetze des Denkens."² Die positive Bedeutung der dialektischen Methode wurde von Kotschetkov in folgenden Sätzen ausgedrückt: „Die Dialektik muß die allgemeinen Umrisse eines jeden Gesetzes wiedergeben. Deshalb sind die Thesen der Dialektik nicht Gesetze der Wirklichkeit, sie sind die Umrisse eines jeden Gesetzes der Wirklichkeit. Das konkrete Gesetz ist nicht Erscheinungsform allgemeiner Gesetze, denn solche allgemeinen Gesetze gibt es nicht. Es gibt allgemeine Umrisse eines jeden Gesetzes, die die Dialektik sichtbar macht, wodurch sie der exakten Erkenntnis die Wege weist."³

Mit dieser Neufassung der Dialektik wird sie als eine einzelwissenschaftliche Forschungsmethode ausgeklammert. Die Methoden bei der Erforschung naturwissenschaftlicher Gesetze und ihre Formulierung wird den jeweiligen Spezialdisziplinen überantwortet. Was von ihr übrig bleibt, ist eine allgemeine Rahmenmethode, die sich mit den „allgemeinen Umrissen" der naturwissenschaftlichen Gesetze beschäftigen soll. Hätte sich diese Formulierung der dialektischen Methode durchgesetzt, dann hätten die sowjetischen Naturwissenschaften endlich ihre Autonomie erkämpft.

Indem Belezki und Kotschetkov diese Ideen formulierten, wurden sie zu Sprechern spezifischer Belange der Einzelwissenschaften, die einerseits mit erfolgreichen, vom Staat nicht mehr zu entbehrenden wissenschaftlichen Ergebnissen aufwarten können und daraus ihr Selbstbewußtsein schöpfen, andererseits aber durch die offizielle Philosophie gegängelt und um die Anerkennung ihrer besonderen Leistungen und die Billigung ihrer jeweiligen Methoden gebracht werden. Nicht genug damit - die Erfolge der Einzelwissenschaften werden der offiziellen Philosophie zugeschoben, mit deren Hilfe angeblich diese Erfolge erst möglich werden.

Der von der offiziellen Philosophie erhobene methodische Totalitätsanspruch versucht - und das mit gutem Grund - die Einzelwissenschaften trotz ihrer weithin sichtbaren Erfolge in methodischer und weltanschaulicher Unmündigkeit zu halten. Ja, man kann behaupten, daß die Erfolge der sowjetischen Einzelwissenschaften erst dadurch möglich werden, daß sie mit illegalen Methoden operieren.

Der Versuch Belezkis und Kotschetkovs, das Verhältnis zwischen subjektiver Dialektik (Methode) und objektiver Dialektik (Ontologie) neu zu bestimmen, wirft also den alten traditionellen Streit zwischen dem methodischen Totalitätsanspruch der sowjetischen Philosophie und den Autonomiebestrebungen der Naturwissenschaften oder, etwas weiter formuliert, der Einzelwissenschaften wieder auf.

1. Später Gegenschlag

In den zwanziger Jahren konnten die methodischen Autonomiebestrebungen der Naturwissenschaften - die sich während der II. Allunionskonferenz der marxistisch-leninistischen Forschungsanstalten im April 1928 bemerkbar machten - noch unterdrückt
werden. Inzwischen hat sich aber die Situation in der sowjetischen Wissenschaft
grundlegend geändert. Sie ist zu einer [un]entbehrlichen Stütze des Regimes geworden. Der personelle Bestand der Wissenschaft kann im Zeichen der zweiten Indu-
striellen Revolution nicht mehr willkürlich reduziert werden, ohne ernste Störungen in
der kontinuierlichen Arbeit nach sich zu ziehen. Eine drastische Unterdrückung der
methodischen Unabhängigkeitsbestrebungen war angesichts dieser Lage nicht rat-
sam. Nur so ist überhaupt erklärlich, daß Belezki und Kotschetkov das sakrosankte
Dogma von der vollinhaltlichen Übereinstimmung zwischen dialektischem Denken
und Wirklichkeitsprozeß angreifen konnten. Andererseits aber war auch vorauszusehen, daß die offizielle Philosophie die neue Strömung nicht auf sich beruhen lassen
konnte, wenn sie sich nicht selbst zu einem wissenschaftlichen Schattendasein degradiert sehen wollte.

Die Tatsache nun, daß der Gegenschlag anderthalb Jahre auf sich warten ließ[4],
zeugt von der Unsicherheit der sowjetischen Theoretiker. Weiterhin ist für die schwie-
rige Situation, in der sich die offizielle sowjetische Philosophie angesichts der von
Belezki und Kotschetkov ventilierten einzelwissenschaftlichen Belange befand, kennzeichnend, daß der Dekan der Philosophischen Fakultät der Lomonossov-Universität, W. S. Molodzov, zwei Jahre benötigte, ehe er zu der schwelenden Diskussion in
seiner Fakultät Stellung nahm.

Die Kritik Molodzovs brachte jedoch keinen neuen Gedanken hervor. Sie beschränk-
te sich im Grunde auf die recht naive Feststellung, daß die Neufassung der Dialektik
durch Belezki und Kotschetkov die Naturwissenschaften der Kontrolle und Lenkung
durch die offizielle Philosophie entzöge: „Seine (Belezkis, d. Verf.) Behauptung, daß
allgemeine Gesetze keine Erkenntnis der objektiven Welt vermitteln, daß Erkenntnisse ausschließlich durch konkrete Gesetze erlangt würden", kritisierte Molodzov, „un-
tergräbt die Rolle der Dialektik als der philosophischen Grundlage der Naturwissenschaften. Wenn die Erkenntnis der Wirklichkeit nur durch die Gesetze der konkreten
Wissenschaften erreicht wird, die Philosophie aber mit ihren allgemeinen Gesetzen

keine Naturerkenntnis vermitteln kann, dann darf der Vertreter der konkreten Erkenntnis, zum Beispiel der Physiker oder der Chemiker, erklären, daß er die Erscheinungen auf seinem Gebiet ohne die Hilfe der Philosophie erfolgreich erforschen kann; denn wenn er konkrete Gesetze entdeckt, entdeckt er damit auch allgemeine Gesetze, sofern sie überhaupt erkannt werden."[5] Aus diesem Grunde warf Molodzov den beiden Philosophen Positivismus und Idealismus kantischer Prägung vor.

Das von Molodzov mit allem Nachdruck restaurierte Postulat des Marxismus-Leninismus, „wonach die Dialektik die allgemeinsten Entwicklungsgesetze der Natur, der Gesellschaft und des Denkens erforscht", hat die sowjetische Philosophie in der Folgezeit von 1956 bis zur Gegenwart jedoch nicht der Notwendigkeit enthoben, sich mit den methodischen Emanzipationsbestrebungen der Naturwissenschaften ernsthaft auseinanderzusetzen und ihnen teilweise Rechnung zu tragen. Diese Emanzipationsbestrebungen waren schon 1955 kaum noch zu unterdrücken und zwangen - obgleich die eigentlichen Ursachen nicht eingestanden wurden - zu einer tiefgreifenden Umgestaltung der materialistischen Dialektik.

2. Materialistische Kategorienlehre

Die Reaktion der sowjetischen Philosophie auf den Druck von Seiten der Naturwissenschaften war dann auch von dem Gedanken getragen, einerseits den radikalen positivistischen Konsequenzen eines Belezki und Kotschetkov zu entgehen und andererseits die Dialektik so zu formulieren, daß sie sich der einzelwissenschaftlichen Forschung weitgehend anschmiegte. Dieser Grundgedanke wurde dann seit 1956 im Zeichen einer forcierten Ausarbeitung der speziellen Dialektik angestrebt.

In der speziellen Dialektik glaubte man ein Instrument gefunden zu haben, mit dem man die Ergebnisse der naturwissenschaftlichen Forschung nahtlos in das System des Dialektischen Materialismus aufnehmen konnte. So häuften sich dann auch seit dieser Zeit in allen einschlägigen Zeitschriften und in der Parteiliteratur Artikel und Broschüren, die der Ausarbeitung einer dialektischen Kategorienlehre gewidmet waren. Seit 1955 sind über dieses Problem ungefähr hundert Artikel und Broschüren veröffentlicht worden.

An dieser Arbeit nahmen so hervorragende Spezialisten für Fragen der Dialektik wie B. Kedrov, M. M. Rosental, G. E. Gleserman, M. D. Kammari und W. P. Tugarinow teil. Das Verhältnis zwischen Dialektik und Naturwissenschaft wurde neu formuliert. Die vier dogmatischen Grundzüge der Dialektik, die Stalin hinterlassen hatte, waren angesichts der raschen Entwicklung auf allen Gebieten der einzelwissenschaftlichen Forschung veraltet und zu einem Hemmschuh geworden.

So übernahm zum Beispiel Kedrov in seiner Untersuchung des dialektischen Prinzips der Negation der Negation[6] von den vier Stalinschen Grundzügen nur zwei: das Prinzip von der Einheit und dem Kampf der Gegensätze und das Prinzip vom Umschlag von der Quantität in die Qualität. Die ersten beiden dogmatischen Prinzipien vom durchgehenden Zusammenhang und der allgemeinen Bewegung wurden von ihm weggelassen und durch das Prinzip der Negation der Negation ersetzt, dem übrigens die besondere Aufmerksamkeit der sowjetischen Philosophie gilt. Damit waren die Gesetze oder Prinzipien der materialistischen Dialektik auf die drei anschmiegsamsten reduziert. Ihre relative inhaltliche Unbestimmtheit erlaubte eine schrankenlose Ontologisierung und Methodologisierung, ohne indes den gegenstandsadäquaten oder objektbezogenen Aussagen der Naturwissenschaften ins Gehege zu kommen.

Die drei neugefaßten Prinzipien der materialistischen Dialektik waren jedoch zu umfangreich, um alle einzelwissenschaftlichen Forschungsergebnisse zwingend unter sie zu subsumieren. So werden sie gegenwärtig durch die Aufstellung eines Kataloges von dialektischen Kategorien ergänzt, die man aus den drei Prinzipien, die die ontologische Seite der Dialektik bilden, deduziert, obwohl ihre Schöpfer unaufhörlich betonen, daß sie auf induktivem Wege gewonnen werden. Das System der Kategorien bildet dann die methodische Seite der Dialektik.

Das neue, von einem repräsentativen Autorenkollektiv unter der Redaktion M. M. Rosentals und G. M. Schtraks herausgegebene Werk „Kategorien der materialistischen Dialektik"[7] versucht in der genannten Weise den Naturwissenschaften entgegenzukommen. Zu diesem Zwecke wird ausdrücklich zwischen einzelwissenschaftlichen und philosophischen Kategorien unterschieden. Die betreffende Stelle lautet: „Man muß die Begriffe und Kategorien der Einzelwissenschaften und die philosophischen Begriffe und Kategorien voneinander unterscheiden. Jede Wissenschaft operiert mit Begriffen und Kategorien. In jeder Wissenschaft gibt es eine Reihe von Grundbegriffen. In der Physik sind das die Begriffe *Masse, Stoff, Licht, Energie, Atom* usw., in der Biologie *Leben, Art, Erblichkeit, Veränderlichkeit* usw., in der politischen Ökonomie *Wert, Produktion, Akkumulation* usw., in der Ästhetik *das Schöne, das*

Komische, das Tragische und andere ... Mit Hilfe der Gesetze und Kategorien der Physik zum Beispiel werden die Struktur der Materie, die Struktur des Atoms, der Atomkerne, die elementaren Materieteilchen, ihr Zusammenhang und ihre Wechselwirkung usw. erforscht.

3. Denkfreiheit in Grenzen

Die philosophischen Kategorien erfüllen eine ganz andere Funktion. Die Kategorien des Inhalts, der Form, der Ursache, des Zufalls, der Notwendigkeit, des Raumes, der Zeit und alle anderen philosophischen Kategorien können an und für sich genommen weder die Struktur des Atoms noch die Qualität irgend eines chemischen Elements ... erklären. Aber ... (es) steht doch ganz außer Zweifel, daß es ohne sie sehr schwierig wäre zu verstehen, wie man diese ohne ähnliche Fragen lösen kann, welches die methodologischen Prinzipien ihrer Erforschung und Erklärung sind."[8]

Der ontologische Charakter der philosophischen Kategorien wird - wie man sieht - deutlich abgeschwächt und durch formalere Definitionen, wie zum Beispiel „methodologische Prinzipien", ersetzt. Dabei geht das neue Lehrbuch natürlich nicht so weit wie Belezki und Kotschetkov. Aber einen gewissen Apriorismus gesteht auch Rosental den philosophischen Kategorien zu, etwa, wenn er sie als „Formen des logischen Denkens" definiert. Daneben wird die Möglichkeit, die philosophischen Kategorien zu ontologisieren, offengehalten: „Stärke und Bedeutung der Denkkategorien liegen ... darin, daß ihnen ein objektiver Inhalt innewohnt, der aus der realen Welt entnommen ist."[9]

Durch die Aufspaltung der dialektischen Kategorien in philosophische und einzelwissenschaftliche gewinnt die Dialektik zweifellos an Elastizität und Anpassungsfähigkeit. Das einzelwissenschaftliche Forschungsobjekt wird durch die Einführung der speziellen Kategorien weitgehend freigegeben. Die Forderung der Naturwissenschaften nach methodischer Unabhängigkeit scheint erfüllt. Die Einzelwissenschaften können nunmehr mit dem Hinweis auf die spezielle Dialektik, deren Gestaltung ihnen überlassen ist, innerhalb der strengen Grenzen nach Belieben schalten und walten. Dennoch ist damit die Gefahr, daß die einzelwissenschaftliche Forschung die Grenzen des Dialektischen Materialismus durchbricht, zunächst wirkungsvoll unterbunden. Jeder Versuch der Einzelwissenschaften, ihren Rahmen zu überschreiten und an der Gestaltung des theoretischen Weltbildes selbständig mitzuwirken, ist dadurch abgeschnitten, daß man ihnen nur innerhalb ihres streng begrenzten Forschungsgebietes Freiheit einräumt, während die allgemeine Interpretation der Forschungs*ergebnisse* und die Zusammenfassung des von den Spezialwissenschaften erarbeiteten Materials der offiziellen Philosophie vorbehalten bleibt. Indem das einzelwissenschaftliche Forschungsobjekt freigegeben wird, werden die Spezialwissenschaften um so nachdrücklicher auf ihr Gebiet festgelegt.

Die offizielle Sowjetphilosophie kann mit einigem Recht hoffen, daß die einzelwissenschaftliche Aktivität, die in ihrem methodischen Emanzipationskampf selbst vor einem Angriff auf die Staatsphilosophie nicht zurückschreckte, sich jetzt auf ihrem eigenen Gebiet erschöpfen wird. Der freigegebene Mikrokosmos ist weit genug, um die Aktivität der Naturwissenschaften in die Tiefe zu lenken und sie restlos in Detailprobleme zu verstricken. Der Makrokosmos kann damit um so ausschließlicher zum Gegenstand der Philosophie werden.

Anmerkungen

---

[1] Zitiert nach W. S. Molodzov: Falsche Auffassungen vom Gegenstand des dialektischen Materialismus, in: Sowjetwissenschaft. Gesellschaftswissenschaftliche Beiträge, Nr. 6/1956, S. 701.
[2] Molodzov, a.a.O., S. 702.
[3] Molodzov, a.a.O., S. 703.
[4] Wichtige Fragen der philosophischen Wissenschaft, in: Kommunist, Nr. 5/1955.
[5] Molodzov, a.a.O., S. 701.
[6] B. Kedrov: Das Gesetz der „Negation der Negation", in: Sowjetwissenschaft. Gesellschaftswissenschaftliche Beiträge, Nr. 2/1957.
[7] M. M. Rosental und G. M. Schtraks (Hrsg.): Kategorien der materialistischen Dialektik. Berlin (Ost) 1959.
[8] Rosental, a.a.O., S. 15 f.
[9] Rosental, a.a.O., S. 17.

„Dialektische Philosophie" und Gesellschaft in der Sowjetunion

Vorbemerkung

Um die Stellung Abram Moiseevič Deborins, des bedeutendsten gegenwärtig noch lebenden sowjetischen Philosophen, in der Auseinandersetzung mit den Mechanizisten und später mit der Kommunistischen Partei der Sowjetunion zu verstehen, war es notwendig, den historisch-soziologischen Teilen dieser Arbeit ein systematisches Kapitel voranzustellen. Es ergab sich dabei aus dem Wesen der zu behandelnden Probleme, daß im systematischen Kapitel diejenigen Punkte berührt und besonders in den Vordergrund gerückt werden mußten, die später in der philosophischen und ideologischen Auseinandersetzung eine Rolle spielten. Dabei war es nicht zu vermeiden, daß manche interessanten und für die Philosophie Deborins wichtigen Nebenwege unberücksichtigt bleiben mußten.

Eine weitere Schwierigkeit der vorliegenden Arbeit bestand in der Notwendigkeit, das philosophische Material, das ideologienkritisch untersucht werden sollte, erst zu erschließen. Der begrenzte Umfang des greifbaren Quellenmaterials, das im wesentlichen nur in russischer Sprache und meist in Zeitschriften erschienen ist, die - wenn überhaupt - nur in wenigen Exemplaren in westeuropäischen Bibliotheken vorhanden sind, machte es unumgänglich, diese Quellen breiter als ursprünglich geplant zu übersetzen und darzustellen. Das Erfordernis, das zu untersuchende Material auszubreiten, ehe es analysiert werden konnte, hat es mit sich gebracht, daß in einigen Partien der vorliegenden Arbeit die reine Darstellung stärker zur Geltung kommt als die beabsichtigte ideologienkritische Analyse.

Soweit die Arbeit die Entwicklung der sowjetischen Philosophie untersucht, muß betont werden, daß die von der dialektischen Philosophie Deborins abweichenden Positionen nur soweit herangezogen wurden, wie es der Überblick über die allgemeine philosophische Entwicklung in der Sowjetunion bis 1931 notwendig machte, und wie es zur Abgrenzung der besonderen Stellung Deborins erforderlich war.

Berlin-Friedenau, August 1960   René Ahlberg

Einleitung

In den ersten Jahren nach der Oktoberrevolution war die Situation in der sowjetischen Philosophie durch das Nebeneinander sehr verschiedener philosophischer Strömungen gekennzeichnet, die - soweit sie sich auf Marx beriefen oder Berührungspunkte mit ihm hatten - eine gewisse Gemeinsamkeit nur in einem mehr oder weniger klar umrissenen revolutionären Materialismus fanden. Eine erste vorläufige Klärung brachte in die sowjetische Philosophie die Verhaftung und Ausweisung von über hundert russischen Intellektuellen im August 1922, nachdem schon Ende 1921 die meisten nicht-materialistischen Philosophieprofessoren aus ihren Ämtern entfernt worden waren.[1]

Was sich nach diesem drakonischen Akt geistiger Purgation auf den philosophischen Kathedern behaupten konnte, war nicht weniger uneinheitlich und widerspruchsvoll. Durch die Gunst der Stunde emporgetragen, wirkten die Vertreter eines nicht näher bestimmten revolutionären Materialismus zunächst ohne das Bewußtsein möglicher Gegensätze an der Errichtung eines neuen Weltbildes gemeinschaftlich mit. Die Aufgaben, die die sowjetische Philosophie in der sich konstituierenden sozialistischen Gesellschaft zu übernehmen hatte, waren noch nicht festgelegt, so daß sich alle diese materialistischen Strömungen als legitimer Ausdruck der neuen revolutionären Epoche betrachten konnten. Die von ihnen gemeinsam betriebene Kritik am Idealismus war die anerkannte Forderung des Tages und überdeckte vorderhand noch alle Differenzen in ihren eigenen Reihen.[2] Aber unter der vordergründigen Gemeinsamkeit verbargen sich schroffe Gegensätze, die - einmal bewußtgemacht - zu heftigen Zusammenstößen führen mußten.

In diese Situation platzte Ende 1922 ein Artikel des Vulgärmaterialisten O. Minin hinein, der in der neugegründeten Zeitschrift „Unter dem Banner des Marxismus" mit dem provozierenden Titel „Die Philosophie über Bord!" erschien.[3] Minin formulierte darin zum erstenmal und in programmatischer Form die bis dahin unausgesprochene Überzeugung eines großen Teils der materialistisch eingestellten Naturwissenschaftler, daß die Philosophie, einschließlich der marxistischen, ein Überbleibsel der bürgerlichen Ideologie sei und forderte ihre Ausschaltung aus dem geistigen Leben der Sowjetunion zugunsten der positiven Wissenschaft. Der Artikel gipfelte in den Sätzen: „Es gibt drei Arten, die Welt zu begreifen: die Religion, die Philosophie und die

Wissenschaft. Die Marxisten verirren sich - wie man zu sagen pflegt - zwischen diesen drei Kiefern, anstatt zuallererst mit der Kommandobrücke und unmittelbar nach
der Religion ohne Überbleibsel auch die Philosophie über Bord zu werfen ... Dem
Proletariat muß die Wissenschaft und nur die Wissenschaft bleiben und nicht irgendeine Philosophie."[4]

Mit dem radikalen Aufruf, die marxistische Philosophie zu liquidieren, war ein Problem aufgerührt, das schlagartig die tiefen Gegensätze in der sowjetischen Philosophie Anfang der 20er Jahre beleuchtete. Es rückte in den nächsten Jahren immer
mehr in den Mittelpunkt der Aufmerksamkeit und löste schließlich die große philosophische Auseinandersetzung zwischen Deborinisten und Mechanizisten aus.

Deborin[5] sagte später (1927) vor der vereinigten Versammlung der philosophischen
Sektion der Kommunistischen Akademie und des Instituts für Wissenschaftliche Philosophie über die von Minin erhobenen Forderungen: „In diesem Artikel wurde die
Redaktion der Zeitschrift ‚Unter dem Banner des Marxismus' deswegen gerügt, weil
sie in ihrer programmatischen Erklärung geschrieben hatte: ‚Man muß die stählende
Schule der Marxschen Philosophie durchlaufen, um ein standhafter, überzeugter und
unerschütterlicher Kommunist zu werden.' In der Tat - nach zwei Monaten hat Lenin
in seinem Artikel ‚Über die Bedeutung des kämpferischen Materialismus' die Wichtig-
keit der marxistischen Philosophie noch deutlicher unterstrichen, als die Redaktion
das getan hat. Aber das hat den Genossen Minin nicht gestört, auf seinen falschen
Ansichten zu beharren und nicht nur mich Sünder, sondern auch Lenin und Plechanov denen zuzurechnen, die von der Philosophie des Marxismus ‚posaunen'."[6]

Der Mininsche Vorstoß, die marxistische Philosophie zugunsten der positiven Wissenschaft zu überwinden, wurzelte - wie gesagt - in einer damals weitverbreiteten
Strömung unter den russischen Naturwissenschaftlern, die sich kurz nach der Oktoberrevolution zu einer vulgärmaterialistischen Fronde zusammengefunden hatten.
Die Vertreter dieses kausal-mechanisch gedeuteten Materialismus hatten zunächst
kaum ein gemeinsames weltanschauliches oder politisches Programm. Was sie verband, war höchstens ein radikaler Positivismus, der nur experimentell gewonnene
und mathematisch gesicherte Ergebnisse als „wissenschaftlich" gelten ließ.

Der dialektische Materialismus war in der ersten Hälfte der 20er Jahre noch nicht in
allen seinen Konsequenzen durchdacht und wichtige, später grundlegende Werke
der „Klassiker" waren damals noch nicht veröffentlicht. Die Bücher „Dialektik und Na-

tur" (später: „Dialektik der Natur") von Engels (erschienen 1925) und „Aus dem philosophischen Nachlaß" von Lenin (erschienen 1929), in denen beide Autoren die philosophischen Elemente des Marxismus hervorheben und seine philosophische Relevanz unterstreichen, waren damals noch nicht bekannt. Übersetzt und weiten Kreisen zugänglich waren dagegen die Bücher „Herrn Eugen Dührings Umwälzung der Wissenschaft" und „Ludwig Feuerbach und der Ausgang der klassischen deutschen Philosophie" von Engels, in denen sich unter anderen folgende Sätze finden lassen: „Sobald an jede einzelne Wissenschaft die Forderung herantritt, über ihre Stellung im Gesamtzusammenhang der Dinge und der Kenntnis von Dingen sich klarzuwerden, ist jede besondere Wissenschaft vom Gesamtzusammenhang überflüssig. Was von der ganzen bisherigen Philosophie dann noch selbständig bestehenbleibt, ist die Lehre vom Denken und seinen Gesetzen - die formale Logik und die Dialektik. Alles andere geht auf in die positive Wissenschaft von Natur und Geschichte."[7] Oder: „Mit Hegel schließt die Philosophie überhaupt ab, ... weil er uns, wenn auch unbewußt, den Weg zeigt aus diesem Labyrinth der Systeme zur wirklichen positiven Erkenntnis der Welt."[8] Diese Sätze ließen sich durchaus als Absage an die Philosophie interpretieren.

Unbestrittene Gültigkeit besaßen auch für die „revolutionären Materialisten" - soweit sie sich ausdrücklich zum Marxismus bekannten - eigentlich nur die politisch-historischen Partien des Marxismus. Unbestritten war zum Beispiel die Basis-Überbau-Lehre, nach der das Bewußtsein vom gesellschaftlichen Sein bestimmt wird; die Zwei-Klassen-Theorie und die Lehre vom Klassenkampf, in dem sich das Proletariat durch die sozialistische Revolution geschichtsnotwendig zur herrschenden Klasse aufschwingt und seine politischen und sozialen Interessen, die gleichzeitig die Interessen der Gesamtgesellschaft sind, in der Diktatur des Proletariats realisiert.[9] Diese Thesen standen auch in den 20er Jahren ebensowenig zur Diskussion wie die von Lenin in seinem Buch „Staat und Revolution" (1918) vorgenommene Radikalisierung der Marxschen Revolutionstheorie, in der er dem zielbewußten menschlichen Willen in der Gestalt der „Partei neuen Typus" einen größeren Spielraum zuweist als Marx. Aus dem dialektischen Materialismus war im Grunde genommen nur die Materialität, Objektivität und prinzipielle Erkennbarkeit des Seins für alle russischen Marxisten verbindlich. Aber schon die Modalitäten der grundsätzlich anerkannten Erkennbarkeit des Seins erfuhren bei den beiden Begründern des russischen Marxismus eine verschiedene Formulierung. *Lenin* entwickelte in seinem Buch „Materialismus und Empiriokritizismus" (1909) eine pragmatische Erkenntnistheorie, die sogenannte *Abbildtheorie*, nach der das „Bewußtsein nur das Abbild der Außenwelt" ist.[10] *Plechanov* behandelte dagegen das Erkenntnisproblem weit kritischer; er entwickelte in den Anmerkungen seiner russischen Übersetzung von Engels' „Ludwig Feuerbach und der Ausgang der klassischen deutschen Philosophie" (1892) seine „Hieroglyphentheorie" oder „Theorie der Symbole": „Unsere Empfindungen sind eine Art Hieroglyphen, die uns zur Kenntnis bringen, was in der Wirklichkeit geschieht. Die Hieroglyphen sind jenen Geschehnissen, die durch sie übertragen werden, nicht ähnlich."[11] Lenin hat sich sehr scharf gegen die Plechanovsche Hieroglyphentheorie ausgesprochen[12], nichtsdestoweniger ist sie von einer Reihe bekannter russischer Marxisten, wie zum Beispiel V. L. Sarab'janov und L. I. Aksel'rod, übernommen und gegen Lenin ausgespielt worden.[13] Deborin schließt sich in dieser Frage ganz der realistisch-pragmatischen Erkenntnistheorie Lenins an und bekämpft die Hieroglyphentheorie sowohl bei seinem Lehrer Plechanov als auch bei den Vulgärmaterialisten.

Über das Wesen der Marxschen Dialektik herrschte erst recht bis zur Mitte der 20er Jahre völlige Unklarheit. Die Vulgärmaterialisten der ersten Phase der sowjetischen Philosophie lehnten sie rundweg als Metaphysik und Scholastik ab. Soweit die Dialektik später bei dem aus dem Vulgärmaterialismus hervorgehenden „mechanizistischen Materialismus" Aufnahme fand, büßte sie jede Originalität und Eigenständigkeit ein und war einfach die mit dem Wortsinn nicht übereinstimmende Bezeichnung für eine evolutionär-kontinuierliche Entwicklungstheorie. So definierte zum Beispiel der Mechanizist I. I. Stepanov die Dialektik als „Anerkennung der Kontinuität der einheitlichen, universellen Bewegung" und lehnte jede „Unterbrechung der Kontinuität", das heißt die Sprünge im Entwicklungsprozeß, als wissenschaftsfeindlichen „Vitalismus" ab.[14] Für den Mechanizisten A. K. Timirjazev „ist die Dialektik die Wissenschaft von den Verbindungen"[15], die sich als Ergebnis der Verallgemeinerung des naturwissenschaftlichen Forschungsmaterials darstellt. Die Dialektik ist für ihn nur eine Arbeitshypothese, die ihr Daseinsrecht in den einzelnen positiven Wissenschaften nur durch die immer aufs neue vollzogene „Herausziehung aus der Natur" erfährt. Ihre Anwendung als Methode der Naturwissenschaften lehnt er scharf ab, weil das „der Natur die Gesetze vorschreiben" hieße, „anstatt diese Gesetze aus der Natur abzuleiten".[16] Gemäß dieser evolutionären Dialektikkonzeption faßten die Mechanizisten die Entwicklung in Natur und Gesellschaft als kontinuierliche und rein quantitative Summation auf, die kontinuierlich und ohne Unterbrechung in die höheren Qualitäten übergeht. In Übereinstimmung damit glaubten sie jede höhere Qualität durch *Zerlegung* auf Erscheinungen niederer Art *zurückführen* zu können.

Eine klare Vorstellung von der Bedeutung des dialektischen Elements im dialektischen Materialismus lag nach der Oktoberrevolution außer bei Lenin und Plechanov eigentlich nur noch bei Deborin vor, der bereits in seinem 1908 geschriebenen und 1916 veröffentlichten Hauptwerk „Einführung in die Philosophie des dialektischen Materialismus" die Dialektik zum Wesen des Marxismus machte: „Marx ersetzt die abstrakte Grundlage der Hegelschen Dialektik durch eine materielle, konkrete Grundlage. Die Wahrheit der Hegelschen Dialektik ist daher der Marxismus."[17]

So wie sich der dialektische Materialismus kurz nach der Revolution den russischen Intellektuellen darbot, schien eine kausal-mechanische Auslegung seiner Dogmen möglich und eine Reduktion auf die positiven Naturwissenschaften durchaus geboten.

Der bedeutendste unter den frühen, gleich nach der Revolution hervortretenden Vulgärmaterialisten war der russische Biologe Emmanuel S. Ènčmen, der in seiner 1919 veröffentlichten Broschüre „18 Thesen" den Gedanken vertrat, daß der Begriff „Weltanschauung" eine „Erfindung" der „Ausbeuter" sei und in der Periode der Diktatur des Proletariats verschwinden müsse.[18] In einem weiteren, 1923 erschienenen Büchlein „Die Theorie der neuen Biologie und der Marxismus" versuchte Ènčmen den Marxismus auf einen eigenartigen Biologismus zurückzuführen: „Wir sind zutiefst davon überzeugt", schrieb er, „daß wir und unsere Leser in den nächsten Jahren viele Ausgaben dieser Broschüre sehen werden (Ènčmen meint hier seine Schrift „Die Theorie der neuen Biologie ...", d. Verf.), und wir werden mit unseren Lesern Zeuge sein, wie die Arbeiter - diese Broschüre studierend - sie mit ihren schwieligen Händen durchblättern werden. Wir sind weiter zutiefst davon überzeugt, daß zu einem nicht allzufernen Zeitpunkt alles, was heute noch das größte Ansehen genießt: die Werke über die Philosophie des Marxismus, sich auf die traurigste Art und Weise auf den Regalen der Schulbibliotheken immer mehr und mehr mit einer dicken Staubschicht überziehen werden. Wir sind keinen Augenblick darüber im Zweifel, daß die wahre, echte Theorie des Marxismus, wie wir sie aus den besten Stellen der besten der großen Werke von Karl Marx entnehmen, in den allernächsten Jahren in die breite Straße der neuen Biologie einmünden wird. Und wir schreiben dieses Buch, um den russischen revolutionären Arbeitern zu zeigen, daß die Theorie der neuen Biologie eine direkte und notwendige Entwicklung des echten, orthodoxen Marxismus ist."[19]

Nikolaj I. Bucharin, der sich mit den Lehren Ėnčmen ausführlich auseinandersetzt, weist nach dem Erscheinen der „Theorie der neuen Biologie ..." darauf hin, daß der ideenlose Eklektizismus und der prätentiöse Stil des Verfassers den Inhalt für jeden gebildeten Leser hinreichend deklassiert und eigentlich eine ernsthafte Kritik überflüssig macht: „Wir würden kein Wort gesagt haben", schreibt Bucharin, „wenn dieser Autor nicht Parteigänger gefunden hätte. Doch unglücklicherweise findet er sie."[20]

Auch Deborin schreibt über die Zeit, in der Ėnčmen mit den Ideen seiner „Theorie der neuen Biologie ..." in der Sowjetunion Schule machte: „Die ‚Ideen' Ėnčmens sind beim heutigen Leser nur dazu geeignet, ein homerisches Gelächter hervorzurufen. Aber seinerzeit hat er mit seinem ‚Radikalismus', mit seinem theoretischen Nihilismus einen Teil der lernenden Jugend beeinflußt ... Es ist nicht übertrieben, zu sagen, daß der Ėnčmenismus die Grundlagen des Marxismus bedroht hat. Diese Tatsache hat revolutionäre Marxisten veranlaßt, unter ihnen auch den Genossen Bucharin, mit einer scharfen Absage an Ėnčmen hervorzutreten."[21] Ebenso berichtet A. Stoljarov in seinem Buch „Der dialektische Materialismus und die Mechanizisten" (1928), daß die Lehre Ėnčmens „unter der studierenden Jugend, besonders unter der Parteijugend, ziemlich verbreitet war."[22]

Es unterliegt demnach keinem Zweifel, daß sich in den ersten Jahren nach der Revolution unter den zum philosophischen Materialismus tendierenden Naturwissenschaftlern eine starke vulgärmaterialistische Strömung geltend machte, die einen besonderen Rückhalt bei der sowjetischen Jugend fand. Begünstigt wurde diese Entwicklung durch die Tatsache, daß die führenden bolschewistischen Theoretiker vollauf mit aktuellen Problemen beschäftigt waren und der philosophischen Entwicklung daher nur eine untergeordnete Bedeutung beimaßen, es sei denn, daß eine derart unorthodoxe Lehre wie der Ėnčmenismus eine so weite Verbreitung und einen so lebhaften Widerhall fand.

Das Erscheinen des schon erwähnten Artikels von Minin, dessen Parole „Die Philosophie über Bord!" von Deborin als „Nachklang" des Ėnčmenismus charakterisiert wird, machte auf die Überwucherung der sowjetischen Philosophie durch einen radikalen Positivismus aufmerksam und mobilisierte alle Gegner dieser Entwicklung.

Damit wurde die Veröffentlichung des Mininschen Artikels zum Anlaß einer allmählichen Umorientierung.

Aus den unterschiedlichen Auffassungen über die Bedeutung der sowjetischen Philosophie für Gesellschaft und Staat und der Dialektik für die Wissenschaft entwickelte sich die große philosophische Diskussion zwischen Deborinisten und Mechanizisten, die von 1925 bis 1929 dauerte, und in der sich schließlich zwei voneinander scharf geschiedene und sich erbittert befehdende Auffassungen des Marxismus gegenüberstanden.

Von 1922 bis 1925 blieben jedoch die Gegensätze in der sowjetischen Philosophie noch latent. Mit Ausnahme der von Bucharin scharf zurückgewiesenen Theorien Ėnčmens kam die vulgärmaterialistische Fronde fast unwidersprochen zu Worte. An die Stelle von Ėnčmen und Minin mit ihren primitiven vulgärmaterialistischen Lehren trat allerdings eine Reihe ernstzunehmender und umfassend gebildeter Persönlichkeiten, unter denen besonders Arkadij Klement *Timirjazev* (1880-1955), Ivan Ivanovič *Skvorcov-Stepanov* (1870-1928) und Ljubov' Isaakovna *Aksel'rod* (1868-1946), (Pseudonym: Ortodoks), hervorragten. Sie setzten die vulgärmaterialistischen Traditionen in einer stark abgewandelten und - wie schon erwähnt wurde - selbst die Dialektik einbeziehenden Gestalt fort. Zur Abgrenzung vom Vulgärmaterialismus der ersten Phase der sowjetischen Philosophie sowie zur Unterscheidung vom mechanischen Materialismus des 18. Jahrhunderts nannten sie ihre Konzeption: *mechanizistischer Materialismus!*

Deborin begann zwar schon 1923 mit der Veröffentlichung seiner Schrift „Marx und Hegel"[23] - die als Antwort auf den Vulgärmaterialismus und den sich allmählich konstituierenden mechanizistischen Materialismus verstanden werden muß - aber eine namentliche Anspielung auf die Mechanizisten fehlt hier noch ebenso wie in seiner 1924 erschienenen „biographie intellectuelle" „Lenin als Denker".[24] Erst als 1925 das Engelssche Fragment „Dialektik und Natur" von D. Rjazanov herausgegeben wurde[25], glaubte sich Deborin durch die Autorität Engels' so weit gedeckt, daß er mit einer Serie scharfer und persönlicher Angriffe die Auseinandersetzung mit den Mechanizisten eröffnete.

Die Veröffentlichung von „Dialektik und Natur" in der Mitte der 20er Jahre gewann besonders deshalb einen großen Einfluß auf die weitere Entwicklung der sowjetischen Philosophie, weil Engels hier deutlicher als in seinen anderen Büchern die

Verflechtung von Dialektik und Natur untersucht und diese Verflechtung an Hand konkreter Beispiele aus den Naturwissenschaften zu beweisen versucht. Unterstützte die allgemeine Konzeption des Werkes ganz offensichtlich die deborinistische Position, so erwiesen sich doch einige Teile der unter dem Titel „Dialektik und Natur" gesammelten und zwischen 1873 und 1886 entstandenen Artikel, Notizen und Fragmente in der Gedankenführung derart ambivalent, daß sich auch die Mechanizisten darauf beziehen und das Erscheinen des Buches paradoxerweise als Bestätigung ihrer philosophischen Auffassungen feiern konnten.[26]

Nichtsdestoweniger fühlte sich Deborin durch Engels bestätigt und wies später selbst in der Einleitung seiner Aufsatzsammlung „Dialektik und Naturwissenschaft" (1929) darauf hin, daß die Mitte 1925 mit aller Heftigkeit ausbrechende philosophische Auseinandersetzung einerseits durch „einige Arbeiten I. I. Stepanovs", und andererseits durch die Publikation von „Dialektik und Natur" ausgelöst worden sei.[27]

Die beiden feindlichen Strömungen in der sowjetischen Philosophie fanden einen organisatorischen Rückhalt in zwei angesehenen Institutionen: Die Anhänger der dialektischen Philosophie scharten sich um das Redaktionskollegium der Zeitschrift „Unter dem Banner des Marxismus" - das im Laufe der Auseinandersetzung zur Hochburg des „Deborinismus" wurde - und um die Gesellschaft kämpferischer Materialisten (OVM). Die Vertreter des mechanizistischen Materialismus sammelten sich ihrerseits im „Timirjazevschen Wissenschaftlichen Forschungsinstitut" in Moskau, das von A. K. Timirjazev geleitet wurde, und dessen Publikationen den mechanizistischen Materialismus propagierten.

Kapitel I
Die Deborinsche Konzeption des dialektischen Materialismus
1. Systematischer Überblick

Die dialektische Philosophie A. M. Deborins setzt mit einer eigenwilligen Zweiteilung des dialektischen Materialismus ein.[1] Obwohl Deborin in seinen ideengeschichtlichen Ableitungen immer wieder betont, daß der dialektische Materialismus aus der „Synthese der im materialistischen Sinne umgeformten Dialektik Hegels mit dem Materialismus Feuerbachs" hervorgegangen sei[2], ist diese ideengeschichtlich konzipierte Einheit mit einem inneren Widerspruch belastet. Dieser innere Widerspruch, der in

den ideengeschichtlichen Ableitungen noch verdeckt ist, bricht in seinen systematischen Darstellungen zuerst als scharfe Trennung und weiterhin als Überlegenheit
des dialektischen über das materialistische Element klar hervor.

In seiner systematischen Arbeit „Skizzen zur Theorie der materialistischen Dialektik",
in der er sich mit der in den 20er Jahren in der Sowjetunion noch vorherrschenden
kausal-mechanischen Auslegung des dialektischen Materialismus auseinandersetzt,
spricht er diese für sein philosophisches System charakteristische Zweiteilung, in der
dem philosophischen Materialismus eine *weltanschauliche* und der Dialektik eine
wissenschaftlich-methodische Funktion zugewiesen wird, zum erstenmal aus:
„Das Unvermögen, die selbständige Bedeutung des dialektischen Materialismus als
allgemeinphilosophische Konzeption und die materialistische Dialektik als allgemeine
Methodologie der Wissenschaften (die Erkenntnistheorie eingeschlossen) zu begreifen", schreibt er, „erklärt den Umstand, daß die Dialektik einigen Kritikern einfach als
Scholastik erscheint."[3]

Die Suprematie des dialektischen Elementes über alle anderen Bestandteile des dialektischen Materialismus tritt bei Deborin dann klar zutage, wenn er in seinen Definitionen dessen wissenschaftlich-methodischen Bestandteil gegen alle Anfeindungen
von seiten der Mechanizisten absichern will. Das weltanschaulich-materialistische
Element des dialektischen Materialismus fällt in diesen Definitionen weg. In diesem
Sinne heißt es bei Deborin: „Der Marxismus oder der dialektische Materialismus ist
eine geschlossene Weltanschauung, die aus drei grundlegenden Komponenten besteht: der materialistischen Dialektik als der allgemeinen wissenschaftlichen Methodologie (die Erkenntnistheorie inbegriffen), der Dialektik der Natur als der Methodologie in der Naturwissenschaft und der Dialektik der Geschichte (historischer Materialismus)."[4]

Die Teilung des dialektischen Materialismus in eine „allgemeinphilosophische Konzeption" und in eine „allgemeine Methodologie der Wissenschaften" entspringt bei
Deborin aus der Tendenz, den wissenschaftlichen Wert des dialektischen Materialismus - wie überhaupt jeder Philosophie - vornehmlich in ihrer Methode zu suchen. Die
Methode und ganz besonders die dialektische Methode ist „die Seele eines jeden
philosophischen Systems". „Die Philosophie ‚faßt sich zusammen' in der Methode.
Das lehrte schon Hegel. Denselben Standpunkt nimmt auch der Marxismus ein."[5]

Die Entwicklung der Philosophie zur Wissenschaft vollzieht sich nach Deborin seit

Kant im Widerstreit zwischen der dialektischen Methode und dem sie einhüllenden idealistischen System. Im selben Maße jedoch, in dem die dialektische Methode in der idealistischen Philosophie das Übergewicht erlangt, wird das metaphysische System „aufgehoben". Die Philosophie im alten Sinne stirbt ab und konstituiert sich neu im dialektischen Materialismus als universale Methodologie der Wissenschaften. Aber so wie die idealistische Philosophie durch ihr metaphysisches System der Vergangenheit angehört und nur durch ihre dialektische Methode mit der Zukunft verbunden ist, so gehört auch das materialistisch-weltanschauliche Element im dialektischen Materialismus in seiner streng wissenschaftlichen Fassung der Vergangenheit an. Das wissenschaftliche Element des dialektischen Materialismus ist nur die Dialektik: „Erst die Dialektik faßt bestimmte Tatsachen und Ereignisse zur Wissenschaft zusammen."[6]

Die weltanschaulich-materialistische Komponente des dialektischen Materialismus kann daher nach Deborin nur als eine historisch bedingte und begrenzte erkenntnistheoretische Gegenposition zu allen unwissenschaftlichen, d.h. idealistischen Auffassungen des Erkenntnisproblems verstanden werden. Mit dem Verschwinden aller unwissenschaftlichen Auffassungen des Erkenntnisproblems im Laufe der sozialen und wirtschaftlichen Entwicklung der Gesellschaft verschwindet die Notwendigkeit zur Ausarbeitung der weltanschaulich-materialistischen Komponente. In seinem wissenschaftlichen System hat sie keinen Platz. Sie findet ihre historisch gebundene Rechtfertigung nur unter bestimmten sozialen und wirtschaftlichen Verhältnissen, die eine realistische Erkenntnis der Welt verhindern. Verschwinden die in einer bestimmten Sozialstruktur, wie zum Beispiel in der kapitalistischen Klassengesellschaft liegenden objektiven Trübungsfaktoren, die eine realistische Erkenntnis der Welt verhindern, dann kann auch das weltanschaulich-materialistische Element des dialektischen Materialismus wegfallen.

In der klassenlosen Gesellschaft, in der alle objektiven Trübungsfaktoren aufgehoben sind, finden alle erkenntnistheoretischen Probleme ihre wissenschaftliche Lösung im Rahmen der materialistischen Dialektik: „Für jeden revolutionären Marxisten ist es ein Axiom", stellt Deborin fest, „daß die Dialektik die allgemeine Methode der Erkenntnis der Natur, der Geschichte und des menschlichen Denkens darstellt."[7]

Die wirklichkeitsadäquate Erkenntnis von Natur und Gesellschaft wird in der materialistischen Dialektik durch die formale Identität der subjektiven und der objektiven Dialektik garantiert: „Welchen Sinn könnte man sonst mit der Dialektik als Methode der Erkenntnis und Forschung verbinden, wenn sie nicht Ausdruck der Wirklichkeit in bestimmten wissenschaftlichen Begriffen wäre?"[8]

Während der Materialismus des 18. Jahrhunderts die Übereinstimmung zwischen Denken und Sein vom Standpunkt ihres Inhalts festgestellt hat, untersucht die dialektische Erkenntnistheorie die Übereinstimmung von ihrer formalen Seite: „Daher können wir die Dialektik auch noch anders definieren, und zwar als Wissenschaft von den *Formen* oder den *Gesetzen des Zusammenhanges* auf dem Gebiet der physikalischen Natur, der menschlichen Geschichte und des Denkens."[9] Diese „Formen" oder „Zusammenhänge" der Wirklichkeit spiegeln sich im menschlichen Bewußtsein als die grundlegenden Begriffe wider. Sie gelangen durch die Erfahrung in das menschliche Bewußtsein und werden dort resümiert. Zu Begriffen verarbeitet, bilden sie dann die grundlegenden Formen des Denkens. Die „Formen des Denkens" sind jedoch gleichzeitig die „Formen der Wirklichkeit": „Auf diese Weise ist die Dialektik gleichzeitig Logik, insofern sie es mit dem Denken und seinen Formen zu tun hat, und Lehre von der objektiven Wirklichkeit, dem Sein, insofern sie die realen Zusammenhänge der Dinge untersucht."[10]

Die Dialektik ist somit Logik und Ontologie zugleich. Als Logik hat sie die Formen des Denkens zum Gegenstand, als Ontologie untersucht sie die realen Zusammenhänge des Seins. Die dialektische Erkenntnistheorie hat es schließlich auf Grund der Identität der „Formen des Denkens" mit den „Formen der Wirklichkeit" sowohl mit der formalen als auch mit der inhaltlichen Übereinstimmung von Denken und Sein zu tun: „Und so", schreibt Deborin, „stellt sich die Übereinstimmung zwischen Denken und Sein in zweifacher Hinsicht her: von seiten des Inhalts und von seiten der Form."[11]

Die Dialektik zerfällt demnach in drei Teile: *erstens* in die Logik (subjektive Dialektik), *zweitens* in die Ontologie (objektive Dialektik) und *drittens* in die Erkenntnistheorie (Synthese der subjektiven und der objektiven Dialektik). Im selben Maße, wie sich die Übereinstimmung der dialektischen Methode mit der objektiven Wirklichkeit durch wissenschaftliche Ergebnisse bestätigt, wird sie im Verlauf der Untersuchung zu einer universalen Theorie der Wissenschaft. Als Wissenschaft von den allgemeinen Zusammenhängen und Beziehungen der realen Welt kann sie auf alle Gebiete der Wissenschaft angewandt werden: „Die allgemeinen dialektischen Zusammenhänge finden sich überall vor. Doch neben diesen generellen, abstrakten, algebraischen Ka-

tegorien und Beziehungen müssen in Natur und Gesellschaft deren *konkrete* Äußerungen, deren jedem Einzelgebiet eigentümlichen Erscheinungsformen aufgedeckt
werden."[12]

Natur und Gesellschaft sind den allgemeinen dialektischen Entwicklungsgesetzen in
gleicher Weise unterworfen. In diesem Sinne stellt die Entwicklung eine allgemeine
abstrakte Kategorie der Dialektik dar. Nun verläuft aber der Entwicklungsprozeß in
Natur und Gesellschaft nicht gleichartig. Er zeigt auf beiden Entwicklungsgebieten einen unterschiedlichen Charakter und muß dementsprechend mit verschiedenen Kategorien interpretiert werden. Die Natur entwickelt sich unabhängig vom Menschen,
die gesellschaftliche Entwicklung vollzieht sich dagegen unter unmittelbarer Anteilnahme des Menschen. Die Kategorie der Produktivkräfte ist eine spezielle Kategorie
der Gesellschaftswissenschaften und kann auf die Naturwissenschaften nicht angewandt werden. Umgekehrt können auch die speziellen Kategorien der Naturwissenschaften nicht auf die Gesellschaftswissenschaften übertragen werden. Dementsprechend müssen im Rahmen der allgemeinen Theorie der Dialektik für die Naturwissenschaften und die Gesellschaftswissenschaften sehr verschiedene dialektische
Kategorien ausgearbeitet werden. „Die allgemeinen Formen der dialektischen Bewegung gelten hingegen für beide Gebiete. Mehr noch: die Kategorien der einzelnen
Wirklichkeitsgebiete sind den allgemeinen Gesetzen der dialektischen Entwicklung
untergeordnet, bilden sie doch Sonderfälle, besondere *Erscheinungsformen* allgemeiner Kategorien.

Die Dialektik stellt somit eine allgemeine Methode dar, die die Natur, die Geschichte
und das menschliche Denken umfaßt, wobei sie in jedem dieser einzelnen Wirklichkeitsgebiete in spezifischer Weise in Erscheinung tritt."[13]

Je nach dem Gegenstand, den die Dialektik wissenschaftlich zu bewältigen hat, ist
sie entweder Ontologie, Logik oder Erkenntnistheorie. Als Ontologie spaltet sie sich -
wiederum je nach dem Gegenstand - in die Dialektik der Natur und die Dialektik der
Geschichte. Insofern die Dialektik die Geschichte oder die Natur zum Gegenstand
hat, ist sie spezielle Dialektik, insofern sie sich auf die allgemeinen Zusammenhänge
des Seins richtet, ist sie die allgemeine Theorie der Dialektik.

Die wissenschaftliche Bedeutung des dialektischen Materialismus beschränkt sich
daher für Deborin auf die in ihm enthaltene, für alle Wissenschaften in gleicher Weise
gültige dialektische Methode. „Der dialektische Materialismus ist in erster Linie eine

richtige wissenschaftliche Methode", schreibt er zusammenfassend, „die jeden Inhalt dem dialektischen Fluß unterordnet, der die ‚Seele' der Wirklichkeit selbst bildet, nicht aber ein philosophisches System."[14] Und in einem anderen Zusammenhang schreibt er außerdem: „Der dialektische Materialismus wird natürlich aus den positiven Wissenschaften gespeist, aber der dialektische Materialismus existiert in einer Reihe mit den anderen positiven Wissenschaften als eine selbständige Disziplin - in erster Linie als *Methodologie und Theorie der wissenschaftlichen Erkenntnis*."[15] Der wissenschaftliche Bestandteil des dialektischen Materialismus ist nach Deborin - wie die bisherige Ableitung gezeigt hat - die Dialektik als allgemeine Methodologie der Wissenschaften. Im Zuge der Realisierung dieser allgemeinen Methodologie in den Wissenschaften kommt das dialektische Wesen des Seins immer deutlicher zum Ausdruck und ergibt einen allgemeinen wissenschaftlichen Ideenzusammenhang, der einerseits die dialektische Methode vertieft, andererseits aber auch ein System wirklichkeitsadäquater Aussagen über das Wesen der Natur, der menschlichen Gesellschaft und die Struktur des Bewußtseins enthält. „Die immanente Form der Wirklichkeit selbst, ihr innerer Rhythmus, wird zum Inhalt des Denkens", stellt Deborin fest.[16] Damit gewinnt aber der dialektische Materialismus als allgemeine Methodologie der Wissenschaften wieder eine über die reine Methode hinausweisende Bedeutung. Er schlägt im Zuge seiner methodischen Realisierung in eine höhere und den Einzelwissenschaften gegenüber selbständige Form der Philosophie um. „Die Methodologie aber bildet im wesentlichen Inhalt und Gegenstand der Philosophie als einer besonderen Wissenschaft."[17] Wird der dialektische Materialismus von Deborin einerseits auf eine Methode reduziert, so wird er andererseits zu einer allgemeinen Ontologie ausgeweitet.

Die Dialektik hat demnach bei Deborin zwei Seiten: sie ist eine allgemeine Methodologie der Wissenschaften, aber sie erschöpft sich nicht in ihrer methodischen Funktion. Sie wird im Verlauf des Forschungsprozesses zu einer *Theorie des Seins*. Die Theorie des Seins ist aber die dialektische *Philosophie*: „Die dialektische Philosophie enthält auf ihrer höchsten Entwicklungsstufe bereits die Analyse, die Untersuchung des Details und das Verständnis für das Einzelne im Zusammenhang mit der Gesamtheit."[18] „Die Philosophie reduziert sich somit gegenwärtig auf die *Dialektik*, die gegenüber den Einzelwissenschaften eine *führende Rolle* spielt.[19]

In Verbindung mit diesem Gedankengang ist es evident, daß die positiven Wissenschaften nach Deborin nur wissenschaftliche Ergebnisse hervorbringen können, wenn sie sich ausnahmslos die dialektische Methode zu eigen gemacht haben; denn nur die von der Dialektik „durchdrungenen" Einzelwissenschaften können ein Faktenmaterial erschließen, das sich in die allgemeinen dialektischen Zusammenhänge einordnen läßt: „Ohne richtige Methode - keine Wissenschaft", schreibt Deborin. „Die materialistische Dialektik ist just diese Methode. Daher ist sie zugleich auch die Grundlage einer Philosophie der Naturwissenschaft im weiteren Sinne, denn die Methode erhebt sich zur Theorie in dem Maße, wie sie sich auf ein immer umfangreicheres Tatsachenmaterial erstreckt und die Tatsachen durch Aufdeckung des sie beherrschenden inneren Zusammenhanges zu erklären vermag. Die Naturdialektik im Engelsschen Sinne bildet ein *System der Naturvorgänge und Naturzusammenhänge*, analog der Geschichtsdialektik, die ein *System der Zusammenhänge und Prozesse der menschlichen Gesellschaft* darstellt."[20] Die dialektische Philosophie erhebt sich daher nach Deborin als eine synthetische Wissenschaft über alle Einzelwissenschaften und spielt ihnen gegenüber eine „führende Rolle".

Insofern sich der dialektische Materialismus als allgemeine Methodologie darstellt, ist er für Deborin die allgemeine Theorie der Dialektik; wenn die Natur zu seinem Gegenstand wird, Dialektik der Natur, und wenn er sich schließlich der Erforschung der Geschichte zuwendet, Dialektik der Geschichte.

Im selben Maße jedoch, wie im dialektischen Materialismus das anfallende Tatsachenmaterial zur ideellen Synthese gebracht wird, schlägt dieser von einer allgemeinen Methodologie in eine neue dialektische Philosophie um und bildet als solche, soweit er die Ergebnisse der Naturwissenschaften zusammenfaßt, die dialektische Naturphilosophie, und soweit er die Ergebnisse der Gesellschaftswissenschaften verarbeitet, die dialektische Philosophie der Geschichte.

2. Das Verhältnis der dialektischen Philosophie zur Wissenschaft

In der Aufwertung der allgemeinen dialektischen Methodologie zu einer besonderen Form der Philosophie, die gegenüber allen Einzelwissenschaften eine führende Rolle spielt, vollendet sich die dialektische Philosophie. Diese abschließende Gestalt gewinnt die Deborinsche Philosophie aus zwei sehr verschiedenen Gründen, die zum besseren Verständnis der folgenden Untersuchung vorangestellt werden müssen:

Die Aufwertung der allgemeinen dialektischen Methodologie zur Philosophie erfolgt erstens aus einem folgerichtig-system-immanenten Grund, und zwar aus der Auffassung der Dialektik als einer besonderen Erkenntnistheorie, die in ihrem Vollzug Denken und Sein zu einer ideellen Einheit bringt. Die mit Hilfe dieser dialektischen Erkenntnistheorie gewonnenen Einsichten stellen das bewußtgewordene Wesen des ganzen Seins dar und finden ihren wesenseigenen Platz in der Philosophie. Zweitens erfolgt die Aufwertung aus einem zufälligen, dem System der dialektischen Philosophie nicht immanenten Grund, und zwar als unmittelbare Folge der politisch-philosophischen Auseinandersetzung Deborins mit den Mechanizisten, die der Philosophie jeden wissenschaftlichen Rang absprachen. Da die Mechanizisten in der Mehrzahl Naturwissenschaftler waren, bildete sich die Aufwertung der dialektischen Methodologie zur Philosophie bei Deborin in der Auseinandersetzung mit dem naturwissenschaftlichen Totalitätsanspruch heraus. Die Naturwissenschaften stehen daher stellvertretend für alle Einzelwissenschaften, deren philosophische Durchdringung Deborin in der Auseinandersetzung mit den Mechanizisten fordert.

a) Das allgemeine Verhältnis von Philosophie und Wissenschaft

Das Verhältnis, das zwischen Philosophie und Wissenschaft besteht, ist von Deborin mit programmatischer Deutlichkeit kurz nach der Verurteilung der Mechanizisten auf der alljährlichen feierlichen Versammlung der Akademie der Wissenschaften am 2. Februar 1930 dargelegt worden. In seiner Festrede warf Deborin die Frage nach dem wahren Verhältnis von Philosophie und Wissenschaft auf und stellte in diesem Zusammenhang fest: „Die Philosophie hat vor der Wissenschaft gewaltige historische Verdienste. Die allgemein leitenden Ideen, die allen Wissenschaften und der gesamten Naturwissenschaft zugrunde liegen, sind zuerst von Philosophen formuliert worden. Es genügt, an die Namen von Heraklit, Demokrit, Aristoteles, Descartes, Leibniz, Kant und Hegel zu erinnern, damit in unserem Bewußtsein Ideen auftauchen, die bis zur Gegenwart der Wissenschaft als Fundament dienen. Nicht genug damit, in der Geschichte der Wissenschaft ist es nicht selten der Fall, daß Thesen, die von der Philosophie vor hundert, ja tausend Jahren aufgestellt wurden, in neuen Verhältnissen, auf einem neuen Niveau der Wissenschaften, zu einem gewaltigen Antrieb der weiteren Entwicklung werden.

Die neuesten Ideen über die Einheit von Raum und Zeit, über das Zusammenfließen von Stoff und Raum, über die Einheit des Stetigen und des Diskreten und dgl. sind von Philosophen lange vor unserer Zeit entwickelt worden, in der sie im Mittelpunkt der Wissenschaft stehen, und in der sie eine wirkliche Revolution hervorgerufen haben, die übrigens noch lange nicht abgeschlossen ist."[21]

Deborin führt dann aus, daß die allgemeine Bedeutung der Philosophie und ihr Verhältnis zu den Einzelwissenschaften sowohl in der vormarxschen Philosophie als auch nach ihrer Etablierung als Wissenschaft durch Marx durch die ihr Wesen bildende Verallgemeinerung und Zusammenfassung der zerstreuten Ergebnisse der Einzelwissenschaften gekennzeichnet ist. Durch die Zusammenfassung und Verallgemeinerung aller in einer Epoche erreichbaren Erkenntnisse enthält die Philosophie im Hinblick auf das Ganze notwendigerweise mehr Wahrheit als eine Einzelwissenschaft - auch bei genauester Erfassung des Details - in ihren fest umrissenen Grenzen jemals erreichen kann. Die Philosophie ist hingegen im Vergleich zu den Einzelwissenschaften unbegrenzt und hat daher einen universellen, die Spezialgebiete überwölbenden Charakter. Sie verbindet die speziellen Erkenntnisse jedes Wissenschaftszweiges auf einer höheren Ebene zu einem Ganzen und findet sich durch die Vorurteile und Irrtümer der Einzelwissenschaften zu den „allgemein leitenden Ideen" hindurch, die die Schranken eines zeitbedingten Wissensstandes durchbrechen und zukünftige Ergebnisse vorwegnehmen können.

Die positive Bewertung der Philosophie ist jedoch bei Deborin nicht vorbehaltlos. Nicht jede beliebige Kathederphilosophie ist befähigt, den Fortschritt des menschlichen Wissens zu fördern. „Die Philosophie hat nur dann große Verallgemeinerungen hervorgebracht, die die Wissenschaft und das menschliche Denken befruchtet haben", schreibt er, „wenn sie sich auf die Gesamtheit des positiven Wissens gestützt hat."[22] Wenn sich die Philosophie aber auf die Gesamtheit des vorliegenden positiven Wissens stützt, dann - so fügt Deborin hinzu - „haben die großen Denker ihre Zeit überflügelt und selbst die zukünftige Entwicklung der Wissenschaft antizipiert."[23]

Ein geringschätziges Verhalten gegenüber den großen Ideen der Philosophie von seiten der Einzelwissenschaften „bleibt für die Wissenschaft nicht ungestraft". Die Einzelwissenschaften haben nur einzelne Ausschnitte der Wirklichkeit zum Gegenstand. Von ihnen wird aus der Fülle des Wirklichen nur ein Teil herausgehoben, das dann in den meisten Fällen isoliert und ohne eine innere Verbindung zum Ganzen er-

forscht wird. Der allgemeine Zusammenhang des Seins verschwindet bei den Einzelwissenschaften hinter ihren speziellen Zusammenhängen, und die Einheit der Wissenschaft kann unter dem Aspekt der Einzelwissenschaften nur als ein mechani-
sches Nebeneinander begriffen werden. „Unter solchen Bedingungen setzt sich die
Wissenschaft gewissermaßen mechanisch aus einzelnen Teilen zusammen", schreibt
Deborin, „die untereinander nicht durch einen inneren Zusammenhang und durch
wirkliche Übergänge verbunden sind."[24]

Doch ebenso wie die positiven Wissenschaften nicht auf die philosophischen Verallgemeinerungen und die von ihr angebotenen „leitenden Ideen" verzichten können,
bleibt auch die Philosophie leer und abstrakt, wenn sie sich nicht das von Einzelwissenschaften angebotene Tatsachenmaterial zu eigen macht. Philosophie und Einzelwissenschaften müssen sich gegenseitig durchdringen, und zwar dergestalt, daß die
Einzelwissenschaften ihre Ergebnisse zur allgemeinen Durchdringung der Philosophie überlassen und die Philosophie aus dem vorhandenen Tatsachenmaterial die
Grundtendenz aller Wissenschaft herausarbeitet und sie als die „leitenden Ideen"
den Einzelwissenschaften zur Orientierung ihrer Detailforschung weitergibt. Nur in
dieser engen Verbindung von Wissenschaft und Philosophie - bei der die Philosophie
allerdings in allen auf das Ganze gerichteten Fragen die Priorität besitzt - sieht Deborin den Fortschritt des menschlichen Wissens garantiert: „Eine dauerhafte Verbindung zwischen Philosophie und den positiven Wissenschaften ist die einzige theoretische Garantie einer mächtigen Entwicklung des menschlichen Wissens."[25]

„Worin liegt die Kraft und die Bedeutung der Philosophie?" fragt Deborin, den Gedankengang zusammenfassend und er antwortet darauf: „Vor allem darin, daß sie uns,
die Ergebnisse der Einzelwissenschaften verbindend, eine selbständige Weltanschauung bietet. Andererseits hat die Philosophie den Erkenntnisprozeß, die Analyse
der wissenschaftlichen Begriffe und die Ausarbeitung der Methode der Erkenntnis zu
ihrem Gegenstand. Im Unterschied zu den Einzelwissenschaften richtet sich ihr Interesse auf das Allgemeine, auf die universellen Verbindungen der Erscheinungen.
Dadurch wird der Charakter der Wechselbeziehung zwischen Philosophie und Wissenschaft bestimmt."[26]

b) Das Verhältnis der dialektischen Philosophie zu den Naturwissenschaften

Die von Deborin in der bisherigen Geschichte des menschlichen Denkens festgestellte Priorität der Philosophie gegenüber der Wissenschaft dient ihm im folgenden zur Rechtfertigung des von ihm mit ganz besonderem Nachdruck verfochtenen Führungsanspruches der neuen dialektischen Philosophie. Mit dem Hinweis auf die bisherige Geschichte der Wissenschaft und Philosophie, in der sich der Fortschritt des menschlichen Wissens schon immer im Wechselspiel der orientierenden Philosophie und der nachziehenden Einzelwissenschaften vollzogen habe, wird der Führungsanspruch der dialektischen Philosophie gegenüber den Einzelwissenschaften in der Sowjetunion kontinuierlich begründet.

„Bisher hat die Philosophie der Naturwissenschaft vor allem *allgemeine Theorien, allgemeine Ideen* geliefert", schreibt Deborin, „denn sie ging vom Ganzen aus, und ihr Interesse galt dem allgemeinen Zusammenhang der Erscheinungen. Descartes hat den Satz der Erhaltung der Bewegung im Universum aufgestellt und Spinoza den Gedanken des Determinismus besser begründet als alle anderen, während die Naturwissenschaften noch lange Zeit auf dem Boden der Theologie und Teleologie verblieben sind."[27] Eine neue Etappe in den Naturwissenschaften habe Kants „Allgemeine Naturwissenschaft und Theorie des Himmels" eingeleitet. Eine weitere Etappe in der Geschichte der Wissenschaft bilde die Hegelsche Dialektik. Hegel habe als erster die allgemeinen Entwicklungsgesetze der Natur, der Gesellschaft und des Denkens entwickelt, „... was nach Engels' Meinung für alle Zeiten eine Tat von welthistorischer Bedeutung bleiben wird".[28]

Der Sprung von der alten systemschaffenden Philosophie zu einer neuen wissenschaftlichen Philosophie, in der die dialektische Methode schon die metaphysische Hülle gesprengt hätte, sei durch Hegel ermöglicht worden. Er habe die weitaus beste „Form des wissenschaftlichen Denkens" ausgearbeitet, während die Naturwissenschaft von sich aus - obwohl auch sie große Erfolge errungen hätte - nicht in der Lage gewesen sei, ihren eigenen Reichtum, ihre eigenen Resultate ohne Philosophie, d. h. für Deborin ohne Dialektik zu meistern.[29] Die Dialektik bedurfte, um im Sinne der neuen dialektischen Philosophie wirksam zu werden, nur noch der Umarbeitung im „materialistischen Geiste". „Ihrem Wesen nach war ja Hegels Methode vollkommen richtig und wissenschaftlich", betont Deborin. „Der weitere Entwicklungsgang der Naturwissenschaft hat gezeigt, daß die wahre Naturerkenntnis die dialektische Methode nicht entbehren kann. Wohl waren die Naturforscher im Recht, als sie Hegels idealistischen Ausgangspunkt, den Satz, die Wirklichkeit oder die Natur sei nur eine Widerspiegelung der Idee, verwarfen. Ebenso begründet waren die Proteste gegen die willkürliche, mit den Tatsachen in Widerspruch stehende Konstruktion von Systemen. Und doch bleibt den Naturwissenschaftlern angesichts des ‚theoretischen Bedürfnisses' nichts anderes übrig, als auf Hegel, auf seine dialektische Methode zurückzugreifen, die allein die Möglichkeit bietet, eine theoretische Naturwissenschaft zu begründen."[30]

Da die Forderung nach Ausschaltung der Philosophie aus dem wissenschaftlichen Leben der Sowjetunion hauptsächlich von seiten der Naturwissenschaft erhoben wurde, und da sich in der philosophischen Diskussion die Gegensätze am heftigsten an der Frage entzündeten, ob der Naturwissenschaft oder der Philosophie der wissenschaftliche Vorrang gebühre, konzentriert Deborin seine Bemühung, den Führungsanspruch der dialektischen Philosophie gegenüber den Einzelwissenschaften zu begründen, fast ausschließlich auf die Naturwissenschaften. Die Argumentation indes, mit der Deborin den Prioritätsanspruch der dialektischen Philosophie gegenüber den Naturwissenschaften verficht, gilt - das muß hinzugefügt werden - selbstverständlich für alle übrigen Einzelwissenschaften.

Auf das 1925 zum ersten Male herausgegebene Buch „Die Dialektik der Natur" von Friedrich Engels eingehend, weist Deborin die positivistische Strömung in ihre Schranken zurück und schreibt: „Selbst von Marxisten werden oft Einwände gegen die Notwendigkeit eines *theoretischen* Ausbaues der Dialektik erhoben. Diesen Genossen schließt sich noch jene weitere Spezies Marxisten an, die der Philosophie gegenüber eine scharf ablehnende Haltung einnimmt und ihr die empirische Wissenschaft entgegenstellt. Das Eigentümliche an dieser Sache ist nun, daß alle diese Reformatoren und Kritiker sich gewöhnlich ausgerechnet auf Engels berufen, der in dieser Frage just den entgegengesetzten Standpunkt vertrat ... Auf jeden Fall sind unsere Gegner vom Lager der ‚Positivisten' und mechanistischen Materialisten nunmehr der Möglichkeit beraubt, sich zur Rechtfertigung der von ihnen - und sei es auch unbewußt - gepredigten Verfälschung der folgerichtigen und tiefen marxistischen Lehre auf Engels zu berufen."[31]

Zur Begründung des Prioritätsanspruches der dialektischen Philosophie gegenüber den Emanzipationsbestrebungen der sowjetischen Naturwissenschaften stützt sich Deborin mit allem Nachdruck auf Engels und sein oben erwähntes Buch. „Welche Stellung nahm nun Engels der so vielgehaßten Philosophie gegenüber ein?" fragt Deborin. „Nun, wir können konstatieren, daß Engels das Grundübel der Naturwissenschaft seiner Zeit darin sah, daß letztere mit der Philosophie gebrochen habe."[32] Engels sei der Auffassung gewesen, daß sich die Naturwissenschaft seiner Zeit in einer ernsthaften Krise befände, die - so ergänzt Deborin - auch heute noch nicht überwunden sei. Die theoretische Naturwissenschaft hätte es nicht vermocht, sich zum Verständnis des Ganzen emporzuschwingen und den allgemeinen Zusammenhang der Erscheinungen zu erfassen, weil sie noch immer auf dem Boden der metaphysischen Denkweise verharre und dies, obwohl die Philosophie seit Hegel und besonders seit der Entwicklung von dessen dialektischer Methode letztere zum alten Eisen geworfen habe. Folglich erfordere eine organische Entwicklung der Naturwissenschaft, daß sie sich die neue Methode aneigne. Dies sei Engels' Grundgedanke gewesen, meint Deborin: „Die Aufgabe, die sich Engels in der uns vorliegenden Arbeit (Dialektik der Natur, d. Verf.) gestellt hatte, bestand gerade darin, der Naturwissenschaft bei der Durchführung dieser Umwälzung, bei diesem Einschwenken in eine neue Bahn behilflich zu sein. Zu diesem Zweck unterzog er sich der gewaltigen Arbeit einer kritischen ‚Umarbeitung' und Sichtung der Ergebnisse der theoretischen Naturwissenschaft vom Standpunkt der materialistischen Dialektik. Kraft ihrer eigenen Entwicklung, kraft aber auch der neuen, mit metaphysischer Denkweise unvereinbaren Entdeckungen wird die Naturwissenschaft mit elementarer Gewalt in die Richtung der Dialektik gedrängt. Dieser mit zahlreichen überflüssigen Fiktionen verbundene naturwüchsige Prozeß kann indessen eine wesentliche Abkürzung erfahren, wenn die Naturforscher ein bewußtes Bündnis mit der dialektischen Philosophie ‚in ihren geschichtlich vorliegenden Gestalten' eingehen."[33] Doch die Naturwissenschaftler vermögen nicht auf die alten metaphysischen Kategorien und die metaphysische Methode zu verzichten. Sie lehnen die Dialektik, die „den Rhythmus und die Bewegung der Wirklichkeit selbst darstellt", ab. Ungeachtet dessen sind sie aber unbewußt genötigt, dennoch einen dialektischen Standpunkt in der Forschung einzunehmen, weil die Dialektik ein unbestreitbares Seinsgesetz ist und sich daher bewußt oder unbewußt sowohl in ihrer Methode als auch in ihren Ergebnissen ausdrücken muß. Dieser innere Widerspruch hemmt nach Deborin die Entwicklung der Naturwissenschaft. Daher kommt er zu dem Schluß: „Die Wissenschaft, insbesondere die Naturwissenschaft, kann das *theoretische Denken* nicht entbehren, das theoretische Denken aber ist just das, was *bisher Philosophie* bezeichnet wurde; ..."[34]

Die Philosophie muß sich natürlich auf die Ergebnisse der Einzelwissenschaften stützen. Ihr idealistischer oder materialistischer Charakter wird daher nach Deborin auch in hohem Maße durch die Ergebnisse wie durch die allgemeine Richtung der Naturwissenschaften bestimmt. Andererseits drückt wiederum die Philosophie der Naturwissenschaft ihren Stempel auf: „Eins steht indessen fest: Gegenstand der Philosophie ist das ‚theoretische Denken', das die Naturwissenschaft nicht ungestraft wird ignorieren dürfen."[35]

Die Philosophie hat nach Deborin eine Reihe theoretischer Postulate aufgestellt, die „folgerichtiges Denken" erheischen. Sie gehören nunmehr zu den unerschütterlichen Grundlagen der Naturwissenschaft. Es genüge, auf das Prinzip der Erhaltung der Bewegung, auf die Bestimmung der Materie und ähnliches hinzuweisen, um die „führende Rolle" der Philosophie festzustellen: „Vermag aber die Naturwissenschaft ohne Philosophie nicht auszukommen, so muß sie die veralteten Denkmethoden aufgeben und mit der *dialektischen Philosophie* als der entwickeltsten und fortgeschrittensten ein Bündnis schließen."[36]

Der Rückfall der Naturwissenschaft in eine metaphysische Denkweise erfolge immer dann, wenn sie, von ihrem Spezialgebiet ausgehend, eine Totalanalyse der Welt zu geben versuche. Die Ursachen einer sich daraus notwendigerweise ergebenden Fehlinterpretation lägen in der Mangelhaftigkeit der naturwissenschaftlichen Kategorien. Sie seien von ihrem jeweiligen Spezialgebiet geformt und für Deutungsversuche, die das ganze Sein umspannten, völlig ungeeignet. Überdies enthielten sie noch folgende innere Mängel: 1. „Das Allgemeine wird von der Naturwissenschaft lediglich abstrakt, formal genommen. Es entbehrt der eigenen Bestimmung in sich, wie Hegel sich ausdrückt, mit anderen Worten, das abstrakte Allgemeine berücksichtigt nicht das Eigentümliche, schließt das Besondere nicht in sich ein." 2. „Infolgedessen bleibt der konkrete Inhalt außerhalb des Allgemeinen, ist somit zersplittert und entbehrt des notwendigen inneren Zusammenhanges."[37]

Im Gegensatz zur Naturwissenschaft, die mit „Verstandeskategorien" operiert, stellt die dialektisch-philosophische Untersuchung den inneren Zusammenhang der Natur an die Spitze, indem sie die Natur als eine konkrete Einheit und organische Totalität betrachtet. Die Philosophie stellt ferner der abstrakten Allgemeinheit die sich bewegende Einheit mit ihren konkreten Unterschieden gegenüber. Das dialektisch-philosophisch erfaßte Allgemeine ist daher für Deborin „... ein mit Inhalt erfülltes Allgemeines, das in seiner ‚diamantenen Identität' gleichzeitig auch die Unterschiede enthält. Die konkrete Totalität, die Einheit von Allgemeinem und Besonderem, ist die wahre Kategorie der Philosophie, folglich auch der Naturphilosophie".[38]

Die Naturwissenschaftler sind allein nicht in der Lage, eine allgemein-dialektische Erklärung ihres empirischen Tatsachenmaterials zu geben. Noch weniger sind sie dazu imstande, eine über ihren speziellen Gegenstand hinausführende Deutung des Seins zu liefern. Diese Aufgabe kann nach Deborin nur durch die dialektische Philosophie gelöst werden. Ein echter Progreß des menschlichen Wissens kommt nur in der gegenseitigen Durchdringung von Philosophie und Wissenschaft zustande. Die Einheit von Philosophie und Wissenschaft kann sich nur dann herstellen, wenn die Wissenschaft von der Dialektik durchdrungen wird. Indem aber die Dialektik die Wissenschaft durchdringt, werden einerseits alle traditionellen Systeme der Philosophie überwunden, andererseits entsteht die neue dialektische Philosophie als eine allgemeine Theorie des Seins, die die Ergebnisse der Einzelwissenschaften in sich aufnimmt und in einer allgemeinen Theorie der Dialektik zusammenfaßt.

Systematisch betrachtet, erfolgt die Durchdringung der Wissenschaft durch die dialektische Methode nach Deborin, am Beispiel der Naturwissenschaft dargestellt, in folgenden drei Stadien:

1. „Die allgemeine Dialektik beschäftigt sich mit der Untersuchung jener Kategorien, die die Grundlage jeglichen Wissens bilden."[39] „Daher behandelt die allgemeine Theorie der Dialektik diese Kategorien naturgemäß ‚abstrakt', d.h., sie sieht von ihrer Anwendung auf bestimmte Einzelfälle ab und begnügt sich mit einer allgemeinen, logischen Analyse der Kategorien."[40] Die allgemeine Theorie der Dialektik hat die „generellen, abstrakten, algebraischen Kategorien" zu ihrem Gegenstand, die allerdings in ihrer „diamantenen Identität" die Einheit des Allgemeinen und des Besonderen enthalten. Die spezifischen Ausformungen der Dialektik in den einzelnen Seinsgebieten, wie z. B. in der Natur, sind in der allgemeinen Theorie der Dialektik daher nur unter dem Aspekt ihres Zusammenhanges mit allen übrigen Seinsgebieten enthalten.

2. „Jedes einzelne Wirklichkeitsgebiet dagegen, Natur wie Gesellschaft, hat neben den allgemeinen Bewegungsgesetzen und Bewegungsformen gleichzeitig noch spe-

zifische Kategorien, d.h. Sonderkategorien, die just dem betreffenden Gebiet eigentümlich sind, zur Grundlage. Dieselbe abstrakte Kategorie, die Gegenstand allgemeiner Dialektik ist, nimmt gleichzeitig, sobald es sich um Naturwissenschaft oder Gesellschaftswissenschaft handelt, auch entsprechend *verschiedene konkrete* Formen an."[41] Die spezifischen Kategorien der Naturwissenschaft bilden den speziellen Gegenstand der Dialektik der Natur, die, wenn sie bewußtgemacht und systematisiert sind, gleichzeitig die spezifische Methodologie der Naturwissenschaft bilden.

3. „Auf dieser Grundlage hätte sich eine dialektisch-theoretische Naturwissenschaft, d.h., was man auch eine Philosophie der Naturwissenschaften nennen könnte, zu erheben."[42]

Von der allgemeinen Theorie der Dialektik ausgehend, erfolgt die „Durchdringung" der Spezialgebiete des Seins - im vorliegenden Fall der Natur - mit Hilfe der speziellen Kategorien der Dialektik, deren Erkenntnisse nach der „Durchdringung" in einer „dialektisch-theoretischen Naturwissenschaft" oder „Philosophie der Natur" zusammengefaßt werden und in dieser Form wieder in die dialektische Philosophie als ihr integrierender Bestandteil zurückfließen.

c) Das Verhältnis der dialektischen Philosophie zu den Gesellschaftswissenschaften

So wie die Naturwissenschaften nur durch ein „Bündnis" mit der dialektischen Philosophie einen allgemeingültigen wissenschaftlichen Rang erhalten, so kann auch der historische Materialismus als Einzelwissenschaft für seine Forschungsergebnisse keinen allgemeingültigen Anspruch erheben. Er ist ebenso wie die Naturwissenschaft nur eine Einzeldisziplin, die ihre leitenden Ideen und ihre wissenschaftliche Methode erst aus der dialektischen Philosophie zu beziehen hat. Insofern der historische Materialismus noch kein bewußtes „Bündnis" mit der dialektischen Philosophie eingegangen ist, wird er von Deborin als „materialistischer Betrachtungsbeweis" bezeichnet: „Die ganze Marxsche Lehre läuft letzten Endes auf die Anwendung des Materialismus auf gesellschaftliche und geschichtliche Erscheinungen hinaus (der Begriff „Materialismus" bedeutet hier die Anerkennung des gesellschaftlichen Seins als bewußtseinsunabhängige und erkennbare objektive Realität, d. Verf.). Erst der Marxismus hat den Materialismus zu einer einheitlichen, geschlossenen Weltanschauung gemacht, denn er begnügt sich nicht damit, nur die Naturerscheinungen materialistisch auszulegen und zu erklären, sondern unterwirft seiner *materialistischen Be-*

trachtungsweise auch die geschichtlichen und wirtschaftlichen Vorgänge. Der naturwissenschaftliche und der historische Materialismus sind unzertrennlich miteinander verbunden."[43]

Da die „materialistische Betrachtungsweise" zunächst nur impliziert, daß Geschichte und Gesellschaft bewußtseinsunabhängig existieren und erkennbar sind, sagt sie noch nichts über die Methoden der Geschichts- und Sozialwissenschaften aus. Es sei denn, daß man die ebenso allgemein wie prinzipiell postulierte Erkennbarkeit und Bewußtseinsunabhängigkeit der Erkenntnisobjekte „Geschichte" und „Gesellschaft" schon als Methode anspricht.

Auch wenn die Geschichte im Sinne der „materialistischen Betrachtungsweise" als erkennbares und bewußtseinsunabhängiges Erkenntnisobjekt anerkannt ist, bleiben die historischen oder sozialen Faktizitäten vieldeutig und sind fast jeder ideologischen Interpretation zugänglich. Das dialektische Wesen von Geschichte und Gesellschaft bleibt weitgehend im dunkeln. So kann zum Beispiel die Geschichte auf Grund allgemein anerkannter Fakten sowohl „materialistisch" als auch „idealistisch" interpretiert werden. „Mit einem Wort", schreibt Deborin in der Auseinandersetzung mit den Mechanizisten, „die Anerkennung der mechanischen Naturwissenschaft ist voll und ganz mit dem Idealismus auf dem Gebiet der Erkenntnistheorie und der allgemeinphilosophischen Weltanschauung zu vereinigen, wie das die Geschichte der Wissenschaft und Philosophie beweist.

Muß man denn noch beweisen, daß man versucht hat und noch immer versucht, den *historischen Materialismus* mit jeder beliebigen Spielart des Idealismus zu verbinden."[44]

Wenn eine Reihe historischer Fakten quellenkritisch überprüft, von allen Irrtümern und Verzerrungen befreit, endgültig vorliegt, erweckt ihre Darstellung den Eindruck positiver Wissenschaft. In Wirklichkeit bleiben die mit großem Aufwand herauspräparierten Fakten und Prozesse jeder ideologischen Kombination zugänglich und sagen für Deborin nichts über das innere Wesen der Geschichte oder der Gesellschaft aus. Diese positivistische Auffassung des historischen Materialismus wirft Deborin den Mechanizisten vor: „Der philosophische Materialismus konkretisiert sich für sie (die Mechanizisten, d. Verf.) in den gegenwärtigen mechanizistischen Naturwissenschaften; gleichrangig mit den Naturwissenschaften ist für sie nur der historische Materialismus, der den historischen Prozeß zu seinem Gegenstand hat."[45]

Durch den historischen Materialismus eröffnet sich dem Historiker oder Soziologen nur die allgemeine materialistische Konzeption von Geschichte und Gesellschaft, nicht aber die dialektische Methode, die seine Wissenschaftlichkeit recht eigentlich erst konstituiert. Daher hat der historische Materialismus für Deborin nur eine allgemein-weltanschauliche und keine methodisch-wissenschaftliche Relevanz. Das geht sehr deutlich aus seiner Argumentation gegen die Mechanizisten hervor. Er wirft ihnen ja gerade vor, daß sie den dialektischen Materialismus, d.h. seine wissenschaftliche Bedeutung, auf den historischen Materialismus reduzieren wollen, dessen Gegenstand der empirisch faßbare historische Prozeß ist. Da der historische Materialismus aber nur die allgemein-weltanschauliche Konzeption von Geschichte und Gesellschaft ist, da er nur die *Zusammenfassung* aller mit Hilfe der dialektischen Methode gewonnenen Einsichten über das Wesen des historischen Prozesses ist, eine systematische Darlegung der *dialektischen Methode* jedoch nicht enthält, ist er mit jeder beliebigen Philosophie in Einklang zu bringen. „Daher stellen sich diese Genossen (die Mechanizisten, d. Verf.) auf den Standpunkt, den alle Feinde des Marxismus und alle Revisionisten einnehmen, und der darin besteht", schreibt Deborin, „daß das Wesen des Marxismus auf den historischen Materialismus beschränkt wird, der dann mit jeder beliebigen allgemeinphilosophischen Konzeption (mit dem Machismus, dem Kantianertum usw.) vereinbart werden kann oder überhaupt nicht mit einer allgemeinphilosophischen Konzeption verbunden ist, was wiederum die Möglichkeit bietet, den Marxismus einerseits mit jeder beliebigen Abart des philosophischen Idealismus zu verbinden oder andererseits zu seiner Beschränkung auf eine bloße Theorie des historischen Prozesses führt."[46]

Zum Gegenstand der Wissenschaft im strengen Sinne des Wortes werden Geschichte und Gesellschaft erst, wenn sie nicht nur unter dem Aspekt der materialistischen Weltanschauung, sondern auch unter Zuhilfenahme der *dialektischen Methode* erforscht werden. Nur unter dieser Voraussetzung war es nach Deborin dem historischen Materialismus möglich, seine „glänzenden Resultate" zu erzielen: „Wenn wir uns fragen, was den Autoren des Kommunistischen Manifestes die Möglichkeit gab, solch glänzende Resultate auf dem Gebiet der Gesellschaftswissenschaften zu erzielen, so müssen wir antworten: die materialistische Dialektik. Marx und Engels haben selbst mehrfach darauf hingewiesen. Namentlich die Methode des dialektischen Materialismus bildet diejenige theoretische Waffe, mit deren Hilfe sie das Gebäude des wissenschaftlichen Sozialismus errichtet haben."[47] Wenn Deborin Geschichte und Gesellschaft als Gegenstand der wissenschaftlichen Forschung meint, dann spricht er nicht von historischem Materialismus - welcher Begriff letztlich nur eine weltanschauliche Gegenposition zu aller idealistischen oder nicht-marxistischen Geschichtsschreibung für ihn beinhaltet - sondern von der Dialektik der Geschichte oder Geschichtsdialektik und fügt höchstens in Klammern hinzu, daß darunter im landläufigen Sprachgebrauch der historische Materialismus verstanden wird.[48] Die geringschätzige Bewertung des historischen Materialismus hat zu seiner offensichtlichen Vernachlässigung im Rahmen der dialektischen Philosophie geführt. Dieser Sachverhalt ist später von den Parteiideologen zu einem nicht unbegründeten Vorwurf gegen Deborin und seine Philosophie gemacht worden.

3. Die drei Grundaspekte der dialektischen Philosophie

Überblickt man nach diesem kurzen Gang durch die dialektische Philosophie Deborins ihre wesentlichsten Aspekte, so tritt zuerst ihre bereits angedeutete Zweiteilung vor Augen. Nun ist die Unterscheidung zwischen Methode und Weltanschauung nichts Ungewöhnliches in der sowjetischen Philosophie. Auch Stalin hat - wenn auch wesentlich später - in seiner populär-philosophischen Arbeit „Über dialektischen und historischen Materialismus" (1938) zwischen „dialektischer Methode" und „philosophischem Materialismus" (Weltanschauung) unterschieden, aber bei ihm sind Methode und Weltanschauung als nahtlos verschmolzene Bestandteile des dialektischen Materialismus aufgefaßt.[49] Aus dieser Unterscheidung ergibt sich bei Stalin keine Trennung, geschweige denn eine unterschiedliche Bewertung von Methode und Weltanschauung.

Deborin hebt demgegenüber das methodisch-dialektische Element - das für ihn Logik und Ontologie umfaßt - scharf vom weltanschaulich-materialistischen Element des dialektischen Materialismus ab. Ein unverlierbarer Besitz der Wissenschaft ist für ihn nur die Dialektik. Das weltanschaulich-materialistische Element hat bei ihm nur eine historisch begrenzte Bedeutung, und zwar hat es nur solange eine echte wissenschaftsfördernde Funktion, wie sich die Wissenschaft selbst noch nicht über die materialistischen Grundpostulate - die *Erkennbarkeit, Objektivität* und *Materialität des Seins* - verständigt hat. Sobald aber diese Grundpostulate wirklichkeitsadäquater Er-

kenntnis akzeptiert und als etwas Selbstverständliches in den Blutkreislauf des wissenschaftlichen Denkens eingegangen sind, verliert das weltanschaulich-materialistische Element seine wissenschaftsfördernde und sozial-pädagogische Funktion.

Diese Auffassung des dialektischen Materialismus unterscheidet das Denken Deborins sowohl vom mechanizistischen Materialismus, der viel stärker dazu neigte, das
Wesen des dialektischen Materialismus in seinem weltanschaulich-materialistischen
Element zu suchen und die Methode den Gegenständen der einzelwissenschaftlichen Forschung anzupassen[50], als auch von der parteioffiziellen Konzeption, die sich
im Laufe des Jahres 1930 endgültig herausbildet und Methode und Weltanschauung
ins Gleichgewicht zu bringen versucht.[51]

Der zweite Grundaspekt, der die dialektische Philosophie von allen anderen Ausformungen der sowjetischen Philosophie abgrenzt, besteht in ihrem einzigartigen und
bis zum heutigen Tage in der Sowjetunion nicht wiederholten Versuch, den dialektischen Materialismus als das geistige Endresultat einer umfassenden, über die Jahr-
hunderte verteilten und unbewußt an seiner Hervorbringung mitwirkenden philosophischen Kollektivleistung zu verstehen. In diesem Sinne wird der dialektische Materialismus von Deborin einerseits als Endresultat der philosophischen Entwicklung seit
Spinoza[52], und andererseits als die letzte große philosophische Synthese der materialistischen Philosophie (Holbach, Helvetius, Lamettrie, Feuerbach usw.) mit den
dialektischen Elementen des deutschen Idealismus gedeutet.[53] Darin ist aber Deborin
zutiefst der Gedankenwelt seines Lehrers G. V. Plechanov verpflichtet.[54]

In der kontinuierlichen ideengeschichtlichen Ableitung des dialektischen Materialismus aus der allgemeinen Entwicklung der Philosophie seit Spinoza geht der von der
bolschewistischen Kathederphilosophie gelehrte Sprung von der Utopie zur Wissenschaft - wie das in der Stalinschen Ära von den Parteiideologen M. Mitin und V. Ral-
cevič behauptet wurde[55] - fast völlig verloren. Die strenge philosophiegeschichtliche
Ableitung des dialektischen Materialismus löst den von den Parteiideologen geschaffenen Mythos von seiner geschichtslosen Originalität auf. Was übrig bleibt, ist eine
historisch entstandene - wenn auch mit dem Anspruch der Wissenschaftlichkeit auf-
tretende - Philosophie.

Ebensowenig läßt sich die Deborinsche Konzeption des dialektischen Materialismus
mit den von Lenin 1913 in seinem Artikel „Drei Quellen und drei Bestandteile des
Marxismus" aufgezählten Elementen verbinden, weil die englische politische Ökono-

mie, die von diesem neben der deutschen Philosophie und dem französischen uto-
pischen Sozialismus zu einem integrierenden Bestandteil des Marxismus gemacht
wird, in der dialektischen Philosophie keine Rolle spielt.[56] Auch die polit-ökonomi-
schen Werke von Marx sind für Deborin Leistungen, die ihre Wissenschaftlichkeit aus
der dialektischen Methode beziehen. Ihre historischen Voraussetzungen sucht Deborin weniger bei David Ricardo und Adam Smith als bei Hegel und seiner Dialektik.
Der dritte Grundaspekt der dialektischen Philosophie ergibt sich aus dem schon genannten ersten Aspekt. - Deborin greift in seinen philosophischen Arbeiten mit einer
nicht zu überbietenden Konsequenz die Hegelsche Dialektik auf und macht sie zum
wissenschaftlichen Angelpunkt des ganzen dialektischen Materialismus. Die überra-
gende Bedeutung, die Deborin der Hegelschen Dialektik im Rahmen der Geschichte
der Wissenschaft und bei der Herausbildung seiner eigenen methodologischen Konzeption des dialektischen Materialismus zuweist, geht am eindrucksvollsten aus seinem Hegel-Artikel in der ersten Sowjet-Enzyklopädie hervor, in dem er eine Totalanalyse der Hegelschen Philosophie zu bieten versucht. Die philosophische Leistung
Hegels in Hinblick auf die Entwicklung der Wissenschaft würdigend, schreibt er: „Die
Hegelsche *Logik* nimmt in der Geschichte der Wissenschaft eine ganz besondere
Stellung ein. Der große deutsche Denker hat ein ganzes System der Logik errichtet,
in dem jede Kategorie einen bestimmten *logischen* und *historischen* Platz einnimmt
und Ausdruck einer bestimmten Stufe des menschlichen Denkens und Wissens über
die Welt ist. Die ‚Logik' Hegels stellt den einzigen Versuch dar, eine Geschichte des
menschlichen Denkens und Wissens in einer *logischen* Bearbeitung wiederzugeben.
In dieser Hinsicht ist Hegel bis heute von niemandem übertroffen worden. An diese
Arbeit hat sich nach ihm keiner herangewagt. Die Aufgabe unserer Zeit, unserer
neuen historischen Epoche, besteht darin, auf Hegel und der Kritik, die der Marxismus gegeben hat, fußend, eine materialistische Logik auszuarbeiten."[57]
Der einzige, wenn auch gravierende Unterschied zwischen der Hegelschen und Deborinschen Dialektik besteht darin, daß bei Deborin nicht mehr die absolute Idee,
sondern die substantielle Materie das Subjekt der Weltentwicklung ist: „Und so",
schreibt er, „setzen wir an die Stelle der Selbstbewegung der Idee die Selbstentwick-
lung der materiellen Welt, an die Stelle der logischen Übergänge setzen wir die realen Übergänge im Prozeß der Entwicklung. Bei Hegel haben wir ungeachtet der
Künstlichkeit beim Übergang der Kategorien ineinander und ungeachtet des idealisti-

schen Charakters seiner ganzen Logik eine *abstrakte Theorie der Dialektik*, die im allgemeinen doch - wenn auch in mystifizierter Form - den *realen Prozeß der Entwicklung* ausdrückt."[58]

In diesem Zusammenhang ist es notwendig, die Aufmerksamkeit auf die besondere, sich eng an Hegel anschließende Behandlung des dialektischen Prinzips der Negation der Negation in der dialektischen Philosophie zu lenken. „Es wäre falsch, Hegel in dem Sinne zu behandeln", schreibt Deborin, „daß die Zweiteilung der einheitlichen Wesenheit, d. h. die Polarität, die letzte Etappe der Entwicklung der letzteren darstellt, daß die Aufhebung der Gegensätze durch die Widersprüche ausgeschlossen ist oder nicht ebenfalls eine notwendige Stufe in der Entwicklung der Wesenheit ist ... Die gegebene Form der Wesenheit wird im Kampf vernichtet, das positive und das negative Moment heben sich selbst und ihren Gegensatz auf, anerkennend, daß die ‚Wahrheit' weder das eine noch das andere ist, sondern die neue Form, die neue Einheit. In diesem Sinne muß man das Hegelwort verstehen, daß die Wesenheit zu sich selbst, zu ihrem eigenen Grunde zurückkehrt."[59]

Das höchste, die allgemeine Theorie der Dialektik abschließende Gesetz ist das Prinzip der Negation der Negation, in dem sich alle Gegensätze und Widersprüche aufheben und zu ihrer ursprünglichen Einheit zurückkehren. Es ist diese, von Deborin in seine allgemeine Theorie der Dialektik aufgenommene Idee, daß das Wesen der Dialektik in der „Aufhebung der Gegensätze" oder „Versöhnung der Gegensätze" begründet ist - während die parteigebundene Sowjetphilosophie den „Kampf der Gegensätze" zum Wesen der Dialektik erklärte - die ihm später in der Auseinandersetzung mit der Partei zum schwersten Vorwurf gemacht wurde.

Kapitel II

Die Haupt- und Einzelprobleme der Diskussion

1. Die Hauptprobleme der Diskussion

Im Mittelpunkt der philosophischen Auseinandersetzung zwischen Deborinisten[1] und Mechanizisten, die Mitte 1925 ausbricht, steht die Bedeutung der marxistischen Philosophie und der materialistischen Dialektik für die sich konstituierende sowjetische Wissenschaft und Gesellschaft.

Die Mechanizisten, an deren Spitze I. I. Stepanov steht, bekämpfen das Daseinsrecht der Philosophie in der sozialistischen Gesellschaft mit dem Argument: So wie die russische Gesellschaft nach der Errichtung der Diktatur des Proletariats alle irrationalen und blindwirkenden Mächte, denen sie in der bürgerlich-kapitalistischen Phase der Geschichte ausgeliefert war, zugunsten einer rationalen, gelenkten und geplanten Sozialordnung in der Sowjetunion überwunden hat, so muß sie sich auch in ihrem wissenschaftlichen und kulturellen Bereich von allem „philosophischen Plunder" zugunsten der positiven Wissenschaft befreien. Erst das Abwerfen aller philosophischen Fiktionen, meinten die Mechanizisten, vollende den Übergang von der alten bürgerlich-kapitalistischen Gesellschaftsordnung zur neuen sozialistisch-wissenschaftlichen Epoche der Geschichte.

Die Deborinisten vertraten demgegenüber die Ansicht, daß die Philosophie schon immer einer der wesentlichsten Staat und Gesellschaft konstituierenden Faktoren gewesen sei und daß auch die sozialistische Gesellschaft auf Gedeih und Verderb mit der marxistischen Philosophie verbunden bleiben müsse. Die Ausschaltung der Philosophie, meinten die Deborinisten, käme einer Kapitulation vor der bürgerlichen Ideologie gleich und würde notwendigerweise die Restauration des Kapitalismus in der Sowjetunion zur Folge haben.

a) Die Auseinandersetzung mit der 1. mechanizistischen These

In der Auseinandersetzung mit der ersten mechanizistischen These: „Die Philosophie über Bord!" entwickelt Deborin die Idee vom unauflöslichen Zusammenhang von Philosophie und Gesellschaft und versucht zu beweisen, daß auch im Sozialismus Staat und Gesellschaft der Abschirmung durch die Philosophie bedürfen: „Was bedeutet die Losung: Die Philosophie über Bord!?" fragt er. „Ist es denn wirklich nicht klar, daß, wenn eine solche Strömung unter den Marxisten die Vorherrschaft gewinnen würde, dies zu einer *Kapitulation des Marxismus vor den bürgerlich-philosophischen Lehren, zur Kapitulation des Marxismus vor der Ideologie der Bourgeoisie* führen würde? In den politischen Sprachgebrauch übertragen, bedeutet ein solcher Triumph der Anti-Philosophen unweigerlich die ideelle Kapitulation des Proletariats. Die ideelle Kapitulation ist indes schon der Beginn der politischen Kapitulation."[2] „Viele Materialisten-Marxisten haben noch nicht die einfache Tatsache verstanden, daß die Philosophie im marxistischen Sinne nichts anderes ist, als die Philosophie im gewöhnlichen, schulmäßigen Sinne. (!) Diese Unkenntnis führte zu jenen ‚mutigen' Reden, deren Zeugen wir in den letzten Jahren waren, als von Leuten, die sich Marxisten nennen, Rufe laut wurden wie: ‚Die Philosophie über Bord!' usw. Diese ‚Kritiker' haben dem Marxismus wirklich einen schlechten Dienst erwiesen."[3]

In diesen Sätzen ist ein Grundgedanke der Deborinschen Vorstellung von der Funktionsweise der sowjetischen Gesellschaft enthalten: Die Idee vom unauflösbaren Zusammenhang zwischen der sowjetischen Philosophie und der sowjetischen Gesellschaft. Die Garantie für eine wissenschaftlich geplante Entwicklung der sowjetischen Gesellschaft liegt danach einzig und allein in der Philosophie. Ein Versagen oder ein Entarten der sowjetischen Philosophie in ihrer Funktion als oberste wissenschaftliche Kontrollinstanz der sozialen und politischen Entwicklung muß zwangsläufig zu einem Versagen oder zu einer Entartung der sowjetischen Gesellschaft führen. Da sich die Entwicklung der Gesellschaft unter der Kontrolle der sowjetischen Philosophie vollzieht und da die Gesellschaft nach der Oktoberrevolution vor der Alternative steht: entweder Sozialismus oder Kapitalismus und da es einen dritten sozialökonomischen Weg nicht gibt, ist ein Versagen oder Entarten der sowjetischen Philosophie gleichbedeutend mit einem Erfolg der bürgerlich-idealistischen Philosophie und ein untrügliches Anzeichen für das Zurücksinken der sowjetischen Gesellschaft in die bürgerlich-kapitalistische Vergangenheit.

Der Hinweis auf die realsoziologischen Konsequenzen, die sich aus der Liquidierung der Philosophie für die sowjetische Gesellschaft ergeben würden, zeigt Deborin schon zu Beginn der Auseinandersetzung auf der Höhe der Einsicht, daß die sowjetische Gesellschaft ihre letzte Legitimierung nur in der Philosophie finden kann, und daß sie ohne Rückhalt in ihr der Willkür unkontrollierbarer sozialer Tendenzen und ideologischer Strömungen ausgeliefert ist.

b) Die Auseinandersetzung mit der 2. mechanizistischen These

Mit ganz ähnlichen Argumenten weist Deborin auch die zweite mechanizistische These zurück: „Aber auch die zweite Losung: Die Wissenschaft ist sich selbst Philosophie! ist in nichts besser als die erste Losung - oder, genauer gesagt - sie stellt nur eine sprachliche Variation der ersten dar. In ihrem Wesen sind beide Losungen identisch, weil sie die *Negation der Philosophie* - in unserem konkreten Fall - die *Negation der Philosophie des Marxismus* zur Voraussetzung haben."[4]

So wie Deborin Philosophie und Gesellschaft in einem unauflösbaren Zusammenhang begreift, in welchem die Philosophie der Gesellschaft die leitenden Ideen bietet und sie vor allen Fehlentwicklungen bewahrt, so versteht er auch den Zusammenhang von Philosophie und Wissenschaft, in dem es der Philosophie zukommt, über die „Wissenschaftlichkeit" der Wissenschaft zu wachen. Denn erst die Philosophie erhebt die positiv-empirische Forschung in den Rang einer Wissenschaft, indem sie ihr die allgemeinen Zusammenhänge erschließt und ihr die leitenden Ideen übermittelt.[5]

„Ist es denn so schwer zu begreifen", fragt er weiter, „daß die gegenwärtige Wissenschaft selbst in einem nicht geringen Maße von anti-wissenschaftlichen Elementen durchdrungen ist? Die Philosophie-Hasser haben sich daran gewöhnt, die letztere aller Todsünden zu zeihen. Aber diese Kritiker und erbitterten Ankläger haben überhaupt keine Vorstellung von der Wechselbeziehung zwischen Philosophie und Wissenschaft. Sie wissen nicht, daß, wenn die Philosophie eine Wirkung auf die Wissenschaft ausübt, auch die Wissenschaft ihrerseits auf die Philosophie wirkt. Und dieser Einfluß trägt oft einen anti-wissenschaftlichen Charakter."[6] „Infolgedessen sind die Naturwissenschaftler vom Standpunkt Plechanovs und selbstverständlich auch Lenins nicht die makellosen Engel, die mit allen Tugenden ausgestattet sind, wie das z.B. A. K. Timirjazev glaubt. Im Gegenteil, die Philosophie - wir sprechen hier natürlich überall von der marxistischen Philosophie - ist und muß sich auch als Gegengift gegen die idealistischen und metaphysischen Elemente erweisen, von denen die gegenwärtige Naturwissenschaft durchdrungen ist."[7]

In der Auseinandersetzung mit der mechanizistischen These von der Selbstgenügsamkeit der positiven Wissenschaft kündigt sich wiederum ein Standpunkt an, dem sich später die bolschewistische Ideologie assimiliert hat. Die Ablehnung der These von der Autonomie der Wissenschaft erfolgt bei Deborin unter einem doppelten Aspekt: erstens aus dem Wertbewußtsein des dialektischen Materialismus, d.h. aus dem Wertbewußtsein der dialektischen Philosophie, die - zusammenfassend und orientierend - die positiv-empirische Forschung überhaupt erst in den Rang einer Wissenschaft erhebt und zweitens aus dem Wissen um die realsoziologischen Konsequenzen des mechanizistischen Standpunktes.

Unter einem soziologischen Aspekt verwandelt sich die dialektische Philosophie, um die sowjetische Gesellschaft abzuschirmen, in die Klassenideologie des Proletariates: „Der dialektische Materialismus ist natürlich die objektive Wahrheit. Aber in der gegenwärtigen Klassengesellschaft (Deborin spricht hier von der sowjetischen Gesellschaft des Jahres 1926! d. Verf.) ist er daneben noch - wenn es nötig ist - eine Klassenphilosophie, d.h. die Philosophie und Ideologie des *Proletariats*. Der dialektische Materialismus ist überhaupt nicht mit den gesellschaftlichen Interessen der Bourgeoisie zu verbinden."[8]

Mit der positivistischen These von der Selbstgenügsamkeit der Wissenschaft wird damit für Deborin die Ohnmacht der einzigen wirklich kompetenten Instanz verkündet, die der *sowjetischen Wissenschaft und der sozialistischen Gesellschaft* den Weg weisen kann. Als Philosophie ist der dialektische Materialismus die universale und unabdingbare Methodologie der Wissenschaften, als Klassenideologie verwandelt er sich in die höchste Kontrollinstanz der sozialen Entwicklung.

Darüber hinaus ist für Deborin die Absage an die Philosophie durch die mechanizistische Naturwissenschaft bereits wieder ein - wenn auch unbewußt - philosophisch falsches und politisch reaktionäres Programm: „Die Losung: ,Die Wissenschaft ist sich selbst Philosophie!' ist erstens ihrem Wesen nach falsch und zweitens ist sie in unseren Verhältnissen reaktionär, weil sie fordert, daß der Marxismus als philosophische Konzeption des Proletariats und als Klassenideologie sich der Einflußnahme auf die Naturwissenschaftler begeben soll, die in ihrer überwiegenden Mehrheit dem Marxismus noch fremd gegenüberstehen und noch dem Einfluß der bürgerlichen Ideologie ausgesetzt sind."[9] „Wohin die These: ,Die Wissenschaft ist sich selbst Philosophie!' führt, beweist die Tatsache, daß die sie verkündenden Literaten sich selbst eine schädliche Philosophie angeeignet haben - ein eklektisches Gemisch aus Positivismus und Neokantianismus, was sie aber nicht stört, Tag und Nacht von ihrem *Materialismus* zu sprechen."[10] Es bedurfte nur noch eines Schrittes, damit die Idee vom unauflösbaren Zusammenhang von Philosophie, Wissenschaft und Gesellschaft, wie sie sich bei Deborin in der Auseinandersetzung mit den Mechanizisten herauskristallisiert hat, als Instrument der Lenkung und Kontrolle von Wissenschaft und Gesellschaft in die bolschewistische Ideologie eingehen konnte.

Für Deborin ist die Philosophie allerdings noch die einzige und letzte Instanz, die Wissenschaft und Gesellschaft vor den Richterstuhl der „Weltvernunft" ziehen kann. Die Partei brauchte nur noch die politische und soziale Wahrheitsfindung an sich zu bringen, damit die dialektische Philosophie die Autonomie verlor, die sie ihrerseits so erfolgreich den Naturwissenschaften zu entziehen bemüht war.

c) Die Auseinandersetzung mit der 3. mechanizistischen These

Auch die dritte mechanizistische These wird von Deborin aus den bereits erörterten Gründen zurückgewiesen: „Wir haben uns auf diese Weise allmählich an die dritte grundsätzliche Losung herangetastet, die von den Kritikern des Marxismus verkündet wird: ‚Dialektik - das ist Scholastik!' Es versteht sich von selbst, daß diese Losung auf das engste mit den ersten beiden verbunden ist und ihre Fortsetzung und Vollendung darstellt. Wenn die Wissenschaft sich selbst Philosophie ist, wenn die positive Wissenschaft danach streben muß, sich von *jeglicher* Philosophie zu befreien, so führt ein solcher positivistischer Gesichtspunkt unweigerlich zur *Negation* des dialektischen Materialismus im allgemeinen und der Dialektik im besonderen."[11]

Es ist interessant zu verfolgen, und es wirft gleichzeitig ein bezeichnendes Licht auf das bereits diskutierte System der dialektischen Philosophie, daß für Deborin nach der Ausschaltung der Dialektik von der marxistischen Philosophie nur noch der historische Materialismus übrigbleibt. Der historische Materialismus ist aber für Deborin ohne Dialektik nur die Aufzeichnung eines faktischen Prozesses, der in dieser seiner Faktizität nichts von seinem dialektischen Wesen offenbart und daher von jeder beliebigen Philosophie unterwandert werden kann: „Erstaunlich ist", schreibt Deborin dazu, „daß Marxisten, die die selbständige Bedeutung der Philosophie negieren und sich auf den Standpunkt stellen, daß der Marxismus nur eine historische Theorie ist, nicht bemerken, daß ihre Ansichten zur *Zerstörung* des Marxismus, zur *Kapitulation* des Proletariats auf dem Gebiet der Theorie vor der Bourgeoisie führen, was sie subjektiv gar nicht wünschen."[12]

Indem nun die Mechanizisten die Dialektik ausklammern und den dialektischen Materialismus auf die positive Wissenschaft und den empirisch erfaßbaren historischen Prozeß reduzieren, kapitulieren sie vor der bürgerlichen Ideologie, die gleichsam in die Lücke, die das Fehlen der Dialektik reißt, eindringt und sowohl die Naturwissenschaft als auch die Geschichtswissenschaft ideologisch okkupiert. Die Mißachtung des historischen Materialismus und seine offenkundige Vernachlässigung in der dialektischen Philosophie, die Deborin übrigens später von der Partei übel angekreidet worden ist, findet sicher ihre Begründung in dem hier dargestellten Sachverhalt.

Um sich im Range einer Wissenschaft zu erhalten, benötigen daher die empirischen Naturwissenschaften ebenso wie die Sozialwissenschaften ein „neues philosophischtheoretisches Fundament", das sie vor ideologischen Irrtümern und politischem Verrat bewahrt.[13]

Was nun den Vorwurf betrifft, daß die Dialektik Scholastik sei, so beweist das für Deborin, daß die Mechanizisten nur eine sehr verschwommene Vorstellung von dem besitzen, was sie angreifen und verurteilen: „In der Tat, was verstehen sie unter Scholastik und unter reiner ‚Methodologie'?" fragt er. Augenscheinlich wollen sie damit unterstreichen, daß die Dialektik sich mit der *Analyse von Begriffen* befaßt, anstatt sich mit dem Studium der *konkreten Wirklichkeit* zu beschäftigen. Aber unsere Kritiker vermengen zwei verschiedene Aufgaben.

Beim Studium der konkreten Wirklichkeit erweist sich eben diese Wirklichkeit als *Inhalt* der Dialektik - die Dialektik ist nur die Form, die Art und Weise des Forschens, die Methode, mit deren Hilfe wir den Gegenstand adäquat erkennen und - sozusagen - beherrschen. Die *theoretische* Dialektik indes - insofern sie dialektische Logik ist - hat teilweise allein die *Formen des Denkens*, die logische Analyse der Kategorien und Begriffe zu ihrem Inhalt."[14]

Angesichts dieser Definition der Dialektik, in der mit letzter Konsequenz Methode, Erkenntnistheorie und Ontologie in einer einheitlichen Weltvorstellung zusammenfallen, mutet die mechanizistische Kritik allerdings wie ein höchst provinzieller und mit unzulänglichen Mitteln unternommener Versuch an, die philosophische Integration aller Seinsgebiete zu hintertreiben.

Wenn Deborin jedoch andererseits in der Auseinandersetzung mit den Mechanizisten das Wesen der Dialektik wie folgt bestimmt, so ist die offiziöse Sowjetphilosophie dieser Auffassung, in der die Vermittlung alles Seienden im dialektischen Denken geschieht, natürlich niemals gefolgt:

„Die materialistische Dialektik strebt danach, durch das Verstehen der einzelnen Erscheinungen in Verbindung mit der Einsicht in das Ganze die allgemeinen Verbindungen der Erscheinungen aus einer unmittelbaren Betrachtung in eine vermittelte Synthese zu verwandeln."[15]

d) Die Auseinandersetzung mit der 4. mechanizistischen These

Die Diskussion der aktuellen philosophischen Probleme zwischen Deborinisten und Mechanizisten wurde sehr bald auch zu einer Auseinandersetzung um die Lehrmeinungen der beiden Begründer des russischen Marxismus: Lenin und Plechanov! Die Mechanizisten versuchten ihre Ideen mit der Autorität Lenins zu stützen, den sie auf Kosten Plechanovs zum Vorläufer ihrer Auffassungen machten, und die Deborinisten bestritten ihrerseits den Mechanizisten überhaupt das Recht, sich auf einen der beiden zu berufen. So spitzte sich die Auseinandersetzung schließlich darauf zu, wer die Lehren und damit die Autorität der beiden Begründer des russischen Marxismus mit besseren Argumenten für seine Konzeption in Anspruch zu nehmen vermochte.

„In letzter Zeit beginnen die gegenüber der Philosophie ‚kritisch' eingestellten Persönlichkeiten", schreibt Deborin, „die hartnäckig wiederholen, daß die Wissenschaft sich selbst Philosophie ist, eine These aufzustellen, die beweisen soll, daß zwischen Plechanov und Lenin ein tiefer Abgrund klafft: Man sagt - Plechanov ist Philosoph, und zwar im schlechten scholastischen Sinne, Lenin ist dagegen der Philosoph der Wissenschaft. Für Lenin ist die *Wissenschaft* irgendwie *sich selbst Philosophie*, während Plechanov ein *abstrakter* Philosoph, d.h. ein Scholastiker und Hegelianer ist."[16] Zum Sprecher der hier von Deborin wiedergegebenen Klassifikation Lenins und Plechanovs machte sich der Mechanizist I. A. *Boričevskij.* Auf einer Diskussion des Timirjazevschen Wissenschaftlichen Forschungsinstitutes formulierte er den mechanizistischen Standpunkt folgendermaßen: „Zwei Worte über Plechanov. Seine Verdienste um den revolutionären Materialismus sind allgemein bekannt; aber sie dürfen uns nicht das Problematische seiner philosophischen Einstellung verdecken. Plechanov ging an die sogenannten allgemeinen Probleme nicht von unten, vom positiven Wissen, sondern von der abstrakten Philosophie heran. Das ist der Grund, warum Plechanov im Gegensatz zu Lenin, dem geborenen Philosophen der Wissenschaft, durch die Methode seiner philosophischen Bemühungen zum großen Teil nur ein Philosoph im gewöhnlichen Sinne des Wortes geblieben ist."[17] Gleichzeitig charakterisiert Boričevskij die mechanizistische Position als „innerwissenschaftlich" und die Auffassungen der Deborinisten als „hegelianisch": „Wir müssen zwei Strömungen im gegenwärtigen revolutionären Materialismus unterscheiden. Erstens eine innerwissenschaftliche Strömung, die eine der äußersten Verallgemeinerungen der positiven Wissenschaften als Ganzes sein will, und die danach strebt, sie von allen philosophischen Schemen zu befreien und zweitens eine philosophische neuhegelianische Strömung. (Ich hätte beinahe gesagt: eine neoscholastische). Nach dem äußeren Bild scheinen sie zusammenzufallen, aber eben nur nach dem äußeren Bild. In der

Sprache Spinozas gesprochen, besteht zwischen ihnen annähernd der gleiche Unterschied wie zwischen einem Köter und dem Sternbild des Hundes."[18]

Deborin erwidert auf diese Ausführungen ironisch, die Metapher Boričevskijs aufgreifend, daß es ganz richtig sei, daß zwischen dem „revolutionären Materialismus" Boričevskijs und dem dialektischen Materialismus von Marx derselbe Unterschied bestünde wie zwischen einem Köter und dem Sternbild des Hundes. Energisch protestiert Deborin aber dagegen, daß zwischen Plechanov und Lenin irgendwelche philosophischen Differenzen bestünden und daß sie als zwei Strömungen in der marxistischen Philosophie zu begreifen seien.[19]

Die Gegenüberstellung von Lenin und Plechanov als Exponenten zweier philosophischer Richtungen bildet für ihn den Versuch, die mechanizistischen „Verfälschungen des Marxismus mit der Autorität Lenins zu sanktionieren".[20] Wenn es wirklich einen Gegensatz in der Philosophie Lenins und Plechanovs gäbe - argumentiert er - wie hätte dann Lenin im Jahre 1921 schreiben können, daß „man nicht ein bewußter und standhafter Kommunist sein kann, ohne alles, wirklich alles zu studieren, was Plechanov über Philosophie geschrieben hat, weil es das Beste in der ganzen internationalen marxistischen Literatur ist".[21]

Auf die von Boričevskij gegebene Unterscheidung von zwei philosophischen Strömungen in der Sowjetunion eingehend, fährt Deborin fort: „Wozu mußte I. A. Boričevskij im zeitgenössischen Marxismus zwei Strömungen finden: eine innerwissenschaftliche und eine andere - philosophische (neohegelianische, neoscholastische)? Die Antwort finden wir bei Boričevskij selbst: ‚... aus unserer vorstehenden Abgrenzung geht mit aller Bestimmtheit folgende Tatsache hervor: die gegenwärtige mechanizistische (!) Weltanschauung muß sich auf jede Weise von jeglicher ‚Philosophie' zu befreien suchen'."[22] Wenn sich der „außerwissenschaftliche" Charakter der Plechanovschen Philosophie durch seinen Enthusiasmus für Hegel erkläre, so habe sich doch auch Lenin in einem nicht geringeren Maße von Hegel begeistern lassen, meint Deborin. Seine Philosophie müsse daher auch als „außerwissenschaftlich" betrachtet werden. „Und wenn eines der unbestrittenen Gesetze der Dialektik", fährt Deborin fort, „wie das Gesetz des Überganges von der Quantität in die Qualität schon eine Äußerung von Hegelianismus und Scholastik ist, welche die ‚positive Wissenschaft nicht einmal umsonst braucht', was soll man dann über die Dialektik als Ganzes sagen? Es ist doch jedem bekannt, welche Bedeutung Lenin der Dialektik zumaß. Infolgedessen verdient Lenin keine Nachsicht von seiten der Positivisten. Er ist genau so ein ‚Hegelianer‘ und ‚Scholastiker‘ wie Plechanov und Engels."[23]

Es kann zu diesem Punkt der Auseinandersetzung vorweggenommen werden, daß sich die bolschewistische Ideologie später ganz und gar auf den Standpunkt der Mechanizisten in Hinblick auf die Beurteilung Plechanovs gestellt hat. Die gleichrangige Einstufung der beiden Begründer des russischen Marxismus oder ein Lehrer-Schüler-Verhältnis - wie Deborin das in seiner biographie intellectuelle „Lenin als Denker" zeichnet - mußte die Glorie der Einmaligkeit, mit der totalitäre Ideologien ihre Führerpersönlichkeiten zu umgeben pflegen, empfindlich abschwächen.

2. Die Einzelprobleme der Diskussion

a) Deborin versus Stepanov

Wie tiefgreifend die Gegensätze in der sowjetischen Philosophie Mitte der 20er Jahre waren, beweisen nicht nur die Auseinandersetzungen über den Wert oder Unwert der marxistischen Philosophie und der materialistischen Dialektik, sondern ganz besonders auch die ausgeprägten Differenzen in weit komplizierteren Fragen. Einer der wichtigsten hierhergehörenden Problemkreise knüpft sich an den Streit um die richtige Deutung organischer und anorganischer Prozesse in der Natur.

Die Auseinandersetzung um die *dialektische* oder *mechanizistische* Erklärung aller Bewegungsprozesse knüpft sich unmittelbar an das Erscheinen des Engels-Fragmentes „Dialektik und Natur" im Jahre 1925. Obwohl der Herausgeber des Buches, D. Rjazanov, in seiner Einleitung mit einem deutlichen Seitenhieb gegen die damals noch überwiegend positivistisch orientierte Naturwissenschaft schrieb: „Wir wünschten, daß die Naturwissenschaftler - falls ihr Auge nicht durch bornierten Empirismus getrübt ist - ... die Arbeiten Engels' studierten und uns Profanen sagten, inwieweit seine Arbeit über Philosophie und Naturwissenschaft ‚veraltet‘ ist"[24], bemächtigten sich eben diese positivistisch eingestellten Naturwissenschaftler des Werkes und nahmen es vollinhaltlich als Beweis ihrer Position!

I. I. Stepanov entwickelte kurz nach der Veröffentlichung des Engelsschen Buches in einer Artikelreihe die Theorie, daß Engels bis zum Ende der 70er Jahre noch in vitalistischen Vorstellungen befangen gewesen sei, und daß er sich erst in den 80er Jahren von diesen Irrtümern bei der Deutung des Entwicklungsprozesses in der Natur zugunsten einer *mechanizistischen* Erklärung befreit habe.[25]

Als einen Ausdruck der *vitalistischen* Phase in der geistigen Entwicklung Engels' wertete Stepanov die im Jahre 1874 niedergeschriebene Notiz „Mechanische Bewegung", in der Engels den Gedanken entwickelt, daß anorganische Prozesse nur *Nebenformen* der organischen *Hauptprozesse* seien, und daß die anorganischen Nebenformen nicht die organischen Hauptformen eines Prozesses „erschöpften".[26] Stepanov kommentiert diesen Gedanken mit den Worten: „Zu sagen, daß chemische und physikalische Prozesse etwas ‚Nebensächliches' (pobočnoe) für das Erscheinen des organischen Lebens sind, heißt den Vitalisten nicht nur einen Finger, sondern die ganze Hand reichen."[27]

Zum Beweis nun, daß Engels im Verfolg der Arbeit an seinem Buch „Dialektik und Natur" zu Beginn der 80er Jahre von den als „vitalistisch" charakterisierten Gedankengängen endgültig abgerückt sei, zitiert Stepanov eine Stelle aus dem Abschnitt „Über die ‚mechanische' Naturauffassung" - niedergeschrieben nach 1877[28] - wo Engels, von der Systematisierung der Naturwissenschaften handelnd, schreibt: „Indem die Chemie das Eiweiß erzeugt, greift der chemische Prozeß über sich selbst hinaus wie oben der mechanische, d. h., er gelangt in ein umfassenderes Gebiet, das des Organismus. Die Physiologie ist allerdings die Physik und besonders die Chemie des lebenden Körpers, aber damit hört sie auch auf, spezielle Chemie zu sein, beschränkt einerseits ihren Umkreis, aber erhebt sich auch darin zu einer höheren Potenz."[29]

Diese Sätze dienen Stepanov als Beleg, daß Engels die strenge Unterscheidung zwischen organischen Hauptformen und anorganischen Nebenformen - wie er sie in seiner Notiz „Mechanische Bewegung" im Jahre 1874 entwickelt - endlich aufgegeben hat und sich nun zu einem *mechanizistischen* Standpunkt in dieser Frage bekennt: „Wie unendlich weit hat sich hier Engels von den chemischen und physikalischen Prozessen als ‚Nebenformen' für das organische Leben entfernt", schreibt Stepanov. „Für ihn ist es etwas *Selbstverständliches*, daß ‚die Physiologie die Physik und besonders die Chemie ist'."[30]

Mit dem obigen Zitat schien für Stepanov auch bewiesen, daß Engels seit Beginn der 80er Jahre den Übergang vom Anorganischen zum Organischen nicht mehr vermittels eines dialektischen Sprunges erklärte, sondern als einen kontinuierlichen Übergang verstand.

Auf eine weitere Stelle des genannten Abschnittes bei Engels Bezug nehmend, fährt

Stepanov fort[31]: „Mit der ihm eigenen Klarheit erklärt Engels: wenn wir Grund hätten, zu behaupten, daß alle Materie aus identischen Teilchen besteht, und daß alle qualitativen Unterschiede der chemischen Elemente verursacht sind durch quantitative Unterschiede in der Zahl und der örtlichen Gruppierung dieser Teilchen, die die Atome bilden, *so fallen damit alle*, entschieden *alle Einwände gegen die mechanische Naturwissenschaft* weg. Auf diese Art haben wir wirklich den einzigen Stein des Anstoßes gefunden, an dem sich Engels immer aufs neue stößt. Wir haben die grundsätzlichen Erwägungen gefunden, die für ihn den ‚mechanischen Materialismus unannehmbar' machten."[32]

Im Jahre 1925 - so meint Stepanov - habe die moderne Naturwissenschaft endlich bewiesen, daß alle Materie aus identischen Teilchen besteht, und daß daher alle qualitativen Unterschiede durch quantitative Unterschiede der Zahl und der örtlichen Gruppierung dieser Teilchen erklärt werden könnten.[33]

Deborin weist in seinem der Auseinandersetzung mit Stepanov gewidmeten Artikel „Engels und die dialektische Auffassung der Natur"[34] diese Schlußfolgerungen in allen Punkten zurück: „Wie verhält es sich mit dem Engelsschen ‚Vitalismus' nun in der Tat? Nach meiner Meinung liegen die Widersprüche hier wirklich auf der Hand, aber beim Genossen Stepanov, nicht bei Engels. Denn sowohl die erste als auch die zweite Formulierung Engels' drücken ein und denselben Gedanken aus. Infolgedessen muß der Genosse Stepanov, wenn er die erste Formulierung über die ‚Nebenformen' ablehnt, auch die zweite Formulierung ablehnen. Indem er die zweite Formulierung anerkennt, muß er auch die erste anerkennen. Man braucht mit den von Engels gegebenen Formulierungen nicht einverstanden zu sein, aber den Vorwurf, daß hier ein Widerspruch vorliegt, kann man gegen Engels nicht erheben."[35] „Was wollte Engels mit dem Ausdruck ‚Nebenformen' eigentlich sagen? Da Engels nicht zu den Mechanisten gehört, sondern immer ein Dialektiker bleibt, hat er sich unaufhörlich bemüht, das Verhältnis zwischen höheren und niederen Formen der Bewegung zu erklären. Es ist ganz natürlich, daß er jedesmal die spezifischen Besonderheiten jeder Bewegungsform aufsuchen mußte, ihre *Verbindung* mit den niederen und gleichzeitig ihre spezifischen *Unterschiede* von den letzteren. Für einen Mechanisten ist die Aufgabe leicht zu lösen: die ganze Vielfalt der Formen wird auf die mechanizistische Bewegung zurückgeführt. Es versteht sich von selbst, daß die Dialektiker nicht so verfahren können. Daher sagt Engels, daß man den ‚spezifischen Charakter der übrigen

Formen der Bewegung verwischt', wenn man jegliche Bewegung auf die mechanizistische Bewegung zurückführt, daß alle Formen der Bewegung miteinander verbunden sind, und daß gleichzeitig keine von ihnen (‚Hauptformen' der Bewegung) von den niederen Formen der Bewegung, die er als ‚Nebenformen' bezeichnet, ganz ausgeschöpft werden kann."[36]

Ebenso energisch wendet sich Deborin gegen die Argumente Stepanovs, mit denen er eine mechanizistische Naturwissenschaft etablieren will. Engels habe an der von Stepanov zitierten Stelle nicht gesagt: Wenn alle Materie aus identischen Teilchen besteht, wenn alle qualitativen Unterschiede auf quantitative Unterschiede in der Zahl und der örtlichen Gruppierungen hinauslaufen, dann anerkenne ich, Engels, die Richtigkeit des mechanischen Materialismus. „Engels sagt etwas genau entgegengesetztes", schreibt Deborin wörtlich. „Eben deshalb, weil die Mechanik alle Veränderungen aus der Veränderung der Position, aus der mechanischen Ortsveränderung erklärt, eben deshalb, weil sie alle qualitativen Unterschiede aus quantitativen erklärt, eben deshalb, weil sie nicht bemerkt, daß das Verhältnis zwischen Qualität und Quantität wechselseitig ist, daß zwischen ihnen eine Wechselwirkung besteht - *eben deshalb* hält es Engels nicht für möglich, die Mechanik in eine einheitliche Wissenschaft zu verwandeln, die alle Erscheinungen der Natur erklärt."[37]

Weiter bemerkt Deborin, daß Stepanov immer nur vom „Übergang der Quantität in die Qualität" spricht und mit keinem Wort erwähnt, daß Engels auch ihre Wechselwirkung hervorhebt. „Das ist darum recht klar", erklärt Deborin, „weil für den Genossen Stepanov nur die Mechanik existiert, d.h. ein rein quantitativer Gesichtspunkt, während Engels von der *Einheit der Quantität und Qualität* ausging. Der Genosse Stepanov bemüht sich, alles auf ein quantitatives Moment zurückzuführen, deshalb entnimmt er Engels nur die eine Hälfte seiner Formulierungen und zitiert nur die Stellen, wo vom quantitativen Moment die Rede ist, und vertuscht gleichzeitig eifrig die zweite Hälfte der Engelsschen Formulierungen, wo vom qualitativen Moment die Rede ist."[38]

In einem weiteren Artikel - der eine Antwort auf die Kritik des Deborin-Schülers Ja. É. Stėn an seiner mechanizistischen Konzeption darstellt - geht Stepanov in der Argumentation gegen die dialektische Entwicklungsidee noch erheblich weiter und bezeichnet sie schlechthin als wissenschaftsfeindlich und reaktionär: „In der heutigen Zeit einzupauken und mit der größten, ja mit ausschließlicher Hartnäckigkeit hier (beim Übergang von der Quantität in die Qualität, d. Verf.) eine ,neue Qualität', hier eine ,Knotenlinie' aufzuzeigen", schreibt Stepanov, „bedeutet ein *Reaktionär in der Wissenschaft* zu sein oder den ,Schwarzhundertschaften' der Wissenschaft in die Hände zu arbeiten ..."[39]

Jetzt wendet sich Stepanov auch direkt gegen die Deborinsche Dialektikkonzeption, in der ja die Entstehung der „neuen Qualität" im Entwicklungsprozeß nachdrücklich als „Unterbrechung der Kontinuität" oder als „dialektischer Sprung" erklärt wird, und prangert sie ebenfalls als wissenschaftsfeindlichen Vitalismus an: „Bravo! bravo! - begrüßen die Vitalisten meine Gegner (Deborin, Stėn, Karev; d. Verf.)", schreibt er. „Wir haben schon immer behauptet, daß das Leben eine völlig neue Qualität ist."[40]

Die Dialektikkonzeption der Deborinisten als wissenschaftsfeindlichen Vitalismus brandmarkend, arbeitet nun Stepanov seine eigene Entwicklungstheorie heraus: „Meine Gegner sehen ihr (der Dialektik, d. Verf.) grundsätzliches Charakteristikum in den ,Knotenlinien', in der Unterbrechung der Kontinuität. Ich sehe ihr grundsätzliches Charakteristikum in der Anerkennung der Kontinuität der einheitlichen, universellen Bewegung, in der Kontinuität ihrer Verwandlung aus einer Form in eine andere. Das ist - kann man sagen - das Prinzip der gegenwärtigen Wissenschaft, darin besteht die Grundlage der dialektisch-materialistischen Methode, das ist der allgemeine Gesichtspunkt, unter dem wir die einzelnen Fakten der einzelnen Wissenschaften einschätzen müssen. Alles, was diesen dialektischen Anschauungen über die Natur widerspricht, muß unser äußerstes Mißtrauen wachrufen."[41]

Die hier von Stepanov entwickelte linear-progressistische Variante der Dialektik kann als kurze und gültige Zusammenfassung der Entwicklungsidee des mechanizistischen Materialismus gelten. Sie darf nicht aus dem Auge verloren werden, weil sie später eine entscheidende Bedeutung bei der Herausbildung der von der Partei sanktionierten dialektischen Entwicklungstheorie erlangen wird!

Abschließend verteidigt sich Stepanov in dem oben erwähnten Artikel gegen die Unterstellung seines Kritikers Stėn, daß die von ihm verfochtene „mechanizistische Weltanschauung" irgend etwas mit dem „mechanischen Materialismus" des 18. Jahrhunderts zu tun habe. Er grenzt dabei streng die „mechanizistische Naturwissenschaft", die er vertritt und deren Gegenstände die Chemie und die Physik sind, vom „mechanischen Materialismus" ab, den er ebenfalls ablehnt, und dessen Gegenstand die Mechanik bildet: „Obwohl ich von einer *mechanizistischen Anschauung* spreche, schreibt mir der Genosse Stèn hartnäckig einen mechanischen Standpunkt zu, d.h., er gleitet die ganze Zeit von der Chemie und Physik zur Mechanik ab ... Sie (seine Kritiker, d. Verf.) verwechseln den gegenwärtigen mechanizistischen Materialismus mit dem mechanischen Materialismus, wie er im 18. Jahrhundert bestand."[42]

Deborin konzentriert sich bei der Zurückweisung der Stepanovschen Auffassungen auf dessen Entwicklungstheorie, in der er eine Rückkehr zu evolutionistischen Vorstellungen erblickt: „Der Genosse Stepanov ist Evolutionist", stellt Deborin fest. „Ist er denn nicht damit einverstanden, daß auf einer bestimmten Stufe der Entwicklung unserer Erde das organische Leben auftaucht, und daß - wenn das organische Leben entsteht - es eine neue Erscheinung, eine neue Qualität, eine neue Form der sich bewegenden Materie ist? Ja, wenn der Genosse Stèn behauptet hätte, daß das organische Leben nicht als Resultat der evolutionären Bewegung der Materie, sondern aus irgend etwas anderem entstanden wäre, daß es für die Erklärung des Lebens notwendig wäre, irgendeine neue Substanz oder Lebenskraft anzunehmen, hätte der Genosse Stepanov recht. Aber er (Stèn, d. Verf.) hat nichts dergleichen gesagt."[43]

Vom Standpunkt der Mechanizisten existiert nach Deborin nur eine Form der Bewegung, die mechanizistische, die als einfache Ortsveränderung verstanden wird. Von hier aus versuchen sie alle Prozesse der Natur, der Gesellschaft und des Denkens als mechanische Bewegung zu verstehen. Insofern der mechanizistische Materialismus das grundsätzliche Charakteristikum der Entwicklung im Prinzip der Kontinuität sieht, verfälscht er die ganze marxistische Entwicklungskonzeption.

Die dialektische Entwicklungstheorie hat nach Deborin dagegen zwei aufeinander bezogene Seiten: die Entwicklung und Veränderung der Quantität erfolgt *kontinuierlich*. In der Addition oder Subtraktion von Quantitäten gibt es keine Brüche oder Sprünge. Insofern der Inhalt eines Prozesses in der Integration von Quantitäten besteht, verläuft er kontinuierlich und evolutionär. Die sich im kontinuierlichen Prozeß der quantitativen Summation anhäufenden Widersprüche führen zu Spannungen, die durch einen *revolutionären* Sprung in eine neue Qualität gelöst werden. Insofern in einem Entwicklungsprozeß neue Qualitäten auftauchen, gelangen sie nur vermittels eines Sprunges, vermittels der Unterbrechung der rein quantitativ-kontinuierlichen Entwicklung ins Dasein.

Die Mechanizisten sehen nach Deborin nur die eine Seite der dialektischen Bewegung - die quantitative Kontinuität. Sie erheben die quantitative Kontinuität zum

Grundprinzip der Entwicklung und gelangen so folgerichtig zu einer evolutionär-konti-
nuierlichen Entwicklungsidee.[44]

„Warum soll man das Wesen des Streites vertuschen?" schreibt Deborin. „Das Wesen des Streites läuft darauf hinaus, daß der Genosse Stepanov die Sprünge, die
‚Brüche' faktisch negiert und nur die Kontinuität übrigläßt, d. h., sich auf den Boden
eines vulgären Evolutionismus stellt."[45] Man kann die „Knotenlinien" der Entwicklung,
wie sie sich z. B. zwischen zwei gesellschaftlichen Formationen hinziehen, im Erkenntnisprozeß beliebig „verdünnen", der reale Übergang von der einen zur anderen
vollzieht sich nach Deborin immer auf dem Wege des Sprunges, des Bruches, der
Revolution![46]

Der mechanizistisch-evolutionistischen Entwicklungsidee, die auf dem Prinzip der
Kontinuität aller quantitativen und qualitativen Übergänge beruht, stellt Deborin wieder seine eigene umfassende Konzeption von der Synthese der Kontinuität und Diskontinuität, der Evolution und Revolution im alles ausgleichenden, unaufhörlichen
und ewigen Entwicklungsprozeß entgegen.

Mit den letzten Argumenten vollzieht Deborin jedoch schon die Wendung ins Politische. Im politischen Raum hatte die Theorie der dialektischen Sprünge eine enge
Berührung mit den Intentionen der bolschewistischen Partei, die hier eine philosophische Bestätigung ihrer internationalen Revolutionshoffnungen fand! Die mechanizi-
stisch-evolutionistische Entwicklungslehre konnte dagegen in der politischen Atmosphäre der 20er Jahre, in denen man noch immer die sozialistische Revolution in
Westeuropa zu entfachen hoffte, kaum auf Verständnis stoßen. Die revolutionäre
Entwicklungsidee Deborins stand der Partei in diesen Jahren viel näher, zumal ihre
idealistischen Implikationen noch verhüllt waren und es galt, die langsam versiegen-
de Hoffnung auf die internationale Revolution auch mit philosophischen Argumenten
lebensfähig zu erhalten.

So konnte Deborin, damals der Unterstützung durch die Partei gewiß, mit ironischer
Überlegenheit schreiben: „Wenn ich in irgendeinem Punkt mit dem Genossen Stepanov einverstanden bin, dann darin, daß der Streit über seine Anschauungen ‚die Existenz von zwei entgegengesetzten Strömungen im Marxismus aufgedeckt hat', wie
er sich ausdrückt. Was wahr ist, muß wahr bleiben."[47]

b) Deborin versus Timirjazev

Es ist bezeichnend für die Vieldeutigkeit der Engelsschen Gedankenführung, daß sich auch die Auseinandersetzung zwischen Deborin und Timirjazev an den gleichen Textstellen entzündet, die schon die Diskussion zwischen Deborin und Stepanov hervorgerufen haben. Interessant ist auch, daß Timirjazev in seiner Kritik an Engels und Deborin von den gleichen Grundvoraussetzungen wie Stepanov ausgeht und damit eine relative Geschlossenheit der mechanizistischen Konzeption beweist. Die Übereinstimmung zwischen Stepanov und Timirjazev ist um so bedeutungsvoller, als Timirjazev nach dem Tode Stepanovs die Führung der Mechanizisten übernimmt.

Ebenso wie für Stepanov ist auch für Timirjazev der Begriff „Nebenform", mit dem Engels anorganische Bewegungsformen von organischen abzusetzen versucht, der Ausgangspunkt seiner Kritik. Timirjazev schreibt: „... auf jeden Fall kann man den Ausdruck ‚Nebenform' nicht als geschickt bezeichnen. Wenn man dieses meiner Meinung nach ungeschickte Wort ‚Nebenform' an die erste Stelle rückt und es nicht mit den von uns angeführten Gedanken Engels' verbindet, arbeitet man nur den Vitalisten in die Hand, die glauben, daß die physikalisch-chemische Methode nicht in der Lage ist, das ‚Geheimnis des Lebens' zu enträtseln."[48]

Deborin geht in seiner Erwiderung an Timirjazev von der Voraussetzung aus, daß die Frage nach dem Verhältnis der „Hauptformen" der Bewegung zu ihren „Nebenformen" eine weitere Frage impliziert, nämlich die, ob die „Hauptformen" kontinuierlich auf die „Nebenformen" zurückgeführt werden können: „Die Frage nach den wechselseitigen Beziehungen zwischen den Neben- und Hauptformen stellt nur eine andere Formulierung der Frage nach ihrer Ableitbarkeit dar. Wenn Engels sagt, daß die ‚Nebenformen' das Wesen der Hauptform nicht erschöpfen, dann will er damit ausdrücken, daß die höhere, hauptsächliche Form sich nicht auf die niedrigere Form zurückführen läßt, daß die Hauptform - obwohl sie aus der Wechselwirkung der niederen Formen hervorgegangen ist - etwas Neues, eine neue Qualität darstellt, die von den niedrigeren Formen nicht ausgeschöpft werden kann. Sie ist eine neue Synthese, die sich von anderen Formen unterscheidet, und sie unterliegt einer neuen Gesetzmäßigkeit."[49]

Damit berührt Deborin ein weiteres grundsätzliches Problem seiner Auseinandersetzung mit den Mechanizisten. Er erblickt sogar in der unterschiedlichen Behandlung dieses Problems die eigentliche Ursache für die Anfeindung der in Frage stehenden Engelsformulierungen durch die Mechanizisten. In der Tat hatte Timirjazev in einer Diskussion mit den Deborinisten, die vom Timirjazevschen Wissenschaftlichen Forschungsinstitut (benannt nach dem Physiologen K. A. Timirjazev, dem Vater des Mechanizisten A. K. Timirjazev) veranstaltet wurde, die Ansicht verfochten, daß alle komplizierten Erscheinungen in Natur und Gesellschaft auf solche einfacherer Art zurückgeführt werden könnten.

Timirjazev versuchte seinen Standpunkt mit folgendem Beispiel zu belegen: „Wir gehen jetzt zu der Frage über, ob man komplizierte Erscheinungen auf einfache zurückführen kann. Nehmen wir das folgende einfache Beispiel. Der Zusammenstoß zweier elastischer Kugeln: daß das eine Aufgabe der Mechanik ist, wird - so glaube ich - selbst der Genosse Stén nicht leugnen. Nun, wenn wir eine sehr große Anzahl von Kugeln nehmen, die z.B. in einem großen Kasten mit elastischen Wänden eingeschlossen sind, dann zeigt sich, daß ein solches ‚Kollektiv' Besonderheiten aufweist, die die einzelnen Kugeln nicht besitzen. Wir können die mittlere kinetische Energie dieser Kugeln bestimmen. Diese Größe umfaßt alle Eigenschaften dessen, was wir Temperatur nennen. Wir können - und das wird in der gegenwärtigen statistischen Mechanik getan - vom groben Modell des elastischen Kastens abstrahieren und das gegenseitige Verhalten einer großen Anzahl beliebiger mechanischer Systeme betrachten, die aufeinanderwirken und dem Gesetz der Newtonschen Mechanik unterworfen sind, und trotzdem erweist sich die mittlere kinetische Energie der Bewegung als Maß dessen, was wir Temperatur nennen ... Kann man von der Temperatur eines einzigen Moleküls sprechen? Die Frage hat keinen Sinn. Man kann nur von der Geschwindigkeit sprechen, mit der es sich bewegt. Die *Qualität*, die wir Temperatur nennen, erscheint nur dann, wenn wir eine genügend große *Quantität* sich bewegender und aufeinanderwirkender Moleküle vorfinden.

Jetzt fragt es sich: kann man die Versammlung der sich bewegenden Moleküle zerlegen? Die Frage ist für einen Menschen, der nicht in der Scholastik steckengeblieben ist, völlig klar."[50]

Für Deborin beweist indes das angeführte Beispiel genau das Gegenteil von dem, was Timirjazev damit beweisen will: nämlich die Unmöglichkeit, die Eigenschaften eines Kollektivs auf die Eigenschaften seiner einzelnen Teile zurückzuführen. Da Timirjazev von der Frage ausgeht, ob man komplizierte Erscheinungen auf einfache zurückführen kann, und da er von dieser Fragestellung zu dem Ergebnis gelangt, daß eine komplizierte Erscheinung, wie z. B. ein „Kollektiv" von Molekülen (das durch Besonderheiten ausgezeichnet ist, die seine einzelnen Elemente nicht aufweisen), nicht auf seine einzelnen Teile reduziert werden kann, muß er bei seiner letzten Schlußfolgerung, daß sie doch reduzierbar ist, zwei verschiedene Begriffe zusammenfallen lassen, und zwar den Begriff der *Zerlegbarkeit* mit dem Begriff der *Zurückführbarkeit!* Die „Zerlegbarkeit" der zu einem „Kollektiv" zusammengefaßten Moleküle steht auch für Deborin außer Frage. Das ist aber für ihn gar nicht das umstrittene Problem. Für ihn geht es darum, ob die besondere *Gesetzmäßigkeit*, die besondere Qualität, die das „Kollektiv" von Molekülen seinen einzelnen Teilen voraus hat, voll und ganz auf die Gesetzmäßigkeit der einzelnen Teile zurückgeführt werden kann. Aus der spezifischen Gesetzmäßigkeit der einzelnen Teile ist jedoch die spezifische Gesetzmäßigkeit des Kollektivs von Molekülen nicht abzuleiten. Das Neue entsteht erst im Augenblick der Zusammenfassung der Teile zum Kollektiv. Die Frage der Zerlegbarkeit wird von diesem Problem gar nicht berührt.

„Aber warum hat sich der Genosse Timirjazew selbst bei diesem einfachen Beispiel hoffnungslos verwirrt?" fragt Deborin. „Das erklärt sich durchaus nicht so einfach, wie man auf den ersten Blick meinen könnte. Die Sache ist die, daß die mechanische Konzeption mit dem Kollektiv nicht fertig wird. Sie hat es letztes Endes nur mit *Individuen*, mit einzelnen Elementen, mit Molekülen, Teilchen usw. zu tun. Daher führen sie die *kollektive Bewegung* auf die Bewegung einzelner, abgesonderter Elemente zurück und setzen sie gleich. Wenn die Materie nur diskret ist, dann existiert in der Natur nur die Bewegung abgesonderter materieller Punkte, und zwischen ihnen besteht dann keine Verbindung, kein Übergang von einem einzelnen Individuum zum Kollektiv. Aber das Kollektiv ist vom Individuum *qualitativ* unterschieden."[51]

Indem Deborin bei der Widerlegung Timirjazevs ganz bewußt mit soziologischen Begriffen wie „Kollektiv" und „Individuum" operiert - Timirjazev macht es ihm in diesem Punkt allerdings recht leicht - verwandelt sich der rein naturwissenschaftliche Streit unversehens in ein aktuelles sozialpolitisches Problem. Unter diesem Aspekt mußte die Entscheidung dieses naturwissenschaftlichen Problems - im mechanizistischen oder dialektischen Sinne - unmittelbar die sozialpolitische Konzeption der Partei berühren.

Und wieder entsprach der Deborinsche Lösungsvorschlag ganz den vorgefaßten

Vorstellungen der Partei, die die Vereinzelung und Selbstentfremdung des Individuums durch die Etablierung der „kollektiven Gesellschaft" im Sozialismus zu überwinden hoffte. Die Idee der „kollektiven Gesellschaft" beinhaltete den Anspruch, eine Gesellschaft höherer Ordnung zu sein, in der die individuelle Isolierung in einer kollektiven Individualität aufgehoben sein sollte. Sie beinhaltete weiter, daß der alte Gegensatz zwischen Individuum und Masse ein für allemal in ihr aufgelöst sein sollte.

Dieses traditionelle soziale Leitbild des Marxismus fand seine Bestätigung in der Deborinschen Problemlösung, in der generell zwischen Erscheinungen höherer und niederer Ordnung unterschieden wurde. Den Erscheinungen höherer Ordnung wurde darin auch ausdrücklich eine neue Qualität und eine neue Gesetzmäßigkeit zudiktiert. Die von den Mechanizisten angebotene Lösung widersprach dagegen auf sozialem Gebiet überhaupt der marxistischen Gesellschaftsidee und sie mußte schon aus diesem Grunde auf den Widerstand der Partei stoßen.

Auch der zweite zwischen Deborin und Timirjazew diskutierte Problemkreis hängt mit ihren entgegengesetzten Auffassungen des allgemeinen Entwicklungsprozesses zusammen. Zum Beweis, daß sich Deborin auf Grund seiner falschen Auffassung des Entwicklungsprozesses antiwissenschaftlichen Positionen nähert, zieht Timirjazev dessen Definition von Zufall und Notwendigkeit heran: „Auf dem Gebiet der Naturwissenschaft können die Bemerkungen des Genossen Deborin eine grundsätzliche Verwirrung hervorrufen", schreibt Timirjazew. „So finden wir auf Seite 85 der Zeitschrift ‚Unter dem Banner des Marxismus', Nr.1/2, 1926 (es handelt sich um den Artikel „Engels und die Dialektik in der Biologie", d. Verf.) den völlig richtigen Gedanken: ‚Darwin geht von dem grundsätzlichen Gedanken aus, daß die Evolution sich auf der Grundlage von zufälligen Variationen vollzieht. Aber Darwin verstand natürlich unter der Zufälligkeit niemals Ursachlosigkeit.' Indes erweist es sich gleich auf der nächsten Seite, ‚daß wir diese Veränderungen nicht nur deshalb zufällig nennen, weil uns ihre Ursachen unbekannt sind, wie das Darwin glaubt. Sie sind in einem mehr objektiven Sinne zufällig'. (?!) Was heißt das - zufällig in einem mehr objektiven Sinne? Diese ‚Zufälligkeit' kommt schon - vielleicht unbewußt und gegen den Willen des Autors - der Akausalität recht nahe."[52]

Hinter der Kritik Timirjazevs, mit der er nachzuweisen sucht, daß die Deborinsche Auffassung sich bedenklich einer akausalen und vitalistischen Position nähert, steht eine besondere Vorstellung von Zufall und Notwendigkeit, die mit der allgemeinen mechanizistischen Weltanschauung verbunden ist. Während Deborin sich im wesentlichen auf Plechanov beruft, der den Zufall als Schnittpunkt zweier Kausalreihen definiert[53], verteidigt Timirjazev das subjektive Wesen des Zufalls. Für ihn reduziert sich das Problem des Zufalls auf das subjektive Nicht-Wissen eines Kausalzusammenhanges. Es wird sich noch in der Auseinandersetzung zwischen Deborin und Akselrod erweisen, daß diese Definition schwerwiegende Konsequenzen für die mechanizistische Materieauffassung hat! Eine im Entwicklungsprozeß selbst liegende *objektive* Zufälligkeit, wie sie Deborin verficht, mußte Timirjazev daher den Verdacht nahelegen, daß die Deborinisten die allgemeine Determination zugunsten einer ungenügend bestimmten Notwendigkeit durchbrechen wollten.

Deborin setzt sich gegen den Angriff Timirjazevs mit einer nochmaligen Darstellung seines Standpunktes in dieser Frage zur Wehr: „Es genügt, sich den Beispielen und Überlegungen Timirjazevs zuzuwenden", schreibt er, „um sich davon zu überzeugen, daß er die Zufälligkeit immer noch im subjektiven Sinne versteht. Ich habe geschrieben, daß wir bestimmte Erscheinungen nicht deswegen zufällig nennen, weil uns ihre Ursachen unbekannt sind, sondern darum, weil diese Erscheinungen im objektiven Sinne zufällig sind. Aber, da ich wußte, daß mein Artikel („Engels und die Dialektik in der Biologie", d. Verf.) auch von den weniger einsichtigen ,Kritikern' gelesen werden würde, erklärte ich dort, daß man unter der Zufälligkeit natürlich nicht *Ursachlosigkeit* verstehen kann, daß es ursachlose Erscheinungen nicht gibt, daß ,der zufällige Charakter der Veränderlichkeit organischer Formen nicht nur nicht die Notwendigkeit ausschließt, sondern sie voraussetzt, daß die Zufälligkeit nur eine besondere spezifische Form der Notwendigkeit darstellt' oder, wie Engels sagt, daß die Zufälligkeit eine Erscheinungsform der Notwendigkeit ist. Eben in diesem Sinne ist die *Zufälligkeit objektiv* und nicht subjektiv, nicht eine Form unseres Bewußtseins, unseres Denkens, sondern eine objektive Form der Notwendigkeit, d.h. ihr Sonderfall."[54] Und weiter schreibt er: „Wie kann man nach dem Gesagten behaupten, wie das unser verantwortungsloser Kritiker tut, daß das Zufällige bei Deborin dem Ursachlosen nahekommt? Dafür gibt es nur eine Erklärung: der Genosse Timirjazev versteht das Wesen des Problems nicht, aber es verlangt ihn leidenschaftlich danach zu schreiben, zu widersprechen, zu lärmen."[55]

Um den weiteren Verlauf der Auseinandersetzung in dieser Frage zu verstehen, muß besonders der Passus des oben wiedergegebenen Zitates festgehalten werden, in dem Deborin den Zufall als „eine objektive Form der Notwendigkeit" definiert. Das bedeutet in Hinblick auf die allgemeine Entwicklung in Natur und Gesellschaft, daß es keine Erscheinung in ihr gibt, die nicht an irgend einem Punkt - gleichviel, ob erkannt oder nicht - mit der allgemeinen Notwendigkeit zusammenhängt. Wenn die Deborinisten von „Zufall" in der Geschichte sprechen, bedeutet das nur: „Sonderfall" einer Notwendigkeit. Die Mechanizisten, die sich als radikale Deterministen gaben, trennten den Zufall in der Geschichte oder Natur von der ihn hervortreibenden allgemeinen Notwendigkeit! Das subjektive *Nicht-Wissen* eines Kausalzusammenhanges verband sich bei ihnen nicht mit dem weitergehenden Gedanken, daß der Zufall objektiv mit einer Notwendigkeit verbunden ist. Der Zufall war bei den Mechanizisten - wenn man so will - ein *reiner* Zufall, der aus der allgemeinen Determination ausgeklammert wurde, weil er die allumfassende Determination störte. Damit kamen aber die Mechanizisten im Hinblick auf „Zufälle" im Entwicklungsprozeß zu dem Ergebnis, daß sie nicht *notwendig* sind. Da das Auftauchen des Bewußtseins in der Entwicklung als „Zufall" bestimmt wurde, konnte das Bewußtsein eben nicht eine echte notwendige Eigenschaft der Materie sein usw.

Nachdem Deborin noch nachzuweisen sucht, daß Timirjazev zwar von Philosophie und Dialektik spräche, aber dennoch ihre wissenschaftliche Bedeutung für die Naturwissenschaft leugne, gibt er zum Abschluß seiner Überzeugung Ausdruck, daß die Mehrheit der Mechanizisten von ihren Führern abrücken würde, wenn sie sich erst vom antiwissenschaftlichen und antimarxistischen und revisionistischen Charakter dieser Strömung überzeugt haben werden."[56]

c) Deborin versus Aksel'rod

Die Auseinandersetzung zwischen Deborin und Ljubov' Isaakovna Aksel'rod beginnt erst verhältnismäßig spät. Aksel'rod tritt erst nach einer Diskussion im Institut für Wissenschaftliche Philosophie am 18. Mai 1926 offen an die Seite der Mechanizisten und erst als Deborin im Schlußwort dieser Diskussion neben Timirjazev gerade Aksel'rod mit schweren Vorwürfen überhäuft, veröffentlicht sie als Antwort darauf eine Reihe von Artikeln, in denen sie den Angriff Deborins zurückweist und ihre Position verteidigt.

Die Probleme, auf die sich die Diskussion zwischen Deborin und Aksel'rod zuspitzten, fallen zunächst ganz aus dem Themenkreis heraus, der üblicherweise zwischen Deborinisten und Mechanizisten umstritten war; dann aber mündet auch der Streit um die Deutung des Spinozaschen Substanzbegriffes - der spezielle Gegenstand, um den die Auseinandersetzung zwischen Deborin und Aksel'rod kreiste - wieder in das Problem ein, ob das Wesen des Spinozaschen Materialismus dialektisch oder mechanizistisch aufzufassen sei.

Nach der Diskussion im Institut für Wissenschaftliche Philosophie in die Verteidigung gedrängt, beginnt Aksel'rod Artikel zu publizieren, in denen sie die Deborinsche Darstellung der Entwicklungsgeschichte der Philosophie heftig kritisiert. Im Mittelpunkt stehen dabei die Behauptungen, daß Deborin die Stellung Spinozas in der Vorgeschichte des Marxismus falsch bestimmt habe, und daß er weiter das Urteil Plechanovs über Spinoza entstellt hätte.

In ihrem Artikel „Es langweilt!" hält sie Deborin vor, daß es nicht wahr sei, daß Plechanov Spinoza für einen konsequenten Materialisten gehalten habe, und daß sein Substanzbegriff von Plechanov kritiklos mit dem marxistischen Materiebegriff parallelisiert worden sei: „Obwohl Plechanov in Bezug auf Spinoza und Feuerbach den Terminus ‚Materialist' verwendet, so zeigen doch die weiteren Erläuterungen", schreibt Aksel'rod, „wie z.B. ‚Materialist seiner Epoche' und die Worte ‚theologisches Anhängsel' oder die kategorische und richtige Feststellung Plechanovs, daß der Materialismus Spinozas darauf hinausläuft, daß er Gott das Attribut der Ausdehnung zuschreibt; mit einem Wort, alle diese Einschränkungen des Spinozistischen Materialismus, die Spinoza für unsere Zeit zu einem inkonsequenten Materialisten machen, werden von den ‚Philosophen' der Zeitschrift ‚Unter dem Banner des Marximus' beiseite geschoben, und Spinoza wird in ihren Händen zu einem 100 %igen Materialisten, wenn nicht mehr. Derjenige, der die Texte Feuerbachs, Plechanovs und selbst Spinozas nicht verzerrt, wird von ihnen schlankweg ‚Revisionist' genannt. Es ist absurd zu behaupten, daß die Spinozasche Substanz Materie ist. Wenn man sie Materie nennt, heißt das folgendes sonderbare Wesen zu konstruieren: *die Substanz ist Materie, eines ihrer Attribute ist die Materie, und das andere Attribut ist das Denken.*"[57]

Deborin stellt in seiner Schrift „Der Revisionismus unter der Maske der Orthodoxie" - in der er die Aksel'rodsche Philosophie auf mechanizistische Elemente untersucht - der oben wiedergegebenen Stelle aus dem Jahre 1927 eine Stelle aus dem Buch Aksel'rods „Philosophische Skizzen" aus dem Jahre 1906 gegenüber, in dem sie nach seiner Meinung ein ganz anderes, den obigen Ausführungen entgegengesetztes Urteil über Spinoza und seinen Materialismus fällt: „Die grandiose, konsequent durchdachte Weltanschauung des genialen Denkers (Spinoza, d. Verf.) ist entstellt und wird auch heute noch immer von idealistischen Historikern und Kommentatoren in einem Maße entstellt", schrieb Aksel'rod 1906, „daß die Wiederherstellung seines genauen und wahren Sinnes nur in einer großen und besonderen Arbeit vorgenommen werden könnte. Wir beschränken uns hier darauf hinzuweisen, daß die Lehren Spinozas auf dem streng durchdachten Prinzip der mechanischen Kausalität aufgebaut sind. Die volle Negation der Theologie und die vorbehaltlose Anerkennung der mechanischen Kausalität bilden die Seele des Materialismus."[58] Und hinsichtlich des Problems, ob der Geist der Materie oder die Materie dem Geist vorgeordnet werden müsse, fügt Aksel'rod der oben zitierten Stelle noch hinzu: „Auf diese hauptsächlichste und wesentlichste Frage des Materialismus muß man so antworten, wie Spinoza darauf geantwortet hat: ‚Die Ordnung und Verbindung der Ideen entspricht der Ordnung und Verbindung der Sachen' ... Wenn man diese Bestimmungen in die Sprache Marxens übersetzt, heißt das, daß das Bewußtsein durch das Sein und nicht das Sein durch das Bewußtsein bestimmt wird."[59]

Aus der Gegenüberstellung der Zitate folgert er, daß Aksel'rod Spinoza 1906 noch für einen konsequenten Materialisten hielt, und zwar erstens, weil Spinoza das Prinzip der *mechanischen Kausalität* zur Grundlage seines philosophischen Systems macht - das ja nach Aksel'rod die Seele des Materialismus bildet - zweitens, weil bei Spinoza die Materie dem Geist vorgeordnet ist und drittens, weil die Substanz bei Spinoza nichts anderes ist als die reale Natur, wie sie das auf einer der folgenden Seiten ihres Buches „Philosophische Skizzen" bekennt.

„So sang unsere Schwalbe in der Morgenröte ihrer marxistischen Jugend", schreibt Deborin. „In Wirklichkeit ist diese marxistische Interpretation nicht das ‚Eigentum' Aksel'rods. Sie interpretiert nur mit eigenen Worten einen Gedanken Plechanovs, und das war gut und nützlich so, da die Gedanken Plechanovs als gute und richtige Gedanken von allen orthodoxen Marxisten übernommen wurden. Gegen diese Interpretation des Spinozismus wandten sich nur die Idealisten, unter ihnen Machisten vom Schlage Bogdanovs und seiner Gesinnungsgenossen.

Mit der Zeit ist der Marxismus unseres Orthodoxen trübe geworden. Seit einiger Zeit hat Aksel'rod die Einwände der idealistischen Spinozainterpretation übernommen und sich von ihren eigenen Ansichten über Spinoza losgesagt, die sie in ihren früheren Arbeiten entwickelt hat. Alles, was sie heute gegen die Deborinisten schreibt, ist gegen Plechanov und ihre eigenen Schriften gerichtet ... Aber unser Unteroffizier, der die Rolle eines Generals spielt, versucht den Eindruck zu erwecken, daß nicht er der marxistischen Auffassung des Spinozismus untreu geworden ist, sondern Deborin und seine Gesinnungsgenossen."[60]

Nachdem Deborin in der obigen Gegenüberstellung die Stellen im Werk Aksel'rods aufgesucht hat, aus denen die Wandlung ihrer Spinozainterpretation im Laufe von 20 Jahren hervorgeht, untersucht er im folgenden die mechanizistischen Implikationen ihres neuen Standpunktes. Um zu beweisen, daß Aksel'rod in das mechanizistische Lager übergegangen ist, greift er die weiter oben zitierte Stelle auf, wo Aksel'rod die Gleichsetzung des Spinozaschen Substanzbegriffes mit dem marxistischen Materiebegriff „absurd" nennt, weil man dann zu der unsinnigen Definition gelange: „die Substanz ist Materie, eines ihrer Attribute ist die Materie, und das andere Attribut ist das Denken."

Die Ablehnung dieser Definition ist für Deborin ein untrügliches Zeichen für das Abschwenken Aksel'rods zu einem mechanizistischen Standpunkt. Nach Deborin kann sie das Denken deshalb nicht als ein notwendiges Attribut der Materie gelten lassen, weil das Denken für sie, wie für alle Mechanizisten, nicht eine notwendige, sondern eine rein zufällige Entwicklungsform der Materie ist. An diesem Punkt findet Deborin den Anschluß an ein Generalthema seiner Auseinandersetzung mit den Mechanizisten: an die Frage nach der richtigen Bestimmung von Zufall und Notwendigkeit im Entwicklungsprozeß. Unter diesem Gesichtspunkt erschließt sich für ihn die Aksel'rodsche Auffassung als mechanizistischer Revisionismus.

„Vom Standpunkt Aksel'rods ist das Denken eine *zufällige* Eigenschaft des Seins und der Materie. Engels betrachtet dagegen das Denken als ein Attribut der Materie. Für Engels ergibt sich die Tatsache, daß denkende Wesen existieren, aus der Natur der Materie. Für die vulgären Materialisten ist hingegen das Denken etwas Äußerliches, Zufälliges, etwas, was von außen an die Materie herantritt, etwas, was nichts mit ihrem Wesen, mit ihrer inneren Natur gemein hat."[61]

Die Aksel'rodsche Kritik am Spinozaschen Substanzbegriff kann nach Deborin nur auf Grund dieser allgemein-mechanizistischen Einordnung des Denkens als Zufallsprodukt der materiellen Entwicklung begriffen werden. Da die Ursachen, die das Denken in der Materie geweckt haben, noch nicht bekannt sind, da die Notwendigkeit und Konsequenz dieses Entwicklungsvorganges noch verborgen ist und da die Mechanizisten den Zufall als subjektives Nicht-Wissen eines Kausalzusammenhanges definieren, muß für sie auch das Denken als eine zufällige und glückliche Hervorbringung des materiellen Entwicklungsprozesses erscheinen. An diesem Punkt schlägt das Prinzip der mechanischen Kausalität bei den Mechanizisten in Akausalität um. Das rein mechanische Prinzip der Kausalität erweist sich als zu eng, um die Vielfalt notwendiger Entwicklungen durch alle Zufälle hindurch in ihrer Gesetzmäßigkeit zu erfassen.

Nach dieser Deduktion stellt Deborin Aksel'rod vor die Alternative, entweder zuzugeben, daß sie einen mechanizistischen Materialismus vertritt, oder sich ihm anzuschließen: Soll doch Aksel'rod offen und ehrlich antworten", fordert er, „habe ich mit meiner Behauptung recht, daß Engels und Plechanov Denken und Ausdehnung als die beiden Attribute ein und derselben Substanz anerkennen oder nicht? Sie wird nicht wagen zu antworten, daß ich unrecht habe, weil die Frage selbst denen klar ist, die nur die Buchstaben des Marxismus kennen."[62]

Noch eindeutiger werden die mechanizistischen Implikationen des Aksel'rodschen Materialismus nach der Ansicht Deborins, wenn man sich vor Augen führt, was sie für das Wesen des philosophischen Materialismus hält. Plechanov, dessen Zeugnis sie zur Rechtfertigung ihrer Auffassungen beschwört, hat nach Deborin den Schwerpunkt des Spinozaschen Materialismus nicht - wie Aksel'rod meint - im Prinzip der mechanischen Kausalität erblickt, sondern ihn gerade im Spinozaschen Substanzbegriff gesehen. In dieser Frage befindet sich Plechanov in voller Übereinstimmung mit Marx und Engels. Aksel'rod steht dagegen nach Deborin auf einem „besonderen" Standpunkt, der mit dem echten Marxismus nichts zu tun hat.

Das Prinzip der mechanischen Kausalität ist für Deborin kein Kriterium, mit dem man Idealismus von Materialismus scheiden könnte. Im Gegenteil, wenn man das Prinzip der mechanischen Kausalität zur „Seele des Materialismus" erhebt, öffnet man Tür und Tor für eine idealistische Verfälschung des dialektischen Materialismus: „In ihrem letzten Artikel in der ,Roten Neuigkeit' (Krasnaja Nov) behauptet sie (Aksel'rod, d. Verf.) unverändert", schreibt Deborin, daß die mechanische Kausalität die ,Seele', das ,grundsätzliche Wesen' des Materialismus ist. Der Materialismus wird auf diese

Weise mit der mechanischen Kausalität identifiziert ... Indem Aksel'rod die mechanizistische Weltanschauung verteidigt und das Wesen des Materialismus in der mechanischen Kausalität findet, muß sie natürlich den Mechanizisten zugezahlt werden ... Aber wenn die *mechanische Weltanschauung* mit dem *Materialismus* schlechthin identifiziert wird, wenn Materialismus nur als *mechanischer* Materialismus möglich ist, dann ist es klar, daß der *dialektische* Materialismus eine Negation des Materialismus ist, dann ist er Idealismus, Hegelianismus oder etwas weit Schlimmeres."[63]

Auf Grund dieser Analyse kommt Deborin zu dem Ergebnis, daß die Aksel'rodsche Auffassung des Materialismus den dialektischen Materialismus ausschließt und sich gleichzeitig einer positivistischen Konzeption öffnet: „Darin besteht ihre wesentlichste Sünde, das ist Grundlage und Wesen ihres *Revisionismus* wie auch des Revisionismus ihrer Gesinnungsgenossen. Eben diese Tatsache gibt den gegenwärtigen Mechanizisten die Möglichkeit, eine Einheitsfront mit den Machisten zu bilden. Wer diesen Block nicht sieht, ist auf beiden Augen blind."[64]

3. Die Stellung der Zeitschrift „Unter dem Banner des Marxismus" in der Auseinandersetzung

Die philosophische Linie, der die Zeitschrift „Unter dem Banner des Marxismus" seit ihrer Gründung im Jahre 1922 folgte, hat das Schicksal der Diskussion zwischen Deborinisten und Mechanizisten unmittelbar beeinflußt und ist aus den philosophischen Auseinandersetzungen der 20er Jahre nicht wegzudenken. Fast zu allen umstrittenen Fragen sind dort umfangreiche und von den verschiedensten Standpunkten verfaßte Arbeiten erschienen, die zu dem Besten gehören, was die sowjetische Philosophie bis 1930 hervorgebracht hat.

Deborin ist zwar erst 1926 zum Chefredakteur der Zeitschrift ernannt worden, was übrigens eine unmittelbare Folge seines Sieges über die Mechanizisten auf der Diskussion im Institut für Wissenschaftliche Philosophie im Mai 1926 war, aber sein geistiger Einfluß ist auch während der Jahre 1922 bis 1926 in allen redaktionellen Artikeln unverkennbar. Mit einigen wenigen Ausnahmen sind fast alle seine Arbeiten in dieser Zeitschrift erschienen und erst sie gaben ihr das unverwechselbare philosophische Profil, welches sie sehr bald zu einem Begriff im geistigen Leben der Sowjetunion werden ließ. Obwohl die Zeitschrift bis 1930 die Deborinsche Linie verfolgte, hat sie ihre Spalten keineswegs ihren philosophischen Widersachern verschlossen. Sie war vielmehr um eine Diskussion bemüht, in der die verschiedensten Ansichten zu Worte kommen sollten. Besonders die Jahre 1922 bis 1926 sind dadurch ausgezeichnet, daß eine Reihe erklärter Mechanizisten, wie z. B. I. I. Stepanov, A. K. Timirjazew, A. Varjaš und V. L. Sarab'janov, ihre Arbeiten ungehindert in ihren Spalten veröffentlichen konnte.

Ein gewisser Umschwung in dieser Haltung trat erst ein, als sich im Verlauf der Diskussion die Gegensätze verhärteten und die Niederlage der Mechanizisten nach der schon erwähnten Diskussion im Mai 1926 nur noch eine Frage der Zeit war und nachdem es sich gezeigt hatte, daß sich die Mechanizisten von den Grundgedanken des Marxismus immer weiter entfernten. Von 1927 bis 1929 versteifte sich dann die Haltung der Redaktion gegen die Mechanizisten so weit, daß seit Ende 1926 keine ausgesprochen mechanizistischen Arbeiten mehr von ihr veröffentlicht wurden.

Im Jahre 1929 setzten sich die Deborinisten endgültig durch und beherrschten nicht zuletzt durch die vielen programmatischen Artikel, die sie in dieser Zeitschrift publizierten, fast anderthalb Jahre die offizielle sowjetische Philosophie. Diese Entwicklung wurde dann ihrerseits durch den bekannten Beschluß des ZK der KPdSU (B) vom 25. Januar 1931 „Über das Journal ‚Unter dem Banner des Marxismus'" abgebrochen. Der große, ja entscheidende Einfluß, den die Zeitschrift auf die Entwicklung und die Richtung der sowjetischen Philosophie genommen hat, geht schon daraus hervor, daß die offizielle Verdammung der dialektischen Philosophie in der Form einer Kritik an der Arbeit der Zeitschrift erfolgte und durch eine Reorganisation ihres redaktionellen Stabes vollzogen wurde.

Nach 1931 hat die Zeitschrift jede Selbständigkeit eingebüßt und vertritt nur noch die politische Linie der Partei auf dem Gebiet der Philosophie.

Das philosophische und politische Programm der Zeitschrift von 1922, an dessen Ausarbeitung Deborin maßgeblich beteiligt war, wurde im ersten Doppelheft veröffentlicht. Darin wurde festgelegt, daß sich die Zeitschrift die Aufgabe stelle, einen orthodoxen und militanten Marxismus zu verbreiten, aber daneben auch ein Forum für alle gutwilligen nichtmarxistischen Materialisten zu sein.

„Die große Revolution hat die Massen in Bewegung gesetzt", heißt es dort, „sie hat die breite Schicht der Arbeiter und Bauern an die vorderste Front der Revolution gerückt und den Reihen der Avantgarde der Revolution, der Russischen Kommunistischen Partei, Hunderttausende junger Menschen zugeführt, die im Feuer und im Sturm der Revolution gut zu kämpfen gelernt haben, die aber noch die stählende Schule der marxistischen Philosophie durchlaufen müssen, um standhafte, überzeugte und unerschütterliche Kommunisten zu werden."[65]

Neben der Erziehung der Jugend im Geiste des Marxismus stellte sich die Zeitschrift die Aufgabe, gegen jede Form „des Eklektizismus, gegen alle idealistischen Tendenzen, gegen Revisionismus, Mystizismus und religiöse Verneblung" zu kämpfen.[66]

Doch so klar und bestimmt die Redaktion ihre Aufgaben und Ziele auch formuliert habe, äußert Deborin in einer Würdigung seiner Zeitschrift anläßlich ihres fünfjährigen Bestehens, so habe doch erst der Artikel Lenins „Über die Bedeutung des kämpferischen Materialismus" recht eigentlich ihren Kurs festgelegt. Deborin berichtet auch, daß Lenin in den wenigen Jahren, die ihm nach der Revolution noch beschieden waren und trotz der ungeheuren Arbeitslast, die auf seinen Schultern lag, sich unermüdlich um das Schicksal der Zeitschrift gekümmert habe und das Redaktionskollegium durch Ratschläge und Hinweise mit seinem Geist zu erfüllen vermochte, so daß die Zeitschrift im Grunde sein Geschöpf sei.[67]

Die Aufgaben, die Lenin in seinem für die Entwicklung der sowjetischen Philosophie so überaus wichtigen Artikel „Über die Bedeutung des kämpferischen Materialismus" der Zeitschrift gestellt hat, lassen sich nach Deborin in drei Punkten zusammenfassen:

1. „Das Journal ‚Unter dem Banner des Marxismus' muß ein Organ des kämpferischen Materialismus sein."

2. „Das Organ des kämpferischen Materialismus muß gleichzeitig auch ein Organ des militanten Atheismus sein."[68]

3. „Das Kollegium der Redaktion und der Mitarbeiter des Journals ‚Unter dem Banner des Marxismus'", schreibt Lenin wörtlich, „muß nach meiner Meinung eine Art ‚Gesellschaft materialistischer Freunde der Hegelschen Dialektik' sein."[69]

Bei der Erfüllung dieser ihr von Lenin gestellten Aufgaben hat die Zeitschrift nach Deborin zwei Phasen durchlaufen. In der ersten Phase bestand die Hauptaufgabe im Kampf gegen den Vulgärmaterialismus und die Mininschen Parolen.

Die sozialen Ursachen für das Heraufkommen einer empiristischen und philosophiefeindlichen Strömung in den ersten Jahren nach der Revolution sieht Deborin im allmählichen Abklingen der von hochfliegenden Idealen genährten Begeisterung der

Revolutionszeit. Die heroische Periode der Revolution war vorüber. Es folgte eine Zeit, in der die praktischen Aufgaben beim Aufbau des Sozialismus alle theoretischen Probleme unwesentlich erscheinen ließen. Die Entwicklung der Technik, die Wiederherstellung der zerstörten Wirtschaft, praktische Fragen der Staatslenkung und des Staatsaufbaus rückten in das Zentrum der Aufmerksamkeit. Die Theorie wurde eine Zeitlang hintangesetzt. Diese Situation macht Deborin für die zeitweilige Unterschätzung der Theorie und die Überschätzung der Praxis verantwortlich.[70]

Auf dem Hintergrund dieser Situation ist es nach Deborin gar nicht so verwunderlich, daß sich der Angriff gegen die marxistische Philosophie und ganz besonders gegen die Zeitschrift richtete, die diese Philosophie auf ihre Fahnen geschrieben hatte. Daher mußte die Hauptaufgabe der Zeitschrift in der ersten Periode notwendigerweise in der Propagierung der materialistischen Weltanschauung und der marxistischen Philosophie bestehen. Mit diesem Ziel vor Augen, sind von der Zeitschrift „die Erkenntnistheorie des Materialismus, die Geschichte des Materialismus und Probleme der zeitgenössischen Naturwissenschaft" behandelt und ausgearbeitet worden.[71] Gleichzeitig wurde ein unerbittlicher Kampf gegen den Revisionismus, den Idealismus und gegen die Religion geführt.[72]

War die erste Phase in der Entwicklung der Zeitschrift vom Kampf für die marxistische Weltanschauung und die selbständige Bedeutung der Philosophie erfüllt, so ist die zweite Phase nach Deborin der Verteidigung der Dialektik gewidmet. Die mechanizistische Weltanschauung, gegen die sich die Zeitschrift in ihrer zweiten Phase hauptsächlich zu wenden hatte, entstand nach den Worten Deborins „auf der Grundlage der Mininschen Parolen". Diese Parolen stellen sogar „in gewisser Weise das Fundament dar", auf dem sich die mechanizistische Weltanschauung erhob.[73]

Einen besonderen Rückhalt für den von der Zeitschrift während der zweiten Phase ihrer Entwicklung eingeschlagenen Kurs boten die damals veröffentlichten Schriften „Dialektik und Natur" von Engels und „Über die Dialektik" von Lenin. „Man hätte sich vorstellen können", schreibt Deborin, „daß Marxisten sich verpflichtet gefühlt hätten, unverzüglich diese Arbeiten zu studieren und weiter auszuarbeiten. Aber dem war ganz und gar nicht so! Tatsächlich ergab sich ein unerwartetes ‚Paradox'. Diese klassischen Arbeiten dienten - so seltsam das auch anmuten mag - als ein zusätzlicher Anstoß für den Zusammenschluß aller Anti-Dialektiker und aller Mechanizisten."[74] Deborin unterstreicht, daß die Redaktion der Zeitschrift sich von diesen „paradoxen"

Auswirkungen nicht habe beirren lassen. Die Redaktion habe darauf erst recht ihren einmal eingeschlagenen Kurs mit allen ihr zu Gebote stehenden Mitteln weitergeführt.

Zur Rechtfertigung des von seiner Zeitschrift beschrittenen Weges erinnert Deborin daran, daß es ja Lenin selbst gewesen sei, der bestimmt hätte, daß die Redaktion der Zeitschrift eine Art „Gesellschaft der materialistischen Freunde der Hegelschen Dialektik" bilden müsse. „Diese Zuspitzung der Frage durch Lenin zeugt davon", schreibt er, „daß er die Ausarbeitung der Hegelschen Dialektik von einem materialistischen Gesichtspunkt nicht nur für eine zentrale Aufgabe der Zeitschrift, sondern überhaupt für eine zentrale Aufgabe unserer Zeit hielt."[75]

Die Zeitschrift hätte bei der Erfüllung des Leninschen Vermächtnisses einiges geleistet, meint Deborin. Obwohl sie durch die Auseinandersetzung mit den Mechanizisten gezwungen gewesen sei, statt die Dialektik auszuarbeiten, erst ihr Daseinsrecht zu behaupten, habe sie dennoch im Laufe der letzten Jahre auch positive Erfolge erzielt: „Es ist für niemanden ein Geheimnis", schreibt er, „daß sowohl die Polemik über Fragen der Dialektik auf den Seiten unseres Journals als auch die Diskussion zwischen den Dialektikern und Mechanizisten auf öffentlichen Versammlungen unsere Naturwissenschaftler aufgescheucht und gezwungen hat, sich eingehender mit der dialektischen Methode zu befassen, so daß wir an dieser Front einen bedeutenden Erfolg verzeichnen können. Unser Journal hat und wird auch weiter eine richtungsweisende Rolle in dieser Bewegung spielen."[76]

Diese Worte aus dem Jahre 1926 zeigen die dialektische Philosophie im vollen Aufschwung und lassen noch nichts von der Katastrophe ahnen, die über sie hereinbrechen sollte und die ihre in der Sowjetunion einzigartige Zeitschrift in ein willfähriges Organ der bolschewistischen Partei verwandeln sollte.

Kapitel III
Die Verurteilung der Mechanizisten

Die 2. Allunionskonferenz der Marxistisch-Leninistischen Forschungsanstalten, auf der Deborin einen vollen persönlichen Erfolg davontrug, fand vom 8. bis zum 13. April 1929 in den Räumen der Kommunistischen Akademie in Moskau statt. An der Konferenz nahmen 229 Delegierte teil, „die alle in irgendeiner Hinsicht bedeutende Forschungsinstitute Moskaus, Leningrads, Charkovs, Kievs usw. vertraten".[1]

344

Das Präsidium der Kommunistischen Akademie würdigte die Ergebnisse der Konferenz als ein beredtes Zeugnis für das schnelle Heranwachsen neuer marxistisch-leninistischer Kader und nahm den Verlauf der Konferenz als Beweis ihrer Fähigkeit, ein Wissenschaftsgebiet nach dem anderen zu erobern. Weiter bezeichnete das Präsidium die hinsichtlich der Mechanizisten gefaßten Beschlüsse als einen „Meilenstein in der Geschichte der marxistischen Wissenschaft in der SSSR".[2] „Diese Ergebnisse sind durch den Bericht A. M. Deborins ‚Die gegenwärtigen Probleme der marxistischen Philosophie' und während der Diskussion dieses Berichtes erzielt worden", heißt es wörtlich.[3]

Das Verurteilungsdekret „Über die gegenwärtigen Probleme der marxistisch-leninistischen Philosophie", das von einem fünfzehnköpfigen Gremium ausgearbeitet und einstimmig angenommen wurde (die Mechanizisten waren allerdings zur Abstimmung nicht mehr erschienen), befand, daß die Mechanizisten sich einer „offensichtlichen Abweichung von den Positionen der marxistisch-leninistischen Philosophie" schuldig gemacht hätten und sanktionierte gleichzeitig die Grundgedanken der dialektischen Philosophie Deborins.[4]

Auch Deborin nahm in einem redaktionellen Artikel seiner Zeitschrift zum Ergebnis der 2. Allunionskonferenz Stellung und äußerte, daß das Auftreten der Mechanizisten (A.K. Timirjazev, A. Vařjaš, V.L. Sarab'janov, Perov, Gejlikman, Z. Čejtlin, Perel'man) in der der Beschlußfassung vorhergehenden Diskussion ihre ganze theoretische Fruchtlosigkeit und ideelle Verwirrung gezeigt hat".[5]

Befriedigt stellt er fest, daß die kommunistische Gesellschaft ihr Urteil gesprochen habe. Die Mechanizisten seien auf der Konferenz durch die Vertreter so gewichtiger Institutionen wie der Kommunistischen Akademie, des Lenin-Instituts und des Karl-Marx-und-Friedrich-Engels-Instituts des Revisionismus überführt worden und mit diesen Stimmen könne kein orthodoxer Marxist und kein aufrechter Kommunist rechten.[6]

Die positiven Auswirkungen der fünfjährigen Diskussion resümierend, schreibt er dann: „Im Kampf mit den Mechanizisten erwuchs in vollem Umfang die Aufgabe, das philosophische Erbe von Marx, Engels und Lenin zu erschließen. Im Kampf mit den Mechanizisten wurden die Leninschen Hinweise und Bemerkungen, die in den letzten Jahren bekannt geworden sind, zum Kern unserer ganzen theoretischen Arbeit. Im Kampf mit den Mechanizisten wurde die Aufgabe, alle Gebiete des positiven Wissens marxistisch zu durchdringen, zur wichtigsten Losung unserer laufenden theoretischen Arbeit. Die Richtigkeit des dialektisch-materialistischen Gesichtspunktes hat sich nicht nur im theoretischen Kampf bewahrheitet, er ist nicht nur von der ganzen marxistisch-leninistischen Öffentlichkeit anerkannt worden, sondern er ist *schon* in glänzender Weise in der praktischen Arbeit einzelner Wissenschaften erhärtet worden."[7]

Als wichtigste theoretische Aufgabe für die weitere Entwicklung der sowjetischen Philosophie nennt Deborin, ganz im Geist seiner dialektischen Philosophie, die Ausarbeitung der dialektischen Methode und der dialektischen Kategorien auf der Erfahrungsgrundlage der neuen historischen Epoche.[8]

Neben dem Kongreß der sowjetischen Philosophen arbeiteten im Rahmen der 2. Allunionskonferenz noch zehn weitere Spezialkonferenzen an einer Ortsbestimmung der sowjetischen Wissenschaft: die wichtigsten von ihnen waren die Konferenz der sowjetischen Naturwissenschaftler, die unter der Leitung O.Ju. Schmidts stattfand und eine landwirtschaftliche Fragen behandelnde Konferenz unter der Leitung L.N. Kricmans. Auch die Spezialkonferenzen waren ausnahmslos von Deborinisten beherrscht.[9]

1. Der Verlauf der 2. Allunionskonferenz
a) Der philosophische Rechenschaftsbericht Deborins

In seinem philosophischen Rechenschaftsbericht vor der 2. Allunionskonferenz faßte Deborin noch einmal die wichtigsten Problemkreise seiner Auseinandersetzung mit den Mechanizisten zusammen.

Die Kardinalfrage der langjährigen Auseinandersetzung sieht Deborin nach wie vor in der Weigerung der Mechanizisten, die Dialektik als allgemeine Methodologie der Naturwissenschaften anzuerkennen. Mit unverminderter Heftigkeit wirft er in seinem philosophischen Rechenschaftsbericht Timirjazev und seinen Anhängern vor, daß sie immer noch nicht begriffen hätten, daß die Krise der modernen Naturwissenschaft durch eine Krise ihrer methodologischen Grundlagen hervorgerufen sei: „Wir haben behauptet", ruft er der Versammlung zu, „daß man das Prinzip der Einheit der Gegensätze zur Grundlage der theoretischen Physik machen muß. Unsere Gegner haben uns deswegen des Idealismus, der Scholastik und aller Todsünden bezichtigt.

Ich bin vom Genossen Timirjazev ‚Liquidator der Naturwissenschaften' genannt worden. Wer sollte auch sonst - wenn nicht der Genosse Timirjazev - die Naturwissenschaften vor unseren Anschlägen retten?"[10]

Am schärfsten attackiert Deborin aber die Mechanizisten wegen der Behauptung, daß die Dialektiker den Naturwissenschaftlern die dialektische Methode oktroyierten und dadurch „der Natur die Gesetze vorschreiben, anstatt diese Gesetze aus der Natur abzuleiten".[11] Er repliziert darauf, daß eine solche Kritik ein fundamentales Nicht-Begreifen der Wechselwirkung von Theorie und Praxis im dialektischen Materialismus offenbare. „Der Genosse Timirjazev hat eine in gleicher Weise verworrene Vorstellung von der Marxschen wie von der Hegelschen Dialektik", hält er den Mechanizisten vor. „Gleich allen Mechanizisten versteht er überhaupt nicht die wechselseitige Verbindung zwischen Theorie und Praxis. Auf dem Standpunkt des kriechenden Empirismus und ‚Chvostismus' stehend, negiert er die Rolle der Dialektik *als Mittel der Forschung*, und deshalb legt er unseren Standpunkt so aus, als ob wir ‚der Natur die Gesetze vorschreiben'."[12]

Den Anspruch der Mechanizisten, sich in Übereinstimmung mit Marx und Engels zu befinden, wenn sie die dialektischen Gesetze nur aus der Natur und Gesellschaft herauspräparierten, während die Deborinisten - wie sie weiter behaupteten - im Gegensatz zu Marx und Engels die Gesetze der Dialektik gewaltsam in alle Erscheinungen hineintrügen, macht Deborin nun seinerseits durch eine geschickte Wendung zu einem Hauptargument gegen sie: Wenn in Natur und Gesellschaft dialektische Gesetze zu finden seien, wie die Mechanizisten das selbst zugäben, dann - so folgert Deborin - heißt Anwendung der Dialektik die bereits entdeckten dialektischen Gesetze zur Erforschung neuer Wirklichkeitsgebiete nutzen! Aus diesem Grunde kann die Anwendung der Dialektik nicht der „Erforschung konkreter Fakten und Erscheinungen" widersprechen, wie die Mechanizisten das behaupten, sondern setzt sie im Gegenteil voraus.[13] Was schlagen uns die Mechanizisten vor?" fragt Deborin. „Die Dialektik nicht als Mittel der Forschung zu verwenden, weil das nach ihrer Meinung der ‚Natur die Gesetze vorschreiben' heißt, sondern die konkreten Erscheinungen und Fakten von Natur und Gesellschaft so zu erforschen, daß ‚die Dialektik selbst aus ihnen hervortritt'. Sie wollen die Dialektik nicht anwenden, sondern nur aus der Natur und Gesellschaft herausziehen, was in der Sache eine Negation der Dialektik bedeutet."[14]

Nach dieser Beweisführung stellt Deborin die Mechanizisten vor die Frage: Angenommen, die Gesetze der Dialektik sind bereits aus Natur und Gesellschaft herausgezogen. Was dann?! Soll man sich darauf beschränken, die herauspräparierten Gesetze und Prinzipien der Dialektik einfach zu klassifizieren und sich im übrigen nicht weiter um sie kümmern, oder soll man sie zur Erforschung noch nicht erschlossener Erscheinungen methodisch anwenden?[15] Damit war die mechanizistische Argumentation zweifellos ad absurdum geführt.

Zwar waren die Mechanizisten 1929 von ihrer ursprünglich radikalen Absage an Philosophie und Dialektik zurückgetreten, aber ihr Versuch, die Dialektik in ihre Lehrmeinungen einzubeziehen, konnte keiner ernsthaften Kritik standhalten. Zwar anerkannten Timirjazev und in seinem Gefolge ein Teil der mechanizistischen Naturwissenschaftler bereits die Existenz dialektischer Gesetze in Natur und Gesellschaft, aber sie waren eben nur bereit, ihre Existenz anzuerkennen, nicht aber diese als empirische Faktizität aufgefaßte Dialektik als allgemeine Methodologie der Naturwissenschaften gelten zu lassen.

Hinter dieser mechanizistischen Dialektikkonzeption stand die unausgesprochene Vorstellung, daß die Dialektik sich in allen Spezialgebieten unaufhörlich modifiziert, d.h., daß sie sich mit dem Vordringen der Forschung immer weiter verzweigt und aufsplittert, ohne sich zu allgemeinen, die Spezialgebiete übergreifenden Prinzipien und Gesetzen zusammenfassen zu lassen. Als allgemeine Methode der Naturwissenschaften konnte sich die Dialektik nach dieser Vorstellung nicht eignen, weil sie sich im Zuge der Forschung ad infinitum differenzierte.

Die Schlußfolgerungen Deborins, daß die Mechanizisten der Dialektik nur ein faktisches Dasein zugeständen, ohne sie als anwendbare Methode gelten zu lassen, traf den Kern der mechanizistischen Dialektikvorstellung und mußte, da die Mechanizisten sich nicht gegen ihren eigenen Denkansatz wenden konnten, zu ihrem ideellen Zusammenbruch führen. Mit dieser Analyse war den Mechanizisten das beste Argument aus der Hand gewunden, mit dem sie sich während der Aussprache hätten verteidigen können.

Deborin bleibt jedoch in seinem Rechenschaftsbericht nicht mehr bei diesen Vorwürfen stehen, sondern er geht jetzt weiter und beschuldigt die Mechanizisten nunmehr auch einer idealistischen Grundeinstellung.

Als Ausgangspunkt seiner Beweisführung wählt er die mechanizistische Lehre von der Wahrheit. Er zitiert V.L. Sarab'janov, der in seinen Schriften behauptet hatte, daß objektive Wahrheiten nicht existierten und daß alle Wahrheiten, die gefunden werden könnten, immer subjektiv wären. „Der Genosse Sarab'janov stellt alles auf den Kopf", ruft er aus. „Von seinem Standpunkt ist nur derjenige Materialist, der die Existenz einer objektiven Wahrheit leugnet. Derjenige aber, der die objektive Wahrheit anerkennt, steht ,mit beiden Beinen auf dem Boden des Idealismus'. Danach ist es nicht verwunderlich, daß unsere Gegner *uns* des Idealismus beschuldigen, weil wir uns gemeinsam mit Lenin an die Ansicht halten, daß der *subjektive* Idealismus zur Negation der objektiven Wahrheit führt. Aber es ist für niemanden ein Geheimnis, daß der Genosse Sarab'janov auf dem Boden des subjektiven Idealismus steht."[16] Deborin fügt noch hinzu, daß es völlig ungerechtfertigt sei, Sarab'janov den Mechanizisten zuzuzählen, weil er ganz offensichtlich ein subjektiver Idealist sei.[17]

„Übrigens gleiten noch andere Vertreter des mechanizistischen Materialismus zum Idealismus ab", baut Deborin seine Kritik aus. „Auf dem Boden eines vulgären Positivismus und eines kriechenden Empirismus stehen sie alle in gleicher Weise. Aufmerksamkeit verdient, nebenbei gesagt, auch der Umstand, daß die mechanizistischen Materialisten den *hieroglyphischen Materialismus* wiedererweckt haben und auch gegenwärtig einen Kampf gegen die Abbildtheorie führen, indem sie sie natürlich in der vulgärsten und simpelsten Weise darstellen."[18]

In der Wiederaufnahme der Plechanovschen Hieroglyphentheorie durch die Mechanizisten erblickt Deborin eine der vornehmlichsten Ursachen ihres erkenntnistheoretischen Agnostizismus. Wenn man die Welt nur vermittels Symbolen, Hieroglyphen oder Zeichen erkennt, die nur an die Existenz von irgend etwas außerhalb des menschlichen Bewußtseins gemahnen, ohne mit dieser Außenwelt identisch zu sein, dann ist es nach Deborin für die menschliche Erkenntnis nicht möglich, bis zur Wirklichkeit vorzudringen. „Eben deshalb führen unsere Gegner einen so erbitterten Kampf gegen diejenigen, die behaupten, daß unsere Begriffe eine Widerspiegelung der objektiven Welt sind, daß die allgemeinen Begriffe eine Widerspiegelung des Allgemeinen sind, das in den Dingen selbst liegt."[19] Diese Lehre von den „allgemeinen Begriffen" war gerade von Aksel'rod in ihrem Buch „Zur Verteidigung des dialektischen Materialismus" angegriffen worden. Sie hatte darauf hingewiesen, daß die Lehre von den „allgemeinen Begriffen" direkt zum ontologischen Gottesbeweis führt. Die Behauptung, daß die allgemeinen Begriffe, die im Bewußtsein gebildet werden, nur das Allgemeine widerspiegeln, was den Dingen selbst innewohnt, führt nach Aksel'rod deswegen zum ontologischen Gottesbeweis, weil er ebenfalls darauf beruht, daß man von der Allgemeinheit des Begriffes Gott auf die Realität Gottes schließt.[20] Deborin nimmt in seinem Bericht N. A. Karev - gegen den die Polemik Aksel'rods namentlich gerichtet war - voll und ganz in Schutz und sieht in dieser Kritik einen Angriff gegen die Leninsche Abbildtheorie: „Jedem ist klar, daß die Überlegungen des Genossen Karev mit dem ontologischen Gottesbeweis nichts gemein haben", verteidigt Deborin seinen Schüler. „Das sind zwei verschiedene Fragestellungen. Im ersten Fall wird von der Widerspiegelung des Allgemeinen, das in den Dingen selbst liegt, in unserem Bewußtsein gesprochen. Im zweiten Fall wird von den Begriffen gesprochen, die nicht eine Widerspiegelung der objektiven Realität, sondern ein Produkt unseres subjektiven Denkens sind. Im ersten Fall haben wir den Begriff deshalb, weil eine *objektive Realität* existiert, die sich in ihm widerspiegelt; im zweiten Fall existiert die Realität Gottes deshalb, weil der Begriff Gott existiert. Ich denke, daß es nicht nötig ist, weiter bei diesem Wirrwarr zu verweilen."[21]

Da die Deborinisten auf der Konferenz eine bedeutende Mehrheit besaßen, konnte es Deborin bei dieser Erklärung bewenden lassen. Die Aksel'rodsche Kritik an der Lehre von den „allgemeinen Begriffen" war damit noch nicht erledigt; denn auch das „Allgemeine" in der Realität, das sich in den „allgemeinen Begriffen" widerspiegelt, kann sehr verschieden ausgelegt werden.

Am Ende seines philosophischen Rechenschaftsberichtes gibt Deborin einen allgemeinen Überblick über die vom mechanizistischen Materialismus vorgenommene Revision des marxistisch-leninistischen Standpunktes. Seine Kritik an der von den Mechanizisten bezogenen Position läßt sich in fünf Punkten zusammenfassen:

1. Der mechanizistische Materialismus negiert die Tatsache, daß die Krise der modernen Naturwissenschaft darauf beruht, daß „zwischen dem *Inhalt* der Naturwissenschaft und der *Form des Denkens*, mit dessen Hilfe dieser Inhalt interpretiert wird", gegenwärtig ein Widerspruch besteht, und daß diese Krise nur mit der dialektischen Methode überwunden werden kann.[22]

2. Der mechanizistische Materialismus geht hingegen davon aus, „daß die *dialektische Naturwissenschaft*, wie sie von Engels und Lenin verstanden wurde, ,eine metaphysische Naturphilosophie' ist, und daß es notwendig ist, zur mechanizistischen Naturwissenschaft zurückzukehren".[23]

3. Der mechanizistische Materialismus gelangt auf Grund seines positivistisch-empiristischen Denkansatzes zu der unmarxistischen Schlußfolgerung, daß „die gesellschaftlichen Gesetzmäßigkeiten auf ‚physikalisch-chemisch-biologische' Gesetzmäßigkeiten zurückzuführen sind oder sich zurückführen lassen".[24]

4. Der mechanizistische Materialismus erklärt die Engelssche Lehre von den spezifischen Gesetzmäßigkeiten der Erscheinungen höherer Ordnung und die in dieser Lehre enthaltene Schlußfolgerung, daß Erscheinungen höherer Ordnung sich nicht mechanisch auf Erscheinungen niederer Ordnung zurückführen lassen, „für Vitalismus, Dualismus und Idealismus".[25]

5. Der mechanizistische Materialismus ist nicht in der Lage, die besondere Bedeutung der Qualität im Entwicklungsprozeß zu begreifen und „erklärt sie einfach als Augenschein und führt sie auf die Quantität zurück".[26]

Abschließend fordert Deborin die Versammlung zur Verurteilung des mechanizistischen Materialismus auf: „Genossen! Unsere Diskussion hat fünf Jahre gedauert. Die Standpunkte der ‚Seiten' sind genügend erklärt. Die Konferenz der Marxistisch-Leninistischen Forschungsanstalten muß alle sogenannten umstrittenen Fragen erwägen und über sie beschließen. Wir müssen selbstverständlich nach Einheitlichkeit in unseren Reihen streben, weil wir nur vermittels dieser Einheit, vermittels einer kollektiven und freundschaftlichen Arbeit in der Lage sein werden, die vor uns stehenden großen und wichtigen Aufgaben zu lösen. Aber eine Einheit ist nur auf der Grundlage gemeinsamer Überzeugungen, auf der Grundlage einer bestimmten, klaren und im Geiste des Marxismus-Leninismus durchgehaltenen Plattform möglich."[27]

b) Der Verlauf der Diskussion

Die Aussprache über die im philosophischen Rechenschaftsbericht angeschnittenen Probleme offenbarte, daß beide Parteien ihre besten Argumente bereits verschossen hatten, und daß sie nur noch bestrebt waren, ihre Positionen mit Zitaten aus den Werken der „Klassiker" zu untermauern. Die Wortführer der Dialektiker, Ja.Ė. Stėn, N.A. Karev, B.N. Gessen, V.F. Asmus, I.K. Luppol, I.I. Agol und M.L. Levin, schlossen sich bedingungslos den Ausführungen Deborins an und machten einmütig Front gegen die Mechanizisten. Da die Deborinisten ausnahmslos geschulte und geschickte Redner waren, gerieten die Mechanizisten auch rhetorisch hoffnungslos ins Hintertreffen.

Die Diskussionsbeiträge der Deborinisten bringen jedoch nur eine Wiederholung der im Rechenschaftsbericht dargelegten Ansichten und brauchen hier im einzelnen nicht nachgezeichnet zu werden. Etwas anders verhält es sich mit den Diskussionsreden der Mechanizisten. Seit dem Tode I.I. Stepanovs (1928) von A.K. Timirjazev angeführt, fanden auch sie zunächst außer einer langatmigen Wiederholung ihrer alten Argumente nur die Mahnung, angesichts des gemeinsamen idealistischen Gegners zusammenzustehen und den „Bruderzwist" zu begraben; dann griffen sie aber in ihrem verzweifelten Bemühen, die geschlossene Phalanx der Deborinisten zu durchbrechen, zu Argumenten, die eigentlich nicht mehr ihrer Vorstellungswelt angehörten. Diese neuen Argumente wurden von den Mechanizisten nur am Rande vorgebracht, ohne Hoffnung, irgend etwas am Verlauf der Konferenz zu ändern. Da sie aber mit diesen verstreuten Argumenten die Grundgedanken einer sich in der sowjetischen Philosophie herausbildenden neuen Position vorwegnahmen, müssen diese hier gebührend hervorgehoben werden.

Zum Sprecher des „Einheitsfront"-Gedankens machte sich der Mechanizist V.L. Sarab'janov. Er rief den Deborinisten auf der Konferenz zu: „Ihr haltet es für notwendig, das Feuer auf den schlechten Materialismus zu konzentrieren. Ich behaupte, daß das falsch ist, daß man in erster Linie die Aufmerksamkeit besonders dem Idealismus zuwenden muß, gleichviel, ob es sich um Machismus oder Vitalismus handelt."[28] Sarab'janov berichtet dann von einer Konferenz proletarischer Studenten, auf der man sich ihm gegenüber beklagt hat, daß „viele Lehrstühle in den Händen von Idealisten sind". „Die Lage ist heute so", fährt Sarab'janov fort, „daß wir in vielen Fällen aufatmen könnten, wenn mehr Lehrstühle wenigstens von schlechten Materialisten besetzt wären."[29] Statt nun die „schlechten Materialisten" zu unterstützen und mit ihrer Hilfe die Idealisten von den Kathedern der sowjetischen Hochschulen und Universitäten zu verdrängen, hintertrieben die Deborinisten diese gemeinsame Aufgabe durch ihren hemmungslosen und unklugen Kampf gegen den „schlechten Materialismus". Ungefähr 90% aller Veröffentlichungen der Deborinisten seien der Kritik des „schlechten Materialismus" gewidmet, während die Kritik des Idealismus von ihnen völlig vernachlässigt werde: „Der Genosse Deborin hat ungefähr 15 Minuten gegen den Idealismus gesprochen", meint Sarab'janov. „Aber wir glauben nicht an Worte, wir glauben nur an Taten. Schlagen Sie die Zeitschrift ,Unter dem Banner des Marxismus' (Pod znamenem marksizma) auf, schlagen Sie die Zeitschrift ,Bote der Kom-

munistischen Akademie' (Vestnik Kommunističeskoj Akademii) auf, lesen Sie die philosophischen Artikel, die dort von den Deborinisten veröffentlicht werden, und Sie
werden sehen, daß 90% des Materials der Kritik des mechanizistischen Materialismus gewidmet sind, d.h. der Kritik des schlechten Materialismus."[30]

Charakteristisch für die Situation des Jahres 1929 ist auch die Bemerkung Sarab'janovs, daß sich viele Materialisten anläßlich eines Besuches der Akademie für Kommunistische Erziehung bei ihm darüber beklagt hätten: „Wir stehen nicht auf dem
Standpunkt des Genossen Deborin, und deshalb betrachtet man uns als eine rechte
Abweichung. Wir behaupten das Gegenteil! Wir sagen, daß eine Philosophie, die es
in unserer Epoche nicht versteht, einen unerbittlichen Kampf gegen den Idealismus
zu führen, nicht eine linke Philosophie, nicht eine echte proletarische Philosophie,
sondern eine Philosophie mit Fehlern, mit Abweichungen ist."[31]

Diese von Sarab'janov berichtete Stimmung an wissenschaftlichen Instituten der Sowjetunion ist charakteristisch für die starke Position der Deborinisten, die sie 1929
bereits allerorts einnahmen. Und da der Vorwurf der „linken" oder „rechten" Abweichung meist von der Partei ausging, ist es nicht schwer, hinter denjenigen, die die
Mechanizisten der „rechten Abweichung" beschuldigten, als treibende Kraft die Parteizellen der einzelnen Institute und Universitäten zu entdecken.

Der Mechanizist Perov dreht in seinem Diskussionsbeitrag den Spieß um und behauptet, daß es eigentlich Deborin sei, der einen mechanizistischen Materialismus
vertrete. Er bezieht sich dabei auf eine Äußerung Deborins, in der dieser die Entwicklung der Neuen Ökonomischen Politik zum Sozialismus als ebenso folgerichtig bezeichnet hatte wie die Entwicklung eines Samenkornes zu den in ihm angelegten
Formen. „Die Neue Ökonomische Politik hat zwei Möglichkeiten. Ein Samenkorn hat
sie nicht", wendet Perov ein. „Von einer methodologischen Seite betrachtet, ist das
Beispiel Deborins einfach eine mechanizistische Zurückführung gesellschaftlicher Erscheinungen auf die Biologie und weiter auf die Scholastik ... Ich kann als Dialektiker
eine solche Methodologie nicht anerkennen."(!)[32]

Im weiteren folgt Perov dem Stichwort Sarab'janovs, wenn er den Kampf mit den
Mechanizisten vorsichtig und behutsam geführt wissen will: „Wir äußern genau so
wie Ihr manchmal mechanizistische Gedanken. Aber man darf gegen den mechanizistischen Materialismus im allgemeinen und auch gegen einzelne mechanizistische
Äußerungen nicht einen solch unerbittlichen Kampf führen, wie er gegenwärtig von

der Deborinschen Schule geführt wird. Sie vergessen, daß man das Schwergewicht des Kampfes auf den Idealismus und Vitalismus konzentrieren muß."[33]

Die Ausführungen Perovs wurden wie die Diskussionsreden aller übrigen Mechanizisten von Zwischenrufen unterbrochen und mit Gelächter quittiert! Ihre Forderung, den „schlechten Materialismus" zu schonen, um sich gemeinsam auf den idealistischen Gegner zu werfen, war angesichts ihrer offenkundigen Niederlage fadenscheinig genug.

Auch das Haupt der Mechanizisten, A.K. Timirjazev, weiß in seiner Diskussionsrede der Kritik Deborins nichts anderes entgegenzusetzen als eine nochmalige Wiederholung seines bekannten Standpunktes: „Wir stehen genau so unerschütterlich auf dem Boden des dialektischen Materialismus, wie es sich für jeden Marxisten geziemt", sagt er. „Das Problem besteht darin, *wie* man die Dialektik in der Naturwissenschaft anwenden soll. In diesem Punkt tauchten bei uns Meinungsverschiedenheiten auf. Ich habe unsere prinzipiellen Meinungsverschiedenheiten so formuliert: Ist die Dialektik die Wissenschaft von den Verbindungen, oder ist sie die Wissenschaft von den nicht-zurückführbaren Qualitäten? Das ist es, worüber wir streiten!"[34]

Für Timirjazev liegt die Fehlerhaftigkeit der Deborinschen Dialektikkonzeption nach wie vor in der Hervorhebung des dialektischen Sprunges beim Übergang von der Quantität in die Qualität. Er beharrt auf seiner Überzeugung, daß alle naturwissenschaftlichen Gesetze und Methoden nur im Sinne einer Arbeitshypothese angewandt werden dürften, da sie ihre wissenschaftliche Legitimation nur durch die immer wieder vorgenommene „Herausziehung aus der Natur" erführen.[35]

Im übrigen versuchte Timirjazev die Deborinisten nur noch zu diffamieren und sprach ihren Auffassungen rundweg jeden wissenschaftlichen Wert ab, so daß sich selbst der neutrale S.Ju. Semkovskij veranlaßt sah, ihn zurechtzuweisen: „Ich halte es für unmöglich und unzulässig, auf einer Konferenz, die sich zur Erörterung spezieller philosophischer Probleme zusammengefunden hat, so aufzutreten wie der Genosse Timirjazev.[36]

Auch der Mechanizist A. Vafiag nimmt das von Sarab'janov soufflierte Argument von der philosophischen Aktionsgemeinschaft auf: „Weiter hat der Genosse Deborin in der Tat sehr kurz darüber gesprochen, daß man gegen den Idealismus kämpfen muß", kritisiert er. „Indes ergibt sich ein sonderbares Resultat. Gegen die ‚Mechanizisten' (d.h. gegen uns) ist, wie der Genosse Sarab'janov sehr richtig gesagt hat, 95%

all dessen gerichtet, was die Deborinisten über philosophische Fragen schreiben. Aber gegen die Idealisten wird nichts geschrieben! Der Genosse Deborin hat selbst darauf wie auf etwas Selbstverständliches hingewiesen, daß man gegen Losev, gegen Rubinštejn usw. auftreten muß. Aber wo sind sie dagegen aufgetreten?"

Deborin: „Auf den Seiten der ‚Jahrbücher des Marxismus'!"

Vařjaš: „Über Losev - nichts."

Deborin: „Sagen Sie doch, was *Sie* geschrieben haben!?" (Das Protokoll vermerkt: Gelächter und Applaus).

Vařjaš: „Wenn es mir möglich sein wird, werde ich schreiben!"

Deborin: „Ja, Sie werden schreiben."

Vařjaš: „Aber gegenwärtig bestehen einige Schwierigkeiten, das wissen Sie sehr gut!"[37]

Vařjaš spielt in diesem Rededuell mit Deborin auf die Tatsache an, daß es den Mechanizisten zur Zeit der Konferenz schon nicht mehr möglich war, ihre Arbeiten ungehindert zu publizieren. Dasselbe hatte schon Sarab'janov beklagt, als er davon sprach, daß die Deborinisten alle Schlüsselstellungen in den wichtigsten sowjetischen Instituten und vor allem im Staatsverlag usurpiert hätten, und daß es auch unmöglich geworden sei, in der Presse einen von Deborin abweichenden Standpunkt zu vertreten.

Die Diskussionsrede Vařjaš' ist jedoch weniger wegen ihrer Übereinstimmung mit den Argumenten der übrigen Mechanizisten interessant, sondern wegen der scharfen Formulierung einer neuen Problemstellung. Er lenkt die Aufmerksamkeit der Konferenz wieder mit allem Nachdruck auf die idealistisch-hegelsche Form der Deborinschen Dialektik. Diese Frage war in der Auseinandersetzung schon öfter gestreift worden, aber sonderbarerweise nie in ihren Mittelpunkt getreten. Nicht zuletzt, weil alle anderen Argumente der Mechanizisten zusammengebrochen waren, greift Vařjaš jetzt auf den Vorwurf des Hegelianismus zurück: „Ich gehe zum Wesen des Streites über", erklärt er. Die Genossen ‚Deborinisten' nennen uns Mechanizisten und beschuldigen uns, die Dialektik zu verwerfen. Diese Beschuldigung entspricht nicht der Wirklichkeit. Der Genosse Deborin und alle seine hier anwesenden Gesinnungsgenossen konnten uns keinen einzigen Fall nachweisen, in dem wir gegen die Dialektik aufgetreten sind oder auch nur ein Wort gegen die Dialektik gesagt haben. Die Sache liegt genau umgekehrt. Wir haben gesagt und sagen, daß die Dialektik der Kern der marxistischen Weltanschauung ist, aber wir identifizieren nicht die Dialektik Marx', Engels' und Lenins mit der ‚Dialektik' Deborins, die eine Wiedergeburt der idealistischen Dialektik Hegels ist. Obwohl die Dialektik Hegels die erste systematische Darstellung der Dialektik ist, ist sie eine *idealistische* Dialektik, und die marxistische Dialektik fällt nicht mit ihr zusammen. Marx hat die Dialektik auf die Füße gestellt. In dieser marxistischen Form hat niemand von uns die Dialektik verworfen."[38]

Es ist bemerkenswert, daß die Mechanizisten in ihrem verzweifelten Abwehrkampf und nachdem sie gezwungenermaßen aus ihrem engen positivistischen Gedankenkreis herausgetreten waren, Aspekte in die Diskussion brachten, die sie selbst zwar nicht mehr vor der Verurteilung bewahren konnten, die aber sehr bald von einer dritten Gruppe in der sowjetischen Philosophie zum Ausgangspunkt ihrer Kritik an der Deborinschen Dialektik gemacht werden sollten. Vaŕjaš war sich der Tragweite seines Vorwurfes gar nicht bewußt. Für ihn war die Gleichsetzung der Deborinschen Dialektik mit der Hegelschen nur ein Argument mehr in seinem philosophischen Existenzkampf.

Auch der Mechanizist Perel'man wirft ein neues Argument in die Debatte. Er nimmt sogar den schwersten später von der Partei gegen Deborin erhobenen Vorwurf vorweg, wenn er kritisiert, daß die Deborinisten ihren philosophischen Standpunkt losgelöst von den praktischen Aufgaben des sozialistischen Aufbaues in der Sowjetunion vortrügen: „Mir scheint es", sagt er, „daß die grundlegenden Mängel des Deborinschen Berichtes darin liegen, daß er ihn losgelöst von den praktischen Aufgaben ausgearbeitet hat, die im gegenwärtigen Augenblick vor unserer Partei und unserem Lande stehen."[39]

Mit diesem Hinweis war ein weiteres, völlig neues Argument in die philosophische Auseinandersetzung getragen. Aber die auf der Konferenz versammelten Delegierten standen noch ganz im Banne der alten, durch die vieljährige Diskussion geprägten Problemkreise, so daß sie das Neue gar nicht aufnehmen konnten und es im weiteren Verlauf der Aussprache unbeachtet ließen.

Perel'man spürt sogar noch einen „weichen" Punkt in der dialektischen Philosophie auf, der bisher nicht berührt worden war und der später ebenfalls von den Parteiideologen im Kampf gegen die „dialektische Schule" übernommen wurde: „Zum Problem der Materie werden z.B. solche Formulierungen angeboten - ich werde sie Ihnen gleich zitieren. Einer von Deborins Schülern - Milonov - schreibt folgendes: ‚Überhaupt soll man nicht überall Ausdehnung unterstellen. Es ist für einen dialektischen Materialisten durchaus nicht unabdingbar, auf dem Attribut der Ausdehnung zu beharren.' Andere Schüler Deborins insistieren auf dem Attribut des Denkens. Aber was bleibt von der Materie übrig, wenn man ihr die Ausdehnung nimmt und das Denken läßt? Man erhält bewegtes Denken, d.h. Geist."[40]

Diese Kritik an den Materiedefinitionen der „dialektischen Schule" trifft eigentlich nicht Deborin persönlich, weil er mehrfach „Denken" und „Ausdehnung" als Attribute der Materie bezeichnet hatte. Dieses Problem war ja auch einer der wichtigsten Punkte seiner Auseinandersetzung mit Aksel'rod. Dennoch enthüllt die Perel'mansche Kritik das unverkennbare Bestreben der dialektischen Philosophie, das Wesen der Materie in ihrer dialektischen Bewegtheit zu suchen und nicht im Attribut der wirkungslosen Ausdehnung. Vom Standpunkt eines orthodoxen Marxismus war das ein ernst zu nehmender Vorwurf!

Der Mechanizist Z.A. Čejtlin wiederholt zunächst wie alle anderen Mechanizisten die Sarab'janovschen Einheitsparolen; dann versucht aber auch er, die dialektische Philosophie von einer neuen Seite anzugehen: „Was unterscheidet denn die Methodologie und Dialektik des Genossen Deborin von dem, was die sogenannten Mechanizisten propagieren? Das ist seine rein formale Methodologie. Äußerster Formalismus - das ist es, was den Deborinismus charakterisiert."[41]

Auch dieses mechanizistische Argument gegen die Deborinsche Dialektik wird sich später in der Konzeption der Parteiideologen wiederfinden.

Die Deborinisten gingen während der Konferenz über die von Varjaš, Perel'man und Čejtlin neuformulierte Kritik, in der ihnen vorgeworfen wurde, an einer Renaissance der Hegelschen Dialektik zu arbeiten, die Materiedefinitionen idealistisch zu behandeln, dem Formalismus in der Methodologie zu verfallen und alle philosophischen Probleme losgelöst vom sozialistischen Aufbau in der Sowjetunion auszuarbeiten, in ihren Diskussionsreden einfach hinweg. Sie bemerkten ebensowenig wie die Mechanizisten, die diese Argumente hervorgebracht hatten, daß eine Reihe neuer und explosiver Momente in die Debatte geworfen worden war, die bei konsequenter Zusammenfassung durchaus geeignet gewesen wären, ihre Stellung nachhaltig zu erschüttern.

Die Mechanizisten transzendierten aber auch mit ihrer neuformulierten Kritik bereits ihre eigene weltanschauliche Grundposition und nahmen im Ansatz schon eine dritte

Konzeption in der sowjetischen Philosophie vorweg. Subjektiv waren aber auch sie sich dessen nicht bewußt! Weder Vařjaš, noch Perel'man, noch Čejtlin waren sich über die Neuheit ihrer Kritik im klaren; außerdem waren sie weit davon entfernt, an die Wirksamkeit ihrer kritischen Hinweise zu glauben. Das beweist schon die Tatsache, daß sie sie nur am Rande, ohne Nachdruck, nur als mögliche Argumente unter anderen möglichen Argumenten vortrugen, ohne sich auf den neuen kritischen Ansatz zu konzentrieren. Ihre Grundposition hatte sich in keiner Weise geändert. Sie lehnten nach wie vor die Dialektik als allgemeine Methodologie der Naturwissenschaften ab, sie beurteilten nach wie vor das dialektische Prinzip der Einheit der Gegensätze als scholastische Spitzfindigkeit, die keine Seinsentsprechung besaß, sie verurteilten auch weiterhin die Lehre von den dialektischen Sprüngen im Entwicklungsprozeß als Mystizismus und die im Vollzug dieser revolutionären Entwicklungslehre auftauchenden neuen und besonderen Qualitäten brandmarkten sie unverändert als Vitalismus. Diese Vorbehalte gegen die dialektische Philosophie Deborins erwuchsen aus der positivistisch-empiristischen Grundkonzeption der Mechanizisten und machten sie unfähig, die Wirksamkeit des neuen kritischen Denkansatzes zu verstehen. Und wenn einige von ihnen dennoch in der letzten Phase der Auseinandersetzung die dialektische Philosophie von einem neuen Aspekt aufbrechen wollten, so geschah das unter dem Druck des Augenblicks mehr zufällig als beabsichtigt.

Während die Mechanizisten nicht mehr fähig waren, sich der von ihnen geschmiedeten kritischen Waffen gegen die dialektische Philosophie zu bedienen, machte sich eine dritte parteihörige Gruppe in der sowjetischen Philosophie diese Argumente um so bereitwilliger zu eigen. Es ist hervorzuheben, daß der im Sommer 1930 einsetzenden Kritik von seiten der Parteiideologen an der dialektischen Philosophie keine selbständige analytische Leistung zugrunde liegt. Das meiste, was später im Namen der Partei gegen die Deborinsche Konzeption des dialektischen Materialismus vorgebracht worden ist, gehört wenigstens im Ansatz zum kritischen Arsenal der Mechanizisten. Die parteihörige Gruppe in der sowjetischen Philosophie brauchte nur noch die mechanizistischen Argumente zu systematisieren, um ein Reservoir an Argumenten zu gewinnen, mit denen die Partei die *eigentlichen Ursachen* ihres Konfliktes mit den Deborinisten geschickt verhüllen konnte.

So ergibt sich als unmittelbares Ergebnis der 2. Allunionskonferenz von 1929 die Verurteilung und Ausschaltung der Mechanizisten, aber mittelbar leitet das letzte Stadium der Auseinandersetzung zwischen Deborinisten und Mechanizisten bereits eine neue Entwicklungsphase der sowjetischen Philosophie ein.

c) Die Grundgedanken des Verurteilungsdekrets[42]

Die Resolution „Über die gegenwärtigen Probleme der marxistisch-leninistischen Philosophie" stellt fest, daß die 2. Allunionskonferenz der Marxistisch-Leninistischen Forschungsanstalten beschlossen hat, die philosophische Arbeit nach den unten folgenden Erwägungen fortzuführen:[43]

1. Die marxistisch-leninistische Philosophie - der dialektische Materialismus - ist die einzige wissenschaftliche Theorie, die dem Proletariat eine volle wissenschaftliche Weltanschauung und die theoretischen Waffen im Kampf um die proletarische Diktatur und den sozialistischen Umbau der Gesellschaft bietet. Die Bedeutung der materialistischen Dialektik wächst besonders in der gegenwärtigen Epoche des sterbenden Kapitalismus, der proletarischen Revolutionen und des sozialistischen Aufbaues. „Die tiefen Widersprüche der gegenwärtigen bürgerlichen Gesellschaft", heißt es in der Resolution, „die ungewöhnliche Kompliziertheit aller sozialen Erscheinungen, der schnelle Wechsel der Ereignisse, der Kampf der heranwachsenden sozialistischen Formen mit den sterbenden Formen können nur vom Standpunkt des dialektischen Materialismus erfaßt werden."[44]

2. Die gegenwärtige bürgerliche Philosophie spiegelt die sich zersetzende bürgerlich-kapitalistische Gesellschaft wider. Sie hemmt in jeder nur erdenklichen Weise die Entwicklung des positiven Wissens und wird durch „armseliges Epigonentum, kriechenden Empirismus, Formalismus, offen zur Schau getragenes Pfaffentum und Mystizismus" gekennzeichnet.[45]

Die Theorie der II. Internationale ist von der bürgerlich-kapitalistischen Ideologie korrumpiert. „Die bürgerliche Ordnung offen verteidigend, gegen die revolutionäre Bewegung der arbeitenden Klasse in der ganzen Welt auftretend, die Sache des Sozialismus völlig verratend, tritt die II. Internationale auch auf dem Gebiet der Theorie offen als Feind des Marxismus auf."[46]

3. In der UdSSR entfaltet sich der dialektische Materialismus dagegen unentwegt, gewinnt Einfluß auf die breiten Massen und durchdringt mehr und mehr alle Gebiete der Wissenschaft. „Die grundlegenden Aufgaben, die vor der marxistischen Philoso-

phie unserer Zeit stehen", heißt es in der Resolution, „wurden von Lenin in seinem Artikel ‚Über die Bedeutung des kämpferischen Materialismus' festgelegt. Bei der Erfüllung der von Lenin gestellten Aufgaben wurden in den letzten Jahren bedeutende Erfolge erzielt. Es wurde systematisch an der Erforschung und Ausarbeitung des philosophischen Erbes von Marx, Engels und Lenin, an der materialistischen Umarbeitung der Hegelschen Dialektik und an der Erforschung der Geschichte des Materialismus und der Dialektik gearbeitet."[47]

4. Im Vergleich mit den gewaltigen, vor der marxistisch-leninistischen Philosophie stehenden Aufgaben genügen die bisher erreichten Erfolge nicht. „Besonders auf dem Gebiet der Naturwissenschaften sind nur die ersten Schritte bei der Anwendung der marxistischen Methode gemacht worden. Es ist notwendig, die Arbeit auf dem Gebiet der Philosophie stärker mit einer Reihe von aktuellen Problemen auf dem Gebiet der Gesellschaftswissenschaften zu verbinden. Es ist notwendig, die Bemühungen bei der Einführung der Marx-Engels-Leninschen Methodologie auf allen Gebieten des speziellen Wissens bedeutend zu intensivieren."[48]

5. Der sich unter den Bedingungen des heranwachsenden Sozialismus entfaltende Klassenkampf belebt nicht nur alle dem Marxismus-Leninismus feindlich gesonnenen idealistischen Strömungen, sondern ruft auch die verschiedensten revisionistischen Verzerrungen hervor. Idealismus und Revisionismus passen sich den Verhältnissen im Sozialismus an, drapieren sich marxistisch und treten unter dem Deckmantel des speziellen Wissens auf „oder verfälschen Marx, Engels und Lenin, indem sie sich hinter falsch gedeuteten Zitaten aus ihren Werken verschanzen".[49]

6. „Die aktivste revisionistisch-philosophische Richtung der letzten Jahre ist die Strömung des Mechanismus (L. Aksel'rod [Ortodoks], A.K. Timirjazev, A. Vařjaš u.a.). Im Grunde genommen führen sie einen Kampf gegen die Philosophie des Marxismus-Leninismus, verstehen sie nicht die Grundlagen der Dialektik und unterschieben der revolutionären materialistischen Dialektik einen vulgären Evolutionismus und dem Materialismus-Positivismus. Sie verhindern objektiv die Durchdringung der Naturwissenschaften mit der Methodologie des dialektischen Materialismus usw. Diese Strömung ist eine offensichtliche Abweichung von den Positionen der marxistisch-leninistischen Philosophie."[50]

7. Die wichtigsten Aufgaben, die vor der marxistisch-leninistischen Philosophie stehen, sind die Ausarbeitung der Theorie der Dialektik und die Einführung der dia-

lektischen Methode sowohl in den Gesellschaftswissenschaften als auch in den Naturwissenschaften. „Die Konferenz hebt hervor, daß die Ausarbeitung der Theorie der materialistischen Dialektik und Methodologie in den gegenwärtigen Naturwissenschaften nur möglich ist bei engster Zusammenarbeit der Marxisten sowohl in der Philosophie als auch in den Naturwissenschaften."[51]

2. Allgemeine Aspekte der 2. Allunionskonferenz

Der zweite Allunionskongreß war eine Versammlung von Fachwissenschaftlern. Offizielle Vertreter der Partei waren weder geladen noch erschienen. Obwohl die meisten Konferenzteilnehmer der bolschewistischen Partei angehörten - auch Deborin war seit 1928 Mitglied der KPdSU - machte sich keiner von ihnen zum Sprecher besonderer Parteiinteressen. Sie waren alle - auch wenn sie der Partei angehörten - nicht als Parteimitglieder, sondern als Vertreter wissenschaftlicher Anstalten zur Konferenz erschienen. Die Diskussionsreden und erst recht der philosophische Rechenschaftsbericht Deborins beweisen, daß damals keinem der Teilnehmer bewußt war, daß die Partei in philosophischen Fragen eine Appellationsinstanz sein könnte. Alle Beteiligten, auch die Mechanizisten, gingen dagegen von der Überzeugung aus, daß die Konferenz der Marxistisch-Leninistischen Forschungsanstalten die höchste philosophische Autorität in der Sowjetunion repräsentierte, und daß alle von ihr gefaßten Beschlüsse unumstößliche Gültigkeit besitzen würden. Dieser Anspruch der Konferenz tritt auch in der von Deborin und seinen Freunden verfaßten Abschlußresolution zutage, in deren Text der Begriff „Partei" nicht ein einziges Mal auftaucht. Auch in dem fast 200 Seiten umfassenden stenographischen Protokoll der Konferenz erscheint das Wort „Partei" nur ein- oder zweimal.

Das auf der zweiten Allunionskonferenz geförderte philosophische Selbstbewußtsein und die souveräne Mißachtung jedweder parteipolitischen Interessen in der Philosophie werden als Ursache der auffallenden Zurückhaltung der Partei gegenüber den Deborinisten nach der Konferenz gelten müssen. In diesem aus traditionellen abendländischen Quellen gespeisten *Wertbewußtsein,* das Arbeit und Haltung der Deborinisten erfüllte, liegt zweifellos eine der wichtigsten Ursachen des sich anbahnenden Zusammenstoßes zwischen der Deborinschen Konzeption des dialektischen Materialismus und der Parteiideologie.

Aber 1929 stand die Partei noch vor anderen, weniger subtilen Aufgaben, als sie der Kampf gegen die Deborinisten mit sich gebracht hätte! Im „Jahre des großen Umschwungs an allen Fronten des sozialistischen Aufbaus" galt es zuerst den Widerstand gegen die forcierte Industrialisierungs- und Kollektivierungspolitik in der Partei selbst zu brechen. Das Mitglied des Politbüros N.I. Bucharin, der damalige sowjetische Ministerpräsident, Rykov und der Führer der Gewerkschaftsinternationale, Tomski, hatten sich gegen die Stalinsche Theorie des verschärften Klassenkampfes ausgesprochen und befürworteten eine gemäßigte Politik gegenüber der Bauernschaft. In dieser Situation hält Stalin seine berühmte Rede „Über die rechte Abweichung in der KPdSU" auf dem Plenum des ZK und der ZKK der KPdSU im April 1929 und charakterisiert die Gruppe Bucharin, Rykov und Tomski als eine „rechte Abweichung" in der Partei.[52]

Was hätte in dieser Situation näher gelegen, als die Verbindung der „rechten Abweichung" in der Politik mit der „rechten Abweichung" in der Philosophie herzustellen? Das grandiose Schauspiel der fünf Jahre währenden philosophischen Auseinandersetzung zwischen Deborinisten und Mechanizisten mußte auch den letzten interessierten Leser auf die Meinungsverschiedenheiten an der „philosophischen Front" aufmerksam gemacht haben. Waren doch die Mechanizisten als eine evolutionistische und positivistische Strömung in der sowjetischen Philosophie verurteilt, d.h. im politischen Sprachgebrauch als eine „rechte Abweichung" gebrandmarkt worden! Die Argumentation auf philosophischem Felde bot sich geradezu als eine politische Waffe im Kampf gegen alle Widerstände an, die sich gegen die Stalinsche Generallinie des Jahres 1929 erhoben.

In der oben erwähnten Rede sagt Stalin: „Der Kampf gegen die rechte Abweichung ist eine der entscheidenden Aufgaben unserer Partei."[53] Damit war die Vorrangigkeit des Kampfes gegen die „rechte Abweichung" in Politik und Philosophie nachdrücklich hervorgehoben. In dieser Situation mußten die Deborinisten ein unersetzlicher *taktischer Verbündeter* sein. Ihr philosophischer Kampf gegen die Mechanizisten bot die Möglichkeit, den politischen Kampf gegen die „rechte Abweichung" als eine ideologische Äußerung bürgerlich-idealistischer Philosophie zu deklarieren und damit die politische Auseinandersetzung abzusichern und gleichzeitig zu intensivieren.

Es ist daher kein Zufall, daß die Ausschaltung der Mechanizisten aus allen wissenschaftlichen Schlüsselstellungen nach der zweiten Allunionskonferenz (die zweite Allunionskonferenz tagte als „Schattenparlament" fast gleichzeitig mit dem Plenum des ZK und der ZKK der KPdSU in Moskau![54]) parallel lief mit der Ausschaltung der Gruppe Bucharin, Rykov und Tomski aus den höchsten Gremien der Partei.[55] Bucharin wird auf philosophischem Gebiet des Mechanizismus beschuldigt[56] und verliert im April 1929 den Präsidentenstuhl der Kommunistischen Internationale und im November 1929 seinen Sitz im Politbüro des ZK der KPdSU.[57] Tomski und Rykov werden verwarnt.[58]

Doch die Parallelisierung des philosophischen Kampfes gegen die Mechanizisten mit dem politischen Kampf gegen die „rechte Abweichung" enthält noch nicht alle Erwägungen, die es der Partei nahelegen mußten, zeitweilig mit den Deborinisten zu paktieren. Neben den schon hervorgehobenen Elementen der dialektischen Philosophie, die zur gesellschaftspolitischen Lenkung der sowjetischen Gesellschaft fruchtbar gemacht werden konnten, offenbarte die Argumentation auf dem 2. Allunionskongreß noch die weitergehende Möglichkeit, durch die von den Deborinisten erkämpfte Vorrangstellung der dialektischen Methode unmittelbar auf den Gang und die Ergebnisse der Naturwissenschaften kontrollierend einzuwirken.

Wenn auch der mechanizistische Vorwurf übertrieben war, daß die Deborinisten durch das von ihnen geforderte Primat der dialektischen Methode gegenüber der empirischen Forschung der Natur das Gesetz vorschrieben, so wies dieser Vorwurf doch auf die Möglichkeit hin, durch den von den Deborinisten vertretenen und erkämpften *Totalitätsanspruch* der dialektischen Methode alle unliebsamen Entwicklungen in der Naturwissenschaft zu unterdrücken. So wie das von den Deborinisten verfochtene und erkämpfte Primat der Philosophie vor allen sozialen Faktizitäten die Möglichkeit eröffnete, die Gesellschaft politisch zu lenken, so bot das von ihnen auf der 2. Allunionskonferenz endgültig durchgesetzte Primat der dialektischen Methode vor allen naturwissenschaftlichen Faktizitäten eine wissenschaftlich getarnte Handhabe bei der Einflußnahme auf den Gang der Naturwissenschaften. Die Partei brauchte auch in diesem Falle nur noch die philosophische Autorität an sich zu reißen, damit ihr die Verfügungsgewalt über alle methodischen Fragen in der Naturwissenschaft zufiel. Dieser Sachverhalt mußte für die Partei eine Bedeutung gewinnen, die angesichts der schnellen und unaufhaltsamen Entwicklung der Naturwissenschaft in der Sowjetunion gar nicht überschätzt werden kann.

So haben die Deborinisten auch auf diesem Gebiet mit ihrem Kampf für die Durch-

dringung der Naturwissenschaften mit der dialektischen Methode die besten Aus-
gangspositionen zur Lenkung und Kontrolle der Einzelwissenschaften durch die Partei geschaffen.

Doch das Zusammengehen der Parteiideologen mit den Deborinisten war von seiten
der ersteren nur ein taktischer Waffenstillstand, der sehr bald aufgekündigt werden
sollte. Schon das Jahr 1930 bietet an der „philosophischen Front" ein völlig gewan-
deltes Bild.

Kapitel IV
Die Ausschaltung der dialektischen Philosophie

Nach der Verdammung der Mechanizisten im April 1929 wird Deborin für kurze Zeit
zur führenden Persönlichkeit in der sowjetischen Philosophie. Sein philosophischer
und sein persönlicher Triumph über die Mechanizisten wird außerdem auf das wir-
kungsvollste durch einen Machtzuwachs auf institutioneller Ebene ergänzt. Seine
Stellung als Chefredakteur der in diesen Jahren einzigen philosophischen Zeitschrift,
des Journals „Unter dem Banner des Marxismus", wird durch das Vorgehen der 2.
Allunionskonferenz gegen die Mechanizisten gefestigt. Daneben ist er Direktor des
Institutes für Philosophie an der Kommunistischen Akademie, Mitglied des Präsidiums dieser Akademie, stellvertretender Direktor des Karl-Marx-und-Friedrich-Engels-
Institutes und seit 1929 auch ordentliches Mitglied der Akademie der Wissenschaften
der UdSSR.[1]

Deborin ist weiterhin Redakteur der Philosophischen Abteilung der seit 1926 herausgegebenen ersten Sowjetischen Enzyklopädie, die unter der verantwortlichen Ge-
samtleitung des ihm nahestehenden O.Ju. Schmidt erscheint, was ihm ermöglicht,
auf die Konzeption dieses für die philosophische Meinungsbildung in der Sowjetunion
so überaus wichtigen Nachschlagewerkes direkten Einfluß zu nehmen. Alle philosophischen Artikel, die in diesem Werk bis 1930 erschienen sind, tragen den Stempel
der Deborinschen Redaktion. Darüber hinaus beherrschen die Deborinisten die Philosophische Abteilung des Staatsverlages, was sie in die Lage versetzt, alle wichtigen theoretischen Publikationen zu kontrollieren.[2]

Ein weiteres die Position der Deborinisten festigendes Ergebnis der 2. Allunionskonferenz ist die Umbildung des bis dahin von den Mechanizisten beherrschten Timirja-

zevschen Wissenschaftlichen Forschungsinstitutes in Moskau, dessen Leitung in die Hände des Deborinisten I.I. Agol übergeht.[3]

Überblickt man die Entwicklung der sowjetischen Philosophie, die sie bis 1929 genommen hat, so gelangt man zu dem Ergebnis, daß sich die Deborinisten nicht nur in allen umstrittenen philosophischen Fragen durchgesetzt haben, sondern daß sie sich auch einen weitverzweigten organisatorischen Apparat zu sichern vermochten.

1. Die Herausbildung einer dritten Position

Waren die ersten beiden Phasen der sowjetischen Philosophie durch eine (im großen und ganzen) *abstrakt-theoretische* Problemstellung bestimmt, so konnte nach 1929 - in Anbetracht der von der Partei inaugurierten sozialen und wirtschaftlichen Umwälzungen - kein Zweifel darüber bestehen, daß der nun folgende Zeitabschnitt die philosophische Integration *konkreter* Probleme forderte. Ebensowenig konnte für einen aufmerksamen Beobachter zweifelhaft sein, daß die notwendig gewordene Hinwendung zur sozialpolitischen Praxis die theoretische Unterstützung und Rechtfertigung des durch Partei und Staat mittlerweile geschaffenen und intendierten Zustandes bedeuten mußte.

Die Auseinandersetzung zwischen Deborinisten und Mechanizisten war aber ein Streit um die *philosophischen Grundlagen*, in deren Rahmen eine subtilere Fragestellung nur störend und hemmend wirken mußte. Solange die Grundlagen der sowjetischen Philosophie noch nicht eindeutig definiert waren, konnte sich daher eine dritte ideelle Position kaum bemerkbar machen, wenn sie nicht den sich anbahnenden Klärungsprozeß hemmen oder gar unmöglich machen wollte.

Nach dem Sieg der Deborinisten änderte sich die Situation völlig. Das, was als Grundlage der sowjetischen Philosophie zu gelten hatte, *schien* endgültig geklärt zu sein. Es gab nunmehr nur noch eine philosophische Richtung, von der die Partei erwarten konnte, daß sie sich, nachdem sie einen glänzenden philosophischen Sieg davongetragen hatte, mit derselben geistigen Brillanz bei der Bewältigung aktueller politischer und praktischer Aufgaben auszeichnen würde. Aber gerade diese von der Partei notwendigerweise in die dialektische Philosophie gesetzte Hoffnung erfüllte sich nicht. In der neuen Situation der Jahre 1929/30 wurde sehr bald offenbar, daß die dialektische Philosophie recht eigentlich einen aristokratischen Zug aufwies, und daß ihre Vertreter nicht ohne weiteres bereit waren, die praktischen Maßnahmen der

Partei bedingungslos zu sanktionieren. Sie sahen nach wie vor in der sowjetischen Philosophie, die von ihnen repräsentiert wurde und die sie von allen nicht-marxistischen Elementen säubern und in voller Reinheit erhalten wollten, das höchste und letzte Wahrheitskriterium der sozialen und politischen Entwicklung. Sie betrachteten auch weiterhin alle konkreten Erscheinungen der sowjetischen Gesellschaft - soweit sie sie überhaupt beachteten - nur vom Standpunkt der marxistischen Theorie und der Hegelschen Dialektik.

Nach der 2. Allunionskonferenz taucht das Schlagwort von der „philosophischen Führung" auf, die die Deborinisten voll und ganz für sich in Anspruch nahmen. Zu Beginn der im April 1930 ausbrechenden zweiten philosophischen Diskussion zwischen den Deborinisten und den Verfechtern einer „politisierten" und „parteilichen" Philosophie ruft Deborin seinen neuen Widersachern zu, daß er gegen die Aufhebung und Diskreditierung der philosophischen Führung kämpfen werde. Damit war - von Deborin sicherlich ungewollt - der Kampf zwischen ihm und den Parteiideologen um die Beherrschung der sowjetischen Philosophie eingeleitet.

Der Waffenstillstand in der sowjetischen Philosophie nach der Verdammung der Mechanizisten dauerte nur ein Jahr, genauer gesagt, bis zur gemeinsamen Sitzung des Institutes für Philosophie der Kommunistischen Akademie und der Moskauer Organisation der Gesellschaft kämpferischer Materialisten und Dialektiker vom 20. bis zum 24. April 1930. Deborin hielt das Hauptreferat der Tagung und präsidierte der sich anschließenden Aussprache.

Zu Beginn der Tagung hatten die Deborinisten noch guten Grund zu glauben, daß ihre Konzeption, die sie erfolgreich und mit Unterstützung der Partei gegen die Mechanizisten behauptet hatten, auch weiterhin die Billigung der Partei finden würde; aber nach Ablauf der Konferenz war das zweifelhaft geworden. Während der Diskussion erwies sich, daß sich unter den sowjetischen Philosophen eine Deborin feindliche Umgruppierung anbahnte. Sein Bericht „Ergebnisse und Aufgaben an der philosophischen Front"[4] - in dem er das Fazit der bisherigen Entwicklung zog und die nach der Verurteilung der Mechanizisten entstehenden neuen philosophischen Aufgaben diskutierte - wurde von einer kleinen Gruppe sowjetischer Philosophen überraschend heftig kritisiert. Seine Kritiker traten für die Demokratisierung der Philosophie ein und wandten sich gegen den „Zentrismus".

Daß es sich dabei wirklich um eine neue Gruppierung in der sowjetischen Philosophie handelte, die keinesfalls eine vorübergehende und gesichtslose Allianz war, wird von Deborin im Schlußwort der Konferenz bestätigt. „Können wir wirklich die Geburt einer neuen Gruppierung beobachten? Natürlich können wir das. Warum sollten wir das verheimlichen?" stellt er fest.[5] Nach der Diskussion ist er überzeugt und spricht es auch aus, daß sich in der sowjetischen Philosophie eine neue - und wie er sagt - „verfaulte" und „gefährliche" Gruppierung gebildet hat, die ihren Machtanspruch unter dem Vorwand anmeldet, gegen die „philosophische Führung" durch die Deborinisten zu kämpfen.[6]

Die neue Gruppe kritisierte charakteristischerweise keinen einzigen Punkt der im Bericht gegebenen Analyse der bisherigen Entwicklung oder die dort gestellten neuen Aufgaben, sondern sie richtete ihren Angriff ganz allgemein gegen den philosophischen Führungsanspruch der Deborinisten. Das war eine völlig neue Problemstellung, die sich nicht gegen diesen oder jenen Punkt der dialektischen Philosophie richtete, die nicht eine theoretische Frage aufgriff, die sogar die theoretischen Schlußfolgerungen der Deborinisten akzeptierte und dennoch auf die Ausschaltung der Deborinisten zielte.

Deborin äußert sofort nach der Diskussion, daß es sich bei der Kritik der neuen Gruppe weniger um einen theoretischen Widerspruch gegen seine Philosophie handelt (der theoretisch-philosophische Gegensatz zu Deborin ist erst später von den Parteiideologen mühsam und mit auffallenden Anleihen bei der Kritik des mechanizistischen Materialismus an Deborin konstruiert worden) als vielmehr um eine neue, noch nicht näher bestimmbare Gruppe, die nach der von ihr scheinbar bekämpften „philosophischen Führung" strebt, oder - wie sich Deborin ausdrückt - die „nach Macht lechzt".

In seinem Schlußwort zu der Konferenz vom 20. bis 24. April 1930 setzt sich Deborin mit den Hauptargumenten seiner neuen Widersacher auseinander und kündigt an, daß er jeden Versuch, die philosophische Führung in der Philosophie zu diskreditieren oder sie den Deborinisten zu entreißen, bekämpfen werde: „Einige Genossen sagten: eure Generallinie ist richtig, wir - so sagten sie - wollen nicht die philosophische Führung zerschlagen, wir wollen nicht die Führung aufheben. Aber auf der anderen Seite wurde eine Linie verfolgt, die gerade die *Aufhebung der Führung*, die die *Diskreditierung* der philosophischen Führung bezweckte. Dagegen werden wir kämpfen. Warum werden wir kämpfen? Natürlich nicht darum, weil wir uns an die philosophische Führung klammern, sondern darum, weil das, was von der Fraktion gesagt wurde, von *ungesunden Erscheinungen* zeugt."[7]

Der zweite Vorwurf, der von der neuen Gruppe gegen die Deborinisten erhoben wurde und der nur eine Ergänzung des ersten ist, war, daß sie ihre Fehler und Irrtümer - die Art dieser „Fehler" und „Irrtümer" wurde allerdings nicht näher erklärt - nicht zugeben wollten und dadurch eine echte „bolschewistische Selbstkritik" der Philosophen verhinderten. Um die Deborinisten zu stürzen, bedurfte es eben - trotz der scheinheiligen Versicherung der neuen Gruppe, daß sie theoretisch mit den Deborinisten übereinstimmt - gewisser „Fehler" und „Irrtümer", die womöglich von den Deborinisten selbst gefunden und zugegeben werden sollten. In der kategorischen Forderung nach „bolschewistischer Selbstkritik" ohne Angabe dessen, was eigentlich der Selbstkritik unterworfen werden soll, äußert sich zum erstenmal eine Erscheinung, die bald darauf zu einem integrierenden Bestandteil der bolschewistischen Ideologie der Stalinära werden sollte. Daß es sich dabei um einen sophistischen Trick im Kampf um die Vorherrschaft in der sowjetischen Philosophie handelt, ist 1930 noch leicht zu durchschauen.

Auch zu diesem zweiten Punkt äußert sich Deborin in seinem Schlußwort und erklärt: „Im Zusammenhang damit müssen wir schon sagen, daß Sie, Genossen Judin und Timosko, die philosophische Führung zu Unrecht beschuldigen, daß wir gegen die Selbstkritik sind. Kategorisch erkläre ich - und das haben auch unsere Freunde erklärt, die hier aufgetreten sind - kategorisch erkläre ich, daß wir uns zur breitesten bolschewistischen, proletarischen Selbstkritik bekennen."[8]

Aber bald sollte sich zeigen, daß mit einer solchen „kategorischen Erklärung", wie sie Deborin und seine Gesinnungsgenossen abgegeben hatten, niemandem gedient war. Sehr bald sollte sich auch erweisen, daß die rhetorische Geschliffenheit der Deborinisten, die sie im rein theoretischen Kampf zum Siege geführt hatte, gleichzeitig ihre Grenze war und sich in der neuen Situation mit ihren völlig gewandelten Problemstellungen in der Philosophie in einen Nachteil verwandelte. Eine Umformung der Philosophie, wie sie die Partei anstrebte, war den Deborinisten unverständlich. Das Verständnis der neuen Forderungen war ihnen nicht zuletzt aus den Traditionen verschlossen, die sich in ihrem langjährigen Prinzipienkampf mit den Mechanizisten herausgebildet hatten.

Aber das Unvermögen, das Wesen der neuen Forderungen an die Philosophie zu begreifen, hinderte Deborin nicht, eine glänzende Analyse ihrer intellektuellen Physiognomie zu geben. Ein interessantes Gesamturteil über den intellektuellen Charakter der neuen Gruppe findet sich wiederum schon in dem hier zitierten Schlußwort Deborins: „Ich hoffe", sagt er, „daß die Grundlinie, insofern sie hier von der Mehrheit, von der übergroßen Mehrheit für richtig befunden wurde, daß wir dieser Grundlinie auch weiter folgen werden, und daß die Genossen nicht dem eklektischen Grüppchen folgen werden, das sich schon lange damit befaßt, *die philosophische Führung zu diskreditieren und zu kompromittieren und darin seine Hauptaufgabe erblickt. Wohin das führen wird, wird die Zukunft zeigen.*"[9]

Ferner ist von höchstem Interesse, daß Deborin schon zu diesem frühen Zeitpunkt auf die geistige Verwandtschaft der neuen Gruppe mit dem Mechanizismus hinweist: „Ich habe darauf hingewiesen", sagt er, „daß irgendeine *neue Gruppierung* sichtbar wird, die so oder so mit dem Mechanizismus verbunden ist. ..."[10] Es ist erstaunlich, daß Deborin die Umgruppierung in der sowjetischen Philosophie zu einem Zeitpunkt, wo die neuen Grundtendenzen sich noch gar nicht herauskristallisiert hatten, schon als eine Metamorphose des mechanizistischen Materialismus deutet. Zumindest was die 1938 von Stalin entwickelte Dialektikkonzeption betrifft, hat er die sich anbahnende Rückkehr zur mechanizistischen Dialektik mit großem Scharfblick bereits 1930 erkannt. Es wird noch zu untersuchen sein, inwiefern die mechanizistische Dialektik überhaupt die Vorstellungen von Dialektik in der bolschewistischen Ideologie nach 1931 geprägt hat.

Im April 1930 hat sich die neue Gruppe allerdings noch nicht gegen die Deborinisten durchsetzen können. Obwohl die Deborinisten auf einen neuen und ungleich gefährlicheren Gegner als die Mechanizisten gestoßen waren, wurde die von ihnen eingebrachte Entschließung „Über die Ergebnisse und die neuen Aufgaben an der philosophischen Front"[11] von der überwiegenden Mehrheit angenommen (die Entschließung wurde von allen gegen eine einzige Stimme gebilligt).

In dieser philosophischen Entschließung findet man noch alle Gedanken zur Charakteristik und Verurteilung des Mechanizismus wieder, wie sie schon seit Jahren von den Deborinisten vorgebracht worden waren[12] und in ihr wird noch einmal als Hauptaufgabe der sowjetischen Philosophie „die Ausarbeitung der materialistischen Dialektik" gefordert, „...denn nur mit ihrer Hilfe können die Formen des Klassenkampfes richtig eingeschätzt werden, unter denen sich der sozialistische Aufbau verwirklicht".[13] „Deshalb bleibt die Ausarbeitung der materialistischen Dialektik auch weiterhin die *wichtigste* Aufgabe an der philosophischen Front."[14] Seit sich die „dialektische Schule" zu Beginn der 20er Jahre formiert hat, war ihr Hauptaugenmerk unverrückbar auf die „Ausarbeitung der materialistischen Dialektik" gerichtet. Wo immer sich auch die dialektische Philosophie modifiziert haben mag, in dieser Frage ist sie sich bis zu ihrer Auflösung treu geblieben. Und es sind diese Formulierungen, die in den verschiedensten Variationen in der philosophischen Entschließung vom 24. April 1930 immer wiederkehren und sie - neben aller Modifikation im Detail - zu einem unverkennbaren Dokument der dialektischen Philosophie machen.

G.A. Wetter beurteilt dagegen die Lage der Deborinisten auf der philosophischen Konferenz im April 1930 wesentlich pessimistischer. Er sieht die Deborinisten - obwohl sich in dem „angenommenen Beschluß ... noch ausgesprochen Deborinsche Gedankengänge" finden - „... zugleich auch schon in die Defensive gedrängt".[15] Zu einem Fehlurteil gelangt Wetter, wenn er das Ergebnis der Auseinandersetzung für die Deborinisten wie folgt wiedergibt: „Der einzige Punkt, in dem sie (die Deborinisten, d. Verf.) nicht nachgeben, ist die Beurteilung Plechanovs und seines philosophischen Werkes, das sie nach wie vor hoch einschätzen."[16]

Die Deborinisten haben im April 1930 keinen einzigen Punkt ihres philosophischen Programms aufgegeben; wohl haben sie aber einige neue Gedanken ihrem alten Programm hinzugefügt. Aber bei dem, was sie ihrem alten philosophischen Programm hinzufügen - ohne einen einzigen Punkt ihrer alten Konzeption von Philosophie aufzugeben - läßt sich nicht mit Sicherheit entscheiden, ob die neuen Formulierungen ein Zugeständnis an eine Kritik sind, oder ob die Deborinisten nicht auf der Suche nach einer echten neuen Aufgabe selbst, und zwar freiwillig den ersten Schritt zu einer parteipolitischen Fragestellung in der sowjetischen Philosophie getan haben. Der Gedanke, daß die sowjetische Philosophie nach der Verurteilung der Mechanizisten und im Zusammenhang mit den sozialökonomischen Umwälzungen der Jahre 1929/30 in eine *neue Phase* eintritt, ist den Deborinisten völlig bewußt, von Deborin in seinem Referat vor der philosophischen Konferenz am 20. April 1930 ausgesprochen worden und wahrscheinlich auch zuerst von den Deborinisten in die philosophische Debatte der Jahre 1929/30 geworfen worden.[17] Das Wissen um die neue Phase - Deborin spricht von einer „neuen Etappe der Revolution" - macht es sogar wahrscheinlich, daß die Deborinisten freiwillig den ersten Schritt zu einer konkreteren Formulierung ihres Standpunktes machten. Aber andererseits kann auch kein Zweifel darüber bestehen, daß sie nur den *ersten* Schritt taten, und daß sie ihn nur sehr widerwillig gemacht haben.

Der neue Aspekt findet sich in der Resolution vom 24. April besonders in Punkt 4 der dort formulierten Richtlinien: „Unentwegter Kampf gegen die Grundlagen der mechanizistischen Revision des Marxismus-Leninismus trägt zur Aufdeckung der theoretischen Grundlagen des rechten Opportunismus im Kampf für die Generallinie der Partei bei und verhilft zu einer umfassenderen Bekanntschaft des Partei- und Arbeiteraktivs mit der marxistisch-leninistischen Philosophie."[18]

Hier sind gleich zwei Gesichtspunkte festzuhalten, die im philosophischen Repertoire der Deborinisten neu sind: 1. erscheint der mechanizistische Materialismus hier zugleich als theoretische Grundlage des „rechten Opportunismus", d.h. der rechten Abweichung und 2. erscheint jetzt die Kritik des Mechanizismus, die gleichzeitig als Entlarvung der rechten Abweichung aufgefaßt wird, auch als Kampf für die Generallinie der Partei. Damit wird von den Deborinisten zum erstenmal eine direkte Verbindung zwischen ihrer philosophischen Kritik am mechanizistischen Materialismus und der Kritik einer politischen Abweichung hergestellt!

Wie immer auch die Modifikation des Standpunktes der dialektischen Philosophie im April 1930 erklärt wird, die Partei hatte jedenfalls - mit Ausnahme der sehr allgemein gehaltenen Kritik Stalins an der theoretischen Entwicklung auf der Konferenz der marxistischen Agrarwissenschaftler am 27. Dezember 1929 - bis zum April 1930 noch nicht für oder wider die Deborinisten Stellung genommen, so daß die Dialektiker trotz einer sich abzeichnenden Umgruppierung an der „philosophischen Front" noch immer das Feld behaupteten.

Die entscheidende Wende trat erst einen Monat später ein, und zwar brachte sie ein halboffizieller Artikel, der am 7. Juni 1930 im Organ des ZK der KPdSU(B), „Pravda", veröffentlicht wurde und der aus der Feder von drei damals noch unbekannten Parteiideologen stammte. *Mark Borisovič Mitin* (geb. 1901), *Pavel Fëdorovič Judin* (geb. 1899) und *Vasilij Nikiforovič Ral'cevič* (geb.?), die Verfasser des Artikels, kamen aus dem Institut der Roten Professur und hatten damit, wie vor ihnen die Deborinisten und Mechanizisten, eine namhafte Institution hinter sich. Mitin und Judin waren die Leiter der Parteiorganisation des Institutes und repräsentierten damit einen neuen Typus in der Auseinandersetzung mit den Deborinisten.

In diesem Artikel vom 7. Juni, der in einem deklarativen Stil verfaßt war, wurde die abgeschlossene Diskussion zwischen Deborinisten und Mechanizisten wieder aufgegriffen und von einem betont parteigebundenen Standpunkt aus umgewertet. Überraschend war nicht nur die Schärfe, mit der der damalige Zustand und die bisherige Entwicklung der sowjetischen Philosophie kritisiert wurden, was in der Sache natürlich Deborin traf, sondern überraschend und neu war auch die Art, *wie* sich die Partei in die nun zu erwartende Diskussion präjudizierend einschaltete: Am Schluß des Artikels war eine Bemerkung abgedruckt, in der die Redaktion des offiziellen Parteiorgans sich voll und ganz mit dem Inhalt des Artikels von Mitin, Judin und Ral'cevič „solidarisierte". Damit war in der sowjetischen Philosophie eine Position konstituiert, die die Partei zu der ihren gemacht hatte.

2. Die Kritik der Parteiideologen an der sowjetischen Philosophie und die Antwort der Deborinisten

Die zur Herrschaft drängende parteigebundene Gruppe Mitin, Judin und Ral'cevič begründete ihre am 7. Juni 1930 vorgenommene Neuorientierung der sowjetischen Philosophie mit dem Hinweis auf das Herannahen des XVI. Parteitages der KPdSU (B) und mit dem sich seit 1929 in der sowjetischen Gesellschaft vollziehenden großen Umschwung".[19]

„Mit besonderer Schärfe stellen sich jetzt brennende Probleme der Übergangsperiode, der sozialistischen Rekonstruktion der Volkswirtschaft, des Klassenkampfes und der Klassenumschichtung, des gegenwärtigen Imperialismus usw.", schreiben die Verfasser, die Ausgangssituation ihrer Kritik umreißend. „Die Wirklichkeit stellt der Theorie gewaltige Aufgaben. Es ist notwendig, unverzüglich an die Ausarbeitung und theoretische Verallgemeinerung dieser Fragen auf der Basis der marxistisch-leninistischen Methodologie heranzugehen. Stattdessen können wir ein *schroffes Zurückbleiben der Theorie* konstatieren."[20]

Bei ihrer Behauptung, daß die sowjetische Philosophie hinter der sozialen Entwicklung in der Sowjetunion zurückgeblieben sei, beziehen sich die Verfasser auf die schon erwähnte Stalin-Rede auf der Konferenz marxistischer Agrarwissenschaftler vom 27. Dezember 1929: „Mit aller Entschiedenheit und Deutlichkeit hat der Genosse Stalin diese Frage in seiner Rede auf der Konferenz der marxistischen Agrarwissenschaftler gestellt: ‚Man muß zugeben, sagt er, daß das theoretische Denken mit unseren praktischen Erfolgen nicht Schritt hält, daß wir eine gewisse Kluft zwischen den praktischen Erfolgen und der Entwicklung des theoretischen Denkens zu verzeichnen haben. Indes ist es notwendig, daß die theoretische Arbeit nicht nur Schritt hält mit der praktischen Arbeit, sondern daß sie ihr vorausgeht, daß sie unseren Praktikern die Waffen liefert in ihrem Kampf für den Sieg des Sozialismus.'"[21]

In der sich anschließenden Untersuchung über die Situation der sowjetischen Philosophie übernehmen die Verfasser formal die Kritik der Deborinisten am mechanizistischen Materialismus und in ihren Formulierungen versuchen sie den Anschein zu erwecken, daß sie ihm weit unversöhnlicher gegenüberstehen als die Deborinisten. „Es ist keinesfalls ein Zufall, daß die mechanizistische Methodologie sich als theoretische Grundlage der rechten Abweichung erwies", schreiben sie. „Denn das opportunistische Wesen der rechten Abweichung ist verbunden mit einem vollständigen Unverständnis der dialektisch-widerspruchsvollen Natur der Übergangsperiode."[22]

Doch die Verfasser bleiben nicht bei einer Kritik des Mechanizismus stehen. Die neue, von ihnen aufgeworfene Parole lautet: Kampf an *zwei* Fronten der Philosophie! Die philosophische Entsprechung der „rechten Abweichung" in der Politik war im mechanizistischen Materialismus gefunden. Jetzt - im Zeichen des Kampfes an zwei Fronten der Philosophie - ging es den Verfassern darum, die philosophische Entsprechung der „linken Abweichung", d.h. des Trotzkismus aufzudecken. Um die Gefährlichkeit der „linken Abweichung" in der Politik zu dokumentieren, um den Ernst der Lage zu unterstreichen und um die Härte der Partei in ihrem Kampf gegen diese politische Strömung zu rechtfertigen, mußte sie, ebenso wie die „rechte Abweichung", mit einer philosophischen Strömung verbunden sein. Erst wenn der Nachweis gelang, daß die „linke Abweichung" ein ganzes System war, das bis in die Philosophie hineinragte und damit notwendigerweise auch eine soziale Entsprechung besaß, konnte die Partei ihr rücksichtsloses Vorgehen als gerechtfertigt betrachten.

Was lag bei dieser Problemstellung näher, als den Deborinismus als philosophische Grundlage des Trotzkismus zu deklarieren, nachdem sich die Identifikation von Mechanizismus und „rechter Abweichung" so erfolgreich und durchschlagend bei der Bekämpfung der Gruppe Bucharin, Rykov und Tomski erwiesen hatte? Gelang die Identifizierung des Deborinismus mit der „linken Abweichung" in der Politik - so waren Deborin und seine „dialektische Schule" als eine staats- und parteifeindliche Strömung entlarvt.

Tatsächlich haben die Verfasser - wenn auch in vorsichtigen und abgewogenen Sätzen - die Verbindung des Deborinismus mit dem Trotzkismus vorbereitet. Zunächst allerdings noch in den relativ harmlos klingenden Vorwurf gekleidet, daß die Deborinisten nur einen Einfrontenkrieg geführt und in ihrem einseitigen Kampf gegen den Mechanizismus ganz die philosophische Entlarvung des Trotzkismus vernachlässigt hätten.

„Durchaus im Bewußtsein der gewaltigen Bedeutung für die Stärkung der marxistisch-leninistischen Theorie, die der Kampf gegen die Mechanizisten hatte, kann man auf keinen Fall, wie das einige Genossen zu tun versuchen, an den *Unzulänglichkeiten und Fehlern* vorbeigehen", dozieren sie, „die in der vergangenen Etappe der Entwicklung des kommunistischen philosophischen Gedankens Platz griffen. Als eine der wichtigsten Unzulänglichkeiten erweist sich, daß *die Entwicklung der marxistisch-leninistischen Philosophie an der Entlarvung der theoretischen Grundlagen des Trotzkismus vorbeigegangen ist.*"[23] Da die Entwicklung der „marxistisch-leninistischen Philosophie" bisher in den Händen Deborins und seine Anhänger lag, war es klar, gegen wen der anonyme Vorwurf gerichtet war.

Die neue „echte" Problemstellung in der sowjetischen Philosophie heißt für die Parteiideologen nicht mehr: Kampf dem Mechanizismus! - der nach Ansicht der Verfasser von den Deborinisten auf Kosten des Kampfes gegen den Trotzkismus geführt worden ist - sondern: Kampf gegen Mechanizismus und Trotzkismus! Es ist von Interesse, daß schon in diesem frühen Dokument der bolschewistischen Ideologie auf dem Gebiet der Philosophie der Begriff Dialektik - soweit er überhaupt in diesem Artikel auftaucht und nicht bloße Phrase ist - in einem merklich gewandelten Sinne verwendet wird. Die *Polarität*, das Vorhandensein zweier Pole in diesem Begriff wird scharf hervorgehoben und der Kampf an zwei Fronten der Philosophie mit einem Hinweis auf diese Polarität der Dialektik als ihre Anwendung definiert. Die gleich zu zitierende Stelle kann als ein Musterbeispiel für die Ideologisierung der Dialektik genommen werden: „Die richtige Problemstellung und der entfaltete *Kampf an zwei Fronten ist eine der Formen des richtigen Erkennens und der großartigen Anwendung der materialistischen Dialektik.*"[24] Hier wird die Dialektik von der tagespolitischen Konstellation her definiert und nachdem sie in Übereinstimmung mit den aktuellen Erfordernissen der Partei festgelegt ist, können alle aktuellen Aktionen als *Anwendung der Dialektik* begriffen werden.

Weitere Vorwürfe, die von seiten der Gruppe Mitin, Judin und Ral'cevič gegen den damaligen Zustand der sowjetischen Philosophie erhoben wurden, waren: „die Trennung der kommunistischen Philosophie von den aktuellen politischen Fragen", methodischer „Formalismus", „mangelnde Parteilichkeit" in der Behandlung philosophischer Fragen, und - sehr bezeichnend - es wurde wieder eine „Hinwendung zu den Problemen des historischen Materialismus" gefordert.[25] Gleichzeitig wurde eine Umwertung in der Ahnengalerie der sowjetischen Philosophie vorgenommen. Statt des von den Deborinisten hochgeschätzten G.V. Plechanov wurde jetzt die philosophische Bedeutung Lenins für die „neue Entwicklungsetappe" unterstrichen: „Das alles heißt nicht, daß die gewaltige Bedeutung Plechanovs bei der Ausarbeitung der marxistischen Philosophie in Zweifel gezogen werden soll", schreiben die Verfasser. „Hat doch namentlich Lenin eine hervorragende Einschätzung dieser Rolle Plechanovs gegeben. Indes ist es notwendig, vom Standpunkt der neuen Etappe der Entwicklung der marxistischen Theorie, vom Standpunkt des Leninismus als Ganzem, des Leninismus in der Philosophie, vom Gesichtspunkt einer neuen, höheren Stufe der Entwicklung an die philosophischen Arbeiten Plechanovs heranzugehen."[26]

Obwohl Deborin von den Verfassern namentlich mit keinem Wort angegriffen wurde, mußte dafür eine Reihe seiner Schüler und Gesinnungsgenossen herhalten, denen schwerwiegende ideologische Fehler in der philosophischen Arbeit vorgeworfen wurden. Einem der prominentesten Deborinschüler, Karev, wurde unterstellt, daß er in seinen Arbeiten die Rolle der Bauern in der Periode des sozialistischen Aufbaues unterschätzt habe. Dieser Vorwurf ist um so bezeichnender, als er ja auch gegen Trotzki erhoben worden war! Die Verfasser fahren fort: „Solche Fehler, unrichtige Behauptungen, die mitunter zu einem ganzen System verbunden sind, haben sich zur Genüge angesammelt. In der Tat - wo und wann wurde eine entfaltete Kritik der zu einem System zusammengewachsenen Fehler Asmus' gegeben, eines der aktivsten Teilnehmer am Kampf gegen die Mechanizisten? Hat doch besonders er die Dialektik genügend tief ,formuliert', hat doch er geschrieben, daß die ,Praxis einen formal-logischen Charakter trägt'. Wo und wann wurde eine entfaltete Kritik der Irrtümer des Genossen Milonov gegeben, der idealistische Ansichten über die Materie entwickelt und verteidigt hat (Materie ohne Ausdehnung)? Der Genosse Milonov schrieb: ,Überhaupt soll man nicht überall Ausdehnung unterstellen. Es ist für einen dialektischen Materialisten durchaus nicht unabdingbar, auf dem Attribut der Ausdehnung zu beharren.'"[27]

An diesem Punkt wird sichtbar, wie Mitin, Judin und Ral'cevič die von den Mechanizisten während der 2. Allunionskonferenz vorgetragene Kritik an den Deborinisten übernehmen! Sie wählen sogar die gleichen Stellen, ja sogar den gleichen Satz, den der Mechanizist Perel'man aus den Arbeiten Milonovs herausgesucht hat, um der zur Herrschaft gelangten dialektischen Philosophie idealistische Tendenzen in ihren Materiedefinitionen nachzuweisen.[28] Überhaupt lassen sich die zur Kritik des damaligen Zustandes der sowjetischen Philosophie, d.h. der dialektischen Philosophie, von den Parteiideologen Mitin, Judin und Ral'cevič geäußerten Gedanken auf die Kritik der Mechanizisten in der letzten Phase ihrer Auseinandersetzung mit den Deborinisten zurückführen. Sie sind - worauf hier schon mehrfach aufmerksam gemacht wurde - zumindest bei den Mechanizisten angedeutet und brauchten nur systematisiert und ausgebaut zu werden. Fast alle gegen Deborin erhobenen Anklagen, die die Mechanizisten zur Sprache gebracht hatten, kehren jetzt auf der ideologischen Plattform der Parteiideologen wieder: so zum Beispiel der Vorwurf des methodologischen Formalismus, der Vorwurf, daß die Deborinisten die Philosophie von den praktischen Aufgaben der Partei beim Aufbau des Sozialismus losgelöst hätten, daß sie verkappte Idealisten und Hegelianer seien, daß sie die philosophische Bedeutung Plechanovs übertrieben und dadurch die Leistung Lenins schmälerten usw.

Neu ist nur die lapidare Forderung, die sowjetische Philosophie vorbehaltlos in den Dienst der politischen Aufgaben der Partei zu stellen und sie radikal zu „politisieren". Diese Grundtendenz kommt dann auch in unmißverständlicher Weise am Schluß des langen Artikels zum Ausdruck: „Natürlich ist es erforderlich, sich gegen eine automatische Übertragung der Formen und Methoden der Arbeit zur Lösung der grundlegenden Aufgaben des Proletariats auf dem Gebiet der Theorie und Praxis aus der Politik in die Philosophie und umgekehrt zu wehren. Es ist notwendig, alle Eigenarten der Wege und Mittel zu verstehen, mit deren Hilfe ein und dieselbe grundlegende Aufgabe auf den verschiedensten Gebieten der marxistischen Theorie, besonders der marxistischen Philosophie, gelöst wird. Diese Eigenart anerkennend, ja, von ihr ausgehend, muß man verstehen, daß das ganze Wesen der Umwälzung an der philosophischen Front auf der gegebenen Etappe der Entwicklung in einer entschiedenen ‚Politisierung' der aktuellen philosophischen Probleme, in einer echten Umgestaltung der Philosophie zu einer Anleitung für das revolutionäre Handeln besteht. Man muß denjenigen eine entschiedene Abfuhr erteilten, die (wie z.B. der Genosse

Stèn bei seinem Auftreten auf der Fraktion der Gesellschaft kämpferischer Dialektiker und Materialisten in der Kommunistischen Akademie u.a.) sich unter dem Vorwand dieser ‚Eigenart' vor der Aktualisierung der Philosophie, vor einem entfalteten Kampf an zwei Fronten, vor der bolschewistischen Selbstkritik und - auf theoretischem Gebiet - vor einer echten Anwendung der Parteilichkeit in der Philosophie drücken wollen.“[29]

Mit der Appropriation dieser ideologischen Plattform auf dem Gebiet der Philosophie hatte die Partei einen neuen, spezifischen Standpunkt in allen philosophischen Fragen gewonnen. Mit ihr waren die *ideologischen Denkschemata* in den Bereich der sowjetischen Philosophie eingeführt, die voll und ganz den Intentionen der Partei entsprachen: die Philosophie ging in die Verfügungsgewalt der Partei über und konnte mit Hilfe der Prinzipien der „Parteilichkeit“ und „Aktualität“ zur Rechtfertigung ihrer ökonomischen, sozialen und politischen Maßnahmen *benutzt* werden. Im selben Maße aber, wie sich die neue Konzeption in den nächsten Monaten im Kampf gegen die dialektische Philosophie durchsetzte, verlor die sowjetische Philosophie *ihre immanenten Wahrheitskriterien* und verwandelte sich in einen Teil der bolschewistischen Ideologie der Stalin-Ära.

Nach der Veröffentlichung des halboffiziellen Artikels vom 7. Juni 1930 waren die Deborinisten - retrospektiv gesehen - in die Defensive gedrängt. Subjektiv fühlten sie sich dagegen in keiner Weise in die Verteidigung gedrängt! Im Gegenteil, sie veröffentlichten nun ihrerseits eine scharfe Kritik der neuaufgetauchten Konzeption. In dem verzögert Mitte Juni erschienenen Mai-Heft der Zeitschrift „Unter dem Banner des Marxismus“ (1930) war eine von den prominentesten Vertretern der dialektischen Philosophie: A.M. Deborin, I. Luppol, Ja. Stèn, N. Karev, I. Podvolockij, B. Gessen, M. Levin, I. Agol, S. Levit und F. Teležnikov verfaßte Gegendeklaration enthalten.[30]

Die Deborinisten trugen ihre Erwiderung auf den Angriff durch die Parteiideologen mit überraschendem Selbstbewußtsein und noch ganz im Ton der „philosophischen Führung“ vor. Einzig die Tatsache, daß sie die Approbation des Artikels vom 7. Juni durch die Partei ignorierten, deutete darauf hin, daß sie irritiert waren.

Einleitend stellen die Deborinisten in ihrer Antwort fest: „In der ‚Pravda' vom 7. Juni d.J. wurde ein Artikel der Genossen M. Mitin, V. Ral'cevič und P. Judin ‚Über die neuen Aufgaben der marxistisch-leninistischen Philosophie' veröffentlicht. Dieser Artikel gibt jedoch weder eine richtige Beurteilung der gegenwärtigen Lage auf dem Gebiet der marxistisch-leninistischen Philosophie, noch der vor uns stehenden Aufgaben wieder. Da dieser Artikel überaus wichtige aktuelle Fragen berührt, halten wir es für notwendig, sie eingehender zu untersuchen."[31]

Die Deborinisten heben dann gleich bezüglich des Ideengehaltes der neuen Konzeption hervor, „... daß alles, was in dem Artikel *richtig* ist - einfach eine Wiedergabe und stellenweise eine wörtliche Wiederholung der Resolution ‚Über die neuen Aufgaben an der philosophischen Front' der Fraktion der Gesellschaft kämpferischer Materialisten und Dialektiker und des Philosophischen Institutes an der Kommunistischen Akademie darstellt, die in der Nummer 4 des Journals ‚Unter dem Banner des Marxismus' veröffentlicht wurde ...".[32] „Dort aber", heißt es weiter, „wo die Autoren des Artikels etwas *Eigenes* aussprechen, verlassen sie eine richtige marxistisch-leninistische Position."[33]

Mit besonderer Aufmerksamkeit untersuchen die Deborinisten natürlich den für sie auffallenden Sachverhalt, daß in der Konzeption der Parteiideologen der Dialektik nur eine periphere Beachtung geschenkt worden war. Mit Bezug auf den hier schon erwähnten Lenin-Artikel „Über die Bedeutung des kämpferischen Materialismus" (1922) betonen sie, daß gerade die von Lenin in diesem Artikel geforderte „Ausarbeitung der Theorie der materialistischen Dialektik ... das Neue und Entscheidende" gewesen sei, „... was Lenin zur Bestimmung der Aufgaben der marxistischen Philosophie in unserer Epoche" beigetragen habe.[34] „*Sind etwa die Ratschläge Lenins auf dem Gebiet der Philosophie veraltet,* in deren Zeichen sich die ganze philosophische Arbeit in den letzten Jahren in der Sowjetunion entwickelte?"[35] fragen die Deborinisten. Und sie bringen in Erinnerung, daß die Anerkennung oder Ablehnung der von Lenin hinsichtlich der Dialektik gestellten Aufgaben die „zentrale Frage in allen gegenwärtigen philosophischen Meinungsverschiedenheiten ist".[36]

Hinsichtlich der Deborinisten stimmte natürlich diese Bestimmung des neuen Konfliktes, sie stimmte aber nicht mehr hinsichtlich der Absichten, die die Parteiideologen verfolgten. Auch die folgenden Feststellungen lassen erkennen, daß die Deborinisten noch im Banne der Auseinandersetzung mit den Mechanizisten stehen und das, was an der neuen Position von den Mechanizisten übernommen worden ist, sehr scharfsichtig erkennen, aber das Wesen der neuen Problemstellung in der Philosophie nicht begreifen. Das zeigt sich auch bei der Zurückweisung des Vorwurfes, daß sie in ihren Arbeiten Theorie und Praxis voneinander isoliert hätten. Sie erwidern darauf,

„... daß gerade die Ausarbeitung der *Theorie der materialistischen Dialektik für die Philosophie die grundlegende Aufgabe ist, die ihr der Gang des Klassenkampfes und der Aufbau des Sozialismus stellen.* Sie (die Dialektik, d. Verf.) ist auf dem Gebiet der Philosophie der Knotenpunkt, in dem die wichtigsten Fragen der *Theorie und Praxis des proletarischen Kampfes unserer Epoche sich verbinden".*[37]

Zur Stellungnahme gezwungen, bekennen die Deborinisten, ohne sich der Tragweite ihrer Erklärung bewußt zu sein, daß die von den Parteiideologen geforderte Hinwendung zur sozialpolitischen Praxis für sie nichts anderes bedeutet und gemäß ihren Vorstellungen von Philosophie auch nichts anderes bedeuten kann als eben die *Ausarbeitung der materialistischen Dialektik,* da der sozialistische Aufbau - die Praxis - der Philosophie die Aufgabe stellt, die Dialektik auszuarbeiten. Die so gefaßte Dialektik ist für sie nichts anderes als die reflektierte *Praxis!* Nicht die philosophische Rechtfertigung der Praxis - wie die Partei das erwartete - wird von den Deborinisten unter Verbindung von Philosophie und Gesellschaft verstanden. Nicht der unmittelbare Eingriff in das sozialistische Geschehen ist von den Deborinisten mit Verbindung von Theorie und Praxis gemeint, sondern die mittelbare, in der philosophischen Distanz vollzogene Bewußtmachung, Vermittlung der dialektischen Bewegungsgesetze der Gesellschaft - im vorliegenden Fall, der Umschichtungsperiode der Jahre 1929/ 1930 - im dialektischen Denkprozeß ist gemeint. Dialektik ist für die Deborinisten die theoretische Form der Praxis und deshalb bleibt ihnen auch das Wesen der neuen ideologischen Forderungen der Partei an die sowjetische Philosophie unverständlich. Sie glauben nur einmal mehr versichern und aussprechen zu müssen, daß die materialistische Dialektik „auf dem Gebiet der Philosophie der Knotenpunkt" sei, „in dem die wichtigsten Fragen der Theorie und Praxis des proletarischen Kampfes ... sich verbinden", um den Vorwurf zu widerlegen, daß sie Theorie und Praxis getrennt hätten. Und deshalb kommen sie wieder hinsichtlich der Ausarbeitung der Dialektik und im Gegensatz zu den Vertretern der Parteiinteressen zu dem Schluß: „Deswegen gibt der Kampf um die Dialektik und ihre Ausarbeitung allen Wissenschaften den für die Lösung der vor ihnen stehenden neuen Fragen notwendigen Schlüssel in die Hand und rüstet sie mit der Methode aus, die Wege der Entstehung des Neuen zu erkennen."[38]

Die Deborinisten unterstreichen ungeduldig den Vorrang der Philosophie vor der stumpfen Praxis, die nur sinnvoll sein kann, wenn sie durchdacht und wenn in der Philosophie und ausschließlich in der wissenschaftlichen Philosophie die Kriterien ihrer Weiterentwicklung gefunden sind. „Die Bemerkungen Lenins über ‚Die Ökonomie der Übergangsperiode' des Genossen Bucharin zeigen", schreiben die Deborinisten, „daß nur eine richtige *philosophische* Position wirklich fruchtbare Resultate liefern kann."[39] „Und deshalb", so fahren sie in ihrer Antwort an die Parteiideologen fort, „ist es völlig falsch, die Ausarbeitung der Theorie der materialistischen Dialektik der Erforschung der wichtigsten Probleme des sozialistischen Aufbaues gegenüberzustellen. Noch Lenin hat darauf hingewiesen, daß die Ausarbeitung der materialistischen Dialektik sich auf das Material stützen muß, das uns die Erfahrung des täglichen Klassenkampfes auf der ganzen Welt bietet. Die Wendung (in der philosophischen Arbeit, d. Verf.) darf keine Abwendung von der Ausarbeitung der materialistischen Dialektik sein, sondern sie muß eine Wendung in ihrer Ausarbeitung selbst sein, auf der Grundlage dieser Ausarbeitung."[40] „Die Tatsache, daß die Genossen Mitin, Ral'cevič und Judin - von dieser Wendung sprechend - die entscheidende Bedeutung der weiteren Ausarbeitung der Theorie der materialistischen Dialektik vertuschen, zeigt, daß sie sich leichtsinnig zu dieser Wendung verhalten."[41]

Den zweiten grundsätzlichen Fehler der „eklektischen Plattform der Genossen Judin, Mitin und Ral'cevič" sehen die Deborinisten darin, daß bei ihnen die Aufgabe des Kampfes gegen das Versöhnlertum in den Beziehungen zu den Mechanizisten im dunkeln bleibt".[42] Warum haben die Genossen Judin, Ral'cevič und Mitin ihre Aufmerksamkeit nicht in genügendem Maße auf das Versöhnlertum mit den Mechanizisten konzentriert? Deswegen natürlich, *weil sie keine richtige Perspektive im Kampf mit den Mechanizisten haben.*"[43]

Nachdem sie in ihrer Antwort noch konstatieren, daß die von den Parteiideologen angeprangerten philosophischen Fehler einiger Deborinisten schon lange vor der Publikation des Artikels vom 7. Juni von Deborin, Stèn und Karev kritisiert worden seien, und daß die Parteiideologen auch in diesem Punkt nur wiederholen, was schon längst vor ihnen gesagt worden sei, kommen sie zu einer Analyse der neuen ideologischen Position: „Die Eigenart der gegenwärtigen Etappe besteht indes darin, daß einzelne formalistische Fehler einzelner Genossen sich zu einer ganzen Strömung ausweiten, zu einem Block der Formalisten und Eklektiker, die sich dem dialektischen Materialismus gegenüberstellen. Es ist kein Zufall, daß alle Genossen, die

jetzt gegen die philosophische Linie der Zeitschrift ‚Unter dem Banner des Marxismus' und gegen die Gesellschaft kämpferischer Materialisten und Dialektiker auftreten, Fehler formalistisch-idealistischer Art gemacht haben oder noch machen. Es genügt, auf den formal-logischen Formalismus Dmitrievs, auf die Rickertsche Auffassung des Verhältnisses von Gesellschaft und Natur durch den Genossen Furščik, auf
die unrichtige Bestimmung der Materie durch den Genossen Milonov und auf die von
uns aufgezeigten Fehler des Genossen Mitin usw. hinzuweisen ...'"[44]

Die von den Parteiideologen geprägte Losung vom „Kampf an zwei Fronten der Philosophie" übernehmend, bestimmen die Deborinisten jedoch den ideellen Inhalt dieses Zweifrontenkrieges wesentlich anders, und zwar einmal als „Kampf gegen die
Mechanizisten" und zum anderen als *Kampf mit den idealistischen und eklektischen
Schattierungen des Formalismus"*.[45]

Definieren die Parteiideologen den Mechanizismus (rechte Abweichung) und den
Trotzkismus (linke Abweichung) als die beiden Fronten, gegen die sich die sowjetische Philosophie zu wenden habe, so erscheint bei den Deborinisten neben dem
Mechanizismus als neue Front der „Formalismus und Eklektizismus", dem sie auch
die neue ideologische Plattform zurechnen.

Erstaunlich ist, daß die Deborinisten in ihrer Erwiderung an die Parteiideologen mit
keinem Wort auf den Vorwurf eingehen, daß sie über der Kritik des Mechanizismus
ganz die Entlarvung des Trotzkismus vernachlässigt hätten. Das ist um so erstaunlicher, als die Deborinisten sonst alle von den Parteiideologen erhobenen Vorwürfe
genau prüfen und sie mit ihrer schon oft unter Beweis gestellten Geschicklichkeit zer-
pflücken.

Drei Erklärungsmöglichkeiten bieten sich für diese Zurückhaltung an: entweder waren sie in ihren traditionellen philosophischen Problemstellungen derart verstrickt,
daß sie den Vorwurf, in einem Punkt ihrer politischen Kontrollaufgabe nicht nachge-
kommen zu sein, einfach übersahen und angesichts ihrer Verdienste im Kampf gegen den Mechanizismus als unwichtig abtaten, oder aber sie empfanden in dieser
Frage doch ein peinliches Versäumnis, das sie stillschweigend zu übergehen trachte-
ten. Die dritte Erklärungsmöglichkeit für die Zurückhaltung der Deborinisten ist, daß
zwischen der dialektischen Philosophie und den politischen Theorien L.D. Trotzkis
tatsächlich eine uneingestandene Wahlverwandtschaft bestanden hat. Die umfassende Bildung, die Freude am rhetorischen Glanz und an stilistischer Formgebung, die

internationale Orientierung und die, wenn auch kritische, Offenheit gegenüber west-
lichem Gedankengut, die sowohl die Deborinisten als auch die Trotzkisten auszeichneten, lassen einen Vergleich im Sinne einer psychologisch-geistigen Wahlverwandtschaft durchaus zu. Aber eine darüber hinausgehende, stringent zu beweisende poli-
tisch-philosophische Verbindung - wie sie die Partei später behauptet hat - läßt sich
nicht nachweisen.

Aber wie immer auch diese Frage entschieden wird, die Zurückhaltung, die sich die
Deborinisten in dieser Frage auferlegten, mußte die Partei erst recht auf diesen
Punkt aufmerksam machen.

3. Das Ende der dialektischen Philosophie
a) Die letzte Phase der Auseinandersetzungen des Jahres 1930

Die letzten Monate vor der Verurteilung der dialektischen Philosophie stehen ganz im
Zeichen einer sich gegen Ende des Jahres 1930 ständig steigernden und manchmal
die Schranken einer sachlichen Auseinandersetzung sprengenden Erbitterung.
Die Deborinisten führen auf den Seiten ihrer Zeitschrift „Unter dem Banner des Marxismus" eine von Veröffentlichung zu Veröffentlichung gereizter werdende und
gleichzeitig im Schatten der drohenden Verurteilung stehende Polemik gegen Ral'cevič und Mitin. Judin, der unbedeutendste des Triumvirats, absolvierte gerade die letzten Kurse am Institut der Roten Professur und wurde, da er sich noch kaum expo-
niert hatte, von den Deborinisten verhältnismäßig glimpflich behandelt. Weitaus am
heftigsten wurde V. Ral'cevic von den Deborinisten angegriffen, der aber auch in seiner Prinzipienlosigkeit und in seinem hemmungslosen Opportunismus schon alle Züge der für die Ideologen der Stalin-Ära so typischen Charakterlosigkeit in sich vereinigt.
Der Deborinist N.A. Karev gibt z.B. in einem Artikel eine bemerkenswerte Zusam-
menstellung sich widersprechender und je nach den tagespolitischen Erfordernissen
sich wandelnder Behauptungen Ral'cevičs: „in einer verhältnismäßig kurzen Zeit-
spanne hat es der Genosse Ral'cevič fertiggebracht:

    1. Sich gegen die Mechanisten auszusprechen.

    2. Prof. Pereverzev zu verteidigen, der eine eklektische, objektivistische und
mechanizistische Position einnimmt.

3. Sich gegen die Anschauungen Prof. Pereverzevs auszusprechen und seinen Irrtum einzugestehen.

4. Gemeinsam mit den Genossen Karev, Luppol, Stèn, Podvolocki u. a. einen Brief an die Redaktion der Zeitschrift ‚Der Gottlose' (Bezbožnik) gegen das Versöhnlertum mit den Mechanizisten in der Rede des Genossen Jaroslavski auf der Zentralversammlung der Union der Gottlosen zu unterschreiben.

5. Zu gestehen, daß dieser Brief Fehler enthält.

6. Eine flammende Rede auf der erweiterten Sitzung der Fraktion der Gesellschaft kämpferischer Materialisten und Dialektiker und des Institutes für Philosophie zur Verteidigung des Berichtes des Genossen Deborin gegen alle Genossen zu halten, die die Arbeitslinie und die philosophische Position der Leitung des Institutes und der Gesellschaft kämpferischer Materialisten und Dialektiker kritisierten.

7. Zu gestehen, daß diese Rede ein Fehler war.

8. Auf der erweiterten Sitzung des Büros der Parteizelle des Institutes der Roten Professur die Erklärung abzugeben, daß die Kritik der Genossen Furščik und Dmitriev an den Anschauungen des Genossen Deborin die Mechanizisten unterstützt, und daß er, Ral'cevič, sie entschieden ablehnt.

9. Danach schwarz auf weiß zu schreiben, daß in der Kritik Furščiks ‚eine Reihe richtiger Bemerkungen enthalten sind'.

So demonstriert der Genosse Ral'cevič, sich gleichsam das Ziel stellend, seine Auffassungen der dialektischen Gesetze an seiner eigenen Person zu illustrieren, von Fall zu Fall, von Artikel zu Artikel, von Kundgebung zu Kundgebung die ‚Entzweiung des Einheitlichen' und den Übergang in sein eigenes Gegenteil."[46]

Wie schon vor ihm Deborin, definiert auch Karev den ideellen Gehalt der neuen Position als *Eklektizismus* und rückt sie in die Nähe des Mechanizismus: „Und man muß sich eingestehen", schreibt er, „daß die heutigen Eklektiker gegenwärtig nicht weniger gefährlich sind als die Mechanizisten. I.I. Stepanov hat, bei all seinen philosophischen Fehlern, niemals eine Zeile zur Verteidigung der Willensfreiheit und gegen den Determinismus geschrieben, aber Ral'cevič tut das. Wenn man dem militanten Eklektizismus à la Ral'cevič nicht eine unerbittliche Abfuhr erteilt - bedeutet das, den ideellen Sieg über die Mechanizisten zu verderben. Wenn zur Entlarvung und ideellen Zertrümmerung der Mechanizisten fünf Jahre notwendig waren, so wird es möglich sein, muß man hoffen, unter den Bedingungen des siegreichen sozialistischen Aufbaues mit den Wirrköpfen noch schneller fertig zu werden."[47] Das gleiche, im philosophischen Bereich eklektische und im politischen opportunistische Bild vom geistig-charakterlichen Habitus der Parteiideologen Mitin und Ral'cevič entwirft auch der Deborinist S. Novikov: „Man muß die Offensive gegen die Mechanizisten fortsetzen und ausbauen", schreibt er, „doch Mitin und Ral'cevič nehmen von den Mechanizisten die Argumente gegen Deborin, die ja auch nach ihrer Meinung in der ersten Reihe der anti-marxistischen Front marschieren; man muß die Offensive gegen die Methodologie des Sozialfaschismus und Trotzkismus entfalten, doch Mitin und Ral'cevič nehmen von dem Sozialfaschisten M. Werner und dem Ultra-Trotzkisten Korš durch Verleumdung vergiftete Argumente gegen die echten 'philosophischen Stammkader' unserer Union. Man muß mit aller Kraft den wirklichen Formalismus treffen, aber sie kämpfen mit einem erdichteten 'Formalismus' Deborins, von dem sie überhaupt zum erstenmal von der Existenz einer formalistischen Gefahr gehört haben. Kann man sich eine größere gedankliche Verwirrung und eine größere Prinzipienlosigkeit, eine gröbere Verletzung aller Gesetze der Geschichte und Logik des Marxismus vorstellen? Und solche Wirrköpfe wollen sich ein Monopol auf die bolschewistische Philosophie erhandeln!"[48] „Die Geschichte der marxistischen Philosophie wird in zwei Epochen geteilt: von Marx, Engels und Dietzgen bis Lenin und von Lenin bis ... Mitin, Ral'cevič und Judin."[49]

Doch es ist besonders Karev, der in seiner Auseinandersetzung mit Ral'cevič auf eine weitere theoretische Eigentümlichkeit der sich in der sowjetischen Philosophie konstituierenden bolschewistischen Ideologie aufmerksam macht. Ral'cevič hatte in der Nummer 14 der Zeitschrift „Bol'ševik" (1930) eine Rezension der Nummer 5 des Journals „Unter dem Banner des Marxismus" (1930) veröffentlicht und darin die Idee des „absoluten Determinismus" - wie sie von den Deborinisten vertreten wurde - angefeindet.[50] Das war ein völlig neues Argument in der ganzen bisherigen philosophischen Bewegung, denn sowohl die Deborinisten als auch die Mechanizisten standen - trotz aller Differenzen im Detail - letzten Endes auf dem Standpunkt eines absoluten Determinismus. Ral'cevič durchbricht jetzt diese Vorstellung.

„Das Schlimme ist, daß das, was Ral'cevič einem Minimum von 175000 Lesern (der Zeitschrift „Bol'ševik", d. Verf.) im Grunde suggeriert", schreibt Karev, „jede Glaubwürdigkeit übersteigt. Ral'cevič erklärt es für völlig unvereinbar mit dem Marxismus-Leninismus, anzuerkennen, daß alles in der Welt ursächlich begründet ist, und daß es keine Willensfreiheit gibt. Er behauptet, daß der Marxismus-Leninismus sich nicht mit einem absoluten Determinismus vereinigen läßt, d. h. mit der Erklärung, daß wir in der Natur nichts zulassen können, was nicht irgendwie den Gesetzen und ursächlichen Zusammenhängen der materiellen Welt unterworfen wäre. Aber - *das ist die reinste pfäffische Propaganda.*"[51] „Die Leugnung der absoluten Determination bedeutet in diesem Sinne den *Glauben an Wunder* und kann auch weiter nichts bedeuten. In unseren Veröffentlichungen solche Sachen zu lesen ist einfach eine Schande."[52] Karev entlarvt in der von ihm kritisierten neuen theoretischen Wendung und zu diesem verhältnismäßig frühen Zeitpunkt eine Tendenz in der bolschewistischen Ideologie, die sich von Jahr zu Jahr verstärken sollte und die schließlich ihre klassische Formulierung (1950) anläßlich der sprachwissenschaftlichen Diskussion durch J. W. Stalin erfuhr, der die alles Geistige „in letzter Instanz" determinierende Funktion der sozialökonomischen Basis zugunsten einer „gewaltigen aktiven Kraft ... des Überbaues" aufhob oder zumindest stark abschwächte.[53]

Die Idee einer allgemeinen und ausnahmslosen Determination besonders der sozialen und ökonomischen Prozesse - etwa im Sinne des bekannten Briefes von Engels an Joseph Bloch (21./22. September 1890), in dem er vom Ablauf der „Geschichte noch Art eines Naturprozesses" spricht, der „auch wesentlich denselben Bewegungsgesetzen unterworfen" ist[54] - mußte theoretisch die Freiheiten und Möglichkeiten der Partei gegenüber der bisher in der sowjetischen Philosophie hervorgehobenen determinierenden Funktion der sozialökonomischen Struktur beim sozialistischen Aufbau erheblich einschränken. Gerade diese Determination des „Überbaues" durch die „Basis" mußte zugunsten der theoretisch-politischen Planung und Lenkung eingeschränkt werden, um den sozialistischen Aufbau nach den Intentionen der Partei gegen jede determinierende Eigengesetzlichkeit der sozialen und ökonomischen Verhältnisse in der Sowjetunion forcieren zu können. Es ist die sozialpolitische Praxis der „Übergangsperiode" der Jahre 1929/30, die die Partei veranlaßt, die Philosophie wieder mit der sozialpolitischen Realität in Einklang zu bringen. Der Zwang, den eingeleiteten sozialistischen Aufbau zu rechtfertigen, veranlaßt die Partei, Gedanken zu unterstützen, die den „absoluten Determinismus" so weit aufbrechen, daß ihre sozialpolitische Initiative und die Richtung dieser Initiative durch kein Dogma der sowjetischen Philosophie beschränkt wird.

Diesen praktischen Erfordernissen auf dem Gebiet der Theorie Ausdruck verliehen

zu haben, wenn auch in einer selbst von der Partei später nicht akzeptierten Plump-
heit, ist zweifellos das „Verdienst" Ral'cevičs.

So heftig die Deborinisten sich auch gegen die Angriffe der Parteiideologen zur Wehr
setzten und so gut und überzeugend ihre Argumente auch gewesen sein mögen, sie
verloren dennoch zusehends an Einfluß. Selbst in der 1924 gegründeten und seither
von den Deborinisten beherrschten Gesellschaft kämpferischer Materialisten und
Dialektiker (OVMD)[55] machte sich ein von der Partei gegen die bisherige Deborinsche
Linie gesteuerter Widerstand bemerkbar. Das erste Anzeichen, daß die Partei die
Gesellschaft unter Kontrolle gebracht hat, ist eine „Resolution ... über die Lage an
der philosophischen Front" vom August 1930, in der die Ivano-Voznesensker Bezirksorganisation der Gesellschaft kämpferischer Materialisten und Dialektiker fest-
stellt:

„Das Plenum der Bezirksorganisation hält für die grundlegenden Fehler der philosophischen Führung: 1. die völlig unzureichende Erschließung des Leninschen Erbes
(!), 2. die formale Auffassung von Parteilichkeit in der Philosophie, 3. den ungenü-
genden Kampf mit dem Trotzkismus, 4. die schwache Arbeit auf dem Gebiet der anti-
religiösen Propaganda, 5. die Isolierung der Philosophie von der revolutionären Praxis unter dem Vorwand der ,Ausarbeitung der Theorie der materialistischen Dialektik',
die losgelöst von den konkreten Problemen der Übergangsperiode (das Zurückbleiben auf dem Gebiet des historischen Materialismus) durchgeführt wurde, und im Zusammenhang damit das Vorhandensein idealistischer (Asmus, Milonov, Gonikman,
Dmitriev), formalistischer (Deborin) und halbtrotzkistischer (Karev) Fehler, die nicht
rechtzeitig und genügend aufgedeckt wurden, 6. eine falsche oder bestenfalls passi-
ve Position bei der Durchführung der Diskussion in der Politökonomie (die Veröffentlichungen Rubins und der ,Rubinisten' vom Schlage G. Deborins im Journal ,Unter
dem Banner des Marxismus' ohne Anmerkungen der Redaktion), in der Literaturwis-
senschaft, der Geschichte, der Pädagogik und des Rechtes."[56]

Gleichzeitig wurde der von Mitin, Judin und Ral'cevič inaugurierte neue Kurs in der
Resolution bekräftigt: „Das erweiterte Plenum des Vorstandes ruft alle regionalen Abteilungen, Sektionen und die die Gesellschaft kämpferischer Materialisten und Dialektiker unterstützenden Gruppen auf, ihre Arbeit entschieden auf die Erforschung
der aktuellen Probleme des sozialistischen Aufbaues, besonders der Gesetzmäßigkeiten der Übergangsperiode, auszurichten und gleichzeitig einen unversöhnlichen

Kampf an zwei Fronten zu führen: mit dem mechanizistischen Revisionismus als der Hauptgefahr in der gegebenen Etappe auf der einen Seite, und mit den formalistischen und idealistischen Fehlern auf der anderen Seite, um zu erreichen, daß die ganze Arbeit auf der Grundlage der härtesten Selbstkritik und - im Geiste strenger Parteilichkeit durchgeführt wird."[57]

Die Redaktion des Journals „Unter dem Banner des Marxismus" wurde gezwungen, dieses gegen sie gerichtete Dokument in der Septembernummer (1930) zu veröffentlichen. Es steht kommentarlos auf der letzten Seite und dokumentiert das Ende der im Geiste der dialektischen Philosophie geführten Phase der Zeitschrift. Es ist gleichzeitig das letzte Heft, das unter der alten Redaktion veröffentlicht wurde. Das nächste Heft erschien erst nach der Verdammung der Deborinisten Ende Januar 1931 unter der neuen Leitung V.V. Adoratskijs, M.B. Mitins und P.F. Judins. Von der alten Redaktion gehörten zwar noch A.A. Maksimov, M.N. Pokrovskij und A.K. Timirjazew der neuen Leitung an, aber sie blieben ebenso einflußlos wie Deborin, der formal auch in das neue Redaktionskollegium aufgenommen wurde.

b) Die Verurteilung der Deborinisten

Die Ausschaltung der Deborinisten aus dem geistigen Leben der Sowjetunion wurde durch zwei kurz aufeinander gefaßte Beschlüsse vollzogen: *erstens* durch die auf persönliche Initiative Stalins am 29. Dezember 1930 gefaßte Resolution des Büros der Parteizelle des Institutes der Roten Professur, in der die dialektische Philosophie einer vernichtenden Kritik unterzogen wurde, und *zweitens* durch den Beschluß des ZK der KPdSU(B) vom 25. Januar 1931, in dem die bisherige philosophische Linie der Zeitschrift „Unter dem Banner des Marxismus" verurteilt und eine Änderung des Redaktionskollegiums verfügt wurde.

Auf dem Höhepunkt des Konfliktes zwischen Deborinisten und Parteiideologen griff Stalin in die Auseinandersetzung ein. Er erschien am 9. Dezember 1930 im Büro der Parteizelle des Institutes der Roten Professur und prägte in der Unterredung mit den Mitgliedern des Büros den Ausdruck vom „menschewisierenden Idealismus" für die dialektische Philosophie.

Dieser von Stalin geprägte Begriff vom „menschewisierenden Idealismus" ist angesichts der Komplexität der dialektischen Philosophie nichtssagend und nur mit Mühe mit einem konkreten Sinn zu erfüllen. Aber dadurch, daß diese Wortschöpfung zwei im sowjetischen Sprachgebrauch als Erzfeinde des Marxismus-Leninismus abgestempelte Strömungen mit dem Begriff der dialektischen Philosophie verbindet: die philosophische Haltung der Deborinisten als *idealistisch* und ihre politischen Anschauungen als *menschewistisch* definiert, konnte dieser Ausdruck in seiner ganzen Verschwommenheit zur Zurückführung jedes konkreten Einwandes auf allgemeine politische und philosophische Vorwürfe dienen. In dieser Funktion hat sich der Begriff vom „menschewisierenden Idealismus" bis zum heutigen Tag in der sowjetischen Geschichtsschreibung zur Bezeichnung der dialektischen Philosophie erhalten.

Die parteioffizielle Darstellung spricht im Zusammenhang mit dem Stalin-Interview im Büro der Parteizelle des Institutes der Roten Professur von einer „historischen Bedeutung", die dieser Unterredung zukommt: „Von einer außerordentlichen Bedeutung für den Prozeß der philosophischen Diskussion war die Unterredung des Genossen Stalin im Büro der Parteizelle des Institutes der Roten Professur für Philosophie und Naturwissenschaft am 9. Dezember 1930", heißt es im Leitartikel der ersten Nummer der Zeitschrift „Unter dem Banner des Marxismus", die nach der Verdammung der Deborinisten erschien. „Die Erklärungen des Genossen Stalin, in denen zum erstenmal mit der größten Tiefe und Folgerichtigkeit, mit der größten Klarheit und Genauigkeit eine Klassifikation der Anschauungen der Deborinschen Gruppe als Anschauungen des menschewisierenden Idealismus gegeben wurde, in denen Fragen über die Notwendigkeit der Ausräumung des ganzen idealistischen Plunders gestellt wurden, der sich an der philosophischen Front angesammelt hat, in denen mit der größten Schärfe die Aufgaben des Kampfes an zwei Fronten auf dem Gebiet der Philosophie festgestellt wurden und in denen Probleme der Ausarbeitung des Leninschen philosophischen Erbes gestellt wurden - erwiesen sich als der umwälzende Moment im Gang der ganzen philosophischen Diskussion. Die Diskussion wurde auf eine höhere Stufe gehoben und die Probleme des Umschwunges an der philosophischen Front wurden mit erschöpfender Klarheit bestimmt.

Die Erklärungen des Genossen Stalin sind die direkte Fortsetzung seiner Feststellungen über dasselbe Problem auf der Konferenz der marxistischen Agrarwissenschaftler; sie haben eine historische Bedeutung und müssen zur Grundlage der theoretischen Arbeit an der philosophischen Front gemacht werden."[58]

Die „historische Bedeutung", die in diesem Artikel den Erklärungen Stalins vom 9.

Dezember für die weitere Entwicklung der „theoretischen Arbeit an der philosophischen Front" zugesprochen wird, kann - wenn auch in einem etwas anderen Sinne - nicht von der Hand gewiesen werden: fehlt der Name Stalins in den ersten beiden Phasen der sowjetischen Philosophie völlig und taucht er in der *dritten*, die Jahre 1929/30 umfassenden Phase bei den Parteiideologen in ihrem Kampf gegen die Deborinisten hier und da einmal auf, so sind nach 1931 wohl nur wenige Bücher mit philosophischem oder politischem Inhalt in der Sowjetunion erschienen, die nicht auf Stalin fußen.

Die unmittelbare Folge der Stalinschen Erklärung vom 9. Dezember ist die Resolution der Parteizelle des Institutes der Roten Professur vom 29. Dezember 1930, in der über die Deborinisten endgültig der Stab gebrochen wird.

Nach einer kurzen Präambel, in der die Verfasser die Übereinstimmung der Thesen der Resolution mit der Erklärung Stalins unterstreichen, wird der ideologische Führungsanspruch der Gruppe Mitin, Judin und Ral'cevič in die Formulierung gekleidet, daß das „Büro der Parteizelle des Institutes der Roten Professur für Philosophie und Naturwissenschaft (das von Mitin und Judin geleitet wurde, d. Verf.) sowie die Parteiorganisation als Ganzes eine richtige Linie im Kampf an der philosophischen Front befolgt haben und befolgen. Die Richtigkeit dieser Linie ist von den zentralen Organen der Partei bestätigt (‚Pravda', ‚Bol'ševik')".[59]

Ungeachtet dieser ambitiösen Versicherung und ohne den Widerspruch zu bemerken, bezichtigen sich die Verfasser gleich darauf ideologischer Fehler bei der Beurteilung der Deborinisten in der Resolution der Parteizelle des I. d. R. P. vom 14. Oktober 1930: „Die Erfahrungen und Lehren der Diskussion, die ganze Tiefe der politischen und philosophischen Meinungsverschiedenheiten mit der Deborinschen Gruppe erwägend, deren Sinn und Bedeutung besonders klar in den Hinweisen des Genossen Stalin bestimmt wurden, hält die Versammlung die Qualifizierung der Anschauungen der sogenannten philosophischen Leitung als formalistische Abweichung, wie sie in der Resolution des Büros vom 14. Oktober d. J. (‚Bol'ševik', Nr. 19/20) gegeben wurde, für ungenau. Sie muß genauer und schärfer formuliert werden, weil eine formalistische Verfälschung der materialistischen Dialektik in ihrem Wesen eine idealistische Revision des Marxismus ist."[60] Weiter änderte man in der neuen Resolution die Urteile vom 14.Oktober darüber, daß „... die philosophische Arbeit in unserem Lande in den letzten Jahren auf einer Reihe von Gebieten im allgemeinen in einer Richtung geführt wurde, die Lenin gewiesen hat", und darüber, daß „... in der vergangenen Etappe der Entwicklung die Linie der philosophischen Leitung grundsätzlich richtig war".[61] Diese Urteile wurden jetzt als „mit der Wirklichkeit unvereinbar" genannt!

In ihrem Pauschalurteil übernimmt die Resolution den Begriff vom „menschewisierenden Idealismus" zur Charakterisierung der Deborinisten und erklärt die dialektische Philosophie zur *Ideologie des Kleinbürgertums*.[62] Das ist eine äußerst subtile Form, eine äußerst sorgfältig verschleierte, durch eine materialistische und marxistische Phraseologie verhüllte idealistische Revision des Marxismus, die sich in eine marxistisch-leninistische Kleidung hüllt und selbst in einer sehr scharfen Form nicht nur gegen den offenen, pfäffischen konterrevolutionären Idealismus vom Typ Losevs auftritt, sondern sich sogar gegen Idealisten-Hegelianer vom Schlage Lukács(!) wendet."[63]

Oder: „Gegen den Leninismus in der Philosophie und gegen den Umschwung an der philosophischen Front kämpfend, hat die Gruppe Deborin, Karev, Stèn u. a. im *direkten und offenen* Kampf mit dem dialektischen Materialismus den Weg des Anti-Marxismus beschritten."[64]

Hatten die Deborinisten gegen die Parteiideologen den Vorwurf des Eklektizismus erhoben, so geben die Parteiideologen jetzt diesen Vorwurf ungeschmälert zurück: „In der Quintessenz haben wir in den eigentlich philosophischen Anschauungen der Deborinisten eine äußerst eklektische Verbindung der Elemente des Materialismus mit der idealistischen Dialektik Hegels und mit Fehlern Feuerbachschen und Kantschen Typus."[65]

Im Detailurteil werden so viele Vorwürfe auf die Deborinisten gehäuft, daß hier nur die wesentlichsten aufgezählt werden können: „Das antimarxistische Wesen der Anschauungen der Deborinschen Gruppe fand seinen Ausdruck:

a) In der Trennung der Theorie von der Praxis, der Philosophie von der Politik usw., womit faktisch ‚eine der schädlichsten Züge und Dogmen der II. Internationale' (Stalin) wiederbelebt wurde.

b) In der Absage an die Anwendung und in der Verfälschung des Leninschen Prinzips der Parteilichkeit der Philosophie, das in besonders klarer Form den Klassencharakter unserer Philosophie ausdrückt, weil das Beste der Arbeiterklasse - seine Partei - in der klarsten Form den aktiven Charakter unserer Philosophie ausdrückt, weil der bewußteste und aktivste Teil der Klasse - seine Avantgarde - die kommunistische Partei ist. Die Gruppe Deborin, Karev, Stèn hat dieses Prinzip ignoriert, weil es notwendigerweise in sich die Forderung auf Verteidigung der Generallinie der Partei und den Kampf mit den Abweichungen von ihr einschließt.

c) Schließlich in der Unterschätzung Lenins als Theoretiker im allgemeinen und als marxistischer Philosoph im besonderen, in der Ignorierung und Nichtbeachtung des Leninismus in der Philosophie als neue Stufe in der Entwicklung des dialektischen Materialismus, in der Wiederholung und Vertiefung einer Reihe Plechanovscher Fehler auf dem Gebiet der Philosophie und des historischen Materialismus. Die Unterschätzung der philosophischen und überhaupt der theoretischen Bedeutung der Arbeiten Lenins steht zweifellos in Verbindung mit der Einstellung zur wissenschaftlichen Arbeit, die am Marx-Engels-Institut vorherrschte."[66]

Weiter wird den Deborinisten in der Resolution bei der von ihnen betriebenen Ausarbeitung einer materialistischen Theorie der Dialektik die Absicht einer „Hegelianisierung" des Marxismus unterstellt und aus der Hegelschen Auffassung der Dialektik, der die Deborinisten gehuldigt hätten, werden ihre philosophischen Fehler in der Bestimmung der Dialektik und in der Definition der Materie hergeleitet: „Diese Verfälschung (der Dialektik, d. Verf.) fand ihren Ausdruck in Fehlern, die mit unrichtigen, mit dem Idealismus zusammenfallenden Definitionen der Materie verbunden sind. Zum Beispiel: die Definition der Materie als unendliche Totalität von Vermittlungen, Beziehungen und Verbindungen (Deborin), aus denen der reale Träger dieser Beziehungen hervorgeht, die völlig idealistische Auffassung der Materie als Synthese von Raum und Zeit (Gessen), die machistische Behauptung, daß das ‚Objekt seine lebendige Realität, seine Wirklichkeit nur im Prozeß der Wechselbeziehung mit dem Subjekt erhält' (Gessen), der idealistische Rationalismus in allen wichtigen Fragen der Philosophie (Tymjanskij, ‚Einführung in den dialektischen Materialismus') usw. Mit der unrichtigen Bestimmung der Materie ist organisch die völlig falsche Auffassung der materialistischen Dialektik selbst verbunden, die irgendwie eine ‚allgemeine Methodologie ist, die die inneren Verbindungen in den konkreten Inhalt hineinträgt' (Deborin), Fehler in der Auffassung der Theorie der Dialektik als ‚allgemeine Theorie, die die Kategorien nur „abstrakt" - abstrahiert von dem, wie sie in bestimmten besonderen Fällen angewandt werden - behandelt, ihre allgemeine logische Analyse gebend' (Deborin), die konsequent im Geiste des Hegelschen Idealismus durchgehaltene Forderung von der Notwendigkeit eines ‚geschlossenen Systems dialektischer Kategorien' (Gonikman: ‚Die Gedanken Lenins haben noch einen anderen Inhalt: er spricht von einem *geschlossenen* System der Dialektik. Die Dialektik muß mit dem Sein beginnen, aber sie muß auch mit dem Sein enden.') usw. usf."[67]

Zusammenfassend heißt es dann: „Die Methodologisierung in den Arbeiten der Gruppe Deborin drückt sich hauptsächlich in der idealistischen Trennung von Methode und Weltanschauung, von Dialektik und Materialismus, von Dialektik und Erkenntnistheorie, von Dialektik und historischem Materialismus aus."[68]

Das Verurteilungsdekret der Parteizelle des I. d. R. P. schließt mit dem Appell an die Partei, schnellstens die „Umgestaltung der wichtigsten philosophischen Anstalten und die Verteilung der Kader" in Angriff zu nehmen und eine Revision des Schrifttums der Deborinisten einzuleiten.[69]

Gerade die letzte Zusammenfassung ist ein typisches Beispiel für die wahllose Aneinanderreihung wahrer und falscher Urteile über das Wesen der dialektischen Philosophie. Es ist nicht zu bestreiten, daß die in der Resolution aufgezählten - im negativen Sinne aufgezählten Besonderheiten, wie z.B. die Trennung von Dialektik und Weltanschauung, Dialektik und Materialismus sowie Dialektik und historischem Materialismus, zum Wesen der dialektischen Philosophie gehören. Aber im gleichen Atemzug wird die Trennung von Dialektik und Erkenntnistheorie behauptet - was völlig aus der Luft gegriffen ist! Die dialektische Philosophie zeichnet sich gerade dadurch aus, daß sie Logik (subjektive Dialektik) und Ontologie (objektive Dialektik) in der dialektischen Erkenntnistheorie als Synthese der subjektiven und objektiven Dialektik im erkennenden Subjekt zur Deckung bringt.

Es erübrigt sich, darauf hinzuweisen, daß die in der Resolution im negativen Sinne aufgezählten Trennungen die logische Sauberkeit und die philosophische Konsequenz der dialektischen Philosophie ausmachen. Will man nach einem Ansatz zu einer system-immanenten Kritik suchen, so wird man sie nicht in der von den Parteiideologen überbetonten Trennung, sondern im Gegenteil, im Mangel an einer scharfen Trennung zwischen Dialektik und Weltanschauung, zwischen Dialektik und Materialismus in einigen Partien des Deborinschen Werkes finden.

Nach der Veröffentlichung der Resolution war es nur noch eine offizielle Bestätigung der von der Parteizelle des Institutes der Roten Professur angeprangerten Fehler der Deborinisten, als am 25. Januar 1931 ein kurzer Beschluß des Zentralkomitees der

KPdSU(B) in der „Pravda" erschien und die Änderung des Redaktionskollegiums der Zeitschrift „Unter dem Banner des Marxismus" verfügte. Der Umbau der bisherigen Redaktion wurde mit einer Wiederholung der in der Resolution des I. d. R. P. ausgesprochenen Vorwürfe begründet:

„1. Ungeachtet der bekannten Erfolge in der Arbeit des Journals ‚Unter dem Banner des Marxismus', besonders im Kampf mit dem Mechanizismus, der den Versuch einer eigenartigen Revision des Marxismus darstellt, hat das Journal es nicht verstanden, die grundlegenden Weisungen Lenins zu verwirklichen, die er in dem Artikel ‚Über die Bedeutung des kämpferischen Materialismus' gegeben hat, ist es nicht zu einem Kampforgan des Marxismus-Leninismus geworden. Die Arbeit des Journals war sowohl von den Aufgaben des Aufbaues des Sozialismus in der UdSSR als auch von denen der internationalen revolutionären Bewegung isoliert. Kein einziges Problem der Übergangsperiode, das die Partei theoretisch ausarbeitete und praktisch löste, wurde in der Zeitschrift behandelt.

2. Das Journal ‚Unter dem Banner des Marxismus' ging von einer ganz falschen Voraussetzung aus, was bedingt war durch die Position der Gruppe der Genossen Deborin, Karev, Stén u.a., die, besonders in der letzten Zeit, das Journal faktisch in ein Organ ihrer Gruppe verwandelten.

3. Die Philosophie von der Politik trennend und in ihrer ganzen Arbeit nicht die Parteilichkeit in der Philosophie und Naturwissenschaft durchführend, hat die das Journal ‚Unter dem Banner des Marxismus' anführende Gruppe eine der schädlichsten Traditionen und Dogmen der II. Internationale, die Trennung von Theorie und Praxis, wiederbelebt und ist in einer Reihe äußerst wichtiger Fragen zu den Positionen des menschewisierenden Idealismus abgeglitten."[70]

Der Beschluß vom 25. Januar 1931 liquidierte eine der interessantesten Erscheinungen des philosophischen Lebens in der Sowjetunion. Von der Partei offiziell an den Pranger gestellt, ergoß sich in den nächsten Monaten und Jahren eine wahre Flut von Angriffen, Verdächtigungen und Schmähungen über die Deborinisten. Unter dem Druck der Partei und von jeder aktiven Tätigkeit ausgeschlossen, legten sie entweder eine Selbstkritik ab und verwandelten sich in wütende Kritiker ihrer einstmaligen Überzeugungen wie I.K. Luppol, oder sie blieben ungeachtet des Kesseltreibens gegen sie standhaft und versuchten sich zu verteidigen; dann mußten sie hinnehmen, daß sie wegen „konterrevolutionärer" Umtriebe vor Gericht gestellt wurden - wie B.N.

Gessen und Ja. Ė. Stėn. Oder aber sie zogen sich - freiwillig oder gezwungen - ganz vom öffentlichen Leben zurück und verstummten für immer.

c) Die Selbstkritik Deborins

Ein zwiespältiges Schicksal hat Deborin erlebt. Auffällig an seinem Verhalten in der letzten Phase der Auseinandersetzung ist, daß er sich zurückhält und seit seiner Antwort auf den Artikel Mitins, Judins und Ral'cevics nichts mehr zu seiner Verteidigung publiziert hat.

N. Losskij weiß zu berichten, daß Deborin im Anschluß an einen Bericht Mitins auf einer Sitzung der Fraktion der Gesellschaft kämpferischer Materialisten und Dialektiker, die am 1. Januar 1931 stattfand und auf der Mitin die bekannten Vorwürfe gegen die Deborinisten wiederholte, öffentlich Selbstkritik geübt, dem ZK der Partei für dessen Kritik gedankt und bekannt habe, daß er Theorie und Praxis in seinen Arbeiten getrennt hätte.[71]

Es mag auf diese frühe Selbstkritik zurückzuführen sein, daß die Maßregelung seiner Anhänger ihn selbst nur die Leitung der Zeitschrift „Unter dem Banner des Marxismus" gekostet hat. Alle anderen öffentlichen Stellungen blieben Deborin erhalten. Er wurde sogar einige Jahre später (1935) in das Präsidium der Akademie der Wissenschaften der UdSSR gewählt und er behielt das Amt eines Sekretärs der Abteilung Geschichte und Philosophie der Akademie der Wissenschaften bis 1945.

Endgültig hat sich Deborin jedoch 1931 noch nicht von seinen philosophischen Überzeugungen getrennt, wie er später selbst in seiner großen selbstkritischen Rede im Institut für Philosophie bekannt hat. Dazu bedurfte es mehrerer Jahre, bis er sich 1933 in der erwähnten Rede endgültig von seiner Philosophie lossagte: „Unser grundlegender Fehler bestand - wie das schon konstatiert worden ist - in der Trennung von Theorie und Praxis. Ich muß gestehen, daß ich lange Zeit diesen Vorwurf nicht verstanden habe, denn - habe ich nicht unaufhörlich von der Praxis als Kriterium der Wahrheit gesprochen? Ich habe darüber gesprochen und geschrieben. Erst später habe ich verstanden, daß es gar nicht darum ging. Das Wesen der Sache bestand darin, daß wir unsere theoretischen, methodologischen Untersuchungen nicht mit den konkreten Aufgaben des sozialistischen Aufbaues verbanden, daß wir die Theorie losrissen vom lebendigen Leben, und daß wir, in einer rein logischen Sphäre

bleibend - die einen weniger, die anderen mehr - uns vom sozialistischen Aufbau gelöst und Mauern zwischen ihnen errichtet haben. Und das hat dazu geführt, daß einige der menschewisierenden Idealisten sich bis zu einem gewissen Grade in ‚innere
Emigranten' und nachher in politische Opportunisten verwandelt haben usw."[72]

Im Zusammenhang mit dieser selbstkritischen Äußerung Deborins muß das Problem
der Praxis in der dialektischen Philosophie aufgerollt werden, weil sich daraus mit aller nur wünschenswerten Deutlichkeit der Unterschied in der Bestimmung der Praxis
als Kriterium der Wahrheit in der dialektischen Philosophie einerseits und in der bolschewistischen Ideologie andererseits ergibt. Jetzt, nachdem Deborin „verstanden"
hat, daß der Angriff der Parteiideologen sich nicht so sehr gegen seine philosophische Konzeption gerichtet hat, und daß - soweit die Parteiideologen theoretische Differenzen zwischen seiner Philosophie und einem angeblich orthodoxen Marxismus-
Leninismus gefunden haben diese Differenzen nur gesucht worden waren, um ihn
und seine Anhänger in einer ganz anderen Frage zu treffen (nicht die theoretischen
Differenzen sind die primären Ursachen des Konfliktes), jetzt weiß auch Deborin den
Unterschied zwischen der Praxisdefinition in seiner eigenen und in der von den Parteiideologen angestrebten „Philosophie" zu formulieren.

Die dialektische Philosophie suchte die Kriterien der Wahrheit vornehmlich in einer
dialektisch reflektierten Praxis. Sie verstand unter Praxis *erstens* einen größeren historischen Entwicklungsabschnitt, der sich synthetisch überblicken ließ, und zwar unter Ausscheidung der als Fehlerquellen wirkenden tagespolitischen Ereignisse und
Forderungen, *zweitens* verstand sie unter Praxis die Totalität aller sozialen und ökonomischen Prozesse, und zwar betrachtete sie diesen als Praxis definierten sozialen
und ökonomischen Prozeß vornehmlich unter einem internationalen Aspekt. Bildlich
gesprochen: die Dialektiker traten von den Tageskonstellationen des sozialökonomischen Prozesses zurück und betrachteten ihn aus der zeitlichen und räumlichen Distanz; denn nur in dieser Distanz wurde für sie die dialektische Bewegung des sozialökonomischen Prozesses sichtbar.

In seiner Selbstkritik tritt Deborin jetzt von dieser Praxisdefinition zurück. Der Praxis-
begriff, der jetzt zum Zuge kommt und über Wahrheit und Irrtum entscheidet, ist unmittelbar, ohne jede Distanz mit den politischen und staatlichen Interessen des Tages verbunden. Die Generallinie der Partei ist das Kriterium, das über wahr oder
falsch entscheidet.

Auch in allen anderen Fragen tritt Deborin jetzt von seiner früheren philosophischen Position zurück, etwa, wenn er bekennt, in einer logisch-methodologischen Problemstellung befangen, bei der Kritik feindlicher Strömungen und Theorien nicht deren Klassenwurzeln aufgedeckt zu haben.[73]

Deborin gibt in seiner Selbstkritik eine ganze Entwicklungsgeschichte seiner philosophischen Fehler. Diese Passagen seiner Selbstkritik sind aus mehr als einem Grunde interessant. Sie beleuchten auf dem Hintergrund seiner früheren philosophischen Position besser als jeder Kommentar das Wesen der zur Herrschaft gelangten bolschewistischen Ideologie: „Wir Marxisten der älteren Generation - Anatolij Vasil'evič wird es Ihnen bestätigen - standen unter dem starken Einfluß Plechanovs. Wir haben uns unsere Anschauungen Ende der 90er Jahre und Anfang dieses Jahrhunderts gebildet, als Plechanov ein anerkannter Philosoph der Partei war. Wir haben uns damals seine Fehler fest angeeignet, und in jener Zeit, von der ich spreche, sich von seiner Behandlung Feuerbachs oder Spinozas zu distanzieren, bedeutete fast dasselbe wie eine Revision des Marxismus. Über die Verbindung seiner philosophischen Anschauungen mit dem Menschewismus, mit dem politischen Opportunismus, dachten wir damals nicht nach. Um so weniger dachten die Menschewiki der damaligen Zeit darüber nach, zu denen ich gehörte."[74] „Ich will in keiner Weise meine Fehler Plechanov zuschieben und ihn dafür verantwortlich machen. Warum soll man Fehler verschweigen - einige Irrtümer Plechanovs sind durch mich vergrößert und vertieft worden ... Man muß hinzufügen, daß damals in einigen Zirkeln eine im Vergleich zu unseren Auffassungen sonderbare Art von Theorie existierte ..., nach der es für den Marxismus schmeichelhaft war, Leute wie Spinoza, Feuerbach und überhaupt bedeutende Denker der Vergangenheit zu ‚nahen Verwandten' zu haben. An und für sich ist dieser Gesichtspunkt nicht falsch. Aber diese ‚originelle' Theorie der Annäherung von Denkern der Vergangenheit an den Marxismus hatte selbstverständlich auch negative Seiten. Ich persönlich bemühte mich, hauptsächlich die gemeinsamen Punkte zwischen Feuerbach, Hegel und dem Marxismus herauszuarbeiten. Indem ich meine Aufmerksamkeit auf das Gemeinsame zwischen Feuerbach, Hegel und dem Marxismus konzentrierte, verlor ich oft aus dem Auge, was dem Marxismus stark widersprach ... Die Theorie der ‚Annäherung' hat dazu geführt, daß der Marxismus bei mir in eine allzunahe ‚Verwandtschaft' sowohl mit Feuerbach als auch mit Hegel geriet."[75]

„Da ich hier nicht die Möglichkeit habe, bei einzelnen Punkten zu verweilen, weil jeder einzelne Punkt ein ganzes Referat erfordert, will ich nur auf einen meiner gröbsten Fehler hinweisen, welchem man in meinen Arbeiten über Hegel begegnen kann. In anderen Arbeiten wieder wird diese Frage richtig behandelt. Ich spreche über das grundlegende Gesetz der Dialektik. Muß man noch beweisen, daß es einen groben Fehler machen heißt, wenn man über die ‚Versöhnung' der Gegensätze schreibt!? Aber der Hegelsche Begriff ‚Versöhnung' hat mich in die Irre geführt und ich habe - abgesehen davon, daß ich diese Frage an anderen Stellen richtig behandelt habe - an einigen Stellen diesen Terminus als Versöhnung der Gegensätze gebraucht. Das bedeutet natürlich, politisch zu einer Theorie der Interessensolidarität zwischen Bourgeoisie und Proletariat abzugleiten."[76]

„Als einen meiner gröbsten Fehler muß ich das ungenügende Verständnis, die Unterschätzung der Leninschen Etappe sowohl in der Philosophie als auch im Marxismus ganz allgemein gestehen. Ich habe davon gesprochen und geschrieben, daß Lenin den Marxismus auf eine neue, höhere Stufe gehoben habe; aber das blieb bei mir nur eine Deklaration, zum größten Teil nur eine Erklärung, weil ich keine konkreten Schlußfolgerungen aus diesen Feststellungen gezogen habe, und - was die Hauptsache dabei ist - ich habe nicht versucht, das Neue zu konkretisieren, was Lenin zur Schatzkammer des Marxismus beigetragen hat ... Ich muß noch hinzufügen und besonders unterstreichen, daß wir nicht nur in einem hohen Maße an Lenin vorbeigegangen sind, sondern daß wir auch die Arbeiten des Genossen Stalin nicht gewürdigt haben. Wir haben die riesige theoretische Arbeit, die er bei der weiteren Entwicklung des Marxismus-Leninismus geleistet hat, nicht verstanden."[77]

An seine ehemaligen Anhänger gewandt, fordert Deborin sie zu einer „vollen und bedingungslosen Waffenstreckung" auf und fährt fort: „Der menschewisierende Idealismus wächst sich unter den bekannten Bedingungen zu einem menschewistischen Idealismus aus und dann geraten seine Anhänger, in Übereinstimmung mit der unerbittlichen Logik der Dinge, in das Lager der direkten Feinde der Partei, und ihre Führung findet sich in der Umarmung der Konterrevolution wieder. Einige sind diesen Weg faktisch gegangen."[78]

Wenn Deborin auch mit seiner „bedingungslosen Waffenstreckung" seine persönliche Sicherheit und einen Teil seiner öffentlichen Stellung erkaufen konnte, so haben andererseits seine wenigen nach 1933 noch erschienenen philosophischen Arbeiten jede Eigenständigkeit eingebüßt. Sie unterscheiden sich in nichts mehr von Dutzenden ähnlicher Publikationen in der Sowjetunion. Nachdem er seine dialektische Philosophie desavouiert hat, weiß Deborin im Grunde nichts mehr zu sagen. Er zeigt sich unsicher und ergeht sich in einem falschen Radikalismus. Seine Schriften „Karl Marx und die Gegenwart" (1933) und „Lenin und die Gegenwart" (1934) sind gesichtslose Traktate im Parteijargon. Nach 1934 wendet er sich fast überhaupt von philosophischen Themen ab, wie z.b. in seinen Artikeln „N.A. Dobroljubov" (1936), „I.P. Pavlov und der Materialismus" (1936) und „Der bürgerliche Humanismus und der sozialistische Humanismus" (1937), oder aber er wiederholt die politischen Parolen der Partei - wie z.b. in seinen Artikeln „Der Feldzug der Kriegsbrandstifter gegen die nationale Souveränität" (1951) und „Die Agentur des amerikanischen Imperialismus" (1953)! Wo sich Deborin in den letzten Jahren auf ein philosophisches Gebiet wagte, schrieb er über so entlegene Themen wie „Materialismus und Dialektik in der altindischen Philosophie" (1956).

Die dialektische Philosophie jedoch - wie sie Deborin und seine Schüler in den 20er Jahren entwickelt haben - ist in ihrer philosophischen Originalität und in ihrer geistigen Spannweite in der Sowjetunion einmalig geblieben. Seither ist auch kein nennenswerter Versuch mehr gemacht worden, eine von den Interessen der bolschewistischen Partei unabhängige sowjetische Philosophie wiederzuerwecken oder die Traditionen der 20er Jahre zu beleben. Von 1931 an ist der dialektische Materialismus in der Sowjetunion kanonisiert und in ein starres Dogma verwandelt und alle Arbeiten zu Fragen der Philosophie oder Politik fließen im engen Bett einer bis in die Wortwahl festgelegten „Generallinie".

Kapitel V

Deborinistische und mechanizistische Elemente in der bolschewistischen Ideologie[1]

1. Der Einfluß der Auseinandersetzungen auf die Herausbildung der bolschewistischen Ideologie der Stalin-Ära

Die Diskussion zwischen Deborinisten und Mechanizisten zog sich fünf Jahre hin (1925-1929). Die in dieser Zeit ausgearbeiteten Probleme und ihre Lösungen sind keineswegs eine interne Angelegenheit der sowjetischen Philosophie geblieben. Die bolschewistische Partei konnte die Entscheidung über den Wahrheitsgehalt dieser oder jener Konzeption schon deswegen nicht einer philosophischen Schule überlassen, weil das ihren Anspruch, als höchste Instanz der Wahrheitsfindung zu gelten, auf einem so wichtigen Gebiet wie dem der Philosophie empfindlich geschwächt oder gar ausgelöscht hätte.

Aber neben diesen grundsätzlichen Erwägungen, die es der Partei auf die Dauer unmöglich machten, die Wahrheitsfindung in den Händen von Fachwissenschaftlern zu belassen, sprachen auch noch weit konkretere Gründe für ihr Eingreifen. Fast alle Probleme, die zwischen Deborinisten und Mechanizisten umstritten waren, hatten eine unmittelbare Beziehung zu sehr aktuellen politischen und sozialen Fragen. Die Entscheidung über das zunächst abstrakt formulierte Problem, ob Erscheinungen niederer Ordnung evolutionär oder revolutionär in Erscheinungen höherer Ordnung übergehen, präjudizierte im politischen und sozialen Raum die sozialpolitischen Modalitäten der Entwicklungsidee. Je nachdem wie diese Frage beantwortet wurde, entschied sich auch das hochpolitische Problem, ob die soziale Entwicklung in der Sowjetunion evolutionär oder revolutionär verstanden werden mußte. Gleichviel, auf welchem Gebiet und gleichviel, auf welchem Niveau diese Fragen erörtert wurden, ihre Lösung brach direkt in die Domäne der Partei ein und entschied Fragen, deren Lösung sie als ihr ureigenstes Reservat betrachtete.

Ebenso nahm auch die Entscheidung des Problems, ob Gesetzmäßigkeiten von Erscheinungen höherer Ordnung auf solche niederer Ordnung zurückgeführt werden könnten, politische und soziale Entscheidungen vorweg. Je nachdem, wie auch diese Frage beantwortet wurde, entschied sich auf sozialem Gebiet, ob die angestrebte sozialistische Gesellschaftsordnung vor der bürgerlichen durch eine besondere Gesetzmäßigkeit ausgezeichnet sein würde oder nicht.

Es ist offenkundig, daß die Entscheidung über diese Probleme die sozialpolitische Konzeption der Partei berühren mußte und daß diese keinesfalls das Befinden darüber, was auf diesem Gebiet wahr oder falsch sei, der Philosophie oder der Naturwissenschaft überlassen konnte.

Die ersten Spuren für eine von den Parteiinstitutionen (und nicht nur von einzelnen hervorragenden Persönlichkeiten der Partei) ausgehende Beeinflussung der philosophischen Diskussion im Sinne einer Parteinahme lassen sich mit Sicherheit erst seit 1929 aufweisen und zwar seit der 2. Allunionskonferenz der Marxistisch-Leninistischen Forschungsanstalten im April 1929.

Die Kriterien, nach denen die Partei im Laufe der Jahre 1929/1930 die erarbeiteten Problemlösungen sich entweder assimiliert oder als revisionistisch verworfen hat, lassen ganz deutlich einen Standpunkt außerhalb derjenigen Orientierungspunkte erkennen, die sowohl für die Deborinisten als auch für die Mechanizisten maßgeblich waren. Die Partei hat die Problemlösungen, wie sie von den diskutierenden Gruppen ausgearbeitet worden waren, in erster Linie auf ihre staats- und gesellschaftsstützenden Eigenschaften untersucht und je nach ihrer Eignung als Mittel politischer Rechtfertigung akzeptiert oder verworfen.

Die Deborinisten und die Mechanizisten suchten dagegen die Kriterien, nach denen sie über die Wahrheit oder Unwahrheit einer Problemlösung befanden, fast ausschließlich in der marxistischen Philosophie. Für sie war die letzte Instanz, die über die Wahrheit oder Unwahrheit einer Problemlösung entschied, die marxistische Philosophie und ihre Methode beim Auffinden der Wahrheit war daher die *Textanalyse* und die *Textinterpretation!* Erst dadurch ist die Hartnäckigkeit und Erbitterung zu verstehen, mit der sie um einzelne Sätze und Worte bei Engels und Lenin rangen. Gelang es einer Gruppe besser als der Gegenseite, ihren Standpunkt mit Zitaten aus den Werken Engels, Lenins oder Plechanovs zu belegen, so war die umstrittene Frage so gut wie gelöst.

Sicherlich haben Deborin und seine mechanizistischen Gegner auch die sozialpolitischen Konsequenzen ihrer beiderseitigen Standpunkte durchleuchtet, aber man darf dabei nicht übersehen, daß es sich hier nur um untergeordnete Argumente handelte. Für Deborin war es keinesfalls der entscheidende Gesichtspunkt, daß er seine Gegner einer atomistischen Gesellschaftsvorstellung überführen konnte. Zwar lehnte er die mechanizistische Lehrmeinung auch wegen ihres atomistischen Gesellschaftsbildes ab, aber sein Hauptargument blieb immer, daß sich ihre Vorstellungswelt nicht mit der von Marx und Engels vereinbaren ließ.

Dieselben Wahrheitskriterien galten auch bei den Mechanizisten. Als sich während der 2. Allunionskonferenz der Marxistisch-Leninistischen Forschungsanstalten erwies, daß die Texte von Engels und Lenin gegen sie zeugten, ließen sie fast widerstandslos die Verurteilung über sich ergehen. Sie verteidigten sich auch nicht mehr mit philosophischen Argumenten, denn die waren ihnen aus der Hand geschlagen, sondern mit der Aufforderung zur Einhelligkeit und Geschlossenheit gegenüber dem gemeinsamen idealistischen Gegner. Paradoxerweise fühlten sie sich selbst in der

Niederlage noch für das weitere Schicksal der marxistischen Philosophie verantwortlich, deren Gefährdung sie jetzt, als ihre Verurteilung schon unvermeidlich geworden
war, im Bruderzwist erblickten. Und wo sie dennoch zum Angriff schritten, konfron-
tierten sie wiederum die eigenwillige und pointierte Konzeption Deborins nur mit den
Buchstaben der marxistischen Philosophie.

Die bolschewistische Partei hat sich 1929 zunächst hinter die Deborinisten gestellt
und die Verurteilung der Mechanizisten forciert. Aber die Motive, die sie dabei geleitet haben, unterscheiden sich - wie gesagt - ganz erheblich von denen der Deborinisten. Suchten die Dialektiker ihren Standpunkt nur mit dem Geist des Marxismus zu
rechtfertigen, so entschied sich die Partei aus politischen und ideologischen Erwägungen gegen die Mechanizisten. Die Partei hat sich auch nach der Verurteilung der
Mechanizisten nicht ausdrücklich und offiziell mit der Deborinschen Konzeption des
dialektischen Materialismus identifiziert. Sie verhielt sich abwartend. Sie war - wenn
man so will - nur im negativen Sinne mit den Deborinisten einig, nämlich darin, die
Mechanizisten auszuschalten. Die Partei ließ sich bei der Beurteilung der Diskussion
und ihrer Ergebnisse ganz von den Interessen des jungen Sowjetstaates leiten. Sie
hat sich bei der Aneignung oder Ablehnung der von den diskutierenden Gruppen aufgeworfenen Probleme überhaupt nicht um die Herkunft und die Zugehörigkeit dieser
Ideen gekümmert. Das zeigt sich ganz deutlich, wenn man die weitere Entwicklung
der bolschewistischen Ideologie auf dem Gebiet der Philosophie verfolgt.

Obwohl die Partei 1929 die Deborinisten in ihrem Kampf gegen die Mechanizisten
unterstützt, übernimmt sie dennoch das von den letzteren verfochtene abschätzige
Urteil über Plechanov. Die ideologischen Rücksichten dieser Adoption liegen auf der
Hand. Der Kult, der mit dem Namen Lenins getrieben werden konnte - vorausgesetzt, daß sein Nimbus von dem Plechanovs nicht überschattet wurde - unterstützte
aufs wirksamste den Führungsanspruch Stalins, der sich immer als treuer Schüler
und Sachwalter des Leninschen Ideengutes gab.

Obwohl die Partei den Deborinisten gerade bei der Propagierung der Dialektik als
„Seele" des Marxismus den stärksten Rückhalt bot, hat sie dennoch die Deborinsche
Dialektikkonzeption zur gegebenen Zeit scharf abgelehnt und ihr eine der mechanizi-
stischen Version verwandte Auffassung entgegengestellt. Es braucht hier nur daran
erinnert zu werden, daß die 16 Punkte der Dialektik, die Lenin aufzuzählen weiß[2], bei
Stalin auf die sogenannten vier „Grundzüge" der Dialektik zusammenschrumpfen.[3]

Die Stalinsche Version, die als lineare Fortschrittsdialektik bezeichnet werden kann[4], steht der Dialektikauffassung Stepanovs viel näher als der Deborins.

Andererseits aber - und das muß schon hier mit allem Nachdruck hervorgehoben werden - hat die Partei trotz der Verurteilung der dialektischen Philosophie 1931 die erst von dieser voll in das sowjetische Selbstverständnis gehobene Idee vom unauflösbaren Zusammenhang von Philosophie, Wissenschaft und Gesellschaft bedenkenlos übernommen und durch die Usurpation der Philosophie die bolschewistische Ideologie zu einem logisch geschlossenen Rechtfertigungsinstrument der sozialen und politischen Herrschaft gemacht.

In den ersten Jahren nach der Revolution waren die Idee von einem unauflösbaren baren Zusammenhang zwischen Philosophie, Wissenschaft und Gesellschaft und die sich daraus ergebenden Möglichkeiten, Wissenschaft und Gesellschaft zu lenken, auch in den höchsten Spitzen der Partei alles andere als selbstverständlich! Dieser Zusammenhang ist erst durch das zähe Ringen der Deborinisten zum selbstverständlichen Faktum der Parteidoktrin gemacht worden.

Solange die damals noch heterogene sowjetische Gesellschaft ihre dynamischen Impulse aus dem unmittelbaren Revolutionserlebnis zog und wenigstens intentional homogen erschien, konnte eine objektive Orientierungsinstanz wie die Philosophie noch überflüssig erscheinen. Sobald aber der ursprüngliche Homogenisierungsfaktor in der sowjetischen Gesellschaft erlahmte und die divergierenden Ansprüche der verschiedenen sozialen Gruppen sich einer politischen Wirklichkeit gegenübersahen, in der ein neues ausgeprägtes Staatsinteresse rücksichtslos seine Notwendigkeiten durchsetzte, mußte die vordergründige Einheitlichkeit des revolutionären Elans wieder zersplittern und den verschiedenen weltanschaulichen und politischen Ausformungen Platz machen, die eben nur unter Berufung auf die Autorität der marxistischen Philosophie gesteuert werden konnten. Je weiter sich die sowjetische Gesellschaft unter dem Zwang der politischen und sozialen Gegebenheiten fortentwickelte und Formen annahm, die weder von Marx noch von Lenin vorfixiert waren, umso ausschließlicher blieb als einzige Instanz der Wahrheitsfindung nur noch die marxistische Philosophie übrig, deren konkrete Erfüllung und verbindliche Auslegung nunmehr die einzige Rechtfertigungsmöglichkeit des bestehenden und geplanten Sozialzustandes bot. So mußten die Beherrschung und verbindliche Auslegung der marxistischen Philosophie in Hinblick auf die zu bewältigenden neuen sozialen und politischen Faktizitäten zu einer Lebensfrage für die bolschewistische Partei werden. Dieser entscheidende Augenblick tritt in der Sowjetunion 1929 ein, im „Jahre des großen Umschwunges an allen Fronten des sozialistischen Aufbaus", wie Stalin diesen Zeitpunkt nennt.[5] Als mit dem ersten Fünfjahrplan die sozialistische Industrialisierungs- und Kollektivierungspolitik in der Sowjetunion in vollem Umfang einsetzte, als nunmehr auch praktisch mit dem Aufbau des Sozialismus Ernst gemacht wurde, mußte die entstehende sozialökonomische Situation zuallererst ideologisch gesichert werden. Die mechanizistische Weltanschauung, die die Philosophie auszuschalten suchte und ihre Wissenschaftlichkeit bezweifelte, mußte - wenn sie sich durchsetzte - die Partei einer ihrer wirksamsten Waffen berauben. Die Verurteilung der mechanizistischen Weltanschauung war damit von seiten der Partei unvermeidlich geworden.

Die Verurteilung der Mechanizisten vollzog sich aber nur mit mittelbarer Unterstützung der Partei, unmittelbar wurde sie von den Deborinisten vollstreckt. Damit wurde ihr Anspruch, als letzte Entscheidungsinstanz in allen philosophischen Fragen zu gelten, weithin sichtbar an einem praktischen Präzedenzfall bestätigt. Kam die Verurteilung der Mechanizisten einerseits den gesellschaftspolitischen Interessen der Partei entgegen, so schuf sie ihr andererseits in der Gestalt der dialektischen Philosophie - die einen Macht- und Prestigegewinn erzielte - einen weit gefährlicheren Gegner. In der bald nach der 2. Allunionskonferenz einsetzenden Auseinandersetzung zwischen Deborinisten und Parteiideologen ging es dann auch nicht mehr um die Gefährdung einer von der Partei eingeleiteten sozialpolitischen Entwicklungsphase durch eine Gruppe von Philosophen, sondern um das weit wichtigere Problem der philosophischen Vorherrschaft in der Sowjetunion. Die Deborinisten hatten in der Auseinandersetzung mit den Mechanizisten eine Machtstellung erobert, die in Verbindung mit dem aus ihrer Konzeption erwachsendem radikalen Führungsanspruch die Partei in ein kontrolliertes Vollzugsorgan der Vertreter der dialektischen Philosophie zu verwandeln drohte. Die Partei wurde durch diese Entwicklung nahezu mit Gewalt auf die außerordentliche, ja entscheidende Bedeutung aufmerksam gemacht, die die philosophische Vorherrschaft für die Durchsetzung ihrer jeweiligen sozialpolitischen Intentionen besaß.

Die ideologische Auseinandersetzung des Jahres 1930 ist daher in ihrem Wesen ein Kampf um die Beherrschung der sowjetischen Philosophie. Nicht zu Unrecht ist der ideelle Gehalt der Kritik an der dialektischen Philosophie durch die Parteiideologen von den Deborinisten als unzutreffend, wirr und zusammengestohlen bezeichnet worden. Es galt, die philosophische und politische Machtstellung der Deborinisten zu untergraben. Die Argumente, deren sich die Parteiideologen zu diesem Zweck bedienten, hatten für sie nur eine untergeordnete Bedeutung. So ist es gar nicht verwunderlich, daß die Argumentation der Parteiideologen sehr bald demagogische Züge annahm und die Deborinisten besonders dadurch in Verwirrung setzte, daß ihre ureigensten Ideen, wie zum Beispiel der Vorwurf des Formalismus, gegen sie ins Feld geführt wurden.

In Anbetracht des raschen Wandels aller sozialökonomischen Gegebenheiten in der Sowjetunion - der durch die forcierte Industrialisierungs- und Kollektivierungspolitik hervorgerufen wurde - bedurfte die Partei einer anpassungsfähigen, lenkbaren und ihre wechselnde Generallinie sofort rechtfertigenden Philosophie. Das setzte voraus, daß sich die Philosophie unter der Kontrolle der Partei befand und jedem ihrer Winke folgte. Da sich die Deborinisten diesen realpolitischen Forderungen unzugänglich zeigten und auch weiterhin - die realen Machtverhältnisse verkennend - auf ihre philosophische Führung pochten, war ihre Verurteilung Anfang 1931 für die Partei eine staats- und gesellschaftspolitische Notwendigkeit. Ihre Verurteilung war von seiten der Partei ebenso folgerichtig wie die Verdammung der Mechanizisten.

Überblickt man die Auseinandersetzungen und Entwicklungen der sowjetischen Philosophie bis 1931, so lassen sich drei in ihren philosophischen Problemstellungen deutlich unterschiedene Phasen erkennen: Die erste Phase umfaßt die Jahre 1918 bis 1922, und zwar von der Gründung der Kommunistischen Akademie in Moskau, in der die philosophische Arbeit in der Sowjetunion ihre erste institutionelle Heimstatt fand, bis zum Erscheinen des Mininschen Aufrufs „Die Philosophie über Bord!" (1922), der in der Flut verschiedenartigster materialistischer Strömungen nach der Oktoberrevolution eine klar umrissene Stellung bezog und durch seine radikale Absage an jede Philosophie das Bewußtsein vom Vorhandensein tiefgreifender Differenzen in der Bewertung der sozialen und wissenschaftlichen Aufgaben von Philosophie unter den russischen Marxisten weckte.

Die zweite Phase beginnt mit dem Jahre 1923, in dem die Gegensätze schon deutlich ausgeprägt sind (Deborin bezieht in seiner Schrift „Marx und Hegel" 1923 die Gegenposition zu den Vulgärmaterialisten), aber noch latent bleiben, bis die Veröffentlichung des Engelsschen Fragments „Dialektik und Natur" (1925) die große fünfjährige

Auseinandersetzung zwischen Deborinisten und Mechanizisten auslöst. Mit der Verurteilung der Mechanizisten auf der 2. Allunionskonferenz im April 1929 schließt die zweite Phase. Die Vertreter der dialektischen Philosophie haben sich durchgesetzt, und die Grundlagen der sowjetischen Philosophie scheinen endgültig geklärt zu sein. Aber bereits am 27. Dezember 1929 spricht Stalin auf der Konferenz marxistischer Agrarwissenschaftler vom Zurückbleiben der theoretischen Arbeit hinter der sozialökonomischen Entwicklung. Dieses negative Urteil über die sowjetische Philosophie leitet die dritte Phase ein. Eine Reihe parteihöriger Philosophen greift den Vorwurf auf und beschuldigt die „philosophische Führung" formalistischer Abweichungen. Bis zum September 1930 können sich die Deborinisten gegen die Parteiideologen behaupten. Als ihre Zeitschrift „Unter dem Banner des Marxismus" im September ihr Erscheinen einstellt, ist die Auseinandersetzung im Grunde schon entschieden. Am 29. Dezember 1930 beschließt die Parteizelle des Instituts der Roten Professur auf Initiative Stalins eine Resolution, in der die Deborinisten als „menschewisierende Idealisten" und „Ideologen des Kleinbürgertums" verurteilt werden. Am 25. Januar 1931 wird dieses Urteil durch den Beschluß des ZK der KPdSU(B) bestätigt. Damit endet die dritte und letzte Phase einer parteiunabhängigen sowjetischen Philosophie. Sie wird abgelöst durch eine ideologisierte Form der sowjetischen Philosophie, die ihre Wahrheitskriterien nicht mehr - wie bisher - im theoretisch-philosophischen Raum und in der Kontinuität mit marxistischem Gedankengut sucht, sondern sich offen zu einer enggefaßten Parteilichkeit in der Philosophie und darüber hinaus zu einer Rechtfertigungsaufgabe der jeweiligen Generallinie der bolschewistischen Partei bekennt.

Dehnt man den Versuch einer Periodisierung der sowjetischen Philosophie auch auf die Entwicklung nach der Verurteilung der Deborinisten aus, so gewinnt das Jahr 1931 ein noch schwereres Gewicht: es bildet den Einschnitt zwischen der ersten Epoche, in der sich die sowjetische Philosophie relativ frei entfalten konnte, und der zweiten, bis zur Gegenwart andauernden, in der sich die sowjetische Philosophie in der Gefangenschaft der Partei befindet. Da die sowjetische Philosophie seit 1931 keine andere Funktion als die Rechtfertigung der sozialen, ökonomischen und staatlichen Faktizitäten in der Sowjetunion kennt, ist sie seither ein integrierender Bestandteil der bolschewistischen Ideologie.

2. Das mechanizistische Erbe in der bolschewistischen Ideologie

Diejenigen Elemente der dialektischen Philosophie, die in die bolschewistische Ideologie eingehen, sind bereits hinlänglich dargestellt und brauchen nur noch zusammengefaßt zu werden. Bevor das geschehen kann, muß jedoch noch untersucht werden, inwieweit sich in der bolschewistischen Ideologie nach 1931 neben deborinistischem auch noch mechanizistisches Gedankengut wiederfindet.

Mechanizistische Vorstellungen haben vornehmlich die bolschewistische Dialektikkonzeption gefärbt. Ihre Enthüllung ist aber durch verschiedene Sachverhalte außerordentlich erschwert. Da ist zuerst die dogmatische, schablonenhafte und starre Ausdrucksweise, hinter der ihre besondere Struktur fast verschwindet. Besonders die Partien der offiziellen Darstellung, in denen die bolschewistische Dialektikkonzeption nur referiert wird, enthalten fast überhaupt keine Hinweise auf die hinter ihr stehende Ideologie. Ihre Besonderheiten werden erst in der Polemik gegen die deborinistische und mechanizistische Dialektikauffassung sichtbar. Erst dort, wo die bolschewistische Ideologie gezwungen ist, sich abzugrenzen, muß sie sich gleichzeitig enthüllen.

In der reinen Darstellung scheint sich die bolschewistische Dialektikkonzeption fast überhaupt nicht von der deborinistischen zu unterscheiden. Da wird zum Beispiel in der von Mitin und Ral'cevič redigierten Darstellung des dialektischen Materialismus in der ersten Sowjet-Enzyklopädie[6] genau wie bei den Deborinisten betont, daß das „Gesetz der Einheit der Gegensätze das allgemeine Gesetz der objektiven Welt und der Erkenntnis ist"[7], da wird ausdrücklich erklärt, daß das „Gesetz der Negation der Negation (wie das Gesetz des Überganges von der Quantität in die Qualität und umgekehrt) eine Erscheinung und Konkretisierung des grundlegenden Gesetzes der Dialektik (des ‚Wesens', des ‚Kerns') - des Gesetzes der Einheit der Gegensätze" sei[8] und da wird weiter - wieder ganz wie bei den Deborinisten - davon gesprochen, daß das Gesetz der Einheit der Gegensätze sich weiter in der Einheit solcher Gegensätze wie Form und Inhalt"[9], „Notwendigkeit und Zufall"[10], „Gesetz und Ursächlichkeit"[11] usw. konkretisiert.

Noch verwirrender wird das Bild, wenn man sich vor Augen führt, mit welcher Schärfe sich die bolschewistische Ideologie sowohl von der deborinistischen als auch von der mechanizistischen Dialektikkonzeption abzugrenzen versucht: „Die Frage, wie man den Gegenstand der marxistischen Philosophie bestimmen muß, ist einer der Punkte, in denen der Marxismus sowohl von seiten der Mechanizisten als auch von seiten der menschewisierenden Idealisten revidiert wurde. Wenn die Mechanizisten behaupteten, daß die materialistische Dialektik keinen eigenen Gegenstand hat und daher als Wissenschaft liquidiert werden müsse, so hielten die menschewisierenden Idealisten die Ausarbeitung der Kategorien für den Gegenstand der materialistischen Dialektik, aber sie trennten ihre Ausarbeitung von der konkreten Wissenschaft und vom konkreten Wissen. Wenn die Mechanizisten glaubten, daß die letzten Verallgemeinerungen der Naturwissenschaften in ihrer Summe unsere Weltanschauung darstellen, so nahmen die menschewisierenden Idealisten in Hegelscher Manier an, daß allem die Methodologie, irgendeine Gesamtheit von Begriffen zugrunde liegt, mit der - wie auch immer es sei - die objektive Welt übereinstimmen müsse. Wenn sich die Mechanizisten in Hinblick auf die marxistische Philosophie mit ihrer Liquidierung befaßten und sie überhaupt verwarfen, so betrieben die menschewisierenden Idealisten im Grunde dieselbe Liquidierung in Hinblick auf die materialistische Dialektik, weil sie versuchten, irgendein philosophisches System der Kategorien losgelöst von der Geschichte der Erkenntnis, losgelöst von der wirklichen Entwicklung der Natur- und Gesellschaftswissenschaften aufzubauen."[12]

Wo liegt nun angesichts dieser doppelten Abgrenzung der entscheidende Gegensatz zur Deborinschen Dialektikkonzeption und in welchem grundsätzlichen Punkt nähert sich die Parteikonzeption dem mechanizistischen Materialismus? Es ist bereits gesagt worden, daß sich ein schwerwiegender Unterschied von der Parteikonzeption in der Deborinschen Deutung der Synthese, das heißt des dialektischen Prinzips der Negation der Negation als „Versöhnung" oder „Aufhebung" der Widersprüche, finden lasse. Hier läßt sich in der Tat ein wichtiger Unterschied nachweisen.

Deborin hat kein Geheimnis daraus gemacht, wie er den Begriff der „Aufhebung" in seiner Dialektik verstanden wissen wollte. Er hat sich schon verhältnismäßig früh darüber während der Diskussion mit den Mechanizisten im Institut für Wissenschaftliche Philosophie am 18. Mai 1926, an Aksel'rod gewandt, ausgesprochen: „An den Begriff klammert sich niemand, aber der Sinn, der von einem dialektischen Standpunkt mit diesem Wort ausgedrückt werden soll, ist Negation, Ausstoß des Alten, andererseits *Aufbewahrung* dessen, was lebendig, positiv, real in diesem Alten ist, und - darüber hinaus muß dieses Wort noch einen dritten Begriff ausdrücken: *Erhöhung auf eine neue, höhere Stufe*."[13]

Hier ist leicht die sich bei Hegel im Prinzip der Negation der Negation vollziehende „Aufhebung" der Unterschiede in dreifacher Hinsicht - die Überwindung ihrer einseitigen Geltung, die Bewahrung ihrer relativen Bedeutung und die Verwandlung ihres ursprünglichen Sinnes in eine höhere Wahrheit (negare, conservare, elevare) - wiederzuerkennen. Sicherlich ist es diese dreifach gefaßte „Aufhebung der Widersprüche" in der Deborinschen Dialektik und besonders die Hervorhebung des *aufbewahrenden* und rückläufig - *erhöhenden* Moments im Prinzip der Negation der Negation, die im politischen Raum die Verbindung der dialektischen Philosophie mit dem Trotzkismus erlaubte: „Die Trotzkisten verstanden die Neue Ökonomische Politik als Absage an den sozialistischen Aufbau, als volle Rückkehr zum Kapitalismus, d. h. als absolute metaphysische Negation. Im Zusammenhang damit wurde von ihnen die Neue Ökonomische Politik als Staatskapitalismus und ausschließlich als Rückkehr bestimmt ... Die rechten Opportunisten gingen ebenfalls von einer formal-logischen Einstellung aus und betrachteten die Neue Ökonomische Politik ausschließlich als Freiheit im Handel und begegneten jeder Einschränkung des Privathandels durch die Partei mit Geschrei über eine Abschaffung der Neuen Ökonomischen Politik. Sowohl die Trotzkisten als auch die Rechten haben die Dialektik der Neuen Ökonomischen Politik nicht verstanden und ihre Etappen nicht unterschieden."[14]

Unter der „absoluten metaphysischen Negation" (eigentlich müßte es heißen: absolute metaphysische Negation der Negation!) verstehen die Parteiideologen eine Synthese, in der das *aufbewahrende* und *rückbezogene* Moment in den Mittelpunkt tritt. Diese bei den Deborinisten zweifellos vorliegende und bei den Trotzkisten zumindest in ihrer politischen Konzeption praktizierte Auffassung der Synthese wurde von den Parteiideologen wegen der oben geschilderten sozialökonomischen Konsequenzen abgelehnt. An sich wurde von ihnen das Prinzip der Negation der Negation keineswegs geleugnet, aber statt des *aufbewahrenden* Moments rückten sie ihrerseits das *negierende* Moment in den Mittelpunkt der Synthese. Das *rückbezogen-erhöhende* Moment verwandelte sich bei ihnen - wenn auch nicht expressis verbis, so doch der ganzen Konzeption nach - in ein *vorwärtsdrängend-erhöhendes* Moment.[15]

Es kann hier vorweggenommen werden, daß durch die Isolierung des rückbezogen-erhöhenden Moments von den beiden übrigen Momenten des Prinzips der Negation der Negation die bolschewistische Dialektikkonzeption eine *lineare* und in sich *nicht mehr gebrochene* Gestalt gewinnt. Eine fortschrittshemmende und rückläufige Ten-

denz kann sich nach dieser Dialektikkonzeption in der Sowjetunion nicht mehr durchsetzen, weil das rückbezogene Moment der Dialektik isoliert ist. In dieser Form eignet
sie sich vorzüglich zur ideologischen Rechtfertigung eines *linear-progressiven* sozialökonomischen Entwicklungsprozesses, wie er seit 1929 intendiert war.

Wenn es im philosophischen Schrifttum der ersten Hälfte der dreißiger Jahre noch
schwerfällt, den linear-progressiven Charakter der bolschewistischen Dialektikkonzeption nachzuweisen, so liegt das nicht zuletzt daran, daß auch die ältere Generation der Parteiideologen durch die dialektische Schule Deborins gegangen ist und die
begriffliche Handhabung der Dialektik meisterlich beherrschte. Der Verfall der Dialektik setzt erst Ende der dreißiger Jahre ein. In grober Form wird der linear-progressive
Charakter der bolschewistischen Dialektik erst 1938 von Stalin formuliert, der ja zu
diesem Zeitpunkt auch keine Rücksichten mehr zu nehmen brauchte. Anfang der
dreißiger Jahre mußten sich die Parteiideologen aber noch nach zwei Seiten abgrenzen: das erforderte anfänglich die Verhüllung des eigentlichen Inhalts durch die Vor-
täuschung eines tieferen und besseren Verständnisses der Dialektik, als es bei den
Deborinisten und Mechanizisten vorlag.

Zusammenfassend läßt sich also sagen, daß in der Deutung des dialektischen Prinzips der Negation der Negation sich ein bedeutender Unterschied zwischen Deborinisten und Parteiideologen findet. Aber eine Annäherung der bolschewistischen Dialektikkonzeption an den mechanizistischen Materialismus kann in diesem Punkt - obwohl hier eine evolutionistische Interpretation der Dialektik durch die Partei vorliegt -
einfach aus dem Grunde nicht nachgewiesen werden, weil die Mechanizisten das
Prinzip der Negation der Negation gar nicht kannten, oder wenn sie es kannten,
nichts damit anzufangen wußten.

Um sich aber auch in diesem Punkt nach beiden Seiten abgrenzen zu können, und
um den Eindruck zu erwecken, daß auch die Mechanizisten das Prinzip der Negation
der Negation mißdeutet hätten, wählen die Parteiideologen die philosophischen Anschauungen N. I. Bucharins aus, der nach dem Charakter seiner ganzen Philosophie
nicht zu den Mechanizisten gehört, aber eine eigenwillige Deutung der Synthese vertritt:[16] „Bogdanov und Bucharin verdrehen nach mechanizistischer Art und Weise sowohl die Hegelsche als auch die marxistische Auffassung des Gesetzes der Negation der Negation. Sie leiten die Triade aus der Gleichgewichtstheorie her ... Nach der
Ansicht Bucharins versöhnt die Synthese die Gegensätze. Darin äußert sich sein Ek-

lektizismus, wofür er von Lenin in der Diskussion über die Gewerkschaften scharf kritisiert worden ist, als er sich bemühte, die Standpunkte Lenins und Trotzkis eklektisch zu vereinigen."[17]

Doch der für den vorliegenden Zusammenhang grundlegende Unterschied zwischen der deborinistischen und der bolschewistischen Dialektikkonzeption auf der einen Seite und die wesentlichste Übereinstimmung zwischen der mechanizistischen und der bolschewistischen Dialektikkonzeption auf der anderen Seite ist in einem anderen Prinzip zu suchen, und zwar in dem Grundsatz, der am unmittelbarsten mit der Entwicklungsidee verbunden ist: im Prinzip des Umschlags von der Quantität in die Qualität!

Man braucht sich nur daran zu erinnern, daß die fünfjährige philosophische Grundlagendiskussion im wesentlichen um die Frage kreiste, ob der Übergang von der Quantität in die Qualität sprunghaft oder kontinuierlich, revolutionär oder evolutionär erfolge, um die weitreichende Bedeutung der damit verbundenen Probleme zu verstehen. Je nachdem, wie diese Frage entschieden wurde, entschied sich auch das Problem, ob die Entwicklung - gleichviel, auf welchem Gebiet - grundsätzlich revolutionär oder evolutionär verstanden sein wollte.

Die Deborinisten hatten den Übergang von der Quantität in die Qualität im Sinne eines Sprunges definiert, das heißt, auf den sozialökonomischen Raum übertragen, daß die Entwicklung sich unabdingbar revolutionär vollzieht. Dabei ging den Deborinisten die Idee der Kontinuität keineswegs verloren. Aber die Idee der Kontinuität verschaffte sich nur unter dem Gesichtspunkt der ewigen und unendlichen Entwicklung Geltung. Unter dem Blickwinkel der Unendlichkeit waren für sie die Sprünge beim Übergang von der Quantität in die Qualität nur relative Unterbrechungen in einem alles aussöhnenden und vermittelnden Entwicklungsprozeß. Aber unter dem Blickwinkel der Endlichkeit verwandelten sich die Sprünge bei ihnen wieder in das diskontinuierliche und revolutionäre Element des Entwicklungsprozesses.[18]

Eine in der Dialektik begründete Entwicklungsidee, in der die sprunghafte und revolutionäre Seite im Vordergrund stand, war kurz nach der Revolution eine nützliche, die Hoffnungen auf eine internationale Revolution beflügelnde These. Aber nach 1930, als die Partei endgültig den Weg eines sozialistischen Aufbaues in *einem* Lande beschritten hatte, mußte das Beharren auf dem unabdingbar revolutionären Charakter der Entwicklung die wirtschaftliche und soziale Planung in Frage stellen. Damit war -

unter anderem - nicht mehr und nicht weniger als die Krisenfestigkeit der sozialökonomischen Entwicklung in der Sowjetunion in Frage gestellt. Um die geplante, gelenkte und kontrollierte Entwicklung des sozialökonomischen Bereiches mit den Prinzipien und Gesetzen der Dialektik in Übereinstimmung zu bringen, war es notwendig,
ihre evolutionären Seiten hervorzukehren. Um die Dialektik zur Rechtfertigung der
nunmehr in der Sowjetunion eingetretenen evolutionären Entwicklungsphase heran-
ziehen zu können, mußte ihre unabdingbar revolutionäre Seite - wie die Theorie der
dialektischen Sprünge - zugunsten ihrer evolutionären Seite eingeschränkt werden.
Eine evolutionäre Theorie der Dialektik lag aber schon bei den Mechanizisten vor. So
mußten die Parteiideologen - trotz aller Versuche, sich in dieser Frage von den Mechanizisten abzugrenzen - nicht nur die Argumente der Mechanizisten gegen die Deborinsche Dialektikauffassung in dieser Frage aufgreifen (alles, was zugunsten der
evolutionären Dialektik überhaupt gesagt werden konnte, hatten die Mechanizisten in
fünf Jahren zusammengetragen), sondern in mancher Hinsicht auch die mechanizistische Grundkonzeption übernehmen:

„Die menschewisierenden Idealisten verfallen in einen den Mechanizisten entgegengesetzten Fehler, und zwar unterschätzen sie die Bedeutung der Quantität (!) und
der evolutionären Entwicklung (!), die dem Sprung vorausgeht (!). Der Sprung verwandelt sich bei ihnen in eine außerhalb der Zeit vor sich gehende absolute Trennung (!), und die neue Qualität hat nichts gemein mit der alten ... Infolgedessen ist
auch der Kampf des Alten mit dem Neuen nicht möglich; denn in einem bestimmten
Augenblick verwandelt sich die alte Qualität in eine neue. Daraus entspringt auch die
Ablehnung der Übergangsperiode als Periode der Diktatur des Proletariats, in der die
sozialistischen Elemente die kapitalistischen überwinden, verdrängen und liquidieren.
Und darin gründen auch die linksradikalen Hirngespinste und das trotzkistische Über-
springen noch nicht ausgelebter Etappen und Formen der Bewegung."[19]

Das Hervorheben der evolutionären Entwicklung, die dem Sprung vorangeht, die Betonung der Bedeutung der quantitativen Entwicklung (ein rein mechanizistisches Argument), das Beharren im sozialökonomischen Bereich auf einer Übergangsperiode,
in der die sozialistischen Elemente langsam und allmählich die kapitalistischen überwinden, verdrängen und liquidieren und schließlich der Hinweis, daß bestimmte Ent-
wicklungsetappen durchlebt sein wollen, ehe sie überwunden werden können, all das
deutet auf eine dieser Dialektikvorstellung zugrunde liegende kontinuierlich-evolutio-

näre Entwicklungsidee hin. So wie die bolschewistische Ideologie auf dem Gebiet der Theorie der Politik das Absterben des Staates in eine ferne Zukunft verlegt, so schiebt sie in der Lehre der dialektischen Entwicklung den Sprung an die Peripherie, läßt ihm eine lange und nicht näher begrenzte evolutionäre Phase vorausgehen und gewinnt damit die Möglichkeit, die durch die Partei bereits eingeleitete evolutionäre Entwicklung mit der Dialektik zu begründen, ohne ihre revolutionären Prinzipien in der Terminologie aufzugeben.

Aber scheint nicht gerade der Exponent der bolschewistischen Dialektikkonzeption, J.W. Stalin, in seiner im September 1938 veröffentlichten Arbeit „Über dialektischen und historischen Materialismus" dieser Interpretation zu widersprechen? Im dritten seiner vier Grundzüge der Dialektik ist zu lesen: „Im Gegensatz zur Metaphysik betrachtet die Dialektik den Entwicklungsprozeß nicht als einfachen Wachstumsprozeß, in welchem quantitative Veränderungen nicht zu qualitativen Veränderungen führen, sondern als eine Entwicklung, die von unbedeutenden und verborgenen quantitativen Veränderungen zu sichtbaren Veränderungen, zu grundlegenden Veränderungen, zu qualitativen Veränderungen übergeht, in welcher die qualitativen Veränderungen nicht allmählich, sondern rasch, plötzlich, in Gestalt eines sprunghaften Überganges von dem einen Zustand zu dem anderen Zustand eintreten, nicht zufällig, sondern gesetzmäßig, als Ergebnis der Ansammlung unmerklicher und allmählicher quantitativer Veränderungen."[20]

Sicherlich spricht hier Stalin von einem „Sprung" beim Übergang von der Quantität in die Qualität, aber der sprunghafte Übergang im Entwicklungsprozeß gewinnt erst seinen Sinn im Zusammenhang mit dem Prinzip der Negation der Negation. Der Sprung bedeutet ja in der Dialektik nichts anderes als den Ausgleich der im quantitativen Entwicklungsprozeß aufgehäuften Widersprüche, der in ihm aufbrechenden Thesen und Antithesen durch den „Sprung" zur Synthese! Erst in diesem Zusammenhang gewinnt das Prinzip des Überganges der Quantität in die Qualität durch einen Sprung seinen dialektischen Sinn.

Doch das Prinzip der Negation der Negation findet sich überhaupt nicht in den vier Stalinschen Grundzügen der Dialektik! Der Sprung ist von der synthetischen Seite der Dialektik isoliert.

Um das Wegfallen des Prinzips der Negation der Negation in der bolschewistischen Dialektikkonzeption zu verstehen (es fällt erst 1938 weg; denn in dem bisher besprochenen enzyklopädischen Artikel aus dem Jahre 1935 waren die Deborinistischen Traditionen noch zu lebendig, um das Prinzip der Negation der Negation ganz wegfallen zu lassen), muß man sich vergegenwärtigen, daß die ersten beiden Glieder der dialektischen Triade sich im Entwicklungsprozeß langsam herausbilden und daß sie, wenn sie wirksam werden, bereits lokalisierbar, erkennbar und damit kalkulierbar sind. Sie bilden daher vom Standpunkt der bolschewistischen Dialektikkonzeption das rationalste Element der Dialektik. Man kann Widersprüche im sozialen, ökonomischen, politischen Raum - oder wo auch immer sie auftreten - erkennen und damit rational kalkulieren. Die Synthese hingegen, das Prinzip der Negation der Negation, ist nicht kalkulierbar! Es liegt in dem sich jeweils vollziehenden Entwicklungsprozeß noch nicht vor, es ist das schlechthin Neue, das sich durch einen Sprung herausbilden wird, dessen Struktur man noch nicht kennt oder dessen Struktur man zumindest nicht genau vorausbestimmen kann. Daher muß sich das Prinzip der Negation der Negation unter dem Aspekt einer geplanten Gesellschaft als ein beunruhigender, nicht kalkulierbarer Faktor darstellen. Um nun den damit verbundenen Schwierigkeiten zu entgehen, läßt die bolschewistische Dialektik der *Stalinära* dieses Prinzip einfach fallen.

Mit Recht muß man sich aber jetzt die Frage vorlegen, was denn der Begriff „Sprung" in der bolschewistischen Dialektik eigentlich bedeutet, wenn er *nicht* die plötzliche sprunghafte Bewegung zur Synthese ist? Stalin bleibt die Antwort nicht schuldig: „Darum ergibt sich aus der dialektischen Methode", kommentiert er den oben zitierten Satz, „daß der Entwicklungsprozeß nicht als Kreisbewegung, nicht als einfache Wiederholung des Früheren, sondern als fortschreitende Bewegung, als Bewegung in aufsteigender Linie, als Übergang von einem alten qualitativen Zustand zu einem neuen qualitativen Zustand, als Entwicklung vom Einfachen zum Komplizierten, vom Niederen zum Höheren aufgefaßt werden muß."[21]

Der Begriff „Sprung" bedeutet in der bolschewistischen Dialektik nichts anderes als „Sprung nach vorn"! Er ist die Garantie dafür, daß der „Entwicklungsprozeß nicht als Kreisbewegung" stattfindet, sondern sich als „fortschreitende" und „aufsteigende Linie" vollzieht. Damit vollendet sich bei Stalin die bolschewistische Dialektik als eine evolutionäre *lineare Fortschrittsdialektik*, wie sie seinerzeit von den Mechanizisten konzipiert worden war.

Zwölf Jahre später läßt Stalin anläßlich der Diskussion über die Probleme der sowjetischen Sprachwissenschaft nicht einmal mehr den Begriff „Sprung" für die sowjetische Entwicklung gelten und macht ihn als „Explosionsbegeisterung" verächtlich: „Zur Kenntnis der Genossen", ironisiert Stalin, „die für Explosionen begeistert sind, muß überhaupt gesagt werden, daß das Gesetz des Überganges von einer alten zu einer neuen Qualität vermittels einer Explosion nicht allein auf die Entwicklungsgeschichte der Sprache unanwendbar ist - es ist auch auf andere gesellschaftliche Erscheinungen, die die Basis oder den Überbau betreffen, nicht immer anwendbar. Es ist unbedingt gültig für eine in feindliche Klassen gespaltene Gesellschaft. Aber es ist gar nicht unbedingt gültig für eine Gesellschaft, in der es keine feindlichen Klassen gibt."[22]

Die Theorie der dialektischen Sprünge oder Revolutionen ist damit ausdrücklich auf die Klassengesellschaft eingeschränkt, während die sowjetische Gesellschaft sich kontinuierlich „nicht durch Explosionen, das heißt nicht durch den Sturz der bestehenden Macht und die Schaffung einer neuen Macht, sondern durch den allmählichen Übergang von der alten, bürgerlichen Ordnung auf dem Lande zu einer neuen Ordnung" entwickelt.[23]

3. Das deborinistische Erbe in der bolschewistischen Ideologie

Wenn die Kriterien echter Philosophie in einer selbstgewählten Verpflichtung an eine ideelle Grundkonzeption und in einer unbeeinflußten, freien Weiterentwicklung der zur Voraussetzung gemachten ideellen Grundlagen mit den Mitteln der Logik erblickt werden - dann erfüllt sowohl die dialektische Philosophie als auch der mechanizistische Materialismus diese Kriterien. Unter Voraussetzung dieses Begriffsinhaltes von Philosophie können die Lehrmeinungen der Deborinisten und Mechanizisten (der mechanizistische Materialismus bleibt eine Philosophie, selbst wenn er in seiner extremsten Form die Philosophie ablehnt) nur insofern „ideologisch" genannt werden, als - vergleichsweise - jede beliebige Philosophie „seinsverbundenes" Denken bleibt (Karl Mannheim).

Nicht so die durch die Partei ideologisierte Form der sowjetischen Philosophie. Ihr Engagement an den Marxismus als ihre ideelle Grundkonzeption ist nicht das einzige und nicht das letzte Kriterium ihrer logischen Weiterbildung. Hinzu tritt die jeweilige Generallinie der Partei, die den Anspruch erhebt, die „neuen historischen Bedingungen" in Übereinstimmung mit dem objektiven Gang der Geschichte praktisch zu bewältigen. Die Parteiideologen stehen damit auf dem Gebiet der Philosophie vor einer doppelten Aufgabe: erstens die jeweilige Generallinie der Partei theoretisch zu rechtfertigen, und zweitens diese Rechtfertigung als konsequente Anwendung der marxistischen Grundkonzeption zu beweisen. Beide Aufgaben erwachsen der sowjetischen Philosophie aus dem objektiven und eigengesetzlichen Gang der politischen, sozialen und ökonomischen Entwicklung in der Sowjetunion. Ihre Aufgabe ist, zu rechtfertigen, was die Partei zur praktischen Bewältigung der jeweiligen Situation beschließt. Sie erfüllt damit alle Kriterien einer Ideologie, ja sie überschreitet sogar durch ihr offenes Bekenntnis zur Rechtfertigung der jeweiligen Generallinie die dem Begriff „Ideologie" inhärente kritische Bedeutung.

Aber - wenn der Begriff „Philosophie", mit dem hier die ideelle Entwicklung in der Sowjetunion bis 1931 bezeichnet wurde, etwas Positives ist, so sind die im politischen und sozialen Bereich wirksam gewordenen Ergebnisse dieser freien philosophischen Entwicklung gleichwohl negativ: hat es doch paradoxerweise dieser freien philosophischen Entwicklung bedurft, um in ungebundenen Diskussionen die wichtigsten Elemente der bolschewistischen Ideologie hervorzubringen. Zergliedert man die bolschewistische Ideologie, wie sie sich seit 1931 auf philosophischem Gebiet darstellt, so enthüllt sie sich als eine zweckgebundene Verschmelzung deborinistischer und mechanizistischer Ideen. Sie ist in ihren Grundzügen eine mehr oder weniger geglückte Verbindung des von den Deborinisten aufgedeckten Zusammenhanges von Philosophie, Wissenschaft und Gesellschaft mit der mechanizistischen Dialektikkonzeption.

Der von den Deborinisten bewußtgemachte unauflösbare Zusammenhang von Philosophie, Wissenschaft und Gesellschaft beinhaltete unter den Bedingungen der Diktatur des Proletariats die nicht zu übersehende Möglichkeit, durch die Usurpation der Philosophie eine von Wissenschaft und Gesellschaft traditionell anerkannte Instanz zu gewinnen, mit der die wichtigsten Lebensbereiche der sowjetischen Gesellschaft kontrolliert werden konnten. Dadurch, daß die Deborinisten den Einzelwissenschaften, sowohl den Naturwissenschaften als auch den Gesellschaftswissenschaften, die Verfügungsgewalt über ihre Methoden entzogen und sie in der Philosophie monopolisiert hatten, wurde die Partei auf die Möglichkeit gestoßen, durch die Beherrschung der Philosophie gleichzeitig eine wissenschaftlich getarnte Handhabe zur kontrollierenden Einflußnahme auf die Entwicklung und die Ergebnisse der Einzelwissenschaften zu gewinnen. Und dadurch schließlich, daß die Deborinisten das Auffinden der „leitenden Ideen" ebenfalls den Einzelwissenschaften entzogen und das Erkennen der die Spezialgebiete übergreifenden „leitenden Ideen" und „allgemeinen Wahrheiten" in der Philosophie konzentrierten, konnte die Partei mit der Übernahme der Philosophie auch das Geschäft der Wahrheitsfindung übernehmen.

Die dialektische Philosophie machte zwar - ähnlich wie die Wissenssoziologie - ursprünglich nur Zusammenhänge bewußt, aber sehr bald wurden ihre Vertreter unter den besonderen Bedingungen der Diktatur des Proletariats und durch ihre weltanschaulich-politische Bindung an dieselbe veranlaßt, zur Ausnutzung dieses Zusammenhanges für die Abschirmung und Konsolidierung der sowjetischen Gesellschaft einzutreten. Zwar wollten die Deborinisten die Kontrolle des sozialen und wissenschaftlichen Lebens in der Sowjetunion an die von ihnen repräsentierte „philosophische Führung" binden und eine von interessengebundener Beeinflussung durch Staat und Partei unabhängige wissenschaftliche Entscheidungsinstanz errichten, aber abgesehen von ihren subjektiven Absichten haben sie durch die von ihnen durchgesetzte Machtkonzentration in der Philosophie alle Voraussetzungen zur „Machtübernahme" durch die Partei geschaffen. Ja, noch mehr - sie haben die Partei durch die von ihnen auf philosophischem Gebiet hervorgerufene Situation gezwungen, die Verfügungsgewalt über die Philosophie zu übernehmen, vorausgesetzt, daß die Partei sich nicht zu einem philosophischen Schattendasein degradiert sehen wollte.

So hat die dialektische Philosophie Deborins - nach Lenin - mehr für die Herausbildung der bolschewistischen Ideologie geleistet als irgendeine andere philosophische Strömung in der Sowjetunion. Es gehört zur Ironie der Geschichte, daß die dialektische Philosophie der sozialpolitischen Konzeption zum Opfer gefallen ist, die sie selbst dem bolschewistischen Selbstverständnis vermittelt hat.

Anmerkungen

Einleitung

[1] N. Losskij: Filosofija i psichologija v SSSR, in: Sovremennyja Zapiski 1939, Nr. LXIX, S. 364.

[2] Vgl. G. A. Wetter: Der dialektische Materialismus, Verlag Herder, Wien 1958, S. 151 f.

[3] Die Zeitschrift „Unter dem Banner des Marxismus" (Pod znamenem marksizma) erschien von 1922 bis 1944 in Moskau. Deborin gehörte seit ihrer Gründung und bis zu ihrer Einstellung im Jahre 1944 ununterbrochen zum Redaktionskollegium. Von 1926 bis 1930 war er verantwortlicher Redakteur. Ursprünglich von den Deborinisten beherrscht und von ihnen zur Propagierung ihrer Philosophie benutzt, geht die Zeitschrift am 25. Januar 1931 durch einen Beschluß des ZK der KPdSU (B) in die Verfügungsgewalt der Partei über.

[4] O. Minin: Filosofija za bort, in: PZM 1922, Nr. 11/12, zitiert nach Deborin: Oktjabŕskaja revoljucija i dialektičeskij materializm, in: Filosofija i marksizm, Moskva, Leningrad 1930, S. 359.

[5] Abram Moiseevič Deborin, 1881 in Kovno (Litauen) geboren, beendet 1897 daselbst die staatlich-jüdische Schule und erlernt zunächst das Schlosserhandwerk. Begibt sich 1889 nach Cherson, schließt sich dort einem illegalen marxistischen Arbeitszirkel an, fällt als dessen aktivstes Mitglied den zuständigen Behörden auf, wird ausgewiesen und nach Kovno zurückgebracht. Dort wiederum wegen revolutionärer Umtriebe verhaftet und nach seiner Freilassung unter Polizeiaufsicht gestellt. Entzieht sich der polizeilichen Überwachung durch die Emigration in die Schweiz (1903) und sucht Anschluß beim Lenin-Flügel der russischen Sozialdemokratie. Studiert daneben an der Philosophischen Fakultät in Bern. In diese Zeit fallen auch seine ersten Publikationen in der in Stuttgart erscheinenden Zeitschrift „Die Neue Zeit". Im Jahre 1907 trennt er sich wieder von den Bolschewiki und schließt sich der menschewistischen Fraktion an (er bleibt bis 1917 Menschewik). Im Jahre 1908 Rückkehr nach Rußland. Hält sich vorübergehend in Warschau, Petersburg und Poltava auf - wo er 1917 als Vorsitzender des Stadtsowjets genannt wird - und schreibt in dieser Zeit sein viel beachtetes Buch „Einführung in die Philosophie des dialektischen Materialismus" (1916 von G. V. Plechanov in Petersburg herausgegeben).
Nach der Revolution widmet er sich ganz der sich ihm eröffnenden Lehrtätigkeit am Institut der Roten Professur, an der Kommunistischen Akademie, am Marx-Engels-Institut und an der Sverdlov-Universität. Von 1925 bis 1930 ist er eine zentrale Gestalt in der sowjetischen Philosophie; dennoch tritt er erst 1928 der KPdSU(B) bei.
Für Deborin scheint die Verurteilung seiner Philosophie am 25. Januar 1931 keine ernsteren Folgen gehabt zu haben. Zwar brechen seine Publikationen vorübergehend ab, aber schon 1932 beginnt er wieder zu schreiben. Seine Veröffentlichungen nach 1931 sind allerdings nur noch nichtssagende Explikationen der Parteilinie. Im Jahre 1935 wird er in das Präsidium der Akademie der Wissenschaften gewählt. Er verbleibt in dieser Position (als Sekretär der Abteilung Geschichte und Philosophie) bis 1945.
Gegenwärtig lebt Deborin in Moskau. Die neue Sowjet-Enzyklopädie widmet seinem Leben und Werk nur noch ein paar unfreundliche Zeilen.
Vgl. Bibliographische Mitteilungen des Osteuropa-Institutes an der Freien Universität Berlin, Heft 2, René Ahlberg: A. M. Deborin. Berlin 1959.

[6] Deborin: Oktjabŕskaja revoljucija i dialektičeskij materializm, in: Filosofija i marksizm, a.a.O., S. 359.

[7] Fr. Engels: Herrn Eugen Dührings Umwälzung der Wissenschaft, (Anti-Dühring), Berlin (Ost) 1955, S. 29.

[8] Fr. Engels: Ludwig Feuerbach und der Ausgang der klassischen deutschen Philosophie, in: Karl Marx und Friedrich Engels, Ausgewählte Schriften, Bd. II, Bln. (Ost) 1952, S. 340.

[9] Vgl. H.-J. Lieber: Die Philosophie des Bolschewismus in den Grundzügen ihrer Entwicklung, Frankfurt a. M., Berlin, Bonn 1957, S. 49 f.

[10] W. I. Lenin: Materialismus und Empiriokritizismus, Berlin (Ost) 1949, S. 59.

[11] Zitiert nach G. A. Wetter: Der dialektische Materialismus, Verlag Herder, Wien 1958, S. 120.

[12] Lenin schreibt dazu: „Das Abbild setzt die objektive Realität dessen, was ‚abgebildet' wird, notwendig und unvermeidlich voraus. Das ‚konventionelle Zeichen', das Symbol, die Hieroglyphe sind Begriffe, die ein absolut unnötiges Element des Agnostizismus hineinbringen." In: Lenin: Materialismus und Empiriokritizismus, a.a.O., S. 225.

[13] Vgl. den ersten Abschnitt des dritten Kapitels der vorliegenden Arbeit.

[14] I.I. Stepanov: Dialektičeskoje ponimanie prirody – mechanističeskoe ponimanie, in: PZM 1925, Nr. 3, S. 226.

[15] Vgl. den Diskussionsbeitrag Timirjazevs auf der 2. Allunionskonferenz 1929, in: Izdateľstvo Kom-

munističeskoj Akademii: Trudy vtoroj vsesojuznoj konferenzii marksistsko-leninskich naučnych učreždenij: Sovremennye problemy filosofii marksizma, Moskva 1929, S. 52.
[16] Vgl. den Diskussionsbeitrag Timirjazevs auf der 2. Allunionskonfernenz 1929, a.a.O., S. 22.
[17] Deborin: Vvedenie v filosofiju dialektičeskogo materializma, Moskva, Leningrad 1930, S. 247.
[18] Vgl. N. I. Bucharin: Ènčmeniada, in: Ataka, Moskva 1924, S. 128-170.
[19] È. S. Ènčmen: Teorija novoj biologii i marksizm, Moskva 1923, S. 23/24, zitiert noch Deborin:
Filosofija i marksizm, a.a.O., S. 361.
[20] N. I. Bucharin: Ataka, Moskva 1924, S. 129.
[21] Deborin: Oktjabŕskaja revoljucija i dialektičeskij materializm, in: Filosofija i marksizm, a.a.O., S. 361.
[22] A. Stoljarov: Dialektičeskij materializm i mechanisty, Moskva 1928, zitiert nach Wetter: Der dialektische Materialismus, a.a.O., S. 152.
[23] Marks i Gegel', in: PZM 1923, Nr. 8/9, S. 5-20; Nr. 10, S. 5-17; 1924, Nr. 3, S. 6-23.
[24] Lenin kak myslitel', Moskva 1924.
[25] Die deutsche Ausgabe erschien 1927 im Marx-Engels-Archiv, Bd. II.
[26] Vgl. den zweiten Abschnitt des zweiten Kapitels der vorliegenden Arbeit.
[27] Deborin: Dialektika i estestvoznanie, Moskva, Leningrad 1929, S. III.

Kapitel I

[1] In der systematischen Arbeit „Očerki po teorii materialističeskoj dialektiki" bezeichnet Deborin den
Teil der sowjetischen Philosophie, der die Dialektik als integrierenden Bestandteil des dialektischen
Materialismus verteidigt, als „dialektische Philosophie". Er prägt diesen Begriff zur Abgrenzung seiner
Konzeption von der mechanizistischen Auslegung des dialektischen Materialismus und gibt mit diesem Begriff gleichzeitig die beste Charakteristik seiner eigenen Philosophie.
[2] Deborin: Benedikt Spinoza, in: PZM 1927, Nr. 2/3, S. 21.
[3] Deborin: Očerki po teorii materialističeskoj dialektiki, in: PZM 1927, Nr. 11, S. 14.
[4] Deborin: Materialistische Dialektik und Naturwissenschaft, in: UBM 1926, Nr. 3, S. 430.
[5] Deborin: Materialistische Dialektik, a.a.O., S. 436.
[6] Deborin: Materialistische Dialektik, a.a.O., S. 436.
[7] Deborin: Očerki po teorii materialističeskoj dialektiki, in: PZM 1926, Nr. 11, S. 5.
[8] Deborin: Očerki po teorii materialističeskoj dialektiki, a.a.O., S. 5.
[9] Deborin: Očerki po teorii materialističeskoj dialektiki, a.a.O., S. 6.
[10] Deborin: Očerki po teorii materialističeskoj dialektiki, a.a.O., S. 6.
[11] Deborin: Očerki po teorii materialističeskoj dialektiki, a.a.O., S. 7.
[12] Deborin: Materialistische Dialektik und Naturwissenschaft, in: UBM 1926, Nr. 3, S. 437.
[13] Deborin: Materialistische Dialektik, a.a.O., S. 434.
[14] Deborin: Lenin als revolutionärer Dialektiker, in: UBM 1925, Nr.2, S. 203.
[15] Deborin: Lenin als revolutionärer Dialektiker, a.a.O., S. 203.
[16] Deborin: Materialistische Dialektik und Naturwissenschaft, a.a.O., S. 436.
[17] Deborin: Materialistische Dialektik, a.a.O., S. 437.
[18] Deborin: Materialistische Dialektik, a.a.O., S. 456.
[19] Deborin: Materialistische Dialektik, a.a.O., S. 458.
[20] Deborin: Materialistische Dialektik, a.a.O., S. 458.
[21] Deborin: Lenin i krizis noveišej fiziki, Leningrad 1930, S. 4.
[22] Deborin: Lenin i krizis noveišej fiziki, a.a.O., S. 4.
[23] Deborin: Lenin i krizis noveišej fiziki, a.a.O., S. 4.
[24] Deborin: Lenin i krizis noveišej fiziki, a.a.O., S. 5.
[25] Deborin: Lenin i krizis noveišej fiziki, a.a.O., S. 5.
[26] Deborin: Lenin i krizis noveišej fiziki, a.a.O., S. 5.
[27] Deborin: Materialistische Dialektik und Naturwissenschaft, in: UBM 1926, Nr. 3, S. 455.
[28] Deborin: Materialistische Dialektik, a.a.O., S. 455.
[29] Deborin: Očerki po teorii materialističeskoj dialektiki, in: PZM 1926, Nr. 11, S. 21.
[30] Deborin: Materialistische Dialektik und Naturwissenschaft, in: UBM 1926, Nr. 3, S. 453/454.
[31] Deborin: Materialistische Dialektik, a.a.O., S. 439.
[32] Deborin: Materialistische Dialektik, a.a.O., S. 439.
[33] Deborin: Materialistische Dialektik, a.a.O., S. 443/444.
[34] Deborin: Materialistische Dialektik, a.a.O., S. 440.
[35] Deborin: Materialistische Dialektik, a.a.O., S. 442.
[36] Deborin: Materialistische Dialektik, a.a.O., S. 443.

[37] Deborin: Materialistische Dialektik, a.a.O., S. 452.
[38] Deborin: Materialistische Dialektik, a.a.O., S. 452.
[39] Deborin: Materialistische Dialektik, a.a.O., S. 434.
[40] Deborin: Materialistische Dialektik, a.a.O., S. 434.
[41] Deborin: Materialistische Dialektik, a.a.O., S. 434.
[42] Deborin: Materialistische Dialektik, a.a.O., S. 438.
[43] Deborin: Des Revisionismus letzte Weisheit, in: UBM 1925, 1. Jg., Heft 1, S. 84/85.
[44] Deborin: Očerki po teorii materialističeskoj dialektiki, in: PZM 1926, Nr. 11, S. 13/14.
[45] Deborin: Očerki po teorii materialističeskoj dialektiki, a.a.O., S. 13.
[46] Deborin: Očerki po teorii materialističeskoj dialektiki, a.a.O., S. 13.
[47] Deborin: Diktatura proletariata i teorija marksizma, in: PZM 1927, Nr. 10/11, S. 8/9.
[48] Vgl. den ersten Abschnitt des vorliegenden Kapitels.
[49] J. Stalin: Fragen des Leninismus, Berlin (Ost) 1950, S. 647 f.
[50] Izdatel'stvo Kommunističeskoj Akademii: Trudy vtoroj vsesojuznoj konferencii marksistsko-leninskich naučnych učreždenij: Sovremennye problemy filosofii marksizma, Moskva 1929, S. 40 ff.
[51] Vgl. den Artikel „Dialektičeskij materialism" in der „Bol'šaja sovetskaja enciklopedija" Bd.22 (1935), S. 45-235.
[52] Deborin: Benedikt Spinoza, in: PZM 1927, Nr. 2/3, S. 5-21.
[53] Deborin: Očerki po istorii dialektiki. Očerk 1: Dialektika u Kanta, in: AME 1924, Tom 1, S. 13-75.
[54] Vgl. das Vorwort Plechanovs zu: Deborin: Vvedenie v filosofiju dialektičeskogo materializma, Petrograd 1916.
[55] Vgl. den Artikel „Dialektičeskij materializm", in „Bol'šaja sovetskaja enciklopedija", a.a.O., S. 45-235.
[56] W. I. Lenin: Drei Quellen und drei Bestandteile des Marxismus, in: Ausgewählte Werke, Bd. 1, Moskau 1946, S. 63 f.
[57] Deborin: Gegel', in: Filosofija i marksizm, Moskva, Leningrad 1930, S. 188.
[58] Deborin: Gegel' i dialektičeskij materializm, in: Filosofija i marksizm, a.a.O., S. 304.
[59] Deborin: Gegel' i dialektičeskij materializm, a.a.O., S. 341.

Kapitel II

[1] Zu den „Deborinisten" und Vertretern der „dialektischen Philosophie" gehörten neben dem Haupt der „dialektischen Schule", A. M. Deborin, seine Schüler Ja. É. Stén, N. A. Karev, B. N. Gessen, V. F. Asmus, I. K. Luppol, I. I. Agol, M. L. Levin, I. Podvolockij, S. Levit, F. Teležnikov und S. Novikov. Die obengenannten Vertreter der „dialektischen Schule" können als eine verschworene Gemeinschaft betrachtet werden, die ihre Veröffentlichungen untereinander abstimmten, sich gegenseitig zitierten und bedingungslos der von Deborin entworfenen philosophischen Konzeption folgten.
[2] Deborin: Očerki po teorii materialističeskoj dialektiki, in: PZM 1926, Nr. 11, S. 8.
[3] Deborin: Očerki po teorii materialističeskoj dialektiki, a.a.O., S. 8.
[4] Deborin: Očerki po teorii materialističeskoj dialektiki, a.a.O., S. 8.
[5] Deborin: Očerki po teorii materialističeskoj dialektiki, a.a.O., S. 8/9.
[6] Deborin: Očerki po teorii materialističeskoj dialektiki, a.a.O., S. 8.
[7] Deborin: Očerki po teorii materialističeskoj dialektiki, a.a.O., S. 9.
[8] Deborin: Očerki po teorii materialističeskoj dialektiki, a.a.O., S. 9.
[9] Deborin: Očerki po teorii materialističeskoj dialektiki, a.a.O., S. 9/10.
[10] Deborin: Očerki po teorii materialističeskoj dialektiki, a.a.O., S. 10.
[11] Deborin: Očerki po teorii materialističeskoj dialektiki, a.a.O., S. 12/13.
[12] Deborin: Očerki po teorii materialističeskoj dialektiki, a.a.O., S. 13.
[13] Deborin: Očerki po teorii materialističeskoj dialektiki, a.a.O., S. 23.
[14] Deborin: Očerki po teorii materialističeskoj dialektiki, a.a.O., S. 14/15.
[15] Deborin: Očerki po teorii materialističeskoj dialektiki, a.a.O., S. 23.
[16] Deborin: Očerki po teorii materialističeskoj dialektiki, a.a.O., S. 10.
[17] Mechanističeskoe estestvoznanie i dialektičeskij materializm. Diskussionnyj sbornik Timirjazevskogo Naučno-Issledovatel'skogo Instituta, S. 51, zitiert nach Deborin: Očerki po teorii materialističeskoj dialektiki, a.a.O., S. 11.
[18] Deborin: Očerki po teorii materialističeskoj dialektiki, a.a.O., S. 11.
[19] Deborin: Očerki po teorii materialističeskoj dialektiki, a.a.O., S. 11.
[20] Deborin: Očerki po teorii materialističeskoj dialektiki, a.a.O., S. 12.
[21] Deborin: Očerki po teorii materialističeskoj dialektiki, a.a.O., S. 11/12.
[22] Deborin: Očerki po teorii materialističeskoj dialektiki, a.a.O., S. 12.

[23] Deborin: Očerki po teorii materialističeskoj dialektiki, a.a.O., S. 12.
[24] D. Rjazanov: Einleitung des Herausgebers: in Marx-Engels-Archiv 1927 (1925), Bd. II, S. 149.
[25] Vgl. Deborin: Éngel's i dialektičeskoe ponimanie prirody, in: Dialektika i estestvoznanie, Moskva, Leningrad 1929, S. 61.
[26] Die von Stepanov als „vitalistisch" verurteilte Stelle lautet bei Engels: „...gerade wie die höheren Bewegungsformen gleichzeitig auch andere produzieren, ist chemische Aktion nicht ohne Temperatur- und Elektrizitätsänderung, organisches Leben nicht ohne mechanische, molekulare, chemische, thermische, elektrische etc. Änderung möglich. Aber die Anwesenheit dieser Nebenformen erschöpft nicht das Wesen der jedesmaligen Hauptform. Wir werden sicher das Denken einmal experimentell auf molekulare und chemische Bewegungen im Gehirn ‚reduzieren'; ist aber damit das Wesen des Denkens erschöpft?" In.: Fr. Engels: Dialektik der Natur, Berlin (Ost) 1952, S. 264.
[27] Zitiert nach Deborin: Éngel's i dialektičeskoe ponimanie prirody, a.a.O., S. 64.
[28] Laut Angabe des Marx-Engels-Lenin-Institutes zur russischen Ausgabe des Werkes 1949, dessen redaktioneller Apparat von der in Ostberlin 1951 erschienenen Ausgabe übernommen wurde, ist die Niederschrift der zitierten Stelle nach 1877 erfolgt. Ein genauerer Zeitpunkt für die Niederschrift ist nach Angabe der gleichen Quelle nicht zu eruieren.
[29] Fr. Engels: Dialektik der Natur, Berlin (Ost) 1952, S. 273.
[30] I. I. Stepanov: PZM 1925, Nr. 8/9, S. 61, zitiert nach Deborin: Éngel's i dialektičeskoe ponimanie prirody, a.a.O., S. 76.
[31] Die von Stepanov kommentierte Stelle lautet bei Engels: Wenn alle Unterschiede und Änderungen der Qualität auf quantitative Unterschiede und Änderungen, auf mechanische Ortsveränderung zu reduzieren sind, dann kommen wir mit Notwendigkeit zu dem Satz, daß alle Materie aus identischen kleinsten Teilchen besteht, und alle qualitativen Unterschiede der chemischen Elemente der Materie verursacht sind durch quantitative Unterschiede in der Zahl und örtlichen Gruppierung dieser kleinsten Teilchen zu Atomen. So weit sind wir aber noch nicht." Aus: Fr. Engels: Dialektik der Natur, a.a.O., S. 269/270.
[32] I. I. Stepanov: PZM 1925, Nr. 8/9, S. 54/55, zitiert nach Deborin: Éngel's i dialektičeskoe ponimanie prirody, a.a.O., S. 78.
[33] I. I. Stepanov: PZM 1925, a.a.O., S. 48, zitiert nach Deborin: Éngel's i dialektičeskoe ponimanie prirody, a.a.O., S. 94.
[34] Deborin: Éngel's i dialektičeskoe ponimanie prirody, in: Dialektika i estestvoznanie, a.a.O.,S.56-101.
[35] Deborin: Éngel's i dialektičeskoe ponimanie prirody, a.a.O., S. 65.
[36] Deborin: Éngel's i dialektičeskoe ponimanie prirody, a.a.O., S. 67.
[37] Deborin: Éngel's i dialektičeskoe ponimanie prirody, a.a.O., S. 79.
[38] Deborin: Éngel's i dialektičeskoe ponimanie prirody, a.a.O., S. 84.
[39] I.I. Stepanov: Dialektičeskoe ponimanie prirody - mechanističeskoe ponimanie, in: PZM 1925, Nr. 3, S. 224.
[40] I. I. Stepanov: Dialektičeskoe ponimanie prirody - mechanističeskoe ponimanie, a.a.O., S. 224.
[41] I. I. Stepanov: Dialektičeskoe ponimanie prirody - mechanističeskoe ponimanie, a.a.O., S. 226.
[42] I. I. Stepanov: Dialektičeskoe ponimanie prirody - mechanističeskoe ponimanie, a.a.O., S. 219.
[43] Deborin: Éngel's i dialektičeskoe ponimanie prirody, a.a.O., S. 90/91.
[44] Deborin: Dialektika i estestvoznanie, a.a.O., S. IV.
[45] Deborin: Éngel's i dialektičeskoe ponimanie prirody, a.a.O., S. 96.
[46] Deborin: Éngel's i dialektičeskoe ponimanie prirody, a.a.O., S. 96.
[47] Deborin: Éngel's i dialektičeskoe ponimanie prirody, a.a.O., S. 99.
[48] A. K. Timirjazev: Vestnik Kommunističeskoje akademii, kn. 17, zitiert nach Deborin: Dialektika i estestvoznanie, a.a.O., S. 206.
[49] Deborin: Mechanisty v boŕbe s dialektikoj, in: Dialektika i estestvoznanie, a.a.O., S. 213.
[50] A. K. Timirjazev: Mechanističeskoe estestvoznanie i dialektičeskij materializm, Diskussionnyj sbornik Timirjazevskogo naučno-issledovatel'skogo instituta, Moskva 1925, S.19.
[51] Deborin: Mechanisty v boŕbe s dialektikoj, a.a.O., S. 213.
[52] A. K. Timirjazev: Vestnik Kommunističeskoj akademii, kn. 17, S. 154, zitiert nach Deborin: Mechanisty v boŕbe s dialektikoj, a.a.O., S. 196/197.
Die von Timirjazev kommentierte Stelle lautet im Original etwas anders: „Die Veränderungen selbst tragen einen zufälligen Charakter. Wir halten diese Veränderungen nicht nur deshalb für zufällig, weil uns ihre Ursachen unbekannt sind, wie das Darwin glaubt. Sie sind in einem tieferen, objektiven Sinne zufällig. Der zufällige Charakter der Veränderlichkeit organischer Formen schließt nicht nur die Notwendigkeit aus, sondern setzt sie voraus. Die Zufälligkeit stellt nur eine besondere spezifische Form der Notwendigkeit dar." in: PZM 1926, Nr. 1/2, S. 86.

[53] G. W. Plechanow: Über die Rolle der Persönlichkeit in der Geschichte, Berlin (Ost) 1945, S. 29.
[54] Deborin: Mechanisty v boŕbe s dialektikoj, a.a.O., S. 199.
[55] Deborin: Mechanisty v boŕbe s dialektikoj, a.a.O., S. 200.
[56] Deborin: Mechanisty v boŕbe s dialektikoj, a.a.O., S. 241.
[57] L. I. Aksel'rod: Nadoele!, in: Krasnaja Nov 1927, kn. 3, S. 172/173, zitiert nach Deborin: Revisionizm pod maskoj ortodoksii, in: PZM 1927, Nr. 9, S. 9.
[58] L. I. Aksel'rod: Filosofskie očerki, 4-e izd., 1925, S. 76, zitiert nach Deborin: a.a.O., S. 10.
[59] L. I. Aksel'rod: Filosofskie očerki, a.a.O., S. 81, zitiert nach Deborin: a.a.O., S. 10.
[60] Deborin: Revisionizm pod maskoj ortodoksii, a.a.O., S. 11.
[61] Deborin: Revisionizm pod maskoj ortodoksii, a.a.O., S. 29.
[62] Deborin: Revisionizm pod maskoj ortodoksii, a.a.O., S. 29.
[63] Deborin: Revisionizm pod maskoj ortodoksii, a.a.O., S. 44.
[64] Deborin: Revisionizm pod maskoj ortodoksii, a.a.O., S. 46.
[65] Ot redakcii, zitiert nach Deborin: K pjatiletiju žurnala „Pod znamenem marksizma", in: PZM 1926, Nr. 12, S. 5.
[66] Ot redakcii, a.a.O., S. 5.
[67] Deborin: K pjatiletiju žurnala „Pod znamenem marksizma", a.a.O., S. 6.
[68] Deborin: K pjatiletiju žurnala „Pod znamenem marksizma", a.a.O., S. 6.
[69] V. I. Lenin: O značenii voinstvujuščego materializma, zitiert nach Deborin: a.a.O., S. 6.
[70] Deborin: K pjatiletiju žurnala „Pod znamenem marksizma", a.a.O., S. 7.
[71] Deborin: K pjatiletiju žurnala „Pod znamenem marksizma", a.a.O., S. 8.
[72] Deborin: K pjatiletiju žurnala „Pod znamenem marksizma", a.a.O., S. 8.
[73] Deborin: K pjatiletiju žurnala „Pod znamenem marksizma", a.a.O., S. 11.
[74] Deborin: K pjatiletiju žurnala „Pod znamenem marksizma", a.a.O., S. 11.
[75] Deborin: K pjatiletiju žurnala „Pod znamenem marksizma", a.a.O., S. 12.
[76] Deborin: K pjatiletiju žurnala „Pod znamenem marksizma", a.a.O., S. 13.

Kapitel III

[1] Izdatel'stvo Kommunističeskoj Akademii: Trudy vtoroj vsesojuznoj konferencii marksistsko-leninskich naučnych učreždenij: Sovremennye problemy filosofii marksizma, Moskva 1929, S. 3.
[2] Izdatel'stvo Kommunističeskoj Akademii: a.a.O., S. 3.
[3] Izdatel'stvo Kommunističeskoj Akademii: a.a.O., S. 3.
[4] Izdatel'stvo Kommunističeskoj Akademii: a.a.O., S. 196 ff.
[5] Deborin: Novyj ėtap, in: PZM 1929, Nr. 5, S. 1.
[6] Deborin: Novyj ėtap, a.a.O., S. 2.
[7] Deborin: Novyj ėtap, a.a.O., S. 2.
[8] Deborin: Novyj ėtap, a.a.O., S. 4.
[9] Izdatel'stvo Kommunističeskoj Akademii: Trudy vtoroj vsesojuznoj konferencii marksistsko-leninskich naučnych učreždenij: Zadači marksistov v oblasti estestvoznanija, Moskva 1930, S. 7 ff.
[10] Izdatel'stvo Kommunističeskoj Akademii: Trudy vtoroj vsesojuznoj konferencii marksistsko-lenin-skich naučnych učreždenij: Sovremennye problemy filosofii marksizma, Moskva 1929, S. 20.
[11] Izdatel'stvo Kommunističeskoj Akademii: a.a.O., S. 22.
[12] Izdatel'stvo Kommunističeskoj Akademii: a.a.O., S. 23.
[13] Izdatel'stvo Kommunističeskoj Akademii: a.a.O., S. 23.
[14] Izdatel'stvo Kommunističeskoj Akademii: a.a.O., S. 23.
[15] Izdatel'stvo Kommunističeskoj Akademii: a.a.O., S. 23.
[16] Izdatel'stvo Kommunističeskoj Akademii: a.a.O., S. 10.
[17] Weiteren Aufschluß über die philosophische Position V. L. Sarab'janovs und seine Auseinandersetzung mit den Dialektikern bieten die Bücher des Deborinisten A. Stoljarov: „Dialektičeskij materializm i mechanisty" (Der dialektische Materialismus und die Mechanizisten), Moskva 1928, und „Sub-ektivizm mechanistov i problema kačestva" (Der Subjektivismus der Mechanizisten und das Problem der Qualität), Moskva 1929.
[18] Sovremennye problemy filosofii marksizma, a.a.O., S. 11.
[19] Sovremennye problemy filosofii marksizma, a.a.O., S. 11/12.
[20] L. I. Aksel'rod: V zaščitu dialektičeskogo materializma, S. 250, zitiert nach „Sovremennye problemy filosofii marksizma", a.a.O., S. 12.
[21] Sovremennye problemy filosofil marksizma, a.a.O., S. 12.
[22] Sovremennye problemy filosofii marksizma, a.a.O., S. 37.

421

[23] Sovremennye problemy filosofii marksizma, a.a.O., S. 37.
[24] Sovremennye problemy filosofii marksizma, a.a.O., S. 37.
[25] Sovremennye problemy filosofii marksizma, a.a.O., S. 37.
[26] Sovremennye problemy filosofii marksizma, a.a.O., S. 37.
[27] Sovremennye problemy filosofii marksizma, a.a.O., S. 39.
[28] Sovremennye problemy filosofii marksizma, a.a.O., S. 76.
[29] Sovremennye problemy filosofii marksizma, a.a.O., S. 77.
[30] Sovremennye problemy filosofii marksizma, a.a.O., S. 77.
[31] Sovremennye problemy filosofii marksizma, a.a.O., S. 76.
[32] Sovremennye problemy filosofii marksizma, a.a.O., S. 80.
[33] Sovremennye problemy filosofii marksizma, a.a.O., S. 82.
[34] Sovremennye problemy filosofii marksizma, a.a.O., S. 52.
[35] Sovremennye problemy filosofii marksizma, a.a.O., S. 52.
[36] Sovremennye problemy filosofii marksizma, a.a.O., S. 64.
[37] Sovremennye problemy filosofii marksizma, a.a.O., S. 96.
[38] Sovremennye problemy filosofii marksizma, a.a.O., S. 91.
[39] Sovremennye problemy filosofii marksizma, a.a.O., S. 130.
[40] Sovremennye problemy filosofii marksizma, a.a.O., S. 132.
[41] Sovremennye problemy filosofii marksizma, a.a.O., S. 158.
[42] Die von der 2. Allunionskonferenz der Marxistisch-Leninistischen Forschungsanstalten beschlossene Resolution „Über die gegenwärtigen Probleme der marxistisch-leninistischen Philosophie" ist abgedruckt in: Izdatel'stvo Kommunističeskoj Akademii: Trudy vtoroj vsesojuznoj konferencii marksistsko-leninskich naučnych učreždenij: Sovremennye problemy filosofii marksizma, Moskva 1929, S.196-198.
[43] Die im folgenden wiedergegebenen Grundgedanken des Verurteilungsdekrets sind eine gekürzte Zusammenfassung der wichtigsten Gedanken der Resolution.
[44] Izdatel'stvo Kommunističeskoj Akademii: a.a.O., S. 196.
[45] Izdatel'stvo Kommunističeskoj Akademii: a.a.O., S. 196.
[46] Izdatel'stvo Kommunističeskoj Akademii: a.a.O., S. 196.
[47] Izdatel'stvo Kommunističeskoj Akademii: a.a.O., S. 196.
[48] Izdatel'stvo Kommunističeskoj Akademii: a.a.O., S. 197.
[49] Izdatel'stvo Kommunističeskoj Akademii: a.a.O., S. 197.
[50] Izdatel'stvo Kommunističeskoj Akademii: a.a.O., S. 197.
[51] Izdatel'stvo Kommunističeskoj Akademii: a.a.O., S. 198.
[52] Vgl. J. W. Stalin: Werke, Bd. 12, Berlin (Ost) 1954, S.1 ff.
[53] J. W. Stalin: a.a.O., S. 92.
[54] Die 2. Allunionskonferenz der Marxistisch-Leninistischen Forschungsanstalten tagte vom 8. bis zum 13. April 1929 und das Plenum des ZK und der ZKK der KPdSU vom 16. bis zum 23. April 1929.
[55] Vgl. Institut Marksa-Ėngel'sa-Lenina-Stalina pri ZK KPSS: Kommunističeskaja Partija Sovetskogo Sojuza, V resoljucijach i rešenijach s-ezdov, konferencij i plenumov ZK, Čast' 2. 1924-1930, Moskva 1954, S. 549.
[56] Vgl. den Artikel „Dialektičeskij materializm", in: „Bol'šaja sovetskaja ėnciklopedija", Bd. 22 (1935), S. 165/166. Oder: Wirtschaftswissenschaftliche Veröffentlichungen des Osteuropa-Instituts a. d. FU Berlin, Bd. 9: Peter Knirsch: Die ökonomischen Anschauungen N. I. Bucharins, Berlin 1959, S. 30.
[57] Kommunističeskaja Partija Sovetskogo Sojuza, a.a.O., S. 662 f.
[58] Kommunističeskaja Partija Sovetskogo Sojuza, a.a.O., S. 663.

Kapitel IV

[1] Vgl. Bol'šaja sovetskaja ėnciklopedija, Bd. 20, 1930, S. 757.
[2] Vgl. G. A. Wetter: Der dialektische Materialismus, Verlag Herder Wien, 1958, S. 155.
[3] Wetter: Der dialektische Materialismus, a.a.O., S. 155.
[4] Deborin: Itogi i zadači na filosofskom fronte, in: PZM 1930, Nr. 6, S. 1-19.
[5] Deborin: Zaključitel'noe slovo 24 aprelja 1930 g., in: PZM 1930, Nr. 6, S. 20.
[6] Deborin: Zaključitel'noe slovo 24 aprelja 1930 g., a.a.O., S. 20.
[7] Deborin: Zaključitel'noe slovo 24 aprelja 1930 g., a.a.O., S. 20.
[8] Deborin: Zaključitel'noe slovo 24 aprelja 1930 g., a.a.O., S. 22.
[9] Deborin: Zaključitel'noe slovo 24 aprelja 1930 g., a.a.O., S. 23.
[10] Deborin: Zaključitel'noe slovo 24 aprelja 1930 g., a.a.O., S. 20.
[11] Ob itogach i novych zadačach na filosofskom fronte, in: PZM 1930, Nr. 4, S. 4-13.

[12] Ob itogach i novych zadačach na Filosofskom fronte, a.a.O., S. 6.
[13] Ob itogach i novych zadačach na Filosofskom fronte, a.a.O., S. 5.
[14] Ob itogach i novych zadačach na Filosofskom fronte, a.a.O., S. 9.
[15] G. A. Wetter: Der dialektische Materialismus, Verlag Herder Wien, 1958, S. 157.
[16] G. A. Wetter: Der dialektische Materialismus, a.a.O., S. 157.
[17] Deborin: Itogi i zadači na filosofskom fronte, a.a.O., S. 1.
[18] Ob itogach i novych zadačach na filosofskom fronte, a.a.O., S. 8.
[19] Mitin, Judin, Ral'cevič: O novych zadačach marksistsko-leninskoj filosofii, in: Pravda vom 7. Juni 1930.
[20] Mitin, Judin, Ral'cevič: a.a.O.
[21] Mitin, Judin, Ral'cevič: a.a.O.
[22] Mitin, Judin, Ral'cevič: a.a.O.
[23] Mitin, Judin, Ral'cevič: a.a.O.
[24] Mitin, Judin, Ral'cevič: a.a.O.
[25] Mitin, Judin, Ral'cevič: a.a.O.
[26] Mitin, Judin, Ral'cevič: a.a.O.
[27] Mitin, Judin, Ral'cevič: a.a.O.
[28] Vgl. Kapitel 3, Abschnitt 1, Absatz b.
[29] Vgl. Kapitel 3, Abschnitt 1, Absatz b.
[30] Deborin, Luppol, Stèn ...: O boŕbe na dva fronta v filosofii, in: PZM 1930, Nr. 5, S. 139-149.
[31] Deborin, Luppol, Stèn: a.a.O., S. 139.
[32] Deborin, Luppol, Stèn: a.a.O., S. 139.
[33] Deborin, Luppol, Stèn: a.a.O., S. 140.
[34] Deborin, Luppol, Stèn: a.a.O., S. 140.
[35] Deborin, Luppol, Stèn: a.a.O., S. 140.
[36] Deborin, Luppol, Stèn: a.a.O., S. 140.
[37] Deborin, Luppol, Stèn: a.a.O., S. 141.
[38] Deborin, Luppol, Stèn: a.a.O., S. 142.
[39] Deborin, Luppol, Stèn: a.a.O., S. 142.
[40] Deborin, Luppol, Stèn: a.a.O., S. 143.
[41] Deborin, Luppol, Stèn: a.a.O., S. 143.
[42] Deborin, Luppol, Stèn: a.a.O., S. 144.
[43] Deborin, Luppol, Stèn: a.a.O., S. 144.
[44] Deborin, Luppol, Stèn: a.a.O., S. 147.
[45] Deborin, Luppol, Stèn: a.a.O., S. 147.
[46] N. Karev: Zametka o vrede putanicy i popovskoj propovedi i ob iskusstve zametať sledy, in: PZM 1930, Nr. 7/8, S. 32.
[47] N. Karev: a.a.O., S. 36.
[48] S. Novikov: Voinstvujuščaja putanica, in: PZM 1930, Nr. 7/8, S. 63.
[49] S. Novikov: a.a.O., S. 63.
[50] Die Parteizeitschrift „Bol'ševik" und die Tageszeitung „Pravda" öffneten ihre Spalten Mitin, Judin und Ral'cevič für ihre Angriffe gegen die Deborinisten und ihre Zeitschrift.
[51] N. Karev: Zametka o vrede putanicy i popovskoj propovedi i ob iskusstve zametať sledy, a.a.O., S. 34.
[52] N. Karev: a.a.O., S. 35.
[53] Vgl. J. Stalin: Der Marxismus und die Fragen der Sprachwissenschaft, Berlin-Ost 1954, S. 7: „Der Überbau wird von der Basis hervorgebracht, aber das bedeutet keineswegs, daß er die Basis lediglich widerspiegelt, daß er passiv, neutral, gleichgültig ist gegenüber dem Schicksal seiner Basis, dem Schicksal der Klasse, dem Charakter der Gesellschaftsordnung. Im Gegenteil, einmal auf die Welt gekommen, wird er zu einer gewaltigen aktiven Kraft, trägt er aktiv dazu bei, daß seine Basis ihre bestimmte Form annimmt und sich festigt, trifft er alle Maßnahmen, um der neuen Gesellschaftsordnung zu helfen, der alten Basis und den alten Klassen den Rest zu geben und sie zu beseitigen."
[54] Karl Marx und Friedrich Engels, Ausgewählte Schriften in zwei Bänden, Bd. II, Berlin-Ost 1952, S. 460.
[55] Die Gesellschaft kämpferischer Materialisten (OVM) wurde im Juni 1924 gegründet. Auf der ersten Allunionskonferenz der Gesellschaft kämpferischer Materialisten und Dialektiker im Sommer 1929 äußert sich Deborin (der damals zusammen mit Karev, Levit, Mitin, Jurinc, Tymjanski und Stepovog zum Präsidium gehörte) über ihre philosophische Zielsetzung: „Vom Augenblick der Gründung der Gesellschaft an hat sie es für das Ziel ihrer Tätigkeit erachtet, die Aufgaben zu erfüllen, auf die der Genosse

Lenin in seinem Artikel ‚Über die Bedeutung des kämpferischen Materialismus' hingewiesen hat ...‚die Organisierung einer systematischen Erforschung der Hegelschen Dialektik vom Standpunkt des Marxismus.' Ein Teil der jüngeren Mitglieder der Gesellschaft spaltete sich bald nach ihrer Gründung ab und konstituierte sich, getreu den Anweisungen Lenins, als Gesellschaft der materialistischen Freunde der Hegelschen Dialektik." Die Wiedervereinigung der Gesellschaft fand 1928 unter dem Namen „Gesellschaft kämpferischer Materialisten und Dialektiker" (OVMD) statt. Die Gesellschaft hatte 1929 schon ein Organisationsnetz, das fast ganz Rußland umspannte. Sie ist bis Ende 1930 neben der Redaktion der Zeitschrift „Unter dem Banner des Marxismus" die Hochburg der dialektischen Philosophie.

Vgl. Deborin: 1. Vsesojuznoe soveščanie obščestv voinstvujuščich materialistov-dialektikov, in: PZM 1929, Nr. 5, S. 129-169.

[56] Rezoljucija po dokladu o položenii na filosofskom fronte, in: PZM 1930, Nr. 9, S. 216.

[57] Rezoljucija po dokladu o položenii na filosofskom fronte, a.a.O., S. 216.

[58] Važnejšij istoričeskij dokument, in: PZM 1930, Nr. 10-12, S. 5.

[59] Itogi filosofskoj diskussii. (Rezoljucija Bjuro jačejki IKP F. i E. ot 29 dekabrja 1930 g.), in: PZM 1930, Nr. 10/12, S. 16.

[60] Itogi filosofskoj diskussii, a.a.O., S. 17.

[61] Itogi filosofskoj diskussii, a.a.O., S. 18.

[62] Itogi filosofskoj diskussii, a.a.O., S. 17.

[63] Itogi filosofskoj diskussii, a.a.O., S. 17.

[64] Itogi filosofskoj diskussii, a.a.O., S. 18.

[65] Itogi filosofskoj diskussii, a.a.O., S. 20.

[66] Itogi filosofskoj diskussii, a.a.O., S. 19.

[67] Itogi filosofskoj diskussii, a.a.O., S. 21.

[68] Itogi filosofskoj diskussii, a.a.O., S. 21.

[69] Itogi filosofskoj diskussii, a.a.O., S. 24.

[70] O žurnale „Pod Znamenem Marksizma". (Postanovlenie ZK VKP (v) ot 25 janvarja 1931 goda), in: PZM 1930, Nr.10/12, S. 1-2.

[71] Vgl. N. Losskij: Filosofija i psichologija v SSSR, in: Sovremennye Zapiski 1939, Nr. LXIX, S. 369.

[72] Institut Krasnoj professury filosofii i estestvoznanija: Materialy naučnoj sessii In-ta filosofii Komakademii, in: PZM 1933, Nr.3, S.142/143.

[73] Institut Krasnoj professury filosofii i estestvoznanija: a.a.O., S. 143.

[74] Institut Krasnoj professury filosofii i estestvoznanija: a.a.O., S. 143.

[75] Institut Krasnoj professury filosofii i estestvoznanija: a.a.O., S. 144.

[76] Institut Krasnoj professury filosofii i estestvoznanija: a.a.O., S. 144.

[77] Institut Krasnoj professury filosofii i estestvoznanija: a.a.O., S. 144.

[78] Institut Krasnoj professury filosofii i estestvoznanija: a.a.O., S. 142.

Kapitel V

[1] Mit dem Begriff „bolschewistische Ideologie" ist hier wie an allen anderen Stellen dieser Arbeit nicht die bolschewistische Ideologie in ihrer Totalität gemeint - was neben anderem vornehmlich die Theorie der Politik einschlösse -, sondern nur die ideologisierte Form der sowjetischen Philosophie.

[2] W. I. Lenin: Aus dem philosophischen Nachlaß, Berlin (Ost) 1949, S. 144 ff.

[3] J. Stalin: Fragen des Leninismus, Berlin (Ost) 1950, S. 648 ff.

[4] Der Begriff „Fortschrittsdialektik" wird am gegebenen Ort noch eingehender bestimmt werden.

[5] J. Stalin: Fragen des Leninismus, a.a.O., S. 321.

[6] Der Darstellung dieses Abschnittes liegt der Artikel „Dialektičeskij materializm" in der „Bol'šaja sovetskaja enciklopedija", Bd. 22 (1935), S. 45-235 zugrunde.
Der Artikel erschien unter der verantwortlichen Redaktion von Mitin und Ral'cevič, die auch die wichtigsten Abschnitte des Artikels verfaßt haben. Die Mitverfasser waren: G. Adamjan, B. Bychovski, V. Egoršin, M. Konstantinov, S. Lapšin, A. Maksimov, A. Saradžev, E. Sitkovskij, V. Ševkin, A. Ščeglov.

[7] Dialektičeskij materializm, in: Bol'šaja sovetskaja enciklopedija, Bd. 22, S. 151.

[8] Dialektičeskij materializm, a.a.O., S. 162.

[9] Dialektičeskij materializm, a.a.O., S. 177.

[10] Dialektičeskij materializm, a.a.O., S. 182.

[11] Dialektičeskij materializm, a.a.O., S. 186.

[12] Dialektičeskij materializm, a.a.O., S. 129.

[13] Deborin: Naši raznoglasija, in: Dialektika i estestvoznanie, a.a.O., S. 253/254.

[14] Dialektičeskij materializm, a.a.O., S. 166.

[15] Dialektičeskij materializm, a.a.O., S. 161-167.

[16] Es ist hier der Ort, wenigstens mit einigen Worten auf das Verhältnis zwischen Bucharin und den Mechanizisten einzugehen. Bucharin ist nicht - wie das auch vielfach in der westeuropäischen Marxismusforschung behauptet wird - das philosophische Haupt der Mechanizisten. Er befindet sich in der entscheidenden Frage, die die mechanizistische Strömung von allen anderen Spielarten der sowjetischen Philosophie unterscheidet, nämlich in der Anerkennung der Philosophie als einen der wichtigsten, Staat und Gesellschaft konstituierenden Faktoren, durchaus in Übereinstimmung mit Deborin, der ja als Exponent dieser Richtung gilt.
Bucharin ist auch von den Mechanizisten - soweit dem Verfasser die einschlägige Literatur bekanntgeworden ist - niemals zum Kronzeugen ihrer Auffassungen gemacht worden. Ebensowenig hat Bucharin selbst irgendwelche Sympathien für die Mechanizisten bekundet.
Bucharin steht der mechanizistischen Konzeption, die in erster Linie durch eine *radikale Ablehnung der Philosophie* gekennzeichnet ist (von den Wandlungen des mechanizistischen Materialismus unter dem Druck der Deborinisten im Laufe des Jahres 1929 einmal abgesehen), nur durch seine vereinfachende Auslegung der Dialektik nahe (Dialektik als Störung und Wiederherstellung eines Gleichgewichtszustandes). Die Dialektik an sich hat Bucharin niemals abgeleugnet, während die Mechanizisten neben der *Philosophie* gerade die *Dialektik* angriffen. Bucharin hat auch in der philosophischen Auseinandersetzung niemals Stellung bezogen und steht den Mechanizisten ebenso fern wie den Deborinisten.
Erst in der Stalinschen Kampagne gegen die „rechte Abweichung" ist Bucharin aus ideologischen Gründen zum „Mechanizisten" gestempelt worden. Das heißt daher die durch die bolschewistische Propaganda betriebene Zweckegalisierung aller philosophischen Unterschiede und die dadurch geschaffenen Vorurteile übernehmen, wenn man die eigenständige und nuancenreiche philosophische Position Bucharins einfach mit dem mechanizistischen Materialismus identifiziert. - Der philosophischen Konzeption Bucharins gebührt ein besonderer Paragraph in der Geschichte der sowjetischen Philosophie.

[17] Dialektičeskij materializm, a.a.O., S. 165/166.

[18] „Auf diese Weise widerlegt das Gesetz der Kontinuität im allgemeinen evolutionären Prozeß der Welt nicht das Gesetz der Diskontinuität. Im Gegenteil, sie ergänzen einander und existieren zusammen. Wenn eines aus dem anderen hervorgeht, dann ist es klar, daß - wie auch immer die *Brüche* zwischen den verschiedenen Zuständen aussehen - der Prozeß der Veränderung unweigerlich die Kontinuität der Entwicklung zur Voraussetzung hat." In: Deborin: Marks i Gegel', in: Filosofija i marksizm, a.a.O., S. 262.

[19] Dialektičeskij materializm, a.a.O., S. 159.

[20] J. W. Stalin: Über dialektischen und historischen Materialismus, in: Fragen des Leninismus, Berlin (Ost) 1950, S. 649/650.

[21] J. W. Stalin: a.a.O., S. 650.

[22] J. W. Stalin: Der Marxismus und die Fragen der Sprachwissenschaft, Berlin (Ost) 1954, S. 34/35.

[23] J. W. Stalin: a.a.O., S. 35.

Literaturverzeichnis

[1] Ein über die hier zitierten Titel hinausgehendes Verzeichnis der Werke A. M. Deborins findet sich in: Bibliographische Mitteilungen des Osteuropa-Institutes an der Freien Universität Berlin, Berlin 1959, Heft 2, René Ahlberg: A. M. Deborin.

Literaturverzeichnis

1. Werke Deborins[1]
a) Monographien

Vvedenie v filosofiju dialektičeskogo materializma. Petrograd 1916. 379 S.

Ljudvig Fejerbach. Ličnost' i mirovozzrenie. Moskva 1923. 360 S.

Zusammen mit anderen: Trudy instituta Krasnoj Professury. Raboty seminariev filo-
sofskogo, ėkonomičeskogo i istoričeskogo za 1921-1922 gg. Moskva, Petrograd
1923. 374 S.

Lenin kak myslitel'. Moskva 1924. 87 S.

Poslednee slovo revizionizma. Moskva 1925. 52 S.

Zusammen mit anderen: Voinstvujuščij materialist. Sborniki. Kniga 2. Moskva 1925.

Očerki po istorii materializma 17-18 vv. Moskva, Leningrad 1929. 299 S.

Sovremennye problemy filosofii marksizma. Moskva 1929. 198 S.

Lenin i krizis novejšej fiziki. Leningrad 1930. 29 S.

Karl Marx i sovremennost'. Moskva, Leningrad 1933. 69 S.

Social'no-političeskie učenija novogo i novejšego vremeni. Tom 1: Social'no-
političeskie učenija novogo vremeni. Moskva 1958. 628 S.

b) Aufsätze

Das konstitutionelle Selbstherrschertum und die wahrscheinliche Lösung dieses Widerspruches, in: Die Neue Zeit, Stuttgart 1905/06, Nr. 37, S. 390-396

Zu Mandevilles Ethik und Kants „Sozialismus", in: Die Neue Zeit, Stuttgart 1905/06, Nr. 28, S. 45-50

Revolution und Kultur, in: Die Neue Zeit, Stuttgart 1906/07, Nr. 24, S. 208-210

Die Philosophie des Individuums und die bürgerliche Gesellschaft, in: Die Neue Zeit, Stuttgart 1908, Nr. 33, S. 220-223

Gibel' Evropy ili toržestvo imperializma, in: Pod znamenem marksizma, Moskva 1922, Nr. 1 /2, S. 8-28

Ljudvig Fejerbach, in: Pod znamenem marksizma, Moskva 1922, Nr. 7/8, S. 5-40; Nr. 9/10, S. 5-34; Nr. 11/12, S. 5-43; 1923, Nr.1, S. 5-41

Marks i Gegel', in: Pod znamenem marksizma, Moskva 1923, Nr. 8/9, S. 5-20; Nr.10, S. 5-17; 1924, Nr. 3, S. 6-23

Fichte i velikaja francuzskaja revoljucija, in: Pod znamenem marksizma, Moskva 1924, Nr. 10/11, S. 5-22; Nr. 12, S. 33-49; 1925, Nr. 3, S. 5-45

Lenin - voinstvujuščij materialist, in: Pod znamenem marksizma, Moskva 1924, Nr. 1, S. 10-28; Nr. 2, S. 5-24

G. Lukač i ego kritika marksizma, in: Pod znamenem marksizma, Moskva 1924, Nr. 6/7, S. 49-69

Marksizm, Lenin i sovremennaja kul'tura, in: Pod znamenem marksizma, Moskva 1924, Nr. 6/7, S. 6-27

Očerki po istorii dialektiki. Očerk 1: Dialektika u Kanta, in: Archiv Marksa i Ėngel'sa, Moskva 1924, T. 1, S. 13-75

Ėngel's i dialektičeskoe ponimanie prirody, in: Pod znamenem marksizma, Moskva 1925, Nr.10/11, S. 5-23

Frejdizm i sociologija, in: Voinstvujuščij materialist, Moskva 1925, Nr. 4, S. 3-39

Lenin o suščnosti dialektiki, in: Pod znamenem marksizma, Moskva 1925, Nr. 5/6, S. 5-13

Materialističeskaja dialektika i estestvoznanie, in: Voinstvujuščij materialist, Moskva 1925, Nr. 5, S. 3-38

Revoljucija i kul'tura, in: Pod znamenem marksizma, Moskva 1925, Nr. 7, S. 5-13

Vstupitel'nye zamečanija k konspektu „Nauki logiki" N. Lenina, in: Pod znamenem marksizma, Moskva 1925, Nr. 1/2, S. 3-6

Éngel's i dialektika v biologii, in: Pod znamenem marksizma, Moskva 1926, Nr. 1/2, S. 54-89; Nr. 3, S. 5-28

K pjatiletiju žurnala „Pod znamenem marksizma", in: Pod znamenem marksizma, Moskva 1926, Nr. 12, S. 5-15

Naši raznoglasija, in: Pod znamenem marksizma, Moskva 1926, Nr. 2, S. 2-42

Novyj pochod protiv marksizma, in: Letopisi marksizma, Moskva 1926, Nr. 1, S. 19-37

Očerki po teorii materialističeskoj dialektiki. Očerk 1: Predmet filosofii i dialektika, in: Pod znamenem marksizma, Moskva 1926, Nr. 11, S. 5-23

Benedikt Spinoza, in: Pod znamenem marksizma, Moskva 1927, Nr. 2/3, S. 5-21

Diktatura proletariata i teorija marksizma, in: Pod znamenem marksizma, Moskva 1927, Nr. 10/11, S. 5-45

K istorii „Materializma i émpiriokriticizma", in: Pod znamenem marksizma, Moskva 1927, Nr. 1, S. 5-18

Mechanisty v boŕbe s dialektikoj, in: Vestnik kommunističeskoj akademii, Moskva 1927, Nr. 19, S. 21-61

Mirovozzrenie Spinozy, in: Vestnik kommunističeskoj akademii, Moskva 1927, Nr. 20, S. 5-29

Naši filosofskie spory, in: Kommunističeskaja revoljucija, Moskva 1927, Nr. 11, S.13-22

Očerki po teorii dialektiki. Očerk 2: Dialektika u Fichte, in: Archiv Marksa i Ėngel'sa, Moskva 1927, Tom 3, S. 7 ff.

Oktjabŕskaja revoljucija i dialektičeskij materializm, in: Vestnik kommunističeskoj akademii, Moskva 1927, Nr. 24, S. 5-19

Revizionizm pod maskoj ortodoksii, in: Pod znamenem marksizma, Moskva 1927, Nr. 9, S. 5-48; Nr. 12, S. 5-33; 1928, Nr. 1, S. 5-44

Spinozizm i marksizm, in: Letopisi marksizma, Moskva 1927, Nr. 3, S. 3-12

Gegel', in: Bol'šaja sovetskaja ėnciklopedija, Tom 14 (1929) S. 766-809

Oktjabŕ i marksistsko-leninskaja dialektika, in: Pravda, Moskva, 10.11.1929

Vsesojuznoe soveščanie obščestva voinstvujuščich materialistov-dialektikov, in: Pod znamenem marksizma, Moskva 1929, Nr. 5, S. 129-165

Sovremennye problemy filosofii marksizma, in: Vestnik kommunističeskoj akademii, Moskva 1929, Nr. 32, S. 3-29

Zusammen mit anderen: O boŕbe na dva fronta filosofii, in: Pod znamenem marksizma, Moskva 1930, Nr. 5, S.139-149

Itogi i zadači na filosofskom fronte. Doklad na ob-edinennom zasedanii frakcij In-ta filosofii OVMD, in: Pod znamenem marksizma, Moskva 1930, Nr. 6, S. 1-32

Problema vremeni v osveščenii akad. Vernadskogo, in: Izvestija akademii nauk SSSR, Moskva 1932, Nr. 4, S. 53-69

Germanskij fašizm i SSSR, in: Pod znamenem marksizma, Moskva 1933, Nr. 5, S. 66-83

Institut krasnoj professury filosofii i estestvoznanija: Materialy naučnoj sessii In-ta filosofii Kom-akademii, in: Pod znamenem marksizma, Moskva 1933, Nr. 3, S.132-161

Kritičeskie zamečanija akad. V. I. Vernadskogo, in: Izvestija akademii nauk SSSR, Moskva 1933, Nr. 3, S. 409-419

Problema poznanija v istoriko-materialističeskom osveščenii, in: Pod znamenem marksizma, Moskva 1934, Nr. 4, S. 110-128

N. A. Dobroljubov, in: Pod znamenem marksizma, Moskva 1936, Nr. 2/3, S. 42 ff.

I. P. Pavlov i materializm, in: Vestnik akademii nauk, Moskva 1936, Nr. 3, S. 14 ff.

Gumanizm buržuaznyj i gumanizm socialističeskij, in: Pod znamenem marksizma, Moskva 1937, Nr. 10, S. 77-100

Pochod podžigatelej vojny protiv nacional'nogo suvereniteta, in: Voprosy filosofii, Moskva 1951, Nr. 6, S. 106-124

Agentura amerikanskogo imperializma, in: Voprosy filosofii, Moskva 1953, Nr. 1, S. 151-167

Materializm i dialektika v drevneindijskoj filosofii, in: Voprosy filosofii, Moskva 1956, Nr. 1, S. 91-103

c) Aufsatzsammlungen

Dialektika i estestvoznanie. Moskva, Leningrad 1929. 254 S.

Filosofija i marksizm. Moskva, Leningrad 1930. 372 S.

II. Dokumente

Rezoljucii II vsesojuznoj konferencii marksistsko-leninskich naučno-issledovatel'skich učreždenij: O sovremennych problemach filosofii marksizma-leninizma, in: Pod znamenem marksizma, Moskva 1929, Nr. 5

Ob itogach i novych zadačach na filosofskom fronte, in: Pod znamenem marksizma, Moskva 1930, Nr. 4

Rezoljucija po dokladu o položenii na filosofskom fronte, in: Pod znamenem marksizma, Moskva 1930, Nr. 9

Itogi filosofskoj diskussii. (Rezoljucija bjuro jačejki IKP F. i E. ot 29 dekabrja 1930 g.), in: Pod znamenem marksizma, Moskva 1930, Nr. 10/12

O žurnale „Pod Znamenem Marksizma". (Postanovlenie ZK VKP(v) ot 25 janvarja 1931 g.), in: Pod znamenem marksizma, Moskva 1930, Nr. 10/12

Institut Marksa-Èngel'sa-Lenina-Stalina pri ZK KPSS: Kommunističeskaja Partija Sovetskogo Sojuza v rezoljucijach i rešenijach s-ezdov, konferencij i plenumov ZK, Čast' 2. 1924-1930. Moskva 1954

III. Sonstige Literatur

Aksel'rod, L. I.:   Filosofskie očerki. Petrograd 1906

- Nadoele! In: Krasnaja nov, Moskva 1927, Nr. 3

- Idealističeskaja dialektika Gegel'ja i materialističeskaja dialektika Marksa. Moskva, Leningrad 1934

Barth, H.:   Wahrheit und Ideologie. Zürich 1945

Bocheński, J. M.:   Der sowjetrussische dialektische Materialismus. München 1956

Bucharin, N. I. (u.E.
Preobraženskij):   Azbukva Kommunizma. Moskva 1919

- Teorija istoričeskogo materializma. Moskva 1921

- Ataka. Sbornik teoretičeskich statej. Moskva 1924

- Lenin kak marksist. Sbornik statej. Leningrad 1924

- K voprosu o trockizme. Sbornik statej. Moskva, Leningrad 1925.

- O charaktere našej revoljucii i o vozmožnosti pobedonosnogo socialističeskogo stroitel'stva v SSSR. Leningrad 1926

Dialektičeskij mate-
rializm, in: Bol'šaja sovetskaja ènciklopedija, Bd. 22 (1935)

Ènčmen, È. S.:   Teorija novoj biologii i marksizm. Moskva 1923

Engels, Fr.:   Ludwig Feuerbach und der Ausgang der klassischen deutschen Philosophie, in: Karl Marx und Friedrich Engels, Ausgewählte Schriften, Bd. II, Berlin (Ost) 1952

- Dialektik und Natur, in: Marx-Engels-Archiv, Zeitschrift des Marx-Engels-Institutes in Moskau, Bd. II, Frankfurt a/M. 1927. In Buchform: Dialektik der Natur. Berlin (Ost) 1952

- Herrn Eugen Dührings Umwälzung der Wissenschaft, (Anti-Dühring). Berlin (Ost) 1955

Geiger, Th.:   Ideologie und Wahrheit. Stuttgart, Wien 1953

Judin, P. F.:   Bor'ba na dva fronta filosofii i gegel'evskaja dialektika, in: Pod znamenem marksizma, Moskva 1930, Nr. 11/12

Karev, N. A.:   Zametka o vrede putanicy i popovskoj propovedi i ob iskusstve zametat' sledy, in: Pod znamenem marksizma, Moskva 1930, Nr. 7/8

- Diskussionsbeitrag in: Izd. Kom. Akad.: Trudy vtoroj vsesojuznoj konferencii marksistsko-leninskich naučnych učreždenij: Sovremennye problemy filosofii marksizma. Moskva 1929

Knirsch, P.:   Die ökonomischen Anschauungen Nikolaj I. Bucharins. Wirt-

	schaftswissenschaftliche Veröffentlichungen des Osteuropa-Institutes an der Freien Universität Berlin. Berlin 1959
Lenin, V. I.:	Materialismus und Empiriokritizismus. Berlin (Ost) 1959
	- Drei Quellen und drei Bestandteile des Marxismus, in: Ausgewählte Werke, Bd. 1, Moskau 1946
	- Aus dem philosophischen Nachlaß. Berlin (Ost) 1949
Lieber, H.-J.:	Die Philosophie des Bolschewismus in den Grundzügen ihrer Entwicklung. Frankfurt a/M., Berlin, Bonn 1957
	- Ideologie, in: Das Fischer Lexikon, Bd. II: Staat und Politik, Frankfurt a/M. 1957
	- Wissen und Gesellschaft. Tübingen 1952
Losskij, N.:	Filosofija i psichologija v SSSR, in: Sovremennye zapiski 1939, Nr. LXIX
Mańkovskij, L.:	K voprosu o filosofskich istokach meńševistvujuščego idealizma i mechanicizma, in: Pod znamenem marksizma, Moskva 1931, Nr. 9/10
Mannheim, K.:	Die Bedeutung der Konkurrenz im Geistigen, in: Verhandlungen des VI. Deutschen Soziologentages, Tübingen 1929
	- Ideologie und Utopie. Frankfurt a/M. 1955
Minin, O.:	Filosofiju za bort, in: Pod znamenem marksizma, Moskva 1922, Nr. 11/12
Mitin, M. B.:	Očerednye zadači raboty na filosofskom fronte v svjazi s itogami diskussii, in: Pod znamenem marksizma, Moskva 1931, Nr. 3
	- Dialektičeskij i istoričeskij materializm
	I. Teil: Dialektičeskij materializm. Moskva 1933
	II. Teil: Istoričeskij materializm. Moskva 1932
Novikov, S.:	Voinstvujuščaja putanica, in: Pod znamenem marksizma, Moskva 1930, Nr. 7/8
O novych zadačach marksistsko-leninskoj filosofii, in:	Pravda vom 7. Juni 1930. (Verf.: Mitin, Judin, Ral'cevič)
Plechanov, G. V.:	Sočinenija, I.-XXIV. Moskva 1922-1927

	- Über die Rolle der Persönlichkeit in der Geschichte. Berlin (Ost) 1945
Scheler, M.:	Versuche zu einer Soziologie des Wissens. München/Leipzig 1924
Sorokin, P.:	Social and Cultural Dynamics, 4. Bd. New York 1937-1941
Stalin, J. V.:	Fragen des Leninismus. Berlin (Ost) 1950
	- Der Marxismus und die Fragen der Sprachwissenschaft. Berlin (Ost) 1954
	- Werke, Bd. 12. Berlin (Ost) 1954
Stepanov, I. I.:	Dialektičeskoje ponimanie prirody - mechanističeskoe ponimanie, in: Pod znamenem marksizma, Moskva 1925, Nr. 3
	- Dialektičeskij materializm i Deborinskaja škola. Moskva, Leningrad 1928
Stoljarov, A.:	Dialektičeskij materializm i mechanisty. Moskva 1928
	- Sub'jektivizm mechanistov i problema kačestva. Moskva 1929
Timirjazev, A. K.:	Mechanističeskoe estestvoznanie i dialektičeskij materializm. Moskva 1925
	- Diskussionsbeitrag, in: Izd. Kom. Akad.: Trudy vtoroj vsesojuznoj konferencii marksistsko-leninskich naučnych učreždenij: Sovremennye problemy filosofii marksizma. Moskva 1929
Trockij, L. D.:	Mein Leben. Berlin 1930
	- Die permanente Revolution. Berlin 1930
	- Die wirkliche Lage in Rußland. Hellerau bei Dresden o. J.
	- Stalinskaja škola falsifikacii. Berlin 1932
	- Stalin. Eine Biographie. Köln 1952
Važnejšij istoričeskij dokument, in:	Pod znamenem marksizma, Moskva 1930, Nr. 10/12
Wetter, G. A.:	Der dialektische Materialismus. Seine Geschichte und sein System in der Sowjetunion. Wien 1958

Editorische Notiz

Für die vorliegend angestrebte Gesamtausgabe des Werkes aus einer 40-jährigen Schaffenszeit wurden die damaligen Regeln der Rechtschreibung und Zeichensetzung beachtet und in Zitaten beibehalten sowie Anmerkungen und eingeklammerte Erläuterungen an das Ende des jeweiligen Textes gerückt - nach dem häufigen Vorbild des Autors. Die unterschiedlichen Schreibweisen russischer Namen und Begriffe richten sich nach der von René Ahlberg benutzten Literatur (die uns nicht mehr zugänglich ist), deshalb folgen Transkription (lautgerechte Übertragung in eine andere Schrift) und Transliteration (buchstabengetreue Umsetzung eines geschriebenen Textes in eine andere Schrift unter Verwendung diakritischer, also die besondere Aussprache eines Buchstabens anzeigende Zeichen) aufeinander wie ungeordnet. Auslassungen [...] und Anmerkungen der Herausgeber stehen in eckigen Klammern, eckige in Druckvorlagen sind jetzt runde Klammern. Hervorhebungen im Text erscheinen *kursiv*.

Die Schreibweisen „West-Berlin" und „Ost-Berlin" waren gebräuchlich im Westteil der Stadt, „Westberlin" und „Ostberlin" galten im Ostteil als politisch korrekt.

Hartmut Salzwedel, Ingeborg Siggelkow

Druckvorlagen Band I

S. 1-191   Unveröffentlichtes Typoskript aus dem Nachlaß.

S. 193-216   in: Hochschulinformationen, herausgegeben vom Verband Deutscher Studentenschaften, Berlin 1958, 1. und 2. Juli-Heft, S. 1-8.

S. 217-234   in: Das Spitzeisen. Clausthaler Studentenzeitung, 1958, Nr.15, S.19-26.

S. 235-242   in: Freie Rundschau. Zeitschrift für aktive Freiheitspolitik, München 1958, Nr. 5, S. 43-47.

S. 243-249   in: Freie Rundschau. Zeitschrift für aktive Freiheitspolitik, München
1959, Nr. 1, S. 23-26.

S. 251-274   Bibliographische Mitteilungen des Osteuropa-Instituts an der Freien
Universität Berlin, Heft 2. Wiesbaden: Harrassowitz (in Kommission),
1959.

S. 275-282   in: Freie Rundschau. Zeitschrift für aktive Freiheitspolitik, München
1960, Nr. 2, S. 16-19.

S. 283-434   Philosophische und Soziologische Veröffentlichungen, Band 2, Osteuropa-Institut an der Freien Universität Berlin. Wiesbaden: Harrassowitz
(in Kommission), 1960.
Zugl. Phil. Diss. Berlin FU 1960.

Wir danken für die Zustimmung bzw. Erlaubnis zum Abdruck.

Die Datierung der *Typoskripte aus dem Nachlaß* ist aus dem *Werkverzeichnis*, Band
X, ersichtlich.

Die *Einleitung* ist nachgedruckt aus: Hartmut Salzwedel/Ingeborg Siggelkow (Hrsg.):
Werte und Gewalt. René Ahlberg zur Politischen Bildung, Technische Universität
Berlin, Reihe Sozialwissenschaften, Heft 25, 2005.

Ingeborg Siggelkow, Hartmut Salzwedel

SOZIALWISSENSCHAFTEN

Band 1 – Band 11
Herausgegeben von Johannes Gordesch und Hartmut Salzwedel

Band 1 Johannes Gordesch / Hartmut Salzwedel (Hrsg.): Sozialforschung in Ostdeutschland. 1993.

Band 2 Detlev Liepmann (Hrsg.): Qualifizierungsmaßnahmen als Konzepte der Personalentwicklung. 1993.

Band 3 Johannes Gordesch / Hartmut Salzwedel (Hrsg.): Informationstechnologien in den Geisteswissenschaften. 1993.

Band 4 Ingeborg Siggelkow: Vergeltung. *Zeit* und *Regel* als soziologische Kategorien. 1994.

Band 5 Ortrud Rubelt: Soziologie des Dokumentarfilms. Gesellschaftsverständnis, Technikentwicklung und Filmkunst als konstitutive Dimensionen filmischer Wirklichkeit. 1994.

Band 6 Andrea Schafer / Liane Schenk / Günter Kühn: Arbeitslosigkeit, Befindlichkeit und Bildungsbereitschaft von Aussiedlern. Eine empirische Studie. 1995.

Band 7 Johannes Gordesch / Albert Raasch (Hrsg.): Wissensvermittlung und Informationstechnologien in den Geistes- und Sozialwissenschaften. Ein Gemeinschaftsprojekt der Universität Potsdam und der Universität des Saarlandes (Saarbrücken). 1996.

Band 8 Konstantin Ingenkamp: Werbung und Gesellschaft. Hintergründe und Kritik der kulturwissenschaftlichen Reflexion von Werbung. 1996.

Band 9 Matthias Eberling: Beschleunigung und Politik. Zur Wirkung steigender Geschwindigkeiten des ökonomischen, technischen und gesellschaftlichen Wandels auf den demokratischen Staat. 1996.

Band 10 Hartmut Salzwedel / Ingeborg Siggelkow (Hrsg.): Kultur und Sozialstruktur. 1999.

Band 11 Dorothea Stahnke-Jungheim: Graffiti in Potsdam aus der Sicht von Sprayern und jugendlichen Rezipienten im Land Brandenburg. 2000.

Ab Band 12
Herausgegeben von Hartmut Salzwedel und Ingrid Reichart-Dreyer

Band 12 Hartmut Salzwedel / Ingeborg Siggelkow / Brigitte Ahlberg (Hrsg.): René Ahlberg Gesammelte Werke I. 2005.

Band 13 Hartmut Salzwedel / Ingeborg Siggelkow / Brigitte Ahlberg (Hrsg.): René Ahlberg Gesammelte Werke II. 2005.

Band 14 Hartmut Salzwedel / Ingeborg Siggelkow / Brigitte Ahlberg (Hrsg.): René Ahlberg Gesammelte Werke III. 2005.

Band 15 Hartmut Salzwedel / Ingeborg Siggelkow / Brigitte Ahlberg (Hrsg.): René Ahlberg Gesammelte Werke IV. 2005.

Band 16 Hartmut Salzwedel / Ingeborg Siggelkow / Brigitte Ahlberg (Hrsg.): René Ahlberg Gesammelte Werke V. 2005.

Band 17 Hartmut Salzwedel / Ingeborg Siggelkow / Brigitte Ahlberg (Hrsg.): René Ahlberg Gesammelte Werke VI. 2005.

Band 18 Hartmut Salzwedel / Ingeborg Siggelkow / Brigitte Ahlberg (Hrsg.): René Ahlberg Gesammelte Werke VII. 2005.

Band 19 Hartmut Salzwedel / Ingeborg Siggelkow / Brigitte Ahlberg (Hrsg.): René Ahlberg Gesammelte Werke VIII. 2005.

Band 20 Hartmut Salzwedel / Ingeborg Siggelkow / Brigitte Ahlberg (Hrsg.): René Ahlberg Gesammelte Werke IX. 2005.

Band 21   Hartmut Salzwedel / Ingeborg Siggelkow / Brigitte Ahlberg (Hrsg.): René Ahlberg Gesammelte Werke X. 2005.

www.peterlang.de